A GÊNESE

OS MILAGRES E AS PREDIÇÕES SEGUNDO O ESPIRITISMO

EDIÇÃO HISTÓRICA BILÍNGUE

A GÊNESE

OS MILAGRES E AS PREDIÇÕES SEGUNDO O ESPIRITISMO

[1ª edição – 1868]

A Doutrina Espírita é o resultado do ensino coletivo e concordante dos Espíritos. A Ciência é chamada a constituir a Gênese segundo as Leis da Natureza. Deus prova a sua grandeza e o seu poder pela imutabilidade das suas Leis e não pela derrogação delas. Para Deus, o passado e o futuro são o presente.

Por
ALLAN KARDEC

Autor de *O livro dos espíritos*

Tradução de Evandro Noleto Bezerra

Copyright © 2018 *by*
FEDERAÇÃO ESPÍRITA BRASILEIRA – FEB

1ª edição – 2ª impressão (Edição Histórica Bilíngue) – 1 mil exemplares – 11/2018

ISBN 978-85-9466-190-6

Título do original francês:
La genèse, les miracles et les prédictions selon le spiritisme
(Paris, 6 de janeiro de 1868)

Todos os direitos reservados. Nenhuma parte desta publicação pode ser reproduzida, armazenada ou transmitida, total ou parcialmente, por quaisquer métodos ou processos, sem autorização do detentor do *copyright*.

FEDERAÇÃO ESPÍRITA BRASILEIRA – FEB
Av. L2 Norte – Q. 603 – Conjunto F (SGAN)
70830-106 – Brasília (DF) – Brasil
www.febeditora.com.br
editorial@febnet.org.br
+55 61 2101 6198

Pedidos de livros à FEB
Comercial
Tel.: (61) 2101 6168/6177 – comercialfeb@febnet.org.br

Dados Internacionais de Catalogação na Publicação (CIP)
(Federação Espírita Brasileira – Biblioteca de Obras Raras)

K18g   Kardec, Allan, 1804–1869

        A gênese: os milagres e as predições segundo o espiritismo / por Allan Kardec; [tradução de Evandro Noleto Bezerra, da 1ª ed. francesa de 1868]. – 1. ed. – 2. imp. – Brasília: FEB, 2018.

        870 p.; 23 cm.

        Tradução de *La genèse, les miracles et les prédictions selon le spiritisme.*

        A doutrina espírita é o resultado do ensino coletivo e concordante dos espíritos. A ciência é chamada a constituir a gênese de acordo com as leis da natureza. Deus prova a sua grandeza e seu poder pela imutabilidade das suas leis, e não pela derrogação delas. Para Deus, o passado e o futuro são o presente.

        ISBN 978-85-9466-190-6

        1. Espiritismo. I. Bezerra, Evandro Noleto, 1949–. II. Federação Espírita Brasileira. III. Título.

        CDD 133.9
        CDU 133. 7
        CDE 00.06.01

Sumário

Aviso da Editora 9

Introdução 13

A GÊNESE SEGUNDO O ESPIRITISMO

Capítulo I – Caracteres da revelação espírita 19

Capítulo II – Deus

    Existência de Deus..55
    A natureza divina..58
    A Providência..62
    A visão de Deus 67

Capítulo III – O bem e o mal

    Origem do bem e do mal..71
    O instinto e a inteligência..76
    Destruição mútua dos seres vivos.................................82

Capítulo IV – O papel da Ciência na Gênese 87

Capítulo V – Antigos e modernos sistemas do mundo 97

Capítulo VI – Uranografia geral

    O espaço e o tempo 105
    A matéria...108
    As leis e as forças..111
    A criação primeira..113
    A criação universal...116
    Os sóis e os planetas 118
    Os satélites...120
    Os cometas 122
    A Via Láctea 124
    As estrelas fixas...125
    Os desertos do Espaço 128
    Eterna sucessão dos mundos......................................129
    A vida universal..132

A Ciência 133
Considerações morais 135

Capítulo VII – Esboço geológico da Terra

Períodos geológicos...139
Estado primitivo do globo 145
Período primário 147
Período de transição...148
Período secundário 151
Período terciário 154
Período diluviano 159
Período pós-diluviano ou atual. Surgimento do homem....................161

Capítulo VIII – Teorias da Terra

Teoria da projeção 163
Teoria da condensação...166
Teoria da incrustação...166

Capítulo IX – Revoluções do globo

Revoluções gerais ou parciais..171
Dilúvio bíblico 172
Revoluções periódicas..174
Cataclismos futuros..177

Capítulo X – Gênese orgânica

Formação primeira dos seres vivos 181
Princípio vital...188
Geração espontânea 190
Escala dos seres corpóreos...191
O homem..192

Capítulo XI – Gênese espiritual

Princípio espiritual 195
União do princípio espiritual à matéria 199
Hipótese sobre a origem do corpo humano 200
Encarnação dos Espíritos 201
Reencarnação..209
Emigrações e imigrações dos Espíritos..210
Raça adâmica 212
Doutrina dos anjos decaídos e do paraíso perdido............................215

Capítulo XII – Gênese mosaica
Os seis dias 221
O paraíso perdido 231

OS MILAGRES SEGUNDO O ESPIRITISMO

Capítulo XIII – Caracteres dos milagres 243

Capítulo XIV – Os fluidos
Natureza e propriedades dos fluidos 255
Explicação de alguns fatos considerados sobrenaturais 267

Capítulo XV – Os milagres do Evangelho
Observações preliminares 285
Sonhos 287
Estrela dos magos 288
Dupla vista 288
    Entrada de Jesus em Jerusalém; Beijo de Judas ; Pesca milagrosa;
    Vocação de Pedro, André, Tiago, João e Mateus*
Curas 291
    Perda de sangue; O cego de Betsaida; Paralítico; Os dez leprosos;
    Mão seca; A mulher curvada; O paralítico da piscina; Cego de
    nascença; Numerosas curas operadas por Jesus
Possessos 302
Ressurreições 306
    A filha de Jairo; O filho da viúva de Naim**
Jesus caminha sobre a água 309
Transfiguração 310
Tempestade aplacada 311
Bodas de Caná 312
Multiplicação dos pães 313
    O fermento dos fariseus; O pão do céu
Tentação de Jesus 316
Prodígios por ocasião da morte de Jesus 317
Aparições de Jesus após sua morte 319
Desaparecimento do corpo de Jesus 324

* Nota do tradutor: Os subtítulos citados nos itens Dupla vista; Curas; Ressurreições e Multiplicação dos pães estão registrados no miolo da obra e omitidos pelo autor no presente Sumário.
** Nota do tradutor: A ressurreição de Lázaro também faz parte do item Ressurreições, embora não conste como subtítulo nem no Sumário nem no miolo da obra.

AS PREDIÇÕES SEGUNDO O ESPIRITISMO

Capítulo XVI – Teoria da presciência 331

Capítulo XVII – Predições do Evangelho
    Ninguém é profeta em sua terra 343
    Morte e paixão de Jesus 346
    Perseguição aos apóstolos 347
    Cidades impenitentes 348
    Ruína do Templo e de Jerusalém 348
    Maldição contra os fariseus 350
    Minhas palavras não passarão 352
    A pedra angular 353
    Parábola dos Vinhateiros Homicidas 353
    Um só rebanho e um só pastor 355
    Advento de Elias 358
    Anunciação do Consolador 358
    Segundo advento do Cristo 362
    Sinais precursores 364
    Vossos filhos e vossas filhas profetizarão 368
    Juízo final 369

Capítulo XVIII – Os tempos são chegados
    Sinais dos tempos 373
    A geração nova 387

* * *

Reproduction numérisée de la 1re édition française 395
    [6 janvier 1868]

* * *

Nota explicativa 865

Aviso da Editora

Lançada oficialmente a 6 de janeiro de 1868, em Paris, *A gênese, os milagres e as predições segundo o espiritismo* é o derradeiro livro da Codificação Espírita.

Trata-se de um dos maiores sucessos editoriais de Allan Kardec, haja vista que nos três primeiros meses daquele ano foram publicadas três edições consecutivas, as quais, juntamente com a quarta, impressa em 1869, mas conservando na capa e na folha de rosto o ano de 1868, guardam perfeita identidade em todos os pontos, não passando as três últimas de meras reimpressões, cópias idênticas da primeira edição.

Os estudiosos da Doutrina Espírita já devem ter percebido que esta obra, dentre todas as que integram o chamado pentateuco kardequiano, é a que revela, de forma bem mais ostensiva, a contribuição *pessoal* de Allan Kardec, embora guarde, evidentemente, perfeita consonância com a doutrina exposta pelos Espíritos reveladores da Codificação Espírita, sintetizada de forma magistral em *O livro dos espíritos*.

Logo na *Introdução* da obra, e antes de abordar os três aspectos em que ela se desdobra, o autor julgou por bem definir claramente os papéis respectivos dos Espíritos e dos homens na elaboração da nova doutrina. Reconhece que sua iniciativa pertence aos Espíritos, mas não constitui a opinião pessoal de nenhum deles; que não é, nem pode deixar de ser, senão *a resultante do ensino concordante por eles dado*, de modo que apenas sob tal condição podemos chamá-la doutrina *dos Espíritos*. Do contrário, fosse apenas a doutrina *de um Espírito*, só teria o valor de uma opinião pessoal.

Allan Kardec apresenta *A gênese, os milagres e as predições segundo o espiritismo* como complemento das precedentes, com exceção, todavia, de algumas teorias ainda hipotéticas, que ele teve o cuidado de indicar como tais e que devem ser consideradas como simples opiniões pessoais, enquanto não forem confirmadas ou contraditadas, a fim de que não pese sobre o Espiritismo a responsabilidade delas.

Nas palavras quase textuais do Espírito São Luís, com a publicação deste livro o Espiritismo entrou numa nova fase; ao atributo de *consolador*, alia o de instrutor e diretor do espírito, em ciência, em filosofia, em moralidade. A caridade, sua base inabalável, dele fez o laço das almas ternas; a Ciência, a solidariedade, a progressão, o espírito liberal dele farão o traço de união das almas fortes. Conquistou os corações que amam com as armas da doçura; hoje, viril, é às inteligências viris que se dirige. Materialistas, positivistas, todos os que, seja qual for o motivo, se afastaram de uma espiritualidade cujas imperfeições suas inteligências lhes assinalavam, nele encontrarão novos alimentos para sua insaciabilidade... É esta nova fase que preparará as vias da fase que mais tarde se abrirá, porque cada coisa deve vir a seu tempo. Antecipar o momento propício é tão prejudicial quanto deixá-lo escapar.[1]

A despeito de tudo isso, e em que pese toda a sua importância, *A gênese* é um dos livros de Allan Kardec menos lidos e estudados pelos espíritas do Brasil. Esperamos que as palestras, seminários, conferências e congressos que as comemorações de seu sesquicentenário, em 2018, por certo suscitarão, possam despertar a atenção de nossos irmãos de ideal para a obra que veio coroar a missão do Codificador do Espiritismo.

A Federação Espírita Brasileira se associa às legítimas homenagens prestadas no Brasil e no Exterior ao 150º aniversário desta obra, editando-a em português e em francês, dado o seu inestimável valor histórico, a fim de que os leitores possam comparar ambos

---

[1] N.E.: KARDEC, Allan. *Revista Espírita*: jornal de estudos psicológicos. ano 11, n. 2, fev. 1868. *Instruções dos Espíritos*, it. Apreciação da obra sobre a Gênese. Trad. Evandro Noleto Bezerra. 2. ed. 2. imp. Brasília: FEB, 2010.

os textos e confrontá-los com a versão definitiva de *A gênese* – a 5ª edição – revista, corrigida e ampliada, publicada em Paris em dezembro de 1872.

A Editora
Brasília (DF), 6 de janeiro de 2018.

Introdução

Esta nova obra é um passo a mais no terreno das consequências e das aplicações do Espiritismo. Conforme indica o seu título, ela tem como objetivo o estudo dos três pontos até agora diversamente interpretados e comentados: *a Gênese, os milagres e as predições*, em suas relações com as novas leis que decorrem da observação dos fenômenos espíritas.

Dois elementos, ou, se quiserem, duas forças regem o Universo: o elemento espiritual e o elemento material. Da ação simultânea desses dois princípios resultam fenômenos especiais que se tornam naturalmente inexplicáveis, desde que se abstraia de um deles, do mesmo modo que a formação da água seria inexplicável se não se levasse em consideração um dos seus elementos constituintes: o oxigênio ou o hidrogênio.

Ao demonstrar a existência do Mundo Espiritual e suas relações com o mundo material, o Espiritismo fornece a explicação de uma imensidade de fenômenos incompreendidos e, por isso mesmo, considerados inadmissíveis por parte de certa classe de pensadores. Esses fatos abundam nas Escrituras e, por desconhecerem a lei que os rege, é que os comentadores dos dois campos opostos, girando sempre dentro do mesmo círculo de ideias, fazendo uns abstração dos dados positivos da Ciência, outros, do princípio espiritual, não conseguiram chegar a uma solução racional.

Essa solução se encontra na ação recíproca do espírito e da matéria. É verdade que ela tira da maioria de tais fatos o seu caráter sobrenatural. Porém, o que vale mais: admiti-los como resultado das Leis da

Natureza ou rejeitá-los completamente? Sua rejeição absoluta acarreta a negação da própria base do edifício, ao passo que a admissão a tal título, suprimindo-se apenas os acessórios, deixa intacta a base. É por isso que o Espiritismo conduz tantas pessoas à crença em verdades que antes consideravam meras utopias.

Esta obra é, pois, como já o dissemos, um complemento das aplicações do Espiritismo, de um ponto de vista especial. Os materiais se achavam prontos, ou, pelo menos, elaborados desde longo tempo, mas ainda não chegara o momento de os publicar. Era preciso, primeiramente, que as ideias destinadas a lhes servirem de base houvessem chegado à maturidade e, além disso, que se levasse em conta a oportunidade das circunstâncias. O Espiritismo não tem mistérios nem teorias secretas; tudo nele deve ser dito com clareza, a fim de que todos o possam julgar com conhecimento de causa; mas cada coisa tem de vir a seu tempo, para vir com segurança. Uma solução dada irrefletidamente, antes da elucidação completa da questão, seria mais uma causa de atraso do que de avanço. Na de que aqui tratamos, a importância do assunto nos impunha o dever de evitar qualquer precipitação.

Antes de entrarmos em matéria, pareceu-nos necessário definir claramente os papeis respectivos dos Espíritos e dos homens na elaboração da nova doutrina. Essas considerações preliminares, que dela afastam toda ideia de misticismo, fazem o objeto do primeiro capítulo, intitulado: *Caracteres da revelação espírita*. Pedimos séria atenção para esse ponto, porque, de certo modo, aí está o nó da questão.

Sem prejuízo da parte que toca à atividade humana na elaboração desta doutrina, a iniciativa da obra pertence aos Espíritos, mas não constitui a opinião pessoal de nenhum deles. Ela não é, nem pode deixar de ser, senão *a resultante do ensino coletivo e concordante por eles dado*. Somente sob tal condição podemos chamá-la doutrina *dos Espíritos*. De outra forma, seria apenas a doutrina *de um Espírito* e só teria o valor de uma opinião pessoal.

Generalidade e concordância no ensino, esse o caráter essencial da doutrina, a condição mesma da sua existência, donde resulta que todo princípio que não haja recebido a consagração do controle da generalidade não pode ser considerado parte integrante dessa mesma doutrina, mas simples opinião isolada, cuja responsabilidade o Espiritismo não pode assumir.

É essa coletividade concordante da opinião dos Espíritos, submetida, além disso, ao critério da lógica, que constitui a força da Doutrina Espírita e lhe assegura a perpetuidade. Para que ela mudasse, fora preciso que a universalidade dos Espíritos mudasse de opinião e viesse um dia dizer o contrário do que havia dito. Uma vez que ela tem sua origem no ensino dos Espíritos, para que sucumbisse seria necessário que os Espíritos deixassem de existir. É também o que fará que prevaleça sobre os sistemas pessoais, cujas raízes não se encontram por toda parte, como se dá com o Espiritismo.

O livro dos espíritos só teve consolidado o seu crédito por ser a expressão de um pensamento coletivo, geral. Em abril de 1867 completou o seu primeiro período decenal. Nesse meio tempo, os princípios fundamentais, cujas bases ele havia assentado, foram sucessivamente completados e desenvolvidos, em virtude do ensino progressivo dos Espíritos. Nenhum, porém, recebeu desmentido da experiência; todos, sem exceção, permanecem de pé, mais vivazes do que nunca, ao passo que, de todas as ideias contraditórias que alguns tentaram opor-lhe, nenhuma prevaleceu, precisamente porque, de todos os lados, era ensinado o contrário. Eis um resultado característico que podemos proclamar sem vaidade, pois que jamais nos atribuímos o mérito de tal fato.

Os mesmos escrúpulos havendo presidido à redação das nossas outras obras, podemos, com toda verdade, dizê-las *segundo o Espiritismo*, porque estamos certos da conformidade delas com o ensino geral dos Espíritos. O mesmo sucede com esta, que podemos, por motivos semelhantes, apresentar como complemento das precedentes, com exceção, todavia, de algumas teorias ainda hipotéticas, que tivemos o cuidado de indicar como tais e que devem ser consideradas como simples opiniões pessoais, enquanto não forem confirmadas ou contraditadas, a fim de que não pese sobre a Doutrina a responsabilidade sobre elas.

Aliás, os leitores assíduos da Revista[2] já devem ter notado, sob a forma de esboços, a maioria das ideias desenvolvidas aqui nesta obra, conforme o fizemos com relação às anteriores. Muitas vezes a Revista representa, para nós, um terreno de ensaio, destinado a sondar a opinião dos homens e dos Espíritos sobre alguns princípios, antes de os admitir como partes constitutivas da Doutrina.

Allan Kardec

---

[2] Nota do tradutor: *Revista Espírita*.

A GÊNESE SEGUNDO O ESPIRITISMO

CAPÍTULO I

Caracteres da revelação espírita

1. Pode o Espiritismo ser considerado uma revelação? Neste caso, qual o seu caráter? Em que se funda a sua autenticidade? A quem e de que maneira foi feita? A Doutrina Espírita é uma revelação, no sentido litúrgico[3] da palavra, ou seja, ela é, em todos os pontos, o produto do ensino oculto vindo do Alto? É absoluta ou suscetível de modificações? Trazendo aos homens a verdade integral, a revelação não teria por efeito impedi-los de fazer uso das suas faculdades, já que lhes pouparia o trabalho da investigação? Qual a autoridade do ensino dos Espíritos, se eles não são infalíveis nem superiores à Humanidade? Qual a utilidade da moral que pregam, se essa moral não é diferente da moral do Cristo, já conhecida? Quais as verdades novas que eles nos trazem? Precisará o homem de uma revelação? E não poderá achar em si mesmo e em sua consciência tudo quanto lhe é necessário para se conduzir? Tais as questões que devemos considerar.

2. Definamos primeiro o sentido da palavra *revelação*.

Revelar, termo derivado da palavra *véu* (do latim *velum*), significa literalmente *tirar o véu* e, figuradamente, descobrir, dar a conhecer uma coisa secreta ou desconhecida. Em sua acepção vulgar mais genérica,

---
[3] Nota do tradutor: Termo substituído com vantagem pelo vocábulo *teológico*, a partir da 5ª edição francesa, publicada em 1872.

diz-se de toda coisa ignorada, de qualquer ideia nova que nos põe ao corrente do que não sabíamos.

Deste ponto de vista, todas as ciências que nos fazem conhecer os mistérios da Natureza são revelações e se pode dizer que há para nós uma revelação incessante. A Astronomia revelou o mundo astral, que não conhecíamos; a Geologia, a formação da Terra; a Química, a lei das afinidades; a Fisiologia, as funções do organismo etc. Copérnico, Galileu, Newton, Laplace, Lavoisier foram reveladores.

3. O caráter essencial de qualquer revelação tem que ser a verdade. Revelar um segredo é tornar conhecido um fato; se é falso, já não é um fato e, por conseguinte, não existe revelação. Toda revelação desmentida pelos fatos deixa de o ser; e se for atribuída a Deus, visto que Deus não mente nem se engana, não pode emanar d'Ele. Logo, deve ser considerada produto de uma concepção humana.

4. Qual o papel do professor diante dos seus discípulos, senão o de um revelador? O professor lhes ensina o que eles não sabem, o que não teriam tempo nem possibilidade de descobrir por si mesmos, porque a Ciência é obra coletiva dos séculos e de uma infinidade de homens que trazem, cada qual, o seu contingente de observações aproveitáveis àqueles que vêm depois. O ensino é, portanto, na realidade, a revelação de certas verdades, científicas ou morais, físicas ou metafísicas, feitas por homens que as conhecem a outros que as ignoram e que, se assim não fora, as teriam ignorado sempre.

5. Mas o professor não ensina senão o que aprendeu: é um revelador de segunda ordem; o homem de gênio ensina o que descobriu por si mesmo: é o revelador primitivo; traz a luz que pouco a pouco se vulgariza. Que seria da Humanidade sem a revelação dos homens de gênio que aparecem de tempos em tempos?

Mas quem são esses homens de gênio? E por que são homens de gênio? De onde vieram? Que é feito deles? Notemos que a maioria traz, ao nascer, faculdades transcendentes e alguns conhecimentos inatos, que com pouco trabalho desenvolvem. Pertencem realmente à Humanidade, pois nascem, vivem e morrem como nós. Onde, pois, adquiriram esses conhecimentos que não puderam aprender durante a vida? Dir-se-á, como os materialistas, que o acaso lhes deu a matéria cerebral em maior quantidade e de melhor qualidade? Neste caso, não teriam mais mérito que um legume maior e mais saboroso do que outro.

Dir-se-á, como certos espiritualistas, que Deus lhes deu uma alma mais favorecida que a do comum dos homens? Suposição igualmente ilógica, pois que qualificaria Deus de parcial. A única solução racional do problema está na preexistência da alma e na pluralidade das existências. O homem de gênio é um Espírito que tem vivido mais tempo; que, por conseguinte, adquiriu e progrediu mais do que aqueles que estão menos adiantados. Encarnando, traz o que sabe, e como sabe muito mais do que os outros e não precisa aprender, é chamado homem de gênio. Mas seu saber é fruto de um trabalho anterior e não resultado de um privilégio. Antes de renascer, já era Espírito adiantado; reencarna para fazer que os outros aproveitem do que já sabe, ou para adquirir mais do que possui.

Os homens progridem incontestavelmente por si mesmos e pelos esforços da sua inteligência. Mas, entregues às próprias forças, só muito lentamente progrediriam, se não fossem auxiliados por outros mais adiantados, como o estudante o é pelos professores. Todos os povos tiveram homens de gênio, que surgiram em diversas épocas para impulsioná-los e tirá-los da inércia.

6. Desde que se admite a solicitude de Deus para com as suas criaturas, por que não se há de admitir que Espíritos capazes, por sua energia e superioridade de conhecimento, de fazerem que a Humanidade avance, encarnem pela vontade de Deus, a fim de ativarem o progresso em determinado sentido? Que recebam missões, como um embaixador as recebe do seu soberano? É este o papel dos grandes gênios. Que vêm eles fazer senão ensinar aos homens verdades que estes ignoram e ainda ignorariam durante largos períodos, a fim de lhes dar um ponto de apoio mediante o qual possam elevar-se mais rapidamente? Esses gênios, que aparecem através dos séculos como estrelas brilhantes, deixando longo traço luminoso sobre a Humanidade, são missionários ou, se o quiserem, messias. Se só ensinassem aos homens o que estes já sabem, sua presença seria completamente inútil; as coisas novas que lhes ensinam, quer na ordem física, quer na ordem filosófica, são *revelações*.

Se Deus suscita reveladores para as verdades científicas, pode, com mais forte razão, suscitá-los para as verdades morais, que constituem elementos essenciais do progresso. Tais são os filósofos cujas ideias atravessam os séculos.

7. No sentido especial da fé religiosa, a revelação se diz mais particularmente das coisas espirituais que o homem não pode descobrir por si mesmo, nem com o auxílio dos sentidos, e cujo conhecimento lhe é dado por Deus ou por seus mensageiros, quer por meio da palavra direta, quer pela inspiração. Neste caso, a revelação é sempre feita a homens privilegiados, designados sob o nome de profetas ou *messias*, isto é, *enviados*, *missionários*, incumbidos de transmiti-la aos homens. Considerada sob esse ponto de vista, a revelação implica a passividade absoluta e é aceita sem controle, sem exame, sem discussão.

8. Todas as religiões tiveram seus reveladores, e estes, embora estivessem longe de conhecer toda a verdade, tinham uma razão de ser providencial, porque eram apropriados ao tempo e ao meio em que viviam, ao caráter particular dos povos a quem falavam e aos quais eram relativamente superiores. Apesar dos erros das suas doutrinas, não deixaram de agitar os espíritos e, por isso mesmo, de semear os germens do progresso, que mais tarde haviam de desenvolver-se, ou se desenvolverão à luz do Cristianismo. É, pois, injusto lançar anátema contra eles em nome da ortodoxia, porque dia virá em que todas essas crenças, tão diversas na forma, mas que repousam realmente sobre um mesmo princípio fundamental: Deus e a imortalidade da alma se fundirão numa grande e vasta unidade, tão logo a razão triunfe sobre os preconceitos.

Infelizmente, as religiões têm sido, em todos os tempos, instrumentos de dominação; o papel de profeta sempre tentou as ambições secundárias e tem-se visto surgir uma multidão de pretensos reveladores ou messias, que, valendo-se do prestígio deste nome, exploram a credulidade em proveito do seu orgulho, da sua cupidez ou da sua indolência, achando mais cômodo viver à custa dos iludidos. A religião cristã não pôde evitar esses parasitas. A respeito do assunto, chamamos particularmente a atenção para o capítulo XXI de *O evangelho segundo o espiritismo*: *Haverá falsos cristos e falsos profetas*.

9. Haverá revelações diretas de Deus aos homens? É uma questão que não ousaríamos resolver, nem afirmativamente, nem negativamente, de maneira absoluta. O fato não é radicalmente impossível, porém, nada nos dá dele prova certa. O que parece certo é que os Espíritos mais próximos de Deus pela perfeição se impregnam do seu pensamento e podem transmiti-lo. Quanto aos reveladores encarnados, segundo a ordem hierárquica a que pertencem e ao grau de saber a que chegaram, estes podem tirar de seus próprios conhecimentos as instruções que ministram, ou recebê-las de Espíritos mais elevados, mesmo dos mensageiros diretos de Deus, os quais, falando em nome deste, têm sido às vezes tomados pelo próprio Deus.

As comunicações deste gênero nada têm de estranho para quem conhece os fenômenos espíritas e a maneira pela qual se estabelecem as relações entre os encarnados e os desencarnados. As instruções podem ser transmitidas por diversos meios: pela inspiração pura e simples, pela audição da palavra, pela percepção dos Espíritos instrutores nas visões e aparições, quer em sonho, quer em estado de vigília, como se vê tantas vezes na *Bíblia*, no Evangelho e nos livros sagrados de todos os povos. É, pois, rigorosamente exato dizer-se que a maioria dos reveladores são médiuns inspirados, audientes ou videntes, o que não significa que todos os médiuns sejam reveladores, nem, ainda menos, intermediários diretos da Divindade ou dos seus mensageiros.

10. Só os Espíritos puros recebem a palavra de Deus com a missão de transmiti-la; mas sabe-se hoje que nem todos os Espíritos são perfeitos e que existem muitos que se apresentam sob falsas aparências, o que levou *João* a dizer: "Não acrediteis em todos os Espíritos; vede antes se os Espíritos são de Deus" (*I Epístola*, 4:4).[4]

---

[4] Nota do tradutor: Allan Kardec serviu-se da versão francesa de Louis-Isaac Lemaître de Sacy [século XVII], cujos versículos nem sempre correspondem aos fixados nas edições brasileiras e estrangeiras das Escrituras Sagradas. Daí as diferenças que poderão ser encontradas na enumeração de alguns versículos, se confrontados com as citações equivalentes registradas em nossos dias. É só comparar.

Pode, pois, haver revelações sérias e verdadeiras, como existem as apócrifas e mentirosas. O caráter essencial da Revelação Divina é o da *eterna verdade*. Toda revelação eivada de erros ou sujeita a modificação não pode emanar de Deus. É assim que a lei do Decálogo tem todos os caracteres de sua origem, enquanto as outras leis mosaicas, essencialmente transitórias, muitas vezes em contradição com a Lei do Sinai, são obra pessoal e política do legislador hebreu. Com o abrandamento dos costumes do povo, essas leis por si mesmas caíram em desuso, ao passo que o Decálogo ficou sempre de pé, como farol da Humanidade. Cristo[5] fez dele a base do seu edifício, abolindo as outras leis. Se estas fossem obra de Deus, seriam mantidas intactas. Cristo e Moisés foram os dois grandes reveladores que mudaram a face do mundo e nisso está a prova da sua missão divina. Uma obra puramente humana não teria tal poder.

11. Importante revelação se opera na época atual: a que nos mostra a possibilidade de nos comunicarmos com os seres do Mundo Espiritual. Não é novo, sem dúvida, esse conhecimento; mas ficara até agora, de certo modo, como letra morta, isto é, sem proveito para a Humanidade. A ignorância das leis que regem essas relações o abafara sob a superstição; o homem era incapaz de tirar daí qualquer dedução salutar. Estava reservado à nossa época desembaraçá-lo dos acessórios ridículos, compreender-lhe o alcance e dele fazer surgir a luz destinada a clarear o caminho do futuro.

12. O Espiritismo, dando-nos a conhecer o Mundo Invisível que nos cerca e no meio do qual vivíamos sem o suspeitarmos, as leis que o regem, suas relações com o mundo visível, a natureza e o estado dos seres que o habitam e, por conseguinte, o destino do homem após a morte, é uma verdadeira revelação, na acepção científica da palavra.

13. Por sua natureza, a revelação espírita tem duplo caráter: participa ao mesmo tempo da Revelação Divina e da revelação científica. Participa da primeira porque foi providencial o seu aparecimento e não o resultado da iniciativa, nem de um desígnio premeditado do homem;

---

[5] Nota do tradutor: Nem sempre Kardec antepõe o artigo "o" à palavra Cristo, ora grafando "Cristo", ora "o Cristo". Contudo, emprega invariavelmente a expressão "do Cristo", e não "de Cristo".

porque os pontos fundamentais da Doutrina provêm do ensino que deram os Espíritos encarregados por Deus de esclarecer os homens sobre coisas que eles ignoravam, que não podiam aprender por si mesmos e que lhes importa conhecer, já que hoje estão aptos a compreendê-las. Participa da segunda por não ser esse ensino privilégio de indivíduo algum, mas ministrado a todos do mesmo modo; por não serem os que o transmitem e os que o recebem seres *passivos*, dispensados do trabalho da observação e da pesquisa; por não renunciarem ao raciocínio e ao livre-arbítrio; porque não lhes é interdito o exame, mas, ao contrário, recomendado. Enfim, porque a Doutrina não foi *ditada completa, nem imposta à crença cega*; porque é deduzida, pelo trabalho do homem, da observação dos fatos que os Espíritos lhe põem sob os olhos e das instruções que lhe dão, instruções que ele estuda, comenta, compara, a fim de tirar ele próprio as consequências e aplicações. Em suma, *o que caracteriza a revelação espírita é o fato de ser divina a sua origem e da iniciativa dos Espíritos, sendo a sua elaboração fruto do trabalho do homem.*

14. Como meio de elaboração, o Espiritismo procede exatamente da mesma maneira que as ciências positivas, isto é, aplicando o método experimental. Quando fatos novos se apresentam, que não podem ser explicados pelas leis conhecidas, o Espiritismo os observa, compara, analisa e, remontando dos efeitos às causas, chega à lei que os preside; depois, lhes deduz as consequências e busca as aplicações úteis. *Não estabeleceu nenhuma teoria preconcebida*; assim, não apresentou como hipótese a existência e a intervenção dos Espíritos, nem o perispírito, nem a reencarnação, nem qualquer dos princípios da Doutrina. Concluiu pela existência dos Espíritos quando essa existência ressaltou evidente da observação dos fatos, procedendo de igual maneira quanto aos outros princípios. Não foram os fatos que vieram depois confirmar a teoria: a teoria é que veio subsequentemente explicar e resumir os fatos. É, pois, rigorosamente exato dizer-se que o Espiritismo é uma ciência de observação e não produto da imaginação.

15. Citemos um exemplo. Passa-se no Mundo dos Espíritos um fato muito singular, de que seguramente ninguém havia suspeitado: o de haver Espíritos que não se consideram mortos. Pois bem, os Espíritos Superiores, que conhecem perfeitamente esse fato, não vieram dizer previamente: "Há Espíritos que julgam viver ainda a vida terrestre, que conservaram seus gostos, costumes e instintos". Em vez disso, provocaram a manifestação de Espíritos desta categoria para que os observássemos. Tendo-se visto Espíritos incertos quanto ao seu estado, ou afirmando ainda serem deste mundo, julgando-se aplicados às suas ocupações habituais, deduziu-se a regra. A multiplicidade de fatos análogos provou que aquilo não era uma exceção, mas uma das fases da vida espírita, permitindo então estudar todas as variedades e as causas de tão singular ilusão, reconhecer que tal situação é sobretudo própria de Espíritos pouco adiantados moralmente e peculiar a certos gêneros de morte; que é temporária, podendo, no entanto, durar dias, meses e anos. Foi assim que a teoria nasceu da observação. Deu-se a mesma coisa com relação a todos os outros princípios da Doutrina.

16. Assim como a Ciência propriamente dita tem por objeto o estudo das leis do princípio material, o objeto especial do Espiritismo é o conhecimento das leis do princípio espiritual. Ora, como este último princípio é uma das forças da Natureza, a reagir incessantemente sobre o princípio material e reciprocamente, segue-se que o conhecimento de um não pode estar completo sem o conhecimento do outro; que o Espiritismo e a Ciência se completam mutuamente; que a Ciência, sem o Espiritismo, se acha impossibilitada de explicar certos fenômenos só pelas leis da matéria; que, por não ter levado em conta o princípio espiritual, a Ciência ainda se vê presa a tantas dificuldades. O Espiritismo, sem a Ciência, poderia equivocar-se, faltando-lhe apoio e controle. Se o Espiritismo tivesse vindo antes das descobertas científicas, teria malogrado, como tudo quanto surge antes do tempo.

17. Todas as ciências se encadeiam e se sucedem numa ordem racional; nascem umas das outras à medida que encontram um ponto de apoio nas ideias e conhecimentos anteriores. A Astronomia, uma das primeiras cultivadas, conservou os erros da infância até o momento em que a Física veio revelar a lei das forças dos agentes naturais; a Química, nada podendo sem a Física, teve de acompanhá-la de perto para depois marcharem de acordo, amparando-se uma à outra. A Anatomia, a Fisiologia, a Zoologia, a Botânica, a Mineralogia, só se tornaram ciências sérias com o auxílio das luzes que lhes trouxeram a Física e a Química. À Geologia, nascida ontem, sem a Astronomia, a Física, a Química e todas as outras ciências, teriam faltado elementos de vitalidade; ela só podia vir depois daquelas.

18. A ciência moderna refutou os quatro elementos primitivos dos antigos e, de observação em observação, chegou à concepção de um só *elemento gerador* de todas as transformações da matéria; mas a matéria, por si só, é inerte, não tem vida, nem pensamento nem sentimento; é preciso a sua união com o princípio espiritual. O Espiritismo não descobriu nem inventou este princípio, mas foi o primeiro a demonstrá-lo, por meio de provas irrecusáveis; estudou-o, analisou-o e tornou-lhe evidente a ação. Ao *elemento material*, juntou ele o *elemento espiritual*. *Elemento material* e *elemento espiritual*, eis os dois princípios, as duas forças vivas da Natureza. Pela união indissolúvel deles, facilmente se explica uma imensidão de fatos até então inexplicáveis.

Por sua própria essência e tendo por objeto o estudo de um dos dois elementos constitutivos do Universo, o Espiritismo toca forçosamente na maior parte das ciências; só podia vir depois da elaboração delas, sobretudo depois que tivessem provado sua incapacidade de explicar todas as coisas com o auxílio apenas das leis da matéria.

19. Acusam o Espiritismo de parentesco com a magia e a feitiçaria, esquecendo, porém, que a Astronomia tem por irmã mais velha a Astrologia judiciária, ainda não muito distante de nós; que a Química é filha da Alquimia, com a qual nenhum homem sensato ousaria ocupar-se hoje. Ninguém nega, no entanto, que na Astrologia e na Alquimia estivesse o gérmen das verdades de que saíram as ciências atuais. Apesar das suas fórmulas ridículas, a Alquimia encaminhou a descoberta dos corpos simples e da lei das afinidades. A Astrologia se apoiava na posição e no movimento dos astros que ela estudara; mas, ignorando as verdadeiras leis que regem o mecanismo do Universo, os astros eram, para

o vulgo, seres misteriosos aos quais a superstição atribuía uma influência moral e um senso revelador. Quando Galileu, Newton e Kepler tornaram conhecidas essas leis, quando o telescópio rasgou o véu e mergulhou nas profundezas do Espaço um olhar que algumas criaturas acharam indiscreto, os planetas apareceram como simples mundos semelhantes ao nosso e todo o castelo do maravilhoso desmoronou.

O mesmo se dá com o Espiritismo, relativamente à magia e à feitiçaria, que se apoiavam também na manifestação dos Espíritos, como a Astrologia no movimento dos astros; mas, ignorantes das leis que regem o Mundo Espiritual, elas misturavam, com essas relações, práticas e crenças ridículas, com as quais o moderno Espiritismo, fruto da experiência e da observação, nada tem a ver. Certamente, a distância que separa o Espiritismo da magia e da feitiçaria é maior do que a que existe entre a Astronomia e a Astrologia, a Química e a Alquimia. Querer confundi-las é provar que de nenhuma se sabe coisa alguma.

20. O simples fato de poder o homem comunicar-se com os seres do Mundo Espiritual traz consequências incalculáveis da mais alta gravidade; é todo um mundo novo que se nos revela e que tem tanto mais importância, quanto a ele hão de voltar todos os homens, sem exceção. O conhecimento de tal fato não pode deixar de acarretar, generalizando-se, profunda modificação nos costumes, caráter, hábitos, assim como nas crenças que tão grande influência exerceram sobre as relações sociais. É uma revolução completa a operar-se nas ideias, revolução tanto maior e mais poderosa por não se circunscrever a um povo, nem a uma casta, visto atingir simultaneamente, pelo coração, todas as classes, todas as nacionalidades, todos os cultos.

Razão há, pois, para que o Espiritismo seja considerado a terceira grande revelação. Vejamos em que diferem essas revelações e qual o laço que as liga entre si.

21. Moisés, como profeta, revelou aos homens o conhecimento de um Deus único, soberano Senhor e Criador de todas as coisas; promulgou a Lei do Sinai e lançou as bases da verdadeira fé; como homem, foi o legislador do povo pelo qual esta fé primitiva, depurando-se, havia de espalhar-se um dia por sobre a Terra inteira.

22. Cristo, tomando da antiga lei o que é eterno e divino, e rejeitando o que era transitório, puramente disciplinar e de concepção humana, acrescentou *a revelação da vida futura*, de que Moisés não falara, assim como a revelação das penas e recompensas que aguardam o homem depois da morte (veja-se a *Revista Espírita* de março e setembro de 1861, p. 90 e 280).[6]

23. A parte mais importante da revelação do Cristo, no sentido de fonte primeira, de pedra angular de toda a sua doutrina, é o ponto de vista inteiramente novo sob o qual Ele considera a Divindade. Esta já não é o Deus terrível, ciumento, vingativo, de Moisés; o Deus cruel e implacável que rega a terra com o sangue humano, que ordena o massacre e o extermínio dos povos, sem excetuar as mulheres, as crianças e os velhos, e que castiga aqueles que poupam as vítimas; já não é o Deus injusto, que pune um povo inteiro pela falta do seu chefe, que se vinga do culpado na pessoa do inocente, que fere os filhos pelas faltas dos pais; mas um Deus clemente, soberanamente justo e bom, cheio de mansidão e misericórdia, que perdoa ao pecador arrependido *e dá a cada um segundo as suas obras*. Já não é o Deus de um único povo privilegiado, *o Deus dos exércitos*, presidindo aos combates para sustentar a sua própria causa contra o deus dos outros povos, mas o pai comum do gênero humano, que estende a sua proteção por sobre todos os seus filhos e os chama todos a si; já não é o Deus que recompensa e pune só pelos bens da Terra, que faz consistir a glória e a felicidade na escravidão dos povos rivais e na multiplicidade da progenitura, mas sim um Deus que diz aos homens: "A vossa verdadeira pátria não é neste mundo, mas no Reino Celestial, lá onde os humildes de coração serão elevados e os orgulhosos serão humilhados". Já não é o Deus que faz da vingança uma virtude e ordena se retribua olho por olho, dente por dente; mas o Deus de misericórdia, que diz: "Perdoai as ofensas, se quiserdes ser perdoados; fazei o bem em troca do mal; não façais a outrem o que não quereis que vos façam". Já não é o Deus mesquinho e meticuloso, que impõe, sob as mais rigorosas

---

[6] Nota do tradutor: As páginas citadas ao longo desta tradução, relativas às obras básicas da Codificação Espírita e à *Revista Espírita*, referem-se às encontradas nos originais franceses correspondentes.

penas, o modo como quer ser adorado, que se ofende com a inobservância de uma fórmula; mas o Deus grande, que vê o pensamento e que não se honra com a forma. Enfim, já não é o Deus que quer ser temido, mas o Deus que quer ser amado.

24. Sendo Deus o eixo de todas as crenças religiosas e o objetivo de todos os cultos, *o caráter de todas as religiões é conforme à ideia que elas têm de Deus*. As religiões que fazem de Deus um ser vingativo e cruel julgam honrá-Lo com atos de crueldade, com fogueiras e torturas; as que têm um Deus parcial e cioso são intolerantes e mais ou menos meticulosas na forma, por O acreditarem mais ou menos contaminado das fraquezas e bagatelas humanas.

25. Toda a doutrina do Cristo se funda no caráter que Ele atribui à Divindade. Com um Deus imparcial, soberanamente justo, bom e misericordioso, Ele fez do amor de Deus e da caridade para com o próximo a condição expressa da salvação, dizendo: *nisto estão toda a lei e os profetas; não existe outra lei*. Sobre esta crença assentou o princípio da igualdade dos homens perante Deus e o da fraternidade universal.

Esta revelação dos verdadeiros atributos da Divindade, juntamente com a da imortalidade da alma e da vida futura, modificava profundamente as relações mútuas dos homens, impunha-lhes novas obrigações, fazia-os encarar a vida presente sob outro aspecto e tinha, por isso mesmo, de reagir contra os costumes e as relações sociais. É esse, incontestavelmente, por suas consequências, o ponto capital da revelação do Cristo, cuja importância não foi compreendida suficientemente e, é lamentável dizê-lo, é também o ponto de que a Humanidade mais se tem afastado, que mais tem ignorado na interpretação dos seus ensinos.

26. Entretanto, Cristo acrescenta: "Muitas das coisas que vos digo ainda não as podeis compreender, e muitas outras eu teria a dizer, que não compreenderíeis; é por isso que vos falo por parábolas; mais tarde, porém, *enviar-vos-ei o Consolador, o Espírito de Verdade, que restabelecerá todas as coisas e vo-las explicará todas*".

Se Cristo não disse tudo quanto deveria dizer, é que julgou conveniente deixar certas verdades na sombra até que os homens estivessem em condição de compreendê-las. Como Ele próprio o confessou, seu ensino era incompleto, visto anunciar a vinda daquele que deveria completá-lo; previra, pois, que suas palavras seriam desprezadas ou mal interpretadas, e que os homens se desviariam do seu ensino; em suma, que desfariam o que Ele fez, uma vez que todas as coisas hão de ser restabelecidas. Ora, só se *restabelece* aquilo que foi desfeito.

27. Por que Ele chama de *Consolador* ao novo messias? Este nome, significativo e sem ambiguidade, encerra toda uma revelação. Assim, Ele previra que os homens teriam necessidade de consolações, o que implica a insuficiência daquelas que eles achariam na crença que iam fundar. Talvez nunca Cristo fosse tão claro, tão explícito como nestas últimas palavras, às quais poucas pessoas deram a devida atenção, provavelmente porque evitaram esclarecê-las e aprofundar-lhes o sentido profético.

28. Se Cristo não pôde desenvolver o seu ensino de maneira completa, é que faltavam aos homens conhecimentos que eles só podiam adquirir com o tempo e sem os quais não o compreenderiam; há muitas coisas que teriam parecido absurdas no estado dos conhecimentos de então. Completar o seu ensino deve entender-se no sentido de *explicar* e *desenvolver*, e não no de juntar-lhe verdades novas, porque tudo nele se encontra em estado de gérmen; faltava a chave para se apreender o sentido de suas palavras.

29. Mas quem toma a liberdade de interpretar as Escrituras Sagradas? Quem tem esse direito? Quem possui as luzes necessárias senão os teólogos?

Quem se atreve? Primeiro, a Ciência, que não pede permissão a ninguém para dar a conhecer as Leis da Natureza e que salta sobre os erros e preconceitos. Quem tem esse direito? Neste século de emancipação intelectual [século XIX] e de liberdade de consciência, o direito de exame pertence a todos, e as escrituras não são mais a Arca Santa[7] na qual ninguém se atrevia a tocar com a ponta do dedo sem correr o risco de ser fulminado. Quanto às luzes especiais necessárias, sem contestar

---

[7] N.E.: Arca Santa ou Arca da Aliança: cofre em que os hebreus guardavam as Tábuas da Lei, feito por ordem de Moisés. Era todo guarnecido de lâminas de ouro e levado nas expedições militares como penhor da Proteção Divina.

as dos teólogos, por mais esclarecidos que fossem os da Idade Média e, em particular, os Pais da Igreja, eles, contudo, não o eram o bastante para não condenarem, como heresia, o movimento da Terra e a crença nos antípodas. Mesmo sem ir tão longe, os teólogos dos nossos dias não lançaram anátema à teoria dos períodos de formação da Terra?

Os homens só puderam explicar as Escrituras com o auxílio do que sabiam, das noções falsas e incompletas que tinham sobre as Leis da Natureza, mais tarde reveladas pela Ciência. Eis por que os próprios teólogos, de muita boa-fé, se enganaram sobre o sentido de certas palavras e fatos do Evangelho. Querendo a todo custo encontrar nele a confirmação de uma ideia preconcebida, giraram sempre no mesmo círculo, sem abandonar o seu ponto de vista, de tal sorte que só viam o que queriam ver. Por mais instruídos que fossem, eles não podiam compreender as causas dependentes de leis que lhes eram desconhecidas.

Mas quem julgará interpretações diversas e muitas vezes contraditórias, dadas fora do campo da Teologia? O futuro, a lógica e o bom senso. Os homens, cada vez mais esclarecidos, à medida que novos fatos e novas leis se forem revelando, saberão separar da realidade os sistemas utópicos. Ora, as ciências tornam conhecidas algumas leis; o Espiritismo revela outras; todas são indispensáveis à compreensão dos textos sagrados de todas as religiões, desde Confúcio e Buda até o Cristianismo. Quanto à Teologia, esta não poderá judiciosamente alegar contradições da Ciência, visto como também ela nem sempre está de acordo consigo mesma.

30. O Espiritismo, partindo das próprias palavras do Cristo, como este partiu das de Moisés, é consequência direta da sua doutrina.

À ideia vaga da vida futura, acrescenta a revelação da existência do Mundo Invisível que nos rodeia e povoa o Espaço, e com isso precisa a crença, dá-lhe um corpo, uma consistência, uma realidade à ideia.

Define os laços que unem a alma ao corpo e levanta o véu que ocultava aos homens os mistérios do nascimento e da morte.

Pelo Espiritismo, o homem sabe de onde vem, para onde vai, por que está na Terra, por que sofre temporariamente e vê por toda parte a Justiça de Deus.

Sabe que a alma progride incessantemente, por meio de uma série de existências sucessivas, até atingir o grau de perfeição que a aproxima de Deus.

Sabe que todas as almas, tendo um mesmo ponto de origem, são criadas iguais, com a mesma aptidão para progredir, em virtude do seu livre-arbítrio; que todas são da mesma essência e que não há diferença entre elas, senão quanto ao progresso realizado; que todas têm o mesmo destino e alcançarão o mesmo fim, mais ou menos rapidamente, conforme seu trabalho e boa vontade.

Sabe também que não há criaturas deserdadas, nem mais favorecidas umas do que outras; que Deus não privilegiou a criação de nenhuma delas, nem dispensou quem quer que fosse do trabalho imposto às outras para progredirem; que não há seres perpetuamente votados ao mal e ao sofrimento; que os que se designam pelo nome de *demônios* são Espíritos ainda atrasados e imperfeitos, que praticaram o mal na condição de Espíritos, como o fizeram na condição de homens, mas que se adiantarão e aperfeiçoarão; que os anjos ou Espíritos puros não são seres à parte na Criação, mas Espíritos que chegaram à meta depois de terem palmilhado a estrada do progresso; que, desse modo, não há criações múltiplas, nem diferentes categorias entre os seres inteligentes, mas que toda a Criação resulta da grande lei de unidade que rege o Universo e que todos os seres gravitam para um fim comum, que é a perfeição, sem que uns sejam favorecidos à custa de outros, visto serem todos filhos das suas próprias obras.

31. Pelas relações que agora pode estabelecer com aqueles que deixaram a Terra, o homem possui não só a prova material da existência e da individualidade da alma, como também compreende a solidariedade que liga os vivos aos mortos deste mundo, e os deste mundo aos dos outros planetas. Conhece a situação deles no Mundo dos Espíritos, acompanha-os em suas migrações, testemunha suas alegrias e penas; sabe por que são felizes ou infelizes e a sorte que os aguarda, conforme o bem ou o mal que fizerem. Essas relações iniciam o homem na vida futura, que ele pode observar em todas as suas fases, em todas as suas

peripécias; o futuro já não é uma vaga esperança, mas um fato positivo, uma certeza matemática. Desde então, a morte nada mais tem de aterrador, por lhe ser a libertação, a porta da verdadeira vida.

32. Pelo estudo da situação dos Espíritos, o homem sabe que a felicidade e a infelicidade na Vida Espiritual são inerentes ao grau de perfeição e de imperfeição; que cada um sofre as consequências diretas e naturais de suas faltas, ou, por outra, que é punido no que pecou; que essas consequências duram tanto quanto a causa que as produziu; que, por conseguinte, o culpado sofreria eternamente se persistisse sempre no mal, mas que o sofrimento cessa com o arrependimento e a reparação. Ora, como depende de cada qual o seu aperfeiçoamento, todos podem, em virtude do livre-arbítrio, prolongar ou abreviar seus sofrimentos, como o doente sofre, pelos seus excessos, enquanto não lhes põe termo.

33. Se a razão repele, como incompatível com a bondade de Deus, a ideia das penas irremissíveis, perpétuas e absolutas, muitas vezes infligidas por uma única falta; se também repele a dos suplícios do inferno, que não podem ser minorados nem sequer pelo arrependimento mais ardente e mais sincero, a mesma razão se inclina diante dessa justiça distributiva e imparcial, que leva tudo em conta, que nunca fecha a porta ao arrependimento e estende constantemente a mão ao náufrago, em vez de o empurrar para o abismo.

34. A pluralidade das existências, cujo princípio Cristo estabeleceu no Evangelho, sem, todavia, o definir como a muitos outros, é uma das leis mais importantes reveladas pelo Espiritismo, visto demonstrar a sua realidade e a necessidade para o progresso. Com esta lei, o homem explica todas as aparentes anomalias da vida humana; as diferenças de posição social; as mortes prematuras que, sem a reencarnação, tornariam inúteis para a alma as vidas de curta duração; a desigualdade de aptidões intelectuais e morais, pela ancianidade do Espírito, que mais ou menos viveu, mais ou menos aprendeu e progrediu, e que traz, renascendo, o que adquiriu em suas existências anteriores (item 5).

35. Com a doutrina da criação da alma no instante do nascimento, cai-se no sistema das criações privilegiadas; os homens são estranhos

uns aos outros e nada os liga; os laços de família são puramente carnais; não são de nenhum modo solidários com um passado em que não existiam; com a doutrina do nada após a morte, todas as relações cessam com a vida e, assim, os seres humanos não são solidários no futuro. Pela reencarnação, são solidários no passado e no futuro e, como as suas relações se perpetuam, tanto no Mundo Espiritual como no corpóreo, a fraternidade tem por base as próprias Leis da Natureza; o bem tem um objetivo, e o mal, consequências inevitáveis.

36. Com a reencarnação desaparecem os preconceitos de raças e de castas, pois o mesmo Espírito pode tornar a nascer rico ou pobre, grande senhor ou proletário, chefe ou subordinado, livre ou escravo, homem ou mulher. De todos os argumentos invocados contra a injustiça da servidão e da escravidão, contra a sujeição da mulher à lei do mais forte, nenhum há que prime, em lógica, ao fato material da reencarnação. Se, pois, a reencarnação firma numa Lei da Natureza o princípio da fraternidade universal, também firma na mesma lei o da igualdade dos direitos sociais e, por conseguinte, o da liberdade.[8]

Os homens não nascem inferiores e subordinados senão pelo corpo; pelo Espírito, são iguais e livres. Daí o dever de tratar os inferiores com bondade, benevolência e humanidade, porque o que hoje é nosso subordinado pode ter sido nosso igual ou nosso superior, talvez um parente ou um amigo, e que venhamos a ser, por nossa vez, o subordinado daquele a quem comandamos.

37. Tirai ao homem o espírito livre e independente, sobrevivente à matéria, e fareis dele uma simples máquina organizada, sem finalidade nem responsabilidade, sem outro freio além da lei civil e *apta a ser explorada* como um animal inteligente. Nada esperando depois da morte, tudo faz para aumentar os gozos do presente; se sofre, só tem a perspectiva do desespero e o nada como refúgio. Com a certeza do futuro, com a convicção de encontrar novamente aqueles a quem amou e com o *temor de reencontrar aqueles a quem ofendeu*, todas as suas ideias mudam. Ainda que o Espiritismo só servisse para libertar o homem da dúvida quanto à vida

---

[8] N.E.: Ver *Nota explicativa*, p. 865.

futura, já teria feito mais pelo seu aperfeiçoamento moral do que todas as leis disciplinares, que o detêm algumas vezes, mas que não o transformam.

38. Sem a preexistência da alma, a doutrina do pecado original não somente é inconciliável com a Justiça de Deus, como tornaria todos os homens responsáveis pela falta de um só; seria um contrassenso, e tanto menos justificável porque a alma não existia na época em que se pretende fazer remontar a sua responsabilidade. Com a preexistência e a reencarnação o homem traz, ao renascer, o gérmen das suas imperfeições passadas, dos defeitos de que não se corrigiu e que se traduzem pelos instintos naturais e pelos pendores para tal ou qual vício. É esse o seu verdadeiro pecado original, cujas consequências naturalmente sofre, mas com a diferença capital de que sofre a pena das suas próprias faltas, e não a pena das faltas cometidas por outrem; e com a outra diferença, ao mesmo tempo consoladora, animadora e soberanamente equitativa, segundo a qual cada existência lhe oferece os meios de se redimir pela reparação e de progredir, quer se despojando de alguma imperfeição, quer adquirindo novos conhecimentos, até que, suficientemente depurado, não mais necessite da vida corpórea e possa viver exclusivamente a Vida Espiritual, eterna e bem-aventurada.

Pela mesma razão, aquele que progrediu moralmente traz, ao renascer, qualidades naturais, como o que progrediu intelectualmente traz ideias inatas. Identificado com o bem, pratica-o sem esforço, sem cálculo e, por assim dizer, sem pensar. Aquele que é obrigado a combater suas más tendências vive ainda em luta; o primeiro já venceu, o segundo está prestes a vencer. Existe, pois, a *virtude original*, como existe o *saber original*, e o *pecado* ou, melhor, o *vício original*.

39. O Espiritismo experimental estudou as propriedades dos fluidos espirituais e a ação deles sobre a matéria. Demonstrou a existência do *perispírito*, suspeitado desde a Antiguidade por *Paulo* sob o nome de *corpo espiritual*, isto é, corpo fluídico da alma, após a destruição do corpo tangível. Sabe-se hoje que esse envoltório é inseparável da alma, forma um dos elementos constitutivos do ser humano, é o veículo da transmissão do pensamento e, durante a vida do corpo, serve de laço entre o espírito e a matéria. O

perispírito representa importantíssimo papel no organismo e numa porção de afecções que se ligam à Fisiologia, assim como à Psicologia.

40. O estudo das propriedades do perispírito, dos fluidos espirituais e dos atributos fisiológicos da alma abre novos horizontes à Ciência e dá a solução de uma série de fenômenos incompreendidos até agora, por falta do conhecimento da lei que os rege, fenômenos negados pelo materialismo por se prenderem à espiritualidade, e qualificados por milagres ou sortilégios, conforme as crenças. Tais são, entre outros, o fenômeno da dupla vista, da visão a distância, do sonambulismo natural e artificial, dos efeitos psíquicos da catalepsia e da letargia, da presciência, dos pressentimentos, das aparições, das transfigurações, da transmissão do pensamento, da fascinação, das curas instantâneas, das obsessões e possessões etc. Demonstrando que esses fenômenos repousam em Leis Naturais, como os fenômenos elétricos, e em que condições normais se podem produzir, o Espiritismo destrói o império do maravilhoso e do sobrenatural e, por conseguinte, a fonte da maior parte das superstições. Se leva à crença na possibilidade de certas coisas consideradas por alguns como quiméricas, também impede que se creia em muitas outras, ao demonstrar a sua impossibilidade e irracionalidade.

41. Longe de negar ou destruir o Evangelho, o Espiritismo vem, ao contrário, confirmar, explicar e desenvolver, pelas novas Leis da Natureza, que revela, tudo quanto o Cristo disse e fez; elucida os pontos obscuros do ensino cristão, de tal sorte que aqueles para quem eram ininteligíveis certas partes do Evangelho, ou pareciam *inadmissíveis*, as compreendem e admitem, sem dificuldade, com o auxílio desta doutrina; veem melhor o seu alcance e podem distinguir entre a realidade e a alegoria; Cristo lhes parece maior: já não é simplesmente um filósofo, mas um Messias Divino.

42. Além disso, se se considerar o poder moralizador do Espiritismo, pela finalidade que confere a todas as ações da vida, por tornar quase tangíveis as consequências do bem e do mal, pela força moral, a coragem e as consolações que dá nas aflições, mediante inalterável confiança no futuro, pela ideia de ter, cada um, perto de si os seres a quem amou, a certeza de os rever, a possibilidade de conversar com eles; enfim,

pela certeza de que tudo quanto se fez, quanto se adquiriu em inteligência, sabedoria, moralidade, *até a última hora da vida*, não fica perdido, que tudo aproveita ao adiantamento do Espírito, reconhece-se que o Espiritismo realiza todas as promessas do Cristo a respeito do *Consolador* anunciado. Ora, como é o *Espírito de Verdade* que preside ao grande movimento regenerador, a promessa do seu advento se acha por essa forma cumprida, porque, de fato, é ele o verdadeiro *Consolador*.[9]

43. Se a estes resultados adicionarmos a rapidez prodigiosa da propagação do Espiritismo, apesar de tudo quanto têm feito para abatê-lo, não se poderá negar que a sua vinda seja providencial, visto que ele triunfa sobre todas as forças e contra a má vontade dos homens. A facilidade com que é aceito por tão grande número de pessoas, sem constrangimento, apenas pelo poder da ideia, prova que ele corresponde a uma necessidade, qual a de crer o homem em alguma coisa para encher o vácuo aberto pela incredulidade e que, portanto, veio no momento preciso.

44. São em grande número os aflitos. Não é, pois, de admirar que tanta gente acolha uma doutrina que consola de preferência às que levam ao desespero, porque aos deserdados, mais que aos felizes do mundo, é que o Espiritismo se dirige. O doente vê chegar o médico com maior satisfação do que aquele que está bem de saúde; ora, os aflitos são os doentes e o Consolador é o médico.

Vós, que combateis o Espiritismo, se quereis que o abandonemos para vos seguir, dai-nos mais e melhor do que ele; curai com mais

---

[9] Nota de Allan Kardec: Muitos pais de família deploram a morte prematura dos filhos, para a educação dos quais fizeram grandes sacrifícios, e dizem consigo mesmos que nada disso lhes aproveitou. Com o Espiritismo não lamentariam esses sacrifícios e estariam prontos a fazê-los, mesmo com a certeza de que veriam morrer seus filhos, porque sabem que se estes não a aproveitam na vida presente, essa educação servirá, primeiro que tudo, para o seu adiantamento espiritual; além disso, serão aquisições novas para outra existência e, quando voltarem a este mundo, terão um patrimônio intelectual que os tornará mais aptos a adquirirem novos conhecimentos. Tais são essas crianças que trazem, ao nascer, ideias inatas, sabendo, por assim dizer, sem precisarem aprender. Se os pais não têm a satisfação imediata de ver os filhos aproveitarem da educação que lhes deram, gozá-lo-ão certamente mais tarde, quer como Espíritos, quer como homens. Talvez sejam eles de novo os pais desses mesmos filhos, que se apresentam como afortunadamente dotados pela natureza e que devem as suas aptidões a uma educação precedente. Assim também se os filhos se desviam para o mal, pela negligência dos pais, estes podem vir a sofrer mais tarde desgostos e pesares que aqueles lhes suscitarão em novas existências (*O evangelho segundo o espiritismo*, cap. V, it. 21 [Perda de pessoas amadas] Mortes prematuras).

segurança as feridas da alma. Dai, pois, mais consolações, mais satisfações ao coração, esperanças mais legítimas, maiores certezas; fazei do futuro um quadro mais racional, mais sedutor; porém, não julgueis vencê-lo com a perspectiva do nada, com a alternativa das chamas do inferno ou com a inútil contemplação perpétua.

45. A primeira revelação teve a sua personificação em Moisés, a segunda no Cristo, mas a terceira não tem indivíduo algum a personificá-la. As duas primeiras foram individuais, a terceira é coletiva; aí está um caráter essencial de grande importância. Ela é coletiva no sentido de não ser feita ou dada como privilégio a pessoa alguma; ninguém, por conseguinte, pode arrogar-se como seu profeta exclusivo. Foi espalhada simultaneamente por sobre toda a Terra, a milhões de pessoas, de todas as idades, tempos e condições, desde a mais baixa até a mais alta da escala, conforme esta predição registrada pelo autor dos *Atos dos apóstolos* [2:17 e 18]: "Nos últimos tempos, disse o Senhor, derramarei do meu espírito sobre toda a carne; os vossos filhos e filhas profetizarão, vossos jovens terão visões e vossos velhos sonharão". Ela não proveio de nenhum culto especial, a fim de servir um dia a todos de ponto de ligação.[10]

46. As duas primeiras revelações, sendo fruto do ensino pessoal, ficaram forçosamente localizadas, isto é, apareceram num só ponto, em torno do qual a ideia se propagou pouco a pouco; mas foram precisos muitos séculos para que atingissem as extremidades do mundo, sem mesmo o invadirem completamente. A terceira tem isto de particular:

---

[10] Nota de Allan Kardec: O nosso papel pessoal no grande movimento de ideias que se prepara pelo Espiritismo e que já começa a operar-se é o de um observador atento, que estuda os fatos para lhes descobrir a causa e tirar-lhes as consequências. Confrontamos todos os que nos têm sido possível reunir, comparamos e comentamos as instruções dadas pelos Espíritos em todos os pontos do globo e depois coordenamos metodicamente o conjunto; em suma, estudamos e demos ao público o fruto das nossas pesquisas, sem atribuirmos aos nossos trabalhos valor maior do que o de uma obra filosófica deduzida da observação e da experiência, sem nunca nos considerarmos chefe da Doutrina, nem procurarmos impor nossas ideias a quem quer que seja. Publicando-as, usamos de um direito comum, e aqueles que as aceitaram o fizeram livremente. Se essas ideias acharam numerosas simpatias, é porque tiveram a vantagem de corresponder às aspirações de grande número de pessoas, mas disso não nos envaidecemos de modo algum, visto que a sua origem não nos pertence. O nosso maior mérito é a perseverança e a dedicação à causa que abraçamos. Em tudo isso, fizemos o que outro qualquer poderia ter feito em nosso lugar, razão pela qual nunca tivemos a pretensão de nos julgarmos profeta, nem, ainda menos, de nos apresentarmos como tal.

não sendo personificada em um só indivíduo, surgiu simultaneamente em milhares de pontos diferentes, que se tornaram centros ou focos de irradiação. Multiplicando-se esses centros, seus raios se reúnem pouco a pouco, como os círculos formados por uma imensidade de pedras lançadas na água, de tal sorte que, em dado tempo, acabarão por cobrir toda a superfície do globo.

Essa é uma das causas da rápida propagação da Doutrina. Se ela tivesse surgido num só ponto, se fosse obra exclusiva de um homem, teria formado seitas em torno dela e talvez decorresse meio século sem que atingisse os limites do país onde começara, ao passo que, após dez anos, já fincou balizas de um polo a outro.

47. Esta circunstância, nunca vista na história das doutrinas, lhe dá força excepcional e irresistível poder de ação. De fato, se a perseguirem num ponto, em determinado país, será materialmente impossível que a persigam em toda parte e em todos os países. Dificultem-lhe a marcha em um lugar e haverá mil outros em que florescerá. Ainda mais: se a ferirem num indivíduo, não poderão feri-la nos Espíritos, que são a fonte de onde ela promana. Ora, como os Espíritos estão em toda parte e existirão sempre, se, por um acaso impossível, conseguissem sufocá-la em todo o globo, ela reapareceria pouco tempo depois, porque repousa sobre *um fato que está na natureza* e não se podem suprimir as Leis da Natureza. Eis aí o de que devem convencer-se aqueles que sonham com o aniquilamento do Espiritismo (*Revista Espírita*, fev. 1865, p. 38: *Perpetuidade do Espiritismo*).

48. Entretanto, disseminados os centros, poderiam ainda permanecer por muito tempo isolados, confinados como estão alguns em países longínquos. Faltava entre eles uma ligação que os pusesse em comunhão de ideias com seus irmãos em crença, informando-os do que se fazia em outros lugares. Esse traço de união, que na Antiguidade teria faltado ao Espiritismo, hoje existe nas publicações que vão a toda parte, condensando, sob uma forma única, concisa e metódica, o ensino dado universalmente sob formas múltiplas e nas diversas línguas.

49. As duas primeiras revelações só podiam resultar de um ensino direto; como os homens não estivessem ainda bastante adiantados a fim

de concorrerem para a sua elaboração, elas tinham que ser impostas pela fé, sob a autoridade da palavra do Mestre.

Contudo, notam-se entre as duas bem sensível diferença, devida ao progresso dos costumes e das ideias, embora feitas ao mesmo povo e no mesmo meio, mas com dezoito séculos de intervalo. A doutrina de Moisés é absoluta, despótica; não admite discussão e se impõe ao povo pela força. A de Jesus é essencialmente *conselheira*; é livremente aceita e só se impõe pela persuasão; foi controvertida desde o tempo do seu fundador, que não desdenhava de discutir com os seus adversários.

50. A Terceira Revelação, vinda numa época de emancipação e de maturidade intelectual, em que a inteligência, já desenvolvida, não se conforma em representar um papel passivo, em que o homem nada aceita às cegas, mas, ao contrário, quer ver aonde o conduzem, quer saber o porquê e o como de cada coisa, tinha que ser ao mesmo tempo o produto de um ensino e o fruto do trabalho, da pesquisa e do livre-exame. Os Espíritos só ensinam o que é preciso para guiar o homem no caminho da verdade, mas se abstêm de revelar o que ele pode descobrir por si mesmo, deixando-lhe o cuidado de discutir, controlar e submeter tudo ao crivo da razão, deixando mesmo, muitas vezes, que adquira experiência à própria custa. Os Espíritos fornecem-lhe o princípio, os materiais, cabendo a ele aproveitá-los e pô-los em prática (item 15).

51. Tendo sido os elementos da revelação espírita ministrados simultaneamente em muitos pontos, a homens de todas as condições sociais e de diversos graus de instrução, é claro que as observações não podiam ser feitas em toda parte com o mesmo resultado; que as consequências a tirar, a dedução das leis que regem esta ordem de fenômenos, em suma, a conclusão sobre a qual haviam de firmar-se as ideias não podiam sair senão do conjunto e da correlação dos fatos. Ora, cada centro isolado, circunscrito dentro de um círculo restrito, não vendo na maioria das vezes mais que uma ordem particular de fatos, não raro contraditórios na aparência, geralmente lidando com a mesma categoria de Espíritos e, além disso, embaraçados por influências locais e pelo espírito de partido, se achava na impossibilidade material de abranger o conjunto e, por isso mesmo, incapaz de conjugar as observações isoladas a um princípio comum. Apreciando cada um os fatos sob o ponto de vista dos seus conhecimentos e crenças anteriores, ou da opinião particular dos Espíritos que se manifestam, bem cedo teriam surgido tantas teorias e sistemas quantos fossem os centros, todos incompletos por falta de elementos de comparação e exame. Numa palavra, cada um se teria imobilizado na sua revelação parcial, julgando possuir toda a verdade, ignorando que em cem outros lugares se obtinha mais ou melhor.

52. Além disso, convém notar que em parte alguma o ensino espírita foi dado de maneira completa. Ele diz respeito a tão grande número de observações, a assuntos tão diferentes, exigindo conhecimentos e aptidões mediúnicas especiais, que seria impossível se acharem reunidas num mesmo ponto todas as condições necessárias. Tendo o ensino que ser coletivo e não individual, os Espíritos dividiram o trabalho, disseminando os assuntos de estudo e observação, do mesmo modo como, em algumas fábricas, a confecção de cada parte de um mesmo objeto é repartida por diversos operários.

A revelação fez-se assim parcialmente, em diversos lugares e por uma multidão de intermediários, e é dessa maneira que prossegue ainda, pois nem tudo foi revelado. Cada centro encontra nos outros centros o complemento do que obtém, e foi o conjunto, a coordenação de todos os ensinos parciais, que constituíram a *Doutrina Espírita*.

Era, pois, necessário agrupar os fatos esparsos para se lhes verificar a correlação, reunir os documentos diversos, as instruções dadas pelos Espíritos sobre todos os pontos e sobre todos os assuntos, a fim de compará-las, analisá-las, estudar as suas analogias e diferenças. Vindo as comunicações de Espíritos de todas as ordens, mais ou menos esclarecidos, era preciso apreciar o grau de confiança que a razão permitia conceder-lhes, distinguir as ideias sistemáticas individuais ou isoladas das que tinham a sanção do ensino geral dos Espíritos; as utopias das ideias práticas; afastar as que eram notoriamente desmentidas pelos dados da ciência positiva e da lógica, utilizar igualmente os erros, as informações fornecidas pelos Espíritos, mesmo os da mais baixa categoria, para conhecimento do estado

Capítulo I
Caracteres da revelação espírita

do Mundo Invisível e formar com isso um todo homogêneo. Era preciso, em suma, um centro de elaboração, independentemente de qualquer ideia preconcebida, de todo prejuízo de seita, *resolvido a aceitar a verdade tornada evidente, embora contrária às opiniões pessoais*. Este centro se formou por si mesmo, pela força das coisas e *sem desígnio premeditado*.[11]

53. De todas essas coisas resultou dupla corrente de ideias: umas se dirigindo das extremidades para o centro; outras se encaminhando do centro para a periferia. Desse modo, a Doutrina caminhou rapidamente para a unidade, apesar da diversidade das fontes de onde emanou; os sistemas diversos ruíram pouco a pouco, devido ao isolamento em que ficaram, diante do ascendente da opinião da maioria, por não encontrar repercussão simpática. Desde então, uma comunhão de pensamentos se estabeleceu entre os diversos centros parciais. Falando a mesma linguagem espiritual, eles se entendem e estimam, de um extremo a outro do mundo.

Sentindo-se mais fortes, os espíritas lutaram com mais coragem, caminharam com passo mais firme, desde que não mais se viram isolados, desde que sentiram um ponto de apoio, um laço a prendê-los à grande família. Os fenômenos que presenciavam já não lhes pareciam singulares, anormais, contraditórios, desde que puderam conjugá-los a

---

[11] Nota de Allan Kardec: *O livro dos espíritos*, a primeira obra que levou o Espiritismo a ser considerado de um ponto de vista filosófico, pela dedução das consequências morais dos fatos; que abordou todas as partes da Doutrina, tocando nas questões mais importantes que ela suscita, foi, desde o seu aparecimento, o ponto de união para o qual convergiram espontaneamente os trabalhos individuais. É notório que da publicação desse livro data a era do Espiritismo filosófico, que até então era conservado no domínio das experiências curiosas. Se esse livro conquistou as simpatias da maioria é que exprimia os sentimentos dela, correspondia às suas aspirações e encerrava também a confirmação e a explicação racional do que cada um obtinha em particular. Se estivesse em desacordo com o ensino geral dos Espíritos, teria caído no descrédito e no esquecimento. Ora, qual foi aquele ponto de convergência? Não foi o homem, que nada vale por si mesmo, que morre e desaparece, mas a ideia, que não perece quando emana de uma fonte superior ao homem.

Essa espontânea concentração de forças dispersas suscitou uma amplíssima correspondência, monumento único no mundo, quadro vivo da verdadeira história do Espiritismo moderno, em que se refletem ao mesmo tempo os trabalhos parciais, os sentimentos múltiplos que a Doutrina fez nascer, os resultados morais, as dedicações e os desfalecimentos; arquivos preciosos para a posteridade, que poderá julgar os homens e as coisas por meio de documentos autênticos. Em face desses testemunhos irrecusáveis, a que se reduzirão, com o tempo, todas as falsas alegações, as difamações da inveja e do ciúme?

leis gerais de harmonia, perceber, num piscar de olhos, toda a obra e descobrir um fim grandioso e humanitário em todo o conjunto.[12]

Mas como saber se um princípio é ensinado por toda parte ou se resulta apenas de uma opinião individual? Não estando os grupos isolados em condições de saber o que se diz alhures, era de todo necessário que um centro reunisse todas as instruções para proceder a uma espécie de depuração das vozes e transmitir a todos a opinião da maioria.[13]

54. Não existe nenhuma ciência que haja saído prontinha do cérebro de um homem. Todas, sem exceção, são fruto de observações sucessivas, apoiadas em observações precedentes, como sobre um ponto conhecido para chegar ao desconhecido. Foi assim que os Espíritos procederam com relação ao Espiritismo, razão por que é gradativo o ensino que ministram; eles só abordam as questões à medida que os princípios sobre os quais hajam de apoiar-se estejam suficientemente elaborados

---

[12] Nota de Allan Kardec: Um testemunho significativo, tão notável quão tocante dessa comunhão de ideias que se estabeleceu entre os espíritas, pela conformidade de suas crenças, são os pedidos de preces que nos chegam das regiões mais distantes, desde o Peru até as extremidades da Ásia, feitos por pessoas de religiões e nacionalidades diversas e as quais nunca vimos. Não é isso um prelúdio da grande unificação que se prepara? Não é a prova de que por toda parte o Espiritismo lança fortes raízes?

É digno de nota que, de todos os grupos que se têm formado com a intenção premeditada de provocar cisão, proclamando princípios divergentes, assim como aqueles que, apoiando-se em razões de amor-próprio ou de outras quaisquer, para não parecer que se submetem à lei comum, se consideram bastante fortes para caminhar sozinhos, dotados de luzes suficientes para dispensarem conselhos, nenhum chegou a constituir uma ideia que fosse preponderante e viável; todos se extinguiram e/ou vegetaram na sombra. Nem poderia ser de outro modo, visto como, para se exalçarem, em vez de se esforçarem por proporcionar maior soma de satisfações, esses grupos discordantes rejeitavam princípios da Doutrina, justamente o que de mais atraente há nela, o que de mais consolador e de mais racional ela contém. Se tivessem compreendido a força dos elementos morais que lhe constituem a unidade, não se teriam embalado com ilusões quiméricas. Mas, tomando como se fosse o universo o pequeno círculo que constituíam, não viram nos novos adeptos mais que uma camarilha facilmente derrubável por outra camarilha. Era equivocar-se de modo singular no tocante aos caracteres essenciais da Doutrina, e esse erro só podia acarretar decepções. Em lugar de romperem a unidade, quebraram o único laço que lhes podia dar força e vida. (Veja-se *Revista Espírita*, abril de 1866, p. 106 e 111: *O Espiritismo sem os Espíritos; O Espiritismo independente*).

[13] Nota de Allan Kardec: É esse o objetivo das nossas publicações, que podem ser consideradas o resultado de um trabalho de despojamento e renúncia. Nelas, todas as opiniões são discutidas, mas as questões somente são apresentadas em forma de princípios depois de haverem recebido a consagração de todos os controles, os quais, só eles, lhes podem imprimir força de lei e permitir afirmações categóricas. Eis por que não preconizamos levianamente nenhuma teoria e é nisso exatamente que a Doutrina, decorrendo do ensino geral, não representa produto de um sistema preconcebido. É isso que constitui a sua força e o que lhe garante o futuro.

Capítulo I
Caracteres da revelação espírita

e bastante amadurecida a opinião para os assimilar. É mesmo de notar-se que, de todas as vezes que os centros particulares quiseram tratar de questões prematuras, obtiveram apenas respostas contraditórias, nada concludentes. Quando, ao contrário, chega o momento favorável, o ensino se generaliza e se unifica na quase generalidade dos centros.

Há, todavia, capital diferença entre a marcha do Espiritismo e a das ciências: a de que estas não atingiram o ponto em que chegaram senão após longos intervalos, ao passo que bastaram alguns anos ao Espiritismo, quando não a alcançar o ponto culminante, pelo menos a recolher uma soma de observações bem grande para constituir uma doutrina. Deve-se esse fato à inumerável multidão de Espíritos que, por vontade de Deus, se manifestaram simultaneamente, trazendo cada um o contingente de seus conhecimentos. Resultou daí que todas as partes da Doutrina, em vez de serem elaboradas sucessivamente durante séculos, o foram quase ao mesmo tempo, em alguns anos apenas, e que bastou reuni-las para que estruturassem um todo.

Quis Deus que fosse assim, primeiro para que o edifício chegasse mais rapidamente ao fim; em seguida, para que se pudesse, por meio da comparação, ter um controle, a bem dizer imediato e permanente, da universalidade do ensino, visto que nenhuma de suas partes tem valor nem *autoridade*, a não ser pela sua conexão com o conjunto, devendo todas harmonizar-se, colocado cada um no devido lugar e vindo cada qual a seu tempo.

Não confiando a um único Espírito o encargo de promulgar a Doutrina, quis Deus, também, que tanto o menor quanto o maior, entre os Espíritos como entre os homens, trouxesse sua pedra para o edifício, a fim de estabelecer entre eles um laço de solidariedade cooperativa, que faltou a todas as doutrinas oriundas de um tronco único.

Por outro lado, dispondo todo Espírito, como todo homem, apenas de limitada soma de conhecimentos, não estavam aptos, individualmente, a tratar *ex-professo* das inúmeras questões que o Espiritismo envolve. É por isso também que a Doutrina, em cumprimento aos desígnios do Criador, não podia ser obra de um só Espírito nem de um só médium. Tinha que sair da coletividade dos trabalhos, controlados uns pelos outros.[14]

55. Um último caráter da revelação espírita, a ressaltar das próprias condições em que ela se produz, é que, apoiando-se em fatos, tem que ser, e não pode deixar de ser, essencialmente progressiva, como todas as ciências de observação. Por sua essência, ela contrai aliança com a Ciência que, sendo a exposição das Leis da Natureza, com relação a certa ordem de fatos, não pode ser contrária à vontade de Deus, autor daquelas Leis. *As descobertas da Ciência, longe de o rebaixarem, glorificam a Deus; apenas destroem o que os homens edificaram sobre as falsas ideias que formaram de Deus.*

O Espiritismo, pois, não estabelece como princípio absoluto senão o que se acha evidentemente demonstrado, ou o que ressalta logicamente da observação. Reportando-se a todos os ramos da economia social, ao qual dá o apoio das suas próprias descobertas, assimilará sempre todas as doutrinas progressivas, de qualquer ordem que sejam, desde que hajam assumido o estado de *verdades práticas* e abandonado o domínio da utopia, sem o que ele se suicidaria. Deixando de ser o que é, mentiria à sua origem e ao seu fim providencial. *Caminhando de par com o progresso, o Espiritismo jamais será ultrapassado, porque, se novas descobertas lhe demonstrassem estar em erro acerca de um ponto qualquer, ele se modificaria nesse ponto. Se uma verdade nova se revelar, ele a aceitará.*[15]

56. Qual a utilidade da doutrina moral dos Espíritos, uma vez que não difere da do Cristo? Precisa o homem de uma revelação? Não pode achar em si próprio tudo o que lhe é necessário para conduzir-se?

---

[14] Nota de Allan Kardec: Veja-se, em *O evangelho segundo o espiritismo*, Introdução, it. II, e *Revista Espírita*, abril de 1864, p. 99: Autoridade da Doutrina Espírita – *Controle universal do ensino dos Espíritos*.

[15] Nota de Allan Kardec: Diante de declarações tão claras e tão categóricas, como as que estão contidas neste capítulo, caem por terra todas as alegações de tendência ao absolutismo e à autocracia dos princípios, bem como todas as falsas assimilações que algumas pessoas prevenidas ou mal informadas emprestam à Doutrina. Essas declarações, aliás, não são novas; temo-las repetido muitíssimas vezes nos nossos escritos, para que não paire nenhuma dúvida a tal respeito. Além disso, elas nos mostram o verdadeiro papel que nos cabe, único que ambicionamos: o de mero trabalhador.

Capítulo I
Caracteres da revelação espírita

Do ponto de vista moral, é fora de dúvida que Deus outorgou ao homem um guia, que é a sua consciência, a dizer-lhe: "Não façais aos outros o que não gostaríeis que eles vos fizessem". Certamente a moral natural está inscrita no coração dos homens; porém, saberão todos lê-la nesse livro? Nunca lhe desprezaram os sábios preceitos? Que fizeram da moral do Cristo? Como a praticam aqueles mesmos que a ensinam? Não se terá tornado letra morta, bela teoria, boa para os outros e não para si? Reprovareis que um pai repita a seus filhos dez vezes, cem vezes as mesmas instruções, desde que eles não as sigam? Por que Deus faria menos do que um pai de família? Por que não enviaria, de vez em quando, mensageiros especiais aos homens, para lhes lembrar os deveres e reconduzi-los ao bom caminho, quando deste se afastam? Por que não abrir os olhos da inteligência aos que os trazem fechados, assim como os homens mais adiantados enviam missionários aos selvagens e aos bárbaros?

A moral que os Espíritos ensinam é a do Cristo, em virtude de não haver outra melhor. Mas, então, de que serve o ensino deles, se apenas repetem o que já sabemos? Outro tanto se poderia dizer da moral do Cristo, ensinada quinhentos anos antes por Sócrates e Platão em termos quase idênticos. O mesmo se poderia dizer também de todos os moralistas, que nada mais fazem do que repetir a mesma moral em todos os tons e sob todas as formas. Pois bem! *Os Espíritos vêm, muito simplesmente, aumentar o número dos moralistas*, com a diferença de que, manifestando-se por toda parte, tanto se fazem ouvir na choupana como no palácio, tanto pelos ignorantes como pelos instruídos.

O que o ensino dos Espíritos acrescenta à moral do Cristo é o conhecimento dos princípios que regem as relações entre os mortos e os vivos, princípios que completam as noções vagas que se tinham da alma, de seu passado e de seu futuro, dando por sanção à doutrina cristã as próprias Leis da Natureza. Com o auxílio das novas luzes que o Espiritismo e os Espíritos trouxeram, o homem compreende a solidariedade que religa todos os seres; a caridade e a fraternidade se tornam uma necessidade social; ele faz por convicção o que fazia unicamente por dever, e o faz melhor.

Somente quando praticarem a moral do Cristo poderão os homens dizer que não mais precisam de moralistas encarnados ou desencarnados. Mas, então, Deus já não lhos enviará nenhum.

57. Uma das questões mais importantes, entre as propostas no começo deste capítulo, é a seguinte: que autoridade tem a revelação espírita, uma vez que emana de seres de limitadas luzes e que não são infalíveis?

A objeção seria procedente se essa revelação consistisse apenas no ensino dos Espíritos, se deles exclusivamente devêssemos recebê-la e houvéssemos de aceitá-la de olhos fechados. Perde, porém, todo o valor, desde que o homem concorra para a revelação com o seu raciocínio e o seu julgamento; desde que os Espíritos se limitam a pôr o homem no caminho das deduções que ele pode tirar da observação dos fatos. Ora, as manifestações, nas suas inumeráveis modalidades, são fatos que o homem estuda para lhes deduzir a lei, auxiliado nesse trabalho por Espíritos de todas as categorias que, assim, são mais *colaboradores* seus do que *reveladores*, no sentido usual do termo. Ele lhe submete os dizeres ao controle da lógica e do bom senso, beneficiando-se, dessa maneira, dos conhecimentos especiais de que os Espíritos dispõem pela posição em que se acham, mas sem abdicar do uso da própria razão.

Não sendo os Espíritos senão as almas dos homens, comunicando-nos com eles *não saímos fora da Humanidade*, circunstância capital a considerar-se. Os homens de gênio, que foram condutores da Humanidade, vieram do Mundo dos Espíritos e para lá voltaram ao deixarem a Terra. Considerando-se que os Espíritos podem comunicar-se com os homens, esses mesmos gênios podem dar-lhes instruções sob a forma espiritual, como o fizeram sob a forma corpórea. Podem instruir-nos depois de terem morrido, tal qual faziam quando vivos; apenas são invisíveis, em vez de serem visíveis, essa a única diferença. A experiência e o saber de que dispõem não devem ser menores do que antes e, se a palavra deles, como homens, tinha autoridade, não há razão para tê-la menos somente por estarem no Mundo dos Espíritos.

58. Todavia, nem só os Espíritos Superiores se manifestam, mas igualmente os de todas as categorias, e era preciso que assim acontecesse para nos iniciarmos no que respeita ao verdadeiro caráter do Mundo Espiritual, no-lo mostrando em todas as suas faces. Daí resulta serem mais íntimas as relações entre o mundo visível e o Mundo Invisível, e mais evidente a conexão entre os dois. Vemos assim mais claramente de onde viemos e para onde vamos. Tal é o objetivo essencial das manifestações. Todos os Espíritos, pois, qualquer que seja o grau de elevação em que se encontrem, nos ensinam alguma coisa; cabe a nós, visto que eles são mais ou menos esclarecidos, discernir o que há de bom ou de mau no que nos digam e tirar, do ensino que nos deem, o proveito possível. Ora, todos, quaisquer que sejam, nos podem ensinar ou revelar coisas que ignoramos e que sem eles nunca saberíamos.

59. Os grandes Espíritos encarnados são, incontestavelmente, individualidades poderosas, mas de ação restrita e de lenta propagação. Viesse um só deles hoje, embora fosse Elias ou Moisés, Sócrates ou Platão, revelar aos homens as condições do Mundo Espiritual, quem provaria a veracidade de suas asserções, nesta época de ceticismo? Não o tomariam por sonhador ou utopista? Mesmo que fosse verdade absoluta o que dissesse, séculos e mais séculos escoariam antes que as massas humanas lhe aceitassem as ideias. Deus, em sua sabedoria, não quis que assim acontecesse; quis que o ensino fosse dado pelos *próprios Espíritos*, e não por encarnados, a fim de que os primeiros convencessem estes últimos da sua existência, e quis que isso ocorresse simultaneamente por toda a Terra, quer para que o ensino se propagasse com maior rapidez, quer para que, coincidindo em toda parte, constituísse uma prova de verdade, tendo assim cada um o meio de convencer-se a si próprio.

60. Os Espíritos não se manifestam para libertar o homem do trabalho, do estudo e das pesquisas, nem para lhe trazerem pronta nenhuma ciência. Com relação ao que o homem pode descobrir por si mesmo, eles o deixam entregue às suas próprias forças; é o que sabem hoje perfeitamente os espíritas. Há tempos a experiência tem demonstrado ser errôneo atribuir-se aos Espíritos todo o saber e toda a sabedoria e que bastaria dirigir-se ao primeiro Espírito que se apresente para conhecer todas as coisas. Saídos da Humanidade, os Espíritos constituem uma de suas faces. Assim como na Terra, no Plano Invisível também os há superiores e vulgares; muitos, pois, do ponto de vista científico e filosófico, sabem menos que certos homens; eles dizem o que sabem, nem mais, nem menos. Do mesmo modo que os homens, os Espíritos mais adiantados podem instruir-nos sobre maior quantidade de coisas, dar-nos opiniões mais judiciosas, do que os atrasados. Pedir conselhos aos Espíritos não é entrar em entendimento com potências sobrenaturais; é tratar *com seus iguais*, com aqueles mesmos a quem o homem se dirigiria neste mundo: a seus parentes, a seus amigos ou a indivíduos mais esclarecidos do que ele. Disto é que importa que todos se convençam e é o que ignoram os que, não tendo estudado o Espiritismo, fazem ideia completamente falsa da natureza do Mundo dos Espíritos e das relações com o Além-Túmulo.

61. Qual, portanto, a utilidade dessas manifestações, ou, se o preferirem, dessa revelação, uma vez que os Espíritos não sabem mais do que nós ou não nos dizem tudo o que sabem?

Primeiramente, como já dissemos, eles se abstêm de nos dar o que podemos adquirir pelo trabalho; em segundo lugar, há coisas cuja revelação não lhes é permitida, porque o grau do nosso adiantamento não as comporta. Afora isto, as condições da nova existência em que se acham lhes dilatam o círculo das percepções: eles veem o que não viam na Terra; libertos dos entraves da matéria, isentos dos cuidados da vida corpórea, julgam as coisas de um ponto de vista mais elevado e, por isso mesmo, mais justo; a perspicácia de que gozam abrange mais vasto horizonte; compreendem seus erros, retificam suas ideias e se desembaraçam dos preconceitos humanos.

É nisto que consiste a superioridade dos Espíritos com relação à humanidade corpórea e daí vem que seus conselhos, segundo o grau de adiantamento que alcançaram, são mais judiciosos e desinteressados do que os dos encarnados. O meio em que se encontram lhes permite, além disso, iniciar-nos nas coisas relativas à vida futura, que ignoramos e que não podemos aprender no meio em que estamos. Até agora, o homem apenas formulara hipóteses sobre o futuro, sendo essa a razão por que suas crenças a esse respeito se fracionaram em tão numerosos e divergentes sistemas, desde o niilismo até as concepções fantásticas do inferno e do paraíso. Hoje, são as testemunhas oculares, os próprios atores da vida de Além-Túmulo que nos vêm dizer em que se tornaram *e só eles o podiam fazer*. Suas manifestações, conseguintemente, serviram para dar-nos a conhecer o Mundo Invisível que nos rodeia e do qual nem suspeitávamos, e só esse conhecimento já seria de capital importância, supondo-se que os Espíritos nada mais nos pudessem ensinar.

Se fordes a um país que ainda não conheçais, recusareis as informações do mais humilde camponês que encontrardes? Deixareis de interrogá-lo sobre as condições das estradas simplesmente por ser ele um camponês? Certamente não esperareis obter, por seu intermédio, esclarecimentos de grande alcance, mas, de acordo com o que ele é na sua esfera, poderá, sobre alguns pontos, vos ensinar melhor do que um homem instruído, que não conheça o país. Tirareis das suas indicações deduções que ele próprio não tiraria, sem que por isso deixe de ser um instrumento útil às vossas observações, embora apenas servisse para vos informar sobre o costume dos camponeses. Dá-se a mesma coisa no que concerne às nossas relações com os Espíritos, entre os quais o menos qualificado pode servir para nos ensinar alguma coisa.

62. Uma comparação vulgar tornará ainda mais compreensível a situação.

Um navio carregado de emigrantes parte para destino longínquo. Leva homens de todas as condições, parentes e amigos dos que ficam. Vem-se a saber que esse navio naufragou; nenhum vestígio resta dele, nenhuma notícia chega sobre a sua sorte. Acredita-se que todos os passageiros tenham perecido e o luto penetra em todas as suas famílias. Entretanto, a tripulação inteira e os passageiros, sem faltar um único homem, foi ter a uma terra desconhecida, abundante e fértil, onde todos passam a viver felizes, sob um céu clemente. Ninguém, todavia, sabe disso. Ora, um belo dia, outro navio aporta a essa terra e lá encontra os náufragos sãos e salvos. A auspiciosa notícia se espalha com a rapidez do relâmpago. Exclamam todos: "Os nossos amigos não estão perdidos!" E rendem graças a Deus. Não podem ver-se uns aos outros, mas correspondem-se; permutam demonstrações de afeto e assim a alegria substitui a tristeza.

Tal a imagem da vida terrena e da vida de Além-Túmulo, antes e depois da revelação moderna. A última, semelhante ao segundo navio, nos traz a boa-nova da sobrevivência dos que nos são caros e a certeza de que um dia a eles nos reuniremos. Deixa de existir a dúvida sobre a sorte deles e a nossa. O desânimo se desfaz diante da esperança.

Outros resultados fecundam essa revelação. Achando madura a Humanidade para penetrar o mistério do seu destino e contemplar a sangue-frio novas maravilhas, Deus permitiu que fosse erguido o véu que ocultava o Mundo Invisível ao mundo visível. As manifestações nada têm de extra-humanas; é a humanidade espiritual que vem conversar com a humanidade corpórea e dizer-lhe:

"Nós existimos, logo, o nada não existe; eis o que somos e o que sereis; o futuro vos pertence, como a nós. Caminhais nas trevas, vimos clarear-vos o caminho e traçar-vos o roteiro; andáveis ao acaso, vimos apontar-vos a meta. A vida terrena era tudo para vós, porque nada víeis além dela; vimos dizer-vos, mostrando a Vida Espiritual: a vida terrestre nada é. A vossa visão se detinha no túmulo, nós vos desvendamos, para além deste, um esplêndido horizonte. Não sabíeis por que sofreis na Terra; agora, no sofrimento, vedes a Justiça de Deus. O bem não produzia nenhum fruto aparente para o futuro; doravante, ele terá uma finalidade e constituirá uma necessidade; a fraternidade, que não passava de bela teoria, assenta agora numa Lei da Natureza. Sob o império da crença de que tudo se acaba com a vida, a imensidade é o vazio, o egoísmo reina soberano entre vós e a vossa palavra de ordem é: 'Cada um por si'. Com a certeza do futuro, os espaços infinitos se povoam ao Infinito, não há vácuo nem solidão em parte alguma, a solidariedade liga todos os seres, aquém e além da tumba. É o reino da caridade, sob a divisa: 'Um por todos e todos por um'. Enfim, ao termo da vida dizíeis eterno adeus aos que vos são caros; agora simplesmente direis: 'Até breve!'".

Tais são, em resumo, os resultados da revelação nova, que veio preencher o vácuo que a incredulidade havia cavado, levantar os ânimos abatidos pela dúvida ou pela perspectiva do nada e dar a todas as coisas uma razão de ser. Esse resultado carecerá de importância apenas porque os Espíritos não vêm resolver os problemas da Ciência, dar saber aos ignorantes e meios aos preguiçosos para se enriquecerem sem trabalho? Entretanto, os frutos que o homem deve colher da nova revelação não dizem respeito tão só à vida futura. Ele os colherá na Terra, pela transformação que estas novas crenças hão de necessariamente operar no seu caráter, nos seus gostos, nas suas tendências e, por conseguinte, nos hábitos e nas relações sociais. Pondo fim ao reino do egoísmo, do orgulho e da incredulidade, elas preparam o do bem, que é o Reino de Deus.

A revelação tem, pois, por objeto pôr o homem na posse de certas verdades, que ele não poderia adquirir por si mesmo, com vistas a ativar o progresso. Essas verdades se limitam, em geral, a princípios fundamentais, destinados a colocá-lo no caminho das pesquisas, e não de conduzi-lo passivamente; são balizas que lhe indicam a meta, cabendo a ele a tarefa de estudar e deduzir suas aplicações. Longe de o isentarem do trabalho, são novos elementos postos à sua disposição.

CAPÍTULO II

Deus

Existência de Deus – A natureza divina
– A Providência – A visão de Deus

Existência de Deus

1. Sendo Deus a causa primeira de todas as coisas, a origem de tudo o que existe, a base sobre a qual repousa o edifício da Criação, é também o ponto que importa considerar em primeiro lugar.

Constitui princípio elementar que pelos efeitos é que se julga uma causa, mesmo quando esta se conserva oculta. A Ciência vai mais longe: calcula o poder da causa pelo poder do efeito, podendo até determinar sua natureza. Foi assim, por exemplo, que a Astronomia concluiu pela existência de planetas em determinadas regiões do Espaço mediante o conhecimento das leis que regem o movimento dos astros; procurou-os e os encontrou, podendo-se dizer que foram descobertos antes de terem sido vistos.

2. Numa ordem de fatos mais vulgares, quando estamos imersos em denso nevoeiro e percebemos uma claridade difusa, concluímos que o Sol desponta no horizonte, embora não o vejamos. Se, rasgando os ares, um pássaro é atingido por mortífero grão de chumbo, deduzimos que um hábil atirador o alvejou, ainda que este último não seja visto. Assim, nem sempre é preciso que se veja uma coisa, para sabermos que ela existe. Em tudo, é observando os efeitos que se chega ao conhecimento das causas.

3. Outro princípio igualmente elementar e que, de tão verdadeiro, passou a axioma é o de que todo efeito inteligente tem que resultar de uma causa inteligente.

Se perguntassem qual o inventor de certo mecanismo engenhoso, o arquiteto de tal monumento, o escultor de tal estátua ou o pintor de tal quadro, que pensaríamos de quem respondesse que eles se fizeram a si mesmos? Quando se contempla uma obra-prima da arte ou da indústria, diz-se que só um homem de gênio há de tê-la produzido, visto que só uma alta inteligência poderia concebê-la. Reconhece-se, no entanto, que ela é obra do homem, porque não está acima da capacidade humana; a ninguém, porém, acorrerá a ideia de dizer que saiu do cérebro de um deficiente mental ou de um ignorante, nem, ainda menos, que seja trabalho de um animal, ou simples produto do acaso.

4. Em toda parte se reconhece a presença do homem pelas suas obras. Se chegardes a uma terra desconhecida, a um deserto mesmo, e lá descobrirdes o menor vestígio de trabalhos humanos, concluireis que é habitada ou foi habitada por homens. A existência dos homens antediluvianos não se provaria unicamente por meio dos fósseis humanos, mas também, e com muita certeza, pela presença, nos terrenos daquela época, de objetos trabalhados pelos homens. Um fragmento de vaso, uma pedra talhada, uma arma e um tijolo bastarão para lhe atestar a presença. Pela grosseria ou perfeição do trabalho, reconhecer-se-á o grau de inteligência ou de adiantamento dos que o executaram. Se, pois, achando-vos numa região habitada exclusivamente por selvagens, descobrirdes uma estátua digna de Fídias, não hesitareis em dizer que ela é obra de uma inteligência superior à dos selvagens, visto que estes seriam incapazes de fazê-la.

5. Pois bem! Lançando o olhar em torno de si, sobre as obras da Natureza, observando a previdência, a sabedoria e a harmonia que preside a todas as coisas, reconhece-se não haver uma só que não ultrapasse os limites da mais talentosa inteligência humana, já que o maior gênio

da Terra seria incapaz de criar o menor broto de relva. Ora, desde que a inteligência humana não as pode produzir, é que elas são produto de uma inteligência superior à Humanidade. Como essa harmonia e sabedoria se estendem do grão de areia e do ácaro até os astros incontáveis que circulam no espaço, forçosamente se há de concluir que tal inteligência abarca o infinito, salvo se sustentarmos que há efeito sem causa.

6. A isto algumas pessoas opõem o seguinte raciocínio:

As obras ditas da Natureza são produzidas por forças materiais que atuam mecanicamente, em virtude das leis de atração e repulsão; as moléculas dos corpos inertes se agregam e desagregam sob o império dessas leis. As plantas nascem, brotam, crescem e se multiplicam sempre da mesma maneira, cada uma na sua espécie, por efeito daquelas mesmas leis; cada indivíduo se assemelha ao de que proveio; o crescimento, a floração, a frutificação e a coloração se acham subordinados a causas materiais, tais como o calor, a eletricidade, a luz, a umidade etc. O mesmo se dá com os animais. Os astros se formam pela atração molecular e se movem perpetuamente em suas órbitas por efeito da gravitação. Essa regularidade mecânica no emprego das forças naturais não acusa absolutamente a ação de uma inteligência livre. O homem movimenta o braço quando quer e como quer; aquele, porém, que o movesse no mesmo sentido, desde o nascimento até a morte, seria um autômato. Ora, consideradas globalmente, as forças orgânicas da Natureza são, de certo modo, automáticas.

Tudo isso é verdade, mas essas forças são efeitos que devem ter uma causa e ninguém pretende que constituam a Divindade. Elas são materiais e mecânicas; não são por si mesmas inteligentes, o que também é verdade; mas são postas em ação, distribuídas, apropriadas às necessidades de cada coisa por uma inteligência que não é a dos homens. A aplicação útil dessas forças é um efeito inteligente que denota uma causa inteligente. Um pêndulo se move com automática regularidade e é nessa regularidade que reside o seu mérito. A força que o faz mover-se é toda material e nada tem de inteligente. Mas que seria esse pêndulo se uma inteligência não houvesse combinado, calculado, distribuído o emprego daquela força para fazê-lo andar com precisão? Pelo fato de não estar a inteligência no mecanismo do pêndulo e também pela circunstância de que ninguém a vê, seria racional concluir-se que ela não existe? Podemos julgá-la pelos seus efeitos.

A existência do relógio atesta a existência do relojoeiro; a engenhosidade do mecanismo atesta a inteligência e o saber de seu fabricante. Quando se vê um desses relógios complicados que marcam a hora das principais cidades do mundo, o movimento dos astros, o tilintar de melodias, para vos prestarem, no momento preciso, a informação de que necessitais, acaso já vos terá vindo à mente dizer: aí está um relógio bem inteligente?

Dá-se a mesma coisa com o mecanismo do Universo; Deus não se mostra, mas se revela pelas suas obras.

7. A existência de Deus é, pois, uma realidade comprovada não só pela revelação, como pela evidência material dos fatos. Os povos mais selvagens não tiveram nenhuma revelação; entretanto, creem instintivamente na existência de um poder sobre-humano, prova de que nem mesmo os selvagens escapam das consequências lógicas. Eles veem coisas que estão acima das possibilidades do homem e deduzem que essas coisas provêm de um ser superior à Humanidade.

A natureza divina

8. Não é dado ao homem sondar a natureza íntima de Deus e temerário seria quem pretendesse levantar o véu que o oculta à nossa vista; falta-nos *ainda* um sentido próprio, que só se adquire por meio da completa depuração do Espírito. Mas se não pode penetrar na essência de Deus, o homem, desde que aceite a sua existência como premissa, pode, pelo raciocínio, chegar ao conhecimento de seus atributos essenciais, porquanto, vendo o que Ele não pode ser, sem deixar de ser Deus, deduz daí o que Ele deve ser.

Sem o conhecimento dos atributos de Deus, seria impossível compreender-se a obra da Criação. Esse é o ponto de partida de todas as crenças religiosas e é por não se terem reportado a isso, como o farol capaz de as orientar, que a maioria das religiões errou em seus dogmas. As que não atribuíram a Deus a onipotência, imaginaram muitos deuses; as que não lhe atribuíram a soberana bondade, fizeram d'Ele um Deus ciumento, colérico, parcial e vingativo.

9. *Deus é a suprema e soberana inteligência.* A inteligência do homem é limitada, visto que não pode fazer nem compreender tudo o que existe. A de Deus, abrangendo o infinito, tem que ser infinita. Se a supuséssemos limitada num ponto qualquer, poderíamos conceber outro ser ainda mais inteligente, capaz de compreender e fazer o que o primeiro não faria, e assim por diante, até o infinito.

10. *Deus é eterno*, isto é, não teve começo e não terá fim. Se tivesse tido começo, é porque teria saído do nada. Ora, como o nada não existe, não pode gerar coisa alguma. Ou, então, teria sido criado por outro ser anterior e, neste caso, este ser é que seria Deus. Se lhe supuséssemos um começo e um fim, poderíamos conceber uma entidade existente antes d'Ele e capaz de lhe sobreviver, e assim por diante, até o infinito.

11. *Deus é imutável.* Se estivesse sujeito a mudanças, as leis que regem o Universo não teriam nenhuma estabilidade.

12. *Deus é imaterial*, isto é, a sua natureza difere de tudo o que chamamos matéria. De outro modo, não seria imutável, pois estaria sujeito às transformações da matéria.

Deus não tem forma apreciável pelos nossos sentidos, sem o que seria matéria. Dizemos: a mão de Deus, o olho de Deus, a boca de Deus, porque o homem, nada mais conhecendo além de si mesmo, toma a si próprio por termo de comparação para tudo o que não compreende. São ridículas essas imagens em que Deus é representado pela figura de um ancião de longas barbas e envolto num manto; têm o inconveniente de rebaixar o Ser Supremo às mesquinhas proporções da Humanidade. Daí a lhe emprestarem as paixões humanas e d'Ele fazerem um Deus colérico e ciumento não vai mais que um passo.

13. *Deus é onipotente.* Se não possuísse o poder supremo, poder-se-ia conceber um ser mais poderoso e assim por diante, até chegar ao

ser cujo poder não fosse ultrapassado por nenhum outro; esse então é que seria Deus. Não teria feito todas as coisas, e as que não tivesse feito seriam obra de outro Deus.

14. *Deus é soberanamente justo e bom.* A sabedoria providencial das Leis Divinas se revela nas menores como nas maiores coisas, e essa sabedoria não permite que se duvide nem da sua justiça, nem da sua bondade. Essas duas qualidades implicam todas as demais. Se as supuséssemos limitadas, ainda que num único ponto, poder-se-ia conceber um ser que as possuiria em mais alto grau e que lhe seria superior.

O fato de ser infinita uma qualidade exclui a possibilidade da existência de uma qualidade contrária, que a diminuiria ou anularia. Um ser *infinitamente bom* não poderia conter a mais insignificante parcela de maldade, nem o ser *infinitamente mau* conter a mais insignificante parcela de bondade, do mesmo modo que um objeto não pode ser de um negro absoluto com a mais ligeira nuança de branco, nem de um branco absoluto com a mais pequenina mancha preta.

Deus, pois, não poderia ser simultaneamente bom e mau, porque, então, não possuindo quaisquer dessas duas qualidades no grau supremo, não seria Deus; todas as coisas estariam sujeitas ao seu capricho e não haveria estabilidade para nenhuma delas. Não poderia Ele, por conseguinte, deixar de ser ou infinitamente bom ou infinitamente mau; se fosse infinitamente mau, nada faria de bom. Ora, como suas obras dão testemunho da sua sabedoria, da sua bondade e da sua solicitude, concluir-se-á que, não podendo ser ao mesmo tempo bom e mau sem deixar de ser Deus, Ele necessariamente tem de ser infinitamente bom.

A soberana bondade implica a soberana justiça, porquanto, se Deus procedesse injustamente ou com parcialidade *numa única circunstância que fosse*, ou com relação *a uma só de suas criaturas*, já não seria soberanamente justo e, por conseguinte, já não seria soberanamente *bom*.

15. *Deus é infinitamente perfeito.* É impossível conceber-se Deus sem o infinito das perfeições, sem o que não seria Deus, pois sempre se poderia conceber um ser que possuísse o que lhe faltasse. Para que nenhum ser possa ultrapassá-Lo, é preciso que Ele seja infinito em tudo.

Sendo infinitos, os atributos de Deus não são suscetíveis nem de aumento nem de diminuição, pois do contrário não seriam infinitos e Deus não seria perfeito. Se lhe tirassem a mínima parcela de um só de seus atributos, já não haveria Deus, visto que poderia existir um ser mais perfeito.

16. *Deus é único.* A unicidade de Deus é consequência do fato de serem infinitas as suas perfeições. Não poderia existir outro Deus, salvo sob a condição de ser igualmente infinito em todas as coisas, visto que, se houvesse entre eles a mais leve diferença, um seria inferior ao outro, subordinado ao poder desse outro e, então, não seria Deus. Se houvesse entre ambos igualdade absoluta, isso equivaleria a existir, de toda eternidade, um mesmo pensamento, uma mesma vontade, um mesmo poder. Confundidos quanto à identidade, não haveria, na realidade, mais que um único Deus. Se cada um tivesse atribuições especiais, um não faria o que o outro fizesse; mas, então, não existiria igualdade perfeita entre eles, pois que nenhum possuiria a autoridade soberana.

17. Foi a ignorância do princípio de que são infinitas as perfeições de Deus que gerou o politeísmo, culto adotado por todos os povos primitivos; eles davam o atributo de divindade a todo poder que lhes parecia acima dos poderes inerentes à Humanidade. Mais tarde, a razão os levou a reunir essas diversas potências numa só. Depois, à medida que os homens foram compreendendo a essência dos atributos divinos, retiraram dos símbolos, que haviam criado, a crença que implicava a negação desses atributos.

18. Em resumo, Deus não pode ser Deus senão sob a condição de que nenhum outro o ultrapasse, porquanto o ser que o excedesse no que quer que fosse, ainda que apenas na espessura de um fio de cabelo, é que seria o verdadeiro Deus. Por isso, é indispensável que Ele seja infinito em tudo.

Comprovada, pois, pelas suas obras a existência de Deus, chegamos, por simples dedução lógica, a determinar os atributos que o caracterizam.

19. Deus é, pois, *a inteligência suprema e soberana; é único, eterno, imutável, imaterial, onipotente, soberanamente justo e bom, infinito em todas as perfeições*, e não poderia ser outra coisa.

Tal o eixo sobre o qual repousa o edifício universal, o farol cujos raios se estendem sobre o Universo inteiro, única luz capaz de guiar o homem na pesquisa da verdade; seguindo essa luz, ele nunca se transviará. Se, portanto, o homem tem errado tantas vezes, é unicamente por não ter seguido o roteiro que lhe estava indicado.

Tal também o critério infalível de todas as doutrinas filosóficas e religiosas. Para apreciá-las, dispõe o homem de uma medida rigorosamente exata nos atributos de Deus e pode afirmar a si mesmo com certeza que toda teoria, todo princípio, todo dogma, toda crença, toda prática que estiver em contradição com *um só que seja* desses atributos, que tenda não tanto a anulá-lo, mas simplesmente a diminuí-lo, não pode estar com a verdade.

Em filosofia, psicologia, moral e religião só há de verdadeiro o que não se afaste nem um milímetro das qualidades essenciais da Divindade. A religião perfeita será aquela em que nenhum artigo de fé esteja em oposição com aquelas qualidades; aquela cujos dogmas suportem a prova desse controle sem nada sofrerem.

A Providência

20. A Providência é a solicitude de Deus para com todas as suas criaturas. Deus está em toda parte, tudo vê e a tudo preside, mesmo às coisas mais insignificantes. É nisto que consiste a ação providencial.

"Como pode Deus, tão grande, tão poderoso, tão superior a tudo, intrometer-se em pormenores sem importância, preocupar-se com os menores atos da nossa vida e com os mais ínfimos pensamentos de cada indivíduo?" Tal a interrogação que se faz a si mesmo o incrédulo, concluindo por dizer que, admitida a existência de Deus, só se pode aceitar, quanto à sua ação, que ela se exerça sobre as leis gerais do Universo; que este funcione de toda a eternidade, em virtude dessas leis, às quais toda criatura se acha submetida na esfera de suas atividades, sem que seja necessária a intervenção incessante da Providência.

21. No estado de inferioridade em que ainda se encontram, só com muita dificuldade os homens podem compreender que Deus seja infinito. Vendo-se circunscritos e limitados, eles o imaginam também circunscrito e limitado. Imaginando-o circunscrito, figuram-no à imagem e semelhança deles. Os quadros em que o vemos com traços humanos não contribuem pouco para entreter esse erro no espírito das massas, que nele adoram mais a forma que o pensamento. Para a maioria, Ele é um soberano poderoso, sentado num *trono* inacessível e perdido na imensidade dos céus. Como suas faculdades e percepções são limitadas, não compreendem que Deus possa ou se digne de intervir diretamente nas pequeninas coisas.

22. Impotente para compreender a essência mesma da Divindade, o homem não pode fazer dela mais que uma ideia aproximada, mediante comparações necessariamente muito imperfeitas, mas que, ao menos, servem para lhe mostrar a possibilidade daquilo que, à primeira vista, lhe parece impossível.

Suponhamos um fluido bastante sutil para penetrar todos os corpos; é evidente que cada molécula desse fluido, por se achar em contato com cada molécula da matéria, produzirá nos corpos uma ação idêntica à que produziria a totalidade do fluido. É o que demonstra a Química todos os dias em proporções limitadas.

Sendo inintelligente, esse fluido atua mecanicamente, tão só por meio das forças materiais. Se, porém, o imaginarmos dotado de inteligência, de faculdades perceptivas e sensitivas, ele já não atuará às cegas, mas com discernimento, com vontade própria e liberdade: verá, ouvirá e sentirá.

As propriedades do fluido perispirítico dão-nos disso uma ideia. Ele não é inteligente por si mesmo, pois que é matéria, mas é o veículo do pensamento, das sensações e percepções do Espírito. É em virtude da sutileza desse fluido que os Espíritos penetram em toda parte, perscrutam os nossos mais íntimos pensamentos, veem e agem a distância; é graças a esse fluido, chegado a um certo grau de depuração, que devem os Espíritos Superiores o dom da ubiquidade; basta um raio de seu pensamento, dirigido sobre diversos pontos, para que neles possam manifestar simultaneamente a sua presença. A extensão dessa faculdade é subordinada ao grau de elevação e de depuração do Espírito. É ainda com o auxílio desse fluido que o homem mesmo age a distância, pelo poder da vontade, sobre certos indivíduos; que, em certos limites, modifica as propriedades da matéria, confere a substâncias inativas determinadas propriedades, repara desordens orgânicas e opera curas pela imposição das mãos.

23. Por mais elevados que sejam, os Espíritos são criaturas limitadas em suas faculdades, poder e grau de percepção, de modo que, sob esse aspecto, não podem aproximar-se de Deus; no entanto, podem servir-nos de ponto de comparação. O que o Espírito não pode realizar senão em estritos limites, Deus, que é infinito, o faz em proporções absolutas. Além disso, há também outras diferenças: a ação do Espírito é momentânea e subordinada às circunstâncias, enquanto a de Deus é permanente; o pensamento do Espírito só abrange um tempo e um espaço circunscritos; o de Deus abarca o Universo e a eternidade. Em suma, entre os Espíritos e Deus, existe uma distância que vai do finito ao infinito.

24. O fluido perispirítico não é o pensamento do Espírito, mas o agente e o intermediário desse pensamento. Sendo ele que o transmite, fica, de certo modo, *impregnado* do pensamento transmitido. Na impossibilidade em que nos achamos de isolar o pensamento, parece-nos que ele faz coro com o fluido, dando a entender que são uma coisa só, como sucede com o som e o ar, de maneira que podemos, a bem dizer, materializá-lo. Assim como dizemos que o ar se torna sonoro, poderíamos, tomando o efeito pela causa, dizer que o fluido se torna inteligente.

25. Seja ou não assim no que respeita ao pensamento de Deus, isto é, quer o pensamento de Deus atue diretamente ou por intermédio de um fluido, representemo-lo, para facilitar a nossa compreensão, sob a forma concreta de um fluido inteligente, preenchendo o Universo infinito, e penetrando todas as partes da Criação: *a Natureza inteira está mergulhada no fluido divino*. Ora, em virtude do princípio de que as partes de um todo são da mesma natureza e têm as mesmas propriedades que ele, cada átomo desse fluido, se assim nos podemos exprimir, possuindo o pensamento, isto é, os atributos essenciais da Divindade e estando o mesmo fluido em toda parte, tudo está submetido à sua ação inteligente, à sua previdência, à sua solicitude. Não haverá nenhum ser, por mais ínfimo que nos pareça, que de algum modo não esteja saturado dele. Achamo-nos, assim, constantemente em presença da Divindade; não lhe podemos subtrair ao olhar nenhuma de nossas ações; o nosso pensamento está em contato incessante com o seu pensamento, havendo, pois, razão para dizer-se que Deus vê os mais profundos refolhos do nosso coração. *Estamos nele, como Ele está em nós*,[16] segundo a palavra do Cristo.

Para estender a sua solicitude a todas as criaturas, Deus não precisa lançar o olhar do alto da imensidade. Para que nossas preces sejam ouvidas, não precisam transpor o Espaço, nem serem ditas com voz retumbante, porque, estando Deus continuamente ao nosso lado, os nossos pensamentos repercutem nele. Como os sons de um sino, os nossos pensamentos fazem vibrar todas as moléculas do ar ambiente.

26. Longe de nós o pensamento de materializar a Divindade. A imagem de um fluido inteligente universal evidentemente não passa de uma comparação, mas capaz de dar uma ideia mais exata do que os quadros que o representam sob uma figura humana. Destina-se ela a fazer compreensível a possibilidade que tem Deus de estar em toda parte e de se ocupar com todas as coisas.

27. Temos incessantemente sob as vistas um exemplo que nos permite fazer ideia da maneira pela qual talvez se exerça a ação de Deus sobre as partes mais íntimas de todos os seres e, por conseguinte, do modo por que lhe chegam as mais sutis impressões de nossa alma. Colhemos esse exemplo de uma instrução transmitida por um Espírito a tal respeito.

"Um dos atributos da Divindade é a infinitude. Não se pode representar o Criador como tendo uma forma, um limite qualquer. Se não fosse infinito, poder-se-ia conceber algo maior que Ele e esse algo é que seria Deus. Sendo infinito, Deus está em toda parte, pois do contrário não seria infinito. Não há como sair desse dilema. Se, pois, há um Deus, o que não constitui dúvida para ninguém, esse Deus é infinito e não podemos

---

[16] Nota do tradutor: *I João*, 4:13.

conceber uma extensão que Ele não ocupe. Consequentemente, Ele se acha em contato com todas as suas criações; envolve-as, e elas estão n'Ele. Compreende-se, então, que esteja em relação direta com cada criatura e, para que compreendais tão materialmente quanto possível de que maneira se dá essa comunicação, universalmente e constantemente, examinemos o que se passa no homem entre seu Espírito e seu corpo.

"O homem é um pequeno mundo, que tem como diretor o Espírito e como princípio dirigido o corpo. Nesse universo, o corpo representará uma criação cujo Espírito seria Deus (compreendei bem que aqui há uma simples questão de analogia e não de identidade). Os membros desse corpo, os diferentes órgãos que o compõem, os músculos, os nervos, as articulações são outras tantas individualidades materiais, se assim se pode dizer, localizadas em pontos especiais do corpo. Embora seja considerável o número de suas partes constitutivas, de natureza tão variada e diferente, ninguém, contudo, poderá supor que se possam produzir movimentos, ou uma impressão em qualquer lugar, sem que o Espírito tenha consciência do que ocorra. Há sensações diversas em muitos lugares simultaneamente? O Espírito as sente todas, distingue, analisa, atribui a cada uma a causa determinante e o ponto em que se produziu.

"Análogo fenômeno ocorre entre Deus e a Criação. Deus está em toda parte, na Natureza, como o Espírito está em toda parte, no corpo. Todos os elementos da Criação se acham em relação constante com Ele, como todas as células do corpo humano se acham em contato imediato com o ser espiritual. Não há, pois, razão para que fenômenos da mesma ordem não se produzam da mesma maneira, num e noutro caso.

"Um membro se agita: o Espírito o sente; uma criatura pensa: Deus o sabe. Todos os membros estão em movimento, os diferentes órgãos estão a vibrar; o Espírito se ressente de todas as manifestações, as distingue e localiza. As diferentes criações, as diferentes criaturas se agitam, pensam, agem diversamente: Deus sabe tudo o que se passa e assinala a cada um o que lhe diz respeito.

"Daí se pode igualmente deduzir a solidariedade da matéria e da inteligência, a solidariedade entre si de todos os seres de um mundo, a de todos os mundos e, por fim, a das criações com o Criador" (QUINEMANT, *Sociedade de Paris*, 1867).

28. Compreendemos o efeito, o que já é muito. Do efeito remontamos à causa e julgamos da sua grandeza pela grandeza do efeito. Sua essência íntima, contudo, nos escapa, como a da causa de uma imensidão de fenômenos. Conhecemos os efeitos da eletricidade, do calor, da luz, da gravitação; calculamo-los e, no entanto, ignoramos a natureza íntima do princípio que os produz. Será então racional negarmos o princípio divino simplesmente porque não o compreendemos?

29. Nada impede que se admita, para o princípio da soberana inteligência, um centro de ação, um foco principal a irradiar incessantemente, inundando o Universo com seus eflúvios, como o Sol o faz com a sua luz. Mas onde está esse foco? É o que ninguém pode dizer. Provavelmente, não se acha fixado em determinado ponto, como não o está a sua ação, sendo também provável que percorra constantemente as regiões do Espaço ilimitado. Se simples Espíritos têm o dom da ubiquidade, em Deus há de ser sem limites essa faculdade. Enchendo Deus o Universo, poder-se-ia ainda admitir, a título de hipótese, que esse foco não precisa transportar-se, por se formar em todas as partes em que a soberana vontade julga conveniente que ele se produza, levando-nos a dizer que está em toda parte e em parte alguma.

30. Diante desses problemas insondáveis, a nossa razão deve humilhar-se. Deus existe: não há como duvidar disso. Por sua própria essência, Ele é infinitamente justo e bom. A sua solicitude se estende a tudo: compreendemo-Lo. Só o nosso bem, portanto, Ele pode querer, razão pela qual devemos confiar nele: eis o essencial. Quanto ao mais, esperemos que nos tenhamos tornado dignos de O compreender.

A visão de Deus

31. Se Deus está em toda parte, por que não O vemos? Vê-Lo-emos quando deixarmos a Terra? Tais as questões que se formulam todos os dias.

A primeira é fácil de responder. Nossos órgãos materiais têm percepções limitadas que os tornam inaptos à visão de certas coisas, mesmo materiais. Assim é que alguns fluidos nos fogem totalmente à visão e aos instrumentos de análise; entretanto, nem por isso duvidamos da existência deles. Vemos os efeitos da peste, mas não vemos o fluido que a transporta; vemos os corpos em movimento sob a influência da força de gravitação, mas não vemos essa força.

32. Os nossos órgãos materiais não podem perceber as coisas de essência espiritual. Só podemos ver os Espíritos e as coisas do mundo imaterial com a visão espiritual. Apenas a nossa alma, portanto, pode ter a percepção de Deus. Será que ela o vê logo após a morte? A esse respeito, só as comunicações de Além-Túmulo nos podem instruir. Por meio delas ficamos sabendo que a visão de Deus constitui privilégio das almas mais depuradas e que bem poucas, ao deixarem o envoltório terrestre, possuem o grau de desmaterialização necessário para tal efeito. Algumas comparações vulgares tornarão facilmente compreensível essa condição.

33. Uma pessoa que se ache no fundo de um vale, mergulhada em densa bruma, não vê o Sol. Entretanto, conforme já o dissemos antes, pela luz difusa ela percebe a claridade do Sol. Se subir a montanha, à medida que for ascendendo, o nevoeiro se irá dissipando cada vez mais e a luz se torna cada vez mais viva. Contudo, ainda não vê o Sol; e mesmo quando comece a percebê-lo, ainda está velado, porque basta o menor vapor para lhe enfraquecer o brilho. Só depois que se acha elevado acima da camada brumosa e chegado a um ponto em que o ar esteja perfeitamente límpido, ela contemplará o astro em todo o seu esplendor.

Dá-se a mesma coisa com uma pessoa cuja cabeça esteja envolta por muitos véus; de início, não verá absolutamente nada; porém, à medida que cada um deles é retirado ela distingue um clarão cada vez mais intenso, só percebendo nitidamente as coisas depois de retirado o último véu.

Assim sucede também com um licor repleto de matérias estranhas; a princípio está turvo; contudo, à medida que é destilado, aumenta sua transparência, até que, completamente depurado, adquire perfeita limpidez e já não apresenta nenhum obstáculo à vista.

O mesmo podemos dizer da alma. O envoltório perispirítico, embora nos seja invisível e impalpável, é, com relação a ela, verdadeira matéria, ainda grosseira demais para certas percepções. Esse envoltório se espiritualiza à medida que a alma se eleva em moralidade. As imperfeições da alma são quais véus que lhe obscurecem a visão. Cada imperfeição de que ela se desfaz é um véu a menos; todavia, só depois de se haver depurado completamente é que goza da plenitude das suas faculdades.

34. Sendo Deus a essência divina por excelência, não pode ser percebido em todo o seu esplendor senão pelos Espíritos que atingiram o mais alto grau de desmaterialização. Pelo fato de não verem a Deus, não se segue que os Espíritos imperfeitos estejam mais distantes dele do que os outros, visto que, como todos os seres da Natureza, estão mergulhados no fluido divino, do mesmo modo que nós o estamos na luz. O que ocorre é que as imperfeições daqueles Espíritos são quais véus que os impedem de vê-lo. Quando o nevoeiro se dissipar, vê-lo-ão resplandecer. Para isso não lhes é preciso subir nem procurá-lo nas profundezas do infinito. Desimpedida a visão espiritual das nódoas morais que a obscureciam, eles o verão de todo lugar onde se achem, mesmo da Terra, porque Deus está em toda parte.

35. O Espírito só se depura com o tempo, sendo as diversas encarnações o alambique em cujo fundo deixa, de cada vez, algumas impurezas. Ao abandonar o seu invólucro corpóreo, os Espíritos não se despojam instantaneamente de suas imperfeições, razão por que, depois da morte, não veem a Deus mais do que o viam quando vivos; mas, à medida que se depuram, têm dela uma intuição mais clara; se não o veem, compreendem-no melhor, pois a luz é menos difusa. Quando, pois, alguns Espíritos dizem que Deus lhes proíbe que respondam a uma pergunta, não é que Deus lhes tenha aparecido ou dirigido a palavra para lhes ordenar ou proibir isto ou aquilo. Não; é que eles O sentem; recebem os eflúvios do seu pensamento, como sucede conosco em relação aos Espíritos que nos envolvem em seus fluidos, embora não os vejamos.

36. Nenhum homem, portanto, pode ver a Deus com os olhos da carne. Se essa graça fosse concedida a alguns, só o seria no estado de

êxtase, quando a alma se acha tão desprendida dos laços da matéria que torna possível o fato durante a encarnação. Tal privilégio, aliás, pertenceria exclusivamente a almas de escol, encarnadas em missão, e não em *expiação*. Mas como os Espíritos da mais elevada categoria resplandecem de ofuscante brilho, pode acontecer que Espíritos menos elevados, encarnados ou desencarnados, maravilhados com o esplendor de que aqueles se mostram cercados, suponham estar vendo o próprio Deus. É como quem vê um ministro e o toma por seu soberano.

37. Sob que aparência Deus se apresenta aos que se tornam dignos dessa graça? Será sob uma forma qualquer? Sob uma figura humana ou como um foco resplandecente de luz? A linguagem humana é impotente para descrevê-lo, porque não existe para nós nenhum ponto de comparação que nos possa dar de tal fato uma ideia. Somos quais cegos de nascença a quem procurassem inutilmente fazer que compreendessem o brilho do Sol. O nosso vocabulário é limitado às nossas necessidades e ao círculo das nossas ideias; a dos selvagens não poderia descrever as maravilhas da civilização; a dos povos mais civilizados é extremamente pobre para descrever os esplendores dos céus; a nossa inteligência é muito restrita para os compreender, e a nossa vista, fraca demais, ficaria deslumbrada.

CAPÍTULO III

O bem e o mal

Origem do bem e do mal – O instinto e a inteligência – Destruição mútua dos seres vivos

Origem do bem e do mal

1. Sendo Deus o princípio de todas as coisas, e sendo todo sabedoria, todo bondade, todo justiça, tudo o que d'Ele procede há de participar dos seus atributos, porquanto o que é infinitamente sábio, justo e bom nada pode produzir que seja irracional, mau e injusto. Logo, o mal que observamos não pode ter n'Ele a sua origem.

2. Se o mal estivesse nas atribuições de um ser especial, quer se lhe chame Arimane, quer Satanás, de duas coisas uma: ou ele seria igual a Deus e, por conseguinte, tão poderoso quanto este, e de toda eternidade como Ele, ou lhe seria inferior.

No primeiro caso haveria duas potências rivais, incessantemente em luta, cada uma procurando desfazer o que fizesse a outra, contrariando-se mutuamente. Essa hipótese é inconciliável com a unidade de vistas que se revela no ordenamento do Universo.

No segundo caso, sendo inferior a Deus, aquele ser lhe estaria subordinado. Não podendo existir de toda a eternidade como Deus, sem ser igual a Ele, teria tido um começo. Se foi criado, só o poderia ter sido por Deus. Este, então, teria criado o Espírito do mal, o que seria a negação da bondade infinita.

3. Segundo certa doutrina, o Espírito do mal, criado bom, se tornara mau e, para puni-lo, Deus o teria condenado a permanecer eternamente mau, dando-lhe por missão seduzir os homens, a fim de os induzir ao mal. Ora, desde que uma única falta pudesse fazê-los merecedores, por toda a eternidade, dos mais cruéis castigos, sem esperança de remissão, haveria aí não só ausência de bondade, mas crueldade premeditada, considerando-se que, para tornar mais fácil a sedução e ocultar melhor o embuste, Satanás estaria autorizado a *transformar-se em anjo de luz e a simular as próprias obras de Deus, de modo a confundir os incautos*. Haveria, além disso, iniquidade e imprevidência da parte de Deus, porque, ao conferir a Satanás inteira liberdade para sair do império das trevas e entregar-se aos prazeres mundanos, a fim de arrastar os homens, o causador do mal seria menos punido do que as vítimas de seus ardis, que neles caem por fraqueza, porquanto, uma vez no abismo, dali já não podem sair. Deus lhes recusa um copo d'água para aplacar a sede e, durante toda a eternidade, Ele e seus anjos ouvem os gemidos dos danados sem se comoverem, enquanto permite a Satanás desfrutar de todos os gozos que deseje.

De todas as doutrinas sobre a teoria do mal, esta é, sem contestação, a mais irracional e a mais injuriosa para a Divindade (ver *O céu e o inferno segundo o espiritismo*, cap. IX, *Os demônios*).[17]

4. Entretanto, o mal existe e tem uma causa.

Há várias classes de mal. Primeiro, há o mal físico e o mal moral; em seguida, os males que o homem pode evitar e os que independem de sua vontade. Entre os últimos é preciso que se incluam os flagelos naturais.

O homem, cujas faculdades são limitadas, não pode penetrar nem abranger o conjunto dos desígnios do Criador; julga as coisas do ponto de vista da sua personalidade, dos interesses artificiais e convencionais que criou para si mesmo e que não se compreendem na ordem da Natureza. É por isso que, muitas vezes, se lhe afigura mau e injusto aquilo que consideraria justo e admirável se lhe conhecesse a causa, o objetivo,

---

[17] Nota do tradutor: Capítulo X, no original (corrigimos).

o resultado definitivo. Pesquisando a razão de ser e a utilidade de cada coisa, reconhecerá que tudo traz o selo da sabedoria infinita e se dobrará a essa sabedoria, mesmo com relação às coisas que não compreende.

5. O homem recebeu em partilha uma inteligência com cujo auxílio lhe é possível conjurar, ou pelo menos atenuar bastante os efeitos de todos os flagelos naturais. Quanto mais saber ele adquire e mais se adianta em civilização, tanto menos desastrosos se tornam os flagelos. Com uma organização social sábia e previdente, chegará mesmo a neutralizar as suas consequências, quando não possam ser inteiramente evitados. Assim, mesmo com referência aos flagelos que têm certa utilidade para a ordem geral da Natureza e para o futuro, mas que causam danos no presente, Deus facultou ao homem os meios de lhes paralisar os efeitos.

É assim que ele saneia as regiões insalubres, neutraliza os miasmas pestíferos, fertiliza terras incultas e trabalha por preservá-las das inundações; constrói habitações mais salubres, mais sólidas para resistirem aos ventos, tão necessários à depuração da atmosfera, e se coloca ao abrigo das intempéries. É assim, finalmente, que pouco a pouco a necessidade lhe faz criar as ciências, por meio das quais melhora as condições de habitabilidade do globo e aumenta o seu próprio bem-estar.

Tendo o homem que progredir, os males aos quais se acha exposto são um estimulante para o exercício da sua inteligência, de todas as suas faculdades físicas e morais, incitando-o a procurar os meios de evitá-los. Se nada tivesse a temer, nenhuma necessidade o induziria a procurar o melhor; entorpecer-se-ia na inatividade de seu espírito; nada inventaria nem descobriria. *A dor é o aguilhão que impele o homem para a frente, na senda do progresso.*

6. Porém, mais numerosos são os males que o homem cria pelos seus próprios vícios, os que provêm do seu orgulho, do seu egoísmo, da sua ambição, da sua cupidez, de seus excessos em tudo. Aí se encontra a causa das guerras e das calamidades que estas acarretam, das dissenções, das injustiças, da opressão do fraco pelo forte, enfim, da maior parte das doenças.

Deus estabeleceu leis plenas de sabedoria, tendo por único objetivo o bem. O homem encontra em si mesmo tudo o que lhe é necessário para cumpri-las. Sua rota está traçada na consciência, e a Lei Divina está gravada no coração. Ademais, Deus lhe lembra disso constantemente por intermédio de seus messias e profetas, de todos os Espíritos encarnados que trazem a missão de o esclarecer, moralizar e melhorar e, nestes últimos tempos, por uma infinidade de Espíritos desencarnados que se manifestam em toda parte. *Se o homem se conformasse rigorosamente com as Leis Divinas, certamente evitaria os males mais agudos e viveria feliz na Terra.* Se não o faz, é em virtude do seu livre-arbítrio, sofrendo assim as consequências do seu proceder.

7. Mas Deus, que é todo bondade, pôs o remédio ao lado do mal, isto é, faz que do próprio mal saia o bem. Chega um momento em que o excesso do mal moral se torna intolerável e impõe ao homem a necessidade de mudar de vida. Instruído pela experiência, ele se sente compelido a procurar no bem o remédio de que necessita, sempre por efeito do seu livre-arbítrio. Quando toma melhor caminho, é por sua vontade e porque reconheceu os inconvenientes do outro. A necessidade, pois, o constrange a melhorar-se moralmente, para ser mais feliz, do mesmo modo que o constrangeu a melhorar as condições materiais da sua existência.

Pode-se dizer que *o mal é a ausência do bem, como o frio é a ausência do calor*. Assim como o frio não é um fluido especial, também o mal não é um atributo distinto; um é a antítese do outro. Onde não existe o bem, forçosamente existe o mal. Não praticar o mal já é um princípio do bem. Deus somente quer o bem; só do homem procede o mal. Se na Criação houvesse um ser preposto ao mal, ninguém o poderia evitar; mas, tendo o homem a causa do mal *em si mesmo*, e tendo ao mesmo tempo o livre-arbítrio e por guia as Leis Divinas, evitá-lo-á sempre que o queira.

Tomemos um fato vulgar por termo de comparação. Um proprietário sabe que nos confins de suas terras há um lugar perigoso, onde poderia perecer ou ferir-se quem por lá se aventurasse. Que faz a fim de prevenir os acidentes? Manda colocar perto um aviso, proibindo que prossigam os que ali passem, devido ao perigo. Aí está a lei, que é sábia e previdente. Apesar disso, se um imprudente desatende o aviso, ultrapassa o ponto permitido e sai-se mal, de quem ele se pode queixar, senão de si mesmo?

Dá-se a mesma coisa com o mal; o homem o evitaria se observasse as Leis Divinas. Deus, por exemplo, impôs limites à satisfação das necessidades; o homem é advertido pela saciedade; se ultrapassa esse limite, o faz voluntariamente. As doenças, as enfermidades, a morte, que daí podem resultar, são obra sua, e não de Deus.

8. Sendo o mal o resultado das imperfeições do homem e tendo sido este criado por Deus, dir-se-á que Deus não deixa de ter criado, se não o mal, pelo menos a causa do mal; se houvesse criado perfeito o homem, o mal não existiria.

Se o homem tivesse sido criado perfeito, fatalmente penderia para o bem. Ora, em virtude do seu livre-arbítrio, ele não pende fatalmente nem para o bem nem para o mal. Quis Deus que ele ficasse sujeito à Lei do Progresso e que o progresso fosse fruto do seu próprio trabalho, a fim de que tivesse o mérito do seu labor, da mesma forma que lhe cabe a responsabilidade do mal que pratique pela própria vontade. A questão, pois, consiste em saber-se qual é, no homem, a origem da sua propensão para o mal.[18]

9. Estudando-se todas as paixões e, mesmo, todos os vícios, vê-se que as raízes de ambos se acham no instinto de conservação. Esse instinto se encontra em toda a sua força nos animais e nos seres primitivos

---

[18] Nota de Allan Kardec: O erro consiste em pretender-se que a alma tenha saído perfeita das mãos do Criador, quando quis este, ao contrário, que a perfeição resultasse da depuração gradual do Espírito e seja obra sua. Quis Deus que a alma, em virtude do seu livre-arbítrio, pudesse optar entre o bem e o mal e chegasse às suas finalidades últimas de forma militante e resistindo ao mal. Como já dissemos, se tivesse criado a alma tão perfeita quanto Ele, e, saindo de suas mãos, a houvesse associado à sua beatitude eterna, Deus tê-la-ia feito não à sua imagem, mas semelhante a si próprio. Conhecendo todas as coisas em virtude de sua própria essência e sem nada ter aprendido, movida pelo sentimento do orgulho oriundo da consciência de seus divinos atributos, a alma seria induzida a renegar sua origem, a desconhecer o autor de sua existência e se poria em estado de rebelião, de revolta contra seu Criador (Bonnamy, juiz de instrução: *A razão do espiritismo*, cap. VI).

mais próximos da animalidade, nos quais ele exclusivamente domina, sem o contrapeso do senso moral, por não ter ainda o ser nascido para a vida intelectual. Ao contrário, o instinto se enfraquece à medida que a inteligência se desenvolve, porque esta domina a matéria. Com a inteligência racional nasce o livre-arbítrio, que o homem usa como queira; só então começa a responder por seus atos.

10. O destino do Espírito é a Vida Espiritual, porém, nas primeiras fases da sua existência corpórea, só lhe cumpre satisfazer às exigências materiais e, para tal fim, o exercício das paixões constitui uma necessidade para a conservação da espécie e dos indivíduos, materialmente falando. Mas, uma vez saído desse período, outras necessidades se lhe apresentam, a princípio semimorais e semimateriais, depois exclusivamente morais. É então que o Espírito exerce domínio sobre a matéria, sacode-lhe o jugo, avança pela senda providencial e se aproxima do seu destino final. Se, ao contrário, ele se deixa dominar pela matéria, atrasa-se e se identifica com o bruto. Nessa situação, *o que era outrora um bem, porque era uma necessidade da sua natureza, transforma-se num mal, não só porque já não constitui uma necessidade, mas porque se torna prejudicial à espiritualização do ser*. O mal é, pois, relativo, e a responsabilidade é proporcional ao grau de adiantamento.

Todas as paixões têm, portanto, a sua utilidade providencial, pois, se assim não fosse, Deus teria feito coisas inúteis e até nocivas. É o abuso que constitui o mal, e o homem abusa em virtude do seu livre-arbítrio. Mais tarde, esclarecido pelo seu próprio interesse, livremente escolhe entre o bem e o mal.

O instinto e a inteligência

11. Qual a diferença entre o instinto e a inteligência? Onde começa um e acaba o outro? Será o instinto uma inteligência rudimentar ou uma faculdade distinta, um atributo exclusivo da matéria?

O instinto é a força oculta que impele os seres orgânicos a atos espontâneos e involuntários, tendo em vista a sua conservação. Nos atos instintivos não há reflexão, nem combinação, nem premeditação. É assim que a planta procura o ar, se volta para a luz, dirige suas raízes para a água e para a terra em busca de nutrientes; que a flor se abre e fecha alternativamente, conforme as necessidades; que as plantas trepadeiras se enroscam em torno daquilo que lhes serve de apoio ou a ele se fixam com as suas gavinhas. É pelo instinto que os animais são avisados do que lhes é útil ou nocivo; que buscam, conforme a estação, os climas propícios; que constroem, sem ensino prévio, com mais ou menos arte, segundo as espécies, leitos macios e abrigos para a sua prole, armadilhas para apanhar a presa de que se nutrem; que manejam com habilidade as armas ofensivas e defensivas de que são providos; que os sexos se aproximam, que a mãe choca os filhotes e que estes procuram o seio materno. No homem, o instinto domina exclusivamente no começo da vida; é por instinto que a criança faz os primeiros movimentos, toma o alimento, grita para exprimir suas necessidades, imita o som da voz, tenta falar e andar. No próprio adulto, certos atos são instintivos, tais como os movimentos espontâneos para evitar um risco, para fugir a um perigo, para manter o equilíbrio do corpo; tais ainda o piscar das pálpebras para moderar o brilho da luz, o abrir maquinal da boca para respirar etc.

12. *A inteligência se revela por atos voluntários, refletidos, premeditados, combinados, de acordo com a oportunidade das circunstâncias.* É incontestavelmente um atributo exclusivo da alma.

Todo ato maquinal é instintivo. O ato que denota reflexão e combinação é inteligente. Um é livre, o outro não o é.

O instinto é um guia seguro, que nunca se engana; a inteligência, pelo simples fato de ser livre, está por vezes sujeita a errar.

Se o ato instintivo não tem o caráter do ato inteligente, revela, todavia, uma causa inteligente, essencialmente apta a prever. Se se admitir que o instinto procede da matéria, será forçoso admitir que a matéria é inteligente, até mesmo bem mais inteligente e previdente do que a alma, pois que o instinto não se engana, ao passo que a inteligência está sujeita a errar.

Se se considerar o instinto uma inteligência rudimentar, como se há de explicar que, em certos casos, seja superior à inteligência que raciocina? Como explicar que torne possível a execução de atos que esta não pode realizar?

Se o instinto é atributo de um princípio espiritual especial, qual vem a ser esse princípio? Já que o instinto se apaga, dar-se-á que esse princípio se destrua? Se os animais são dotados apenas de instinto, não tem solução o destino deles e nenhuma compensação os seus sofrimentos, o que não estaria de acordo nem com a justiça, nem com a bondade de Deus.

13. Segundo outro sistema, o instinto e a inteligência teriam um só e mesmo princípio. Chegado a certo grau de desenvolvimento, esse princípio, que primeiramente apenas tivera as qualidades do instinto, passaria por uma transformação que lhe daria as da inteligência livre; receberia, em suma, o que se convencionou chamar centelha divina. Tal transformação não se daria subitamente, mas de forma gradual, de tal sorte que, durante certo período, haveria uma combinação das duas aptidões, diminuindo a primeira à medida que aumenta a segunda.

14. Enfim, uma última hipótese, que, aliás, se conjuga perfeitamente à ideia da unidade de princípio, ressalta do caráter essencialmente previdente do instinto e concorda com o que o Espiritismo nos ensina, no tocante às relações do Mundo Espiritual com o mundo corpóreo.

Sabe-se agora que muitos Espíritos desencarnados têm por missão velar pelos encarnados, dos quais se constituem protetores e guias; que os envolvem nos seus eflúvios fluídicos; que os homens agem muitas vezes de maneira *inconsciente*, sob a ação desses eflúvios.

Sabe-se, além disso, que o instinto, que por si mesmo produz atos inconscientes, predomina nas crianças e, em geral, nos seres cuja razão é fraca. Ora, segundo esta hipótese, o instinto não seria atributo nem da alma nem da matéria; não pertenceria propriamente ao ser vivo, mas seria *efeito* da ação direta dos protetores invisíveis que supririam a imperfeição da inteligência, provocando atos inconscientes necessários à conservação do ser. Seria qual o andador com que se amparam as crianças que ainda não sabem andar. Então, do mesmo modo que se deixa gradualmente de usar o andador à medida que a criança se equilibra sozinha, os Espíritos protetores deixam entregues a si mesmos os seus protegidos à medida que estes se tornam aptos a guiar-se pela própria inteligência.

Assim, o instinto, longe de ser o produto de uma inteligência rudimentar e incompleta, sê-lo-ia de uma inteligência estranha, *na plenitude da sua força*, que supriria a insuficiência, quer de uma inteligência mais jovem, que aquela compeliria a fazer, inconscientemente, para seu bem, o que ainda fosse incapaz de fazer por si mesma, quer de uma inteligência madura, porém momentaneamente tolhida no uso de suas faculdades, como se dá com o homem na infância e nos casos de idiotia e de afecções mentais.

Diz-se proverbialmente que há um Deus para as crianças, para os loucos e para os ébrios. Esse ditado é mais verdadeiro do que se crê. Esse Deus não é senão o Espírito protetor, que vela pelo ser incapaz de se proteger por meio da sua própria razão.

15. Nesta ordem de ideias, ainda se pode ir mais longe. Por mais racional que seja, essa teoria não resolve todas as dificuldades da questão. Para pesquisar as causas, há que se estudar os efeitos, sendo possível, com base na natureza dos efeitos, concluir-se pela natureza da causa.

Se observarmos os efeitos do instinto, notaremos, logo de começo, uma unidade de vistas e de conjunto, uma segurança de resultados, que cessam logo que a inteligência livre substitui o instinto. Além do mais, reconheceremos profunda sabedoria na apropriação tão perfeita e tão constante das faculdades instintivas às necessidades de cada espécie. Essa unidade de vistas não poderia existir sem a unidade de pensamento e, por conseguinte, com a multiplicidade das causas operantes. Ora, em razão do progresso que realizam incessantemente as inteligências individuais, há entre elas uma diversidade de aptidões e de vontades incompatíveis com esse conjunto tão perfeito e harmonioso que se produz desde a origem dos tempos e em todos os climas, com regularidade e precisão matemáticas, sem jamais falharem. A uniformidade no que resulta das faculdades instintivas é um fato característico que implica forçosamente a unidade da causa. Se a causa fosse inerente a cada individualidade, haveria tantas variedades de instintos quantos fossem os indivíduos, desde a planta até o homem. Um efeito geral, uniforme e constante há de ter uma causa geral, uniforme e constante; um efeito que atesta sabedoria e previdência deve ter uma causa sábia e previdente.

Ora, uma causa sábia e previdente, sendo necessariamente inteligente, não pode ser exclusivamente material.

Não se encontrando nas criaturas, encarnadas ou desencarnadas, as qualidades necessárias à produção de tal resultado, temos que subir mais alto, isto é, ao próprio Criador. Se nos reportarmos à explicação dada sobre a maneira pela qual se pode conceber a ação providencial (cap. II, it. 25); se figurarmos todos os seres penetrados do fluido divino, soberanamente inteligente, compreenderemos a sabedoria previdente e a unidade de vistas que presidem a todos os movimentos instintivos para o bem de cada indivíduo. Essa solicitude é tanto mais ativa quanto menos recurso tem o indivíduo em si mesmo e na sua inteligência. É por isso que ela se mostra maior e mais absoluta nos animais e nos seres inferiores do que no homem.

Segundo essa teoria, compreende-se que o instinto seja um guia sempre seguro. O instinto maternal, o mais nobre de todos, que o materialismo rebaixa ao nível das forças atrativas da matéria, fica realçado e enobrecido. Em razão das suas consequências, ele não devia ser entregue às eventualidades caprichosas da inteligência e do livre-arbítrio. *Por intermédio da mãe, o próprio Deus vela pelas suas criaturas que nascem.*

16. Essa teoria não destrói de modo algum o papel dos Espíritos protetores, cujo concurso é fato observado e comprovado pela experiência; mas deve-se notar que a ação desses Espíritos é essencialmente individual; que se modifica segundo as qualidades próprias do protetor e do protegido e que em parte alguma apresenta a uniformidade e a generalidade do instinto. Deus, em sua sabedoria, conduz Ele próprio os cegos, mas confia a inteligências livres o cuidado de guiar os clarividentes, para deixar a cada um a responsabilidade de seus atos. A missão dos

Espíritos protetores é um dever que aceitam voluntariamente e lhes é um meio de se adiantarem, dependendo o adiantamento da forma pela qual o desempenhem.

17. Todas essas maneiras de considerar o instinto são forçosamente hipotéticas e nenhuma apresenta caráter seguro de autenticidade, para ser tida como solução definitiva. A questão será certamente resolvida um dia, quando se tiverem reunido os elementos de observação que ainda faltam. Até lá, temos que limitar-nos a submeter as diversas opiniões ao crivo da razão e da lógica e esperar que a luz se faça. A solução que mais se aproxima da verdade será decerto a que melhor condiga com os atributos de Deus, isto é, com a suprema bondade e a suprema justiça (cap. II, it. 19).

18. Sendo o instinto o guia e as paixões, as molas da alma no período inicial do seu desenvolvimento, por vezes se confundem em seus efeitos e, sobretudo, na linguagem humana, que nem sempre se presta de modo satisfatório para expressar todos os matizes. Há, contudo, entre esses dois princípios, diferenças que é preciso considerar.

O instinto é guia seguro, sempre bom. Pode, depois de certo tempo, tornar-se inútil, mas nunca prejudicial. Enfraquece-se pela predominância da inteligência.

As paixões, nas primeiras idades da alma, têm em comum com o instinto o fato de serem as criaturas solicitadas por uma força igualmente inconsciente. As paixões nascem principalmente das necessidades do corpo e dependem, mais do que o instinto, do organismo. O que, acima de tudo, as distingue do instinto, é que são individuais e não produzem, como este último, efeitos gerais e uniformes. Variam, ao contrário, de intensidade e de natureza, conforme os indivíduos. São úteis, como estimulante, até a eclosão do senso moral que, de um ser passivo, faz que nasça um ser racional. Nesse momento, tornam-se não só inúteis, mas prejudiciais ao progresso do Espírito, cuja desmaterialização retardam. Abrandam-se com o desenvolvimento da razão.

19. O homem que só agisse pelo instinto poderia ser muito bom, mas conservaria adormecida a sua inteligência. Seria qual criança que

não deixasse o andador e não soubesse utilizar-se de seus membros. Aquele que não domina as suas paixões pode ser muito inteligente, mas, ao mesmo tempo, muito mau. *O instinto se aniquila por si mesmo; as paixões só se domam pelo esforço da vontade.*

Todos os homens hão passado pela fieira das paixões. Os que já as superaram e, por natureza, não são orgulhosos, nem ambiciosos, nem rancorosos, nem vingativos, nem cruéis, nem irascíveis, nem sensuais; os que fazem o bem sem esforço, sem premeditação e, a bem dizer, involuntariamente, é porque progrediram ao longo de suas existências anteriores; purgaram-se das imperfeições. É um erro dizer-se que têm menos mérito quando fazem o bem, em comparação aos que lutam contra suas más tendências. Aqueles já alcançaram a vitória, estes ainda não; quando a lograrem, serão como os primeiros, isto é, farão o bem sem pensar, como crianças que leem normalmente sem necessidade de soletrar. Assemelham-se a dois enfermos, um dos quais está curado e cheio de energia, enquanto o outro ainda convalesce e tropeça ao andar; enfim, são como dois corredores, em que um deles se acha mais perto da meta do que o outro.

Destruição mútua dos seres vivos

20. A destruição recíproca dos seres vivos é uma das Leis da Natureza que, à primeira vista, menos parecem conciliar-se com a bondade de Deus. Pergunta-se por que lhes criou Deus a necessidade de mutuamente se destruírem, para se alimentarem uns à custa dos outros.

Para quem vê apenas a matéria e restringe a sua visão à vida presente, parece, de fato, que há uma imperfeição qualquer na obra divina, daí concluindo os incrédulos que, não sendo perfeito, Deus não existe. É que em geral os homens julgam a perfeição de Deus do ponto de vista humano; medem a sabedoria divina pelo próprio julgamento que dela fazem, e pensam que Deus não poderia fazer coisa melhor do que eles próprios fariam. Como a curta visão de que dispõem não lhes permite apreciar o conjunto, não compreendem que um bem real possa decorrer de um mal aparente. Só o conhecimento do princípio espiritual, considerado em sua essência verdadeira, e o da grande lei de unidade, que constitui a harmonia da Criação, pode dar ao homem a solução desse mistério e mostrar-lhe a sabedoria providencial e a harmonia, justamente onde apenas vê uma anomalia e uma contradição. Dá-se com essa verdade o que se dá com uma porção de outras; o homem não está apto a sondar coisas de certa profundidade senão quando seu Espírito alcança suficiente grau de maturidade.

21. A verdadeira vida, tanto do animal quanto do homem, não está no invólucro corpóreo, do mesmo modo que não está no vestuário: está no princípio inteligente que preexiste e sobrevive ao corpo. Esse princípio necessita do corpo para se desenvolver pelo trabalho que lhe cumpre realizar sobre a matéria bruta. O corpo se consome nesse trabalho, mas o Espírito não se gasta; ao contrário, dele sai cada vez mais forte, mais lúcido e mais apto. Que importa, pois, que o Espírito mude mais ou menos frequentemente de envoltório? Não deixa por isso de ser Espírito. É absolutamente como se um homem mudasse cem vezes no ano as suas vestes; não deixaria por isso de ser homem.

Por meio do espetáculo incessante da destruição, Deus ensina aos homens o pouco caso que devem fazer do envoltório material e lhes suscita a ideia da vida espiritual, fazendo que a desejem como uma compensação.

Deus, alegarão, não podia chegar ao mesmo resultado por outros meios, sem constranger os seres vivos a se entredevorarem? Bem ousado quem pretendesse perscrutar os desígnios de Deus! Se tudo é sabedoria em sua obra, devemos supor que esta não existirá mais num ponto do que em outros; se não o compreendemos assim, devemos atribuí-lo à nossa falta de adiantamento. Contudo, devemos tentar a pesquisa da razão do que nos pareça defeituoso, tomando por bússola este princípio: *Deus há de ser infinitamente justo e sábio*. Procuremos, portanto, em tudo, a sua justiça e a sua sabedoria e curvemo-nos diante do que ultrapasse o nosso entendimento.

22. Uma primeira utilidade que se apresenta de tal destruição, utilidade puramente física, é verdade, é esta: os corpos orgânicos só se conservam com o auxílio das matérias orgânicas, por só elas conterem os elementos nutritivos necessários à transformação deles. Como os corpos, instrumentos de ação do princípio inteligente, precisam ser constantemente renovados, a Providência faz que sirvam à sua mútua manutenção; é por isso que os seres se nutrem uns dos outros. Mas, então, é o corpo que se nutre do corpo, sem que o Espírito se aniquile ou se altere; fica apenas despojado do seu envoltório.

23. Há também considerações morais de ordem mais elevada.

É necessária a luta para o desenvolvimento do Espírito; é na luta que ele exercita as suas faculdades. O que ataca em busca do alimento e o que se defende para conservar a vida usam de habilidade e inteligência, aumentando, em consequência, suas forças intelectuais. Um dos dois sucumbe, mas, em realidade, que foi que o mais forte ou o mais destro tirou ao mais fraco? A veste de carne, nada além; mais tarde o Espírito, que não morreu, tomará outra.

24. Nos seres inferiores da Criação, naqueles a quem ainda falta o senso moral, nos quais a inteligência ainda não substituiu o instinto, a luta não pode ter por objetivo senão a satisfação de uma necessidade material. Ora, uma das necessidades materiais mais imperiosas é a da alimentação. Eles, pois, lutam unicamente para viver, isto é, para fazer ou defender uma presa, visto que nenhum motivo mais elevado os poderia estimular. É nesse primeiro período que a alma se elabora e ensaia para a vida. Quando ela atinge o grau de maturidade necessária à sua transformação, recebe de Deus novas faculdades: o livre-arbítrio e o senso moral, a centelha divina, em suma, que lhe dão novo curso às ideias, dotando-a de novas aptidões e de novas percepções.

Todavia, as novas faculdades morais de que a alma é dotada só se desenvolvem gradualmente, porque nada é brusco na Natureza, havendo um período de transição em que o homem mal se distingue do bruto. Nas primeiras idades, domina o instinto animal e a luta ainda tem por alvo a satisfação das necessidades materiais. Mais tarde, contrabalançam-se o instinto animal e o sentimento moral; o homem então luta, não mais para se alimentar, mas para satisfazer à sua ambição, ao seu orgulho, à sua necessidade de dominar; para isso, ainda lhe é preciso destruir. No entanto, à medida que prepondera o senso moral, desenvolve-se a sensibilidade, diminui a necessidade de destruir, acabando mesmo por desaparecer, por se tornar odiosa essa necessidade: o homem tem horror ao sangue.

Contudo, a luta é sempre necessária ao desenvolvimento do Espírito, pois mesmo chegando a esse ponto, que nos parece culminante, ele ainda está longe de ser perfeito. Só à custa de muita atividade adquire conhecimentos, experiência e se despoja dos últimos vestígios da animalidade. Mas, nessa ocasião, a luta, de sangrenta e brutal que era, se torna puramente intelectual; o homem luta contra as dificuldades, e não mais contra os seus semelhantes.[19]

---

[19] Nota de Allan Kardec: Esta questão se prende a outra, não menos grave, das relações entre a animalidade e a Humanidade, a ser tratada posteriormente. Apenas quisemos demonstrar, mediante essa explicação, que a destruição mútua dos seres vivos em nada infirma a sabedoria divina, e que tudo se encadeia nas Leis da Natureza. Esse encadeamento forçosamente se quebra, desde que se abstraia do princípio espiritual, razão pela qual muitas questões permanecem insolúveis, por se levar em conta somente a matéria.

CAPÍTULO IV

O papel da Ciência na Gênese

1. A história da origem de quase todos os povos antigos se confunde com a crença religiosa que professavam; é por isso que seus primeiros livros versavam sobre religião. E como todas as religiões se ligam ao princípio das coisas, que é também o da Humanidade, elas deram, sobre a formação e o mecanismo do Universo, explicações em concordância com o estado dos conhecimentos da época e de seus fundadores. Daí resultou que os primeiros livros sagrados foram ao mesmo tempo os primeiros livros de ciência, como foram, durante largo período, o código único das leis civis.

2. A religião era, então, um freio poderoso para governar. Os povos se submetiam de bom grado aos poderes invisíveis, em nome dos quais eram subjugados. Seus governantes se diziam investidos desses mesmos poderes, quando não se faziam passar pelas próprias potências invisíveis.

Para dar mais força à religião, era preciso apresentá-la como absoluta, infalível e imutável, porquanto, a não ser assim, perderia a sua ascendência sobre seres quase embrutecidos e mal chegados à razão. Não admitia discussão, da mesma forma que não se questiona as ordens de um soberano; daí o princípio da fé cega e da obediência passiva que, em sua origem, tiveram sua razão de ser e sua utilidade. A veneração que devotavam aos livros sagrados, supostamente caídos do céu ou inspirados pela Divindade, interditava-lhes todo e qualquer exame.

3. Nos tempos primitivos, por serem muito imperfeitos os meios de observação, as primeiras teorias sobre os sistemas do mundo deveriam estar repletas de erros grosseiros. Mas ainda que esses meios fossem tão completos quanto os de hoje, não teriam os homens sabido utilizá-los. Aliás, tais meios só podiam ser fruto do desenvolvimento da inteligência e do consequente conhecimento das Leis da Natureza. À medida que o homem foi se adiantando no conhecimento dessas Leis, também foi penetrando os mistérios da Criação e retificando as ideias que formava acerca da origem das coisas.

4. Para se compreender e definir o movimento correlativo dos ponteiros de um relógio é preciso que se conheçam as leis que presidem ao seu mecanismo, apreciar a natureza dos materiais e calcular a potência das forças atuantes; da mesma forma, para se compreender o mecanismo do Universo, há que se conhecer as leis que regem todas as forças postas em ação nesse vasto conjunto.

O homem se mostrou impotente para resolver o problema da Criação, até o momento em que a Ciência lhe ofereceu a solução para isso. Foi preciso que a Astronomia lhe abrisse as portas do Espaço infinito e lhe permitisse mergulhar aí o olhar; que, pelo poder do cálculo, ele pudesse determinar com rigorosa precisão o movimento, a posição, o volume, a natureza e o papel dos corpos celestes; que a Física lhe revelasse as leis da gravitação, do calor, da luz e da eletricidade, o poder desses agentes sobre a Natureza inteira e a causa dos inúmeros fenômenos deles decorrentes; que a Química lhe ensinasse as transformações da matéria, e a Mineralogia, as matérias que formam a superfície do globo; que a Geologia lhe ensinasse a ler, nas camadas terrestres, a formação gradual desse mesmo globo. A Botânica, a Zoologia, a Paleontologia e a Antropologia deviam iniciá-lo na filiação e sucessão dos seres organizados; com a Arqueologia ele pôde seguir os traços da Humanidade através dos tempos. Em suma, todas as ciências, completando-se umas às outras, deviam trazer o seu contributo indispensável para o conhecimento da história do mundo. Em falta dessas contribuições, o homem só teve como guia as suas primeiras hipóteses.

Capítulo IV
O papel da Ciência na Gênese

Por isso, antes que ele entrasse na posse daqueles elementos de apreciação, todos os comentadores da Gênese, cuja razão esbarrava em impossibilidades materiais, giravam dentro de um mesmo círculo, sem dele conseguirem sair. Só o lograram quando a Ciência abriu caminho, fazendo brecha no velho edifício das crenças. Tudo então mudou de aspecto. Uma vez achado o fio condutor, as dificuldades prontamente foram vencidas. Em vez de uma Gênese imaginária, surgiu uma Gênese positiva e, de certo modo, experimental. O campo do Universo se distendeu ao infinito. Acompanhou-se a formação gradual da Terra e dos astros, segundo leis eternas e imutáveis, que dão testemunho bem maior da grandeza e da sabedoria de Deus do que uma criação miraculosa, tirada repentinamente do nada, qual mutação à vista, por efeito de súbita ideia da Divindade, após uma eternidade de inação.

Uma vez que é impossível conceber-se a Gênese sem os dados fornecidos pela Ciência, pode-se dizer com inteira verdade que *a Ciência é chamada a constituir a verdadeira Gênese, segundo as Leis da Natureza.*

5. No ponto a que chegou no século XIX, a Ciência conseguiu resolver todas as dificuldades do problema da Gênese?

Não, certamente; mas é incontestável que destruiu, sem remissão, todos os erros capitais e lançou seus fundamentos essenciais sobre dados irrecusáveis. Os pontos ainda duvidosos não passam, a bem dizer, de questões de detalhes, cuja solução, qualquer que venha a ser no futuro, não poderá prejudicar o conjunto. Acresce notar, apesar dos recursos que ela tem tido à sua disposição, que lhe faltou até agora um elemento importante, sem o qual jamais a obra poderia completar-se.

6. De todas as Gêneses antigas, a que mais se aproxima dos modernos dados científicos, a despeito dos erros que contém, hoje mais do que evidentes, é incontestavelmente a de Moisés. Alguns desses erros são mesmo mais aparentes do que reais e provêm, quer da falsa interpretação atribuída a certas palavras, cuja primitiva significação se perdeu ao passarem de língua em língua pela tradução, ou cuja acepção mudou com os costumes dos povos, quer da forma alegórica peculiar ao estilo oriental e que foi tomada ao pé da letra, em vez de se lhe buscar o espírito.

7. A *Bíblia*, evidentemente, encerra fatos que a razão, desenvolvida pela Ciência, não poderia hoje aceitar e outros que parecem estranhos e repulsivos, porque resultam de costumes que já não são os nossos. Mas, a par disso, haveria parcialidade em não se reconhecer que ela contém belas e grandes coisas. A alegoria ocupa ali considerável espaço, ocultando sob o seu véu sublimes verdades, que se tornam claras desde que se desça ao âmago do pensamento, pois logo o absurdo desaparece.

Por que, então, não se lhe ergueu mais cedo o véu? De um lado, por falta de luzes que só a Ciência e a sã filosofia podiam fornecer e, de outro lado, pelo princípio da imutabilidade absoluta da fé, consequência de um respeito demasiado cego à letra, sob o qual a razão devia inclinar-se, e pelo temor de comprometer a estrutura das crenças, erguida sob o sentido literal. Como tais crenças partissem de um ponto primitivo, temeu-se que, se o primeiro anel da cadeia se rompesse, todas as malhas da rede acabassem por se separar. Eis por que, apesar de tudo, os olhos se fecharam, mas fechar os olhos ao perigo não é evitá-lo. Quando uma construção se inclina, não manda a prudência que se substituam imediatamente as pedras ruins por pedras boas, em vez de se esperar, pelo respeito que infunde a vetustez do edifício, que o mal se torne irremediável e que se faça preciso reconstruí-lo de cima a baixo?

8. Ao levar suas investigações às entranhas da Terra e às profundezas dos céus, a Ciência demonstrou, de maneira incontestável, os erros da Gênese mosaica tomada ao pé da letra e a impossibilidade material de terem as coisas se passado como são ali textualmente referidas. Assim procedendo, a Ciência desferiu fundo golpe nas crenças populares. A fé ortodoxa ficou combalida, porque julgou que lhe tiravam a pedra fundamental. Mas com quem havia de estar a razão: com a Ciência, marchando prudente e progressivamente pelos terrenos sólidos dos algarismos e da observação, sem nada afirmar antes de ter as provas na mão, ou com uma narrativa escrita numa época em que faltavam absolutamente os meios de observação? Afinal de contas, quem deve levar a melhor: aquele que diz que dois e dois fazem cinco e se nega a verificar, ou aquele que diz que dois e dois fazem quatro e prova o que afirma?

9. Mas, objetam, se a *Bíblia* é uma Revelação Divina, então Deus se enganou? Se não é uma Revelação Divina, carece de autoridade e a religião desmorona, por falta de base.

Ora, de duas coisas uma: ou a Ciência está em erro ou tem razão. Se tem razão, não pode fazer seja verdadeira uma opinião que lhe é contrária. Não há revelação que se possa sobrepor à autoridade dos fatos.

Incontestavelmente, não é possível que Deus, sendo todo verdade, induza os homens em erro, nem consciente, nem inconscientemente, sem o que não seria Deus. Logo, se os fatos contradizem as palavras que lhe são atribuídas, o que se deve logicamente concluir é que Ele não as pronunciou, ou que tais palavras foram entendidas em sentido oposto ao que lhes é próprio.

Se, com semelhantes contradições, a religião sofre dano, a culpa não é da Ciência, que não pode fazer que o que é deixe de ser, mas dos homens, por haverem, prematuramente, estabelecido dogmas absolutos, dos quais fizeram questão de vida ou de morte, sobre hipóteses suscetíveis de serem desmentidas pela experiência.

Há coisas com cujo sacrifício teremos de nos resignar, queiramos ou não, quando não conseguimos evitá-lo. Desde que o mundo marcha, sem que a vontade de alguns possa detê-lo, o mais sensato é que o acompanhemos e nos acomodemos com o novo estado de coisas, em vez de nos agarrarmos ao passado que se esboroa, com o risco de sermos arrastados na queda.

10. Por respeito aos textos que se consideram sagrados, dever-se-ia obrigar a Ciência a calar-se? Seria algo tão impossível como impedir a Terra de girar. As religiões, sejam quais forem, jamais ganharão qualquer coisa em sustentar erros manifestos. A Ciência tem por missão descobrir as Leis da Natureza. Ora, como essas leis são obra de Deus, não podem ser contrárias às religiões que se baseiam na verdade. A Ciência cumpre a sua missão pela força mesma das coisas e como consequência natural do desenvolvimento da inteligência humana, que também é obra divina, e só avança com a permissão de Deus, em virtude de leis progressivas por Ele estabelecidas. Portanto, lançar anátema ao progresso, por atentatório à religião, é ir contra a vontade de Deus. Mais ainda: é trabalho inútil, visto que nem mesmo todos os anátemas do mundo seriam capazes de impedir que a Ciência avance e que a verdade abra caminho. *Se a religião se nega a avançar com a Ciência, esta avançará sozinha.*

11. Somente as religiões estacionárias podem temer as descobertas da Ciência. Tais descobertas só são funestas às que se deixam distanciar pelas ideias progressistas, imobilizando-se no absolutismo de suas crenças. Fazem, em geral, uma ideia tão mesquinha da Divindade que não compreendem que assimilar as Leis da Natureza, que a Ciência revela, é glorificar a Deus em suas obras; porém, na sua cegueira, preferem render homenagem ao Espírito do mal. *Uma religião que não estivesse, sobre nenhum ponto, em contradição com as Leis da Natureza nada teria a temer do progresso e seria invulnerável.*

12. A Gênese compreende duas partes: a história da formação do mundo material e a da Humanidade, considerada em seu duplo princípio, corpóreo e espiritual. A Ciência tem-se limitado à pesquisa das leis que regem a matéria. No próprio homem, ela apenas estudou e estuda o envoltório carnal. Sob esse aspecto, chegou a inteirar-se, com precisão incontestável, das partes principais do mecanismo do Universo e do organismo humano. Assim, sobre esse ponto capital, pôde completar a Gênese de Moisés e retificar suas partes defeituosas.

Mas a história do homem, considerado como ser espiritual, se prende a uma ordem especial de ideias que não são do domínio da Ciência propriamente dita e das quais, por este motivo, não constitui objeto de suas investigações. A Filosofia, a cujas atribuições pertence mais particularmente esse gênero de estudos, apenas tem formulado, sobre o ponto, sistemas contraditórios, que vão desde a mais pura espiritualidade até a negação do princípio espiritual e mesmo de Deus, sem outras bases afora as ideias pessoais de seus autores. Tem, pois, deixado sem decisão o assunto, por falta de controle suficiente.

13. Esta questão, no entanto, é mais importante para o homem, porque envolve o problema do seu passado e do seu futuro; a do mundo material só o afeta indiretamente. O que lhe importa saber, antes de tudo,

Capítulo IV
O papel da Ciência na Gênese

é de onde veio e para onde vai, se já viveu, se ainda viverá e qual a sorte que lhe está reservada.

Sobre todas essas questões, a Ciência se conserva muda. A Filosofia apenas emite opiniões que concluem em sentido diametralmente oposto, mas que, pelo menos, permitem a sua discussão, o que faz com que muitas pessoas se coloquem do seu lado, de preferência a seguirem a religião, que nada discute.

14. Todas as religiões estão de acordo quanto ao princípio da existência da alma, sem, contudo, o demonstrarem. Entretanto, não concordam quanto à sua origem, nem com relação ao seu passado e ao seu futuro, nem, principalmente, e isso é o essencial, quanto às condições de que depende a sua sorte vindoura. Em sua maioria, elas apresentam, do futuro da alma, e o impõem à crença de seus adeptos, um quadro que somente a fé cega pode aceitar, mas que é incapaz de suportar um exame sério. Como o destino que elas fazem da alma está ligado aos seus dogmas, às ideias que se tinham nos tempos primitivos sobre o mundo material e o mecanismo do Universo, o destino que elas atribuem à alma não se concilia com o estado atual dos conhecimentos. Não podendo, pois, senão perder com o exame e a discussão, a religião acha mais simples proscrever um e outra.

15. Essas divergências no tocante ao futuro do homem geraram a dúvida e a incredulidade. E nem podia ser de outro modo; julgando-se cada religião na posse exclusiva da verdade, contradizendo-se mutuamente e sem oferecer, de suas asserções, provas suficientes para congregar a maioria, fez que o homem, em sua indecisão, se fixasse no presente. Entretanto, a incredulidade dá lugar a um penoso vazio. O homem encara com ansiedade o desconhecido, em que cedo ou tarde terá que penetrar fatalmente. A ideia do nada o enregela; diz-lhe a consciência que alguma coisa lhe está reservada para além do presente. Que será? Sua razão, já desenvolvida, não lhe permite mais admitir as histórias com que o acalentaram na infância, nem aceitar como realidade a alegoria. Qual o sentido dessa alegoria? A Ciência rasgou-lhe uma ponta do véu, mas não revelou o que mais lhe importa saber. Em vão ele interroga, nada lhe responde ela

de maneira decisiva e capaz de acalmar suas apreensões. Por toda parte depara com a afirmação a se chocar com a negação, sem que se apresentem provas positivas tanto de um lado quanto de outro. Daí a incerteza, *e a incerteza no que respeita à vida futura faz que o homem se atire, tomado de uma espécie de frenesi, para as coisas da vida material.*

Eis o inevitável efeito das épocas de transição: desaba o edifício do passado, sem que ainda o do futuro se ache construído. O homem se assemelha ao adolescente, que, já não tendo a crença ingênua dos seus primeiros anos, ainda não possui os conhecimentos próprios da maturidade. Apenas sente vagas aspirações, que não sabe definir.

16. Se a questão do homem espiritual permaneceu até agora em estado de teoria, é que faltavam os meios de observação direta, existentes para comprovar o estado do mundo material, de modo que o campo permaneceu aberto às concepções do espírito humano. Enquanto o homem não conheceu as leis que regem a matéria e não pôde aplicar o método experimental, vagou de sistema em sistema, no tocante ao mecanismo do Universo e à formação da Terra. O que se deu na ordem física deu-se também na ordem moral. Para fixar as ideias, faltou o elemento essencial: o conhecimento das leis que regem o princípio espiritual. Tal conhecimento estava reservado à nossa época, como o das leis da matéria foi obra dos dois últimos séculos.

17. Até o presente, o estudo do princípio espiritual, compreendido na Metafísica, foi puramente especulativo e teórico; no Espiritismo é inteiramente experimental. Com o auxílio da faculdade mediúnica, hoje mais desenvolvida e, sobretudo, generalizada e mais bem estudada, o homem se achou de posse de um novo instrumento de observação. A mediunidade foi, para o Mundo Espiritual, o que o telescópio representou para o mundo astral e o microscópio para o dos infinitamente pequenos. Permitiu que se explorassem, estudassem, por assim dizer, *de visu*,[20] as relações daquele mundo com o mundo corpóreo; que, no homem vivo, se destacasse do ser material o ser inteligente e que se observassem os dois a atuar separadamente. Uma vez estabelecidas relações com os

---

[20] Nota do tradutor: Com os próprios olhos.

habitantes do Mundo Espiritual, tornou-se possível ao homem seguir a alma em sua marcha ascendente, em suas migrações, em suas transformações; pôde-se, enfim, estudar o elemento espiritual. Eis aí o que faltava aos anteriores comentadores da Gênese, para a compreenderem e retificarem seus erros.

18. Por se acharem em incessante contato, os mundos espiritual e material são solidários entre si, e ambos têm a sua parcela de ação na Gênese. Sem o conhecimento das leis que regem o primeiro, seria tão impossível constituir-se uma Gênese completa, quanto a um escultor dar vida a uma estátua. Somente hoje, embora nem a ciência material, nem a ciência espiritual hajam dito a última palavra, o homem possui os dois elementos próprios a lançar luz sobre esse imenso problema. Eram-lhe absolutamente indispensáveis essas duas chaves para chegar a uma solução, mesmo aproximativa. Quanto à solução definitiva, talvez nunca seja dado ao homem encontrá-la na Terra, porque há coisas que são segredos de Deus.

Antigos e modernos sistemas do mundo

1. A primeira ideia que os homens formaram da Terra, do movimento dos astros e da constituição do Universo, houve de basear-se, em sua origem, unicamente no testemunho dos sentidos. Ignorando as leis mais elementares da Física e das forças que regem a Natureza, e não dispondo senão da vista limitada como meio de observação, só podiam julgar pelas aparências.

Vendo o Sol aparecer pela manhã, de um lado do horizonte, e desaparecer à tarde, do lado oposto, concluíram naturalmente que ele girava em torno da Terra, conservando-se esta imóvel. Se então lhes dissessem que se dá exatamente o contrário, responderiam não ser possível tal coisa, objetando: vemos que o Sol muda de lugar e não sentimos que a Terra se mexa.

2. A pequena extensão das viagens, que naquela época raramente ultrapassava os limites da tribo ou do vale, não permitia que se comprovasse a esfericidade da Terra. Como, ademais, haviam de supor que a Terra fosse uma bola? Em tal caso, os homens só poderiam manter-se nos pontos mais elevados. Supondo-a habitada em toda a sua superfície, como poderiam viver no hemisfério oposto, com a cabeça para baixo e os pés para cima? O fato lhes pareceria menos possível ainda com o movimento de rotação. Quando, mesmo nos nossos dias, em que se conhece a lei de gravitação, se veem pessoas relativamente esclarecidas não perceberem esse fenômeno, não é de surpreender que os homens das primeiras idades não o tenham, sequer, suspeitado.

Para eles, pois, a Terra era uma superfície plana e circular, qual uma mó de moinho, estendendo-se a perder de vista na direção horizontal. Daí a expressão ainda em uso: ir ao fim do mundo. Desconheciam-lhe os limites, a espessura, o interior, a face inferior e tudo o que lhe ficava por baixo.[21]

3. Por se mostrar sob forma côncava, o céu, na crença vulgar, era tido como uma abóbada real, cujos bordos inferiores repousavam sobre a Terra e lhe marcavam os confins, vasta cúpula cuja capacidade o ar enchia completamente. Sem nenhuma noção do Espaço infinito, incapazes mesmo de o conceberem, os homens imaginavam que essa abóboda era constituída de matéria sólida; daí a denominação *firmamento* que lhe foi dada e que sobreviveu à crença, significando: *firme, resistente* (do latim *firmamentum*, derivado de *firmus* e do grego *herma, hermatos*, firme, sustentáculo, suporte, ponto de apoio).

4. As estrelas, de cuja natureza não podiam suspeitar, eram simples pontos luminosos, mais ou menos volumosos, fixados na abóboda como lâmpadas suspensas, dispostas sobre uma única superfície e, por conseguinte, todas à mesma distância da Terra, tais como as que se veem no interior de certas cúpulas, pintadas de azul, figurando a abóboda celeste.

---

[21] Nota de Allan Kardec: "A mitologia hindu ensinava que, ao entardecer, o astro do dia se despojava de sua luz e atravessava o céu durante a noite com uma face obscura. A mitologia grega representava o carro de Apolo puxado por quatro cavalos. Anaximandro, de Mileto, sustentava, segundo Plutarco, que o Sol era um carro cheio de fogo muito vivo, que se escapava por uma abertura circular. Epicuro, segundo uns, teria emitido a opinião de que o Sol se acendia pela manhã e se apagava à noite nas águas do oceano; Anaxágoras o tomava por um ferro incandescente, do tamanho do Peloponeso. Coisa singular! Os Antigos eram tão invencivelmente induzidos a considerar real a grandeza aparente desse astro, que perseguiram o filósofo temerário por haver atribuído aquele volume ao facho do dia, fazendo-se necessária toda a autoridade de Péricles para salvá-lo de uma condenação à morte e para que essa pena fosse comutada numa sentença de exílio." (Flammarion, *Estudo e leituras sobre a astronomia*, p. 6).

Diante de tais ideias, emitidas no quinto século antes da Era Cristã, na época mais florescente da Grécia, não devem causar espanto as que faziam os homens das primeiras idades sobre o sistema do mundo.

Se bem que hoje as ideias sejam outras, o uso das expressões antigas se conservou. Ainda se diz, por comparação: a abóbada estrelada; sob a cúpula do céu.

5. A formação das nuvens por efeito da evaporação das águas da Terra era então igualmente desconhecida. Ninguém podia imaginar que a chuva, que cai do céu, tivesse origem na Terra, já que ninguém a via subir. Daí a crença na existência *de águas superiores e de águas inferiores*, de fontes celestes e de fontes terrestres, de reservatórios colocados nas altas regiões, suposição que concordava perfeitamente com a ideia de uma abóbada sólida, capaz de os sustentar. As águas superiores, escapando-se pelas frestas da abóbada, caíam em forma de chuva e, conforme essas frestas fossem mais ou menos largas, a chuva era branda, torrencial ou diluviana.

6. A ignorância completa do conjunto do Universo e das leis que o regem, na Natureza, da constituição e da destinação dos astros, que, aliás, pareciam tão pequenos em comparação à Terra, fez necessariamente que esta fosse considerada como a coisa principal, o fim único da Criação, e os astros, como acessórios criados unicamente em intenção dos seus habitantes. Esse preconceito se perpetuou até os nossos dias, apesar das descobertas da Ciência, que mudaram, para o homem, o aspecto do mundo. Quanta gente ainda acredita que as estrelas são ornamentos do céu, destinados a recrear a vista dos habitantes da Terra!

7. Não tardou, porém, que o homem percebesse o movimento aparente das estrelas, que se deslocam em massa do Oriente para o Ocidente, despontando ao anoitecer, ocultando-se pela manhã, e conservando suas respectivas posições. Contudo, tal observação não teve, durante muito tempo, outra consequência que não fosse a de confirmar a ideia de uma abóbada sólida, arrastando consigo as estrelas no seu movimento de rotação.

Essas ideias primitivas, ingênuas, constituíram, no curso de largos períodos seculares, o fundo das crenças religiosas e serviram de base a todas as cosmogonias antigas.

8. Mais tarde, pela direção do movimento das estrelas e pelo periódico retorno delas, na mesma ordem, compreendeu-se que a abóbada

celeste não podia ser apenas uma semiesfera posta sobre a Terra, mas uma esfera inteira, oca, em cujo centro se achava a Terra, sempre chata, ou, quando muito, convexa e habitada somente na superfície superior. Já era um progresso.

Mas em que se apoiava a Terra? Seria inútil mencionar todas as suposições ridículas, geradas pela imaginação, desde a dos indianos, que a diziam sustentada por quatro elefantes brancos, pousados estes sobre as asas de um imenso abutre. Os mais sensatos confessavam que nada sabiam a respeito.

9. Entretanto, uma opinião geralmente espalhada nas teogonias pagãs situava nos *lugares baixos*, ou, por outra, nas profundezas da Terra, ou debaixo desta, a morada dos réprobos, chamada *inferno*, isto é, *lugares inferiores*, e nos *lugares altos*, além da região das estrelas, a morada dos bem-aventurados. A palavra *inferno* se conservou até hoje, embora haja perdido a significação etimológica, desde que a Geologia retirou das entranhas da Terra o lugar dos suplícios eternos e a Astronomia demonstrou que não há alto nem baixo no Espaço infinito.

10. Sob o céu puro da Caldeia, da Índia e do Egito, berço das mais antigas civilizações, o movimento dos astros foi observado com tanta precisão quanto o permitia a falta de instrumentos especiais. Notou-se, primeiramente, que certas estrelas tinham movimento próprio, independente da massa, o que afastava a suposição de que se achassem presas à abóboda celeste. Chamaram-lhe *estrelas errantes* ou *planetas*, para distingui-las das estrelas fixas. Calcularam-se os seus movimentos e os retornos periódicos.

No movimento diurno da esfera estrelada, foi notada a imobilidade da Estrela Polar, em torno da qual as outras descreviam, em 24 horas, círculos oblíquos paralelos, uns maiores, outros menores, conforme a distância em que se encontravam da estrela central. Foi o primeiro passo para o conhecimento da obliquidade do eixo do mundo. Viagens mais longas permitiram que se observasse a diferença dos aspectos do céu, segundo as latitudes e as estações; a elevação da Estrela Polar acima do horizonte, variando com a altitude, abriu caminho para a percepção da

Capítulo V
Antigos e modernos sistemas do mundo

redondeza da Terra. Foi assim que, pouco a pouco, chegaram a fazer uma ideia mais exata do sistema do mundo.

Lá pelo ano 600 a.C., *Tales*, de Mileto (Ásia Menor), descobriu a esfericidade da Terra, a obliquidade da eclíptica e a causa dos eclipses.

Um século depois, *Pitágoras* (de Samos), descobre o movimento diurno da Terra, sobre o próprio eixo, seu movimento anual em torno do Sol, e incorpora os planetas e os cometas ao Sistema Solar.

Hiparco, de Alexandria (Egito), 160 a.C., inventa o astrolábio, calcula e prediz os eclipses, observa as manchas do Sol, determina o ano trópico, a duração das revoluções da Lua.

Entretanto, por mais preciosas que fossem para o progresso da Ciência, essas descobertas levaram cerca de dois mil anos para se popularizarem. Não dispondo senão de raros manuscritos para se propagarem, as ideias novas permaneciam como patrimônio de alguns filósofos, que as ensinavam a discípulos privilegiados. As massas, que ninguém cuidava de esclarecer, não tiravam nenhum proveito delas e continuavam a nutrir-se das velhas crenças.

11. Por volta do ano 140 da Era Cristã, *Ptolomeu*, um dos homens mais ilustres da Escola de Alexandria, combinando suas próprias ideias com as crenças vulgares e com algumas das mais recentes descobertas astronômicas, compôs um sistema que se pode qualificar de misto, que traz o seu nome e que, durante cerca de quinze séculos, foi o único a ser adotado pelo mundo civilizado.

Segundo o sistema de Ptolomeu, a Terra é uma esfera posta no centro do Universo e composta de quatro elementos: terra, água, ar e fogo. Essa a primeira região, dita *elementar*. A segunda região, dita *etérea*, compreendia onze céus, ou esferas concêntricas a girar em torno da Terra, a saber: o céu da Lua, os de Mercúrio, de Vênus, do Sol, de Marte, de Júpiter, de Saturno, das estrelas fixas, do primeiro cristalino, esfera sólida transparente; do segundo cristalino e, finalmente, do primeiro móvel, que dava movimento a todos os céus inferiores e os obrigava a fazer uma revolução de 24 horas. Para além dos onze céus estava o *Empíreo*, mansão dos bem-aventurados, denominação tirada do grego *pyr*, ou *pur*, que significa fogo, porque se acreditava que essa região resplandecia de luz, como o fogo.

A crença em muitos céus superpostos prevaleceu por longo tempo, embora o seu número variasse. O sétimo era geralmente tido como o mais elevado e daí a expressão: ser arrebatado ao sétimo céu. Paulo disse que fora elevado ao terceiro céu.

Independentemente do movimento comum, os astros, segundo Ptolomeu, tinham movimentos próprios, particulares, mais ou menos consideráveis, conforme a distância em que se achavam do centro. As estrelas fixas faziam uma revolução em 25.816 anos, avaliação esta que denota conhecimento da precessão dos equinócios, que, de fato, se realiza em cerca de 25 mil anos.

12. No começo do século XVI, *Copérnico*, célebre astrônomo, nascido em Thorn (Prússia) no ano de 1472 e morto em 1543, retomou as ideias de Pitágoras e concebeu um sistema que, confirmado todos os dias por novas observações, teve acolhimento favorável e não tardou a suplantar o de Ptolomeu. Segundo o sistema de Copérnico, o Sol está no centro e ao seu derredor os astros descrevem órbitas circulares, sendo a Lua um satélite da Terra.

Um século mais tarde, em 1609, Galileu, natural de Florença, inventa o telescópio; em 1610 descobre os quatro[22] satélites de Júpiter e lhe calcula as revoluções; reconhece que os planetas não têm luz própria como as estrelas, mas que são iluminados pelo Sol; que são esferas semelhantes à Terra; observa-lhes as fases e determina o tempo que duram as rotações deles em torno de seus eixos, oferecendo assim, por meio de provas materiais, sanção definitiva ao sistema de Copérnico.

Desmoronou, então, o sistema dos céus superpostos; reconheceu-se que os planetas são mundos semelhantes à Terra e, como ela, provavelmente habitados; o Sol como uma estrela, centro de um turbilhão de planetas que se lhe acham sujeitos; as estrelas como inumeráveis sóis, prováveis centros de outros tantos sistemas planetários.

---

[22] N.E.: Júpiter possui 66 satélites conhecidos, quatro dos quais de dimensões planetárias. O maior número seguro de satélites entre os oito planetas do Sistema Solar, mas os quatro principais, descobertos por Galileu, chamam-se Io, Ganimedes, Europa e Calisto.

As estrelas deixaram de estar confinadas numa zona da esfera celeste, para estarem irregularmente disseminadas pelo Espaço ilimitado, encontrando-se em distâncias incomensuráveis, umas das outras, as que parecem tocar-se, sendo as aparentemente menores as mais afastadas de nós, e as maiores as que nos estão mais próximas, embora, ainda assim, a centenas de bilhões de léguas.

Os grupos que tomaram o nome de *constelações* não passam de agregados aparentes, causados pela distância; suas figuras nada mais são que efeitos de perspectiva, como as que são formadas pelas luzes espalhadas por uma vasta planície, ou pelas árvores de uma floresta, aos olhos de quem as observa colocado num ponto fixo. Na realidade, porém, tais grupamentos não existem. Se pudéssemos transportar-nos para a região de uma dessas constelações, à medida que nos aproximássemos dela, a sua forma se desmancharia e novos grupos se desenhariam à nossa vista.

Ora, desde que esses grupos só existem na aparência, a significação que uma crença vulgar supersticiosa lhe atribui é ilusória e somente pode existir na nossa imaginação.

Para se distinguirem as constelações, deram-lhes nomes como estes: *Leão, Touro, Gêmeos, Virgem, Balança, Capricórnio, Câncer, Órion, Hércules, Grande Ursa* ou *Carro de Davi, Pequena Ursa, Lira* etc. e, para representá-las, atribuíram-lhes as formas que esses nomes lembram, fantasiosas em sua maior parte e, em nenhum caso, guardando qualquer relação com a forma aparente desses grupos de estrelas. Será, pois, inútil procurar tais formas no céu.

A crença na influência das constelações, sobretudo das que constituem os doze signos do zodíaco, proveio da ideia ligada aos nomes que elas trazem. Se tivessem dado o nome de *asno* ou de *ovelha* à constelação que se chama *leão*, certamente lhe teriam atribuído outra influência.

13. A partir de Copérnico e Galileu, as velhas cosmogonias desapareceram para sempre; a Astronomia só podia avançar, e não recuar. A História fala das lutas que esses homens de gênio tiveram de sustentar contra os preconceitos e, sobretudo, contra o espírito de seita, interessado na manutenção de erros sobre os quais se haviam fundado crenças, supostamente firmadas em bases inabaláveis. Bastou a invenção de um instrumento de óptica para derrubar uma construção de muitos milhares de anos. Mas nada poderia prevalecer contra uma verdade reconhecida como tal. Graças à imprensa, o público, iniciado nas novas ideias, começou a não se deixar embalar com ilusões e tomou parte na luta. Já não era contra alguns indivíduos que se tinha de combater, mas contra a opinião geral, que advogava a causa da verdade.

Quão grande é o Universo em face das mesquinhas proporções que nossos pais lhe assinavam! Quanto é sublime a obra de Deus, quando a vemos realizar-se segundo as eternas Leis da Natureza! Mas, também, quanto tempo, que esforços do gênio e quantos devotamentos se fizeram necessários para descerrar os olhos das criaturas e arrancar-lhes, afinal, a venda da ignorância!

14. Desde então, estava aberto o caminho em que ilustres e numerosos cientistas iam enveredar, a fim de completarem a obra iniciada. Na Alemanha, Kepler descobre as célebres leis que trazem o seu nome e por meio das quais se reconhece que as órbitas que os planetas descrevem não são circulares, mas elípticas, das quais o Sol ocupa um dos focos; Newton, na Inglaterra, descobre a lei da gravitação universal; Laplace, na França, cria a mecânica celeste. Finalmente, a Astronomia deixa de ser um sistema fundado em conjeturas ou probabilidades, mas uma ciência assentada nas mais rigorosas bases, as do cálculo e da geometria. Fica, assim, lançada uma das pedras fundamentais da Gênese.

CAPÍTULO VI

Uranografia geral[23]

O espaço e o tempo – A matéria – As leis e as forças – A criação primeira – A criação universal – Os sóis e os planetas – Os satélites – Os cometas – A Via Láctea – As estrelas fixas – Os desertos do Espaço – Eterna sucessão dos mundos – A vida universal – A Ciência – Considerações morais

O espaço e o tempo

1. Já foram dadas várias definições de espaço, sendo a principal esta: o espaço é a extensão que separa dois corpos, na qual certos sofistas deduziram que onde não haja corpos não haverá espaço. Foi nisto que se basearam alguns doutores em Teologia para estabelecer que o Espaço é necessariamente finito, alegando que certo número de corpos finitos não poderia formar uma série infinita e que, onde acabassem os corpos, o espaço igualmente acabaria. Também definiram o espaço como o lugar onde se movem os mundos, o vácuo onde a matéria atua etc. Deixemos todas essas definições, que nada definem, nos tratados em que repousam.

Espaço é uma dessas palavras que exprimem uma ideia primitiva e axiomática, evidente por si mesma, e a respeito dela as diversas definições

---

[23] Nota de Allan Kardec: Este capítulo é extraído textualmente de uma série de comunicações ditadas à Sociedade Espírita de Paris, em 1862 e 1863, sob o título *Estudos uranográficos* e assinadas *Galileu*. Médium: C. F.

que se possam dar nada mais fazem do que obscurecê-la. Todos sabemos o que é o espaço, e eu apenas quero afirmar que ele é infinito, a fim de que os nossos estudos ulteriores não encontrem nenhuma barreira que se oponha às investigações do nosso olhar.

Ora, digo que o Espaço é infinito, pela razão de ser impossível imaginar-se um limite qualquer para ele e porque, apesar da dificuldade com que nos defrontamos para conceber o infinito, mais fácil nos é avançar eternamente pelo espaço, em pensamento, do que parar num ponto qualquer, depois do qual não mais encontrássemos extensão a percorrer.

Para figurarmos a infinidade do Espaço, tanto quanto no-lo permitam as nossas limitadas faculdades, suponhamos que, partindo da Terra, perdida no meio do infinito, para um ponto qualquer do Universo, com a velocidade prodigiosa da centelha elétrica, que percorre *milhares de léguas por segundo*, hajamos percorrido milhões de léguas tão logo tenhamos deixado este globo, a ponto de nos acharmos num lugar de onde apenas o divisamos sob o aspecto de pálida estrela. Passado um instante, seguindo sempre a mesma direção, chegamos a essas estrelas longínquas que mal distinguis da vossa estação terrestre. Daí, não só a Terra nos desaparece inteiramente do olhar nas profundezas do céu, como também o próprio Sol, com todo o seu esplendor, se haverá eclipsado pela extensão que dele nos separa. Animados sempre da mesma velocidade do relâmpago, a cada passo que avançamos na imensidão, transpomos sistemas de mundos, ilhas de luz etérea, estradas estelíferas, paragens suntuosas onde Deus semeou os mundos com a mesma profusão com que semeou as plantas nas pradarias terrenas.

Ora, há apenas alguns minutos que caminhamos e já centenas de milhões e milhões de léguas nos separam da Terra, bilhões de mundos que nos passaram sob as vistas e, no entanto, ouvi bem! – em verdade não avançamos um só passo que seja no Universo.

Se continuarmos durante anos, séculos, milhares de séculos, milhões de períodos cem vezes seculares e *sempre com a mesma velocidade do relâmpago*, nem um passo igualmente teremos avançado, qualquer que seja o lado para onde nos dirijamos, a partir desse grãozinho invisível que deixamos e que se chama Terra.

Eis aí o que é o Espaço!

2. Como a palavra espaço, o tempo é também um termo que se define por si mesmo. Dele se faz ideia mais exata, relacionando-o com o todo infinito.

O tempo é a sucessão das coisas. Está ligado à eternidade do mesmo modo que as coisas estão ligadas ao infinito. Suponhamo-nos na origem do nosso mundo, na época primitiva em que a Terra ainda não se movia sob a divina impulsão; em suma: no começo da Gênese. O tempo então ainda não saíra do misterioso berço da natureza e ninguém pode dizer em que época de séculos nos achamos, visto que o pêndulo dos séculos ainda não foi posto em movimento.

Mas silêncio! Soa na sineta eterna a primeira hora de uma Terra isolada, o planeta se move no Espaço e, desde então, há *tarde* e *manhã*. Para lá da Terra, a eternidade permanece impassível e imóvel, embora o tempo marche com relação a muitos outros mundos. Para a Terra, o tempo a substitui e durante uma determinada série de gerações contar-se-ão os anos e os séculos.

Transportemo-nos agora ao último dia desse mundo, à hora em que, curvado sob o peso da vetustez, ele se apagará do livro da vida para aí não mais reaparecer. Interrompe-se então a sucessão dos eventos; cessam os movimentos terrestres que mediam o tempo, e o tempo acaba com eles.

Esta simples exposição das coisas naturais que dão origem ao tempo, que o alimentam e deixam que ele se extinga, basta para mostrar que, visto do ponto em que devemos nos colocar para os nossos estudos, o tempo é uma gota d'água que cai da nuvem no mar e sua queda é medida.

Tantos mundos na vasta amplidão, quantos tempos diversos e incompatíveis. Fora dos mundos, somente a eternidade substitui essas efêmeras sucessões e enche tranquilamente da sua luz imóvel a imensidade dos céus. Imensidade sem limites e eternidade sem limites, tais as duas grandes propriedades da natureza universal.

O olhar do observador, que atravessa, sem jamais encontrar o que o detenha, as incomensuráveis distâncias do Espaço, e o do geólogo, que remonta além dos limites das idades, ou que desce às descomunais profundezas da eternidade, em que ambos um dia se perderão, atuam em concordância, cada um na sua direção, para adquirir esta dupla noção do infinito: extensão e duração.

Dentro desta ordem de ideias, ser-nos-á fácil conceber que, sendo o tempo apenas a relação das coisas transitórias e dependendo unicamente das coisas que se medem, se tomássemos os séculos terrestres por unidade e os empilhássemos aos milheiros, para formar um número colossal, esse número nunca representaria mais que um ponto na eternidade, do mesmo modo que milhares de léguas adicionadas a milhares de léguas não dão mais que um ponto na extensão.

Assim, por exemplo, estando os séculos fora da vida etérea da alma, poderíamos escrever um número tão longo quanto o equador terrestre e supormo-nos envelhecidos desse número de séculos, sem que na realidade nossa alma conte um dia a mais. E juntando a esse número indefinível de séculos uma série de números semelhantes, longa como daqui ao Sol, ou ainda mais consideráveis, se imaginássemos viver durante uma sucessão prodigiosa de períodos seculares representados pela adição de tais números, quando chegássemos ao termo, o inconcebível amontoado de séculos que nos pesaria sobre a cabeça seria como se não existisse: diante de nós estaria sempre toda a eternidade.

O tempo é apenas uma medida relativa da sucessão das coisas transitórias. A eternidade não é suscetível de medida alguma, do ponto de vista da duração; para ela não há começo nem fim: tudo lhe é presente.

Se séculos e séculos são menos que um segundo, relativamente à eternidade, que vem a ser a duração da vida humana?

A matéria

3. À primeira vista, nada parece tão profundamente variado, nem tão essencialmente distinto, como as diversas substâncias que compõem

Capítulo VI
Uranografia geral

o mundo. Entre os objetos que a Arte ou a Natureza nos fazem passar diariamente ante o olhar, haverá duas que revelem perfeita identidade ou, ao menos, paridade de composição? Quanta dessemelhança, do ponto de vista da solidez, da compressibilidade, do peso e das múltiplas propriedades dos corpos, entre os gases atmosféricos e um filete de ouro, entre a molécula aquosa da nuvem e a do mineral que forma a carcaça óssea do globo! Quanta diversidade entre o tecido químico das variadas plantas que adornam o reino vegetal e o dos representantes não menos numerosos da animalidade na Terra!

Entretanto, podemos estabelecer como princípio absoluto que todas as substâncias, conhecidas e desconhecidas, por mais desiguais que pareçam, quer do ponto de vista da sua constituição íntima, quer sob o aspecto de suas ações recíprocas, não são, de fato, senão modos diversos sob os quais a matéria se apresenta; variedades em que ela se transforma sob a direção das forças inumeráveis que a governam.

4. A Química, cujos progressos foram tão rápidos depois da minha época, em que seus próprios adeptos ainda a relegavam para o domínio secreto da magia, esta nova ciência que se pode considerar, com justa razão, filha do século da observação e baseada unicamente, com mais solidez do que suas irmãs mais velhas, no método experimental; a Química, digo, ignorou completamente os quatro elementos que os Antigos concordaram em reconhecer na Natureza; mostrou que o elemento terrestre não passa da combinação de diversas substâncias variadas ao infinito; que o ar e a água são igualmente decomponíveis e produtos de certo número de equivalentes de gás; que o fogo, longe também de ser um elemento principal, é apenas um estado da matéria, resultante do movimento universal a que se acha submetida, e de uma combustão sensível e latente.

Em compensação, descobriu um número considerável de princípios, até então desconhecidos, que lhe pareceram formar, por determinadas combinações, as diversas substâncias, os diversos corpos que ela estudou e que atuam simultaneamente, segundo certas leis e em certas proporções, nos trabalhos que se realizam dentro do grande laboratório da Natureza. Deu a esses princípios o nome de *corpos simples*, indicando, desse modo, que os considera primitivos e indecomponíveis e que nenhuma operação, até hoje, pode reduzi-los a frações relativamente mais simples que eles próprios.[24]

5. Mas onde param as apreciações do homem, mesmo auxiliado pelos mais impressionantes sentidos artificiais, prossegue a obra da Natureza; onde o vulgo toma a aparência como realidade, onde o prático levanta o véu e distingue o começo das coisas, o olhar daquele que pode captar o modo de agir da Natureza apenas vê, nos materiais constitutivos do mundo, a *matéria cósmica* primitiva, simples e una, diversificada em certas regiões na época do seu aparecimento, repartida em corpos solidários entre si, enquanto têm vida, e que um dia se desmembram, por efeitos da decomposição no receptáculo da extensão.

6. Há questões que nós mesmos, Espíritos amantes da Ciência, não podemos aprofundar e sobre as quais não poderemos emitir senão opiniões pessoais, mais ou menos hipotéticas. Acerca de tais questões eu me calarei, ou justificarei a minha maneira de ver. A questão com que nos ocupamos, porém, não pertence a esse número. Àqueles, portanto, que fossem tentados a enxergar nas minhas palavras unicamente uma teoria ousada, direi: abarcai, se for possível, com olhar investigador, a multiplicidade das operações da Natureza e reconhecereis que, se não se admitir a unidade da matéria, será impossível explicar, já não direi somente os sóis e as esferas, mas, sem ir tão longe, a germinação de uma semente na terra ou a produção de um inseto.

7. Se se observa tão grande diversidade na matéria é porque, sendo em número ilimitado as forças que presidiram às suas transformações e as condições em que estas se produziram, também as várias combinações da matéria não podiam deixar de ser ilimitadas.

Logo, quer a substância que se considere pertença aos fluidos propriamente ditos, isto é, aos corpos imponderáveis, quer revista os

---

[24] Nota de Allan Kardec: Os principais corpos simples são: entre os não metálicos, o oxigênio, o hidrogênio, o azoto, o cloro, o carbono, o fósforo, o enxofre, o iodo; entre os corpos metálicos, o ouro, a prata, a platina, o mercúrio, o chumbo, o estanho, o zinco, o ferro, o cobre, o arsênico, o sódio, o potássio, o cálcio, o alumínio etc.

caracteres e as propriedades ordinárias da matéria, não há, em todo o Universo, senão uma única substância primitiva: o *cosmo*, ou *matéria cósmica* dos uranógrafos.

As leis e as forças

8. Se um desses seres desconhecidos que consomem a sua existência efêmera no fundo das regiões tenebrosas do oceano; se um desses poligástricos, uma dessas nereidas – miseráveis animálculos que da Natureza só conheciam os peixes ictiófagos e as florestas submarinas – recebesse de repente o dom da inteligência, a faculdade de estudar o seu mundo e de basear suas apreciações num raciocínio conjetural à universalidade das coisas, que ideia faria da Natureza viva que se desenvolve no meio por ele habitado e do mundo terrestre que escapa ao campo de suas observações?

Se, agora, por efeito maravilhoso do poder da sua nova faculdade, esse mesmo ser chegasse a elevar-se acima das suas trevas eternas, a galgar a superfície do mar, não distante das margens opulentas de uma ilha de esplêndida vegetação, banhada pelo sol fecundante, dispensador de calor benéfico, que juízo faria ele das suas antecipadas teorias sobre a criação universal? Não as baniria de pronto, substituindo-as por uma apreciação mais ampla, relativamente tão incompleta ainda quanto à primeira? Esta é a imagem, ó homens, da vossa ciência toda especulativa.[25]

9. Vindo, pois, tratar aqui da questão das leis e das forças que regem o Universo, eu, que apenas sou, como vós, um ser relativamente ignorante, em face da ciência real, a despeito da aparente superioridade sobre os meus irmãos da Terra, advinda da possibilidade de estudar

---

[25] Nota de Allan Kardec: Tal também a situação dos negadores do Mundo dos Espíritos, quando, após se haverem despojado do envoltório carnal, contemplam os horizontes desse mundo que se desdobram à sua vista. Compreendem, então, como eram vazias as teorias com que pretendiam tudo explicar por meio exclusivo da matéria. Entretanto, esses horizontes ainda ocultam mistérios que só gradativamente lhes são desvendados, à medida que se elevam pela depuração. Mas, desde os seus primeiros passos nesse mundo novo, veem-se forçados a reconhecer a própria cegueira e quão longe estavam da verdade.

problemas naturais que lhes são interditos na posição em que se encontram, trago por único objetivo dar-vos uma noção geral das leis universais, sem explicar em detalhes o modo de ação e a natureza das forças especiais que lhes são dependentes.

10. Há um fluido etéreo que enche o espaço e penetra os corpos. Esse fluido é o éter, ou *matéria* cósmica primitiva, geradora do mundo e dos seres. São inerentes ao éter as forças que presidiram às metamorfoses da matéria, as leis imutáveis e necessárias que regem o mundo. Essas formas múltiplas, indefinidamente variadas segundo as combinações da matéria, localizadas segundo as massas, diversificadas em seus modos de ação, de acordo com as circunstâncias e os meios, são reconhecidas na Terra sob os nomes de *gravidade, coesão, afinidade, atração, magnetismo, eletricidade ativa*. Os movimentos vibratórios do agente são conhecidos sob os nomes de *som, calor, luz* etc. Em outros mundos, elas se apresentam sob outros aspectos, revelam outros caracteres desconhecidos na Terra e, na imensa amplidão dos céus, forças em número indefinido se têm desenvolvido em escala inimaginável, cuja grandeza somos tão incapazes de avaliar quanto o crustáceo, no fundo do oceano, para apreender a universalidade dos fenômenos terrestres.[26]

Ora, assim como só há uma substância simples, primitiva, geradora de todos os corpos, porém diversificada em suas combinações, também todas essas forças dependem de uma Lei Universal diversificada em seus efeitos, que se encontra em sua origem e que, pelos desígnios eternos, foi

---

[26] Nota de Allan Kardec: Só nos reportamos ao que conhecemos, porquanto, do que escapa à percepção dos nossos sentidos não compreendemos mais do que compreende o cego de nascença acerca dos efeitos da luz e da utilidade dos olhos. É possível, pois, que em outros meios o fluido cósmico tenha propriedades, seja suscetível de combinações de que não fazemos nenhuma ideia, facultando percepções novas ou outros modos de percepção. Não compreendemos, por exemplo, que se possa ver sem os olhos do corpo e sem luz. Quem nos diz, porém, que não existam outros agentes que não a luz, aos quais são adequados organismos especiais? A vista sonambúlica, que não é detida nem pelos obstáculos materiais nem pela obscuridade, nos oferece um exemplo disso. Suponhamos que, num mundo qualquer, os seres sejam *normalmente* o que só excepcionalmente o são os nossos sonâmbulos; sem precisarem da nossa luz, nem dos nossos olhos, eles verão o que não podemos ver. Dá-se o mesmo com todas as outras sensações. As condições de vitalidade e de percepção, as sensações e as necessidades variam conforme os meios.

soberanamente imposta à Criação, para lhe imprimir harmonia e estabilidade permanentes.

11. A Natureza jamais se encontra em oposição a si mesma. Uma só é a divisa do brasão do Universo: UNIDADE/VARIEDADE. Remontando à escala dos mundos, encontra-se a *unidade* de harmonia e de criação, ao mesmo tempo que uma variedade infinita no imenso jardim de estrelas. Percorrendo os degraus da vida, desde o último dos seres até Deus, torna-se evidente a grande lei de continuidade. Considerando as forças em si mesmas, pode-se formar com elas uma série, cuja resultante, confundindo-se com a geratriz, é a Lei Universal.

Não podeis apreciar esta lei em toda a sua amplitude, por serem restritas e limitadas as forças que a representam no campo das vossas observações. Entretanto, a gravitação e a eletricidade podem ser consideradas como uma larga aplicação da lei primordial, que impera para lá dos céus.

Todas essas forças são eternas – explicaremos este termo – e universais como a Criação. Sendo inerentes ao fluido cósmico, elas atuam necessariamente em tudo e em toda parte, modificando suas ações pela simultaneidade ou pela sucessão, predominando aqui, apagando-se ali, pujantes e ativas em certos pontos, latentes ou ocultas em outros, mas, afinal, preparando, dirigindo, conservando e destruindo os mundos em seus diversos períodos de vida, governando os maravilhosos trabalhos da Natureza, onde quer que eles se executem, assegurando para sempre o eterno esplendor da Criação.

A criação primeira

12. Depois de termos considerado o Universo sob os pontos de vista gerais da sua composição, das suas leis e das suas propriedades, podemos estender os nossos estudos ao modo de formação que deu origem aos mundos e aos seres. Desceremos em seguida à criação da Terra, em particular, e ao seu estado atual na universalidade das coisas, e daí, tomando esse globo por ponto de partida e por unidade relativa, procederemos aos nossos estudos planetários e siderais.

13. Se bem compreendemos a relação, ou antes, a oposição entre a eternidade e o tempo, se nos familiarizamos com a ideia de que o tempo não passa de uma medida relativa da sucessão das coisas transitórias, enquanto a eternidade é essencialmente una, imóvel e permanente, e não suscetível de qualquer medida, do ponto de vista da duração, compreenderemos que para ela não há começo nem fim.

Por outro lado, se fazemos ideia exata, embora necessariamente muito fraca, da infinidade do poder divino, compreenderemos como é possível que o Universo haja existido sempre e sempre exista. Desde que Deus existiu, suas perfeições eternas falaram. Antes que houvessem nascido os tempos, a eternidade incomensurável recebeu a palavra divina e fecundou o Espaço, igualmente eterno.

14. Existindo, por sua natureza, desde toda a eternidade, Deus criou desde toda a eternidade e não poderia ser de outro modo, visto que, por mais longínqua que seja a época a que recuemos, pela imaginação, os supostos limites da Criação, haverá sempre, além desse limite, uma eternidade – ponderai bem esta ideia –, uma eternidade durante a qual as divinas hipóstases, as volições infinitas teriam permanecido sepultadas em muda letargia inativa e infecunda, uma eternidade de morte aparente para o Pai Eterno que dá vida aos seres; de mutismo indiferente para o Verbo que os governa; de esterilidade fria e egoísta para o Espírito de amor e vivificação.

Compreendamos melhor a grandeza da ação divina e a sua perpetuidade sob a mão do Ser absoluto! Deus é o sol dos seres, é a luz do mundo. Ora, a aparição do Sol dá instantaneamente nascimento a ondas de luz que se vão espalhando por todos os lados na extensão. Do mesmo modo, o Universo, nascido do Eterno, remonta aos períodos inimagináveis do infinito de duração, ao *Fiat lux do princípio*.

15. O começo absoluto das coisas remonta, pois, a Deus. As sucessivas aparições delas no domínio da existência constituem a ordem da criação perpétua.

Que imortal poderia dizer das magnificências desconhecidas e soberanamente veladas sob a noite das idades que se desdobraram nesses tempos antigos, em que nenhuma das maravilhas do Universo atual existia; nessa época primitiva em que, tendo-se feito ouvir a voz do Senhor, os materiais que no futuro haviam de se agregar por si mesmos e simetricamente, para formar o templo da Natureza, se encontraram de súbito no seio dos vácuos infinitos; quando aquela voz misteriosa, que toda criatura venera e estima como a de uma mãe, produziu notas harmoniosamente variadas, para irem vibrar juntas e modular o concerto dos céus imensos!

O mundo, no nascedouro, não se apresentou na sua virilidade e na plenitude de sua vida, não. O poder criador nunca se contradiz e, como todas as coisas, o Universo nasceu criança. Revestido das leis mencionadas acima e da impulsão inicial inerente à sua própria formação, a matéria cósmica primitiva fez que sucessivamente nascessem turbilhões, aglomerações desse fluido difuso, amontoados de matéria nebulosa que se cindiram por si próprios e se modificaram ao infinito para gerar, nas regiões incomensuráveis da amplidão, diversos centros de criações simultâneas ou sucessivas.

Em virtude das forças que predominaram sobre um ou sobre outro deles, e das circunstâncias ulteriores que presidiram aos seus desenvolvimentos, esses centros primitivos se tornaram focos de uma vida especial: uns menos disseminados no Espaço e mais ricos em princípios e em forças atuantes começaram desde logo a sua particular vida astral; os outros, ocupando ilimitada extensão, cresceram com extrema lentidão, ou de novo se dividiram em outros centros secundários.

16. Reportando-nos a alguns milhões de séculos somente, antes da época atual, verificamos que a nossa Terra ainda não existe, que mesmo o nosso Sistema Solar ainda não começou as evoluções da vida planetária. Entretanto, já esplêndidos sóis iluminam o éter; já planetas habitados dão vida e existência a uma imensidão de seres que nos precederam na carreira humana, que as produções opulentas de uma natureza desconhecida e os maravilhosos fenômenos do céu desdobram, sob outros olhares, os quadros imensos da Criação. Que digo! já deixaram de existir esplendores que muito antes fizeram palpitar o coração de outros mortais, sob o pensamento da potência infinita! E nós, pobres seres pequeninos, que viemos após uma eternidade de vida, nós nos cremos contemporâneos da Criação!

Ainda uma vez, compreendamos melhor a Natureza. Saibamos que, atrás de nós, como à nossa frente, está a eternidade, que o Espaço é teatro de inimaginável sucessão e simultaneidade de criações. Tais nebulosas, que mal percebemos nos mais longínquos pontos do céu, são aglomerações de sóis em vias de formação; outras são vias lácteas de mundos habitados; outras, enfim, são sedes de catástrofes e perecimento. Saibamos que, assim como estamos colocados no meio de uma infinidade de mundos, também estamos no meio de uma dupla infinidade de durações, anteriores e ulteriores; que a criação universal não se acha, absolutamente, restrita a nós, e que não devemos aplicar essa expressão à formação isolada do nosso pequenino globo.

A criação universal

17. Após haver remontado, tanto quanto o permitia a nossa fraqueza, em direção à fonte oculta de onde procedem os mundos, como as gotas d'água de um rio, consideremos a marcha das criações sucessivas e dos seus desenvolvimentos seriais.

A matéria cósmica primitiva continha os elementos materiais, fluídicos e vitais de todos os universos que desdobram suas magnificências diante da eternidade. Ela é a mãe fecunda de todas as coisas, a primeira avó e, sobretudo, a eterna geratriz. Essa substância, de onde provêm as esferas siderais, não desapareceu de modo algum; essa potência não morreu, pois que ainda gera, sem cessar, novas criações e incessantemente recebe, reconstituídos, os princípios dos mundos que se apagam do livro eterno.

A matéria etérea mais ou menos rarefeita que se difunde pelos espaços interplanetários; esse fluido cósmico que enche o mundo, mais ou menos rarefeito, nas regiões imensas, ricas de aglomerações de estrelas; mais ou menos condensado onde o céu astral ainda não brilha; mais ou menos modificado por diversas combinações, de acordo com as localidades da amplidão, nada mais é do que a substância primitiva em que residem as forças universais, de onde a Natureza tirou todas as coisas.[27]

18. Esse fluido penetra os corpos como um imenso oceano. É nele que reside o princípio vital que dá origem à vida dos seres e a perpetua em cada globo, conforme a sua condição, princípio que, em estado latente, se conserva adormecido onde a voz de um ser não o chama. Toda criatura, mineral, vegetal animal ou qualquer outra – visto que há muitos outros reinos naturais, de cuja existência nem sequer suspeitais – sabe, em virtude desse princípio vital e universal, apropriar as condições de sua existência e de sua duração.

A molécula do mineral tem certa soma dessa vida, do mesmo modo que a semente e o embrião, e se grupam, como no organismo, em figuras simétricas que constituem os indivíduos.

É muito importante nos convencermos da noção de que a matéria cósmica primitiva se achava revestida não só das leis que asseguram a estabilidade dos mundos, como também do princípio vital e universal que forma gerações espontâneas em cada mundo, à medida que se apresentam as condições da existência sucessiva dos seres e quando soa a hora do aparecimento dos filhos da vida, durante o período criador.

Assim se efetua a criação universal. É, pois, exato dizer-se que, sendo as operações da Natureza a expressão da Vontade Divina, Deus sempre criou, cria incessantemente e nunca deixará de criar.

19. Até aqui, porém, temos guardado silêncio sobre o *Mundo Espiritual*, que também faz parte da Criação e cumpre seus destinos conforme as augustas prescrições do Senhor.

Acerca do modo da criação dos Espíritos, entretanto, não posso ministrar senão um ensino muito restrito, em virtude da minha própria ignorância e também porque tenho ainda de calar-me sobre certas questões, se bem já me haja sido permitido aprofundá-las.

---

[27] Nota de Allan Kardec: Se perguntassem qual o princípio dessas forças e como pode esse princípio estar na substância mesma que o produz, responderíamos que a Mecânica nos oferece numerosos exemplos desse fato. A elasticidade, que faz com que uma mola se distenda, não está na própria mola e não depende do modo de agregação das moléculas? O corpo que obedece à força centrífuga recebe a sua impulsão do movimento primitivo que lhe foi impresso.

Aos que desejam religiosamente conhecer e se mostrem humildes perante Deus, direi, rogando-lhes, todavia, que não deduzam das minhas palavras nenhum sistema prematuro: o Espírito não chega a receber a iluminação divina, que lhe dá, simultaneamente com o livre-arbítrio e a consciência, a noção de seus altos destinos, sem haver passado pela série divinamente fatal dos seres inferiores, entre os quais se elabora lentamente a obra da sua individualização. Somente a partir do dia em que o Senhor lhe imprime na fronte o seu tipo augusto, o Espírito toma lugar no seio das humanidades.

Ainda uma vez vos peço: não construais sobre as minhas palavras os vossos raciocínios, tão tristemente célebres na história da Metafísica. Eu preferiria mil vezes calar-me sobre tão elevadas questões, tão acima das nossas meditações ordinárias, a vos expor a desnaturar o sentido de meu ensino e a vos lançar, por culpa minha, nos labirintos inextricáveis do deísmo ou do fatalismo.

Os sóis e os planetas

20. Sucedeu que, num ponto do Universo, perdido entre as miríades de mundos, a matéria cósmica se condensou sob a forma de imensa nebulosa, animada das leis universais que regem a matéria. Em virtude dessas leis, principalmente da força molecular de atração, ela tomou a forma de um esferoide, a única que pode assumir uma massa de matéria isolada no Espaço.

O movimento circular produzido pela gravitação, rigorosamente igual, de todas as zonas moleculares em direção ao centro, logo modificou a esfera primitiva, a fim de conduzi-la, de movimento em movimento, à forma lenticular. Aqui nos referimos ao conjunto da nebulosa.

21. Novas forças surgiram em consequência desse movimento de rotação: a força centrípeta e a força centrífuga; a primeira tende a reunir todas as partes no centro, enquanto a segunda as afasta do centro. Ora, acelerando-se o movimento à proporção que a nebulosa se condensa, e aumentando o seu raio à medida que ela se aproxima da forma lenticular,

a força centrífuga, incessantemente desenvolvida por essas duas causas, logo predominou sobre a atração central.

Assim como um movimento rápido demais de uma funda[28] lhe quebra a corda, deixando o projétil cair longe, também a predominância da força centrífuga destacou o círculo equatorial da nebulosa e desse anel se formou uma nova massa, isolada da primeira, mas submetida ao seu domínio. Aquela massa conservou o seu movimento equatorial que, modificado, se lhe tornou movimento de translação em torno do astro solar. Além disso, o seu novo estado lhe dá um movimento de rotação em torno do próprio centro.

22. A nebulosa geratriz que deu origem a esse novo mundo condensou-se e retomou a forma esférica; mas, como o primitivo calor, desenvolvido por seus diversos movimentos, só com extrema lentidão se enfraqueceu, o fenômeno que acabamos de descrever se reproduzirá muitas vezes e durante longo período, enquanto a nebulosa não se houver tornado bastante densa, bastante sólida, para oferecer resistência eficaz às modificações de forma, que lhe imprime sucessivamente o seu movimento de rotação.

Esta nebulosa geratriz não terá dado origem a um só astro, mas a centenas de mundos destacados do foco central, saídos dela pelo modo de formação mencionado neste item. Ora, cada um desses mundos, revestido, como o mundo primitivo, das forças naturais que presidem à criação dos universos, gerará sucessivamente novos globos que desde então lhe gravitarão em torno, assim como ele, juntamente com seus irmãos, gravita em torno do foco que lhes deu existência e vida. Cada um desses mundos será um sol, centro de um turbilhão de planetas sucessivamente destacados do seu equador. Esses planetas receberão uma vida especial, particular, embora dependente do astro que os gerou.

23. Os planetas são, assim, formados de massas de matéria condensada, porém ainda não solidificada, destacada da massa central pela ação da força centrífuga, e que tomam, em virtude das leis do movimento, a forma esferoidal, mais ou menos elíptica conforme o grau de

---

[28] N.E.: Laçada de couro ou de corda para lançar pedras ou outros projéteis ao longe.

fluidez que conservaram. Um desses planetas será a Terra que, antes de se resfriar e revestir-se de uma crosta sólida, dará nascimento à Lua, pelo mesmo processo de formação astral a que ela própria deveu a sua existência. A Terra, doravante inscrita no livro da vida, é berço de criaturas cuja fraqueza a Divina Providência protege, nova corda colocada na harpa infinita e que, no lugar que ocupa, tem de vibrar no concerto universal dos mundos.

Os satélites

24. Antes que as massas planetárias houvessem atingido um grau de resfriamento suficiente para lhes operar a solidificação, massas menores, verdadeiros glóbulos líquidos, se desprenderam de algumas no plano equatorial, plano em que é maior a força centrífuga, e, por efeito das mesmas leis, adquiriram um movimento de translação em torno do planeta que as gerou, como sucedeu a estes com relação ao astro central que lhes deu origem.

Foi assim que a Terra deu nascimento à Lua, cuja massa, menos considerável, teve que sofrer um resfriamento mais rápido. Ora, as leis e as forças que presidiram ao seu desprendimento do equador terreno, e o seu movimento de translação no mesmo plano, agiram de tal sorte que esse mundo, em vez de revestir a forma esferoidal, tomou a de um globo ovoide, isto é, a forma alongada de um ovo, com o centro de gravidade fixado na parte inferior.

25. As condições em que se efetuou a desagregação da Lua pouco lhe permitiram afastar-se da Terra e a constrangeram a conservar-se perpetuamente suspensa no seu firmamento, como uma figura ovoide cujas partes mais pesadas formaram a face inferior voltada para a Terra e cujas partes menos densas constituíram o seu vértice, se com essa palavra se designar a face que, do lado oposto à Terra, se eleva para o céu. O que é certo é que esse astro nos apresenta sempre a mesma face. Para melhor compreender-se o seu estado geológico, ele pode ser comparado a um globo de cortiça, cuja base, voltada para a Terra, seria formada de chumbo.

Daí duas naturezas essencialmente distintas na superfície do mundo lunar: uma, sem qualquer analogia com o nosso, visto que os corpos fluidos e etéreos lhe são desconhecidos; a outra, leve, relativamente à Terra, uma vez que todas as substâncias menos densas se encaminham para esse hemisfério. A primeira, perpetuamente voltada para a Terra, sem águas e sem atmosfera, a não ser aqui e ali, nos limites desse hemisfério terrestre; a outra, rica de fluidos, perpetuamente oposta ao nosso mundo.[29]

26. O número e o estado dos satélites de cada planeta têm variado de acordo com as condições especiais em que se formaram. Alguns não deram origem a nenhum astro secundário, como se verifica com Mercúrio, Vênus e Marte,[30] ao passo que outros, como a Terra, Júpiter, Saturno etc., formaram um ou vários desses astros secundários.

27. Além de seus satélites ou luas, o planeta Saturno apresenta o fenômeno especial do anel que, visto de longe, parece cercá-lo de uma espécie de auréola branca. Para nós, esta formação é uma nova prova da universalidade das Leis da Natureza. Esse anel é, com efeito, o resultado de uma separação que se operou no equador de Saturno, ainda nos tempos primitivos, do mesmo modo que uma zona equatorial se desprendeu da Terra para formar o seu satélite. A diferença consiste em que o anel de Saturno se formou, em todas as suas partes, de moléculas homogêneas, provavelmente já em certo estado de condensação, e pôde, dessa

---

[29] Nota de Allan Kardec: Esta teoria da Lua, inteiramente nova, explica, pela lei da gravitação, a razão pela qual esse astro apresenta sempre a mesma face para a Terra. Tendo o centro de gravidade num dos pontos de sua superfície, em vez de estar no centro da esfera, e sendo, em consequência, atraído para a Terra por uma força maior do que a que atrai as partes mais leves, a Lua pode ser tida como uma dessas figuras chamadas vulgarmente de *joão-teimoso*, que se levantam constantemente sobre a sua base, enquanto os planetas, cujo centro de gravidade está a distâncias iguais da superfície, giram regularmente sobre o próprio eixo. Os fluidos vivificantes, gasosos ou líquidos, em virtude da sua leveza específica, se encontrariam acumulados no hemisfério superior, constantemente oposto à Terra. O hemisfério inferior, o único que vemos, seria desprovido de tais fluidos e, por isso, impróprio à vida que, no entanto, reinaria no outro. Se, pois, o hemisfério superior é habitado, seus habitantes jamais viram a Terra, a menos que exclusivamente pelo outro.

Por mais racional e científica que seja essa teoria, como ainda não foi confirmada por nenhuma observação direta, não pode ser aceita senão a título de hipótese e como ideia capaz de servir de baliza à Ciência.

[30] N.E.: Em 1877, foram descobertos dois satélites de Marte: *Fobos* e *Deimos*.

maneira, continuar seu movimento de rotação no mesmo sentido e em tempo mais ou menos igual ao que anima o planeta. Se um dos pontos desse anel tivesse ficado mais denso que outro, uma ou várias aglomerações de substâncias se teriam subitamente operado e Saturno contaria muitos satélites a mais. Desde a época de sua formação, esse anel se solidificou, do mesmo modo que os outros corpos planetários.

Os cometas

28. Astros errantes, ainda mais do que os planetas que conservaram a denominação etimológica, os cometas serão os guias que nos ajudarão a transpor os limites do sistema a que pertence a Terra e nos levarão às regiões longínquas da amplidão sideral.

Mas, antes de explorarmos os domínios celestes, com o auxílio desses viajores do Universo, será bom que ministremos o conhecimento, tanto quanto possível, da intrínseca natureza deles e do papel que lhes cabe na economia planetária.

29. Alguns têm visto, nesses astros dotados de cabeleira, mundos nascentes a elaborarem, no primitivo caos em que se acham, as condições de vida e de existência que tocam em partilha às terras habitadas; outros imaginaram que esses corpos extraordinários eram mundos em estado de destruição e, para muitos, a aparência singular que apresentam foi motivo de apreciações errôneas acerca da natureza deles, de tal sorte que não houve, inclusive na astrologia judiciária, quem não os considerasse como pressagiadores de desgraças, enviados por desígnios providenciais à Terra atônita e tremente.

30. A lei de variedade se aplica em tão larga escala nos trabalhos da Natureza que se pergunta como os naturalistas, os astrônomos e os filósofos hajam construído tantos sistemas para assimilar os cometas aos astros planetários e para somente verem neles astros em graus mais ou menos adiantados de desenvolvimento ou de caducidade. Entretanto, os quadros da Natureza deveriam bastar amplamente para afastar o observador da preocupação de pesquisar relações inexistentes e deixar aos cometas o papel modesto, mas útil, de astros errantes, que servem de guarda avançada aos impérios solares. Os corpos celestes de que tratamos são coisa muito diversa dos corpos planetários; não têm por destinação, como estes, servir de habitação às humanidades. Vão sucessivamente de sóis em sóis, enriquecendo-se, às vezes, pelo caminho, de fragmentos planetários reduzidos ao estado de vapor, haurir nos focos solares os princípios vivificantes e renovadores que derramam sobre os mundos terrestres.

31. Se, quando um desses astros se aproxima do nosso pequenino globo, para lhe atravessar a órbita e voltar ao seu apogeu, situado a uma distância incomensurável do Sol, nós o acompanhássemos, pelo pensamento, para visitar com ele as regiões siderais, transporíamos a prodigiosa extensão de matéria etérea que separa o Sol das estrelas mais próximas e, observando os movimentos combinados desse astro, que se suporia desgarrado no deserto infinito, ainda aí encontraríamos uma prova eloquente da universalidade das Leis da Natureza, que atuam a distâncias que a mais ativa imaginação mal pode conceber.

Aí, a forma elíptica toma a forma parabólica e a marcha se torna tão lenta que o cometa não chega a percorrer mais que alguns metros, no mesmo tempo durante o qual, em seu perigeu, percorria muitos milhares de léguas. Talvez um sol mais poderoso, mais importante do que o que ele acaba de deixar, exerça sobre esse cometa uma atração preponderante e o receba na categoria de seus próprios súditos. Então, na vossa pequenina Terra, inutilmente as crianças admiradas lhe aguardarão o retorno, que haviam predito, baseando-se em observações incompletas. Nesse caso, nós, que pelo pensamento acompanhamos o cometa errante a essas regiões desconhecidas, depararemos com uma nova nação, que os olhares terrenos não podem encontrar, inimaginável para os Espíritos que habitam a Terra, inconcebível mesmo para as suas mentes, porquanto ela será teatro de maravilhas inexploradas.

Chegamos ao mundo astral, nesse mundo deslumbrante dos vastos sóis que irradiam pelo Espaço infinito e que são as flores brilhantes do magnifico jardim da Criação. Só depois de lá chegarmos é que saberemos o que é a Terra.

A Via Láctea

32. Nas belas noites estreladas e sem luar, muita gente já contemplou essa faixa esbranquiçada que atravessa o céu de uma extremidade a outra, e que os Antigos apelidaram de *Via Láctea*, por causa da sua aparência leitosa. Nos tempos modernos, esse clarão difuso tem sido longamente explorado pelo telescópio, tendo esse caminho de pó de ouro, ou esse regato de leite da mitologia antiga, se transformado num vasto campo de maravilhas desconhecidas. As pesquisas dos observadores levaram ao conhecimento da sua natureza e revelaram que, ali onde o olhar errante apenas percebia uma fraca luminosidade, há milhões de sóis mais luminosos e mais importantes do que o que nos clareia a Terra.

33. Realmente, a Via Láctea é uma campina matizada de flores solares e planetárias que brilham em toda a sua enorme extensão. O nosso Sol e todos os corpos que o acompanham fazem parte desse conjunto de globos radiosos que formam a Via Láctea. Mas, a despeito de suas dimensões gigantescas, relativamente à Terra, e à grandeza do seu império, o Sol ocupa inapreciável lugar em tão vasta criação. Pode contar-se por uma trintena de milhões de sóis que, à sua semelhança, gravitam nessa imensa região, afastados uns dos outros de mais de cem mil vezes o raio da órbita terrestre.[31]

34. Por esse cálculo aproximado se pode julgar da extensão dessa região sideral e da relação que existe entre o nosso sistema planetário e a universalidade dos sistemas que o ocupam. Pode-se igualmente julgar da exiguidade do domínio solar e, *a fortiori*, do nada que é a nossa pequenina Terra. Que seria, então, se se considerassem os seres que o povoam!

Digo "do nada" porque as nossas determinações se aplicam não só à extensão material, física, dos corpos que estudamos, o que pouco

---

[31] Nota de Allan Kardec: Mais de 3 trilhões e 400 bilhões de léguas.

seria, mas, também e sobretudo, ao estado moral deles como habitação e ao grau que ocupam na eterna hierarquia dos seres. A Criação se mostra aí em toda a sua majestade, criando e propagando, em torno do mundo solar e em cada um dos sistemas que o rodeiam por todos os lados, as manifestações da vida e da inteligência.

35. Desse modo, fica-se conhecendo a posição que ocupam o nosso Sol e a Terra no mundo das estrelas. Estas considerações ganharão maior peso ainda se refletirmos no estado mesmo da Via Láctea que, na imensidade das criações siderais, não representa mais que um ponto insignificante e inapreciável, vista de longe, porquanto ela não é mais que uma nebulosa estelar, entre os milhões das que existem no Espaço. Se ela nos parece mais vasta e mais rica do que as outras, é pela única razão de que nos cerca e se desdobra em toda a sua extensão sob os nossos olhos, ao passo que as outras, perdidas nas profundezas insondáveis, mal se deixam entrever.

36. Ora, sabendo-se que a Terra nada é, ou quase nada, no Sistema Solar; que este nada é, ou quase nada, na Via Láctea; esta por sua vez é nada, ou quase nada, na universalidade das nebulosas, e essa própria universalidade é bem pouca coisa dentro do imensurável infinito, começa-se a compreender o que é o globo terrestre.

As estrelas fixas

37. As estrelas chamadas "fixas" e que constelam os dois hemisférios do firmamento não se acham completamente isentas de toda atração exterior, como geralmente se supõe. Longe disso: elas pertencem a uma mesma aglomeração de astros estelares, aglomeração que não é senão a grande nebulosa de que fazemos parte e cujo plano equatorial, projetado no céu, recebeu o nome de *Via Láctea*. Todos os sóis que a constituem são solidários; suas múltiplas influências reagem perpetuamente umas sobre as outras e a gravitação universal as reúne todas numa mesma família.

38. Esses diversos sóis, como o nosso, estão cercados na sua maioria de mundos secundários, que eles iluminam e fecundam por intermédio

das mesmas leis que presidem à vida do nosso sistema planetário. Uns, como Sírio, são milhares de vezes mais grandiosos e magníficentes em dimensões e em riquezas do que o nosso, sendo muito mais importante o papel que desempenham no Universo. Também são cercados por planetas em muito maior número e muito superiores aos nossos. Outros não se assemelham em nada pelas suas funções astrais. É assim que certo número desses sóis, verdadeiros gêmeos da ordem sideral, são acompanhados de seus congêneres da mesma idade, formando, no Espaço, sistemas binários, aos quais a Natureza conferiu funções inteiramente diversas das que couberam ao nosso Sol. Lá os anos não se medem pelos mesmos períodos, nem os dias pelos mesmos sóis, e esses mundos, iluminados por um duplo facho, foram dotados de condições de existência inimagináveis por parte dos que ainda não saíram deste pequenino mundo terrestre.

Outros astros, sem cortejo, privados de planetas, receberam melhores elementos de habitabilidade do que os conferidos a qualquer dos demais. Na sua imensidade, as Leis da Natureza se diversificam e, se a unidade é a grande expressão do Universo, a variedade infinita é igualmente seu eterno atributo.

39. Apesar do prodigioso número dessas estrelas e de seus sistemas, a despeito das distâncias incomensuráveis que as separam, elas pertencem todas à mesma nebulosa estelar que os mais possantes telescópios mal conseguem atravessar e que as concepções da mais ousada imaginação apenas conseguem alcançar, nebulosa que, entretanto, não passa de uma unidade na ordem das nebulosas que compõem o mundo astral.

40. As estrelas chamadas "fixas" não estão imóveis na amplidão. As constelações que se figuraram na abóbada do firmamento não são criações simbólicas reais. A *distância* a que se acham da Terra e a perspectiva sob a qual se mede o Universo, a partir da estação terrena, constituem as duas causas dessa dupla ilusão de óptica.

41. Vimos que a totalidade dos astros que cintilam na cúpula azulada se acha encerrada numa aglomeração cósmica, numa mesma

Capítulo VI
Uranografia geral

nebulosa a que chamais *Via Láctea*. Mas, por pertencerem todos ao mesmo grupo, nem por isso esses astros deixam de estar animados de movimentos de translação no Espaço, cada um com o seu. Não existe repouso absoluto em parte alguma. Eles são regidos pelas leis universais da gravitação e rolam no espaço ilimitado sob a impulsão incessante dessa imensa força. Rolam, não segundo roteiros traçados pelo acaso, mas segundo órbitas fechadas, cujo centro é ocupado por um astro superior. Para tornar, por meio de um exemplo, mais compreensíveis as minhas palavras, falarei de modo especial do vosso Sol.

42. Sabe-se, por meio de observações modernas, que ele não é fixo nem central, como se acreditava nos primeiros tempos da nova astronomia, mas que avança pelo Espaço, arrastando consigo o seu vasto sistema de planetas, de satélites e de cometas.

Ora, essa marcha não acontece por acaso e o Sol não vai, errando pelos vácuos infinitos, transviar seus filhos e seus súditos, longe das regiões que lhe estão assinadas. Não, sua órbita é determinada e, em concorrência com outros sóis da mesma ordem e rodeados de certo número de terras habitadas, ele gravita em torno de um sol central. Seu movimento de gravitação, como o dos sóis seus irmãos, é inapreciável a observações anuais, porque somente grande número de períodos seculares seriam suficientes para marcar um desses anos astrais.

43. O sol central, de que acabamos de falar, também é um globo secundário relativamente a outro ainda mais importante, em torno do qual ele perpetua uma marcha lenta e compassada, na companhia de outros sóis da mesma ordem.

Poderíamos comprovar esta subordinação sucessiva de sóis a sóis, até que a nossa imaginação se canse de subir a tal hierarquia, porque, não o esqueçamos, é possível contar-se, em números redondos, uma trintena de milhões de sóis na Via Láctea, subordinados uns aos outros, como rodas gigantescas de um imenso sistema.

44. E esses astros, em números incontáveis, vivem vida solidária. Assim como ninguém se acha isolado na economia do vosso mundinho terrestre, também nada o está no Universo incomensurável.

Vistos a distância, pelo olhar investigador do filósofo que pudesse abarcar o quadro que o espaço e o tempo desdobram, esses sistemas de sistemas pareceriam uma poeira de grãos de ouro levantada em turbilhão pelo sopro divino, que faz voarem nos céus os mundos siderais, como voam os grãos de areia nas dunas do deserto.

Nada de imobilidade, nada de silêncio, nada de noite! O grande espetáculo que então se desdobraria ante os nossos olhos seria a criação real, imensa e cheia de vida etérea, que abrange no seu imenso conjunto o olhar infinito do Criador.

Mas, até aqui, temos falado de uma única nebulosa, que, com os seus milhões de sóis e os seus milhões de terras habitadas, forma apenas, como já dissemos, uma ilha no arquipélago infinito.

Os desertos do Espaço

45. Um deserto imenso, sem limites, se estende para além da aglomeração de estrelas de que acabamos de tratar, e a envolve. Solidões sucedem a solidões e incomensuráveis planícies do vácuo se estendem pela amplidão afora. Os amontoados de matéria cósmica se encontram isolados no espaço como ilhas flutuantes de um imenso arquipélago. Se, de alguma forma, quisermos apreciar a enorme distância que separa o aglomerado de estrelas, de que fazemos parte, dos outros aglomerados mais próximos, precisamos saber que essas ilhas estelares se encontram disseminadas e raras no vasto oceano dos céus, e que a extensão que as separa umas das outras é incomparavelmente maior do que as que lhes medem as respectivas dimensões.

Ora, como já vimos, a nebulosa estelar mede, em números redondos, mil vezes a distância das estrelas mais próximas, isto é, alguns cem mil trilhões de léguas. A distância que existe entre elas, sendo muito mais vasta, não poderia ser expressa por números acessíveis à compreensão do nosso espírito. Só a imaginação, em suas concepções mais altas, é capaz de transpor tão prodigiosa imensidade, essas solidões mudas e privadas de toda aparência de vida, e de encarar, de certa maneira, a ideia dessa infinidade relativa.

46. Todavia, o deserto celeste, que envolve o nosso universo sideral e que parece estender-se como sendo os afastados confins do nosso mundo astral, é abarcado pela visão e pelo poder infinito do Altíssimo que, além desses céus dos nossos céus, desenvolveu a trama da sua criação ilimitada.

47. Além dessas vastas solidões, com efeito, irradiam mundos magnificentes, tanto quanto nas regiões acessíveis às investigações humanas; para lá desses desertos vagam esplêndidos oásis no éter límpido, renovando incessantemente as cenas admiráveis da existência e da vida. Sucedem-se lá os agregados longínquos de substância cósmica, que o profundo olhar do telescópio entrevê através de regiões transparentes do nosso céu e a que dais o nome de "nebulosas irresolúveis", as quais vos parecem ligeiras nuvens de poeira branca, perdidas num ponto desconhecido do espaço etéreo. Lá se revelam e se desenvolvem mundos novos, cujas condições variadas e diversas das que são peculiares ao vosso globo lhes dão uma vida que as vossas concepções não podem imaginar, nem os vossos estudos comprovar. É lá que resplandece em toda a sua plenitude o poder criador. Aquele que vem das regiões que o vosso sistema ocupa se depara com outras leis em ação, cujas forças regem as manifestações da vida. E os novos caminhos que se nos apresentam em tão singulares regiões nos abrem perspectivas desconhecidas.

Eterna sucessão dos mundos

48. Vimos que uma única lei, primordial e geral, foi conferida ao Universo para lhe assegurar eternamente a estabilidade, e que essa lei geral nos é perceptível aos sentidos por muitas ações particulares que chamamos forças diretrizes da Natureza. Vamos agora mostrar que a harmonia do mundo inteiro, considerada sob o duplo aspecto da eternidade e do espaço, é garantida por essa lei suprema.

49. Com efeito, se remontarmos à origem primeira das primitivas aglomerações de substância cósmica, notaremos que a matéria, sob o império dessa lei, sofre as transformações necessárias que a levam do gérmen ao fruto maduro, e que, sob a impulsão das diversas forças nascidas dessa lei, ela percorre a escala das revoluções periódicas. Primeiramente, centro fluídico dos movimentos; em seguida, gerador dos mundos; mais tarde, núcleo central e atrativo das esferas que nasceram no seu seio.

Já sabemos que essas leis presidem à história do Cosmo; o que agora importa saber é que elas presidem igualmente à destruição dos astros, visto que a morte não é apenas uma metamorfose do ser vivo, mas também uma transformação da matéria inanimada. Se é exato dizer-se, em sentido literal, que a vida só é acessível à foice da morte, não é menos exato dizer-se que para a substância é de toda necessidade sofrer as transformações inerentes à sua constituição.

50. Eis aqui um mundo que, desde o seu berço primitivo, percorreu toda a extensão dos anos que a sua organização especial lhe permitia percorrer. Tendo-se extinto o foco interior da sua existência, seus elementos próprios perderam a virtude inicial; os fenômenos da Natureza, que reclamavam para se produzirem a presença e a ação das forças conferidas a esse mundo, já não podem produzir-se de agora em diante, porque a alavanca da atividade delas não mais dispõe do ponto de apoio que lhe dava toda a sua força.

Ora, será possível que essa terra extinta e sem vida vai continuar a gravitar nos espaços celestes, sem uma finalidade, e passar como cinza inútil pelo turbilhão dos céus? Será possível que permaneça inscrita no livro da vida universal, quando não passa de letra morta e vazia de sentido? Não. As mesmas leis que a elevaram acima do caos tenebroso e que a gratificaram com os esplendores da vida, as mesmas forças que a governaram durante os séculos da sua adolescência, que lhe firmaram os primeiros passos na existência e que a conduziram à idade madura e à velhice, vão também presidir à desagregação de seus elementos constitutivos, a fim de os restituir ao laboratório em que a potência criadora haure incessantemente as condições da estabilidade geral. Esses elementos vão retornar à massa comum do éter, para se assimilarem a outros corpos, ou para regenerarem outros sóis. E essa morte não será um acontecimento inútil, nem para a Terra, nem para suas irmãs. Noutras regiões, ela renovará outras criações de natureza diferente e, lá onde os sistemas de mundos se desvaneceram, em breve renascerá outro jardim de flores mais brilhantes e mais perfumadas.

51. Desse modo, a eternidade real e efetiva do Universo se acha garantida pelas mesmas leis que dirigem as operações do tempo; dessa maneira, mundos sucedem a mundos, sóis a sóis, sem que o imenso mecanismo dos vastos céus jamais seja atingido nas suas gigantescas molas.

Onde os vossos olhos admiram esplêndidas estrelas sob a abóbada da noite, em que o vosso Espírito contempla irradiações magníficas que resplandecem nos espaços distantes, há muito tempo o dedo da morte extinguiu esses esplendores, há muito o vazio sucedeu a esses deslumbramentos e já receberam mesmo novas criações ainda desconhecidas. A distância imensa em que se encontram esses astros, por efeito da qual a luz que nos enviam gasta milhares de anos para chegar até nós, faz com que somente hoje recebamos os raios que eles nos enviaram muito tempo antes da criação da Terra e com que ainda os admiremos durante milhares de anos após a sua desaparição real.

Que são seis mil anos da humanidade histórica diante dos períodos seculares? – Segundos em vossos séculos. Que são as vossas observações astronômicas diante do estado absoluto do mundo? – A sombra eclipsada pelo Sol.

52. Logo, reconheçamos aqui, como nos outros estudos, que a Terra e o homem nada são em confronto com o que existe, e que as mais colossais operações do nosso pensamento ainda se estendem apenas sobre um campo imperceptível, diante da imensidade e da eternidade de um Universo que nunca terá fim.

E, quando esses períodos da nossa imortalidade houverem passado sobre as nossas cabeças; quando a história atual da Terra nos aparecer qual sombra vaporosa no fundo da nossa lembrança; quando, durante séculos incontáveis, houvermos habitado esses diversos degraus da nossa hierarquia cosmológica; quando os mais longínquos domínios das idades futuras tiverem sido por nós percorridos em inumeráveis peregrinações, teremos diante de nós a sucessão ilimitada dos mundos e por perspectiva a imóvel eternidade.

A vida universal

53. Essa imortalidade das almas, tendo por base o sistema do mundo físico, pareceu imaginária aos olhos de certos pensadores preconceituosos; qualificaram-na ironicamente de imortalidade viajora e não compreenderam que só ela é verdadeira diante do espetáculo da Criação. Entretanto, é possível compreender-se toda a sua grandeza, quase diríamos: toda a sua perfeição.

54. Que as obras de Deus sejam criadas para o pensamento e a inteligência; que os mundos sejam moradas de seres que as contemplam e lhes descobrem, sob o véu, o poder e a sabedoria d'Aquele que as formou, são questões que já não nos oferecem dúvida. O que importa saber, contudo, é que as almas que os povoam sejam solidárias.

55. De fato, a inteligência humana encontra dificuldade em considerar esses globos radiosos que cintilam na amplidão como simples massas de matéria inerte e sem vida. Custa-lhe pensar que não haja, nessas regiões distantes, magníficos crepúsculos e noites esplendorosas, sóis fecundos e dias repletos de luz, vales e montanhas em que as produções múltiplas da Natureza desenvolvem toda a sua pompa luxuriante. Custa-lhe imaginar que o espetáculo divino em que a alma pode retemperar-se como em sua própria vida seja carente de existência e de qualquer ser pensante que o possa conhecer.

56. Mas a essa ideia eminentemente justa da Criação, é preciso acrescentar a da humanidade solidária, e é nisso que consiste o mistério da eternidade futura.

Uma mesma família humana foi criada na universalidade dos mundos e os laços de uma fraternidade que ainda não sabeis apreciar foram dados a esses mundos. Se esses astros que se harmonizam em seus vastos sistemas são habitados por inteligências, não o são por seres desconhecidos uns dos outros, mas, ao contrário, por seres que trazem marcado na fronte o mesmo destino, que se hão de encontrar temporariamente, segundo suas funções de vida, e se encontrar de novo, segundo suas mútuas simpatias. É a grande família dos Espíritos que povoam as terras celestes; é a grande irradiação do Espírito Divino que abrange a extensão dos céus e que permanece como tipo primitivo e final da perfeição espiritual.

57. Por que singular aberração se acreditou fosse possível negar à imortalidade as vastas regiões do éter, quando a encerravam dentro de um limite inadmissível e de uma dualidade absoluta? O verdadeiro sistema do mundo deveria então preceder à verdadeira doutrina dogmática e a Ciência preceder à Teologia? Esta se transviará tanto que irá estabelecer sua base sobre a Metafísica? A resposta é fácil e nos mostra que a nova filosofia se sentará triunfante nas ruínas da antiga, porque sua base se terá erguido vitoriosa sobre os antigos erros.

A Ciência

58. A inteligência humana expandiu suas potentes concepções além dos limites do espaço e do tempo; penetrou o domínio inacessível das antigas idades, sondou os mistérios dos céus imperscrutáveis, explicou o enigma da Criação. O mundo exterior desdobrou ante os olhos da Ciência seu esplêndido panorama e sua magnífica opulência, e os estudos realizados pelo homem permitiram o conhecimento do verdadeiro; explorou o Universo, encontrou a expressão das leis que o regem e a aplicação das forças que o sustentam; e se não foi dado ao homem encarar face a face a causa primeira, pelo menos alcançou a noção matemática da série das causas secundárias.

Neste último século, sobretudo, o método experimental – o único verdadeiramente científico – vem sendo aplicado às ciências naturais e, por seu intermédio, o homem se despoja pouco a pouco dos prejuízos da antiga Escola e das teorias especulativas, para se restringir ao campo da observação e cultivá-lo com cuidado e inteligência.

Sim, a Ciência do homem é sólida e profunda, digna das nossas homenagens por seu passado difícil e longamente testado; digna de nossas simpatias por seu futuro, plena de descobertas úteis e proveitosas, porque a Natureza, agora, é um livro acessível às pesquisas de homens estudiosos, um mundo aberto às investigações do pensador, uma região brilhante que o espírito humano já visitou e na qual pode avançar corajosamente, levando por bússola a experiência.

59. Assim me falava, não faz tanto tempo, um velho amigo de minha vida terrestre. Uma peregrinação nos havia levado novamente à Terra e voltávamos a estudar moralmente este mundo. Meu companheiro aduzia que o homem está hoje familiarizado com as mais abstratas leis da Mecânica, da Física, da Química; que suas aplicações na indústria não são menos notáveis que as deduções da Ciência pura, e que a Criação inteira, por ele sabiamente estudada, parece ser desde agora o seu real apanágio. E como prosseguíamos nossa marcha, já fora deste mundo, respondi-lhe nestes termos:

60. Frágil átomo perdido em um ponto imperceptível do infinito, o homem julgou abarcar com a vista a amplidão universal, quando mal podia contemplar a região que habita; acreditou estudar as Leis da Natureza inteira, quando suas percepções apenas se limitam às forças que atuam ao seu redor; pensou determinar a grandeza do céu, quando se consome para definir um grão de poeira. Seu campo de observação é tão exíguo, o Céu e a Terra tão pequenos, que a alma, em seu voo, mal tem tempo de bater as asas antes que chegue às últimas paragens acessíveis à observação.

O Universo incomensurável nos envolve completamente, desdobrando, além de nossos céus, riquezas desconhecidas, pondo em jogo forças inapreciáveis, descortinando modos de existência para nós inconcebíveis, propagando ao infinito o esplendor e a vida.

E o mísero ácaro, privado de asas e de luz, cuja tristonha existência se consome na folha em que nasceu, ousaria falar da imensa árvore a que pertence, cuja sombra mal percebe, tão só porque consegue dar alguns passos sobre ela, quando é agitada pelo vento? Acaso imaginaria, num acesso de loucura, discorrer sobre o bosque de que faz parte a árvore que o abriga e discutir com sabedoria sobre a natureza dos vegetais que lá se desenvolvem, dos seres que o habitam, do Sol longínquo, cujos raios por vezes chegam até ele, trazendo consigo movimento e vida? Não seria o homem singularmente pretensioso se quisesse medir a grandeza infinita servindo-se de sua infinita pequenez?

Por isso, deve o homem compenetrar-se desta ideia: se os árduos trabalhos dos séculos passados lhe proporcionaram o conhecimento preliminar das coisas; se o progresso do Espírito o colocou na antecâmara do saber, ele mal soletra a primeira página do livro; como a criança, é suscetível de enganar-se a cada palavra e, longe de pretender interpretar a obra como mestre, deve contentar-se em estudá-la humildemente, página por página, linha por linha. Ditosos ainda os que são capazes de fazê-lo!

Considerações morais

61. Acompanhando-nos em nossas excursões celestes, visitastes conosco as imensas regiões do Espaço. Sob as nossas vistas, os sóis sucederam aos sóis, os sistemas aos sistemas, as nebulosas às nebulosas; diante dos nossos passos desdobrou-se o panorama esplêndido da harmonia do Cosmo e antegozamos a ideia do infinito, que somente de acordo com a nossa perfectibilidade futura poderemos compreender em toda a sua amplitude. Os mistérios do éter nos desvendaram o seu enigma, até aqui indecifrável e, pelo menos, concebemos a ideia da universalidade das coisas. É preciso que nos detenhamos agora a refletir.

62. É belo, sem dúvida, haver reconhecido quão ínfima é a Terra e medíocre a sua importância na hierarquia dos mundos; é belo haver abatido a presunção humana, que nos é tão cara, e nos termos humilhado ante a grandeza absoluta; no entanto, ainda será mais belo que interpretemos em sentido moral o espetáculo de que fomos testemunhas. Quero falar do poder infinito da Natureza e da ideia que devemos fazer do seu modo de ação nos diversos domínios do vasto Universo.

63. Acostumados, como estamos, a julgar as coisas pela nossa pobre e insignificante habitação, imaginamos que a Natureza não pôde ou não teve de agir sobre os outros mundos senão de acordo com as regras que lhe conhecemos na Terra. Ora, é justamente nesse ponto que devemos reformar a nossa maneira de ver.

Lançai por um instante o olhar sobre uma região qualquer do vosso globo e sobre uma das produções da vossa Natureza. Não reconhecereis aí o selo de uma variedade infinita e a prova de uma atividade sem par? Não vedes na asa de um passarinho das Canárias, na pétala de um botão de rosa entreaberto a prestigiosa fecundidade dessa bela Natureza?

Que os vossos estudos possam ser aplicados aos seres que adejam nos ares; que desçam até a violeta dos prados, mergulhem nas profundezas do oceano e em tudo e por toda parte lereis esta verdade universal: a Natureza onipotente age conforme os lugares, os tempos e as circunstâncias; ela é una em sua harmonia geral, porém múltipla em suas produções; brinca com um Sol, como com uma gota de água; povoa de seres vivos um mundo imenso com a mesma facilidade com que faz eclodir o ovo posto pela borboleta.

64. Ora, se é tal a variedade que a Natureza pôde nos descrever em todos os lugares deste pequeno mundo tão acanhado, tão limitado, quão mais ampliado não deveis considerar esse modo de ação, ponderando nas perspectivas dos mundos enormes! Quão mais desenvolvida e pujante não a deveis reconhecer, operando nesses mundos maravilhosos que, muito mais do que a Terra, atestam a sua inapreciável perfeição!

Não vejais, pois, em torno de cada um dos sóis do Espaço, apenas sistemas planetários semelhantes ao vosso; não vejais, nesses planetas desconhecidos, apenas os três reinos da Natureza que brilham ao vosso derredor. Pensai, ao contrário, que, assim como nenhum rosto de homem se assemelha a outro rosto em todo o gênero humano, também uma diversidade prodigiosa, inimaginável, se acha espalhada pelas moradas etéreas que flutuam no seio dos espaços.

Do fato de que a vossa Natureza animada começa no zoófito para terminar no homem, de que a atmosfera alimenta a vida terrestre, de que o elemento líquido a renova incessantemente, de que as vossas estações fazem que se sucedam nessa vida os fenômenos que as distinguem, não concluais que os milhões e milhões de terras que rolam pela amplidão sejam semelhantes às que habitais. Longe disso, aquelas diferem, de acordo com as diversas condições que lhes foram prescritas e conforme o papel que coube a cada uma no cenário do mundo. São pedrarias variadas de um imenso mosaico, flores diversificadas de admirável jardim.

CAPÍTULO VII

Esboço geológico da Terra

Períodos geológicos – Estado primitivo do globo – Período primário – Período de transição – Período secundário – Período terciário – Período diluviano – Período pós-diluviano ou atual. Surgimento do homem

Períodos geológicos

1. A Terra contém em si os traços evidentes da sua formação, cujas fases podem ser acompanhadas com precisão matemática nos diferentes terrenos que constituem o seu arcabouço. O conjunto desses estudos constitui a chamada *Geologia*, ciência nascida no século XIX e que projetou luz sobre a controvertida questão da origem do globo terreno e da dos seres vivos que o habitam. Aqui, não se trata de simples hipótese, mas do resultado rigoroso da observação dos fatos e, diante dos fatos, nenhuma dúvida se justifica. A história da formação do globo está escrita nas camadas geológicas de maneira bem mais exata do que nos livros preconcebidos, porque é a própria Natureza que se revela, que se desnuda, e não a imaginação dos homens a criar sistemas. Onde se notam traços de fogo, pode-se dizer com certeza que houve fogo ali; onde se veem os de água, pode-se afirmar com igual certeza que a água ali esteve; onde se observam traços de animais, pode-se dizer que aí viveram animais.

A Geologia é, pois, uma ciência de observação; só tira deduções do que vê; sobre os pontos duvidosos, nada afirma; não emite opiniões discutíveis, cuja solução definitiva ainda aguarde observações mais completas. Sem as descobertas da Geologia, como sem as da Astronomia, a Gênese do mundo ainda estaria nas trevas da lenda. Graças a ela, o homem conhece hoje a história da sua habitação, tendo desmoronado, para não mais tornar a erguer-se, a estrutura de fábulas que lhe rodeavam o berço.

2. Em todos os terrenos em que existam valas, escavações naturais ou praticadas pelos homens, nota-se aquilo que se chama *estratificações*, isto é, camadas superpostas. Os terrenos que apresentam essas disposições são designados pelo nome de *terrenos estratificados*. Essas camadas, de espessura muito variável, desde alguns centímetros até cem metros e mais, se distinguem entre si pela cor e pela natureza das substâncias de que se compõem. Os trabalhos de engenharia, a perfuração de poços, a exploração de pedreiras e, sobretudo, de minas, permitiram que elas fossem observadas até grande profundidade.

3. Em geral, as camadas são homogêneas, isto é, cada uma constituída da mesma substância, ou de substâncias diversas, mas que existiram juntas e formaram um todo compacto. A linha de separação que as isola umas das outras é sempre nitidamente sulcada, como nas fiadas de uma construção. Em parte alguma se apresentam misturadas e confundidas umas nas outras, nos pontos de seus respectivos limites, como se dá, por exemplo, com as cores do prisma e do arco-íris.

Por essas características, reconhece-se que elas se formaram sucessivamente, depositando-se uma sobre a outra, em condições e por causas diferentes. As mais profundas são, naturalmente, as que se formaram em primeiro lugar, tendo-se formado posteriormente as mais superficiais. A última a se formar, a que se se acha na superfície, é a camada de terra vegetal, que deve suas propriedades aos detritos de matérias orgânicas provenientes das plantas e dos animais.

As camadas inferiores, colocadas abaixo da camada vegetal, receberam em Geologia o nome de *rochas*, palavra que, nessa acepção, nem sempre implica a ideia de uma substância pedregosa, significando antes um leito ou banco feito de uma substância mineral qualquer. Umas são formadas de areia, de argila ou de terra argilosa, de marga, de seixos rolados; outras o são de pedras propriamente ditas, mais ou menos duras, tais como os arenitos, os mármores, o cré, os calcários ou pedras calcárias, as pedras molares, ou carvões de pedra, os asfaltos etc. Diz-se que uma rocha é mais ou menos possante conforme é mais ou menos considerável a sua espessura.

4. Pela inspeção da natureza dessas rochas ou camadas, reconhece-se, por sinais certos, que umas provêm de matérias fundidas e, às vezes, vitrificadas sob a ação do fogo; outras, de substâncias terrosas depostas pela água; algumas de tais substâncias se conservam desagregadas como as areias; outras, a princípio em estado pastoso, sob a ação de certos agentes químicos ou por outras causas, endureceram e adquiriram, com o tempo, a consistência da pedra. Os bancos de pedra superpostos denunciam depósitos sucessivos. O fogo e a água participaram, pois, da formação dos materiais que compõem o arcabouço sólido do globo terráqueo.

5. A posição normal das camadas terrosas ou pedregosas, provenientes de depósitos aquosos, é a horizontal. Quando vemos essas planícies imensas, que por vezes se estendem a perder de vista, de perfeita horizontalidade, lisas como se as tivessem nivelado com um rolo compressor, ou esses vales profundos, tão planos como a superfície de um lago, podemos estar certos de que, em época mais ou menos recuada, tais lugares estiveram por longo tempo cobertos de águas tranquilas que, ao se retirarem, deixaram em seco as terras que elas depositaram enquanto ali permaneceram. Retiradas as águas, essas terras se cobriram de vegetação. Se, em vez de terras gordurosas, limosas ou margosas, capazes de assimilar os princípios nutritivos, as águas apenas tivessem depositado areias silicosas, sem agregação, teríamos as planícies arenosas e áridas que constituem as charnecas e os desertos, dos quais nos podem dar pálida ideia os depósitos que ficam das inundações parciais e os que formam as aluviões na embocadura dos rios.

6. Embora a horizontal seja a posição mais generalizada e que geralmente assumem as formações aquosas, não é incomum se verem, nas regiões montanhosas e em extensões bem grandes, rochas duras, cuja natureza indica que foram formadas em posição inclinada e, algumas

vezes, até vertical. Ora, como, segundo as leis do equilíbrio dos líquidos e da gravidade, os depósitos aquosos não podem formar-se senão em planos horizontais, pois os que se formam sobre planos inclinados são arrastados pelas correntes e pelo próprio peso para as baixadas, torna-se evidente que tais depósitos foram erguidos por uma força qualquer, depois de se terem solidificado ou transformado em pedras.

Dessas considerações se pode concluir, com certeza, que todas as camadas pedregosas que, provindo de depósitos aquosos, se encontram em posição perfeitamente horizontal, foram formadas, durante séculos, por águas tranquilas e que, todas as vezes que se achem em posição inclinada, o solo foi convulsionado e deslocado posteriormente, por subversões gerais ou parciais, mais ou menos consideráveis.

7. Um fato característico e da mais alta importância, pelo testemunho irrecusável que oferece, consiste na existência de despojos *fósseis* de animais e vegetais, encontrados em quantidades enormes dentro das diferentes camadas. E como esses despojos se encontram até nas mais duras pedras, deve-se concluir que a existência de tais seres é anterior à formação das aludidas pedras. Ora, se levarmos em conta o prodigioso número de séculos que foram necessários para operar esse endurecimento e para que elas alcançassem o estado em que se encontram desde tempos imemoriais, chega-se forçosamente à conclusão de que o aparecimento dos seres orgânicos na Terra se perde na noite dos tempos, muito anterior, portanto, à data que o Gênesis lhes assinala.[32]

---

[32] Nota de Allan Kardec: *Fóssil*, do latim *fossilia, fossilis*, derivado de *fossa* e de *fodere*, cavar, escavar, é uma palavra que em Geologia se emprega para designar corpos ou despojos de corpos orgânicos de seres que viveram anteriormente às épocas históricas. Por extensão, diz-se igualmente das substâncias minerais que revelam traços da presença de seres organizados, tais como as marcas deixadas por vegetais ou animais.

A palavra *fóssil*, de acepção mais geral, foi substituída pelo termo *petrificação*, que só se aplicava aos corpos transformados em pedra pela infiltração de matérias silicosas ou calcárias nos tecidos orgânicos. Todas as petrificações são necessariamente fósseis, mas nem todos os fósseis são petrificações.

Os objetos que se revestem de uma camada pedregosa, quando mergulhados em certas águas carregadas de substâncias calcárias, não são petrificações propriamente ditas, mas simples incrustações.

Os monumentos, inscrições e objetos provenientes de fabricação humana, esses pertencem ao domínio da Arqueologia.

8. Entre os despojos de vegetais e animais, existem alguns que são penetrados em todos os pontos de sua substância, sem que isso lhes tenha alterado a forma, de matérias silicosas ou calcárias que os transformaram em pedras, algumas das quais têm a dureza do mármore; são as petrificações propriamente ditas. Outros foram simplesmente envolvidos pela matéria no estado de flacidez; são encontrados intactos e, alguns, inteiros, nas mais duras pedras. Outros, finalmente, apenas deixaram marcas, mas de uma nitidez e delicadeza impressionantes. No interior de certas pedras encontraram-se até marcas de passos e, pela forma das patas, dos dedos e das unhas, chegou-se a reconhecer a espécie animal de que provinham.

9. Os fósseis de animais não contêm, e isso é fácil de conceber-se, senão as partes sólidas e resistentes, isto é, as ossaturas, as escamas, os chifres e, algumas vezes, esqueletos completos. Na maior parte das vezes, no entanto, são apenas partes isoladas, mas cuja procedência facilmente se reconhece. Examinando-se uma mandíbula, um dente, logo se vê se pertence a um animal herbívoro ou carnívoro. Como todas as partes do animal guardam necessária correlação, a forma da cabeça, de uma omoplata, de um osso da perna, de uma pata, basta para determinar o porte, a forma geral, o gênero de vida do animal.[33] Os animais terrestres têm uma organização que não permite confundi-los com os animais aquáticos. Os peixes e os moluscos fósseis são extremamente numerosos; só estes últimos formam, às vezes, bancos inteiros de grande espessura. Pela natureza deles, verifica-se sem dificuldade se são animais marinhos ou de água doce.

10. Os seixos rolados que, em certos lugares, formam rochas formidáveis, constituem inequívoco indício de sua origem. São arredondados como os calhaus de beira-mar, sinal certo do atrito que sofreram, por efeito das águas. As regiões onde eles se encontram enterrados, em massas consideráveis, foram incontestavelmente ocupadas pelo oceano ou, durante muito tempo, por águas violentamente agitadas.

---

[33] Nota de Allan Kardec: No ponto em que Georges Cuvier levou a Ciência paleontológica, basta, frequentemente, um só osso para determinar o gênero, a espécie, a forma de seus hábitos e, mesmo, para o reconstituir por inteiro.

11. Além disso, os terrenos das diversas formações se caracterizam pela natureza mesma dos fósseis que encerram. As mais antigas contêm espécies animais ou vegetais que desapareceram completamente da superfície do globo. Certas espécies mais recentes também desapareceram, mas conservaram outras análogas, que apenas diferem daquelas pelo porte e por alguns matizes de forma. Outras, finalmente, cujos últimos representantes ainda vemos, tendem evidentemente a desaparecer em futuro mais ou menos próximo, tais como os elefantes, os rinocerontes, os hipopótamos etc. Assim, à medida que as camadas terrestres se aproximam da nossa época, as espécies animais e vegetais também se aproximam das que existem hoje.

As perturbações, os cataclismos que se produziram na Terra, desde a sua origem, lhe mudaram as condições de aptidão e fizeram que desaparecessem gerações inteiras de seres vivos.

12. Interrogando-se a natureza das camadas geológicas, chega-se a saber, de modo mais positivo, se, na época de sua formação, a região onde elas se apresentam era ocupada pelo mar, pelos lagos ou por florestas e planícies povoadas de animais terrestres. Conseguintemente, se numa mesma região se encontra uma série de camadas superpostas, contendo alternativamente fósseis marinhos, terrestres e de água doce, muitas vezes repetidas, esse fato constitui prova irrecusável de que essa região foi muitas vezes invadida pelo mar, coberta de lagos e tornada seca mais tarde.

E quantos séculos de séculos, certamente, quantos milhares de séculos, talvez, não foram precisos para que cada período se completasse! Que força poderosa não foi necessária para deslocar e trazer de volta o oceano, levantar montanhas! Por quantas revoluções físicas, comoções violentas não teve a Terra de passar, antes de ser qual a vemos desde os tempos históricos! E querer-se que tudo isso fosse obra executada em menos tempo do que leva uma planta para germinar!

13. O estudo das camadas geológicas atesta, como já se disse, formações sucessivas, que mudaram o aspecto do globo e dividem a sua história em muitas épocas, constituindo os chamados *períodos geológicos*, cujo conhecimento é essencial para o estabelecimento da Gênese. Os principais deles são em número de seis, designados pelos nomes de períodos primário, de transição, secundário, terciário, diluviano, pós-diluviano ou atual. Os terrenos formados durante cada período também se chamam: terrenos primitivos, de transição, secundários etc. Diz-se, pois, que tal ou qual camada ou rocha, tal ou qual fóssil se encontram nos terrenos de tal ou qual período.

14. É essencial notar que o número desses períodos não é absoluto, pois depende dos sistemas de classificação. Nos seis principais, mencionados acima, só se compreendem os que estão assinalados por uma mudança notável e geral no estado do globo; porém, prova a observação que muitas formações sucessivas se operaram enquanto durou cada um deles. É por isso que são divididos em seis períodos caracterizados pela natureza dos terrenos e que elevam a 26 o número das formações gerais bem assinaladas, sem contar os que provêm de modificações devidas a causas puramente locais.

Estado primitivo do globo

15. O achatamento dos polos e outros fatos concludentes são indícios certos de que o estado da Terra, na sua origem, deve ter sido o de fluidez ou flacidez. Tal estado podia ter por causa a matéria liquefeita pela ação do fogo ou diluída pela água.

Costuma-se dizer, proverbialmente: não há fumaça sem fogo. A rigor, esta sentença constitui uma aplicação do princípio: não há efeito sem causa. Pela mesma razão, pode-se dizer: não há fogo sem um foco. Ora, pelos fatos que se passam sob os nossos olhos, não é apenas fumaça o que se produz na Terra, mas fogo bastante real, que há de ter um foco. Vindo esse fogo do interior da Terra e não do alto, o foco há de estar no seu interior e, como o fogo é permanente, o foco também há de sê-lo.

O calor, que aumenta à medida que se penetra no interior da Terra e que, a certa profundidade, alcança temperatura altíssima; as fontes termais, tanto mais quentes quanto mais profundas estão as suas nascentes; os fogos e as massas de matéria fundida esbraseada que escapam dos vulcões, como que vastos respiradouros, ou pelas fendas abertas por alguns tremores de terra, não deixam dúvida sobre a existência de um fogo interior.

16. Demonstra a experiência que a temperatura se eleva de um grau a cada 30 metros de profundidade, donde se conclui que, a uma profundidade de 300 metros, o aumento é de 10 graus;[34] a 3.000 metros, de 100 graus, temperatura da água fervente; a 30.000 metros, ou seja, 7 ou 8 léguas, de 1.000 graus; a 25 léguas, de mais de 3.300 graus, temperatura sob a ação da qual nenhuma matéria conhecida resiste à fusão. Daí ao centro, ainda há um espaço de mais de 1.400 léguas, ou 2.800 léguas em diâmetro, que seria ocupado por matérias fundidas.

Embora não haja aí mais que uma suposição, julgando da causa pelo efeito, tem ela todos os caracteres da probabilidade e leva à conclusão de que a Terra ainda é uma massa incandescente recoberta por uma crosta sólida da espessura de no máximo 25 léguas,[35] o que é apenas a 120ª parte de seu diâmetro. Proporcionalmente, seria muito menos do que a espessura da mais delgada casca de laranja.

Ademais, a espessura da crosta terrestre é muito variável, porque há regiões, sobretudo nos terrenos vulcânicos, em que o calor e a flexibilidade do solo indicam que ela é pouco considerável. A alta temperatura das águas termais é também um indício de proximidade do fogo central.

17. Assim sendo, torna-se evidente que o primitivo estado de fluidez ou de flacidez da Terra há de ter tido como causa a ação do calor e não da água. Em sua origem, pois, a Terra era uma massa incandescente. Em virtude da irradiação do calórico, deu-se o que se dá com toda matéria em fusão: ela foi esfriando pouco a pouco, principiando o resfriamento, como era natural, pela superfície, que então endureceu, enquanto o interior se conservou fluido. Pode-se assim comparar a Terra a um bloco de carvão ao sair incandescente da fornalha, e cuja superfície se apaga e resfria, ao contato do ar, mantendo-se o seu interior em estado de ignição, conforme se verificará, quebrando-o.

18. Na época em que o globo terrestre era uma massa incandescente, não continha nenhum átomo a mais, nem a menos, do que hoje; apenas, sob

---

[34] N.E.: Kardec referia-se à escala de grau Celsius (símbolo °C), usado na maioria dos países do mundo, proposto pelo astrônomo sueco Anders Celsius (1701–1744).
[35] N.E.: A légua terrestre equivale a 4,828032 quilômetros. Como é medida antiga e em desuso, são encontrados vários valores para ela, de 4,2 km a 7 km.

Capítulo VII
Esboço geológico da Terra

a influência dessa alta temperatura, a maior parte das substâncias que a compõem e que vemos sob a forma de líquidos ou sólidos, de terras, de pedras, de metais e de cristais se achavam em estado muito diferente; sofreram unicamente uma transformação. Em consequência do resfriamento, os elementos formaram novas combinações. O ar, consideravelmente dilatado, devia estender-se a uma distância imensa; toda a água, forçosamente transformada em vapor, se encontrava misturada com o ar; todas as matérias suscetíveis de se volatilizarem, tais como os metais, o enxofre, o carbono, se achavam em estado de gás. O estado da atmosfera nada tinha, portanto, de comparável ao que é hoje; a densidade de todos esses vapores lhe dava uma opacidade que nenhum raio de sol podia atravessar. Se nessa época um ser vivo pudesse existir na superfície do globo, seria iluminado apenas pelos reflexos sinistros da fornalha que lhe estava sob os pés e da atmosfera esbraseada.

Período primário

19. O primeiro efeito do resfriamento foi a solidificação da superfície exterior da massa em fusão e da formação aí de uma crosta resistente que, delgada inicialmente, foi se espessando pouco a pouco. Essa crosta constitui a pedra chamada *granito*, de extrema dureza, assim nomeada pelo seu aspecto granuloso. Nela se distinguem três substâncias principais: o feldspato, o quartzo ou cristal de rocha e a mica. Esta última tem brilho metálico, embora não seja um metal.

A camada granítica foi, pois, a primeira que se formou no globo, é a que o envolve por completo, constituindo de certo modo o seu arcabouço ósseo. É o produto direto da consolidação da matéria fundida. Sobre ela e nas cavidades que apresentava a sua superfície agitada foi que se depositaram sucessivamente as camadas dos outros terrenos, posteriormente formados. O que a distingue destes últimos é a total ausência de estratificação, ou seja, ela forma uma massa compacta e uniforme em toda a sua espessura, e não disposta em camadas. A efervescência da matéria incandescente havia de produzir nela numerosas e profundas fendas, pelas quais essa matéria extravasava.

20. O segundo efeito do resfriamento foi a liquefação de algumas matérias contidas no ar em estado de vapor, as quais se precipitaram na superfície do solo. Houve então chuvas e lagos de enxofre e de betume, verdadeiros riachos de ferro, cobre, chumbo e outros metais fundidos. Infiltrando-se pelas fissuras, essas matérias constituem hoje os veios e filões metálicos.

Sob o influxo desses diversos agentes, a superfície granítica experimentou sucessivas decomposições. Produziram-se misturas, que formaram os terrenos primitivos propriamente ditos, distintos da rocha granítica, mas em massas confusas e sem estratificação regular.

Vieram, a seguir, as águas que, caindo sobre um solo ardente, se evaporizavam de novo, recaíam em chuvas torrenciais e assim sucessivamente, até que a temperatura lhes facultou permanecerem no solo em estado líquido.

É a formação dos terrenos graníticos que dá começo à série dos períodos geológicos. Aos seis períodos principais conviria, pois, que se acrescentasse o do estado primitivo de incandescência do globo.

21. Tal o aspecto do primeiro período, verdadeiro caos de todos os elementos confundidos, à procura de estabilização, período em que nenhum ser vivo podia existir. Por isso mesmo, um de seus caracteres distintivos, em Geologia, é a ausência de qualquer vestígio de vida vegetal e animal.

É impossível assinalar uma duração determinada a esse primeiro período, bem como aos seguintes. Mas, considerando o tempo necessário para que uma bala de determinado volume, aquecida até o branco, se resfrie bastante para que uma gota d'água, colocada sobre ela, permaneça em estado líquido, calculou-se que, se essa bala tivesse o tamanho da Terra, seriam precisos mais de um milhão de anos.

Período de transição

22. No começo do período de transição a crosta sólida granítica tinha pequena espessura e, portanto, oferecia resistência muito fraca à

efervescência das matérias incandescentes que ela cobria e comprimia. Produziram-se, pois, intumescências, fendas numerosas, por onde se escapava a lava interior. O solo apresentava desigualdades pouco consideráveis.[36]

As águas, pouco profundas, cobriam quase toda a superfície do globo, à exceção das partes soerguidas, formando terrenos baixos frequentemente alagados.

O ar se purgava pouco a pouco das matérias mais pesadas, temporariamente em estado gasoso, as quais, condensando-se por efeito do resfriamento, se haviam precipitado na superfície do solo, sendo depois arrastadas e dissolvidas pelas águas.

Quando se fala de resfriamento naquela época, deve-se entender essa palavra em sentido relativo, isto é, em relação ao estado primitivo, porque a temperatura ainda havia de ser ardente.

Os espessos vapores aquosos que se elevavam de todas as partes da imensa superfície líquida recaíam em chuvas abundantes e quentes, que obscureciam o ar. Entretanto, os raios do Sol começavam a aparecer através dessa atmosfera brumosa.

Uma das últimas substâncias de que o ar teve de expurgar-se, por ser gasoso o seu estado natural, foi o ácido carbônico, então uma de suas partes constituintes.

23. Por essa época, começaram a se formar as camadas de terrenos de sedimento, depostas pelas águas carregadas de limo e de matérias diversas, apropriadas à vida orgânica.

Foi então que surgiram aí os primeiros seres vivos do reino vegetal e do reino animal. Deles se encontram vestígios, a princípio em número reduzido, depois, cada vez mais frequentes, à medida que se vai passando às camadas mais elevadas dessa formação. É notável que em toda parte a vida se manifesta tão logo lhe sejam propícias as condições, nascendo cada espécie desde que se produzam as condições próprias à sua existência. Dir-se-ia que os germens estavam latentes e só esperavam as condições favoráveis para eclodir.

---

[36] Nota do tradutor: Por evidente falha de revisão tipográfica, os itens 22 a 50 receberam, no original francês, os números 20 a 48. Ao traduzir a obra para a língua portuguesa, fizemos as necessárias correções.

24. Os primeiros seres orgânicos que apareceram na Terra foram os vegetais de organização menos complexa, designados em botânica sob os nomes de criptógamos, acotiledôneos, monocotiledôneos, isto é, líquens, cogumelos, musgos, fetos e plantas herbáceas.[37] Ainda não se veem árvores de tronco lenhoso, mas, apenas, as do gênero palmeira, cuja haste esponjosa é análoga à das ervas.

Os animais desse período, que sucederam aos primeiros vegetais, eram exclusivamente marinhos: primeiramente, polipeiros, radiários, zoófitos, animais cuja organização simples e, por assim dizer, rudimentar, se aproxima bastante da dos vegetais. Mais tarde surgem os crustáceos e peixes, cujas espécies hoje já não existem.

25. Sob a ação do calor e da umidade e em virtude do excesso de ácido carbônico espalhado no ar, gás impróprio à respiração dos animais terrestres, mas necessários às plantas, os terrenos expostos se cobriram rapidamente de uma vegetação exuberante, ao mesmo tempo que as plantas aquáticas se multiplicavam no seio dos pântanos. Plantas que, nos dias atuais, são simples ervas de alguns centímetros, atingiam altura e espessura prodigiosas. Havia, assim, florestas de fetos arborescentes de 8 a 10 metros de altura e de proporcional grossura. Licopódios (espécie de musgos) do mesmo porte; cavalinhas[38] de 4 a 5 metros, cuja altura não passa hoje de 1 metro. Pelos fins do período, começaram a aparecer algumas árvores do gênero das coníferas ou pinheiros.

26. Em virtude do deslocamento das águas, os terrenos que produziam essas massas de vegetais foram submersos várias vezes, cobertos de novos sedimentos, enquanto os que se tornaram secos adornavam-se, por sua vez, de vegetação semelhante. Houve, assim, várias gerações de vegetais, alternativamente aniquiladas e renovadas. Outro tanto não se deu com os animais que, sendo todos aquáticos, não estavam sujeitos a essas alternativas.

Esses despojos, acumulados durante longa série de séculos, formaram camadas de grande espessura. Sob a ação do calor, da umidade, da

---

[37] N.E.: Hoje, sabemos que os primeiros seres vivos eram unicelulares, bactérias muito primitivas e desprovidas de núcleos.
[38] Nota de Allan Kardec: Planta que vive nos pântanos, vulgarmente chamada *cauda de cavalo*.

pressão exercida pelos posteriores depósitos terrosos e, provavelmente, de diversos agentes químicos, dos gases, dos ácidos e dos sais produzidos pela combinação dos elementos primitivos, aquelas matérias vegetais sofreram uma fermentação que as converteu em *hulha* ou *carvão de pedra*. As minas de hulha são, pois, produto direto da decomposição dos acervos de vegetais acumulados durante o período de transição. É por isso que são encontrados em quase todas as regiões.[39]

27. Os restos fósseis da pujante vegetação dessa época, achando-se hoje sob o gelo das terras polares, tanto quanto na zona tórrida, deve-se concluir que, uma vez que a vegetação era uniforme, também a temperatura o havia de ser. Os polos, portanto, não se achavam cobertos de gelo, como agora. É que, então, a Terra tirava de si mesma o calor, do fogo central que aquecia de igual modo toda a camada sólida, ainda pouco espessa. Esse calor era muito superior ao que podia provir dos raios solares, enfraquecidos, além disso, pela densidade da atmosfera. Só mais tarde, quando a ação do calor central se tornou muito fraca ou nula sobre a superfície exterior do globo, a do Sol passou a preponderar e as regiões polares, que apenas recebiam raios oblíquos, portadores de pequena quantidade de calor, se cobriram de gelo. Compreende-se que na época de que falamos e ainda muito tempo depois, o gelo era desconhecido na Terra.

Deve ter sido muito longo esse período, a julgar pelo número e pela espessura das camadas de hulha.[40]

Período secundário

28. Com o período de transição desaparecem a vegetação colossal e os animais que caracterizam a época, seja porque as condições

---

[39] Nota de Allan Kardec: A turfa se formou da mesma maneira, pela decomposição dos amontoados de vegetais, em terrenos pantanosos, mas com a diferença de que, sendo de formação muito mais recente e, provavelmente, noutras condições, ela não teve tempo de se carbonizar.

[40] Nota de Allan Kardec: Na baía de Fundy (Nova Escócia), o Sr. Liell encontrou, numa camada de hulha de espessura de 400 metros, 68 níveis diferentes, apresentando traços evidentes de muitos solos de florestas, de cujas árvores os troncos ainda estavam guarnecidos de suas raízes (L. Figuier).

Não dando mais de mil anos para a formação de cada um desses níveis, já teríamos 68 mil anos só para essa camada de hulha.

atmosféricas já não fossem as mesmas, seja porque uma série de cataclismos haja aniquilado tudo que tinha vida na Terra. É provável que as duas causas tenham contribuído para essas mudanças, porquanto, de um lado, o estudo dos terrenos que assinalam o fim desse período comprova a ocorrência de grandes subversões causadas pelos levantamentos e erupções que derramaram sobre o solo grandes quantidades de lavas e, por outro lado, porque notáveis mudanças se operaram nos três reinos.

29. O período secundário se caracteriza, sob o aspecto mineral, por numerosas e fortes camadas que atestam uma formação lenta no seio das águas e que marcam diferentes épocas bem caracterizadas.

A vegetação cresce com menos rapidez e é menos colossal que no período precedente, talvez em virtude da diminuição do calor e da umidade e de modificações sobrevindas aos elementos constitutivos da atmosfera. Às plantas herbáceas e polpudas, juntam-se as de caule lenhoso e as primeiras árvores propriamente ditas.

30. Os animais ainda são aquáticos, ou, quando muito, anfíbios. A vida animal sobre a terra seca progride pouco. Desenvolve-se no seio dos mares uma prodigiosa quantidade de animais de conchas, devido à formação das matérias calcárias. Surgem novos peixes, de organização mais aperfeiçoada do que no período anterior. Aparecem os primeiros cetáceos. Os animais que mais caracterizam essa época são os répteis monstruosos, entre os quais se notam:

O *ictiossauro*, espécie de peixe-lagarto, que chegava a ter quase 10 metros de comprimento, com mandíbulas prodigiosamente alongadas, armadas de 180 dentes. Sua forma geral lembra um pouco a do crocodilo, mas sem couraça escamosa. Seus olhos tinham o volume da cabeça de um homem; possuía barbatanas como a baleia e, semelhante a esta, expelia água por orifícios próprios para isso.

O *plesiossauro*, outro réptil marinho, tão grande quanto o ictiossauro, tinha pescoço excessivamente longo, que se dobrava como o do cisne e lhe dava a aparência de enorme serpente ligada a um corpo de tartaruga. Tinha a cabeça do lagarto e os dentes do crocodilo. Sua pele devia ser lisa como a do ictiossauro, porque não se lhe descobriu nenhum vestígio de escamas ou de carapaça.[41]

O *teleossauro* é o que mais se aproxima dos crocodilos atuais, parecendo estes um ser em miniatura. Assim como estes últimos, tinha uma couraça escamosa e vivia, ao mesmo tempo, na água e em terra. Seu talhe era de cerca de 10 metros, dos quais 3 ou 4 só para a cabeça. Sua enorme boca tinha 2 metros de abertura.

O *megalossauro*, grande lagarto, espécie de crocodilo de 14 a 15 metros de comprimento, essencialmente carnívoro, alimentava-se de répteis, de pequenos crocodilos e de tartarugas.

Sua formidável mandíbula era armada de dentes em forma de lâmina de podadeira, de gume duplo, recurvados para trás, de tal forma que, uma vez enterrados na presa, tornava-se impossível que ela escapasse.

O *iguanodonte*, o maior dos lagartos que já apareceram na Terra, tinha de 20 a 25 metros da cabeça à extremidade da cauda. Possuía sobre o focinho um chifre ósseo, semelhante ao do iguano da atualidade, do qual parece que só diferia pelo tamanho, já que este último tem apenas 1 metro de comprimento. A forma dos dentes prova que ele era herbívoro e a dos pés que era animal terrestre.

O *pterodáctilo*, estranho animal, do tamanho de um cisne, participava, ao mesmo tempo, do réptil pelo corpo, do pássaro pela cabeça e do morcego pela membrana carnuda que lhe religava os dedos prodigiosamente longos. Essa membrana lhe servia de paraquedas quando se precipitava sobre a presa do alto de uma árvore ou de um rochedo. Não possuía bico córneo, como os pássaros, mas os ossos das mandíbulas, do comprimento da metade do corpo e guarnecidos de dentes, terminavam em ponta como um bico.

31. Durante esse período, que deve ter sido muito longo, como o atestam o número e a exuberância das camadas geológicas, a vida animal tomou enorme desenvolvimento no seio das águas, qual se dera com a vegetação no período anterior. Mais depurado e mais favorável

---

[41] Nota de Allan Kardec: O primeiro fóssil deste animal foi descoberto em 1823.

à respiração, o ar começou a permitir que alguns animais vivessem em terra. O mar se deslocou muitas vezes, mas sem abalos violentos. Com esse período desaparecem, por sua vez, aquelas raças de gigantescos animais aquáticos, substituídos mais tarde por espécies análogas, de formas menos desproporcionadas e de porte infinitamente menor.

32. O orgulho levou o homem a dizer que todos os animais foram criados por sua causa e para a satisfação de suas necessidades. Mas qual o número dos que lhe servem diariamente, dos quais lhe foi possível submeter, comparado ao número incalculável daqueles com os quais ele nunca teve, nem nunca terá, quaisquer relações? Como sustentar semelhante tese, em face das inumeráveis espécies que povoaram a Terra por milhares e milhares de séculos, e que afinal desapareceram, antes mesmo que ele surgisse? Poder-se-á afirmar que elas foram criadas em seu proveito? Entretanto, todas tinham a sua razão de ser, a sua utilidade. Deus, por certo, não as criou por mero capricho da sua vontade, para dar a si mesmo, em seguida, o prazer de as aniquilar, pois que todas tinham vida, instintos, sensação de dor e de bem-estar. Com que fim Ele o fez? Esse fim há de ter sido soberanamente sábio, embora ainda não o compreendamos. Certamente, um dia será dado ao homem conhecê-lo, para confundir o seu orgulho; mas, enquanto isso não acontece, como se ampliam suas ideias ante os novos horizontes em que lhe é permitido, agora, mergulhar a vista, desdobrando diante de si o imponente espetáculo da Criação, tão majestosa no seu lento caminhar, tão precisa e tão invariável nos seus resultados!

Período terciário

33. Com o período terciário começa nova ordem de coisas para a Terra. O estado de sua superfície muda completamente de aspecto; modificam-se profundamente as condições de vitalidade, aproximando-se do estado atual. Os primeiros tempos desse período são assinalados por uma interrupção da produção vegetal e animal; tudo revela traços de

uma destruição quase geral dos seres vivos, aparecendo depois, sucessivamente, novas espécies, cuja organização, mais perfeita, se adapta à natureza do meio onde são chamados a viver.

34. Durante os períodos anteriores, a crosta sólida do globo, em virtude da sua pequena espessura, apresentava, como já foi dito, bem fraca resistência à ação do fogo interior. Rompendo-se com facilidade, esse envoltório permitia que as matérias em fusão se derramassem livremente pela superfície do solo. Já não se deu a mesma coisa quando este ganhou certa espessura; as matérias incandescentes, comprimidas de todos os lados, como a água em ebulição num vaso fechado, acabaram de produzir uma espécie de explosão. A massa granítica, violentamente estilhaçada num sem-número de pontos, ficou crivada de fendas, como um *vaso rachado*. Ao *longo dessas fendas*, a crosta sólida, levantada e deprimida, formou os picos, as cadeias de montanhas e suas ramificações. Certas partes do envoltório não chegaram a romper-se, foram apenas soerguidas, enquanto noutros pontos se produziram abaulamentos e escavações.

A superfície do solo tornou-se então muito desigual. As águas que, até aquele momento, a cobriam de maneira quase uniforme na maior parte da sua extensão, foram impelidas para os lugares mais baixos, deixando em seco vastos continentes, ou cumes isolados de montanhas, formando ilhas.

Tal o grande fenômeno que se operou no período terciário e que transformou o aspecto do globo. Ele não se produziu nem de forma instantânea, nem simultaneamente em todos os pontos, mas sucessivamente e em épocas mais ou menos distanciadas.

35. Uma das primeiras consequências desses levantamentos foi, como já dissemos, a inclinação das camadas de sedimento, primitivamente horizontais e que assim se conservaram onde quer que o solo não tenha sofrido subversões. Foi, portanto, nos flancos e nas proximidades das montanhas que essas inclinações mais se pronunciaram.

36. Nas regiões onde as camadas de sedimento conservaram a horizontalidade, para alcançar as de formação primária, tem-se que atravessar todas as outras, até considerável profundidade, ao fim da qual se encontra inevitavelmente a rocha granítica. Quando, porém, se ergueram em montanhas, aquelas camadas foram levadas acima do seu nível normal, indo às vezes até grande altura, de tal sorte que, se fizermos um corte vertical no flanco da montanha, elas se mostram em toda a sua espessura e superpostas como as fiadas de uma construção.

É assim que, em grandes elevações, se encontram enormes bancos de conchas, primitivamente formados no fundo dos mares. Hoje está perfeitamente comprovado que em nenhuma época o mar foi capaz de alcançar semelhantes alturas, visto que, para isso, não bastariam nem mesmo todas as águas existentes na Terra, ainda mesmo que fossem em quantidade cem vezes maior. Seria preciso, pois, supor que a quantidade de água diminuiu e, então, caberia perguntar o que fora feito da porção que desapareceu. Os levantamentos, fato hoje incontestável e demonstrado pela Ciência, explicam de maneira lógica e rigorosa os depósitos marinhos que se encontram em certas montanhas. É evidente que esses terrenos estiveram submersos durante muitos séculos, mas em seu nível primitivo e não no lugar que agora ocupam.

É exatamente como se uma porção do fundo de um lago se levantasse a 25 ou 30 metros acima da superfície da água. O cume dessa elevação conteria os restos das plantas e dos animais que outrora jaziam no fundo da água, o que não implica absolutamente que as águas do lago se tenham elevado até essa altura.

37. Nos locais onde o deslocamento da rocha primitiva produziu completa rasgadura do solo, quer pela rapidez do fenômeno, quer pela forma, altura e volume da massa levantada, o granito foi posto a nu, *qual um dente que irrompeu da gengiva*. Levantadas, quebradas e arrumadas, as camadas que o revestiam ficaram a descoberto. É assim que terrenos pertencentes às mais antigas formações e que, na posição primitiva, se achavam a grande profundidade, compõem hoje o solo de certas regiões.

38. Deslocada por efeito dos soerguimentos, a massa granítica deixou em alguns lugares fendas por onde se escapa o fogo interior e

se escoam as matérias em fusão: são os vulcões. Tais como chaminés de imensa fornalha, ou melhor, *como válvulas de segurança*, os vulcões, ao darem saída ao excesso das matérias ígneas, preservam o globo de comoções muito mais terríveis. Daí se pode dizer que os vulcões em atividade são uma segurança para o conjunto da superfície do solo.

É possível fazer-se ideia da intensidade desse fogo, ponderando-se que no próprio seio dos mares se abrem vulcões e que a massa de água que os recobre e neles penetra não consegue extingui-los.

39. Os levantamentos operados na massa sólida necessariamente deslocaram as águas, sendo estas impelidas para as partes côncavas, que ao mesmo tempo se haviam tornado mais profundas pela elevação dos terrenos emergidos e pela depressão de outros. Mas esses mesmos terrenos tornados baixos, levantados por sua vez ora num ponto, ora em outro, expulsaram as águas, que refluíram para outros lugares e assim por diante, até que pudessem tomar um leito mais estável.

Os sucessivos deslocamentos dessa massa líquida forçosamente trabalharam e abalaram a superfície do solo. Ao se escoarem, as águas arrastaram consigo uma parte dos terrenos de formações anteriores, que tinham sido descobertos pelos levantamentos, desnudaram algumas montanhas que eles cobriam e lhes deixaram à mostra a base granítica ou calcária. Profundos vales foram cavados, enquanto outros foram aterrados.

Há, pois, montanhas formadas diretamente pela ação do fogo central, sobretudo as montanhas graníticas; outras são devidas à ação das águas que, arrastando as terras móveis e as matérias solúveis, cavaram vales em torno de uma base resistente, calcária, ou de outra natureza.

As matérias arrastadas pelas correntes de água formaram as camadas do período terciário, que facilmente se distingue dos precedentes, menos pela composição, que é quase a mesma, do que pela disposição.

As camadas dos períodos primário, de transição e secundário, formadas sobre uma superfície pouco acidentada, são mais ou menos uniformes na Terra toda. As do período terciário, ao contrário, formadas sobre uma base muito desigual e pela ação transportadora das águas, apresentam caráter mais local. Por toda parte, fazendo-se escavações de certa profundidade, encontram-se todas as camadas anteriores, na ordem em que se formaram, à exceção do terreno terciário, onde nem sempre se encontram todas as suas camadas.

40. Durante as convulsões do solo, ocorridas no princípio deste período, concebe-se facilmente que a vida orgânica teve que ficar estacionária por algum tempo, o que se reconhece examinando terrenos isentos de fósseis. Desde, porém, que sobreveio um estado mais calmo, reapareceram os vegetais e os animais. Estando mudadas as condições de vitalidade, mais depurada a atmosfera, formaram-se novas espécies, com organização mais perfeita. As plantas, sob o ponto de vista da estrutura, diferem pouco das de hoje.

41. Durante os dois períodos precedentes, os terrenos não cobertos por águas eram pouco extensos; ainda assim eram pantanosos e, com frequência, ficavam submersos. É por isso que só havia animais aquáticos ou anfíbios. O período terciário, no decorrer do qual se formaram vários continentes, caracterizou-se pelo aparecimento dos animais terrestres.

Assim como o período de transição assistiu ao nascimento de uma vegetação colossal, o período secundário, ao de répteis monstruosos, também o terciário presenciou a produção de mamíferos gigantescos, tais como o *elefante*, o *rinoceronte*, o *hipopótamo*, o *paleotério*, o *megatério*, o *dinotério*, o *mastodonte*, o *mamute* etc. Esse período também assistiu ao nascimento dos pássaros, bem como à maioria das espécies animais que ainda hoje existem. Algumas espécies dessa época sobreviveram aos cataclismos posteriores; outras, qualificadas genericamente de *animais antediluvianos*, desapareceram completamente, ou foram substituídos por espécies análogas, de formas menos pesadas e menos maciças, cujos primeiros tipos foram como que esboços. Tais são o *felis speloea*, animal carnívoro do tamanho de um touro, com as características anatômicas do tigre e do leão; o *cervus megaceron*, variedade de cervo, cujos chifres, compridos de 3 metros, eram espaçados de 3 a 4 metros nas extremidades.

42. Durante muito tempo acreditou-se que o macaco e as diversas variedades de quadrúmanos, animais que mais se aproximam do

homem pela conformação, ainda não existiam. No entanto, descobertas recentes parecem não deixar dúvidas sobre a presença desses animais, ao menos no final desse período.

Período diluviano

43. Este período é marcado por um dos maiores cataclismos que convulsionaram o globo, mudando por mais de uma vez o aspecto de sua superfície e destruindo para sempre uma imensidade de espécies vivas, das quais apenas restam despojos. Por toda parte deixou traços que atestam a sua generalidade. As águas, violentamente expulsas de seus leitos, invadiram os continentes, arrastando consigo as terras e os rochedos, desnudando as montanhas, desarraigando florestas seculares. Os novos depósitos que elas formaram são designados, em Geologia, pelo nome de *terrenos diluvianos*.

44. Um dos vestígios mais significativos desse grande desastre são os rochedos chamados *blocos erráticos*. Dá-se essa denominação a rochedos de granito que se encontram isolados nas planícies, repousando sobre terrenos terciários e no meio de terrenos diluvianos, algumas vezes a muitas centenas de léguas das montanhas de que foram arrancados. É claro que eles não podem ter sido transportados a tão grandes distâncias senão pela ação violenta das correntes.[42,43]

45. Um fato não menos característico, cuja causa ainda não foi descoberta, é que só nos terrenos diluvianos se encontram os primeiros *aerólitos*.[44] Visto que somente nessa época eles começaram a cair, conclui-se que a causa que os produz não existia anteriormente.

---

[42] Nota de Allan Kardec: Um desses blocos, evidentemente provindo, pela sua composição, das montanhas da Noruega, serve de pedestal à estátua de Pedro, o Grande, em São Petersburgo.
[43] N.E.: Nos dias de hoje, a Ciência concluiu que esses blocos foram arrastados pelo avanço das geleiras nas eras glaciais. Com o aquecimento da Terra, no início do Holoceno, as geleiras degelaram e os blocos permaneceram nos locais onde se encontram atualmente. De todo modo, a força das águas, na forma de gelo, provocou o deslocamento dessas rochas.
[44] Nota de Allan Kardec: Pedras que caem da atmosfera.

46. Foi também por essa época que os polos começaram a cobrir-se de gelo e que se formaram as geleiras das montanhas, o que indica notável mudança na temperatura do globo. Tal mudança deve ter sido súbita, porquanto, se se houvesse operado gradualmente, animais como os elefantes, que hoje só vivem nos climas quentes e que são encontrados em tão grande número no estado fóssil nas terras polares, teriam tido tempo de retirar-se pouco a pouco para as regiões mais temperadas. Tudo prova, ao contrário, que eles devem ter sido colhidos de surpresa por um grande frio e sitiados pelos gelos.

47. Foi esse, pois, o verdadeiro dilúvio universal. As opiniões se dividem sobre as causas que devem tê-lo produzido, porém, sejam elas quais forem, o que é certo é que o fato se deu.

A suposição mais generalizada é a de que se produziu uma *brusca* mudança na posição do eixo da Terra, em consequência da qual os polos se deslocaram; daí uma projeção geral das águas sobre a superfície. Se essa mudança se tivesse processado lentamente, a retirada das águas teria sido gradual, sem abalos, ao passo que tudo indica uma comoção violenta e súbita. Ignorando a sua verdadeira causa, não nos cabe emitir senão hipóteses.

O deslocamento repentino das águas também pode ter sido ocasionado pelo levantamento de certas partes da crosta sólida e pela formação de novas montanhas dentro dos mares, conforme se verificou no começo do período terciário. Mas isso não explica a mudança súbita da temperatura dos polos, sem falar que o cataclismo, nesse caso, não teria sido geral.

48. Na tormenta provocada pelo deslocamento das águas, muitos animais pereceram; outros, para escaparem à inundação, se retiraram para os lugares altos, para as cavernas e fendas, onde sucumbiram em massa, ou de fome, ou entredevorando-se, ou ainda, quem sabe, pela irrupção da água nos lugares onde se tinham refugiado e de onde não puderam escapar. Assim se explica a grande quantidade de ossadas de animais diversos, carnívoros e outros, que são encontrados de mistura em certas cavernas, que por essa razão foram chamadas *cavernas* ou

brechas de ossos. São encontradas na maioria das vezes sob as estalagmites. Em algumas delas, as ossadas parecem ter sido arrastadas para ali pela correnteza das águas.[45]

Período pós-diluviano ou atual. Surgimento do homem

49. Uma vez restabelecido o equilíbrio na superfície do globo, a vida vegetal e animal retomou prontamente o seu curso. Consolidado, o solo assumiu uma situação mais estável; o ar, mais depurado, se tornara apropriado a órgãos mais delicados. O Sol, brilhando em todo o seu esplendor através de uma atmosfera límpida, difundia, com a luz, um calor menos sufocante e mais vivificador que o da fornalha interna. A Terra se povoava de animais menos ferozes e mais sociáveis; mais suculentos, os vegetais proporcionavam alimentação menos grosseira; tudo, enfim, se achava preparado no planeta para o novo hóspede que o viria habitar. Apareceu então o *homem*, último ser da Criação, aquele cuja inteligência concorreria, dali em diante, para o progresso geral, progredindo ele próprio.

50. O homem só terá existido realmente na Terra depois do período diluviano, ou terá surgido antes dessa época? Esta questão é muito controversa hoje, mas sua solução, seja ela qual for, é de importância meramente secundária, porquanto nada mudará no conjunto dos fatos verificados.

O que levou a pensar que o advento dos homens ocorreu posteriormente ao dilúvio foi o fato de não se ter achado vestígio autêntico da sua existência no período anterior. As ossadas descobertas em diversos lugares e que resultaram na crença da existência de uma suposta raça de gigantes antediluvianos foram reconhecidas como pertencentes a elefantes.

---

[45] Nota de Allan Kardec: Conhece-se grande número de cavernas semelhantes, algumas de extensão considerável. Existem várias no México, de muitas léguas. A de Aldesberg, em Carniola (Áustria), não tem menos de três léguas. Uma das mais notáveis é a de Gailenreuth, em Württemberg. Há muitas delas na França, na Inglaterra, na Sicília e em outras regiões da Europa.

O que está fora de dúvida é que o homem não existia nem no período primário, nem no de transição, nem no secundário, não só porque não se descobriu nenhum traço dele, como também porque não havia condições de vitalidade para ele. Se o seu aparecimento se deu no terciário, só pode ter sido no fim desse período e em pequena quantidade; de outro modo, posto que se encontram vestígios mais delicados de grande quantidade de animais que viveram nessa época, não se compreenderia por que os homens não deixaram nenhum indício de sua presença, seja por meio de seus restos corporais, seja por qualquer de suas obras.

Além disso, por ter sido curto, o período diluviano não determinou mudanças notáveis nas condições climáticas e atmosféricas, tanto que eram os mesmos os animais e os vegetais, antes e depois dele. Não é, pois, materialmente impossível que o aparecimento do homem tenha precedido esse grande cataclismo; a presença do macaco naquela época aumenta a probabilidade desse fato, que recentes descobertas parecem confirmar.[46]

Seja como for, quer o homem tenha aparecido ou não antes do grande dilúvio universal, o que é certo é que o seu papel humanitário somente começou a se esboçar no período pós-diluviano. Pode-se, pois, considerá-lo como caracterizado pela sua presença na Terra.

---

[46] Nota de Allan Kardec: Vide os trabalhos de Boucher de Perthes.

CAPÍTULO VIII

Teorias da Terra

Teoria da projeção [Buffon] – Teoria da condensação – Teoria da incrustação

Teoria da projeção

1. De todas as teorias relativas à origem da Terra, a que alcançou mais credibilidade nestes últimos tempos foi a de *Buffon*,[47] seja pela posição que seu autor desfrutava no mundo científico, seja porque nada mais se sabia além do que ele disse naquela época.

Vendo que todos os planetas se movem na mesma direção, do Ocidente para o Oriente, e no mesmo plano, percorrendo órbitas cuja inclinação não passa de 7 graus e meio, Buffon concluiu, dessa uniformidade, que eles devem ter sido postos em movimento pela mesma causa.

Em sua opinião, sendo o Sol uma massa incandescente em fusão, um cometa se teria chocado com ele e, raspando-lhe a superfície, destacou uma porção que, projetada no Espaço pela violência do choque, se dividiu em vários fragmentos. Esses fragmentos formaram os planetas, que continuaram a mover-se circularmente, pela combinação das forças centrífuga e centrípeta, no sentido dado pela direção do choque primitivo, isto é, no plano da eclíptica.

---

[47] N.E.: Georges-Louis Leclerc de Buffon, naturalista e escritor francês (1707–1788). Autor de *História natural* e *Épocas da natureza*, publicados de 1749 a 1788. Escreveu sobre a formação do globo, a evolução das espécies, a transformação do Universo.

Os planetas seriam assim partes da substância incandescente do Sol e, por conseguinte, também teriam sido incandescentes em sua origem. Levaram para se resfriar e consolidar um tempo proporcional aos seus volumes respectivos e, quando a temperatura o permitiu, a vida apareceu na sua superfície.

Em virtude da diminuição gradual do calor central, a Terra chegaria, ao fim de certo tempo, a um estado de resfriamento completo; a massa líquida se congelaria inteiramente e o ar, cada vez mais condensado, acabaria por desaparecer. A diminuição da temperatura, tornando impossível a vida, acarretaria o decréscimo e, depois, o desaparecimento de todos os seres organizados. O resfriamento, tendo começado pelos polos, ganharia pouco a pouco todas as regiões, até mesmo a Linha do Equador.

Tal é, segundo Buffon, o estado atual da Lua que, menor do que a Terra, seria hoje um mundo extinto, do qual a vida se acha excluída para sempre. O próprio Sol viria a ter, um dia, a mesma sorte. De acordo com os seus cálculos, a Terra teria gasto cerca de 74 mil anos para chegar à sua temperatura atual e dentro de 93 mil anos veria o termo da existência da Natureza organizada.

2. A teoria de Buffon, contraditada pelas novas descobertas da Ciência, está hoje completamente abandonada, pelas seguintes razões:

1º) Durante muito tempo acreditou-se que os cometas eram corpos sólidos, cujo encontro com um planeta podia ocasionar a destruição deste. Nessa hipótese, a suposição de Buffon nada tinha de improvável. Sabe-se agora, porém, que os cometas são formados de uma matéria gasosa que, embora condensada, é bastante rarefeita para que se possam perceber estrelas de grandeza média através de seus núcleos. Nesse estado, oferecendo menos resistência que o Sol, é impossível que num choque violento com este, eles sejam capazes de arremessar ao longe qualquer porção da massa solar.

2º) A natureza incandescente do Sol é também uma hipótese que nada, até o presente, confirma, e que as observações, ao contrário, parecem desmentir. Se bem ainda não haja certeza quanto à sua natureza, os poderosos meios de observação de que hoje dispõe a Ciência têm permitido que ele seja mais bem estudado. Hoje a Ciência admite, de modo geral, que o Sol é um globo composto de matéria sólida, cercada de uma atmosfera luminosa, que não se acha em contato com a sua superfície.[48]

3º) Ao tempo de Buffon, somente se conheciam os seis planetas de que os Antigos eram conhecedores: Mercúrio, Vênus, Terra, Marte, Júpiter e Saturno. Descobriram-se depois outros em grande número, três dos quais, principalmente, Juno, Ceres e Palas, têm suas órbitas inclinadas de 13, 10 e 34 graus, o que não concorda com a hipótese de um movimento único de projeção.[49]

4º) Após a descoberta da Lei da diminuição do calor, por Fourier, reconheceram-se completamente errôneos os cálculos de Buffon sobre o resfriamento da Terra. Na verdade, o nosso planeta não precisou apenas de 74 mil anos para chegar à sua temperatura atual, mas de milhões de anos.

5º) Buffon só levou em conta o calor central da Terra, sem considerar o dos raios solares. Ora, é sabido hoje, mediante dados científicos de rigorosa precisão, baseados na experiência, que, em virtude da espessura da crosta terrestre, o calor interno do globo não contribui, há muito tempo, senão em parcela insignificante, para a temperatura da superfície exterior. As variações que essa temperatura sofre são periódicas e devidas à ação preponderante do calor solar (cap. VII, it. 27).[50] Sendo permanente o efeito dessa causa, enquanto o do calor central é nulo, ou quase nulo, a diminuição deste não pode trazer à superfície da Terra sensíveis modificações. Para que a Terra se tornasse inabitável pelo resfriamento geral, seria preciso que o Sol se extinguisse.[51]

---

[48] Nota de Allan Kardec: Completa dissertação, à altura da ciência moderna, sobre a natureza do Sol e dos cometas, se encontra na obra *Estudos e leituras sobre a astronomia*, por Camille Flammarion. 1 vol. in-12. Preço: 2 fr. 50 c. Livraria Gauthier-Villard, 55, quai des Augustins.
[49] Nota do tradutor: Na verdade são *planetoides*, isto é, pequenos corpos celestes que gravitam em torno do Sol. *Juno, Ceres* e *Palas*, bem como centenas de outros planetoides, estão localizados entre as órbitas dos planetas Júpiter e Marte.
[50] Nota do tradutor: No original francês, cap. VII, it. 25.
[51] Nota de Allan Kardec: Para mais esclarecimentos sobre este assunto e sobre a Lei da diminuição do calor, veja-se a obra: *Cartas sobre as revoluções do globo*, por Bertrand, p. 19 e 307.

Teoria da condensação

3. A teoria da formação da Terra pela condensação da matéria cósmica é a que hoje prevalece na Ciência, como a que a observação melhor justifica, a que resolve maior número de dificuldades e que se apoia, mais do que todas as outras, no grande princípio da unidade universal. Foi esta teoria que expusemos no capítulo VI, intitulado *Uranografia geral*.

Como se vê, estas duas teorias conduzem ao mesmo resultado: estado primitivo de incandescência do globo; formação de uma crosta sólida pelo resfriamento; existência do fogo central e aparecimento da vida orgânica, logo que a temperatura a tornou possível. Diferem, todavia, pelo modo de formação da Terra, e é provável que Buffon, se vivesse hoje, adotaria outras ideias. São dois caminhos diferentes, mas levando ao mesmo fim.

A Geologia considera a Terra do ponto em que é possível a observação direta. Seu estado anterior, por escapar à experimentação, só pode ser hipotético. Ora, entre duas hipóteses, diz o bom senso que se deve preferir a que a lógica sanciona e que mais se ache de acordo com os fatos observados.

Teoria da incrustação

4. Falamos desta teoria apenas para não deixar de mencioná-la. Embora nada tenha de científica, conseguiu, não obstante, certa repercussão nos últimos tempos e seduziu algumas pessoas. Acha-se resumida na carta seguinte:

"Deus, segundo a *Bíblia*, criou o mundo em seis dias, 4 mil anos antes da Era Cristã. Esta tese é contestada pelos geólogos, firmados no estudo dos fósseis e nos milhares de caracteres incontestáveis de vetustez que fazem remontar a origem da Terra a milhões de anos. Entretanto, a Escritura disse a verdade e os geólogos também. E foi um simples camponês[52] que os pôs de acordo, informando que o nosso planeta não

---

[52] Nota de Allan Kardec: Michel de Figagnères (Var), autor de *Chave da vida*.

é mais do que um planeta *incrustativo*, muito moderno, composto de materiais antiquíssimos.

"Após o arrebatamento do *planeta desconhecido*, que chegara à maturidade, ou de harmonia com o que existiu no lugar que hoje ocupamos, a alma da Terra recebeu ordem de reunir seus satélites para formar o nosso globo atual, segundo as regras do progresso em tudo e por tudo. Somente quatro desses astros concordaram com a associação que lhes era proposta. Apenas a Lua persistiu na sua autonomia, visto que também os globos têm o seu livre-arbítrio. Para proceder a essa fusão, a alma da Terra dirigiu aos satélites um raio magnético, que pôs em estado cataléptico todo o mobiliário vegetal, animal e hominal que eles possuíam e que trouxeram para a comunidade. A operação teve por únicas testemunhas a alma da Terra e os grandes mensageiros celestes que a ajudaram nessa grande obra, abrindo aqueles globos para lhes dar entranhas comuns. Praticada a soldadura, as águas se escoaram para os vazios que a ausência da Lua havia deixado. As atmosferas se confundiram e começou o despertar ou a ressurreição dos *germens que estavam em catalepsia*. O homem foi o último a ser tirado do estado de hipnotismo e se viu cercado da luxuriante vegetação do paraíso terrestre e dos animais que pastavam em paz ao seu derredor. Tudo isto se podia fazer em seis dias, com obreiros tão poderosos como os que Deus encarregara da tarefa. O planeta *Ásia* trouxe a raça amarela, a de civilização mais antiga; o *África*, a raça negra; o *Europa*, a raça branca, e o *América*, a raça vermelha. A Lua talvez nos tivesse trazido a raça verde ou azul.

"Assim, certos animais, de que apenas os despojos são encontrados, nunca teriam vivido na Terra atual, mas teriam sido transportados de outros mundos extintos pela velhice. Os fósseis que se encontram em climas sob os quais não teriam podido existir neste mundo, viviam provavelmente em zonas muito diferentes nos globos onde nasceram. Na Terra, tais despojos se encontram nos polos, ao passo que os animais viviam no equador dos globos a que pertenciam."

5. Esta teoria tem contra si os dados mais positivos da Ciência experimental, além de deixar intacta a própria questão que ela pretende resolver,

a questão da origem. Diz, é certo, como a Terra se teria formado, mas não diz como se formaram os quatro mundos que se reuniram para constituí-la.

Se as coisas se tivessem passado assim, como se explicaria a inexistência absoluta de quaisquer vestígios daquelas imensas soldaduras, não obstante terem ido até as entranhas do globo? Cada um daqueles mundos, o Ásia, o África, o Europa, e o América, que se pretende haverem trazido os materiais que lhes eram próprios, teria uma geologia particular, diferente da dos demais, *o que não é exato*. Ao contrário, vê-se, primeiramente, que o núcleo granítico é uniforme, de composição homogênea em todas as partes do globo, *sem solução de continuidade*. Depois, as camadas geológicas se apresentam com a mesma formação, idênticas quanto à constituição, superpostas, em toda parte, na mesma ordem, contínuas, sem interrupção, de um lado a outro dos mares, da Europa à Ásia, à África, à América, e reciprocamente. Essas camadas, que dão testemunho das transformações do globo, atestam que tais transformações se operaram em toda a sua superfície e não apenas numa porção desta; mostram os períodos de aparecimento, existência e desaparecimento das mesmas espécies animais e vegetais, nas diferentes partes do mundo; mostram a fauna e a flora desses períodos recuados a marcharem simultaneamente por toda parte, sob a influência de uma temperatura uniforme, e a mudar de caráter por toda parte à medida que a temperatura se modifica. Semelhante estado de coisas não se concilia com a formação da Terra pela associação de muitos mundos diferentes.

Se esse sistema houvera sido concebido há um século somente, teria podido conquistar um lugar provisório nas cosmogonias especulativas puramente imaginárias, fundadas sem o método experimental; mas hoje já não tem nenhuma vitalidade, nem resiste ao menor exame, porque os fatos materiais o contradizem.

Sem discutir aqui o livre-arbítrio atribuído aos planetas, nem a questão de sua alma, é de perguntar-se o que teria sido feito do mar, que ocupa o vazio deixado pela Lua, se esta não se houvesse recusado a reunir-se às suas irmãs. Que aconteceria à Terra atual se um dia a Lua tivesse a veleidade de vir tomar o seu lugar, expulsando deste o mar?

6. Esse sistema seduziu algumas pessoas, porque parecia explicar a presença das diferentes raças de homens na Terra, bem como a sua localização. Mas, considerando-se que essas raças puderam proliferar em mundos distintos, por que não seriam capazes de desenvolver-se em pontos diversos do mesmo globo? É querer resolver uma dificuldade por meio de uma dificuldade maior. Efetivamente, quaisquer que fossem a rapidez e a *destreza* com que a *operação* se praticasse, aquela junção não se teria podido realizar sem violentos abalos. Quanto mais rápida ela fosse, tanto mais desastrosos haviam de ser os cataclismos. Parece, pois, impossível que seres *simplesmente mergulhados em sono cataléptico* hajam podido resistir-lhes, para, em seguida, despertarem tranquilamente. Se fossem apenas germens, em que consistiriam? Como é que seres inteiramente formados se reduziriam ao estado de germens? Restaria sempre a questão de saber-se como esses germens novamente se desenvolveram. Ainda aí, teríamos a Terra a formar-se por processo miraculoso, processo, porém, menos poético e menos grandioso do que o primeiro, ao passo que as Leis Naturais dão, da sua formação, uma explicação muito mais completa e, sobretudo, muito mais racional, deduzida da experiência e da observação.[53, 54]

---

[53] Nota de Allan Kardec: Quando tal sistema se liga a toda uma cosmogonia, é de perguntar-se sobre que base racional pode o resto assentar.

A concordância que, por meio desse sistema, se pretende estabelecer entre a Gênese bíblica e a Ciência é inteiramente ilusória, pois que a própria Ciência o contradiz. Por outro lado, todas as crenças fundadas no texto bíblico têm por pedra angular a criação de um casal único, do qual saíram todos os homens. Tirai essa pedra e todo o edifício sobre ela construído ruirá. Ora, dando à Humanidade uma origem múltipla, esse sistema é a negação da doutrina que lhe atribui um pai comum.

O autor da carta acima, homem de grande saber, seduzido, um instante, por essa teoria, logo lhe descobriu os lados vulneráveis e não tardou a combatê-la com as armas da Ciência.

[54] N.E.: Ver *Nota explicativa*, p. 865.

CAPÍTULO IX

Revoluções do globo

Revoluções gerais ou parciais – Dilúvio bíblico –
Revoluções periódicas – Cataclismos futuros

Revoluções gerais ou parciais

1. Os períodos geológicos marcam as fases do aspecto geral do globo, em virtude das suas transformações. Mas, com exceção do período diluviano, que se caracteriza por uma subversão repentina, todos os demais transcorreram lentamente, sem transições bruscas. Durante todo o tempo que os elementos constitutivos do globo levaram para tomar suas posições definitivas, as mutações houveram de ser gerais. Uma vez consolidada a base, apenas se devem ter produzido modificações parciais, na superfície.

2. Além das revoluções gerais, a Terra experimentou grande número de perturbações locais, que mudaram o aspecto de certas regiões. Como em relação às outras duas causas, contribuíram para essas perturbações o fogo e a água.

O fogo atuou quer produzindo erupções vulcânicas que, sob espessas camadas de cinzas e lavas, sepultaram os terrenos circunvizinhos, fazendo desaparecer cidades com seus habitantes, quer provocando terremotos e levantamentos da crosta sólida, que impeliram as águas para as regiões mais baixas, quer, enfim, pelo afundamento, em maior ou menor extensão, dessa mesma crosta, em alguns lugares, para onde as águas se precipitaram, deixando secos outros locais. Foi assim que surgiram ilhas no meio do oceano, enquanto outras desapareceram; que porções de continentes se separaram e formaram ilhas; que braços de mar, secados, ligaram ilhas a continentes.

Quanto à água, essa atuou produzindo: ou a irrupção ou a retirada do mar em algumas costas; ou desmoronamentos que, interceptando as correntes líquidas, formaram lagos; ou transbordamentos e inundações; ou, finalmente, aterros nas embocaduras dos rios. Esses aterros, rechaçando o mar, criaram novos territórios. Tal a origem do delta do Nilo, ou Baixo Egito, do delta do Ródano, ou Camarga, e de tantos outros.

Dilúvio bíblico

3. Examinando-se os terrenos dilacerados pelo erguimento das montanhas e das camadas que formam os seus contrafortes, é possível determinar-lhes a idade geológica. Por idade geológica das montanhas não se deve entender o número de anos de sua existência, mas o período em que se formaram e, por conseguinte, sua ancianidade relativa. Seria errôneo acreditar-se que semelhante ancianidade corresponde à elevação que lhes é própria, ou à natureza exclusivamente granítica que revelem, uma vez que a massa de granito, ao dar-se o seu levantamento, pode ter perfurado e separado as camadas superpostas.

Comprovou-se assim, por meio da observação, que as montanhas dos Vosges, da Bretanha e da Côte-d'Or, na França, que não são muito elevadas, pertencem às mais antigas formações; datam do período de transição, sendo anteriores aos depósitos de hulha. O Jura[55] se formou na metade do período secundário; é, pois, contemporâneo dos répteis gigantes. Os Pirineus se formaram mais tarde, no começo do período terciário. O Monte Branco e o grupo dos Alpes ocidentais são posteriores aos Pirineus e datam da metade do período terciário. Os Alpes

---

[55] N.E.: Cadeia de montanhas entre a França e a Suíça.

orientais, que compreendem as montanhas do Tirol, são ainda mais recentes, pois só se formaram pelos fins desse mesmo período. Algumas montanhas da Ásia são mesmo posteriores ao período diluviano ou lhe são contemporâneas.

Esses levantamentos devem ter ocasionado grandes perturbações locais e inundações mais ou menos consideráveis, pelo deslocamento das águas, pela interrupção e mudança do curso dos rios.[56]

4. O dilúvio bíblico, também conhecido pelo nome de grande dilúvio asiático, é um fato cuja existência não pode ser contestada. Deveu-se, provavelmente, ao levantamento de uma parte das montanhas daquela região, como o do México. O que vem corroborar esta opinião é a existência de um mar interior, que outrora se estendia do mar Negro ao oceano Boreal [Ártico], comprovada pelas observações geológicas. O mar de Azov, o mar Cáspio, cujas águas são salgadas, embora não se comuniquem com nenhum outro mar; o lago Aral e os inúmeros lagos espalhados pelas vastas planícies da Tartália e as estepes da Rússia parecem resquícios daquele antigo mar. Por ocasião do levantamento das montanhas do Cáucaso, posterior ao dilúvio universal, parte daquelas águas foi rechaçada para o norte, na direção do oceano Boreal; outra parte, para o sul, em direção ao oceano Índico. Estas inundaram e devastaram justamente a Mesopotâmia e toda a região em que habitaram os antepassados do povo hebreu. Embora esse dilúvio se tenha estendido

---

[56] Nota de Allan Kardec: O último século [XVIII] registrou notável exemplo de um fenômeno desse gênero. A seis dias de marcha da cidade do México, existia, em 1750, uma região fértil e bem cultivada, onde davam em abundância arroz, milho e bananas. No mês de junho, pavorosos tremores de terra abalaram o solo, renovando-se continuamente durante dois meses inteiros. Na noite de 28 para 29 de setembro, produziu-se violenta convulsão; um território de muitas léguas de extensão começou a erguer-se pouco a pouco e acabou por alcançar a altitude de 500 pés, numa superfície de 10 léguas quadradas. O terreno ondulava como as águas do mar ao sopro da tempestade; milhares de montículos se elevavam e afundavam alternadamente; afinal, abriu-se um abismo de perto de 3 léguas, de onde eram lançadas, a prodigiosa altura, fumaça, fogo, pedras em brasa e cinzas. Seis montanhas surgiram desse abismo escancarado, entre as quais um vulcão a que foi dado o nome de *Jorullo*, que agora se eleva a 550 metros acima da antiga planície. No momento em que começaram os abalos do solo, os dois rios de *Cuitimba* e *San Pedro*, refluindo, inundaram toda a planície hoje ocupada pelo Jorullo; no terreno, porém, que sem cessar se elevava, outro sorvedouro se abriu e os absorveu. Ambos reapareceram mais tarde, no oeste, num ponto muito afastado de seus antigos leitos. (Louis Figuier, *A Terra antes do dilúvio*, p. 370).

por uma superfície muito grande, é atualmente ponto comprovado que ele foi apenas local; que não pode ter sido causado pela chuva, visto que, por muito abundante e contínua que fosse e ainda que se prolongasse por quarenta dias, o cálculo prova que a quantidade de água caída das nuvens não seria suficiente para cobrir toda a terra, até acima das mais altas montanhas.

Para os homens de então, que não conheciam mais que uma extensão muito limitada da superfície do globo e não faziam a mínima ideia da sua configuração, desde que a inundação invadiu os países conhecidos, para eles é como se a Terra inteira fora invadida pelas águas. Se a essa crença acrescentarmos a forma imaginosa e hiperbólica peculiar ao estilo oriental, já não nos surpreenderá o exagero da narração bíblica.

5. O dilúvio asiático foi evidentemente posterior ao aparecimento do homem na Terra, visto que a lembrança dele se conservou pela tradição em todos os povos daquela parte do mundo, os quais o consagraram em suas teogonias.

Ele é igualmente posterior ao grande dilúvio universal que assinalou o início do atual período geológico. Quando falamos de homens e animais antediluvianos, estamos nos referindo àquele primeiro cataclismo.

Revoluções periódicas

6. Além do seu movimento anual em torno do Sol, que produz as estações, do seu movimento de rotação sobre si mesma em 24 horas, que resulta no dia e na noite, a Terra tem um terceiro movimento que se completa em cerca de 25 mil anos, ou, mais exatamente, em 25.868 anos e que produz o fenômeno designado em Astronomia sob o nome de *precessão dos equinócios*.

Esse movimento, que não se pode explicar em poucas palavras, sem o auxílio de figuras e sem uma demonstração geométrica, consiste numa espécie de oscilação circular, que se tem comparado a um pião prestes a parar, em virtude da qual o eixo da Terra, mudando de inclinação, descreve um duplo cone cujo vértice está no centro do planeta, abrangendo as bases desses cones a superfície circunscrita pelos círculos polares, isto é, uma amplitude de 23 graus e meio de raio.[57]

7. O equinócio é o instante em que o Sol, passando de um hemisfério a outro, se encontra perpendicular ao equador, o que acontece duas vezes por ano, a 20 de março, quando o Sol passa para o hemisfério boreal, e a 22 de setembro, quando volta ao hemisfério austral.

Mas em consequência da mudança gradual na obliquidade do eixo, o que acarreta outra mudança na obliquidade do equador sobre a eclíptica, o momento do equinócio avança cada ano de alguns minutos (25 minutos e 7 segundos). É este avanço que é chamado *precessão dos equinócios* (do latim *proecedere*, ir adiante, composto de *proe*, adiante, e *cedere*, ir-se).

Com o tempo, esses poucos minutos formam horas, dias, meses e anos, resultando daí que o equinócio da primavera, que agora se verifica no mês de março, em dado tempo se verificará em fevereiro, depois em janeiro, depois em dezembro. Então o mês de dezembro terá a temperatura de março, e março a de junho, e assim por diante, até que, voltando ao mês de março, as coisas se encontrarão de novo no estado atual, o que se dará ao fim de 25.868 anos, para recomeçar indefinidamente a mesma revolução.[58]

8. Desse movimento cônico do eixo, resulta que os polos da Terra não olham constantemente os mesmos pontos do céu; que a Estrela Polar não será sempre estrela polar; que os polos gradualmente se inclinam

---

[57] Nota de Allan Kardec: Uma ampulheta, composta de duas peças de vidro cônicas girando sobre si mesmas numa posição inclinada; ou, ainda, duas hastes cruzadas em forma de X girando sobre o ponto de intersecção, podem dar uma ideia aproximada da figura formada por esse movimento do eixo da Terra.

[58] Nota de Allan Kardec: A precessão dos equinócios provoca outra mudança: a que se opera na posição dos signos do zodíaco.

A Terra, girando em torno do Sol em um ano, à medida que avança, o Sol, a cada mês, se encontra diante de uma nova constelação. Estas são em número de doze, a saber: *Carneiro, Touro, Gêmeos, Câncer, Leão, Virgem, Balança, Escorpião, Sagitário, Capricórnio, Aquário, Peixes*. São chamadas constelações zodiacais, ou signos do zodíaco, e formam um círculo no plano do equador terrestre. Conforme o mês do nascimento de um indivíduo, diz-se que ele nascera sob tal ou qual signo; daí os prognósticos da Astrologia. Mas, em virtude da precessão dos equinócios, acontece que os meses já não correspondem às mesmas constelações, como há dois mil anos. Alguém que nasça no mês de julho já não está no signo do Leão, porém no de Câncer. Cai, assim, a ideia supersticiosa ligada à influência dos signos (cap. V, it. 12).

mais ou menos para o Sol e recebem dele raios mais ou menos diretos. É por isso que a Islândia e a Lapônia, por exemplo, localizadas no círculo polar, poderão, em dado tempo, receber raios solares como se estivessem na latitude da Espanha e da Itália e que, na posição do extremo oposto, a Espanha e a Itália poderão ter a temperatura da Islândia e da Lapônia, e assim por diante, a cada renovação do período de 25 mil anos.

9. As consequências desse movimento ainda não puderam ser determinadas com precisão, porque somente se tem podido observar uma pequena parte da sua revolução. Há, pois, a esse respeito, apenas presunções, algumas das quais com caráter de certa probabilidade.

Essas consequências são:

1º) O aquecimento e o resfriamento alternativo dos polos e, por conseguinte, a fusão dos gelos polares durante a metade do período de 25 mil anos e a nova formação deles durante a outra metade desse período. Resultaria daí não estarem os polos condenados a uma perpétua esterilidade, cabendo-lhes gozar por sua vez dos benefícios da fertilidade.

2º) O deslocamento gradativo do mar, que pouco a pouco invade as terras litorâneas e põe outras a descoberto, para de novo as abandonar, voltando ao seu leito anterior. Esse movimento periódico, renovado indefinidamente, constituiria uma verdadeira maré universal de 25 mil anos.

A lentidão com que se opera esse movimento do mar torna o fenômeno quase imperceptível para cada geração, fazendo-se, porém, sensível, ao cabo de alguns séculos. Ele não pode causar nenhum cataclismo súbito, porque os homens se retiram, de geração em geração, à medida que o mar avança, e avançam pelas terras de onde o mar se retira. É a essa causa, mais que provável, que alguns cientistas atribuem o afastamento do mar de certas costas e sua invasão em outras partes.

10. O deslocamento demorado, gradual e periódico do mar é um fato que a experiência comprova, atestado por inúmeros exemplos em todos os pontos do globo. Tem por efeito o entretenimento das forças produtivas da Terra. A longa imersão é para os terrenos um tempo de repouso, durante o qual eles recuperam os princípios vitais esgotados por uma não menos longa produção. Os imensos depósitos de matérias orgânicas, formados pela permanência das águas durante séculos e séculos, são adubações naturais, periodicamente renovadas, e as gerações se sucedem sem se aperceberem de tais mudanças.[59]

Cataclismos futuros

11. As grandes comoções da Terra têm-se produzido nas épocas em que a crosta sólida do planeta, em virtude da sua fraca espessura, quase não oferecia nenhuma resistência à efervescência das matérias incandescentes no seu interior. Tais comoções foram diminuindo de intensidade à proporção que aquela crosta se consolidava. Numerosos vulcões já se acham extintos, enquanto outros estão soterrados pelos terrenos de formação posterior.

---

[59] Nota de Allan Kardec: Entre os fatos mais recentes que provam o deslocamento do mar, podem citar-se os seguintes:

No golfo da Gasconha, entre o velho Soulac e a Torre de Cordouan, quando o mar está calmo, percebe-se no fundo da água trechos de muralha: são restos da antiga e grande cidade de *Noviomagus*, invadida pelas ondas em 580. O rochedo de Cordouan, que se achava então ligado à margem, está agora a 12 quilômetros.

No mar da Mancha, sobre a costa do Havre, as águas ganham terreno dia a dia e minam as falésias de Sainte-Adresse, que pouco a pouco desmoronam. A dois quilômetros da costa, entre Sainte-Adresse e o cabo de Hève, existe o banco d'Éclat, que outrora se achava à vista e ligado à terra firme. Antigos documentos atestam que nesse lugar, por sobre o qual hoje se navega, existia o vilarejo de Saint-Denis-chef-de-Caux. Tendo o mar invadido o terreno no século XIV, a igreja foi tragada em 1378. Dizem que, com bom tempo, é possível ver os seus destroços no fundo do mar.

Em quase toda a extensão do litoral da Holanda, o mar só é contido à força de diques, que se rompem de tempos em tempos. O antigo lago Flevo, que se reuniu ao mar em 1225, forma hoje o golfo de Zuyderzée. Essa irrupção do oceano tragou várias povoações.

Segundo isto, o território de Paris e da França inteira seria um dia novamente ocupado pelo mar, como já o foi muitas vezes, conforme o demonstram as observações geológicas. Então, as partes montanhosas formarão ilhas, como o são agora Jersey, Guarnesey e a Inglaterra, outrora contíguas ao continente.

Navegar-se-á por sobre regiões que atualmente se percorrem em estradas de ferro; os navios aportarão em Montmartre, no monte Valeriano, nos outeiros de Saint-Cloud e de Meudon; os bosques e florestas, agora lugares de passeio, ficarão sepultados nas águas, cobertos de limo e povoados de peixes, em vez de pássaros.

O dilúvio bíblico não pode ter tido essa causa, pois que foi repentina a invasão das águas e de curta duração a permanência delas, ao passo que, de outro modo, essa permanência teria sido de muitos milhares de anos e ainda duraria, sem que os homens dessem por isso.

Certamente ainda poderão produzir-se perturbações locais, por efeito de erupções vulcânicas, da eclosão de alguns vulcões novos, ou em virtude de inundações repentinas de algumas regiões; algumas ilhas poderão surgir do mar e outras ser por ele tragadas; mas o tempo dos cataclismos gerais já passou, como os que assinalaram os grandes períodos geológicos. A Terra adquiriu uma estabilidade que, sem ser absolutamente invariável, coloca doravante o gênero humano ao abrigo das perturbações gerais, a menos que intervenham causas desconhecidas, estranhas ao nosso globo e que de modo algum se possam prever.

12. Quanto aos cometas, estamos hoje completamente certos em relação à influência que exercem, mais salutar do que nociva, por parecerem destinados a reabastecer os mundos, se assim nos podemos exprimir, trazendo-lhes os princípios vitais que eles armazenam em sua corrida pelo Espaço e na vizinhança dos sóis. Assim, pois, seriam antes fontes de prosperidade do que mensageiros de desgraças.

Por sua natureza fluídica, já bem comprovada (cap. VI, its. 28 e seguintes), não é mais de se temer um choque violento com o nosso planeta, porquanto, se um deles encontrasse a Terra, seria esta última que o atravessaria, como se passasse através de um nevoeiro.

Menos temível ainda é a cauda que arrastam, já que não passa do reflexo da luz solar na imensa atmosfera que os envolve, tanto assim que se mostra constantemente dirigida para o lado oposto ao Sol, mudando de direção conforme a posição deste astro. Essa matéria gasosa também poderia, em virtude da rapidez de sua marcha, formar uma espécie de cabeleira, semelhante ao rastro deixado no mar por um navio em marcha, ou à fumaça de uma locomotiva. Aliás, muitos planetas já se têm aproximado da Terra sem lhe causarem qualquer dano; em razão de sua densidade respectiva, a Terra exerceria sobre o cometa uma atração maior do que a dele sobre ela. Somente resquícios de velhos preconceitos podem fazer que a presença de um cometa inspire terror.[60]

---

[60] Nota de Allan Kardec: O cometa de 1861 atravessou a órbita da Terra num ponto do qual esta se achava a uma distância de apenas 20 horas. A Terra esteve, portanto, mergulhada na atmosfera dele, sem que daí resultasse qualquer acidente.

13. Deve-se igualmente relegar entre as hipóteses quiméricas a possibilidade do encontro da Terra com outro planeta. A regularidade e a invariabilidade das leis que presidem aos movimentos dos corpos celestes tiram toda possibilidade de semelhante encontro.

A Terra, no entanto, terá um fim. De que maneira? Isso ainda é impossível de prever; como, porém, ela ainda se acha longe da perfeição que pode alcançar e da ancianidade que lhe indicaria o declínio, seus habitantes atuais podem estar certos de que tal fato não se dará no correr do tempo em que eles vivem (cap. VI, its. 48 e seguintes).

14. Fisicamente, a Terra teve as convulsões da sua infância; entrou agora num período de relativa estabilidade: na do progresso pacífico, que se realiza pelo retorno regular dos mesmos fenômenos físicos e pelo concurso inteligente do homem. Mas *ainda está em pleno trabalho de gestação do progresso moral. Aí residirá a causa de suas maiores comoções. Até que a Humanidade haja crescido suficientemente em perfeição, pela inteligência e pela prática das Leis Divinas, as maiores perturbações serão causadas mais pelos homens do que pela Natureza, isto é, serão antes morais e sociais do que físicas.*

CAPÍTULO X

Gênese orgânica

Formação primeira dos seres vivos – Princípio vital – Geração espontânea – Escala dos seres corpóreos – O homem

Formação primeira dos seres vivos

1. Houve um tempo em que não existiam animais; logo, eles tiveram começo. Cada espécie foi aparecendo à medida que o globo adquiria as condições necessárias à sua existência. Isto é positivo. Como se formaram os primeiros indivíduos de cada espécie? Compreende-se que, existindo um primeiro casal, os indivíduos se tenham multiplicado. Mas de onde saiu esse primeiro casal? É um desses mistérios que dizem respeito ao princípio das coisas e sobre os quais apenas se podem formular hipóteses. Se a Ciência ainda não é capaz de resolver completamente o problema, pode, ao menos, encaminhá-lo para a solução.

2. A primeira questão que se apresenta é esta: cada espécie animal saiu de um *casal primitivo* ou de vários casais criados, ou, se o preferirem, *germinados* simultaneamente em diversos lugares?

Esta última suposição é a mais provável, e pode-se mesmo dizer que ressalta da observação. Com efeito, em cada espécie existe uma variedade infinita de gêneros, que se distinguem por caracteres mais ou menos precisos. Era de todo necessário ao menos um tipo para cada variedade, adequada ao meio em que devia viver, visto que cada uma se reproduz de idêntica maneira.

Por outro lado, a vida de um indivíduo, sobretudo de um indivíduo nascente, está sujeita a tantas vicissitudes que toda uma criação poderia ficar comprometida, sem a pluralidade dos tipos primitivos, o que não estaria de acordo com a previdência divina. Ademais, se num ponto um tipo pôde formar-se, não há razão para que em muitos outros pontos ele não se pudesse formar igualmente, por efeito da mesma causa.

Por último, a observação das camadas geológicas atesta a presença, em terrenos de idêntica formação e em proporções enormes, das mesmas espécies nos pontos mais afastados do globo. Essa multiplicação tão generalizada e, de certo modo, contemporânea, teria sido impossível com um único tipo primitivo.

Tudo, pois, concorre para provar que houve criação simultânea e múltipla dos primeiros casais de cada espécie animal e vegetal.

3. A formação dos primeiros seres vivos pode deduzir-se, por analogia, da mesma lei em virtude da qual se formaram e se formam todos os dias os corpos inorgânicos. À medida que se aprofunda o estudo das Leis da Natureza, as engrenagens que, à primeira vista, pareciam tão complicadas se vão simplificando e confundindo na grande lei de unidade que preside a toda a obra da Criação. Isso se entenderá melhor quando estiver compreendida a formação dos corpos inorgânicos, que é o seu primeiro degrau.

4. A Química considera elementares certo número de substâncias, tais como o oxigênio, o hidrogênio, o azoto, o carbono, o cloro, o iodo, o flúor, o enxofre, o fósforo e todos os metais. Ao se combinarem, eles formam os corpos compostos: os óxidos, os ácidos, os álcalis, os sais e as inúmeras variedades que resultam de suas combinações.

A combinação de dois corpos para formar um terceiro exige especial concurso de circunstâncias, seja um determinado grau de calor, de sequidão ou de umidade, seja o movimento ou o repouso, seja uma corrente elétrica etc. Se essas condições não existirem, a combinação não se verificará.

Capítulo X
Gênese orgânica

5. Quando há combinação, os corpos componentes perdem suas propriedades características, enquanto o composto que deles resulta adquire outras, diferentes das primeiras. É assim, por exemplo, que o oxigênio e o hidrogênio, que são dois gases invisíveis, quimicamente combinados formam a água, que é líquida, sólida ou vaporosa, conforme a temperatura. Na água não existe mais, a bem dizer, nem oxigênio, nem hidrogênio, mas um corpo novo. Decomposta essa água, os dois gases, tornados livres, recobram suas propriedades, não havendo mais água. A mesma quantidade de água pode ser assim, alternativamente, decomposta e recomposta, ao infinito.

Na simples mistura não há produção de um novo corpo, conservando os princípios misturados suas propriedades intrínsecas, que apenas estão debilitadas, como sucede com o vinho ao ser misturado com água. Assim, a mistura de 21 partes de oxigênio e 79 partes de azoto forma o ar respirável, enquanto uma combinação química de 5 partes de oxigênio e 2 de azoto produz o ácido nítrico.

6. A composição e a decomposição dos corpos se operam em virtude do grau de afinidade que os princípios elementares guardam entre si. A formação da água, por exemplo, resulta da afinidade recíproca que existe entre o oxigênio e o hidrogênio; mas, se se puser em contato com a água um corpo que tenha com o oxigênio mais afinidade do que a que este tem com o hidrogênio, a água se decompõe; o oxigênio é absorvido, o hidrogênio torna-se livre e já não haverá água.

7. Os corpos compostos se formam sempre em proporções definidas, isto é, pela combinação de uma quantidade determinada de princípios constituintes. Assim, para formar a água, são necessárias uma parte de oxigênio e duas de hidrogênio. Mesmo que se misturasse, em idênticas condições, uma porção maior de um ou outro desses gases, só a quantidade necessária seria absorvida, restando livre a que excedesse. Se, sob outras condições, se combinarem duas partes de oxigênio com duas de hidrogênio, em vez de água teremos o dióxido de hidrogênio, líquido corrosivo, formado, no entanto, dos mesmos elementos que entram na composição da água, mas em outra proporção.

8. Tal é, em poucas palavras, a lei que preside à formação de todos os corpos da Natureza. A inumerável variedade desses corpos resulta de pequeníssimo número de princípios elementares combinados em proporções diferentes.

Assim, o oxigênio combinado em certas proporções com o carbono, o enxofre, o fósforo, forma os ácidos carbônico, sulfúrico, fosfórico; o oxigênio e o ferro formam o óxido de ferro ou ferrugem; o oxigênio e o chumbo, ambos inofensivos, dão origem aos óxidos de chumbo, tais como o litargírio, o alvaiade, o mínio, que são venenosos. O oxigênio, com os metais chamados cálcio, sódio, potássio, forma a cal, a soda, a potassa. A cal, unida ao ácido carbônico, forma os carbonatos de cal ou pedras calcárias, tais como o mármore, a cré, a pedra de construção, as estalactites das grutas; unida ao ácido sulfúrico, forma o sulfato de cal ou gesso e o alabastro; ao ácido fosfórico, forma o fosfato de cálcio, base sólida dos ossos; o cloro e o hidrogênio formam o ácido hidroclórico [clorídrico]; o ácido hidroclórico [clorídrico] e a soda [sódio] formam o hidrocloreto [cloreto] de soda [sódio] ou sal marinho.

9. Todas essas combinações e milhares de outras se obtêm artificialmente, em pequena escala, nos laboratórios de química; elas se operam espontaneamente e em grande escala no grande laboratório da Natureza.

Em sua origem, a Terra não continha essas matérias em combinação, mas apenas os seus princípios constituintes volatilizados. Quando as terras calcárias, e outras, tornadas pedrosas com o tempo, se depositaram na sua superfície, aquelas matérias não existiam inteiramente formadas; porém, se encontravam no ar, em estado gasoso, todas as substâncias primitivas. Precipitadas por efeito do resfriamento, essas substâncias, sob o império de circunstâncias favoráveis, se combinaram, segundo o grau de suas afinidades moleculares. Foi então que se formaram as diversas variedades de carbonatos, de sulfatos etc., a princípio em dissolução nas águas, depois na superfície do solo.

Suponhamos que, por uma causa qualquer, a Terra voltasse ao estado primitivo de incandescência: tudo se decomporia; os elementos se separariam; todas as substâncias fusíveis se fundiriam; todas as que são volatizáveis, se volatilizariam. Depois, outro resfriamento determinaria nova precipitação e de novo se formariam as antigas combinações.

10. Estas considerações provam quanto a Química era necessária para a compreensão da Gênese. Antes de se conhecerem as leis da afinidade molecular, era impossível compreender-se a formação da Terra. Esta ciência lançou grande luz sobre a questão, como o fizeram, sob outro ponto de vista, a Astronomia e a Geologia.

11. Na formação dos corpos sólidos, um dos mais notáveis fenômenos é o da cristalização, que consiste na forma regular que assumem certas substâncias, ao passarem do estado líquido ou gasoso para o estado sólido. Essa forma, que varia de acordo com a natureza da substância, é geralmente a de sólidos geométricos, tais como o prisma, o romboide, o cubo, a pirâmide. Todos conhecem os cristais de açúcar cândi [açúcar cristalizado]; os cristais de rocha, ou sílica cristalizada, são prismas de seis faces que terminam em pirâmide igualmente hexagonal. O diamante é carbono puro, ou carvão cristalizado. Os desenhos que no inverno se produzem sobre as vidraças são devidos à cristalização do vapor d'água sob a forma de agulhas prismáticas.

A disposição regular dos cristais corresponde à forma particular das moléculas de cada corpo. Essas partículas, infinitamente pequenas para nós, mas que não deixam por isso de ocupar certo espaço, solicitadas umas para as outras pela atração molecular, se arrumam e se justapõem segundo o exigem suas formas, de modo a tomar cada uma o seu lugar em torno do núcleo ou primeiro centro de atração e a constituir um conjunto simétrico.

A cristalização se opera em certas circunstâncias favoráveis, fora das quais ela não pode ocorrer; o grau da temperatura e o repouso absoluto são condições essenciais. Compreende-se que um calor muito forte, mantendo afastadas as moléculas, não lhes permitiria se condensarem, e que a agitação, impossibilitando-lhes um arranjo simétrico, não lhes deixaria formar senão uma massa confusa, irregular e, portanto, nada de cristalização propriamente dita.

12. A lei que preside à formação dos minerais conduz naturalmente à formação dos corpos orgânicos.

A análise química mostra que todas as substâncias vegetais e animais são compostas dos mesmos elementos que os corpos inorgânicos. Desses elementos, os que desempenham papel mais importante são o oxigênio, o hidrogênio, o azoto e o carbono. Os outros entram acessoriamente. Como no reino mineral, a diferença de proporções na combinação desses elementos produz todas as variedades de substâncias orgânicas e suas diversas propriedades, tais como: os músculos, os ossos, o sangue, a bile, os nervos, a matéria cerebral, a gordura, nos animais; a seiva, o lenho, as folhas, os frutos, as essências, os óleos, as resinas etc., nos vegetais. Assim, na formação dos animais e das plantas não entra nenhum corpo especial que igualmente não se encontre no reino mineral.[61]

13. Alguns exemplos comuns darão a compreender as transformações que se operam no reino orgânico, pela só modificação dos elementos constitutivos.

No suco de uva ainda não há vinho, nem álcool, mas simplesmente água e açúcar. Quando o suco fica maduro e são propícias as condições, produz-se nele um trabalho íntimo a que se dá o nome de fermentação. Por esse trabalho, uma parte do açúcar se decompõe; o oxigênio, o hidrogênio e o carbono se separam e se combinam nas proporções necessárias a produzir o álcool, de sorte que, ao se beber suco de uva, não se bebe realmente álcool, pois que este ainda não existe.

---

[61] Nota de Allan Kardec: O quadro abaixo, da análise de algumas substâncias, mostra a diferença que resulta tão só da variação na proporção em que entram os elementos constituintes. Sobre cem partes, temos:

	Carbono	Hidrogênio	Oxigênio	Azoto
Açúcar de cana	42.470	6.900	50.630	–
Açúcar de uva	36.710	6.780	56.510	–
Álcool	51.980	13.700	34.320	–
Azeite de oliveira	77.210	13.360	9.430	–
Óleo de nozes	79.774	10.570	9.122	0.534
Gordura	78.996	11.700	9.304	–
Fibrina	53.360	7.021	19.685	19.934

Capítulo X
Gênese orgânica

No pão e nos legumes que se comem, não há certamente carne, nem sangue, nem osso, nem bílis, nem matéria cerebral; entretanto, esses mesmos alimentos, decompondo-se e se recompondo pelo trabalho da digestão, produzem aquelas diferentes substâncias tão só pela transmutação de seus elementos constitutivos.

Na semente de uma árvore não há madeiras, folhas, flores, frutos e seria erro pueril acreditar-se que a árvore inteira, sob forma microscópica, ali se encontra. Quase não há, sequer, na semente, oxigênio, hidrogênio e carbono na quantidade necessária para formar uma folha de árvore. A semente contém um gérmen que desabrocha quando encontra condições favoráveis. Esse gérmen se desenvolve em virtude dos sucos que haure da terra e dos gases que aspira do ar. Tais sucos, que não são lenho, nem folhas, nem flores, nem frutos, ao se infiltrarem na planta, formam-lhe a seiva, como nos animais formam o sangue. Levada pela circulação a todas as partes do vegetal, a seiva, conforme o órgão a que vai ter e onde sofre uma elaboração especial, se transforma em lenho, folhas, frutos, como o sangue se transforma em carne, ossos, bílis etc. Contudo, são sempre os mesmos elementos: oxigênio, hidrogênio, azoto e carbono, diversamente combinados.

14. As diferentes combinações dos elementos, para a formação das substâncias minerais, vegetais e animais, não podem, pois, operar-se, a não ser nos meios e em circunstâncias propícias; fora dessas circunstâncias, os princípios elementares estão numa forma de inércia. Mas desde que as circunstâncias se tornem favoráveis, começa um trabalho de elaboração; as moléculas entram em movimento, agitam-se, atraem-se, aproximam-se e se separam em virtude da lei das afinidades e, por suas múltiplas combinações, compõem a infinita variedade das substâncias. Se essas condições desaparecerem, o trabalho cessa subitamente, para recomeçar quando elas de novo se apresentarem. É assim que a vegetação se ativa, enfraquece, para e prossegue, sob a ação do calor, da luz, da umidade, do frio ou da seca; que esta planta prospera num clima ou num terreno, e se estiola ou perece em outros.

15. O que se passa diariamente sob os nossos olhos pode colocar-nos na pista do que se passou na origem dos tempos, visto que as Leis da Natureza são sempre as mesmas.

Uma vez que os elementos constitutivos dos seres orgânicos e inorgânicos são os mesmos; que os vemos incessantemente, em dadas circunstâncias, a formar pedras, plantas e frutos, podemos concluir daí que os corpos dos primeiros seres vivos se formaram, como as primeiras pedras, pela reunião das moléculas elementares, em virtude da lei de afinidade, à medida que as condições de vitalidade do globo foram propícias a esta ou àquela espécie.

A semelhança de forma e de cores, na reprodução dos indivíduos de cada espécie, pode comparar-se à semelhança de forma de cada espécie de cristal. Ao se justaporem sob a ação da mesma lei, as moléculas produzem conjunto análogo.

Princípio vital

16. Dizendo que as plantas e os animais são formados dos mesmos princípios constituintes dos minerais, falamos em sentido exclusivamente material, pois que aqui só se trata do corpo.

Sem falar do princípio inteligente, que é uma questão à parte, há na matéria orgânica um princípio especial, inapreensível, e que ainda não pôde ser definido: *o princípio vital*. Ativo no ser vivo, esse princípio se acha *extinto* no ser morto; mas nem por isso deixa de dar à substância propriedades características que a distinguem das substâncias inorgânicas. A Química, que decompõe e recompõe a maior parte dos corpos inorgânicos, também conseguiu decompor os corpos orgânicos, porém, jamais chegou a reconstituir sequer uma folha morta, prova evidente de que há nestes últimos alguma coisa que não existe nos corpos inorgânicos.

17. Será o princípio vital algo distinto que tenha existência própria? Ou, integrado no sistema da unidade do elemento gerador, não passa de um estado particular, uma das modificações do fluido cósmico universal, pela qual este se torne princípio de vida, como se torna luz, fogo, calor, eletricidade? É neste último sentido que as comunicações acima reproduzidas resolvem a questão (cap. VI, *Uranografia geral*).

Mas seja qual for a opinião que se tenha sobre a natureza do princípio vital, o certo é que ele existe, pois que se apreciam os seus efeitos. Pode-se, portanto, logicamente, admitir que, ao se formarem, os seres orgânicos assimilaram o princípio vital, por ser necessário à destinação deles; ou, se o preferirem, que esse princípio se desenvolveu, por efeito mesmo da combinação dos elementos, tal como se desenvolvem, em certas circunstâncias, o calor, a luz e a eletricidade.

18. Combinando-se sem o princípio vital, o oxigênio, o hidrogênio, o azoto e o carbono só teriam formado um mineral ou corpo inorgânico; o princípio vital, modificando a constituição molecular desse corpo, dá-lhe propriedades especiais. Em lugar de uma molécula mineral, tem-se uma molécula de matéria orgânica.

A atividade do princípio vital é alimentada durante a vida pela ação do funcionamento dos órgãos, do mesmo modo que o calor, pelo movimento de rotação de uma roda. Cessada aquela ação, por motivo da morte, o princípio vital *se extingue*, como o calor, quando a roda deixa de girar. Mas o *efeito* produzido sobre o estado molecular do corpo pelo princípio vital subsiste após a extinção do calor e a cessação do movimento da roda. Na análise dos corpos orgânicos, a Química encontra os elementos que os constituem: oxigênio, hidrogênio, azoto e carbono, mas é incapaz de reconstituir aqueles corpos, porque, já não existindo a causa, não lhe é possível reproduzir o *efeito*, ao passo que pode reconstituir uma pedra.

19. Tomamos para termo de comparação o calor que se desenvolve pelo movimento de uma roda, por ser um efeito vulgar, que todo mundo conhece e é mais fácil para compreender. Contudo, teríamos sido mais exatos se houvéssemos dito que, na combinação dos elementos para formarem os corpos orgânicos, desenvolve-se a *eletricidade*. Os corpos orgânicos seriam, então, verdadeiras *pilhas elétricas*, que funcionariam enquanto os elementos dessas pilhas se acham em condições de produzir eletricidade: é a vida; que deixam de funcionar quando tais condições desaparecem: é a morte. Segundo essa maneira de ver, o princípio vital não seria mais que uma espécie particular de eletricidade, denominada *eletricidade animal*, que durante a vida se desprende pela ação dos órgãos, e cuja produção cessa por ocasião da morte, por se extinguir tal ação.

Geração espontânea

20. É natural perguntar-se por que já não se formam seres vivos nas mesmas condições em que se formaram os primeiros que surgiram na Terra.

A questão da geração espontânea, que hoje tanto preocupa a Ciência, embora ainda esteja diversamente resolvida, não pode deixar de lançar luz sobre esse ponto. O problema proposto é este: formam-se atualmente seres orgânicos pela simples reunião dos seres que os constituem, sem germens previamente produzidos pelo modo habitual de geração, ou, por outra, sem pais nem mães?

Os partidários da geração espontânea respondem afirmativamente, apoiando-se em observações diretas que parecem concludentes. Pensam outros que todos os seres vivos se reproduzem uns pelos outros, firmados sobre o fato, que a experiência comprova, de que os germens de certas espécies vegetais e animais, mesmo dispersos, conservam latente vitalidade durante um tempo considerável, até que circunstâncias lhes favoreçam a eclosão. Essa maneira de entender deixa sempre em aberto a questão da formação dos primeiros tipos de cada espécie.

21. Sem discutir os dois sistemas, convém notar que o princípio da geração espontânea evidentemente só se pode aplicar aos seres das ordens mais inferiores dos reinos animal e vegetal, àqueles nos quais a vida começa a despontar em organismo, relativamente simples e, de certo modo, rudimentar. Foram esses, de fato, os primeiros que apareceram na Terra e cuja formação houve de ser espontânea. Assistiríamos, assim, a uma criação permanente, análoga à que se produziu nas primeiras idades do mundo.

22. Mas, então, por que não se formam da mesma maneira os seres de complexa organização? É fato positivo que esses seres não existiram

sempre; logo, tiveram um começo. Se o musgo, o líquen, o zoófito, o infusório, os vermes intestinais e outros podem produzir-se espontaneamente, por que não se dá o mesmo com as árvores, os peixes, os cães, os cavalos?

Param aí, por enquanto, as investigações; desaparece o fio condutor e, até que ele seja encontrado, o campo fica aberto às hipóteses. Seria, pois, imprudente e prematuro apresentar meros sistemas como verdades absolutas.

23. Se a geração espontânea é fato demonstrado,[62] por mais limitado que seja, não deixa de constituir um fato capital, uma baliza capaz de indicar o caminho para novas observações. Se os seres orgânicos complexos não se produzem dessa maneira, quem sabe como eles começaram? Quem conhece os segredos de todas as transformações? Vendo o carvalho e a bolota, quem pode afirmar que não exista um laço misterioso entre o pólipo e o elefante?

Deixemos ao tempo o trabalho de iluminar o fundo desse abismo, caso algum dia ele possa ser investigado. Esses conhecimentos são interessantes, sem dúvida, do ponto de vista da ciência pura, mas não são os que influem nos destinos do homem.

Escala dos seres corpóreos

24. Não há delimitação nitidamente marcada entre os reinos vegetal e animal. Nas fronteiras dos dois reinos estão os *zoófitos* ou *animais-plantas*, cujo nome indica que eles participam de um e outro, servindo-lhes de traço de união.

Como os animais, as plantas nascem, vivem, crescem, nutrem-se, respiram, reproduzem-se e morrem. Como aqueles, elas precisam, para viver, de luz, calor e água; estiolam-se e morrem, caso lhes faltem esses elementos. A absorção de um ar viciado e de substâncias deletérias as

---

[62] N.E.: Atualmente vigora a Teoria da Evolução Química ou Molecular, segundo a qual a vida surgiu a partir do processo de evolução química de compostos inorgânicos, dando origem a moléculas orgânicas e, depois, às primeiras e mais simples formas de vida.

envenena. Têm como caráter distintivo mais acentuado o fato de se conservarem presas ao solo e tirarem dele a nutrição, sem se deslocarem.

O zoófito tem a aparência exterior da planta. Como planta, mantém-se preso ao solo; como animal, a vida nele se acha mais acentuada; tira a sua alimentação do meio ambiente.

Um degrau acima, o animal é livre e já procura o seu alimento. Em primeiro lugar, vêm as inúmeras variedades de pólipos, de corpos gelatinosos, sem órgãos bem definidos, só diferindo das plantas pela faculdade de locomoção; seguem-se, na ordem do desenvolvimento dos órgãos, da atividade vital e do instinto, os helmintos ou vermes intestinais; os moluscos, animais carnudos sem ossos, alguns deles nus, como as lesmas, os polvos, outros providos de conchas, como o caracol, a ostra; os crustáceos, cuja pele é revestida de uma crosta dura, como o camarão gigante, a lagosta; os insetos, aos quais a vida assume prodigiosa atividade e se manifesta o instinto engenhoso, como a formiga, a abelha. Alguns sofrem metamorfose, como a lagarta, que se transforma em elegante borboleta. Vem depois a ordem dos vertebrados, animais de esqueleto ósseo, que compreende os peixes, os répteis, os pássaros e, por fim, os mamíferos, cuja organização é a mais completa.

O homem

25. Do ponto de vista corpóreo e puramente anatômico, o homem pertence à classe dos mamíferos, dos quais difere unicamente por algumas nuanças na forma exterior. Quanto ao mais, a mesma composição química de todos os animais, os mesmos órgãos, as mesmas funções e os mesmos modos de nutrição, de respiração, de secreção, de reprodução. Ele nasce, vive, morre nas mesmas condições e, quando morre, seu corpo se decompõe como tudo o que vive. Não há em seu sangue, na sua carne, em seus ossos, um átomo de mais nem de menos dos que se encontram no corpo dos animais. Como estes, ao morrer, restitui à terra o oxigênio, o hidrogênio, o azoto e o carbono que se haviam combinado para formá-lo, de modo que esses elementos, por meio de novas combinações,

Capítulo X
Gênese orgânica

vão formar outros corpos minerais, vegetais e animais. A analogia é tão grande, que se estudam as suas funções orgânicas em certos animais, quando as experiências não podem ser feitas no próprio homem.

26. Na classe dos mamíferos, o homem pertence à ordem dos *bímanos*. Logo abaixo dele vêm os *quadrúmanos* (animais de quatro mãos), ou macacos, alguns dos quais, como o orangotango, o chimpanzé, guardam certa aparência com o homem, a tal ponto que, durante muito tempo, foram denominados *homens das florestas*. Como o homem, esses macacos caminham eretos, usam cajados e levam o alimento à boca com o auxílio das mãos: sinais característicos.

27. Por pouco que se observe a escala dos seres vivos, do ponto de vista do organismo, reconhece-se que, desde o líquen até a árvore e desde o zoófito até o homem, há uma cadeia que se eleva gradativamente, sem solução de continuidade e cujos anéis, sem exceção, têm um ponto de contato com o anel precedente. Acompanhando-se passo a passo a série dos seres, dir-se-ia que cada espécie é um aperfeiçoamento, uma transformação da espécie imediatamente inferior. Visto que as condições do corpo do homem são idênticas às dos outros corpos, química e constitucionalmente, e considerando-se que ele nasce, vive e morre da mesma maneira, também ele há de se ter formado nas mesmas condições que os outros.

28. Embora isso possa custar muito ao seu orgulho, o homem deve resignar-se a não ver em *seu corpo material* senão o último anel da animalidade *na Terra*. Aí está o inexorável argumento dos fatos, contra o qual seria inútil protestar.

Todavia, quanto mais o corpo diminui de valor aos seus olhos, tanto mais cresce de importância o princípio espiritual. Se o primeiro o nivela ao bruto, o segundo o eleva a uma altura incomensurável. Vemos o limite extremo do animal, mas não vemos o limite a que chegará o Espírito do homem.

29. Por aí o materialismo pode ver que o Espiritismo, longe de temer as descobertas da Ciência e o seu positivismo, vai ao encontro deles e os provoca, porque está certo de que o princípio espiritual, que tem existência própria, em nada pode com elas sofrer.

CAPÍTULO XI

Gênese espiritual

Princípio espiritual – União do princípio espiritual à matéria – Hipótese sobre a origem do corpo humano – Encarnação dos Espíritos – Reencarnação – Emigrações e imigrações dos Espíritos – Raça adâmica – Doutrina dos anjos decaídos [e do paraíso perdido]

Princípio espiritual

1. A existência do princípio espiritual é um fato que, a bem dizer, não precisa de demonstração, do mesmo modo que o da existência do princípio material. É, de certa forma, uma verdade axiomática. Ele se afirma pelos seus efeitos, como a matéria pelos que lhe são próprios.

De acordo com este princípio: "Todo efeito tem uma causa; logo, todo efeito inteligente há de ter uma causa inteligente", não há quem não faça distinção entre o movimento mecânico de um sino que o vento agite e o movimento desse mesmo sino para dar um sinal, um aviso, atestando, só por isso, que obedece a um pensamento, a uma intenção. Ora, não podendo ocorrer a ninguém a ideia de atribuir pensamento à matéria do sino, tem-se de concluir que o move uma inteligência à qual ele serve de instrumento para que ela se manifeste.

Pela mesma razão, ninguém terá a ideia de atribuir pensamento ao corpo de um homem morto. Se, quando vivo, o homem pensa, é que há nele alguma coisa que já não existe quando está morto. A diferença que há entre ele e o sino é que a inteligência, que faz com que este se mova, está fora dele, ao passo que está no homem a que o faz atuar.

2. O princípio espiritual é o corolário da existência de Deus; sem esse princípio, Deus não teria razão de ser, já que não se poderia conceber a soberana inteligência a reinar, durante toda a eternidade, unicamente sobre a matéria bruta, como não se poderia conceber que um monarca terrestre, durante toda a sua vida, reinasse exclusivamente sobre pedras. Como não se pode admitir Deus sem os atributos essenciais da Divindade – a justiça e a bondade – seriam inúteis essas qualidades, se Ele só as devesse exercitar sobre a matéria.

3. Por outro lado, não se poderia conceber um Deus soberanamente justo e bom, a criar seres inteligentes e sensíveis, para os votar ao nada, após alguns dias de sofrimentos sem compensações, a recrear-se nessa sucessão indefinida de seres que nascem sem o haverem pedido, pensando por um instante apenas para conhecerem a dor, e se extinguindo para sempre após efêmera existência.

Sem a sobrevivência do ser pensante, os sofrimentos da vida seriam, da parte de Deus, uma crueldade sem objetivo. Eis por que o materialismo e o ateísmo são corolários um do outro; negando o efeito, não podem admitir a causa. O materialismo é, pois, coerente consigo mesmo, embora não o seja com a razão.

4. A ideia da perpetuidade do ser espiritual é inata no homem, achando-se nele em estado de intuição e de aspiração. O homem compreende que somente aí está a compensação às misérias da vida. Essa a razão por que sempre houve e haverá cada vez mais espiritualistas do que materialistas e mais deístas do que ateus.

À ideia intuitiva e à força do raciocínio o Espiritismo vem juntar a sanção dos fatos, a prova material da existência do ser espiritual, da sua sobrevivência, da sua imortalidade e da sua individualidade. Torna precisa e define o que aquela ideia tinha de vago e de abstrato. Mostra o ser inteligente a atuar fora da matéria, quer depois, quer durante a vida do corpo.

5. O princípio espiritual e o princípio vital são uma só e mesma coisa?

Partindo, como sempre, da observação dos fatos, diremos que, se o princípio vital fosse inseparável do princípio inteligente, haveria alguma razão para confundi-los. Desde, porém, que se veem seres que vivem e não pensam, como as plantas; corpos humanos que ainda se revelam animados de vida orgânica quando já não existe qualquer manifestação de pensamento; uma vez que no ser vivo se produzem movimentos vitais independentes de qualquer intervenção da vontade; que durante o sono a vida orgânica se conserva em plena atividade, enquanto a vida intelectual não se manifesta por nenhum sinal exterior, tem cabimento admitir-se que a vida orgânica reside num princípio inerente à matéria, independente da Vida Espiritual, que é inerente ao Espírito. Ora, visto que a matéria tem uma vitalidade independente do Espírito e que o Espírito tem uma vitalidade independente da matéria, torna-se evidente que essa dupla vitalidade repousa em dois princípios diferentes.

6. Terá o princípio espiritual sua fonte de origem no elemento cósmico universal? Será apenas uma transformação, um modo de existência desse elemento, como a luz, a eletricidade, o calor etc.?

Se fosse assim, o princípio espiritual sofreria as vicissitudes da matéria; extinguir-se-ia pela desagregação, como o princípio vital; o ser inteligente não teria mais do que uma existência momentânea, como a do corpo, volvendo ao nada ao morrer, ou, o que daria na mesma, ao todo universal. Seria, numa palavra, a sanção das doutrinas materialistas.

As propriedades *sui generis* que se reconhecem ao princípio espiritual provam que ele tem existência própria, independente, porquanto, se sua origem estivesse na matéria, aquelas propriedades lhe faltariam. Desde que a inteligência e o pensamento não podem ser atributos da matéria, chega-se, remontando dos efeitos à causa, à conclusão de que o elemento material e o elemento espiritual são os dois princípios constitutivos do Universo. O elemento espiritual individualizado constitui os seres chamados *espíritos*, como o elemento material individualizado constitui os diferentes corpos da natureza, orgânicos e inorgânicos.

7. Admitido o ser espiritual e não podendo ele proceder da matéria, qual a sua origem, seu ponto de partida?

Não dispomos aqui absolutamente de meios de investigação, como para tudo que diz respeito ao princípio das coisas. O homem só pode comprovar o que existe, cabendo-lhe, acerca de tudo o mais, apenas formular hipóteses. E, ou porque esse conhecimento esteja fora do alcance da sua inteligência atual, ou porque lhe possa ser inútil ou prejudicial presentemente, Deus não lho concede nem mesmo pela revelação.

O que Deus permite que seus mensageiros lhe digam e o que, além disso, o próprio homem pode deduzir por si mesmo do princípio da soberana justiça, atributo essencial da Divindade, é que todos procedem do mesmo ponto de partida; que todos são criados simples e ignorantes, com igual aptidão para progredir pelas suas atividades individuais. Que todos atingirão o grau de perfeição compatível com os esforços pessoais das criaturas; que todos, sendo filhos do mesmo Pai, são objeto de igual solicitude; que não há nenhum mais favorecido ou mais bem dotado do que os outros, nem dispensado do trabalho imposto aos demais para atingirem a meta.

8. Ao mesmo tempo que criou, desde todo o sempre, mundos materiais, Deus igualmente tem criado seres espirituais desde toda a eternidade. Se não fosse assim, os mundos materiais não teriam nenhum objetivo. Seria muito mais fácil se conceberem os seres espirituais sem os mundos materiais, do que estes últimos sem aqueles. Os mundos materiais é que teriam de fornecer aos seres espirituais elementos de atividade para o desenvolvimento de suas inteligências.

9. O progresso é a condição normal dos seres espirituais, sendo a perfeição relativa a meta que lhes cumpre alcançar. Ora, havendo Deus criado desde toda a eternidade, e criando incessantemente, também desde toda a eternidade tem havido seres que já atingiram o ponto culminante da escala.

Antes que a Terra existisse, mundos incontáveis haviam sucedido a mundos e, quando a Terra saiu do caos dos elementos, o Espaço já estava povoado de seres espirituais em todos os graus de adiantamento, desde os que surgiram para a vida até os que, desde toda a eternidade, haviam tomado lugar entre os Espíritos puros, vulgarmente chamados anjos.

União do princípio espiritual à matéria

10. Tendo a matéria que ser objeto de trabalho do Espírito para o desenvolvimento de suas faculdades, era necessário que ele pudesse atuar sobre ela, razão pela qual veio habitá-la, como o lenhador habita a floresta. Devendo a matéria ser, ao mesmo tempo, objeto e instrumento do trabalho, Deus, em vez de unir o Espírito à pedra rígida, criou, para seu uso, corpos organizados, flexíveis, capazes de receber todas as impulsões da sua vontade e de se prestarem a todos os seus movimentos.

O corpo é, pois, ao mesmo tempo, o envoltório e o instrumento do Espírito e, à medida que este adquire novas aptidões, reveste outro envoltório apropriado ao novo gênero de trabalho que lhe cumpre executar, tal como se faz com o operário, a quem é dado instrumento menos grosseiro à proporção que ele vai se mostrando capaz de executar obra mais bem cuidada.

11. Para ser mais exato, é preciso dizer que é o próprio Espírito que modela o seu envoltório e o apropria às suas novas necessidades; aperfeiçoa-o e lhe desenvolve e completa o organismo à medida que experimenta a necessidade de manifestar novas faculdades; numa palavra, ajusta-o de acordo com a sua inteligência. Deus lhe fornece os materiais, cabendo a ele empregá-los. É assim que as raças adiantadas têm um organismo, ou, se quiserem, um mecanismo mais aperfeiçoado do que as raças primitivas. Desse modo também se explica a marca especial que o caráter do Espírito imprime aos traços da fisionomia e às linhas do corpo.[63]

12. Desde que um Espírito nasce para a Vida Espiritual, é de todo necessário, em benefício do seu adiantamento, que faça uso de suas faculdades, rudimentares a princípio. É por isso que reveste um envoltório adequado ao seu estado de infância intelectual, envoltório que ele abandona para tomar outro, à medida que suas forças vão aumentando. Ora, como em todos os tempos houve mundos e esses mundos deram origem a corpos organizados aptos a receber Espíritos, em todos os tempos os

---

[63] N.E.: Ver *Nota explicativa*, p. 865.

Espíritos, qualquer que fosse o grau de adiantamento que houvessem alcançado, encontraram os elementos necessários à sua vida carnal.

13. Por ser exclusivamente material, o corpo sofre as vicissitudes da matéria. Depois de funcionar por algum tempo, ele se desorganiza e se decompõe. O princípio vital, não mais encontrando elemento para a sua atividade, se extingue e o corpo morre. O Espírito, para quem o corpo privado de vida se torna inútil, deixa-o, como se deixa uma casa em ruínas ou uma roupa imprestável.

14. O corpo, pois, não passa de um envoltório destinado a receber o Espírito, pouco importando sua origem e os materiais que entram na sua construção. Seja ou não o corpo do homem uma criação especial, o que é certo é que tem a formá-lo os mesmos elementos que formam o corpo dos animais, a animá-lo o mesmo princípio vital, ou, por outra, a aquecê-lo o mesmo fogo, como tem a iluminá-lo a mesma luz e se acha sujeito às mesmas vicissitudes e às mesmas necessidades. Eis um ponto que não sofre contestação.

Caso se considere apenas a matéria, abstraindo o Espírito, o homem nada tem que o distinga do animal. Tudo, porém, muda de aspecto, tão logo se estabelece distinção entre *a habitação* e *o habitante*.

Um grande senhor, seja numa choupana, seja envergando as vestes de um camponês, não deixa de ser um grande senhor. O mesmo se dá com o homem: não é a sua vestidura de carne que o coloca acima do bruto e dele faz um ser à parte, mas o ser espiritual que nele existe, o seu Espírito.

Hipótese sobre a origem do corpo humano

15. Da semelhança de formas exteriores que existe entre o corpo do homem e o do macaco, alguns fisiologistas concluíram que o primeiro é apenas uma transformação do segundo. Nada aí há de impossível, nem o que afete a dignidade do homem. É possível que corpos de macacos tenham servido de vestimenta aos primeiros Espíritos humanos, necessariamente pouco adiantados, que viessem encarnar na Terra, visto ser esta vestimenta mais apropriada às suas necessidades e mais adequada

ao exercício de suas faculdades do que o corpo de qualquer outro animal. Em vez de se fazer para o Espírito um envoltório especial, ele teria achado um já pronto. Vestiu-se, então, da pele do macaco, sem deixar de ser Espírito humano, como algumas vezes o homem se reveste da pele de certos animais, sem deixar de ser homem.

Fique bem entendido que aqui se trata apenas de uma hipótese, de modo algum posta como princípio, mas apresentada somente para mostrar que a origem do corpo em nada prejudica o Espírito, que é o ser principal, e que a semelhança do corpo do homem com o do macaco não implica paridade entre o seu Espírito e o do macaco.

16. Admitida essa hipótese, pode-se dizer que, sob a influência e por efeito da atividade intelectual do seu novo habitante, o envoltório se modificou, embelezou-se nas particularidades, conservando a forma geral do conjunto. Melhorados pela procriação, os corpos se reproduzem nas mesmas condições, como sucede com as árvores enxertadas. Deram origem a uma espécie nova, que pouco a pouco se afastou do tipo primitivo, à medida que o Espírito ia progredindo. O Espírito macaco, que não foi aniquilado, continuou a procriar, para seu uso, corpos de macaco, do mesmo modo que o fruto da árvore silvestre reproduz árvores dessa espécie, e o Espírito humano procriou corpos de homens, variantes do primeiro molde em que ele se estabeleceu. O tronco se bifurcou: produziu um ramo que, por sua vez, se tornou tronco.

Como não há transições bruscas na Natureza, é provável que os primeiros homens que apareceram na Terra pouco diferissem do macaco pela forma exterior e não muito também pela inteligência. Em nossos dias ainda há selvagens que, pelo comprimento dos braços e dos pés e pela conformação da cabeça, têm tanta semelhança com o macaco que só lhes falta serem peludos para que tal semelhança se torne completa.

Encarnação dos Espíritos

17. O Espiritismo nos ensina de que maneira se opera a união do Espírito com o corpo, na encarnação.

Pela sua essência espiritual, o Espírito é um ser definido, abstrato, que não pode ter ação direta sobre a matéria, precisando de um intermediário, que é o envoltório fluídico, o qual, de certo modo, faz parte integrante dele. Trata-se de um envoltório semimaterial, isto é, que pertence à matéria pela sua origem e à espiritualidade pela sua natureza etérea. Como toda matéria, ele é extraído do fluido cósmico universal que, nessa circunstância, sofre uma modificação especial. Esse envoltório, denominado *perispírito*, faz de um ser abstrato, do Espírito, um ser concreto, definido, apreensível pelo pensamento. Torna-o apto a atuar sobre a matéria tangível, conforme se dá com todos os fluidos imponderáveis, que são, como se sabe, os mais potentes motores.

O fluido perispiritual constitui, pois, o traço de união entre o espírito e a matéria. Durante sua união com o corpo, serve de veículo ao pensamento do Espírito, para transmitir o movimento às diversas partes do organismo, as quais atuam sob a impulsão da sua vontade e para fazer que repercutam no Espírito as sensações produzidas pelos agentes exteriores. Tem por fios condutores os nervos, como no telégrafo o fluido elétrico tem por condutor o fio metálico.

18. Quando um Espírito tem de encarnar num corpo humano em vias de formação, um laço fluídico, que nada mais é do que uma expansão do seu perispírito, o liga ao gérmen que o atrai por uma força irresistível, desde o momento da concepção. À medida que o gérmen se desenvolve, o laço se encurta. Sob a influência do *princípio vital-material do gérmen*, o perispírito, que possui certas propriedades da matéria, se une, *molécula a molécula*, ao corpo que se forma. É por isso que se diz que o Espírito, por intermédio do seu perispírito, *se enraíza*, de certa maneira, nesse gérmen, como uma planta na terra. Quando o gérmen chega ao seu pleno desenvolvimento, a união é completa e então nasce o ser para a vida exterior.

Por um efeito contrário, esta união do perispírito e da matéria carnal, que se efetua sob a influência do princípio vital do gérmen, cessa desde que esse princípio deixa de atuar, em consequência da desagregação do corpo, que provoca a morte. Mantida até então por uma força atuante, tal união se desfaz logo que essa força deixa de atuar. Então o perispírito se desprende *molécula a molécula*, conforme se unira, e o Espírito é restituído à liberdade. Assim, *não é a partida do Espírito que causa a morte do corpo; a morte do corpo é que determina a partida do Espírito.*

19. O Espiritismo nos faz compreender, pelos fatos cuja observação ele faculta, os fenômenos que acompanham essa separação. Algumas vezes ela é rápida, fácil, suave e insensível, ao passo que em outras é muito lenta, laboriosa, horrivelmente penosa, conforme o estado moral do Espírito, podendo durar meses inteiros.

20. Um fenômeno particular, que a observação também assinala, acompanha sempre a encarnação do Espírito. Desde que este é apanhado no laço fluídico que o prende ao gérmen, entra em estado de perturbação, que aumenta à medida que o laço se aperta, perdendo o Espírito, nos últimos momentos, a consciência de si próprio, de modo que jamais presencia o seu nascimento. Quando a criança respira, o Espírito começa a recobrar as suas faculdades, que se desenvolvem à proporção que se formam e consolidam os órgãos que lhes hão de servir às manifestações. Ainda aqui se notabiliza a sabedoria que preside a todas as partes da obra da Criação. Faculdades demasiado ativas consumiriam e danificariam órgãos delicados, ainda em formação, razão pela qual sua energia é proporcional à força de resistência desses órgãos.

21. Entretanto, ao mesmo tempo que o Espírito recobra a consciência de si mesmo, perde a lembrança do seu passado, sem perder as faculdades, as qualidades e as aptidões adquiridas anteriormente, aptidões que haviam ficado temporariamente em estado de latência e que, voltando à atividade, vão ajudá-lo a fazer mais e melhor que antes. Ele renasce tal qual se fizera pelo seu trabalho anterior; o seu renascimento lhe é um novo ponto de partida, um novo degrau a subir. Ainda aí se manifesta a bondade do Criador, visto que a lembrança do passado, muitas vezes penosa e humilhante, adicionada aos amargores de uma nova existência, poderia perturbá-lo e lhe criar embaraços. Ele apenas se lembra do que aprendeu, porque isso lhe é útil. Se por vezes conserva vaga

intuição dos acontecimentos passados, essa intuição é como a lembrança de um sono fugidio. É, pois, um novo homem, por mais antigo que seja o seu Espírito. Adota novos processos, auxiliado pelas suas aquisições anteriores. Quando retorna à Vida Espiritual, seu passado se desdobra diante dos olhos e ele julga se empregou bem ou mal o seu tempo.

22. Não há, portanto, solução de continuidade na Vida Espiritual, apesar do esquecimento do passado. O Espírito é sempre *ele mesmo*, antes, durante e depois da encarnação, sendo esta apenas uma fase especial da sua existência. Tal esquecimento se dá tão só no curso da vida exterior de relação, visto que o Espírito, em parte desprendido dos laços carnais pelo sono, é restituído à liberdade e à Vida Espiritual, lembrando-se, por conseguinte, do seu passado, pois que, então, já não tem a visão espiritual tão obscurecida pela matéria.

23. Tomando-se a Humanidade no grau mais ínfimo da escala intelectual, como se encontra nos mais atrasados selvagens, pergunta-se se aí está o ponto inicial da alma humana.

Na opinião de alguns filósofos espiritualistas, o princípio inteligente, diferente do princípio material, se individualiza e elabora, passando pelos diversos graus da animalidade. É aí que a alma se ensaia para a vida e desenvolve, pelo exercício, suas primeiras faculdades; seria, por assim dizer, o seu período de incubação. Chegada ao grau de desenvolvimento que esse estado comporta, ela recebe as faculdades especiais que constituem a alma humana. Haveria assim filiação espiritual do animal para o homem, como há filiação corporal.

Esse sistema, fundado na grande lei de unidade que preside à Criação, corresponde, forçoso é convir, à Justiça e à Bondade do Criador; dá uma saída, uma finalidade, um destino aos animais, que deixam então de formar uma categoria de seres deserdados, para terem, no futuro que lhes está reservado, uma compensação a seus sofrimentos. O que constitui o homem espiritual não é a sua origem, mas os atributos especiais de que se acha dotado ao entrar na Humanidade, atributos que o transformam e dele fazem um ser distinto, como o fruto saboroso é distinto da raiz amarga que lhe deu origem. Por haver passado pela fieira da animalidade, o homem não deixaria de ser homem; já não seria animal, como o fruto não é a raiz, como o sábio não é o feto informe tal qual foi posto no mundo.

No entanto, esse sistema levanta numerosas questões, que não convém discutir aqui, assim como não vale a pena examinar as diferentes hipóteses que se têm formulado sobre este assunto. Sem, pois, pesquisarmos a origem da alma, sem procurarmos conhecer as fieiras pelas quais porventura ela haja passado, tomamo-la *ao entrar na Humanidade*, no ponto em que, dotada de senso moral e de livre-arbítrio, começa a incorrer na responsabilidade de seus atos.

24. A obrigação que tem o Espírito encarnado de prover ao alimento do corpo, à sua segurança, ao seu bem-estar, força-o naturalmente a empregar suas faculdades em investigações, em exercitá-las e desenvolvê-las. Desse modo, sua união com a matéria é útil ao seu adiantamento, e é por isso que a encarnação é uma necessidade. Além disso, pelo trabalho inteligente que ele executa em seu proveito, sobre a matéria, auxilia a transformação e o progresso material do globo que lhe serve de habitação. É assim que, progredindo, colabora na obra do Criador, da qual se torna agente inconsciente.

25. Todavia, a encarnação do Espírito não é constante nem perpétua, mas transitória. Deixando um corpo, ele não retoma outro imediatamente. Durante lapso de tempo mais ou menos considerável, vive da Vida Espiritual, que é a sua vida normal, de tal sorte que o tempo que lhe duram as diversas encarnações vem a ser insignificante, comparado ao que se passa no estado de Espírito livre.

No intervalo de suas encarnações, o Espírito progride igualmente, no sentido de que aplica ao seu adiantamento os conhecimentos e a experiência que alcançou durante a vida corporal – referimo-nos ao Espírito chegado ao estado de alma humana, dotado de liberdade de ação e da consciência de seus atos. Examina o que fez enquanto habitou a Terra, passa em revista o que aprendeu, reconhece suas faltas, traça planos e toma resoluções pelas quais pretende guiar-se em nova existência, com a ideia de melhor se conduzir. Desse modo, cada existência representa um passo à frente no caminho do progresso, uma espécie de escola de aplicação.

Normalmente, a encarnação não é uma punição para o Espírito, conforme pensam alguns, mas uma condição inerente à inferioridade do Espírito e um meio de ele progredir.

À medida que progride moralmente, o Espírito se desmaterializa, isto é, depura-se ao se libertar da influência da matéria; sua vida se espiritualiza, suas faculdades e percepções se ampliam; sua felicidade se torna proporcional ao progresso realizado. Como, porém, age em virtude do seu livre-arbítrio, pode ele, por negligência ou má vontade, retardar o seu avanço; prolonga, consequentemente, a duração de suas encarnações materiais, que, então, se lhe tornam uma punição, visto que, por sua falta, ele permanece nas categorias inferiores, obrigado a recomeçar a mesma tarefa. Depende, pois, do Espírito abreviar, pelo trabalho de depuração executado sobre si mesmo, a duração do período das encarnações.

26. O progresso material de um globo acompanha o progresso moral de seus habitantes. Ora, sendo incessante a criação dos mundos e dos Espíritos e progredindo estes mais ou menos rapidamente, conforme o uso que façam do livre-arbítrio, segue-se que há mundos mais ou menos antigos, em graus diversos de adiantamento físico e moral, em que a encarnação é mais ou menos material e onde, por conseguinte, o trabalho, para os Espíritos, é mais ou menos rude. Desse ponto de vista, a Terra é um dos menos adiantados. Povoada por Espíritos relativamente inferiores, a vida corpórea é aí mais penosa do que nos outros planetas, havendo-os também mais atrasados, onde a existência é ainda mais penosa do que na Terra e em confronto com os quais esta seria, relativamente, um mundo feliz.

27. Depois que os Espíritos realizaram a soma de progresso que o estado desse mundo comporta, deixam-no para encarnar em outro mais adiantado, onde possam adquirir novos conhecimentos e assim por diante, até que, não lhes sendo mais de proveito algum a encarnação em corpos materiais, passam a viver exclusivamente da Vida

Espiritual, na qual continuam a progredir em outro sentido e por outros meios. Chegados ao ponto culminante do progresso, gozam da suprema felicidade. Admitidos nos conselhos do Onipotente, conhecem-lhe o pensamento e se tornam seus mensageiros, seus ministros diretos no governo dos mundos, tendo sob suas ordens os Espíritos de todos os graus de adiantamento.

Assim, qualquer que seja o grau em que se achem na hierarquia espiritual, do mais ínfimo ao mais elevado, todos os Espíritos, encarnados ou desencarnados, têm suas atribuições no grande mecanismo do Universo; todos são úteis ao conjunto e, ao mesmo tempo, a si próprios. Aos menos adiantados, como a simples serviçais, incumbe o desempenho de uma tarefa material que, a princípio inconsciente, se torna depois cada vez mais inteligente. No Mundo Espiritual há atividade por toda parte e em nenhum ponto, ociosidade inútil.

A coletividade dos Espíritos constitui, de certo modo, a alma do Universo. Por toda parte, o elemento espiritual é que atua em tudo, sob o influxo do pensamento divino. Sem esse elemento, só há matéria inerte, destituída de finalidade, sem inteligência, e tendo por único motor as forças materiais, que deixam uma multidão de problemas insolúveis. Com a ação do elemento espiritual *individualizado*, tudo tem uma finalidade, uma razão de ser, e tudo se explica. É por isso que, sem a espiritualidade, o homem esbarra em dificuldades insuperáveis.

28. Quando a Terra se encontrou em condições climáticas apropriadas à existência da espécie humana, encarnaram nela Espíritos humanos. Admitindo-se que encontraram envoltórios adequados, dos quais não tiveram senão que apropriar-se para o seu uso, compreender-se-á melhor ainda que hajam podido surgir, ao mesmo tempo, em vários pontos do globo.

29. Embora os primeiros que surgiram devessem ser pouco adiantados, pela razão mesma de terem de encarnar em corpos muito imperfeitos, haveria, decerto, sensíveis diferenças entre seus caracteres e aptidões, conforme o grau de desenvolvimento moral e intelectual que haviam alcançado. Os Espíritos que se assemelhavam naturalmente se agruparam por analogia e simpatia. Assim, a Terra se achou povoada de Espíritos de diversas categorias, mais ou menos aptos ou rebeldes ao progresso. Recebendo os corpos a impressão do caráter do Espírito e procriando-se esses corpos na conformidade dos respectivos tipos, resultaram daí diferentes raças, quer quanto ao físico, quer quanto ao moral. Continuando a encarnar entre os que se lhes assemelhavam, os Espíritos similares perpetuaram o caráter distintivo, físico e moral, das raças e dos povos, caráter que só com o tempo desaparece, mediante a fusão e o progresso deles (*Revista Espírita*, julho de 1860, p. 198, *Frenologia e fisiognomonia*).[64]

30. Podem-se comparar os Espíritos que vieram povoar a Terra a esses bandos de emigrantes de origens diversas, que vão estabelecer-se numa terra virgem. Aí encontram madeira e pedra para erguerem habitações, cada um dando à sua um cunho especial, de acordo com o grau do seu saber e da sua inteligência. Grupam-se então por analogia de origens e de gostos, acabando os grupos por formar tribos, depois povos, cada qual com costumes e características próprios.

31. O progresso não foi, pois, uniforme em toda a espécie humana. Como era natural, as raças mais inteligentes adiantaram-se às outras, mesmo sem levar em conta que muitos Espíritos recém-nascidos para a Vida Espiritual, vindo encarnar na Terra juntamente com os primeiros aí chegados, tornaram ainda mais sensível a diferença em matéria de progresso. Seria impossível, com efeito, atribuir-se a mesma ancianidade de criação aos selvagens, que mal se distinguem do macaco, e aos chineses, nem, ainda menos, aos europeus civilizados.

Entretanto, os Espíritos dos selvagens também fazem parte da Humanidade e um dia alcançarão o nível em que se acham os seus irmãos mais velhos, mas certamente não será em corpos da mesma raça física, impróprios a certo desenvolvimento intelectual e moral. Quando o instrumento já não estiver em correspondência com o seu desenvolvimento, os Espíritos emigrarão daquele meio, para encarnar em outro mais elevado e assim por diante, até que tenham

---

[64] N.E.: Ver *Nota explicativa*, p. 865.

conquistado todas as gradações terrestres, ponto em que deixarão a Terra, para passar a mundos cada vez mais avançados (*Revista Espírita*, abril de 1862, p. 97, Frenologia espiritualista e espírita – *Perfectibilidade da raça negra*).[65]

Reencarnação

32. O princípio da reencarnação é uma consequência fatal da Lei do Progresso. Sem a reencarnação, como se explicaria a diferença que existe entre o presente estado social e o dos tempos de barbárie? Se as almas são criadas ao mesmo tempo que os corpos, as que nascem hoje são tão novas, tão primitivas, quanto as que viviam há mil anos. Além disso, não haveria nenhuma conexão entre elas, nenhuma relação necessária; seriam de todo estranhas umas às outras. Por que, então, as almas de hoje haviam de ser mais bem dotadas por Deus do que as que as precederam? Por que compreendem melhor as coisas? Por que possuem instintos mais apurados, costumes mais brandos? Por que têm a intuição de certas coisas, sem as haverem aprendido? Desafiamos alguém a sair desse dilema, a menos que se admita que Deus cria almas de diversas qualidades, de acordo com os tempos e lugares, proposição inconciliável com a ideia de uma justiça soberana.

Admiti, ao contrário, que as almas de hoje já viveram em tempos distantes; que possivelmente foram bárbaras como os séculos em que estiveram no mundo, mas que progrediram; que para cada nova existência trazem o que adquiriram nas existências anteriores; que, por conseguinte, as almas dos tempos civilizados não são almas criadas mais perfeitas, mas que se aperfeiçoaram por si mesmas com o tempo, e tereis a única explicação plausível da causa do progresso social (*O livro dos espíritos* [Livro II], caps. IV e V).[66]

---

[65] N.E.: Ver *Nota explicativa*, p. 865.
[66] Nota de Allan Kardec: Algumas pessoas imaginam que as diferentes existências da alma se passam de mundo em mundo, e não num mesmo globo, em que cada Espírito viria uma única vez.

Esta doutrina seria admissível se todos os habitantes da Terra estivessem no mesmo nível intelectual e moral. Eles só poderiam progredir indo de um mundo a outro, de modo que a

Emigrações e imigrações dos Espíritos

33. No intervalo de suas existências corpóreas, os Espíritos se encontram no estado de erraticidade e formam a população espiritual ambiente do globo. Pelas mortes e pelos nascimentos, as duas populações deságuam incessantemente uma na outra. Há, pois, diariamente, emigrações do mundo corpóreo para o Mundo Espiritual e imigrações do Mundo Espiritual para o Mundo Corpóreo: é o estado normal.

34. Em certas épocas, reguladas pela sabedoria divina, essas emigrações e imigrações se operam em massas mais ou menos

---

encarnação na Terra não lhes traria nenhuma utilidade. Ora, Deus nada faz de inútil; desde que aí se encontram a inteligência e a moralidade em todos os graus, da selvageria que beira o animal até a mais adiantada civilização, é evidente que esse mundo oferece um vasto campo de progresso. Por que o selvagem haveria de procurar em outra parte o grau de progresso imediatamente acima daquele em que se encontra, quando esse grau se acha ao lado dele e assim por diante? Por que o homem adiantado não teria sido capaz de fazer as suas primeiras etapas senão em mundos inferiores, quando, ao seu redor, estão seres análogos aos desses mundos, sem falar que, não só de povo a povo, mas no seio do mesmo povo e da mesma família há diferentes graus de adiantamento? Se fosse assim, Deus teria feito algo inútil, colocando lado a lado a ignorância e o saber, a barbárie e a civilização, o bem e o mal, quando é justamente esse contato que faz que os retardatários avancem.

Não há, pois, necessidade de que os homens mudem de mundo a cada etapa, como não há razão para o estudante mudar de colégio para passar de uma classe a outra. Longe de ser vantagem para o seu progresso, tal fato seria um entrave, porquanto o Espírito ficaria privado do exemplo que lhe oferece a observação do que ocorre nos graus mais elevados e da possibilidade de reparar seus erros no mesmo meio e em presença dos seres a quem ofendeu, possibilidade que representa para ele o mais poderoso meio de realizar o seu progresso moral. Se, após curta coabitação, os Espíritos se dispersassem e se tornassem estranhos uns aos outros, romper-se-iam os laços de família e de amizade, por falta de tempo suficiente para se consolidarem.

Que os Espíritos deixem, por um mundo mais adiantado, aquele do qual nada mais podem conseguir, é como deve ser; tal o princípio. Se existem alguns que deixam antes do tempo o mundo em que vinham encarnando, isso é devido a causas individuais que Deus, em sua sabedoria, examina atentamente.

Tudo na Criação tem uma finalidade, sem o que Deus nem seria prudente, nem sábio. Ora, se a Terra não devesse ser mais que uma etapa do progresso para cada indivíduo, que utilidade haveria para os Espíritos das crianças que morrem em tenra idade, de aí passarem alguns anos, alguns meses, algumas horas, durante os quais nada podem haurir dele? Dá-se a mesma coisa com os deficientes mentais. Uma teoria somente é boa quando resolve todas as questões que lhe dizem respeito. O caso das mortes prematuras tem sido uma pedra de tropeço para todas as doutrinas, exceto para a Doutrina Espírita, única que a resolveu de maneira racional e completa.

Para o progresso daqueles que cumprem na Terra uma missão normal, há vantagem real em voltarem ao mesmo meio para aí continuarem o que deixaram inacabado, muitas vezes na mesma família ou em contato com as mesmas pessoas, a fim de repararem o mal que tenham feito ou de sofrerem a pena de talião.

consideráveis, em virtude das grandes revoluções que lhes acarretam a partida simultânea em quantidades enormes, logo substituídas por quantidades equivalentes de encarnações. Devem-se, portanto, considerar os flagelos destruidores e os cataclismos como ocasiões de chegadas e partidas coletivas, meios providenciais de renovamento da população corporal do globo, de ela se retemperar pela introdução de novos elementos espirituais mais depurados. É verdade que há destruição de grande número de corpos nessas catástrofes; isso, contudo, não passa de *vestimentas que se rasgam*, já que nenhum Espírito perece; eles apenas mudam de plano; em vez de partirem isoladamente, partem em bando; essa a única diferença, visto que, por uma causa ou por outra, cedo ou tarde fatalmente terão que partir.

As renovações rápidas, quase instantâneas, que se produzem no elemento espiritual da população, em consequência dos flagelos destruidores, apressam o progresso social; sem as emigrações e imigrações que de tempos em tempos lhe vêm dar violento impulso, esse progresso só se realizaria com extrema lentidão.

É de notar-se que todas as grandes calamidades que dizimam as populações são sempre seguidas de uma era de progresso de ordem física, intelectual ou moral e, por conseguinte, no estado social das nações nas quais elas ocorrem. É que têm por fim operar uma transformação na população espiritual, que é a população normal e ativa do globo.

35. Essa transfusão, que se opera entre a população encarnada e desencarnada de um mesmo planeta, igualmente se efetua entre os mundos, quer individualmente, nas condições normais, quer por massas, em circunstâncias especiais. Há, pois, emigrações e imigrações coletivas de um mundo para outro, donde resulta a introdução, na população de um deles, de elementos inteiramente novos. Novas raças de Espíritos, vindo misturar-se às existentes, constituem novas raças de homens. Ora, como os Espíritos nunca mais perdem o que adquiriram, trazem consigo a inteligência e a intuição dos conhecimentos que possuem, imprimindo, por conseguinte, o caráter que lhes é peculiar à raça corpórea que venham animar. Para isso, não precisam que novos corpos sejam criados exclusivamente para serem usados por eles. Desde que a espécie corpórea existe, eles encontram sempre corpos prontos para os receber. Nada mais são, portanto, do que novos habitantes. Quando chegam à Terra, integram-lhe, a princípio, a população espiritual, para depois encarnarem, como os outros.

Raça adâmica

36. Segundo o ensino dos Espíritos, foi uma dessas grandes imigrações, ou, se quiserem, uma dessas *colônias de Espíritos*, vinda de outra esfera, que deu origem à raça simbolizada na pessoa de Adão e, por esse motivo, chamada *raça adâmica*. Quando chegou à Terra, o planeta já estava povoado desde tempos imemoriais, *como a América, quando chegaram os europeus*.[67]

Mais adiantada do que as que a tinham precedido neste globo, a raça adâmica é, com efeito, a mais inteligente, a que impele ao progresso todas as outras. A Gênese no-la mostra, desde os seus primórdios, industriosa, apta às artes e às ciências, sem haver passado aqui pela infância intelectual, o que não se dá com as raças primitivas, mas concorda com a opinião de que ela se compunha de Espíritos que já haviam progredido bastante. Tudo prova que a raça adâmica não é antiga na Terra e nada se opõe a que seja considerada como habitando este globo desde apenas alguns milhares de anos, o que não estaria em contradição nem com os fatos geológicos nem com as observações antropológicas, antes tenderia a confirmá-las.

37. No estado atual dos conhecimentos, não é admissível a doutrina segundo a qual todo o gênero humano procede de uma individualidade única, de há seis mil anos somente até hoje. As principais considerações que a contradizem, tomadas à ordem física e à ordem moral, resumem-se nos seguintes tópicos:

38. Do ponto de vista fisiológico, algumas raças apresentam tipos particulares característicos que não lhes permitem uma origem comum.

---

[67] N.E.: Ver *Nota explicativa*, p. 865.

Capítulo XI
Gênese espiritual

Há diferenças que evidentemente não são simples efeito do clima, pois que os brancos que se reproduzem nos países negros não se tornam negros e reciprocamente. O ardor do Sol queima e escurece a epiderme, porém nunca transformou um branco em negro, nem lhe achatou o nariz, ou modificou a forma dos traços da fisionomia, nem lhe tornou lanudo nem crespo o cabelo comprido e sedoso. Sabe-se hoje que a cor do negro provém de um tecido[68] especial subcutâneo peculiar à espécie.

Deve-se, pois, considerar as raças negras, mongólicas, caucásicas como tendo origem própria, como tendo nascido simultânea ou sucessivamente em diversas partes do globo. O cruzamento delas produziu as raças mistas secundárias. Os caracteres fisiológicos das raças primitivas constituem indício evidente de que elas procedem de tipos especiais. As mesmas considerações se aplicam, conseguintemente, tanto aos homens quanto aos animais, no que diz respeito à pluralidade dos troncos.

39. Adão e seus descendentes são representados na Gênese como homens essencialmente inteligentes, visto como, desde a segunda geração, constroem cidades, cultivam a terra, trabalham os metais. Seus progressos nas artes e nas ciências são rápidos e duradouros. Não se conceberia, portanto, que esse tronco tenha tido, como ramos, numerosos povos tão atrasados, de inteligência tão rudimentar, que ainda em nossos dias rastejam a animalidade, que hajam perdido todos os traços e, até a mínima lembrança do que faziam seus pais. Tão radical diferença nas aptidões intelectuais e no desenvolvimento moral atesta, com não menor evidência, uma diferença de origem.

40. Independentemente dos fatos geológicos, a prova da existência do homem na Terra, antes da época fixada pela Gênese, é tirada da população do globo.

Sem falar da cronologia chinesa, que, dizem alguns, remonta a trinta mil anos, documentos mais autênticos provam que o Egito, a Índia e outros países já eram povoados e floresciam, pelo menos,

---
[68] Nota do tradutor: A cor da pele provém da maior ou menor quantidade de melanina produzida na pele por células especiais chamadas *melanócitos*. Quanto maior a produção de melanina, tanto mais negra é a pele.

três mil anos antes da Era Cristã, ou seja, mil anos depois da criação do primeiro homem, segundo a cronologia bíblica. Documentos e observações recentes não deixam hoje dúvida alguma quanto às relações que existiram entre a América e os antigos egípcios, devendo-se, portanto, concluir que essa região já era povoada naquela época. Seria, então, forçoso admitir-se que, em mil anos, a posteridade de um único homem foi capaz de povoar a maior parte da Terra. Ora, semelhante fecundidade estaria em flagrante contradição com todas as leis antropológicas. A própria Gênese não atribui aos primeiros descendentes de Adão uma fecundidade anormal, pois que faz recuar seu censo nominal até Noé.

41. A impossibilidade se torna ainda mais evidente quando se admite, como a Gênese, que o dilúvio destruiu *todo o gênero humano*, com exceção de Noé e de sua família, que não era numerosa, no ano 1656 do mundo, ou seja, 2.348 anos antes de Jesus Cristo. Em realidade, pois, dataria apenas de Noé o povoamento da Terra. Ora, por essa época, a História designa Menés como rei do Egito. Quando os hebreus se estabeleceram neste último país, 642 anos após o dilúvio, o Egito já era um poderoso império, que teria sido povoado, sem falar de outras regiões, em menos de seis séculos, tão só pelos descendentes de Noé, o que não é admissível.

Notemos, de passagem, que os egípcios acolheram os hebreus como estrangeiros. Seria de admirar que houvessem perdido a lembrança de uma comunidade de origem tão próxima deles, quando conservavam religiosamente os monumentos de sua história.

Rigorosa lógica, corroborada pelos fatos, demonstra, pois, da maneira mais categórica, que o homem está na Terra desde tempo indeterminado, muito anterior à época que a Gênese assinala. Dá-se a mesma coisa com a diversidade dos troncos primitivos, pois demonstrar a impossibilidade de uma proposição é demonstrar a proposição contrária. Se a Geologia descobre traços autênticos da presença do homem antes do grande período diluviano, mais absoluta ainda será a demonstração.

Doutrina dos anjos decaídos [e do paraíso perdido][69]

42. A palavra *anjo*, como tantas outras, tem várias acepções. É tomada, indiferentemente, no bom e no mau sentido, pois que se diz os "anjos bons" e os "anjos maus", o "anjo de luz" e o "anjo das trevas". Em sua acepção geral, pois, significa simplesmente *Espírito*.

Os anjos não são seres fora da Humanidade, criados perfeitos, mas Espíritos que alcançaram a perfeição, como todas as criaturas, graças a seus esforços e mérito próprios. Se os anjos tivessem sido criados perfeitos, e sendo a rebelião contra Deus um sinal de inferioridade, os que se rebelaram não podiam ser anjos. Pode-se até admitir a rebelião contra Deus da parte de seres imperfeitos, mas não – pois o fato é inconcebível – quando procede de seres que já teriam sido criados perfeitos.

Por sua etimologia, a palavra anjo (do grego ággelos), significa *enviado, mensageiro*. Ora, não é racional supor tenha Deus recrutado seus mensageiros entre seres tão imperfeitos, a ponto de se rebelarem contra Ele.

43. Até que os Espíritos alcancem certo grau de perfeição, estão sujeitos a falir, quer no estado de erraticidade, quer como encarnados. Cometer faltas é infringir a Lei de Deus. Embora a Lei esteja inscrita no coração de todos os homens, de modo a não precisarem da revelação para conhecer os seus deveres, o Espírito só a compreende gradualmente, à medida que se lhe desenvolve a inteligência. Quem infringe a Lei por ignorância e falta de experiência, que só se adquirem com o tempo, assume apenas relativa responsabilidade. Ao contrário, aquele

---

[69] Nota de Allan Kardec: Quando publicamos, na *Revista Espírita* de janeiro de 1862, artigo sobre a *interpretação da doutrina dos anjos decaídos*, apresentamos essa teoria como simples hipótese, sem outra autoridade afora a de uma opinião pessoal controvertida, porque então nos faltavam elementos suficientes para uma afirmação categórica. Expusemo-la a título de ensaio, tendo em vista provocar o exame da questão, decidido, porém, a abandoná-la ou modificá-la, se fosse preciso. Hoje, essa teoria já passou pela prova do controle universal; não só foi bem aceita pela imensa maioria dos espíritas, como a mais racional e mais conforme com a soberana justiça de Deus, como também foi confirmada pela generalidade das instruções que os Espíritos deram sobre o assunto. O mesmo se verificou com a que diz respeito à origem da raça adâmica.

cuja inteligência é desenvolvida e que, possuindo todos os meios de esclarecer-se, infringe voluntariamente a Lei e pratica o mal com conhecimento de causa, revolta-se e se rebela contra o autor da Lei.

44. Os mundos progridem fisicamente, pela elaboração da matéria e, moralmente, pela depuração dos Espíritos que os habitam. A felicidade que neles se desfruta está na razão direta da predominância do bem sobre o mal, resultando a predominância do bem do adiantamento moral dos Espíritos. Não basta o progresso intelectual, visto que com a inteligência eles podem fazer o mal.

Logo que um mundo tem chegado a um de seus períodos de transformação, a fim de ascender na hierarquia dos mundos, operam-se mutações na sua população encarnada e desencarnada. É quando se dão as grandes emigrações e imigrações. Os que, apesar da sua inteligência e do seu saber, perseveraram no mal, em sua revolta contra Deus e contra suas leis, se tornariam daí em diante um embaraço ao ulterior progresso moral, uma causa permanente de perturbação para a tranquilidade e a felicidade dos bons, pelo que são excluídos da Humanidade a que até então pertenceram e enviados a mundos menos adiantados, onde aplicarão a inteligência e a intuição dos conhecimentos que adquiriram ao progresso daqueles entre os quais são chamados a viver, expiando, ao mesmo tempo, por uma série de existências penosas e por meio de árduo trabalho, suas faltas passadas e seu *voluntário* endurecimento.

Que serão tais seres, entre essas outras populações, para eles novas, ainda na infância da barbárie, senão anjos ou Espíritos decaídos, ali vindos em expiação? A terra *de onde foram expulsos* não será, para eles, um *paraíso perdido*? Essa terra não lhes era um *lugar de delícias*, em comparação com o meio ingrato onde vão ficar relegados por milhares de séculos até que hajam merecido libertar-se dele? A vaga lembrança intuitiva que guardam da terra de onde vieram é para eles como longínqua miragem a lhes recordar o que *perderam por culpa própria*.

45. Ao mesmo tempo que os maus se afastam do mundo em que habitavam, Espíritos melhores aí os substituem, vindos quer da erraticidade, concernente a esse mesmo mundo, quer de um mundo menos adiantado, que mereceram abandonar, Espíritos esses para os quais a nova habitação é uma recompensa. Desse modo, a população espiritual, renovada e expurgada dos seus piores elementos, fará com que melhore, ao cabo de algum tempo, o estado moral daquele mundo.

Às vezes essas mutações são parciais, isto é, circunscritas a um povo, a uma raça; de outras vezes são gerais, quando chega para o globo o período de renovação.

46. A raça adâmica apresenta todos os caracteres de uma raça proscrita. Os Espíritos que a integram foram exilados para a Terra, já povoada, mas de homens primitivos, imersos na ignorância, que aqueles tiveram por missão fazer progredir, levando-lhes as luzes de uma inteligência desenvolvida. Não é esse, com efeito, o papel que essa raça tem desempenhado até hoje? Sua superioridade intelectual prova que o mundo de onde vieram os Espíritos que a compõem era mais adiantado do que a Terra. Havendo esse mundo entrado numa nova fase de progresso e não tendo tais Espíritos, pela sua obstinação, querido colocar-se à altura desse progresso, lá estariam deslocados e constituiriam um obstáculo à marcha providencial das coisas. Por isso foram excluídos de lá e substituídos por outros, que o mereceram.

Relegando aquela raça para este mundo de labor e sofrimento, Deus teve razão para lhe dizer: "Tirarás o alimento da terra com o suor do teu rosto". Na sua mansuetude, prometeu-lhe que enviaria um *Salvador*, isto é, alguém que a esclareceria sobre o caminho que lhe cumpria tomar, para sair desse lugar de miséria, desse *inferno*, e ganhar a felicidade dos eleitos. Esse Salvador, Ele lho enviou na pessoa do Cristo, que lhe ensinou a Lei de Amor e de Caridade que ela desconhecia e que seria a verdadeira âncora de salvação. O Cristo não somente ensinou a lei, como deu o exemplo da prática dessa lei, com sua mansuetude, sua humildade e sua paciência, sofrendo sem murmurar os mais ignominiosos tratamentos e as dores mais acerbas. Para que tal missão se cumprisse sem desvios, era de todo necessário um Espírito que estivesse acima das fraquezas humanas.

É igualmente com o objetivo de fazer que a Humanidade progrida em determinado sentido que os Espíritos Superiores, embora não tenham as qualidades do Cristo, encarnam de tempos a tempos na Terra para desempenhar missões especiais, proveitosas, simultaneamente, ao adiantamento pessoal deles, se as cumprirem de acordo com os desígnios do Criador.

47. Sem a reencarnação, a missão do Cristo seria um contrassenso, assim como a promessa feita por Deus. Suponhamos, com efeito, que a alma de cada homem seja criada por ocasião do nascimento do corpo e não faça mais do que aparecer e desaparecer da Terra; que relação haveria entre as que vieram desde Adão até Jesus Cristo e as que vieram depois? Seriam todas estranhas umas às outras. A promessa de um Salvador, feita por Deus, não podia aplicar-se aos descendentes de Adão, uma vez que suas almas ainda não estavam criadas. Para que a missão do Cristo pudesse corresponder às palavras de Deus, seria preciso que estas se aplicassem às mesmas almas. Se são novas estas almas, não podem estar maculadas pela falta do primeiro pai, que é apenas pai carnal e não pai espiritual. De outro modo, Deus teria *criado* almas com mácula de uma falta que elas não teriam cometido. A doutrina comum do pecado original implica, por conseguinte, a necessidade de uma relação entre as almas do tempo do Cristo e as do tempo de Adão; implica, portanto, a reencarnação.

Dizei que todas essas almas faziam parte da colônia de Espíritos exilados na Terra ao tempo de Adão e que se achavam manchadas das faltas que lhes acarretaram ser excluídas de um mundo melhor, e tereis a única interpretação racional do pecado original, pecado peculiar a cada indivíduo e não resultado da responsabilidade da falta de outrem a quem ele jamais conheceu. Dizei que essas almas ou Espíritos renascem diversas vezes na Terra para a vida corpórea, a fim de progredirem e se depurarem; que o Cristo veio esclarecer essas mesmas almas, não só acerca de suas vidas passadas, como também em relação às suas vidas ulteriores, e somente então dareis à sua missão um sentido real e sério, que a razão pode aceitar.

Capítulo XI
Gênese espiritual

48. Um exemplo familiar, notável por sua analogia, tornará ainda mais compreensíveis os princípios que acabam de ser expostos.

A 24 de maio de 1861, a fragata *Ifigênia* transportou à Nova Caledônia uma companhia disciplinar composta de 291 homens. À chegada, o comandante lhes baixou uma ordem do dia concebida nos seguintes termos:

> Pondo os pés nesta terra longínqua, já compreendestes o papel que vos está reservado.
>
> A exemplo dos bravos soldados da nossa marinha, que servem sob as vossas vistas, ajudar-vos-ei a levar com brilho o facho da civilização ao seio das tribos selvagens da Nova Caledônia. Não é uma bela e nobre missão, pergunto? Desempenhá-la-eis dignamente.
>
> Escutai a palavra e os conselhos dos vossos chefes. Estou à frente deles. Entendei bem as minhas palavras.
>
> A escolha do vosso comandante, dos vossos oficiais, dos vossos suboficiais e cabos constitui garantia certa de que todos os esforços serão tentados para fazer de vós excelentes soldados; digo mais: para vos elevar à altura de bons cidadãos e vos transformar em colonos honrados, se o quiserdes.
>
> A vossa disciplina é severa e assim deve ser. Colocada em nossas mãos, ela será firme e inflexível, ficai sabendo, do mesmo modo que, justa e paternal, saberá distinguir o erro do vício e da degradação...

Aí tendes um punhado de homens expulsos, pelo seu mal proceder, de um país civilizado, e mandados, por punição, para o meio de um povo bárbaro. Que lhes diz o chefe? "Infringistes as leis do vosso país; nele vos tornastes causa de perturbação e escândalo e fostes expulsos; mandam-vos para aqui, mas aqui podeis resgatar o vosso passado; podeis, pelo trabalho, criar para vós uma posição honrosa e vos tornar cidadãos honestos. Tendes uma bela missão a cumprir: levar a civilização a estas tribos selvagens. A disciplina será severa, mas justa, e saberemos distinguir os que procederem bem."

Para aqueles homens, lançados ao seio da selvageria, a mãe-pátria não é um paraíso que eles perderam pelas suas próprias faltas e por se rebelarem contra a lei? Naquela terra distante não são eles anjos decaídos? A linguagem do chefe não é idêntica à de que Deus utilizou quando falou aos Espíritos exilados na Terra: "Desobedecestes às minhas Leis e, por isso, eu vos expulsei do mundo onde podíeis viver felizes e em paz. Aqui, estareis condenados ao trabalho; mas podereis, pelo vosso bom procedimento, merecer perdão e reconquistar a pátria que perdestes por vossa falta, isto é, o céu?"

49. À primeira vista, a ideia da queda parece em contradição com o princípio segundo o qual os Espíritos não podem retrogradar. Deve-se, porém, considerar que não se trata de um retrocesso ao estado primitivo. O Espírito, embora em posição inferior, nada perde do que adquiriu; seu desenvolvimento moral e intelectual é o mesmo, qualquer que seja o meio em que se ache colocado. Ele está na situação do homem do mundo condenado à prisão por seus delitos. Certamente, esse homem se encontra decaído do ponto de vista social, mas não se torna nem mais estúpido nem mais ignorante.

50. Será crível que esses homens mandados para a Nova Caledônia vão transformar-se de súbito em modelos de virtude? Que vão abjurar de repente os seus erros do passado? Seria desconhecer a Humanidade, quem assim pensasse. Pela mesma razão, os Espíritos da raça adâmica, uma vez transplantados para a terra de exílio, não se despojaram instantaneamente do seu orgulho e de seus maus instintos; ainda por muito tempo conservaram as inclinações que traziam, um resto da velha levedura. Ora, não é esse o verdadeiro pecado original? A mancha que trazem ao nascer é a da raça de Espíritos culpados e punidos à qual pertencem, mancha que podem apagar pelo arrependimento, pela expiação e pela renovação do seu ser moral. O pecado original, considerado como a responsabilidade de uma falta cometida por outro, é um contrassenso e a negação da Justiça de Deus. Ao contrário, considerado como consequência e resquício de uma imperfeição primitiva do indivíduo, não somente a razão o admite, como perfeitamente justa é a responsabilidade daí decorrente.

CAPÍTULO XII

Gênese mosaica

Os seis dias – O paraíso perdido

Os seis dias

1. – CAPITULO I – 1. No começo Deus criou o Céu e a Terra. – 2. A Terra era uniforme e inteiramente nua; as trevas cobriam a face do abismo e o Espírito de Deus pairava sobre as águas. – 3. Ora, Deus disse: Faça-se a luz e a luz foi feita. – 4. Deus viu que a luz era boa e separou a luz das trevas. – 5. Deu à luz o nome de *dia* e às trevas o nome de *noite*, e da tarde e da manhã fez o primeiro dia.

6. Disse Deus também: Faça-se o firmamento no meio das águas e que ele separe das águas as águas. – 7. E Deus fez o firmamento e separou as águas que estavam debaixo do firmamento das que estavam acima do firmamento. E assim se fez. – 8. E Deus deu ao firmamento o nome de *céu*; da tarde e da manhã se fez o segundo dia.

9. Disse Deus ainda: Reúnam num só lugar as águas que estão sob o *céu* e apareça o elemento árido. E assim se fez. – 10. Deus deu ao elemento árido o nome de *terra* e chamou *mar* a todas as águas reunidas. E viu que isso estava bem. – 11. Disse mais: Produza a terra a erva verde que traz a semente e árvores frutíferas que deem frutos cada um de uma espécie, e que contenham em si mesmas as suas sementes, para se reproduzirem na terra. E assim se fez. – 12. A terra então produziu a erva verde que trazia consigo

a sua semente, conforme a espécie, e árvores frutíferas que continham em si mesmas suas sementes, cada uma de acordo com a sua espécie. E Deus viu que estava bom. – 13. E da tarde e da manhã se fez o terceiro dia.

14. Disse também: Façam-se corpos de luz no firmamento do céu, a fim de que separem o dia da noite e sirvam de sinais para marcar o tempo e as estações, os dias e os anos. – 15. Brilhem eles no firmamento do céu e iluminem a Terra. E assim se fez. – 16. Deus então fez dois grandes corpos luminosos, um, maior, para presidir ao dia, o outro, menor, para presidir à noite; fez também as estrelas. – 17. E os pôs no firmamento do céu, para brilharem sobre a Terra. – 18. Para presidirem ao dia e à noite e para separarem a luz das trevas. E Deus viu que estava bom. – 19. E da tarde e da manhã se fez o quarto dia.

20. Disse Deus ainda: Produzam as águas animais vivos que nadem nas águas e pássaros que voem sobre a Terra debaixo do firmamento do céu. – 21. Deus então criou os grandes peixes e todos os animais que têm vida e movimento, que as águas produziram, cada um de uma espécie, e criou também todos os pássaros, cada um de uma espécie. Viu que estava bom. – 22. E os abençoou, dizendo: Crescei e multiplicai-vos e enchei as águas do mar; e que os pássaros se multipliquem sobre a Terra. – 23. E da tarde e da manhã se fez o quinto dia.

24. Também disse Deus: Produza a Terra animais vivos, cada um de sua espécie, os animais domésticos e os animais selvagens, em suas diferentes espécies. E assim se fez. – 25. Deus fez, pois, os animais selvagens da Terra em suas espécies, os animais domésticos e todos os répteis, cada um de sua espécie. E Deus viu que estava bom.

26. Disse em seguida: Façamos o homem à nossa imagem e semelhança, e que ele mande sobre os peixes do mar, os pássaros do céu, os animais, sobre toda a Terra e sobre todos os répteis que se movem na terra. – 27. Deus então criou o homem à sua imagem e o criou à imagem de Deus e o criou macho e fêmea. – 28. Deus os abençoou e lhes disse: Crescei e multiplicai-vos, enchei a Terra e sujeitai-a, dominai sobre os peixes do mar, sobre os pássaros do céu e sobre todos os animais que se movem na terra. – 29. Disse Deus ainda: Dei-vos todas as ervas que trazem sua semente à terra

e todas as árvores que encerram em si mesmas suas sementes, cada uma de uma espécie, a fim de que vos sirvam de alimento. – 30. E dei-as a todos os animais da terra, a todos os pássaros do céu, a tudo o que se move na Terra e que é vivo e animado, a fim de que tenham com que se alimentar. E assim se fez. – 31. Deus viu todas as coisas que havia feito; eram todas muito boas. – 32. E da tarde e da manhã se fez o sexto dia.

CAPÍTULO II. 1. – O Céu e a Terra ficaram, pois, assim acabados com todos os seus ornamentos. – 2. Deus terminou no sétimo dia toda a obra que fizera e repousou nesse sétimo dia, após haver acabado todas as suas obras. – 3. Abençoou o sétimo dia e o santificou, porque cessara nesse dia de produzir todas as obras que criara. – 4. Tal a origem do Céu e da Terra e é assim que eles foram criados no dia que o Senhor fez um e outro. – 5. E que criou todas as plantas dos campos antes que houvessem saído da terra e todas as ervas das planícies antes que houvessem germinado. Porque o Senhor Deus ainda não tinha feito que chovesse sobre a terra e não havia homem para lavrá-la. – 6. Mas da terra se elevava uma fonte que lhe regava toda a superfície.

7. O senhor Deus formou, pois, o homem do limo da terra e lhe espalhou sobre o rosto um sopro de vida, e o homem se tornou vivente e animado.

2. Depois das explanações contidas nos capítulos precedentes sobre a origem e a constituição do Universo, de acordo com os dados fornecidos pela Ciência, quanto à parte material, e pelo Espiritismo, quanto à parte espiritual, convinha confrontar tudo isso com a Gênese de Moisés, a fim de que cada um pudesse estabelecer comparações e julgar com conhecimento de causa. Bastarão algumas explicações complementares para tornar compreensíveis as partes que precisam de esclarecimentos especiais.

3. Sobre alguns pontos há, sem dúvida, notável concordância entre a Gênese de Moisés e a doutrina científica; mas seria erro imaginar que basta se substituam os seis dias de 24 horas da Criação por seis períodos indeterminados, para se tornar completa a analogia. Outro erro não menor seria acreditar-se que, salvo o sentido alegórico de certas palavras, a Gênese e a Ciência caminham lado a lado, sendo uma, como se vê, simples paráfrase da outra.

4. Notemos, em primeiro lugar, conforme vimos no capítulo VII, item 14, que é inteiramente arbitrário o número de seis períodos geológicos, visto que se eleva a mais de 25 o número de formações bem caracterizadas, número que, além disso, apenas determina as grandes fases gerais. Ele só foi adotado, no começo, para encaixar as coisas, o mais possível, no texto bíblico, numa época, aliás, pouco distante, em que se entendia que a Ciência devia ser controlada pela *Bíblia*. É por isso que os autores da maior parte das teorias cosmogônicas, tendo em vista facilitar a sua aceitação, se esforçaram por se pôr de acordo com o texto sagrado. Logo que se apoiou no método experimental, a Ciência sentiu-se mais forte e se emancipou. Hoje é ela que controla a *Bíblia*.

Por outro lado, a Geologia, tomando por ponto de partida unicamente a formação dos terrenos graníticos, não abrange, no cômputo de seus períodos, o estado primitivo da Terra. Tampouco se ocupa com o Sol, com a Lua e com as estrelas, nem com o conjunto do Universo, que pertencem à Astronomia. Para enquadrar tudo na Gênese, cumpre que se acrescente um primeiro período, que abarque essa ordem de fenômenos e ao qual se poderia chamar *período astronômico*.

Além disso, nem todos os geólogos consideram o período diluviano como formando um período distinto, mas como um fato transitório, passageiro, que não mudou sensivelmente o estado climático do globo, nem marcou uma fase nova para as espécies vegetais e animais, visto que, com poucas exceções, as mesmas espécies se encontram antes como depois do dilúvio. Podemos, pois, desprezar esse período, sem, por isso, nos afastarmos da verdade.

5. O quadro comparativo que se segue, no qual se acham resumidos os fenômenos que caracterizam cada um dos seis períodos permite que se abranja o conjunto e se possam julgar as relações e as diferenças que existem entre os referidos períodos e a gênese bíblica:

CIÊNCIA	GÊNESE
I. PERÍODO ASTRONÔMICO – Aglomeração de matéria cósmica universal, num ponto do Espaço, em nebulosa que deu origem, pela condensação da matéria em diversos pontos, às estrelas, ao Sol, à Terra, à Lua e a todos os planetas. Estado primitivo fluídico e incandescente da Terra. – Atmosfera imensa, carregada de toda a água em vapor e de todas as matérias volatilizáveis.	1º DIA – O Céu e a Terra – A luz.
II. PERÍODO PRIMÁRIO – Endurecimento da superfície da Terra pelo resfriamento; formação das camadas graníticas. – Atmosfera espessa e ardente, impenetrável aos raios solares. – Precipitação gradual da água e das matérias sólidas volatilizadas no ar. – Ausência completa de vida orgânica.	2º DIA – O firmamento. – Separação das águas que estão acima do firmamento das que lhe estão debaixo.
III. PERÍODO DE TRANSIÇÃO – As águas cobrem toda a superfície do globo. – Primeiros depósitos de sedimentos formados pelas águas. – Calor úmido. – O Sol começa a atravessar a atmosfera brumosa. – Primeiros seres organizados da mais rudimentar constituição. – Líquens, musgos, fetos, licopódios, plantas herbáceas. Vegetação colossal. – Primeiros animais marinhos: zoófitos, polipeiros, crustáceos. – Depósitos de hulha.	3º DIA – As águas que estão debaixo do firmamento se reúnem; aparece o elemento árido. – A terra e os mares. – As plantas.
IV. PERÍODO SECUNDÁRIO – Superfície da Terra pouco acidentada; águas pouco profundas e pantanosas. Temperatura menos ardente; atmosfera mais depurada. Consideráveis depósitos de calcários pelas águas. – Vegetação menos colossal; novas espécies; plantas lenhosas; primeiras árvores. – Peixes; cetáceos; moluscos; grandes répteis aquáticos e anfíbios.	4º DIA – O Sol, a Lua e as estrelas.

V. PERÍODO TERCIÁRIO – Grandes intumescimentos da crosta sólida; formação dos continentes. Retirada das águas para os lugares baixos; formação dos mares. – Atmosfera depurada; temperatura atual produzida pelo calor solar. – Gigantescos animais terrestres. Vegetais e animais da atualidade. Pássaros.	5º DIA – Os peixes e os pássaros.
DILÚVIO UNIVERSAL	
VI. – PERÍODO QUATERNÁRIO OU PÓS-DILUVIANO – Terrenos de aluvião. – Vegetais e animais da atualidade. – O homem.	6º DIA – Os animais terrestres. – O homem.

6. O primeiro fato que se destaca desse quadro comparativo é que a obra de cada um dos seis dias não corresponde de maneira rigorosa, como muitos pensam, a cada um dos seis períodos geológicos. A concordância mais notável é a da sucessão dos seres orgânicos, que é quase a mesma, com pequena diferença, e no aparecimento do homem, por último. Ora, esse é um fato importante.

Há também coincidência, não quanto à ordem numérica dos períodos, mas quanto ao fato em si, na passagem em que se lê que, ao terceiro dia, "as águas que estão debaixo do céu se reuniram num só lugar e apareceu o elemento árido". É a expressão do que ocorreu no período terciário, quando as elevações da crosta sólida puseram a descoberto os continentes e repeliram as águas, que foram formar mares. Foi somente então que apareceram os animais terrestres, segundo a Geologia e segundo Moisés.

7. Quando Moisés diz que a Criação foi feita em seis dias, terá querido falar de dias de 24 horas, ou terá empregado essa palavra no sentido de período, duração, espaço de tempo indeterminado? O termo hebreu que se traduz como *dia* tem essa dupla acepção? A primeira hipótese é a mais provável se nos ativermos ao próprio texto. A referência à tarde e à manhã, como limitações de cada um dos seis dias, dá lugar a que se suponha que ele haja querido falar de dias comuns. Não se pode

Capítulo XII
Gênese mosaica

conceber qualquer dúvida a tal respeito, quando é dito no versículo 5: "Ele deu à luz o nome de *dia* e às trevas o nome de *noite*; e da tarde e da manhã, se fez o primeiro dia". Isso, evidentemente, só se pode aplicar ao dia de 24 horas, constituído de períodos de luz e de trevas. O sentido ainda se torna mais preciso quando ele diz, no versículo 17, falando do Sol, da Lua e das estrelas: "Colocou-as no firmamento do céu, para luzirem sobre a Terra; para presidirem ao dia e à noite e para separarem a luz das trevas. E da tarde e da manhã se fez o quarto dia".

Aliás, tudo na Criação era miraculoso, e desde que se envereda pela senda dos milagres, pode-se perfeitamente crer que a Terra foi feita em seis vezes 24 horas, sobretudo quando se ignoram as primeiras Leis Naturais. Todos os povos civilizados partilharam dessa crença, até o momento em que a Geologia forneceu as provas que demonstravam a sua impossibilidade.

8. Um dos pontos na Gênese que têm sido mais criticados é o da criação do Sol depois da luz. Tentaram explicá-lo, com o auxílio dos próprios dados fornecidos pela Geologia, dizendo que, nos primeiros tempos de sua criação, por se achar carregada de vapores densos e opacos, a atmosfera terrestre não permitia a visão do Sol que, assim, efetivamente não existia para a Terra. Semelhante explicação poderia até ser admissível se naquela época já houvesse na Terra habitantes que verificassem a presença ou a ausência do Sol. Ora, segundo o próprio Moisés, não havia na época senão plantas, que, todavia, não teriam podido crescer e multiplicar-se sem a ação do calor solar.

Há, pois, evidentemente, um anacronismo na ordem que Moisés estabeleceu para a criação do Sol; mas, involuntariamente ou não, ele não errou, dizendo que a luz precedeu o Sol.

O Sol não é o princípio da luz universal, mas uma concentração do elemento luminoso em um ponto, ou, por outra, do fluido que, em certas circunstâncias, adquire as propriedades luminosas. Esse fluido, que é a causa, havia necessariamente de existir antes do Sol, que é apenas um efeito. O Sol é *causa*, relativamente à luz que dele se irradia; é *efeito*, com relação à luz que recebeu.

Num aposento escuro, uma vela acesa é um pequeno sol. Que é que se fez para acender a vela? Desenvolveu-se a propriedade iluminante do fluido luminoso e concentrou-se num ponto esse fluido. A vela é a causa da luz que se difunde pelo aposento; mas, caso não existisse o princípio luminoso antes da vela, esta não poderia ter sido acesa.

O mesmo se dá com o Sol. O erro provém da ideia falsa, alimentada por longo tempo, de que o Universo inteiro começou com a Terra, não se compreendendo, em consequência, que o Sol pudesse ser criado depois da luz. Sabe-se agora que, antes que o nosso Sol e a nossa Terra fossem criados, já existiam milhões de sóis e de terras no Espaço, desfrutando, por conseguinte, da luz. Em princípio, pois, a asserção de Moisés é perfeitamente exata; é falsa quando faz crer que a Terra foi criada antes do Sol. Estando pelo seu movimento de translação, sujeita ao Sol, a Terra houve de ser formada depois dele. É o que Moisés não podia saber, já que ignorava a lei de gravitação.

Essa mesma ideia se encontra na Gênese dos antigos persas. No primeiro capítulo do *Vendedad*, diz Ormuz, ao narrar a origem do mundo: "Criei a luz que foi iluminar o Sol, a Lua e as estrelas." (*Dicionário de mitologia universal*). A forma, aqui, é sem dúvida mais clara e mais científica do que em Moisés e dispensa comentários.

9. Moisés, evidentemente, partilhava das mais primitivas crenças sobre a cosmogonia. Como os homens do seu tempo, ele acreditava na solidez da abóbada celeste e em reservatórios superiores para as águas. Essa ideia se acha expressa sem alegoria, nem ambiguidade, nesta passagem (versículos 6 e seguintes): "Deus disse: Faça-se o firmamento no meio das águas para separar das águas as terras. Deus fez o firmamento e separou as águas que estavam debaixo do firmamento das que estavam por cima do firmamento" (veja-se cap. V, *Antigos e modernos sistemas do mundo*, its. 3 a 5).

Segundo uma crença antiga, a água era tida como o princípio primitivo, o elemento gerador primitivo, de sorte que Moisés não fala da criação das águas, parecendo que elas já existiam. "As trevas cobriam o abismo", isto é, as profundezas do Espaço, que a imaginação figurava ocupada vagamente pelas águas, em plenas trevas, antes da criação da luz. Eis aí por que Moisés diz: "O Espírito de Deus pairava sobre as águas". Tida a Terra como formada no meio das águas, era preciso isolá-la. Imaginou-se então que Deus fizera o firmamento – uma abóbada sólida – para separar as águas de cima das que estavam sobre a Terra.

A fim de compreendermos certas partes da Gênese, faz-se indispensável que nos coloquemos no ponto de vista das ideias cosmogônicas da época que ela reflete.

10. Em face dos progressos da Física e da Astronomia, é insustentável semelhante doutrina.[70] Entretanto, Moisés atribui aquelas palavras ao próprio Deus. Ora, já que elas exprimem um fato notoriamente falso, de duas uma: ou Deus se enganou no relato que fez de sua obra, ou esse relato não é de origem divina. Não sendo admissível a primeira hipótese, deve-se concluir que Moisés apenas exprimiu suas próprias ideias (cap. 1, it. 3).

11. Moisés se aproxima um tanto mais da verdade, dizendo que Deus formou o homem do limo da terra.[71] De fato, a Ciência demonstra (cap. X) que o corpo do homem se compõe de elementos tomados à matéria inorgânica, ou, por outra, ao limo da terra.

A mulher formada de uma costela de Adão é uma alegoria, aparentemente pueril, se admitida ao pé da letra, mas profunda quanto ao sentido. Tem por fim mostrar que a mulher é da mesma natureza que o homem e que, por conseguinte, é igual a este perante Deus e não uma criatura à parte, feita para ser subjugada e tratada como um ser desprezível. Tendo-a como saída da própria carne do homem, a imagem da igualdade é bem mais expressiva do que se houvera sido formada, separadamente, do mesmo limo. Equivale a dizer ao homem que ela é sua igual e não sua escrava, que ele a deve amar como parte de si mesmo.

---

[70] Nota de Allan Kardec: Por mais grosseiro que seja o erro de tal crença, com ela ainda se embalam as crianças do nosso tempo, como se se tratasse de uma verdade sagrada. Tremem os educadores quando ousam aventurar-se a uma tímida interpretação. Como pretendem que isso não venha mais tarde a fazer incrédulos?

[71] Nota de Allan Kardec: O termo hebreu *haadam*, homem, do qual se compôs Adão, e o termo *haadama*, terra, têm a mesma raiz.

12. Para espíritos incultos, sem nenhuma ideia das leis gerais, incapazes de abranger o conjunto e de conceber o infinito, essa criação miraculosa e instantânea apresentava qualquer coisa de fantástico que feria a imaginação. O quadro do Universo tirado do nada em alguns dias, por um só ato da vontade criadora, era para eles o sinal mais evidente do poder de Deus. Que descrição, com efeito, mais sublime e mais poética desse poder do que estas palavras: "Deus disse: Faça-se a luz e a luz foi feita!" Deus, ao criar o Universo pela ação lenta e gradual das Leis da Natureza, ter-lhes-ia parecido menor e menos poderoso. Precisavam qualquer coisa de maravilhoso, que saísse do modelo comum, porque, do contrário, teriam dito que Deus não é mais hábil do que os homens. Uma teoria científica e racional da Criação os teria deixado frios e indiferentes.

Os homens primitivos são como crianças, a quem não convém dar outro alimento intelectual senão o que comporte a sua inteligência. Hoje, que estamos esclarecidos pelas luzes da Ciência, identificamos os erros de Moisés; porém, não o censuremos por ter falado a linguagem do seu tempo, sem o que não teria sido compreendido nem aceito.

Respeitemos os quadros que hoje nos parecem pueris, como respeitamos as fábulas que ilustraram a nossa primeira infância e nos abriram a inteligência, ensinando-nos a pensar. Foi com tais descrições que Moisés inculcou no coração dos primeiros homens a fé em Deus e em seu poder, fé ingênua que devia depurar-se mais tarde à luz da Ciência. Não é porque já sabemos ler fluentemente que vamos desprezar o livro em que aprendemos a soletrar.

Não rejeitemos, pois, a Gênese bíblica; ao contrário, estudemo-la, como se estuda a história da infância dos povos. Trata-se de uma epopeia rica de alegorias, cujo sentido oculto se deve buscar; alegorias que se devem comentar e explicar com o auxílio das luzes da razão e da Ciência. Cumpre, no entanto, ao ressaltar as suas belezas poéticas e os seus ensinamentos velados pela forma imaginosa, que se lhe apontem expressamente os erros, no próprio interesse da religião. Será esta muito mais respeitada quando tais erros deixarem de ser impostos à fé, como verdades, e Deus parecerá maior e mais poderoso quando não lhe envolverem o nome em fatos controversos.

O paraíso perdido[72]

13. CAPÍTULO II. – 8. Ora, o Senhor Deus havia plantado desde o começo um jardim de delícias, no qual pôs o homem que ele formara. – 9. O Senhor Deus também fizera sair da Terra toda espécie de árvores belas ao olhar e cujo fruto era agradável ao paladar e, no meio do paraíso,[73] a árvore da vida, com a árvore da ciência do bem e do mal (*Jeová Eloim fez sair da terra* [min haadama] *toda árvore bela de se ver e boa para se comer e a árvore da vida* [vehetz hachayim] *no meio do jardim e a árvore da ciência do bem e do mal*).

15. O Senhor tomou, pois, do homem e o colocou no paraíso de delícias, a fim de que o cultivasse e guardasse. – 16. Deu-lhe também essa ordem e lhe disse: Come de todas as árvores do paraíso (*Jeová Eloim ordenou ao homem* [hal haadam] *dizendo: De toda árvore do jardim podes comer*). – 17. Mas não comas absolutamente o fruto da árvore da ciência do bem e do mal; porquanto, logo que o comeres, morrerás com toda a certeza (*E da árvore da ciência do bem e do mal* [oumehetz hadaat tob vara] *não comerás, pois que no dia que dela comeres morrerás*).

14. CAPÍTULO III. – 1. Ora, a serpente era o mais astuto de todos os animais que o Senhor Deus formara na Terra. E ela disse à mulher: Por que Deus vos ordenou que não comêsseis os frutos de todas as árvores do paraíso? (*E a serpente* [nâhâsch] *era mais astuta do que todos os animais terrestres que Jeová Eloim havia feito; ela disse à mulher:* [el haïscha]: *Eloim terá dito: Não comereis de nenhuma árvore do jardim?*) 2. – A mulher respondeu: Comemos dos frutos de todas as árvores que estão no paraíso (*Disse ela,*

---

[72] Nota de Allan Kardec: Em seguida a alguns versículos se acha a tradução literal do texto hebreu, exprimindo mais fielmente o pensamento primitivo. O sentido alegórico ressalta assim mais claramente.

[73] Nota de Allan Kardec: Paraíso, do latim *pardisus*, derivado do grego *paradeisos*, jardim, pomar, lugar plantado de árvores. O termo hebreu empregado na Gênese é *hagan*, que tem a mesma significação.

a mulher, à serpente: podemos comer do fruto [miperi] *das árvores do jardim).* – 3. Mas, quanto ao fruto da árvore que está no meio do paraíso, Deus nos ordenou que não comêssemos dele e que não lhe tocássemos, para que não corramos o perigo de morrer. – 4. A serpente replicou à mulher: Certamente não morrereis. – 5. Mas é que Deus sabe que, tão logo houverdes comido desse fruto, vossos olhos se abrirão e sereis como *deuses*, conhecendo o bem e o mal.

6. A mulher considerou então que o fruto daquela árvore era bom de comer; que era belo e agradável à vista. E, tomando dele, o comeu e o deu a seu marido, que também comeu *(A mulher viu que a árvore era boa como alimento, e que era desejável a árvore para compreender* [léaskil]*, e tomou de seu fruto etc.).*

8. E como ouvissem a voz do Senhor Deus, que passeava à tarde pelo jardim, quando sopra um vento brando, eles se reuniram para o meio das árvores do paraíso, a fim de se ocultarem de diante de sua face.

9. Então o Senhor Deus chamou Adão e lhe disse: Onde estás? – 10. Adão lhe respondeu: Ouvi a tua voz no paraíso e tive medo, porque estava nu, sendo essa a razão por que me escondi. – 11. O Senhor lhe retrucou: E como soubeste que estavas nu, senão porque comeste o fruto da árvore da qual eu vos proibi que comêsseis? – 12. Adão lhe respondeu: A mulher que me deste por companheira me apresentou o fruto dessa árvore e eu dele comi. – 13. O Senhor Deus disse à mulher: Por que fizeste isso? Ela respondeu: A serpente me enganou e eu comi desse fruto.

14. Então o Senhor Deus disse à serpente: Por teres feito isso, serás maldita entre todos os animais e todas as bestas da terra; andarás sobre o ventre e comerás terra por todos os dias de tua vida. – 15. Porei uma inimizade entre ti e a mulher, entre a sua raça e a tua. Ela te esmagará a cabeça e tu tentarás morder-lhe o calcanhar.

16. Deus disse também à mulher: Afligir-te-ei com muitos males durante a tua gravidez; parirás com dor; estarás sob a dominação de teu marido e ele te dominará.

17. Disse em seguida a Adão: Por haveres escutado a voz de tua mulher e teres comido do fruto da árvore de que te proibi que comesses, a terra te será maldita por causa do que fizeste e só com muito trabalho tirarás dela com que

te alimentes, durante toda a tua vida. – 18. Ela te produzirá espinhos e sarças e te alimentarás com a erva da terra. – 19. E comerás o teu pão com o suor do teu rosto, até que voltes à terra de onde foste tirado, porque és pó e em pó te tornarás.

20. E Adão deu à mulher o nome de *Eva*, que significa a vida, porque ela era a mãe de todos os viventes.

21. O Senhor Deus também fez para Adão e sua mulher vestidura de peles com que os cobriu. – 22. E disse: Eis aí Adão feito *um de nós*, sabendo o bem e o mal. Impeçamos, pois, agora, que ele deite mão à árvore da vida, que também tome do seu fruto e que, comendo desse fruto, viva eternamente (*Jeová Eloim disse: Eis aí, o homem foi como um de nós para o conhecimento do bem e do mal; agora ele pode estender a mão e tomar da árvore da vida* [veata pen ischlachyado velakach mehetz hachayim]; *comerá dela e viverá eternamente*).

23. O Senhor Deus o fez sair do jardim de delícias, a fim de que fosse trabalhar no cultivo da terra de onde havia sido tirado. – 24. E, tendo-o expulsado, colocou querubins[74] diante do jardim de delícias, os quais faziam luzir uma espada de fogo, para guardarem o caminho que levava à árvore da vida.

15. Sob uma imagem pueril e às vezes ridícula, se nos ativermos à forma, a alegoria oculta frequentemente grandes verdades. À primeira vista, haverá fábula mais absurda do que a de Saturno, o Deus que devorava pedras, tomando-as por seus filhos? Entretanto, quanta filosofia e quanta verdade nessa figura, se lhe buscarmos o sentido moral! Saturno é a personificação do tempo; como todas as coisas são obra do tempo, ele é o pai de tudo o que existe; mas também tudo se destrói com o tempo. Saturno a devorar pedras é o símbolo da destruição, pelo tempo, dos mais duros corpos, seus filhos, visto que se formaram com o tempo. E quem, segundo essa mesma alegoria, escapa a semelhante destruição? Somente Júpiter, símbolo da inteligência superior, do princípio espiritual, que é indestrutível. É mesmo tão natural essa imagem que, na linguagem moderna, sem alusão à fábula antiga, se diz, de uma coisa que afinal se deteriorou, ter sido devorada pelo tempo, carcomida, devastada pelo tempo.

---

[74] Nota de Allan Kardec: Do hebreu *cherub, keroub* (boi) *charab* (lavrar). Anjos do segundo coro da primeira hierarquia, que eram representados com quatro asas, quatro faces e patas de boi.

16. Toda a mitologia pagã não passa, na realidade, de um vasto quadro alegórico das diversas faces, boas e más, da Humanidade. Para quem lhe busca o espírito, é um curso completo da mais alta filosofia, como acontece com as fábulas da atualidade. O absurdo estava em tomarem a forma pelo fundo; mas os sacerdotes pagãos só ensinavam a forma, seja porque alguns não sabiam mais, ou porque estavam interessados em manter o povo nas suas crenças, mais produtivas para eles do que a filosofia, e lhes favorecia a dominação. A veneração do povo pela forma era uma fonte inesgotável de riquezas, graças aos donativos acumulados nos templos, às oferendas e sacrifícios tributados aos deuses, riquezas que, na verdade, seus representantes é que aproveitavam. Um povo menos crédulo teria doado bem menos a imagens, estátuas, emblemas e oráculos. Sócrates foi condenado, como ímpio, a beber cicuta, por ter querido secar essa fonte, pondo a verdade no lugar do erro. Ainda não era costume, naquela época, se queimarem vivos os heréticos; porém, cinco séculos mais tarde, Cristo foi condenado a uma morte infamante, como ímpio, por ter, como Sócrates, querido substituir a letra pelo espírito, e porque a sua doutrina, toda espiritual, destruiria a supremacia dos escribas, dos fariseus e dos doutores da lei.

17. Dá-se a mesma coisa com a Gênese, na qual se têm que perceber grandes verdades morais debaixo das figuras materiais que, tomadas ao pé da letra, seriam tão absurdas como se, em nossas fábulas, tomássemos em sentido literal as cenas e os diálogos atribuídos aos animais.

Adão é a personificação da Humanidade; sua falta individualiza a fraqueza do homem, em quem predominam os instintos materiais a que ele não sabe resistir.

A árvore, como árvore da vida, é o emblema da vida material; como árvore da Ciência, é o da consciência do bem e do mal, que o homem adquire pelo desenvolvimento da sua inteligência e do livre-arbítrio, em virtude do qual ele escolhe entre um e outro. Assinala o ponto em que a alma do homem, deixando de ser guiada unicamente pelos instintos, toma posse da sua liberdade e incorre na responsabilidade de seus atos.

Capítulo XII
Gênese mosaica

O fruto da árvore simboliza o objeto dos desejos materiais do homem; é a alegoria da cobiça; resume, numa figura única, os motivos de arrastamento ao mal. O comer é sucumbir à tentação.[75] A árvore se ergue no meio do jardim de delícias para mostrar que a sedução está no seio mesmo dos prazeres e para lembrar que, se o homem der preponderância aos gozos materiais, prender-se-á à Terra e se afastará do seu destino espiritual.

A morte de que ele é ameaçado, caso transgrida a proibição que lhe é feita, é um aviso das consequências inevitáveis, físicas e morais, decorrentes da violação das Leis Divinas que Deus lhe gravou na consciência. É bem evidente que aqui não se trata da morte corpórea, pois que, depois de cometida a falta, Adão ainda viveu longo tempo, mas sim da morte espiritual, ou, em outras palavras, a perda dos bens que resultam do adiantamento moral, perda figurada pela sua expulsão do jardim de delícias.

A serpente está longe de ser considerada hoje como tipo de astúcia. Ela entra aqui mais pela sua forma do que pelo seu caráter, como alusão à perfídia dos maus conselhos, que se insinuam como a serpente e da qual, por essa razão, muitas vezes o homem nem desconfia. Ademais, se a serpente, por haver enganado a mulher é que foi condenada a rastejar, dever-se-á deduzir que antes esse animal tinha pernas; mas, neste caso, já não era serpente. Por que, então, impor à fé ingênua e crédula das crianças, como verdades, alegorias tão evidentes, e que, falseando o julgamento delas, faz que mais tarde venham a considerar a *Bíblia* como uma colcha de fábulas absurdas?

18. Se a falta de Adão consistiu literalmente em ter comido um fruto, ela não poderia de modo algum, pela sua natureza quase pueril, justificar o rigor com que foi punida. Tampouco se poderia admitir,

---

[75] Nota de Allan Kardec: Em nenhum texto o fruto é especializado na *maçã*, palavra que só se encontra nas versões infantis. O termo do texto hebreu é *peri*, que tem as mesmas acepções que em francês, sem determinação de espécie e pode ser tomado em sentido material, moral alegórico, em sentido próprio e figurado. Para os israelitas não há interpretação obrigatória; quando uma palavra tem várias acepções, cada um a entende como quer, contanto que a interpretação não seja contrária à gramática. O termo *peri* foi traduzido em latim por *malum*, que se aplica tanto à maçã, como a qualquer outra espécie de frutos. Deriva do grego *melon*, particípio do verbo *melo*, interessar, cuidar, atrair.

racionalmente, que o fato seja qual geralmente o supõem; de outro modo Deus, ao considerar irremissível o fato, teria condenado a sua própria obra, já que Ele criara o homem para a propagação. Se Adão houvesse entendido desse modo a proibição de tocar no fruto da árvore e com ela se houvesse conformado escrupulosamente, onde estaria a Humanidade e que teria sido feito dos desígnios do Criador? Se fosse assim, Deus teria criado o imenso aparato do Universo para dois indivíduos somente, tendo a Humanidade surgido contra a sua vontade e suas previsões.

Deus não criara Adão e Eva para ficarem sós na Terra; a prova disso está nas próprias palavras que lhes dirige logo depois de os ter formado, quando eles ainda estavam no paraíso terrestre: "Deus os abençoou e lhes disse: Crescei e multiplicai-vos, *enchei a terra* e submetei-a ao vosso domínio" (*Gênesis*, 1:28). Uma vez que a multiplicação era lei já no paraíso terreno, a expulsão deles dali não pode ter tido como causa o fato suposto.

O que deu crédito a essa suposição foi o sentimento de vergonha que Adão e Eva manifestaram ante o olhar de Deus e que os levou a se ocultarem. Mas essa própria vergonha é uma figura por comparação: simboliza a confusão que todo culpado experimenta em presença daquele que por ele foi ofendido.

19. Finalmente, qual foi, em suma, a falta tão grande que resultou na condenação perpétua de todos os descendentes daquele que a cometeu? Caim, o fratricida, não foi tratado tão severamente. Nenhum teólogo a pôde definir logicamente, porque todos, apegados à letra, giraram dentro de um círculo vicioso.

Hoje já sabemos que essa falta não é um ato isolado, pessoal, de um indivíduo, mas que compreende, sob um único fato alegórico, o conjunto das prevaricações de que a Humanidade da Terra, ainda imperfeita, pode tornar-se culpada e que se resumem nisto: *infração da Lei de Deus*. Eis por que a falta do primeiro homem, simbolizando este a Humanidade, tem por símbolo um ato de desobediência.

20. Dizendo a Adão que ele tiraria da terra o alimento com o suor de seu rosto, Deus simboliza a obrigação do trabalho; mas por que fez do trabalho uma punição? Que seria da inteligência do homem se ele não a

Capítulo XII
Gênese mosaica

desenvolvesse pelo trabalho? Que seria da Terra se não fosse fecundada, transformada, saneada pelo trabalho inteligente do homem?

Está dito (*Gênesis*, 2:5 e 7): "O Senhor Deus ainda não havia feito chover na Terra e não havia nela homens que a cultivassem. O senhor formou então o homem do limo da terra". Essas palavras, aproximadas destas outras: *enchei a Terra*, provam que o homem, desde a sua origem, estava destinado a ocupar *toda a terra e a cultivá-la*; provam, também, que o paraíso não era um lugar circunscrito a um canto do globo. Se a cultura da terra houvesse de ser uma consequência da falta de Adão, resultaria que, se Adão não tivesse pecado, a terra permaneceria inculta e os desígnios de Deus não se teriam cumprido.

Por que Ele disse à mulher que ela pariria com dor, em virtude de haver cometido a falta? Como pode a dor do parto ser um castigo, quando é um efeito do organismo e quando está provado, fisiologicamente, que é uma necessidade? Como pode ser punição uma coisa que se produz segundo as Leis da Natureza? É o que os teólogos ainda não explicaram, nem poderão explicar, enquanto não abandonarem o ponto de vista em que se colocaram. Entretanto, podem justificar-se aquelas palavras que parecem tão contraditórias.

21. Notemos, em primeiro lugar, que se as almas de Adão e Eva tivessem sido tiradas do nada, no exato momento da criação de seus corpos, como ainda se ensina, o casal devia ser inexperiente em todas as coisas; devia, pois, ignorar o que é morrer. Já que os dois estavam *sozinhos* na Terra, ao menos enquanto viviam no paraíso terrestre, não tinham assistido à morte de ninguém. Como, então, teriam podido compreender em que consistia a ameaça de morte que Deus lhes fazia? Como Eva teria podido compreender que parir com dor seria uma punição, visto como, tendo acabado de nascer para a vida, ela jamais tivera filhos e era a única mulher existente no mundo?

As palavras de Deus, portanto, não deviam ter nenhum sentido para Adão e Eva. Mal surgidos do nada, eles não podiam saber como nem por que haviam surgido ali; não deviam compreender nem o Criador nem o motivo da proibição que lhes era feita. Sem nenhuma experiência das condições da vida, pecaram como crianças que agem sem discernimento, o que torna ainda mais incompreensível a terrível responsabilidade que Deus fez pesar sobre eles e sobre a Humanidade inteira.

22. Entretanto, o que constitui para a Teologia um caso sem solução, o Espiritismo o explica sem dificuldade e de maneira racional, pela anterioridade da alma e pela pluralidade das existências, lei sem a qual tudo é mistério e anomalia na vida do homem. Com efeito, admitamos que Adão e Eva já tivessem vivido e tudo logo se justifica: Deus não lhes fala como a crianças, mas como a seres no estado de o compreenderem e que o compreendem, prova evidente de que ambos trazem aquisições anteriores. Admitamos, além disso, que hajam vivido em um mundo mais adiantado e menos material do que o nosso, em que o trabalho do Espírito substituía o do corpo; que, por se haverem rebelado contra a Lei de Deus, figurada na desobediência, tenham sido afastados de lá e exilados, por punição, para a Terra, na qual o homem, pela natureza do globo, é constrangido a um trabalho corpóreo, e reconheceremos que Deus estava coberto de razão quando lhes disse: "No mundo em que ireis viver doravante, cultivareis a terra e dela tirareis o alimento com o suor do vosso rosto"; e, à mulher: "Parirás com dor", porque tal é a condição desse mundo (cap. XI, its. 31 e seguintes).

O paraíso terrestre, cujos vestígios têm sido inutilmente procurados na Terra, era, por conseguinte, a figura do mundo de felicidade onde Adão vivera, ou melhor, onde vivera a raça dos Espíritos que ele personifica. A expulsão do paraíso marca o momento em que esses Espíritos vieram encarnar entre os habitantes do nosso planeta, e a mudança de situação foi a consequência da expulsão. O anjo armado com uma espada flamejante, a defender a entrada do paraíso, simboliza a impossibilidade em que se acham os Espíritos dos mundos inferiores de penetrar nos mundos superiores, antes que o mereçam pela sua depuração (veja-se adiante o cap. XIV, its. 9 e seguintes).

23. Caim (depois do assassínio de Abel) responde ao Senhor: "A minha iniquidade é grande demais, para que possa ser perdoada. Vós me expulsais hoje de cima da Terra e eu irei me ocultar da vossa face. Serei

fugitivo e vagabundo na Terra e qualquer um então que me encontre me matará". – O senhor lhe respondeu: "Não, isto não se dará, porquanto, quem matar Caim será punido severamente". E o Senhor pôs um sinal sobre Caim, a fim de que não o matassem os que viessem a encontrá-lo.

Tendo-se retirado de diante do Senhor, Caim ficou errando pela Terra e habitou a região oriental do Éden. Havendo conhecido sua mulher, ela concebeu e pariu Enoque. Ele construiu uma cidade a que chamou *Enoque* (Enoquia), do nome de seu filho (*Gênesis*, 4:13 a 16).

24. Se nos apegarmos à letra da Gênese, eis as consequências a que chegaremos: Adão e Eva estavam sós no mundo, depois de expulsos do paraíso terrestre; só posteriormente tiveram os dois filhos Caim e Abel. Ora, tendo-se Caim retirado para outra região depois de haver assassinado o irmão, não tornou mais a ver seus pais, que de novo ficaram isolados. Só muito mais tarde, na idade de 130 anos, foi que Adão teve um terceiro filho, que se chamou Set, depois de cujo nascimento ele ainda viveu, segundo a genealogia bíblica, oitocentos anos, e teve mais filhos e filhas.

Quando, pois, Caim foi estabelecer-se a leste do Éden, somente havia na Terra três pessoas: seu pai e sua mãe, e ele, *sozinho*, de seu lado. Entretanto, Caim teve mulher e um filho. Que mulher podia ser essa e onde ele pudera desposá-la? Ele construiu uma cidade; mas uma cidade supõe habitantes, visto não ser de presumir que Caim a fizesse para si, sua esposa e seu filho, nem que a pudesse edificar sozinho.

Dessa própria narrativa, portanto, logo se conclui que a região era povoada. Ora, não podia sê-lo pelos descendentes de Adão, que então se reduziam a um só: Caim.

A presença de outros habitantes ressalta igualmente destas palavras de Caim: "Serei fugitivo e vagabundo e quem quer que me encontre me matará", e da resposta que Deus lhe deu. Por quem ele temia ser morto e que utilidade teria o sinal que Deus lhe pôs para preservá-lo, visto que ele não iria encontrar ninguém? Se, pois, havia na Terra outros homens além da família de Adão, é que esses homens aí estavam antes dele, de onde se deduz esta consequência, tirada do próprio texto da Gênese: Adão não é o primeiro, nem o único pai do gênero humano (cap. 11, it. 34).

25. Eram necessários os conhecimentos que o Espiritismo forneceu acerca das relações do princípio espiritual com o princípio material, acerca da natureza da alma, da sua criação em estado de simplicidade e de ignorância, da sua união com o corpo, da sua indefinida marcha progressiva por meio de sucessivas existências e pelos mundos, que são outros tantos degraus da senda do aperfeiçoamento, acerca da sua gradual libertação da influência da matéria, mediante o uso do livre-arbítrio, da causa dos seus pendores bons ou maus e de suas aptidões, do fenômeno do nascimento e da morte, da situação do Espírito na erraticidade e, finalmente, do futuro como prêmio de seus esforços por se melhorar e da sua perseverança no bem, para que se fizesse luz sobre todas as partes da Gênese espiritual.

Graças a essa luz, o homem sabe doravante de onde vem, para onde vai, por que está na Terra e por que sofre. Sabe que seu futuro está em suas mãos e que a duração do seu cativeiro neste mundo depende unicamente dele. Despida da alegoria acanhada e mesquinha, a Gênese se lhe apresenta grande e digna da majestade, da bondade e da justiça do Criador. Considerada desse ponto de vista, ela confundirá a incredulidade e triunfará.

OS MILAGRES SEGUNDO O ESPIRITISMO

CAPÍTULO XIII

Caracteres dos milagres

1. Na acepção etimológica, a palavra *milagre* (de *mirari*, admirar) significa: *admirável, coisa extraordinária, surpreendente*. A Academia a definiu assim: *Um ato do poder divino contrário às leis conhecidas da Natureza*.

Na acepção usual, essa palavra perdeu, como tantas outras, a significação primitiva. De geral que era, tornou-se de acepção restrita a uma ordem particular de fatos. No entender das massas, um *milagre* implica a ideia de um fato sobrenatural; no sentido litúrgico, é uma derrogação das Leis da Natureza, por meio da qual Deus manifesta o seu poder. Tal é, com efeito, a sua acepção vulgar, que se tornou o sentido próprio, de modo que só por comparação e por metáfora se aplica às circunstâncias ordinárias da vida.

Um dos caracteres dos milagres propriamente ditos é o fato de ser inexplicável, realizando-se, por isso mesmo, com exclusão das Leis Naturais. E tanto essa é a ideia que se lhe associa que, se um fato miraculoso vem a encontrar explicação, se diz que já não constitui milagre, por mais surpreendente que seja.

Outro caráter do milagre é o fato de ser insólito, isolado, excepcional. Logo que um fenômeno se reproduz, quer espontânea, quer voluntariamente, é que está submetido a uma lei e, desde então, seja ou não conhecida a lei, não pode ser um milagre.

2. Aos olhos dos ignorantes, a Ciência faz milagres todos os dias. Se um homem realmente morto for chamado à vida por intervenção divina, haverá verdadeiro milagre, por ser esse um fato contrário às Leis da Natureza. Mas se em tal homem houver apenas aparência de morte, se lhe restar uma *vitalidade latente* e a Ciência, ou uma ação magnética qualquer, conseguir reanimá-lo, para as pessoas esclarecidas ter-se-á dado um fenômeno natural, mas, para o vulgo ignorante, o fato passará por miraculoso. Lance um físico, do meio de certa campina, um papagaio elétrico e faça que o raio caia sobre uma árvore e certamente esse novo Prometeu será tido por armado de diabólico poder. Se, porém, Josué houvesse detido o movimento do Sol, ou antes, da Terra, aí sim, teríamos verdadeiro milagre, visto não existir nenhum magnetizador dotado de poder suficiente para operar semelhante prodígio.

Os séculos de ignorância foram fecundos em milagres, porque se considerava miraculoso tudo aquilo cuja causa não se conhecia. À medida que a Ciência revelou novas leis, o círculo do maravilhoso se foi restringindo; mas como a Ciência ainda não havia explorado todo o campo da Natureza, larga parte dele ficou reservada ao maravilhoso.

3. Expulso do domínio da materialidade pela Ciência, o maravilhoso se encastelou no da espiritualidade, no qual encontrou o seu último refúgio. O Espiritismo, ao demonstrar que o elemento espiritual é uma das forças vivas da Natureza, força que incessantemente atua em concorrência com a força material, faz que voltem ao âmbito dos efeitos naturais os que dele haviam saído, porque, como os outros, tais efeitos também se acham sujeitos a leis. Se for expulso da espiritualidade, o maravilhoso já não terá razão de ser e só então se poderá dizer que passou o tempo dos milagres.[76]

4. O Espiritismo vem, pois, por sua vez, fazer o que cada Ciência fez no seu advento: revelar novas leis e explicar, conseguintemente, os fenômenos compreendidos na alçada dessas leis.

---

[76] Nota de Allan Kardec: A palavra *elemento* não é aqui tomada no sentido de *corpo simples elementar*, de *moléculas primitivas*, mas no de *parte constituinte de um todo*. Neste sentido, pode-se dizer que o *elemento espiritual* desempenha um papel ativo na economia do Universo, como se diz que o *elemento civil* e o *elemento militar* integram as cifras de uma população, que o *elemento religioso* faz parte da educação, que na Argélia há que se levar em conta o *elemento árabe* etc.

Esses fenômenos, é certo, se prendem à existência dos Espíritos e à intervenção deles no mundo material. Ora, dizem, é justamente nisso que consiste o sobrenatural. Mas, então, seria preciso provar que os Espíritos e suas manifestações são contrários às Leis da Natureza; que aí não há, nem pode haver, a ação de uma dessas leis.

O Espírito nada mais é do que a alma sobrevivente ao corpo; é o ser principal, visto que não morre, enquanto o corpo não passa de um acessório que se destrói. Sua existência, portanto, é tão natural depois, como durante a encarnação; está submetido às leis que regem o princípio espiritual, como o corpo está sujeito às leis que regem o princípio material; mas como esses dois princípios têm necessária afinidade, como reagem incessantemente um sobre o outro, como da ação simultânea deles resultam o movimento e a harmonia do conjunto, segue-se que a espiritualidade e a materialidade são duas partes de um mesmo todo, tão natural uma quanto a outra, não sendo, pois, a primeira uma exceção, uma anomalia na ordem das coisas.

5. Durante a sua encarnação, o Espírito atua sobre a matéria por intermédio do seu corpo fluídico ou perispírito, dando-se o mesmo quando ele não está encarnado. Como Espírito, faz o que fazia o homem, na medida de suas capacidades; apenas, por já não ter o corpo carnal para instrumento, serve-se, quando necessário, dos órgãos materiais de um encarnado, que vem a ser o que se chama *médium*. Procede então como alguém que, não sabendo uma língua, recorre a um intérprete. O secretário e o intérprete são os *médiuns* do encarnado, do mesmo modo que o médium é o secretário ou o intérprete de um Espírito.

6. Já não sendo o mesmo no estado de encarnação o meio em que os Espíritos atuam e os modos por que atuam, os efeitos também são diferentes. Tais efeitos só parecem sobrenaturais porque se produzem com o auxílio de agentes que não são os de que nos servimos. Desde, porém, que esses agentes estão na Natureza e as manifestações se dão em virtude de certas leis, nada há de sobrenatural ou de maravilhoso. Antes de se conhecerem as propriedades da eletricidade, os fenômenos elétricos passavam por prodígios aos olhos de certa gente; a partir do momento

em que se conheceu a causa, desapareceu o maravilhoso. Dá-se o mesmo com os fenômenos espíritas, que não saem mais das Leis Naturais do que os fenômenos elétricos, acústicos, luminosos e outros, que serviram de fundamento a uma imensidão de crenças supersticiosas.

7. Entretanto, dir-se-á, admitis que um Espírito pode levantar uma mesa e mantê-la no espaço sem ponto de apoio; não é isso uma derrogação da lei da gravidade? – Sim, da lei conhecida. Conhecem-se, porém, todas as leis? Antes que se houvesse experimentado a força ascensional de certos gases, quem diria que uma pesada máquina, transportando vários homens, pudesse triunfar da força de atração? Aos olhos do vulgo, isso não pareceria maravilhoso, diabólico? Aquele que, há um século, tivesse proposto a transmitir um telegrama a 500 léguas e receber a resposta dentro de alguns minutos teria passado por louco; se o fizesse, teriam acreditado estar o diabo às suas ordens, porque então só o diabo era capaz de andar tão depressa. Hoje, no entanto, não só se reconhece possível o fato, como ele parece muito natural. Por que, pois, um fluido desconhecido não teria a propriedade de contrabalançar, em dadas circunstâncias, o efeito da gravidade, como o hidrogênio contrabalança o peso do balão? É, com efeito, o que ocorre no caso de que se trata (*O livro dos médiuns* [Segunda parte], cap. IV).

8. Estando na Natureza, os fenômenos espíritas se hão produzido em todos os tempos; mas, precisamente porque seu estudo não podia ser feito pelos meios materiais de que dispõe a ciência vulgar, permaneceram muito mais tempo do que outros no domínio do sobrenatural, de onde o Espiritismo agora os retira.

Baseado em aparências inexplicáveis, o sobrenatural deixa livre curso à imaginação que, a vagar pelo desconhecido, gera as crenças supersticiosas. Uma explicação racional, fundada nas Leis da Natureza, reconduzindo o homem ao terreno da realidade, fixa um ponto de parada aos transviamentos da imaginação e destrói as superstições. Longe de ampliar o domínio do sobrenatural, o Espiritismo o restringe até os seus extremos limites e lhe derruba o último refúgio. Se é certo que ele faz crer na possibilidade de alguns fatos, não menos certo é que, por outro lado, impede a crença em muitos outros, porque demonstra, no campo da espiritualidade, a exemplo da Ciência no âmbito da materialidade, o que é possível e o que não o é. Todavia, como não alimenta a pretensão de haver dito a última palavra seja sobre o que for, nem mesmo sobre o que é da sua competência, ele não se apresenta como absoluto regulador do possível e deixa de lado os conhecimentos reservados ao futuro.

9. Os fenômenos espíritas consistem nos diferentes modos de manifestação da alma ou Espírito, seja durante a encarnação, seja no estado de erraticidade. É pelas manifestações que produz que a alma revela sua existência, sua sobrevivência e sua individualidade; julgamo-la pelos seus efeitos; sendo natural a causa, o efeito também o é. São esses efeitos que constituem objeto especial das pesquisas e do estudo do Espiritismo, a fim de chegar-se a um conhecimento tão completo quanto possível da Natureza e dos atributos da alma, como das leis que regem o princípio espiritual.

10. Para os que negam a existência do princípio espiritual independente e, por conseguinte, negam a existência da alma individual e sobrevivente, a Natureza toda está na matéria tangível; todos os fenômenos que se referem à espiritualidade são, para esses negadores, sobrenaturais e, portanto, quiméricos. Não admitindo a causa, não podem admitir os efeitos e, quando estes são patentes, os atribuem à imaginação, à ilusão, à alucinação e se negam a aprofundá-los. Daí a opinião preconcebida que os torna inaptos a apreciar judiciosamente o Espiritismo, porque partem do princípio da negação de tudo que não seja material.

11. Embora o Espiritismo admita os efeitos, que são a consequência da existência da alma, não se segue que admita todos os efeitos qualificados de maravilhosos e que se proponha a justificá-los e a dar-lhes crédito; que se faça campeão de todos os devaneios, de todas as utopias, de todas as excentricidades sistemáticas, de todas as lendas miraculosas. Seria preciso conhecê-lo muito pouco para pensar assim. Seus adversários jugam opor-lhe um argumento sem réplica quando, depois de terem feito eruditas pesquisas sobre os convulsionários de Saint-Médard, sobre os calvinistas das Cevenas, ou sobre as religiosas de Loudun, chegaram a descobrir fatos patentes de embuste, que ninguém contesta. Mas essas histórias serão, porventura, o evangelho do Espiritismo? Seus adeptos já terão negado que o charlatanismo haja explorado em proveito próprio alguns fatos? Que a imaginação os tenha criado? Que o fanatismo os haja exagerado muitíssimo? Ele não é mais solidário com as extravagâncias que se cometem em seu nome do que a Ciência com os abusos da ignorância e a verdadeira religião com os abusos do fanatismo. Muitos críticos julgam o Espiritismo pelos contos de fadas e pelas lendas populares, ficções daqueles contos. É como julgar a História pelos romances históricos e pelas tragédias.

12. Na maior parte das vezes os fenômenos espíritas são espontâneos e se produzem sem nenhuma ideia preconcebida da parte das pessoas com que eles se dão e que, em regra, são as que nele menos pensam. Existem alguns que, em certas circunstâncias, podem ser provocados pelos agentes denominados *médiuns*. No primeiro caso, o médium é *inconsciente* do que se produz por seu intermédio; no segundo, age com conhecimento de causa; daí resulta a classificação de *médiuns conscientes* e *médiuns inconscientes*. Estes últimos são os mais numerosos e se encontram com frequência entre os mais obstinados incrédulos que, assim, praticam o Espiritismo sem o saberem, nem quererem. Por isso mesmo, os fenômenos espontâneos têm capital importância, visto não se poder suspeitar da boa-fé dos que os obtêm. Dá-se aqui o que se dá com o sonambulismo que, em certos indivíduos, é natural e involuntário, enquanto em outros é provocado pela ação magnética.[77]

Quer esses fenômenos resultem ou não de um ato da vontade, a causa primeira é exatamente a mesma e em nada se afasta das Leis Naturais. Os médiuns, portanto, não produzem coisa alguma de sobrenatural; por conseguinte, não fazem *nenhum milagre*. As próprias curas instantâneas não são mais milagrosas do que os outros efeitos, já que resultam da ação de um agente fluídico, que desempenha o papel de agente terapêutico e cujas propriedades não deixam de ser naturais

---

[77] Nota de Allan Kardec: *O livro dos médiuns* [Segunda parte], cap. V; *Revista Espírita* – Exemplos: dezembro de 1865, p. 370; agosto de 1865, p. 231.

por terem sido ignoradas até agora. O epíteto de *taumaturgos*, dado a certos médiuns pela crítica ignorante dos princípios do Espiritismo é, pois, totalmente impróprio. A qualificação de *milagres* atribuída, por comparação, a esta espécie de fenômenos, somente pode induzir em erro sobre o verdadeiro caráter deles.

13. A intervenção de inteligências ocultas nos fenômenos espíritas não os torna mais milagrosos do que todos os outros fenômenos devidos a agentes invisíveis, porque esses seres ocultos que povoam os espaços são uma das forças da Natureza, força cuja ação é incessante sobre o mundo material, tanto quanto sobre o mundo moral.

Esclarecendo-nos acerca dessa força, o Espiritismo nos dá a solução de uma imensidade de coisas inexplicadas e inexplicáveis por qualquer outro meio e que, em tempos recuados, passaram por prodígios. Do mesmo modo que o magnetismo, ele revela uma lei, se não desconhecida, pelo menos mal compreendida; ou, melhor dizendo, conheciam-se os efeitos, porque eles se produziram em todos os tempos, porém não se conhecia a lei, e foi o desconhecimento desta que gerou a superstição. Conhecida essa lei, desaparece o maravilhoso e os fenômenos entram na ordem das coisas naturais. Eis por que os espíritas não operam milagres quando fazem que uma mesa se mova sozinha, ou que os mortos escrevam, do mesmo modo que o médico não opera um milagre quando faz que um moribundo reviva, ou o físico, quando faz que o raio caia. Aquele que pretendesse *fazer milagres* com o auxílio desta ciência ou seria um ignorante do assunto ou um enganador de tolos.

14. Considerando-se que o Espiritismo repudia toda pretensão às coisas miraculosas, fora da sua esfera haverá milagres, na acepção usual desta palavra?

Digamos, primeiramente, que entre os fatos reputados milagrosos, ocorridos antes do advento do Espiritismo e que ainda ocorrem no presente, a maior parte, se não todos, encontram explicação nas novas leis que ele veio revelar. Esses fatos, portanto, se compreendem, embora sob outro nome, na ordem dos fenômenos espíritas e, como tais, nada têm de sobrenatural. Fique, porém, bem entendido que só nos referimos aos fenômenos autênticos, e não aos que, com a denominação de milagres, são produto de uma indigna charlatanice, com vistas a explorar a credulidade. Tampouco nos referimos a certos fatos lendários que podem ter tido, originariamente, um fundo de verdade, mas que a superstição ampliou até o absurdo. É sobre esses fatos que o Espiritismo vem projetar luz, fornecendo meios de separar a verdade do erro.

15. Quanto aos milagres propriamente ditos, Deus, sem dúvida, pode fazê-los, visto que nada lhe é impossível. Mas será que os faz? Ou, em outras palavras, derroga as leis que Ele mesmo estabeleceu? Não cabe ao homem prejulgar os atos da Divindade nem subordiná-los à fraqueza do seu entendimento. Contudo, em face das Leis Divinas, temos, para critério do nosso juízo, os próprios atributos de Deus. Ao poder soberano, reúne Ele a soberana sabedoria, devendo-se, pois, concluir que nada faz de inútil.

Por que, então, faria milagres? Para atestar o seu poder, dizem. Mas o poder de Deus não se manifesta de maneira muito mais eloquente pelo grandioso conjunto das obras da Criação, pela sábia previdência que essa Criação revela, tanto nas mais gigantescas quanto nas mais insignificantes, e pela harmonia das leis que regem o mecanismo do Universo, do que por algumas pequeninas e pueris derrogações que todos os prestidigitadores sabem imitar? Que se diria de um engenheiro mecânico que, para provar a sua habilidade, desmantelasse um relógio construído pelas suas mãos, obra-prima da ciência, a fim de mostrar que pode desmanchar o que fizera? Ao contrário, seu saber não ressalta muito mais da regularidade e da precisão do movimento da sua obra?

A questão dos milagres propriamente ditos não é, pois, da alçada do Espiritismo; mas ponderando que Deus não faz coisas inúteis, a Doutrina emite a seguinte opinião: Não sendo necessários os milagres para a glorificação de Deus, nada no Universo se produz fora do âmbito das leis gerais. Se, pois, há fatos que não compreendemos, é que ainda nos faltam os conhecimentos necessários.

16. Admitindo que Deus houvesse alguma vez, por razões que não podemos apreciar, derrogado acidentalmente Leis por Ele mesmo estabelecidas, tais leis já não seriam imutáveis. Mesmo, porém, que semelhante derrogação seja possível, ter-se-á, pelo menos, de reconhecer que só Deus dispõe desse poder. Sem se negar ao Espírito do mal a onipotência, não se pode admitir que lhe seja permitido desfazer a obra divina, operando, de seu lado, prodígios capazes de seduzir até os eleitos, pois que isso implicaria um poder igual ao de Deus. É, no entanto, o que ensinam. Se Satanás tem o poder de sustar o curso das Leis Naturais, que são obra de Deus, sem a permissão deste, é mais poderoso que a Divindade. Logo, Deus não possui a onipotência e se, como pretendem alguns, delega poderes a Satanás, para mais facilmente induzir os homens ao mal, falta-lhe a soberana bondade. Em ambos os casos, há negação de um dos atributos sem os quais Deus não seria Deus.

Daí vem a Igreja distinguir os bons milagres, que procedem de Deus, dos maus milagres, que procedem de Satanás. Como, porém, diferenciar um do outro? Seja oficial ou não, nem por isso um milagre deixa de ser uma derrogação das Leis emanadas unicamente de Deus. Se um indivíduo é curado por suposto milagre, quer seja Deus quem o opere, quer Satanás, não deixará por isso de ter havido cura. É preciso fazer ideia muito acanhada da inteligência humana pretender-se que semelhantes doutrinas possam ser aceitas nos dias de hoje.

Reconhecida a possibilidade de alguns fatos considerados miraculosos, deve-se concluir que, seja qual for a origem que se lhes atribua, eles são efeitos naturais de que se podem utilizar *Espíritos encarnados* ou *desencarnados*, como de tudo, como da própria inteligência e dos conhecimentos científicos de que disponham, para o bem ou para o mal, conforme neles predominem a bondade ou a perversidade. Um ser perverso, valendo-se do saber que haja adquirido, pode fazer coisas que passem por prodígios aos olhos dos ignorantes; mas quando tais efeitos dão em resultado um bem qualquer, seria ilógico atribuir-lhes uma origem diabólica.

17. Mas a religião, dizem, se apoia em fatos que não são explicados nem explicáveis. Inexplicados, talvez; inexplicáveis, é outra questão. Que sabe o homem das descobertas e dos conhecimentos que o futuro lhe reserva? Sem falar no milagre da Criação, o maior de todos sem contestação possível, já pertencente ao domínio da Lei Universal, não vemos reproduzirem-se hoje, sob o império do magnetismo, do sonambulismo, do Espiritismo, os êxtases, as visões, as aparições, as percepções a distância, as curas instantâneas, as suspensões, as comunicações orais e outras com os seres do Mundo Invisível, fenômenos conhecidos desde tempos imemoriais, tidos outrora por maravilhosos e que presentemente se demonstra pertencerem à ordem das coisas naturais, de acordo com a lei constitutiva dos seres? Os livros sagrados estão cheios de fatos desse gênero, qualificados de sobrenaturais; como, no entanto, se encontram fatos análogos e até mais maravilhosos ainda em todas as religiões pagãs da Antiguidade, se a veracidade de uma religião dependesse do número e da natureza de tais fatos, não se saberia dizer qual a que devesse prevalecer.

18. Pretender-se que o sobrenatural é o fundamento indispensável de toda religião, que é a pedra angular do edifício cristão, é sustentar perigosa tese. Assentar as verdades do Cristianismo sobre a base exclusiva do maravilhoso é dar-lhe fraco alicerce, cujas pedras facilmente se soltam com o passar dos dias. Essa tese, de que se constituíram defensores eminentes teólogos, leva direto à conclusão de que, em dado tempo, já não haverá religião possível, nem mesmo a cristã, desde que se chegue a demonstrar que é natural o que se considera sobrenatural, visto como, por mais que se acumulem argumentos, não se conseguirá sustentar a crença de que um fato é miraculoso depois de se haver provado que não o é. Ora, a prova de que um fato não é uma exceção das Leis Naturais é quando pode ser explicado por essas mesmas leis e que, podendo reproduzir-se por intermédio de um indivíduo qualquer, deixa de ser privilégio dos santos. Não é do *sobrenatural* que necessitam as religiões, mas do *princípio espiritual*, que elas confundem erradamente com o maravilhoso e sem o qual não há religião possível.

O Espiritismo considera a religião cristã de um ponto de vista mais elevado; dá-lhe uma base mais sólida do que a dos milagres: as Leis imutáveis de Deus, que regem tanto o princípio espiritual como o princípio material. Essa base desafia o tempo e a Ciência, porque o tempo e a Ciência virão sancioná-la.

Deus não se torna menos digno da nossa admiração, do nosso reconhecimento, do nosso respeito, por não haver derrogado suas Leis, grandiosas, sobretudo, pela imutabilidade que as caracteriza. Não há necessidade do sobrenatural para que se preste a Deus o culto que lhe é devido. A Natureza não é de si mesma tão imponente, a ponto de dispensar o que quer que seja para provar o poder divino? A religião encontraria menos incrédulos se, em todos os pontos, fosse sancionada pela razão. O Cristianismo nada tem a perder com semelhante sanção; ao contrário, só pode ganhar. Se alguma coisa o tem prejudicado na opinião de muitas pessoas, foi precisamente o abuso do maravilhoso e do sobrenatural.

19. Se tomarmos a palavra *milagre* em sua acepção etimológica, no sentido de *coisa admirável*, teremos milagres incessantemente sob as vistas. Aspiramo-los no ar e os calcamos com os pés, porque tudo é milagre na Natureza.

Querem dar ao povo, aos ignorantes, aos pobres de espírito uma ideia do poder de Deus? Mostrem-No na sabedoria infinita que preside a tudo, no admirável organismo de tudo o que vive, na frutificação das plantas, na apropriação de todas as partes de cada ser às suas necessidades, de acordo com o meio onde ele é posto a viver. Mostrem-lhes a ação de Deus na vergôntea de um arbusto, na flor que desabrocha, no Sol que tudo vivifica. Mostrem-lhes a sua bondade na solicitude que dispensa a todas as criaturas, por mais ínfimas que sejam, a sua previdência, na razão de ser de todas as coisas, entre as quais nenhuma é inútil, no bem que sempre decorre de um mal aparente e temporário. Façam-lhes compreender, principalmente, que o mal real é obra do homem e não de Deus; não procurem amedrontá-los com o quadro das penas eternas, em que acabam não mais crendo e que os levam a duvidar da bondade de Deus; antes, deem-lhes coragem, mediante a certeza de poderem um dia redimir-se e reparar o mal que hajam praticado. Apontem-lhes as descobertas da Ciência como revelações das Leis Divinas e não como obras de Satanás. Ensinai-lhes, finalmente, a ler no livro da Natureza, constantemente aberto diante deles, nesse livro inesgotável, em que se acham inscritas em cada página a bondade e a sabedoria do Criador. Eles, então, compreenderão que um Ser tão grande, que com tudo se ocupa, que por tudo vela, tudo prevê, forçosamente dispõe do poder supremo. O lavrador o verá ao arar o seu campo, e o desventurado, nas suas aflições, o bendirá dizendo: se sou infeliz, é por minha culpa. Então, os homens serão verdadeiramente religiosos, racionalmente religiosos, sobretudo, muito mais do que acreditando em pedras que suam sangue ou em estátuas que piscam os olhos e derramam lágrimas.

CAPÍTULO XIV

Os fluidos

Natureza e propriedades dos fluidos – Explicação de alguns fatos considerados sobrenaturais

Natureza e propriedades dos fluidos

1. A Ciência resolveu a questão dos milagres que decorrem mais particularmente do elemento espiritual, quer explicando-os, quer demonstrando-lhes a impossibilidade, em face das leis que regem a matéria. Mas os fenômenos em que prepondera o elemento espiritual, não podendo ser explicados unicamente por meio das leis da matéria, escapam às investigações da Ciência. É por isso que eles, mais do que os outros, apresentam os caracteres *aparentes* do maravilhoso. É, pois, nas leis que regem a Vida Espiritual que se pode encontrar a explicação dos milagres dessa categoria.

2. O fluido cósmico universal, como já foi demonstrado, é a matéria elementar primitiva, cujas modificações e transformações constituem a inumerável variedade dos corpos da Natureza. Como princípio elementar do Universo, ele assume dois estados distintos: o da eterização ou imponderabilidade, que se pode considerar o estado normal primitivo, e o de materialização ou de ponderabilidade, que é, de certo modo, consecutivo ao primeiro. O ponto intermediário é o da transformação do fluido em matéria tangível, porém, ainda aí, não há transformação brusca, visto que se podem considerar os nossos fluidos imponderáveis como termo médio entre os dois estados (cap. IV, its. 10 e seguintes).

Cada um dos dois estados dá lugar, naturalmente, a fenômenos especiais: ao segundo pertencem os do mundo visível e ao primeiro os do Mundo Invisível. Uns, os chamados *fenômenos materiais*, são da alçada da Ciência propriamente dita; os outros, qualificados de *fenômenos espirituais* ou *psíquicos*, porque se ligam de modo especial à existência dos Espíritos, cabem nas atribuições do Espiritismo. Como, porém, a Vida Espiritual e a vida corporal se acham em contato incessante, os fenômenos das duas categorias muitas vezes se produzem simultaneamente. No estado de encarnação, o homem somente pode perceber os fenômenos psíquicos que se prendem à vida corpórea; os que são do domínio exclusivo da Vida Espiritual escapam aos sentidos materiais e só podem ser percebidos no estado de Espírito.[78]

3. No estado de eterização, o fluido cósmico não é uniforme; sem deixar de ser etéreo, sofre modificações tão variadas em gênero e mais numerosas talvez do que no estado de matéria tangível. Essas modificações constituem fluidos distintos que, embora procedam do mesmo princípio, são dotados de propriedades especiais e dão origem aos fenômenos peculiares do Mundo Invisível.

Dentro da relatividade de tudo, esses fluidos têm para os Espíritos, que também são fluídicos, uma aparência tão material quanto a dos objetos tangíveis para os encarnados e são, para eles, o que são para nós as substâncias do mundo terrestre. Eles os elaboram e combinam para produzirem determinados efeitos, como fazem os homens com os seus materiais, ainda que por processos diferentes.

Lá, porém, como neste mundo, somente aos Espíritos mais esclarecidos é dado compreender o papel que desempenham os elementos constitutivos do mundo onde eles se acham. Os ignorantes do Mundo

---

[78] Nota de Allan Kardec: A denominação de fenômeno *psíquico* exprime com mais exatidão o pensamento do que a de fenômeno *espiritual*, considerando-se que esses fenômenos repousam sobre as propriedades e os atributos da alma, ou, melhor, dos fluidos perispíriticos, inseparáveis da alma. Esta qualificação os liga mais intimamente à ordem dos fatos naturais regidos por leis; pode-se, pois, admiti-los como efeitos psíquicos, sem os admitir a título de milagres.

Invisível são tão incapazes de explicar a si mesmos os fenômenos a que assistem e para os quais muitas vezes concorrem maquinalmente, como os ignorantes da Terra o são para explicar os efeitos da luz ou da eletricidade, para dizer de que modo é que veem e escutam.

4. Os elementos fluídicos do Mundo Espiritual escapam aos nossos instrumentos de análise e à percepção dos nossos sentidos, feitos para perceberem a matéria tangível e não a matéria etérea. Há os pertencentes a um meio diverso a tal ponto do nosso, que deles só podemos fazer ideia mediante comparações tão imperfeitas como aquelas por meio das quais um cego de nascença procura fazer ideia da teoria das cores.

Mas entre esses fluidos alguns são tão intimamente ligados à vida corpórea que, de certa forma, pertencem ao meio terreno. Em falta de percepção direta, podem-se observar os seus efeitos, permitindo que se adquira sobre a natureza deles conhecimento de alguma precisão. Esse estudo é essencial, porque está nele a solução de uma imensidade de fenômenos inexplicáveis unicamente pelas leis da matéria.

5. O ponto de partida do fluido universal é o grau de pureza absoluta, da qual nada nos pode dar ideia; o ponto oposto é a sua transformação em matéria tangível. Entre esses dois extremos, dão-se inúmeras transformações, mais ou menos aproximadas de um e de outro. Os fluidos mais próximos da materialidade, ou menos puros, conseguintemente, compõem o que se pode chamar a atmosfera espiritual da Terra. É desse meio, onde igualmente vários são os graus de pureza, que os Espíritos encarnados e desencarnados deste planeta haurem os elementos necessários à economia de suas existências. Por mais sutis e impalpáveis que nos pareçam, esses fluidos não deixam por isso de ser de natureza grosseira, em comparação com os fluidos etéreos das regiões superiores.

O mesmo se dá na superfície de todos os mundos, salvo as diferenças de constituição e as condições de vitalidade próprias de cada um. Quanto menos material é a vida neles, tanto menos afinidade têm os fluidos espirituais com a matéria propriamente dita.

A qualificação de *fluidos espirituais* não é rigorosamente exata, já que, em última análise, eles são sempre matéria mais ou menos quintessenciada. De realmente *espiritual*, só mesmo a alma ou princípio inteligente. Dá-se-lhes essa denominação por comparação apenas e, sobretudo, pela afinidade que eles guardam com os Espíritos. Pode-se dizer que são a matéria do Mundo Espiritual, razão por que são chamados de *fluidos espirituais*.

6. Quem conhece, aliás, a constituição íntima da matéria tangível? Ela talvez somente seja compacta em relação aos nossos sentidos, e o que o provaria é a facilidade com que os fluidos espirituais e os Espíritos a atravessam, aos quais não oferece maior obstáculo do que o que os corpos transparentes oferecem à luz.

Tendo por elemento primitivo o fluido cósmico etéreo, deve ser possível à matéria tangível, desagregando-se, voltar ao estado de eterização, do mesmo modo que o diamante, o mais duro dos corpos, pode volatizar-se em gás impalpável. Na realidade, a solidificação da matéria não passa de um estado transitório, que pode voltar ao seu estado primitivo quando deixam de existir as condições de coesão.

Quem sabe mesmo se, no estado de tangibilidade, a matéria não é capaz de adquirir uma espécie de eterização que lhe daria propriedades particulares? Certos fenômenos, que parecem autênticos, tenderiam a fazer supor que assim fosse. Ainda não conhecemos senão as fronteiras do Mundo Invisível; o futuro, por certo, nos reserva o conhecimento de novas leis, que nos permitirão compreender o que para nós ainda é mistério.

7. O perispírito, ou corpo fluídico dos Espíritos, é um dos produtos mais importantes do fluido cósmico; é uma condensação desse fluido em torno de um foco de inteligência ou *alma*. Já vimos que também o corpo carnal tem seu princípio de origem nesse mesmo fluido condensado e transformado em matéria tangível. No perispírito, a transformação molecular se opera diferentemente, pois o fluido conserva a sua imponderabilidade e suas qualidades etéreas. O corpo perispirítico e o corpo carnal têm, pois, origem no mesmo elemento primitivo; ambos são matéria, ainda que em dois estados diferentes.

8. Os Espíritos extraem o seu perispírito do meio em que se encontram, isto é, eles formam esse envoltório a partir dos fluidos ambientes.

Resulta daí que os elementos constitutivos do perispírito devem variar conforme os mundos. Sendo Júpiter considerado um planeta muito adiantado em comparação com a Terra, e como um orbe onde a vida corpórea não apresenta a materialidade da nossa, os envoltórios perispiríticos hão de ser ali de natureza muito mais quintessenciada do que aqui. Ora, assim como não poderíamos existir naquele mundo com o nosso corpo carnal, também os nossos Espíritos não poderiam nele penetrar com o perispírito terrestre que os envolve. Deixando a Terra, o Espírito aí abandona o seu envoltório fluídico e toma outro apropriado ao mundo onde vai habitar.

9. A natureza do envoltório fluídico está sempre em relação com o grau de adiantamento moral do Espírito. Os Espíritos inferiores não podem mudar de envoltório a seu bel-prazer e, por conseguinte, não podem passar, à vontade, de um mundo para outro. O envoltório fluídico de alguns deles, se bem que etéreo e imponderável com relação à matéria tangível, é ainda pesado demais, se assim nos podemos exprimir, com relação ao Mundo Espiritual, para permitir que eles saiam do meio que lhes é próprio. Nessa categoria se devem incluir aqueles cujo perispírito é tão grosseiro que eles o confundem com o corpo carnal, razão pela qual acreditam-se vivos. Esses Espíritos, cujo número é considerável, permanecem na superfície da Terra, como os encarnados, julgando-se entregues às suas ocupações terrenas. Outros, um pouco mais desmaterializados, não o são, contudo, suficientemente, para se elevarem acima das regiões terrestres.[79]

Os Espíritos Superiores, ao contrário, podem vir aos mundos inferiores e, até encarnar neles. Tiram, dos elementos constitutivos do mundo onde entram, os materiais para a formação do envoltório fluídico ou carnal apropriado ao meio em que se encontram. Fazem como o príncipe, que despe suas vestes elegantes para envergar temporariamente os trajes grosseiros dos plebeus, sem, por isso, deixar de ser nobre.

---

[79] Nota de Allan Kardec: Exemplos de Espíritos que ainda julgam pertencer a este mundo: *Revista Espírita*, dezembro de 1859, p. 310; novembro de 1864, p. 339; abril de 1865, p. 117.

É assim que os Espíritos da categoria mais elevada podem manifestar-se aos habitantes da Terra ou encarnar em missão entre estes. Tais Espíritos trazem consigo, não o envoltório, mas a lembrança intuitiva das regiões de onde vieram e que veem em pensamento. São videntes entre cegos.

10. A camada de fluidos espirituais que envolvem a Terra pode ser comparada às camadas inferiores da atmosfera, mais pesadas, mais compactas, menos puras do que as camadas superiores. Esses fluidos não são homogêneos; são uma mistura de moléculas de diversas qualidades, entre as quais necessariamente se encontram as moléculas elementares que lhes formam a base, porém mais ou menos alteradas. Os efeitos que esses fluidos produzem estarão em razão da *soma* das partes puras que eles encerram. Tal, por comparação, o álcool retificado, ou misturado, em diferentes proporções, com a água ou outras substâncias: seu peso específico aumenta, por efeito dessa mistura, enquanto sua força e sua inflamabilidade diminuem, embora no todo continue a haver álcool puro.

Os Espíritos chamados a viver naquele meio tiram dele seus perispíritos; porém, conforme o Espírito seja mais ou menos depurado, seu perispírito se formará das partes mais puras ou das mais grosseiras desse meio. O Espírito produz aí, sempre por comparação e não por assimilação, o efeito de um reativo químico que atrai para si as moléculas que a sua natureza pode assimilar.

Resulta disso este fato *capital*: a constituição íntima do perispírito não é idêntica em todos os Espíritos encarnados ou desencarnados que povoam a Terra ou o espaço que a circunda. O mesmo já não se dá com o corpo carnal, que, como foi demonstrado, se forma dos mesmos elementos, qualquer que seja a superioridade ou a inferioridade do Espírito. Por isso, em todos, o corpo produz os mesmos efeitos, as necessidades são semelhantes, ao passo que diferem em tudo o que respeita ao perispírito.

Também resulta que: o envoltório perispirítico de um Espírito se modifica com o progresso moral que este realiza em cada encarnação, embora ele encarne no mesmo meio; que os Espíritos Superiores, encarnados excepcionalmente, em missão, num mundo inferior, têm perispírito menos grosseiro do que o dos naturais desse mundo.[80]

11. O meio está sempre em relação com a natureza dos seres que nele têm de viver: os peixes, na água; os seres terrestres, no ar; os seres espirituais, no fluido espiritual ou etéreo, mesmo que estejam na Terra. O fluido etéreo está para as necessidades do Espírito, como a atmosfera está para as necessidades dos encarnados. Ora, do mesmo modo que os peixes não podem viver no ar; que os animais terrestres não podem viver numa atmosfera muito rarefeita para seus pulmões, os Espíritos inferiores não podem suportar o brilho e a impressão dos fluidos mais etéreos. Não morreriam no meio desses fluidos, porque o Espírito não morre, mas uma força intuitiva os mantêm afastados dali, como a criatura terrena se afasta de um fogo muito ardente ou de uma luz muito deslumbrante. Eis por que não podem sair do meio que lhes é peculiar à natureza; para mudarem de meio, precisam antes mudar de natureza, despojar-se dos instintos materiais que os retêm nos meios materiais; numa palavra, que se depurem e se transformem moralmente. Então, gradualmente se identificam com um meio mais depurado, que se lhes torna uma necessidade, como os olhos, para quem viveu longo tempo nas trevas, insensivelmente se habituam à luz do dia e ao fulgor do Sol.

12. Assim, tudo no Universo se liga, tudo se encadeia; tudo se acha submetido à grande e harmoniosa lei de unidade, desde a mais compacta materialidade até a mais pura espiritualidade. A Terra é como um vaso de onde se escapa uma fumaça densa que vai clareando à medida que se eleva e essas parcelas rarefeitas se perdem no Espaço infinito.

A potência divina refulge em todas as partes desse grandioso conjunto e, no entanto, pretende-se que Deus, não contente com o que já fez e para melhor atestar o seu poder, venha perturbar essa harmonia! Que

---

[80] N.E.: É preciso salientar que no século XIX as teorias raciais estavam em voga, dando *status* científico às desigualdades entre os seres humanos; Kardec, porém, codificou uma doutrina – o Espiritismo – que tem como base a igualdade entre os homens, visto que todos somos Espíritos em busca de evolução. As raças seriam apenas "roupagens" que vestimos durante determinada encarnação.

se rebaixe ao papel de mágico, produzindo efeitos pueris, dignos de um prestidigitador! E, como se não bastasse, ousam lhe dar, como rival em habilidade, o próprio Satanás! Não haveria modo de amesquinhar mais a majestade divina e admiram-se de que a incredulidade progrida!

Tendes razão de dizer: "A fé vai-se!", mas a que se vai é a fé em tudo o que choca o bom senso e a razão; fé idêntica à que outrora levava a dizerem: "Vão-se os deuses!" Mas a fé nas coisas sérias, a fé em Deus e na imortalidade está sempre viva no coração do homem, e por mais sufocada que tenha sido sob o amontoado de histórias pueris com que a oprimiram, ela se reerguerá mais forte, desde que se sinta libertada, tal como a planta que, comprimida, se levanta de novo, logo que a banhem os raios do Sol!

Sim, tudo é milagre na Natureza, porque tudo é admirável e dá testemunho da sabedoria divina! Esses milagres são visíveis a toda a gente, a todos os que têm olhos de ver e ouvidos de ouvir e não em proveito apenas de alguns. Não! Não há milagres no sentido comumente atribuído a essa palavra, porque tudo decorre das Leis Eternas da Criação.

13. Os fluidos espirituais, que constituem um dos estados do fluido cósmico universal, são, a bem dizer, a atmosfera dos seres espirituais; o elemento de onde eles tiram os materiais sobre os quais operam; o meio em que ocorrem os fenômenos especiais perceptíveis à visão e à audição do Espírito, mas que escapam aos sentidos carnais, impressionáveis somente pela matéria tangível; finalmente, o veículo do pensamento, como o ar é o veículo do som.

14. Os Espíritos atuam sobre os fluidos espirituais, não os manipulando como os homens manipulam os gases, mas empregando o pensamento e a vontade. Para os Espíritos, o pensamento e a vontade são o que é a mão para o homem. Pelo pensamento, eles imprimem àqueles fluidos tal ou qual direção, os aglomeram, combinam ou dispersam, organizando com eles conjuntos que apresentam uma aparência, uma forma e uma coloração determinadas; mudam-lhes as propriedades, como um químico muda a dos gases ou de outros corpos, combinando-os segundo certas leis. É a grande oficina ou laboratório da Vida Espiritual.

Algumas vezes, essas transformações resultam de uma intenção; de outras, são produto de um pensamento inconsciente. Basta que o Espírito pense uma coisa para que esta se produza.

É assim, por exemplo, que um Espírito se torna visível a um encarnado que possua vista espiritual, sob as aparências que tinha quando vivo na época em que o segundo o conheceu, embora ele haja tido, depois dessa época, muitas encarnações. Apresenta-se com o vestuário, os sinais exteriores – enfermidades, cicatrizes, membros amputados etc. – que tinha então. Um decapitado se apresentará sem a cabeça, o que não significa de modo algum que haja conservado essa aparência. Certamente, como Espírito, ele não é coxo, nem maneta, nem zarolho, nem decapitado; o que ocorre é que, retrocedendo o seu *pensamento* à época em que tinha tais defeitos, seu perispírito lhes toma instantaneamente as aparências, que de igual modo deixa instantaneamente. Se, pois, de uma vez ele foi negro, e branco de outra, apresentar-se-á como branco ou negro, conforme a encarnação a que se refira a sua evocação e à que se transporte o seu pensamento.

Por análogo efeito, o pensamento do Espírito cria fluidicamente os objetos que ele estava habituado a usar. Um avarento manuseará ouro; um militar trará suas armas e seu uniforme; um fumante, o seu cachimbo; um lavrador, o seu arado e seus bois; uma mulher velha, a sua roca. Para o Espírito, esses objetos fluídicos são tão reais como eram antes, no estado material, para o homem vivo; mas em virtude de serem criações do pensamento, a existência deles é tão fugaz quanto o pensamento que os gerou.[81]

15. A ação dos Espíritos sobre os fluidos espirituais tem consequências de importância direta e fundamental para os encarnados. Considerando-se que esses fluidos são o veículo do pensamento, que o pensamento pode modificar suas propriedades, é evidente que o pensamento há de estar impregnado das qualidades boas ou más dos pensamentos que o fazem vibrar, modificados pela pureza ou impureza dos

---

[81] Nota de Allan Kardec: Veja-se a *Revista Espírita*, julho de 1859, p. 184; *O livro dos médiuns* [Segunda parte], cap. VIII.

sentimentos. Os maus pensamentos corrompem os fluidos espirituais, como o ar deletério corrompe o ar respirável. Os fluidos que envolvem os Espíritos maus, ou que estes projetam, são, pois, viciados, enquanto os que recebem a influência dos Espíritos bons são tão puros quanto o comporta o grau de perfeição moral destes últimos.

Seria impossível fazer-se uma enumeração ou classificação dos fluidos bons e maus, ou especificar suas qualidades respectivas, levando-se em conta que a diversidade deles é tão grande quanto a dos pensamentos.

16. Uma vez que os fluidos ambientes são modificados pela projeção dos pensamentos do Espírito, seu envoltório perispirítico, que é parte constitutiva do seu ser e que recebe de modo direto e permanente a impressão de seus pensamentos, há de estar, com mais forte razão, impregnado de suas qualidades boas ou más. Os fluidos viciados pelos eflúvios dos Espíritos maus podem depurar-se pelo afastamento destes, mas seus perispíritos serão sempre os mesmos, enquanto o Espírito não se modificar por si próprio.

17. Sendo apenas Espíritos encarnados, os homens têm uma parcela da Vida Espiritual, visto que vivem dessa vida tanto quanto da vida corpórea; primeiramente durante o sono e, muitas vezes, no estado de vigília. Ao encarnar, o Espírito conserva o seu perispírito, com as qualidades que lhe são próprias, e que, como se sabe, não fica circunscrito pelo corpo, mas irradia à sua volta e o envolve como que de uma atmosfera fluídica.

Pela sua união íntima com o corpo, o perispírito desempenha um papel preponderante no organismo. Pela sua expansão, põe o Espírito encarnado em relação mais direta com os Espíritos livres.

O pensamento do Espírito encarnado atua sobre os fluidos espirituais, como o dos desencarnados, e se transmite de Espírito a Espírito pelas mesmas vias; conforme seja bom ou mau, saneia ou vicia os fluidos ambientes.

18. Sendo o perispírito dos encarnados de natureza idêntica à dos fluidos espirituais, ele os assimila com facilidade, qual se fora uma esponja a embeber-se de um líquido. Esses fluidos exercem sobre o

perispírito uma ação tanto mais direta quanto, por sua expansão e irradiação, o perispírito acaba se confundindo com eles.

Os fluidos espirituais atuam sobre o perispírito e este, por sua vez, reage sobre o organismo material com que se acha em contato molecular. Se os eflúvios são de boa natureza, o corpo ressente uma impressão salutar; se são maus, a impressão é penosa; se são permanentes e enérgicos, os eflúvios maus podem ocasionar desordens físicas. Certas doenças não têm outra causa.

Os ambientes onde predominam os Espíritos maus são, pois, impregnados de fluidos deletérios, que o encarnado absorve pelos poros perispíritos, como absorve pelos poros do corpo os miasmas pestilenciais.

19. Dá-se o mesmo nas reuniões de encarnados. Uma assembleia é um foco de irradiação de pensamentos diversos. Considerando-se que o pensamento atua sobre os fluidos como o som sobre o ar, esses fluidos nos trazem o pensamento, como o ar nos traz o som. Pode-se, pois, dizer, sem receio de errar, que há, nesses fluidos, ondas e raios de pensamentos, que se cruzam sem se confundirem, como há no ar ondas e vibrações sonoras.

Uma assembleia é, como uma orquestra, um coro de pensamentos, em que cada um emite uma nota. Resulta daí uma multiplicidade de correntes e de eflúvios fluídicos cuja impressão cada um recebe pelo sentido espiritual, como num coro musical cada um recebe a impressão dos sons pelo sentido da audição.

Mas do mesmo modo que há irradiações sonoras, harmônicas ou dissonantes, também há pensamentos harmônicos ou discordantes. Se o conjunto é harmonioso, a impressão é agradável; se for discordante, a impressão será penosa. Ora, para isso não é necessário que o pensamento se exteriorize por palavras; quer ele se externe, quer não, a irradiação fluídica existe sempre. No entanto, se se misturarem aí alguns pensamentos malévolos, estes produzirão o efeito de uma corrente de ar gelado num meio tépido.

Tal é a causa do sentimento de satisfação que se experimenta numa reunião simpática, animada de pensamentos bons e benévolos, na qual reina uma saudável atmosfera moral e se respira à vontade; sai-se reconfortado dali, porque impregnado de eflúvios fluídicos salutares. Assim também se explica a ansiedade, o indefinível mal-estar que se experimenta num meio antipático, no qual pensamentos malévolos provocam correntes de ar repugnante.

20. O pensamento produz, pois, uma espécie de efeito físico que reage sobre o moral, fato este que só o Espiritismo podia tornar compreensível. O homem o sente instintivamente, visto que procura as reuniões homogêneas e simpáticas, nas quais sabe que pode haurir novas forças morais. Pode-se mesmo dizer que em tais reuniões ele recupera as perdas fluídicas que sofre todos os dias pela irradiação do pensamento, como recupera, por meio dos alimentos, as perdas do corpo material. É que, com efeito, o pensamento é uma emissão que ocasiona uma perda real de fluidos espirituais e, por conseguinte, de fluidos materiais, de maneira tal que o homem precisa retemperar-se com os eflúvios que recebe do exterior.

Quando se diz que um médico cura um doente por meio de boas palavras, enuncia-se uma verdade absoluta, porque um pensamento bondoso traz consigo fluidos reparadores que atuam sobre o físico, tanto quanto sobre o moral.

21. Dir-se-á que se podem evitar os homens sabidamente mal-intencionados. Sim, certamente; mas como fugiremos à influência dos Espíritos maus que pululam à nossa volta e, sem serem vistos, se insinuam por toda parte?

O meio é muito simples, porque depende da vontade do próprio homem, que traz consigo o necessário antídoto. Os fluidos se combinam pela semelhança de suas naturezas; os dissemelhantes se repelem; há incompatibilidade entre os fluidos bons e os maus, como entre o óleo e a água.

O que se faz quando o ar está viciado? Procede-se ao seu saneamento, cuida-se de depurá-lo, destruindo o foco dos miasmas, expelindo os eflúvios malsãos, por meio de correntes mais fortes de ar salubre. Contra a invasão dos fluidos maus é preciso que se oponham os fluidos bons e, como cada um tem no seu próprio perispírito uma fonte fluídica permanente, todos trazem consigo o remédio indispensável. Trata-se apenas de depurar essa fonte e de lhe dar qualidades tais que se constitua para as más influências um *repulsor*, em vez de ser uma força atrativa. O perispírito, portanto, é uma couraça a que se deve dar a melhor têmpera possível. Ora, como as suas qualidades guardam relação direta com as qualidades da alma, é preciso trabalhar pela sua própria melhoria, visto que são as imperfeições da alma que atraem os Espíritos maus.

As moscas são atraídas pelos focos de corrupção; destruídos esses focos, elas desaparecerão. Dá-se a mesma coisa com os Espíritos maus, que vão para onde o mal os atrai; eliminado o mal, eles se afastarão. Os Espíritos realmente bons, encarnados ou desencarnados, nada têm que temer da influência dos maus.

Explicação de alguns fatos considerados sobrenaturais

22. O perispírito é o traço de união entre a vida corpórea e a Vida Espiritual. É por seu intermédio que o Espírito encarnado se acha em relação contínua com os Espíritos [desencarnados]; é, em suma, com o auxílio dele que se operam no homem fenômenos especiais, cuja causa fundamental não se encontra na matéria tangível e que, por essa razão, parecem sobrenaturais.

É nas propriedades e nas irradiações do fluido perispirítico que se deve buscar a causa da *dupla vista*, ou *vista espiritual*, a que também se pode chamar *vista psíquica*, da qual muitas pessoas são dotadas, quase sempre sem o saberem, assim como da vista sonambúlica.

O perispírito é o órgão sensitivo do Espírito. É por seu intermédio que o Espírito encarnado percebe as coisas espirituais que escapam aos sentidos carnais. Pelos órgãos do corpo, a visão, a audição e as diversas sensações são localizadas e limitadas à percepção das coisas materiais; pelo sentido espiritual, elas são generalizadas: o Espírito vê, ouve e sente, por todo o seu ser, tudo o que se encontra na esfera de irradiação do seu fluido perispirítico.

No homem, tais fenômenos constituem a manifestação da Vida Espiritual; é a alma a agir fora do organismo. Na dupla vista, ou percepção pelo sentido espiritual, ele não vê com os olhos do corpo, embora, muitas vezes, por hábito, dirija o olhar para o ponto que lhe chama a atenção. Vê com os olhos da alma, e a prova disto é que vê perfeitamente bem com os olhos fechados e vê o que está muito além do seu campo visual.[82]

23. Embora, durante a vida, o Espírito se encontre *preso* ao corpo pelo perispírito, não se acha tão escravizado a ponto de alongar a cadeia que o prende e transportar-se a um ponto distante, seja na Terra, seja em qualquer lugar do Espaço. Só a contragosto o Espírito permanece ligado ao corpo, porque a sua vida normal é a de liberdade, ao passo que a vida corpórea é a do servo preso à gleba.

O Espírito, portanto, sente-se feliz em deixar o corpo, como o pássaro ao deixar a gaiola; aproveita todas as ocasiões para dele se libertar, todos os instantes em que a sua presença não é necessária à vida de relação. É o fenômeno designado como *emancipação da alma*, o qual se produz sempre durante o sono. Toda vez que o corpo repousa e que os sentidos ficam inativos, o Espírito se desprende (*O livro dos espíritos* [Livro II], cap. VIII).

Nesses momentos o Espírito vive da Vida Espiritual, enquanto o corpo vive apenas da vida vegetativa; acha-se, em parte, no estado em que se encontrará após a morte; percorre o Espaço, conversa com os amigos e com outros Espíritos, livres ou *encarnados* como ele.

O laço fluídico que o prende ao corpo só se rompe definitivamente por ocasião da morte; a separação completa somente se dá por efeito da extinção absoluta da atividade do princípio vital. Enquanto o corpo vive, o Espírito, a qualquer distância que esteja, é instantaneamente chamado à sua prisão, desde que a sua presença aí se torne necessária. Ele,

---

[82] Nota de Allan Kardec: Fatos de dupla vista e lucidez sonambúlica relatados na *Revista Espírita*: janeiro de 1858, p. 25; novembro de 1858, p. 213; julho de 1861, p. 197; novembro de 1863, p. 352.

então, retoma o curso da vida exterior de relação. Por vezes, ao despertar, conserva uma lembrança das suas peregrinações, uma imagem mais ou menos precisa, que constitui o sonho; ou, pelo menos, traz delas intuições que lhe sugerem ideias e pensamentos novos, justificando plenamente o provérbio: "A noite é boa conselheira".

Assim se explicam igualmente certos fenômenos característicos do sonambulismo natural e magnético, da catalepsia, da letargia, do êxtase etc., e que nada mais são do que manifestações da Vida Espiritual.[83]

24. Considerando-se que a visão espiritual não se opera por meio dos olhos do corpo, segue-se que a percepção das coisas não se verifica mediante a luz ordinária: de fato, a luz material é feita para o mundo material; para o Mundo Espiritual existe uma luz especial cuja natureza desconhecemos, mas que, certamente, é uma das propriedades do fluido etéreo, adequada às percepções visuais da alma. Há, portanto, luz material e luz espiritual. A primeira emana de focos circunscritos aos corpos luminosos; a segunda tem o seu foco em toda parte, sendo esta a razão por que não há obstáculo para a visão espiritual; esta não é embaraçada nem pela distância, nem pela opacidade da matéria, não existindo para ela a obscuridade. O Mundo Espiritual é, pois, iluminado pela luz espiritual, que tem seus efeitos próprios, como o mundo material é iluminado pela luz solar.

25. Assim, envolta no seu perispírito, a alma traz consigo o seu princípio luminoso. Penetrando a matéria em virtude da sua essência etérea, não há corpos opacos para a sua visão.

Entretanto, a vista espiritual não tem a mesma extensão, nem a mesma penetração em todos os Espíritos. Somente os Espíritos puros a possuem em toda a sua pujança. Nos inferiores ela se acha enfraquecida pela relativa grosseria do perispírito, que se lhe interpõe como se fora uma espécie de nevoeiro.

Ela se manifesta em diferentes graus, nos Espíritos encarnados, pelo fenômeno da segunda vista, quer no sonambulismo natural ou

---

[83] Nota de Allan Kardec: Exemplos de letargia e de catalepsia: *Revista Espírita*: Sra. Schwabenhaus, setembro de 1858, p. 255; *A jovem cataléptica da Suábia*, janeiro de 1866, p. 18.

magnético, quer no estado de vigília. Conforme o grau de poder da faculdade, diz-se que a lucidez é maior ou menor. É com o auxílio dessa faculdade que certas pessoas veem o interior do organismo humano e descrevem as causas das doenças.

26. A vista espiritual, portanto, faculta percepções especiais que, não tendo por sede os órgãos materiais, se operam em condições muito diversas das que decorrem da vida corpórea. Por essa razão, não se podem esperar feitos idênticos nem experimentá-la pelos mesmos processos. Efetuando-se fora do organismo, ela tem uma mobilidade que frustra todas as previsões. Deve ser estudada em seus efeitos e em suas causas e não por assimilação com a vista ordinária, que ela não se destina a suprir, salvo casos excepcionais, que não se poderiam tomar como regra.

27. Nos Espíritos encarnados, a vista espiritual é necessariamente incompleta e imperfeita e, por conseguinte, sujeita a aberrações. Tendo por sede a própria alma, o estado desta há de influir nas percepções que aquela vista faculte. Conforme o grau de desenvolvimento, as circunstâncias e o estado moral do indivíduo, ela pode dar, quer durante o sono, quer no estado de vigília: 1º) a percepção de certos fatos materiais e reais, como o conhecimento de alguns eventos que se passam a grande distância, os detalhes descritivos de uma localidade, as causas de uma doença e os remédios adequados; 2º) a percepção de coisas igualmente reais do Mundo Espiritual, como a visão dos Espíritos; 3º) imagens fantásticas criadas pela imaginação, análogas às criações fluídicas do pensamento (veja-se, acima, o it. 14). Estas criações se acham sempre em relação com as disposições morais do Espírito que as gera. É assim que o pensamento de pessoas fortemente imbuídas de certas crenças religiosas e com elas preocupadas lhes apresenta o inferno, suas fornalhas, suas torturas e seus demônios, tais quais essas pessoas os imaginam. Às vezes, é toda uma epopeia. Os pagãos viam o Olimpo e o Tártaro, como os cristãos veem o inferno e o paraíso. Se, ao despertarem ou saírem do êxtase, conservam lembrança exata de suas visões, tais pessoas as tomam como realidades confirmativas de suas crenças, quando tudo não passa de produto de

Capítulo XIV
Os fluidos

seus próprios pensamentos.[84] É preciso, pois, que se faça uma distinção muito rigorosa nas visões extáticas, antes de se dar crédito a elas. A tal propósito, o remédio para a excessiva credulidade é o estudo das leis que regem o Mundo Espiritual.

28. Os sonhos propriamente ditos apresentam as três características das visões acima descritas. Às duas primeiras categorias dessas visões pertencem os sonhos de previsões, pressentimentos e avisos. Na terceira, isto é, nas criações fluídicas do pensamento, é que se pode encontrar a causa de certas imagens fantásticas, que nada têm de real, com relação à vida material, mas que têm, para o Espírito, uma realidade tal, que o corpo lhe sente o contrachoque, havendo casos em que os cabelos embranqueceram sob a impressão de um sonho. Essas criações podem ser provocadas: pela exaltação das crenças; pelas lembranças retrospectivas; por gostos, desejos, paixões, temor, remorsos; pelas preocupações habituais; pelas necessidades do corpo, ou por um incômodo qualquer nas funções do organismo; finalmente, por outros Espíritos, com objetivo benévolo ou maléfico, conforme a sua natureza.[85]

29. A matéria inerte é insensível; o fluido perispirítico o é igualmente, mas transmite a sensação ao centro sensitivo, que é o Espírito. As lesões dolorosas do corpo repercutem, pois, no Espírito, qual choque elétrico, por intermédio do fluido perispirítico, que parece ter nos nervos os seus fios condutores. É o influxo nervoso dos fisiologistas que, desconhecendo as relações desse fluido com o princípio espiritual, não puderam achar explicação para todos os efeitos.

Essa interrupção pode ocorrer pela amputação de um membro ou pela secção de um nervo, mas, também, parcialmente ou de maneira geral e sem nenhuma lesão, nos momentos de emancipação, de grande superexcitação ou preocupação do Espírito. Nesse estado, o Espírito não pensa no corpo e, em sua febril atividade, atrai a si, a bem dizer, o fluido

---

[84] Nota de Allan Kardec: É assim que se podem explicar as visões da irmã Elmerich que, reportando-se ao tempo da paixão do Cristo, diz ter visto coisas materiais que nunca existiram, a não ser nos livros que ela leu; as da Sra. Cantanille B... (*Revista Espírita*, agosto de 1866, p. 240), e uma parte das visões de Swedenborg.
[85] Nota de Allan Kardec: *Revista Espírita*, junho de 1866, p. 172; setembro de 1866, p. 284; *O livro dos espíritos* [Livro II], cap. VIII, it. 400.

perispirítico que, retirando-se da superfície, produz aí uma insensibilidade momentânea. É por isso que, muitas vezes, no ardor do combate, um militar não percebe que está ferido; que uma pessoa, cuja atenção se acha concentrada num trabalho, não ouve o ruído que fazem à sua volta. Efeito análogo, porém mais pronunciado, ocorre com alguns sonâmbulos na letargia e na catalepsia. Finalmente, do mesmo modo se pode explicar a insensibilidade dos convulsionários e de certos mártires (*Revista Espírita*, janeiro de 1868: *Estudo sobre os Aïssaouas*).

A paralisia já não tem absolutamente a mesma causa: aí o efeito é todo orgânico; são os próprios nervos, os fios condutores que se tornam inaptos à circulação fluídica; são as cordas do instrumento que se alteraram.

30. Em certos estados patológicos, em que o Espírito deixou o corpo e o perispírito só se acha aderido a ele por meio de alguns pontos, o corpo apresenta todas as aparências da morte, de modo que se enuncia uma verdade absoluta, dizendo que a vida aí está por um fio. Tal estado pode durar mais ou menos tempo, podendo mesmo certas partes do corpo entrar em decomposição, sem que, no entanto, a vida se ache definitivamente extinta. Enquanto não está rompido o último fio, o Espírito pode, quer por uma ação enérgica da sua *própria* vontade, quer por *um influxo fluídico estranho, igualmente forte*, ser chamado de volta ao corpo. É como se explicam certos fatos de prolongamento da vida contra todas as possibilidades e algumas supostas ressurreições. É a planta a renascer, como às vezes acontece, de uma só fibrila da raiz. Quando, porém, as últimas moléculas do corpo fluídico já se destacaram do corpo carnal ou quando este último já chegou a um estado irreparável de degradação, o regresso à vida se torna impossível.[86]

31. Como já vimos, o fluido universal é o elemento primitivo do corpo carnal e do perispírito, os quais são simples transformações dele. Pela identidade da sua natureza, esse fluido, condensado no perispírito, pode oferecer princípios reparadores ao corpo; o Espírito, encarnado

---

[86] Nota de Allan Kardec: Exemplos: *Revista Espírita, Sr. Cardon, médico*, agosto de 1863, p. 251; *Uma mulher corsa*, maio de 1866, p. 134.

ou desencarnado, é o agente propulsor que infiltra num corpo deteriorado uma parte da substância do seu envoltório fluídico. A cura se opera mediante a substituição de uma molécula *malsã* por uma molécula *sã*. O poder curativo estará, pois, na razão direta da pureza da substância inoculada; mas depende também da energia da vontade, que provoca uma emissão fluídica mais abundante e dá ao fluido melhor força de penetração. Depende ainda das intenções daquele que deseje realizar a cura, *seja homem, seja Espírito*. Os fluidos que emanam de uma fonte impura são quais substâncias medicamentosas alteradas.

32. Os efeitos da ação fluídica sobre os doentes são extremamente variados, de acordo com as circunstâncias. Algumas vezes é lenta e reclama tratamento prolongado, como no magnetismo ordinário; de outras vezes é rápida, como uma corrente elétrica. Há pessoas dotadas de tal poder, que operam curas instantâneas em alguns doentes, por meio apenas da imposição das mãos ou até, exclusivamente, por ato da vontade. Entre os dois polos extremos dessa faculdade, há infinitas gradações. Todas as curas desse gênero são variedades do magnetismo e só diferem pela intensidade e pela rapidez da ação. O princípio é sempre o mesmo: o fluido, a desempenhar o papel de agente terapêutico, cujo efeito se acha subordinado à sua qualidade e a circunstâncias especiais.

33.[87] A ação magnética pode produzir-se de muitas maneiras:

1º) Pelo próprio fluido do magnetizador. É o magnetismo propriamente dito, ou *magnetismo humano*, cuja ação se acha subordinada à força e, sobretudo, à qualidade do fluido;

2º) Pelo fluido dos Espíritos, atuando diretamente e *sem intermediário* sobre um encarnado, seja para o curar ou acalmar um sofrimento, seja para provocar o sono sonambúlico espontâneo, seja para exercer sobre o indivíduo uma influência física ou moral qualquer. É o *magnetismo espiritual*, cuja qualidade está na razão direta das qualidades do Espírito.[88]

---

[87] Nota do tradutor: O original repete o número 32 do item anterior. Corrigimos, por se tratar de evidente falha de revisão tipográfica.
[88] Nota de Allan Kardec: Exemplos: *Revista Espírita*, fevereiro de 1863, p. 64; abril de 1865, p. 113; setembro de 1865, p. 264.

3º) Pelos fluidos que os Espíritos derramam sobre o magnetizador, ao qual este serve de condutor. É o magnetismo *misto, semiespiritual*, ou, se o preferirem, *humano-espiritual*. Combinado com o fluido humano, o fluido espiritual lhe imprime qualidades que lhe faltam. Em tais circunstâncias, o concurso dos Espíritos é, algumas vezes, espontâneo; porém, é provocado com mais frequência por um apelo do magnetizador.

34. A faculdade de curar pela influência fluídica é muito comum e pode desenvolver-se pelo exercício; mas a de curar instantaneamente pela imposição das mãos é mais rara e o seu apogeu pode ser considerado excepcional. No entanto, em épocas diversas e no seio de quase todos os povos, surgiram indivíduos que a possuíram em grau eminente. Nestes últimos tempos, apareceram muitos exemplos notáveis, cuja autenticidade não sofre contestação. Uma vez que as curas desse gênero repousam num princípio natural e que o poder de operá-las não constitui privilégio, é que elas não se operam fora da natureza e só são miraculosas na aparência.[89]

35. No seu estado normal, o perispírito é invisível para nós; porém, como é formado de matéria etérea, o Espírito pode, em certos casos, por ato da sua vontade, fazê-lo passar por uma modificação molecular que o torna momentaneamente visível. É assim que se produzem as *aparições*, que não se dão, do mesmo modo que os outros fenômenos, fora das Leis da Natureza. Nada tem esse de mais extraordinário do que o do vapor que, invisível quando muito rarefeito, se torna visível quando condensado.

Conforme o grau de condensação do fluido perispirítico, a aparição é às vezes vaga e vaporosa; de outras vezes, mais claramente definida; de outras, enfim, tem todas as aparências da matéria tangível. Pode mesmo chegar até a tangibilidade real, a ponto de o observador se enganar sobre a natureza do ser que tem diante de si.

---

[89] Nota de Allan Kardec: Exemplos de curas instantâneas relatadas na *Revista Espírita*: *O príncipe de Hohenlohe*, dezembro de 1866, p. 368; *Jacob*, outubro e novembro de 1866, p. 312 e 345; outubro e novembro de 1867, p. 306 e 339; *Simonet*, agosto de 1867, p. 232; *O alcaide Hassan*, outubro de 1867, p. 303; *O cura Gassner*, novembro de 1867, p. 331.

As aparições vaporosas são frequentes, sendo a forma sob a qual se apresentam muitos indivíduos, depois de terem morrido, às pessoas que lhes são afeiçoadas. As aparições tangíveis são mais raras, se bem haja delas numerosos exemplos, perfeitamente autenticados. Se o Espírito quer que o reconheçam, imprimirá ao seu envoltório todos os sinais exteriores que tinha quando vivo.

36. É de notar-se que as aparições tangíveis só têm da matéria carnal as aparências, sem, contudo, terem as suas qualidades. Em virtude da natureza fluídica que as caracteriza, não podem ter a mesma coesão da matéria, porque, na realidade, elas não possuem carne. Formam-se instantaneamente e desaparecem do mesmo modo ou se evaporam pela desagregação das moléculas fluídicas. Os seres que se apresentam nessas condições não nascem nem morrem como os outros homens. São vistos e deixam de ser vistos, sem que se saiba de onde vêm, como vieram, nem para onde vão. Ninguém os poderia matar, nem prender, nem encarcerar, visto que não têm corpo carnal. Os golpes que porventura se lhes desferissem atingiriam somente o vácuo.

Tal o caráter dos *agêneres*, com os quais se pode conversar, sem suspeitar da sua natureza, mas que não demoram longo tempo entre os homens e não podem tornar-se comensais de uma casa, nem figurar entre os membros de uma família.

Além disso, os agêneres denotam sempre, em suas atitudes, qualquer coisa de estranho e de insólito que lembra ao mesmo tempo a materialidade e a espiritualidade; neles, o olhar é simultaneamente vaporoso e penetrante, não possuindo a nitidez do olhar através dos olhos da carne; a linguagem, breve e quase sempre sentenciosa, nada tem do brilho e da volubilidade da linguagem humana; a aproximação deles causa uma sensação particular e indefinível de surpresa, que inspira uma espécie de temor, e quem com eles se põe em contato, embora os tome por indivíduos quais todos os outros, é levado a dizer involuntariamente: Ali está uma criatura singular.[90]

---

[90] Nota de Allan Kardec: Exemplos de aparições vaporosas ou tangíveis e de agêneres: *Revista Espírita*, janeiro de 1858, p. 24; outubro de 1858, p. 291; fevereiro de 1859, p. 38; março de 1859, p. 80; janeiro de 1859, p. 11; novembro de 1859, p. 303; agosto de 1859, p. 210; abril de 1860,

37. Como o perispírito é o mesmo, tanto nos encarnados, como nos desencarnados, um Espírito encarnado, por efeito completamente idêntico, pode, num momento de liberdade, aparecer num ponto diverso daquele em que repousa seu corpo, com os traços que lhe são habituais e com todos os sinais de sua identidade. Foi esse fenômeno, do qual se conhecem muitos casos autênticos, que levou à crença na existência dos homens duplos.[91]

38. Um efeito peculiar aos fenômenos dessa espécie consiste no fato de as aparições vaporosas, e mesmo tangíveis, não serem perceptíveis a toda a gente, indistintamente. Os Espíritos só se mostram quando o querem e a quem também o querem. Um Espírito, pois, poderia aparecer, numa assembleia, a um ou a muitos dos presentes e não ser visto pelos demais. Isso acontece porque as percepções desse gênero se efetuam por meio da vista espiritual, e não por intermédio da vista carnal, levando-se em conta que, além dessa modalidade de vista não ser dada a todas as pessoas, pode ser retirada, se for conveniente, pela só vontade do Espírito, àquele a quem ele não queira mostrar-se, como pode dá-la momentaneamente, se julgar necessário.

A condensação do fluido perispirítico nas aparições, mesmo nos casos de tangibilidade, não tem, pois, as propriedades da matéria ordinária; a não ser assim, as aparições seriam perceptíveis pelos olhos do corpo, de sorte que todas as pessoas presentes as perceberiam.[92]

39. Podendo o Espírito operar transformações na contextura do seu envoltório perispirítico e irradiando-se esse envoltório em torno do corpo qual atmosfera fluídica, pode produzir-se na superfície mesma do corpo um fenômeno análogo ao das aparições. A imagem do corpo real pode apagar-se mais ou menos completamente, sob a camada fluídica,

---

p. 117; maio de 1860, p. 150; julho de 1861, p. 199; abril de 1866, p. 120; *O lavrador Thomas Martin e Luís XVIII*, detalhes completos, dezembro de 1866, p. 353.
[91] Nota de Allan Kardec: Exemplos de aparições de pessoas vivas: *Revista Espírita*, dezembro de 1858, p. 329 e 331; fevereiro de 1859, p. 41; agosto de 1859, p. 197; novembro de 1860, p. 356.
[92] Nota de Allan Kardec: Só com extrema reserva se devem acolher as narrativas de aparições puramente individuais que, em certos casos, poderiam não passar de efeito de uma imaginação superexcitada e, talvez, de uma invenção com fins interesseiros. Convém, pois, levar em conta, muito escrupulosamente, as circunstâncias, a honradez da pessoa, assim como o interesse que ela possa ter em abusar da credulidade de indivíduos excessivamente confiantes.

e assumir outra aparência; ou, então, vistos através da camada fluídica modificada, à semelhança de um prisma, os traços primitivos podem tomar outra expressão. Se, saindo do terra a terra, o Espírito encarnado se identifica com as coisas do Mundo Espiritual, a expressão de um semblante feio pode tornar-se bela, radiosa e até luminosa; se, ao contrário, o Espírito é presa de paixões más, um semblante belo pode tomar um aspecto horroroso.

Assim se operam as *transfigurações*, que refletem sempre qualidades e sentimentos predominantes no Espírito. O fenômeno resulta, portanto, de uma transformação fluídica; é uma espécie de aparição perispirítica, que se produz sobre o próprio corpo do vivo e, algumas vezes, no momento da morte, em lugar de se produzir ao longe, como nas aparições propriamente ditas. O que distingue as aparições desse gênero é o fato de serem, geralmente, perceptíveis por todos os assistentes e com os olhos do corpo, precisamente por se basearem na matéria carnal visível, ao passo que, nas aparições puramente fluídicas, não há matéria tangível.[93]

40. Os fenômenos das mesas girantes e falantes, da suspensão etérea dos corpos pesados, da escrita mediúnica, tão antigos quanto o mundo, mas vulgares atualmente, facultam a explicação de alguns fenômenos análogos, aos quais, pela ignorância da lei que os rege, se atribuía caráter sobrenatural e miraculoso. Tais fenômenos repousam sobre as propriedades do fluido perispirítico, quer dos encarnados, quer dos Espíritos livres.

41. É por meio do seu perispírito que o Espírito atua sobre o seu corpo vivo; é ainda por intermédio desse mesmo fluido que ele se manifesta. Ao atuar sobre a matéria inerte, produz ruídos, movimentos de mesa e outros objetos, que levanta, derruba ou transporta. Esse fenômeno nada tem de surpreendente, se considerarmos que, entre nós, os mais possantes motores se encontram nos fluidos mais rarefeitos e mesmo imponderáveis, como o ar, o vapor e a eletricidade.

---

[93] Nota de Allan Kardec: Exemplo e teoria da transfiguração: *Revista Espírita*, março de 1859, p. 62; *O livro dos médiuns* [Segunda parte], cap. VII, p. 142.

É igualmente com o auxílio do seu perispírito que o Espírito faz que os médiuns escrevam, falem ou desenhem. Como já não dispõe de corpo tangível para agir ostensivamente quando quer manifestar-se, ele se serve do corpo do médium, cujos órgãos toma de empréstimo, fazendo que atue como se fora seu próprio corpo, mediante o eflúvio fluídico que derrama sobre ele.

42. É pelo mesmo processo que o Espírito atua sobre a mesa, quer para que esta se mova, sem que o seu movimento tenha significação determinada, quer para que dê pancadas inteligentes, indicativas das letras do alfabeto, a fim de formarem palavras e frases, fenômeno designado sob o nome de *tiptologia*. A mesa não passa de um instrumento de que o Espírito se utiliza, como se serve do lápis para escrever, dando-lhe uma vitalidade momentânea, por meio do fluido que lhe inocula, porém *absolutamente não se identifica com ela*. Assim, as pessoas que, tomadas de emoção ao manifestar-se um ser que lhes é caro, abraçam a mesa, praticam um ato ridículo; é exatamente como se abraçassem a bengala de que um amigo se serve para bater no chão. Fazem a mesma coisa os que dirigem a palavra à mesa, como se o Espírito estivesse encerrado na madeira, ou como se a madeira se houvesse tornado Espírito.

Quando comunicações são transmitidas por esse meio, deve-se imaginar que o Espírito está, não na mesa, mas ao lado, *tal qual se acharia se estivesse vivo* e como seria visto se, nesse momento, pudesse tornar-se visível. Dá-se a mesma coisa nas comunicações pela escrita: ver-se-ia o Espírito ao lado do médium, dirigindo sua mão ou lhe transmitindo pensamentos por meio de uma corrente fluídica.

43. Quando a mesa se destaca do solo e flutua no espaço sem ponto de apoio, o Espírito não a ergue com a força de um braço, mas a envolve e penetra de uma espécie de atmosfera fluídica que neutraliza o efeito da gravitação, como o faz o ar com os balões e os papagaios de papel. O fluido que se infiltra na mesa dá-lhe momentaneamente maior leveza específica. Quando fica pregada ao solo, ela se acha numa situação análoga à da campânula pneumática sob a qual se fez o vácuo. Não há aqui mais que simples comparações destinadas a mostrar a analogia

Capítulo XIV
Os fluidos

dos efeitos e não a semelhança absoluta das causas (*O livro dos médiuns* [Segunda parte], cap. IV).

Compreende-se, de acordo com o que fica dito, que não há para o Espírito maior dificuldade em erguer uma pessoa do que em levantar uma mesa, em transportar um objeto de um lugar para outro, ou atirá-lo seja onde for. Todos esses fenômenos se produzem em virtude da mesma lei.[94]

Quando a mesa "persegue" alguém, não é que o Espírito corra em sua direção, visto que ele pode permanecer tranquilamente no mesmo lugar. O que acontece em tais casos é que ele dá uma impulsão à mesa, por meio de uma corrente fluídica, com o auxílio da qual ela se move a seu bel-prazer.

Quando as pancadas são ouvidas na mesa ou em outro lugar, não é que o Espírito esteja a bater com a mão ou com qualquer objeto. Ele apenas dirige sobre o ponto de onde vem o ruído um jato de fluido e este produz o efeito de um choque elétrico. Ele modifica o ruído, como qualquer pessoa é capaz de modificar os sons produzidos pelo ar.[95]

44. Um fenômeno muito frequente na mediunidade é a aptidão de certos médiuns para escrever em língua que lhes é estranha; a tratar, oralmente ou por escrito, de assuntos que estão fora do alcance da

---

[94] Nota de Allan Kardec: Tal o princípio dos fenômenos de *transporte*, fenômeno este muito real, mas que não convém admitir senão com extrema reserva, visto ser um daqueles que mais se prestam à imitação e à trapaça. A honradez irrecusável da pessoa que os obtém, seu absoluto desinteresse, material e *moral*, e o concurso das circunstâncias acessórias devem ser tomadas em séria consideração. É preciso desconfiar da produção de tais efeitos, principalmente quando eles se deem com excessiva facilidade, e ter por suspeitos os que se repetem com extrema frequência e, por assim dizer, à vontade. Os prestidigitadores fazem coisas mais extraordinárias ainda.

O levantamento de uma pessoa não é um fato menos positivo, mas muito mais raro, talvez porque seja muito mais difícil de ser imitado. É notório que o Sr. Home se elevou mais de uma vez até o teto, dando assim volta à sala. Dizem que São Cupertino possuía a mesma faculdade, fato que não é mais miraculoso com este do que com aquele.

[95] Nota de Allan Kardec: Exemplos de manifestações materiais e de perturbações operadas pelos Espíritos: *Revista Espírita*: *A moça dos Panoramas*, janeiro de 1858, p. 13; *A senhorita Clairon*, fevereiro de 1858, p. 44; *O Espírito batedor de Bergzabern*, relato completo, maio, junho, julho de 1858, p. 125, 153, 184; *Dibbelsdorf*, agosto de 1858, p. 219; *O padeiro de Dieppe*, março de 1860, p. 76; *O fabricante de São Petersburgo*, abril de 1860, p. 115; *Rua Noyers*, agosto de 1860, p. 236; *O Espírito batedor do Aube*, janeiro de 1861, p. 23; *Id. no século XVI*, janeiro de 1864, p. 32; *Poitiers*, maio de 1864, p. 156, e maio de 1865, p. 134; *Irmã Maria*, junho de 1864, p. 185; *Marselha*, abril de 1865, p. 121; *Fives*, agosto de 1865, p. 225; *Os ratos de Equihem*, fevereiro de 1866, p. 55.

instrução que receberam. Não é raro se ver alguns que escrevem correntemente sem nunca terem aprendido a escrever; outros que compõem poesias sem jamais na vida terem sabido fazer um verso; outros que desenham, pintam, esculpem, compõem música, tocam um instrumento sem conhecerem desenho, pintura, escultura ou arte musical. É frequente o fato de um médium escrevente reproduzir com perfeição a grafia e a assinatura que os Espíritos, que por ele se comunicam, tinham quando vivos, embora jamais os houvesse conhecido.

Entretanto, esse fenômeno não é mais maravilhoso do que o de se fazer que uma criança escreva quando se conduz a sua mão; pode-se, dessa maneira, conseguir que ela execute tudo o que se queira. Pode-se fazer que qualquer pessoa escreva num idioma que ela ignore, ditando-se-lhe as palavras letra a letra. Compreende-se que o mesmo se possa dar com a mediunidade, desde que se atente na maneira por que os Espíritos se comunicam com os médiuns que, para eles, não passam de instrumentos passivos. Se, porém, o médium tem o mecanismo, se venceu as dificuldades práticas, se as expressões lhe são familiares e, finalmente, se possui no cérebro os elementos daquilo que o Espírito quer fazê-lo executar, ele se acha na posição do homem que sabe ler e escrever correntemente; o trabalho se torna mais fácil e mais rápido; resta ao Espírito apenas transmitir seus pensamentos ao intérprete, para que este os reproduza pelos meios de que dispõe.

A aptidão de um médium para coisas que lhe são estranhas decorre, na maioria das vezes, dos conhecimentos que ele possuía em outra existência e dos quais seu Espírito conservou a intuição. Se, por exemplo, ele foi poeta ou músico, encontrará mais facilidade para assimilar o pensamento poético ou musical que um Espírito queira fazê-lo expressar. A língua que ele hoje ignora pode ter-lhe sido familiar em outra existência, o que explica maior aptidão de sua parte para escrever mediunicamente nessa língua.[96]

---

[96] Nota de Allan Kardec: A aptidão que algumas pessoas denotam para línguas que elas manejam, sem, por assim dizer, as haver aprendido, não tem como origem senão a lembrança intuitiva do que souberam em outra existência. O caso do poeta Méry, relatado na *Revista Espírita* de novembro de 1864, p. 328, é uma prova do que dizemos. É evidente que, se na sua mocidade,

Capítulo XIV
Os fluidos

45. Os Espíritos maus pululam em torno da Terra, em consequência da inferioridade moral de seus habitantes. A ação maléfica desses Espíritos faz parte dos flagelos com que a Humanidade se debate neste mundo. A obsessão, que é um efeito dessa ação, como as doenças e todas as tribulações da vida, deve, pois, ser considerada como provação ou expiação e aceita como tal.

A obsessão é a ação persistente que um Espírito mau exerce sobre um indivíduo. Apresenta características muito diferentes, que vão desde a simples influência moral, sem sinais exteriores perceptíveis, até a perturbação completa do organismo e das faculdades mentais. Ela oblitera todas as faculdades mediúnicas. Na mediunidade audiente e psicográfica, a obsessão se traduz pela obstinação de um Espírito em querer manifestar-se, com exclusão de todos os outros.

46. Assim como as moléstias resultam das imperfeições físicas que tornam o corpo acessível às influências perniciosas exteriores, a obsessão decorre sempre de uma imperfeição moral, que dá ascendência a um Espírito mau. A uma causa física opõe-se uma força física; a uma causa moral é preciso que se contraponha uma força moral. Para preservar o corpo das enfermidades, é preciso fortificá-lo; para garantir a alma contra a obsessão, tem-se que fortalecê-la. Daí, para o obsidiado, a necessidade de trabalhar pela sua própria melhoria, o que na maioria das vezes é suficiente para livrá-lo do obsessor, sem o socorro de pessoas estranhas. Este socorro se torna necessário quando a obsessão degenera em subjugação e em possessão, porque neste caso o paciente não raro perde a vontade e o livre-arbítrio.

Quase sempre a obsessão exprime vingança tomada por um Espírito e sua origem frequentemente se encontra nas relações que o obsidiado manteve com o obsessor, em precedente existência.

Nos casos de obsessão grave, o obsidiado fica como que envolto e impregnado de um fluido pernicioso, que neutraliza a ação dos fluidos salutares e os repele. É daquele fluido que é preciso desembaraçá-lo. Ora,

---

Méry fosse médium, teria escrito em latim tão facilmente como em francês, o que, para todos, houvera passado por prodígio.

um fluido mau não pode ser eliminado por outro igualmente mau. Por meio de ação idêntica à do médium curador, nos casos de enfermidade, *há que se expulsar o fluido mau com o auxílio de um fluido melhor*.

No entanto, nem sempre basta esta ação mecânica; cumpre, sobretudo, *atuar sobre o ser inteligente*, ao qual é preciso que se tenha o direito de *falar com autoridade*, que, todavia, não a possui quem não tenha superioridade moral. Quanto maior esta for, tanto maior também será aquela.

Mas ainda não é tudo: para assegurar a libertação, é preciso que o Espírito perverso seja levado a renunciar aos seus maus desígnios; que nele desponte o arrependimento, assim como o desejo do bem, por meio de instruções habilmente ministradas, em evocações particularmente feitas com vistas à sua educação moral. Pode-se então ter a dupla satisfação de libertar um encarnado e de converter um Espírito imperfeito.

A tarefa se torna mais fácil quando o obsidiado, compreendendo a sua situação, concorre para ela com a vontade e a prece. Já não se dá o mesmo quando, seduzido pelo Espírito que o domina, se ilude com relação às qualidades deste último e se compraz no erro a que é conduzido, porque, então, longe de a secundar, o obsidiado repele toda assistência. É o caso da fascinação, sempre infinitamente mais rebelde do que a mais violenta subjugação (*O livro dos médiuns* [Segunda parte], cap. XXIII).

Em todos os casos de obsessão, a prece é o mais poderoso auxiliar [de que se dispõe] para atuar contra [os propósitos maléficos] do Espírito obsessor.

47. Na obsessão, o Espírito atua exteriormente com ajuda do seu perispírito, que ele identifica com o do encarnado, ficando este enlaçado por uma espécie de teia e constrangido a agir contra a sua vontade.

Na possessão, em vez de agir exteriormente, o Espírito livre se substitui, por assim dizer, ao Espírito encarnado; toma-lhe o corpo para domicílio, sem que este, no entanto, seja abandonado pelo seu dono, pois que isso só se pode dar pela morte. Por conseguinte, a possessão é sempre temporária e intermitente, porque um Espírito desencarnado não pode tomar definitivamente o lugar de um Espírito encarnado, considerando-se que a união molecular do perispírito e do corpo só se pode operar no momento da concepção (cap. XI, it. 18).

De posse momentânea do corpo do encarnado, o Espírito se serve dele como se fora seu próprio corpo; fala por sua boca, vê pelos seus olhos, age com seus braços, como o faria se estivesse vivo. Não é como na mediunidade falante, em que o Espírito encarnado fala transmitindo o pensamento de um desencarnado; no caso da possessão, é o desencarnado que fala e atua, de modo que, quem o haja conhecido em vida, reconhecerá sua linguagem, sua voz, os gestos e até a expressão da fisionomia.

48. Na obsessão, há sempre um Espírito malfeitor. Na possessão pode tratar-se de um Espírito bom que queira falar e que, para causar maior impressão nos ouvintes, *toma* do corpo de um encarnado, que voluntariamente lho empresta, como emprestaria sua roupa a outro encarnado. Isso é feito sem qualquer perturbação ou mal-estar, durante o tempo em que o Espírito encarnado se acha em liberdade, como no estado de emancipação, conservando-se este último ao lado do seu substituto para ouvi-lo.

Quando o Espírito possessor é mau, as coisas se passam de outro modo. Ele não toma moderadamente o corpo do encarnado, antes se apodera dele, se este, que é o titular, não possui bastante *força moral para lhe resistir*. E o faz por maldade para com este, a quem tortura e martiriza de todas as formas, indo ao extremo de tentar exterminá-lo, seja por estrangulação, seja atirando-o ao fogo ou a outros lugares perigosos. Servindo-se dos órgãos e dos membros do infeliz paciente, blasfema, injuria e maltrata os que o cercam; entrega-se a excentricidades e a atos que apresentam todos os caracteres da loucura furiosa.

Os fatos deste gênero, posto que em diferentes graus de intensidade, são muito numerosos, e muitos casos de loucura não resultam de outra causa. Com frequência a eles se juntam desordens patológicas, que são meras consequências e contra as quais nada adiantam os tratamentos médicos, enquanto subsiste a causa originária. O Espiritismo, dando a conhecer essa fonte de onde provém uma parte das misérias humanas, indica o remédio a ser aplicado: atuar sobre o autor do mal que, sendo um ser inteligente, deve ser tratado por meio da inteligência.[97]

49. Na maioria das vezes, a obsessão e a possessão são individuais, mas, não raro, são epidêmicas. Quando uma revoada de Espíritos maus se lança sobre uma localidade, é como se uma tropa de inimigos a invadisse. Neste caso, o número dos indivíduos atacados pode ser bastante considerável.[98]

---

[97] Nota de Allan Kardec: Exemplos de cura de obsessões e de possessões: *Revista Espírita* – dezembro de 1863, p. 373; janeiro de 1864, p. 11; junho de 1864, p. 168; janeiro de 1865, p. 5; junho de 1865, p. 172; fevereiro de 1866, p. 38; junho de 1867, p. 174.
[98] Nota de Allan Kardec: Foi uma epidemia desse gênero que, faz alguns anos, atacou a aldeia de Morzine, na Saboia (veja-se o relato completo dessa epidemia na *Revista Espírita* de dezembro de 1862, p. 353; janeiro, fevereiro, abril e maio de 1863, p. 1, 33, 101, 133).

CAPÍTULO XV

Os milagres do Evangelho

Observações preliminares – Sonhos – Estrela dos magos – Dupla vista – Curas – Possessos – Ressurreições – Jesus caminha sobre a água – Transfiguração – Tempestade aplacada – Bodas de Caná – Multiplicação dos pães – Tentação de Jesus – Prodígios por ocasião da morte de Jesus – Aparição de Jesus após sua morte – Desaparecimento do corpo de Jesus

Observações preliminares

1. Os fatos relatados no Evangelho e que foram até agora considerados miraculosos, pertencem, na sua maioria, à ordem dos *fenômenos psíquicos*, isto é, os que têm como causa primeira as faculdades e os atributos da alma. Confrontando-se com os que ficaram descritos e explicados no capítulo anterior, reconhecer-se-á sem dificuldade que há entre eles identidade de causa e de efeito. A História registra outros fatos análogos, em todos os tempos e no seio de todos os povos, uma vez que, desde que há almas encarnadas e desencarnadas, os mesmos efeitos forçosamente se produziram. Pode-se, é verdade, no que se refere a esse ponto, contestar a veracidade da História; mas hoje eles se produzem sob os nossos olhos e, por assim dizer, à vontade e por indivíduos que nada têm de excepcional. Basta o fato da reprodução de um fenômeno, em condições idênticas, para provar que ele é possível e se acha submetido a uma lei, não sendo, portanto, miraculoso.

O princípio dos fenômenos psíquicos repousa, como já vimos, nas propriedades do fluido perispirítico, que constitui o agente magnético; nas manifestações da Vida Espiritual durante a vida corpórea e depois da morte; e, finalmente, no estado constitutivo dos Espíritos e no papel que eles desempenham como força ativa da Natureza. Conhecidos estes elementos e comprovados os seus efeitos, tem-se, como consequência, de admitir a possibilidade de certos fatos que eram rejeitados enquanto se lhes atribuía uma origem sobrenatural.

2. Sem nada prejulgar sobre a natureza do Cristo, cujo exame não entra no quadro desta obra, e não o considerando, por hipótese, senão como um Espírito Superior, não podemos deixar de reconhecê-lo como um dos Espíritos de ordem mais elevada e, por suas virtudes, colocado muitíssimo acima da humanidade terrestre. Pelos imensos resultados que produziu, a sua encarnação neste mundo forçosamente há de ter sido uma dessas missões que a Divindade somente confia a seus mensageiros diretos, para cumprimento de seus desígnios. Mesmo sem supor que Ele fosse o próprio Deus, mas um enviado de Deus para transmitir sua palavra aos homens, seria mais que um profeta, porquanto seria um Messias Divino.

Como homem, tinha a organização dos seres carnais, mas como Espírito puro, desprendido da matéria, havia de viver mais da Vida Espiritual do que da vida corpórea, de cujas fraquezas não era passível. A superioridade de Jesus com relação aos homens não resultava das qualidades particulares do seu corpo, mas das do seu Espírito, que dominava a matéria de modo absoluto, e da do seu perispírito, haurido da parte mais quintessenciada dos fluidos terrestres (cap. XIV, it. 9). Sua alma não devia achar-se presa ao corpo senão pelos laços estritamente indispensáveis. Constantemente desprendida, ela decerto lhe dava *dupla vista*, não só permanente, como de excepcional penetração e muito superior à que comumente possuem os homens comuns. O mesmo havia de dar-se nele com relação a todos os fenômenos que dependem dos fluidos perispiríticos ou psíquicos. A qualidade desses fluidos lhe conferia imensa força magnética, secundada pelo desejo incessante de fazer o bem.

Agiria como *médium* nas curas que operava? Poder-se-á considerá-lo poderoso médium curador? Não, visto que o médium é um intermediário, um instrumento de que se servem os Espíritos desencarnados. Ora, o Cristo não precisava de assistência, pois que era Ele quem assistia os outros. Agia por si mesmo, em virtude do seu poder pessoal, como, em certos casos, o podem fazer os encarnados, na medida de suas forças. Que Espírito, ao demais, ousaria insuflar-lhe seus próprios pensamentos e encarregá-lo de os transmitir? Se porventura Ele recebia algum influxo estranho, esse só de Deus lhe poderia vir. Segundo definição dada por um Espírito, Jesus era médium de Deus.

Sonhos

3. José, diz o Evangelho, foi avisado por um anjo, que lhe apareceu em sonho e lhe aconselhou que fugisse para o Egito com o Menino (*Mateus*, 2:19 a 23).

Os avisos por meio de sonhos desempenham grande papel nos livros sagrados de todas as religiões. Sem garantir a exatidão de todos os fatos narrados, e sem os discutir, o fenômeno em si mesmo nada tem de anormal, visto saber-se que é durante o sono que o Espírito, desprendido dos laços da matéria, entra momentaneamente na Vida Espiritual, onde se encontra com os que lhe são conhecidos. É com frequência a ocasião que os Espíritos protetores aproveitam para se manifestar a seus protegidos e lhes dar conselhos mais diretos. São numerosos os exemplos autênticos de avisos por sonhos; porém, não se deve concluir daí que todos os sonhos são avisos, nem, ainda menos, que tudo o que se vê em sonho tem uma significação qualquer. Deve-se incluir a arte de interpretar os sonhos no rol das crenças supersticiosas e absurdas (cap. XIV, its. 27 e 28).

Estrela dos magos

4. Dizem que uma estrela apareceu aos magos que foram adorar a Jesus; que ela lhes ia à frente indicando-lhes o caminho e que se deteve quando chegaram (*Mateus*, 2:1 a 12).

A questão não é saber se o fato narrado por *Mateus* é real ou não, ou se não passa de uma figura indicativa de que os magos foram guiados de forma misteriosa ao lugar onde estava o menino Jesus, uma vez que não existe meio algum de verificação; trata-se, isto sim, de saber se é possível um fato de tal natureza.

O que é certo é que, naquela circunstância, a luz não podia ser uma estrela. Na época em que o fato ocorreu, era possível acreditar-se que fosse, porque então se pensava que as estrelas eram pontos luminosos cravados no firmamento e que podiam cair sobre a Terra; mas não hoje, quando se conhece a natureza das estrelas.

Entretanto, por não ter como causa a que lhe atribuíram, não deixa de ser possível o fato da aparição de uma luz com o aspecto de uma estrela. Um Espírito pode aparecer sob forma luminosa, ou transformar uma parte do seu fluido perispirítico em um foco luminoso. Muitos fatos desse gênero, recentes e perfeitamente autênticos, não procedem de outra causa, que nada apresenta de sobrenatural.

Dupla vista

Entrada de Jesus em Jerusalém

5. Quando eles se aproximaram de Jerusalém e chegaram a Betfagé, perto do Monte das Oliveiras, Jesus enviou dois de seus discípulos, dizendo-lhes: – Ide a essa aldeia que está à vossa frente e, lá chegando, encontrareis amarrada uma jumenta e junto dela o seu jumentinho; desamarrai-a e trazei-mos. – Se alguém vos disser qualquer coisa, respondei que o Senhor precisa deles e logo deixará que os conduzais. – Ora, tudo isso se deu, a fim

de que se cumprisse esta palavra do profeta: – Dizei à filha de Sião: Eis o teu rei, que vem a ti, cheio de doçura, montado numa jumenta e com o jumentinho da que está sob o jugo.

– Os discípulos então foram e fizeram o que Jesus lhes ordenara. – E, tendo trazido a jumenta e o jumentinho, os cobriram com suas vestes e o fizeram montar. (*Mateus*, 21:1 a 7).

Beijo de Judas

6. Levantai-vos, vamos que já está perto daqui aquele que me há de trair. – Ainda não acabara de dizer essas palavras e eis que Judas, um dos doze, chegou e com ele uma tropa de gente armada de espadas e varapaus, enviada pelos príncipes dos sacerdotes e pelos anciãos do povo. – Ora, o que o traía lhes dera um sinal para o reconhecerem, dizendo-lhes: Aquele a quem eu beijar é esse mesmo o que procurais; apoderai-vos dele. – Logo, pois, se aproximou de Jesus e lhe disse: Mestre, eu te saúdo; e o beijou. – Jesus lhe respondeu: Meu amigo, que vieste fazer aqui? Ao mesmo tempo, os outros, avançando, se lançaram a Jesus e dele se apoderaram (*Mateus*, 26:46 a 50).

Pesca milagrosa

7. Um dia, estando Jesus à margem do lago de Genesaré, como a multidão o comprimisse para ouvir a palavra de Deus, – viu Ele duas barcas atracadas à borda do lago, das quais os pescadores haviam desembarcado e lavavam suas redes. – Entrou numa dessas barcas, que era de Simão, e lhe pediu que a afastasse um pouco da margem; e, tendo-se sentado, ensinava ao povo de dentro da barca.

Quando acabou de falar, disse a Simão: Avança para o mar e lança as tuas redes de pescar. – Respondeu-lhe Simão: Mestre, trabalhamos a noite toda e nada apanhamos; contudo, pois que mandas, lançarei a rede. – Tendo-a lançado, apanharam tão grande quantidade de peixes que a rede se rompeu. – Acenaram para os companheiros que estavam na outra barca, a fim de que viessem ajudá-los. Eles vieram e encheram de tal modo as barcas, que por pouco estas não afundaram (*Lucas*, 5:1 a 7).

Vocação de Pedro, André, Tiago, João e Mateus

8. Caminhando ao longo do mar da Galileia, Jesus viu dois irmãos, Simão, chamado Pedro, e André, seu irmão, que lançavam suas redes ao mar, pois que eram pescadores; – e lhes disse: Segui-me e eu farei de vós pescadores de homens. – Logo eles deixaram suas redes e o seguiram.

Daí, continuando, Ele viu dois outros irmãos, Tiago, filho de Zebedeu, e João, seu irmão, que estavam numa barca com Zebedeu, pai de ambos, os quais estavam a consertar suas redes, e os chamou. – Eles imediatamente deixaram as redes e o pai e o seguiram (*Mateus*, 4:18 a 22).

Saindo dali, Jesus, ao passar, viu um homem sentado à banca dos impostos, chamado Mateus, ao qual disse: Segue-me; e o homem logo se levantou e o seguiu (*Mateus*, 9:9).[99]

9. Estes fatos nada apresentam de surpreendente para quem conheça o poder da dupla vista e a causa, muito natural, dessa faculdade. Jesus a possuía em grau supremo e pode-se dizer que ela constituía o seu estado normal, conforme o atesta grande número de atos da sua vida e o que explicam hoje os fenômenos magnéticos e o Espiritismo.

A pesca qualificada de miraculosa igualmente se explica pela dupla vista. Jesus não produziu peixes de modo espontâneo onde não os havia. Ele viu, com a vista da alma, como teria podido fazê-lo um lúcido vígil, o lugar onde se achavam os peixes e disse com segurança aos pescadores que lançassem ali suas redes.

A acuidade do pensamento e, por conseguinte, certas previsões, são consequência da vista espiritual. Quando Jesus chama a si Pedro, André, Tiago, João e Mateus, é que já lhes conhecia as disposições íntimas e sabia que eles o acompanhariam e que eram capazes de desempenhar a missão que planejava confiar-lhes. Era preciso que eles próprios tivessem intuição da missão que iriam desempenhar para, sem hesitação, atenderem ao chamamento de Jesus. O mesmo se deu quando, por ocasião da Ceia, Ele anunciou que um dos doze o trairia e o apontou,

---

[99] Nota do tradutor: *Mateus*, 4:9 no original francês. Procedemos à devida correção.

dizendo ser aquele que punha a mão no prato, e também quando predisse que Pedro o negaria.

Em muitas passagens do Evangelho se lê: "Mas Jesus conhecendo-lhes os pensamentos, lhes diz..." Ora, como poderia Ele conhecer o pensamento de seus interlocutores, senão pelas irradiações fluídicas desses pensamentos e, ao mesmo tempo, pela visão espiritual que lhe permitia ler-lhes no foro íntimo?

Muitas vezes, supondo que um pensamento se acha sepultado nos refolhos da alma, o homem não suspeita que traz em si um espelho em que se reflete aquele pensamento, um revelador na sua própria irradiação fluídica, impregnada dele. Se víssemos o mecanismo do Mundo Invisível que nos cerca, as ramificações dos fios condutores do pensamento, a ligarem todos os seres inteligentes, corporais e incorpóreos, os eflúvios fluídicos carregados das marcas do mundo moral, os quais, como correntes aéreas, atravessam o espaço, ficaríamos muito menos surpreendidos diante de certos efeitos que a ignorância atribui ao acaso (cap. XIV, it. 22 e seguintes).

Curas

Perda de sangue

10. Então uma mulher, que havia doze anos sofria de uma hemorragia, – que padecera muito nas mãos dos médicos e que, tendo gasto todos os seus bens, não conseguira nenhum alívio, – tendo ouvido falar de Jesus, veio com a multidão atrás dele e lhe tocou as vestes, porque dizia: Se eu conseguir ao menos lhe tocar nas vestes, ficarei curada. – No mesmo instante, o fluxo sanguíneo estancou e ela sentiu em seu corpo que estava curada daquela enfermidade.

Logo, Jesus, *conhecendo em si mesmo a virtude que d'Ele havia saído*, se voltou no meio da multidão e disse: Quem me tocou as vestes? – Seus discípulos lhe disseram: Vês que a multidão te aperta de todos os lados e perguntas quem te tocou? – Ele olhava em torno de si à procura daquela que o tocara.

Mas a mulher, que sabia o que se passara em si, tomada de medo e pavor, veio lançar-se aos pés de Jesus e lhe declarou toda a verdade. – Disse-lhe Ele, então: Minha filha, a tua fé te salvou; vai em paz e fica curada da tua enfermidade (*Marcos*, 5:25 a 34).

11. Estas palavras: *conhecendo em si mesmo a virtude que d'Ele havia saído*, são significativas. Exprimem o movimento fluídico que se operava de Jesus para a doente; ambos experimentaram a ação que acabara de produzir-se. É de notar-se que o efeito não foi provocado por nenhum ato da vontade de Jesus; não houve magnetização nem imposição das mãos. Bastou a irradiação fluídica normal para realizar a cura.

Mas por que essa irradiação se dirigiu para aquela mulher e não para outras pessoas, uma vez que Jesus não pensava nela e estava cercado pela multidão?

A razão é bem simples. Considerado como matéria terapêutica, o fluido tem que atingir a desordem orgânica, a fim de repará-la; pode então ser dirigido sobre o mal pela vontade do curador, ou atraído pelo desejo ardente, pela confiança, pela fé do doente, em suma. Com relação à corrente fluídica, o primeiro age como uma bomba premente, e o segundo, como uma bomba aspirante. Algumas vezes, é necessária a simultaneidade das duas ações; de outras, basta uma só. O segundo caso foi o que ocorreu no fato de que tratamos.

Jesus, pois, tinha razão para dizer: *Tua fé te salvou*. Compreende-se que a fé a que Ele se referia não é uma virtude mística, qual a entendem muitas pessoas, mas uma verdadeira *força atrativa*, de sorte que aquele que não a possui opõe à corrente fluídica uma força repulsiva, ou, pelo menos, uma força de inércia, que paralisa a ação. Assim sendo, é fácil compreender-se que, apresentando-se ao curador dois doentes com a mesma enfermidade, um possa ser curado e outro não. É este um dos mais importantes princípios da mediunidade curadora e que explica certas anomalias aparentes, apontando-lhes uma causa muito natural (cap. XIV, its. 31 a 33).

Capítulo XV
Os milagres do Evangelho

O cego de Betsaida

12. Tendo chegado a Betsaida, trouxeram-lhe um cego e lhe pediam que o tocasse.

Tomando o cego pela mão, Ele o levou para fora da cidade, passou-lhe saliva nos olhos e, havendo-lhe imposto as mãos, lhe perguntou se via algumas coisas. – O homem, olhando, disse: Vejo a andar homens que me parecem árvores. – Jesus lhe colocou de novo as mãos sobre os olhos e ele começou a ver melhor. Afinal, ficou tão perfeitamente curado que via distintamente todas as coisas.

Ele o mandou para casa, dizendo-lhe: Vai para tua casa; se entrares na cidade, não digas a ninguém o que se deu contigo (*Marcos*, 8:22 a 26).

13. Aqui, é evidente o efeito magnético; a cura não foi instantânea, mas gradual e consequente a uma ação prolongada e reiterada, embora mais rápida do que na magnetização ordinária. A primeira sensação que o homem teve foi exatamente a que experimentam os cegos ao recobrarem a vista. Por um efeito de óptica, os objetos lhes aparecem de tamanho exagerado.

Paralítico

14. Tendo subido a uma barca, Jesus atravessou o lago e veio à sua cidade (Cafarnaum). – Como lhe apresentassem um paralítico deitado em seu leito, Jesus, notando-lhe a fé, disse ao paralítico: Meu filho, tem confiança; perdoados te são os teus pecados.

Logo alguns escribas disseram entre si: Este homem blasfema. – Mas Jesus, *tendo percebido o que eles pensavam*, perguntou-lhes: Por que alimentais maus pensamentos em vossos corações? – Pois, que é mais fácil dizer: – Teus pecados te são perdoados, ou dizer: Levanta-te e anda? – Ora, para que saibais que o Filho do Homem tem na Terra o poder de perdoar os pecados, disse então ao paralítico: Levanta-te, toma o teu leito e vai para tua casa.

O paralítico se levantou imediatamente e foi para sua casa. – Vendo aquele milagre, o povo se encheu de temor e rendeu graças a Deus, por haver concedido tal poder aos homens (*Mateus*, 9:1 a 8).

15. Que podiam significar aquelas palavras: *Teus pecados te são perdoados* e em que podiam elas influir para a cura? O Espiritismo lhes dá a explicação, como a uma infinidade de outras palavras incompreendidas até hoje. Ele nos ensina, por meio da pluralidade das existências, que os males e aflições da vida são muitas vezes expiações do passado, bem como que sofremos na vida presente as consequências das faltas que cometemos em existência anterior, até que tenhamos pago a dívida de nossas imperfeições, pois as existências são solidárias umas com as outras.

Se, portanto, a enfermidade daquele homem era uma punição pelo mal que ele praticara, ao dizer-lhe Jesus: *Teus pecados te são perdoados*, é como se lhe tivesse dito: "Pagaste a tua dívida; a fé que agora possuis anulou a causa da tua enfermidade; em consequência, mereces ficar livre dela". Daí o haver dito aos escribas: "Tão fácil é dizer: Teus pecados te são perdoados, como: Levanta-te e anda". Cessada a causa, o efeito tem que cessar. É justamente o caso do prisioneiro a quem se declara: "Teu crime está expiado e perdoado", o que equivaleria a dizer-lhe: "Podes sair da prisão".

Os dez leprosos

16. Um dia, indo Ele para Jerusalém, passava pelos confins da Samaria e da Galileia; – e, estando prestes a entrar numa aldeia, dez leprosos vieram ao seu encontro e, conservando-se afastados, clamaram em altas vozes: Jesus, Senhor nosso, tem piedade de nós. – Dando com eles, disse-lhes Jesus: Ide mostrar-vos aos sacerdotes. – Quando iam a caminho, ficaram curados.

Um deles, vendo-se curado, voltou sobre seus passos, glorificando a Deus em altas vozes; – e foi lançar-se aos pés de Jesus, com o rosto em terra, a lhe render graças. Esse era samaritano.

Disse então Jesus: Não foram curados todos os dez? Onde estão os outros nove? – Nenhum deles houve que voltasse e glorificasse a Deus, a não ser este estrangeiro? – E disse a esse: Levanta-te, vai; tua fé te salvou (*Lucas*, 17:11 a 19).

17. Os samaritanos eram cismáticos, mais ou menos como os protestantes em relação aos católicos, e desprezados pelos judeus como heréticos. Curando indistintamente judeus e samaritanos, Jesus dava, ao mesmo tempo, uma lição e um exemplo de tolerância; e fazendo ressaltar que só o samaritano voltara para glorificar a Deus, mostrava que havia nele maior soma de verdadeira fé e de reconhecimento do que nos que se diziam ortodoxos. Acrescentando: "Tua fé te salvou", fez ver que Deus considera o que há no fundo do coração e não a forma exterior da adoração. Entretanto, os outros também foram curados. Foi preciso que assim acontecesse para que Ele pudesse dar a lição que tinha em vista e tornar evidente a ingratidão deles. Mas quem sabe o que daí lhes haja resultado? Quem sabe se eles terão se beneficiado da graça que lhes foi concedida? Dizendo ao samaritano: "Tua fé te salvou", Jesus dá a entender que o mesmo não aconteceu aos outros.

Mão seca

18. De outra vez Jesus entrou no templo e aí encontrou um homem que tinha seca uma das mãos. – E eles o observavam para ver se Ele o curaria em dia de sábado, para terem um motivo de o acusar. – Então disse Ele ao homem que tinha a mão seca: Levanta-te e coloca-te ali no meio. – Depois, disse aos presentes: É permitido em dia de sábado fazer o bem ou o mal, salvar a vida ou tirá-la? Eles permaneceram em silêncio. – Jesus, então, encarando-os com indignação, tanto o afligia a dureza de seus corações, disse ao homem: Estende a tua mão. Ele a estendeu e ela se tornou sã.

Logo os fariseus saíram e se reuniram contra Ele em conciliábulo com os herodianos, sobre o meio de o perderem. – Mas Jesus se retirou com seus discípulos para o mar, acompanhando-o grande multidão da Galileia e da Judeia, – de Jerusalém, da Idumeia e de além-Jordão; e os das cercanias de Tiro e Sídon, tendo ouvido falar das coisas que Ele fazia, vieram em grande número ao seu encontro (*Marcos*, 3:1 a 8).

A mulher curvada

19. Jesus ensinava numa sinagoga todos os dias de sábado. – Um dia, viu ali uma mulher possuída de um Espírito que a punha doente havia dezoito anos; era tão curvada que não podia olhar para cima. – Vendo-a, Jesus a chamou e lhe disse: Mulher, estás livre da tua enfermidade. – Impôs-lhe ao mesmo tempo as mãos e, endireitando-se ela, rendeu graças a Deus.

Mas o chefe da sinagoga, indignado por Jesus haver feito uma cura em dia de sábado, disse ao povo: Há seis dias destinados ao trabalho; vinde nesses dias para serdes curados e não nos dias de sábado.

O Senhor, tomando a palavra, disse-lhe: Hipócrita, qual de vós não solta da carga o seu boi ou seu jumento em dia de sábado e não o leva a beber? – Por que então não se deveria libertar, em dia de sábado, dos laços que a prendiam, esta filha de Abraão, que Satanás conservara atada durante dezoito anos?

A estas palavras, todos os seus adversários ficaram confusos e todo o povo encantado de vê-lo praticar tantas ações gloriosas (*Lucas*, 13:10 a17).

20. Este fato prova que naquela época a maior parte das doenças era atribuída ao demônio, e todos confundiam, como ainda hoje, os possessos com os doentes, mas em sentido inverso, isto é, hoje os que não acreditam nos Espíritos maus confundem as obsessões com as moléstias patológicas.

O paralítico da piscina

21. Depois disso, tendo chegado a festa dos judeus, Jesus foi a Jerusalém. – Ora, havia em Jerusalém a piscina das ovelhas, que se chamava em hebreu *Betesda*, a qual tinha cinco galerias – onde, em grande número, se achavam deitados doentes, cegos, coxos e os que tinham os membros ressecados, todos à espera de que as águas fossem agitadas. – Porque o anjo do Senhor, em certa época, descia àquela piscina e lhe movimentava a água e aquele que fosse o primeiro a entrar nela, depois de ter sido movimentada a água, ficava curado, qualquer que fosse a sua doença.

Ora, estava lá um homem que se achava doente havia trinta e oito anos. – Jesus, tendo-o visto deitado e sabendo-o doente desde longo tempo, perguntou-lhe: Queres ficar curado? – O doente respondeu: Senhor, não tenho ninguém que me lance na piscina depois que a água é movimentada; e, durante o tempo que levo para chegar lá, outro desce antes de mim. – Disse-lhe Jesus: Levanta-te, toma o teu leito e vai-te. – No mesmo instante, o homem se achou curado e, tomando de seu leito, pôs-se a andar. Ora, aquele dia era um sábado.

Capítulo XV
Os milagres do Evangelho

Disseram então os judeus ao que fora curado: Não te é permitido levares o teu leito. – Respondeu o homem: Aquele que me curou, disse: Toma o teu leito e anda; – Perguntaram-lhe eles então: Quem foi esse que te disse: Toma o teu leito e anda? – Mas nem mesmo o que fora curado sabia quem o curara, porque Jesus se retirara do meio da multidão que lá estava.

Depois, encontrando aquele homem no templo, Jesus lhe disse: Vês que foste curado; não tornes de futuro a pecar, para que não te suceda coisa pior.

O homem foi ter com os judeus e lhes disse que fora Jesus quem o curara. – Era por isso que os judeus perseguiam a Jesus, porque ele fazia essas coisas em dia de sábado. – Então, Ele lhes disse: Meu Pai trabalha até hoje e eu trabalho também (*João*, 5:1 a 17).

22. Entre os romanos, chamava-se piscina (da palavra latina *piscis*, peixe) aos reservatórios ou viveiros onde se criavam peixes. Mais tarde, o termo se tornou extensivo aos tanques destinados a banhos em comum.

A piscina de Betesda, em Jerusalém, era uma cisterna, próxima ao Templo, alimentada por uma fonte natural, cuja água parecia ter tido propriedades curativas. Era, sem dúvida, uma fonte intermitente que, em certas épocas, jorrava com força, agitando a água. Segundo a crença vulgar, esse era o momento mais favorável às curas. Talvez, ao brotar da fonte, as propriedades da água fossem mais ativas; ou então, que a agitação que o jorro produzia na água fizesse vir à tona a vasa salutar para algumas moléstias. Tais efeitos são muito naturais e perfeitamente conhecidos hoje; mas, à época, as ciências estavam pouco adiantadas e à maioria dos fenômenos incompreendidos se atribuía uma causa sobrenatural. Os judeus, pois, acreditavam que a agitação da água se devesse à presença de um anjo, e essa crença lhes parecia tanto mais fundada porque viam, naquelas ocasiões, que a água se mostrava mais salutar.

Depois de haver curado aquele homem, Jesus lhe disse: "Para o futuro não tornes a pecar, a fim de que não te suceda coisa pior". Por essas palavras, deu-lhe a entender que a sua doença era uma punição e que, se ele não se melhorasse, poderia vir a ser de novo punido e com mais rigor. Essa doutrina é inteiramente conforme à que ensina o Espiritismo.

23. Jesus fazia questão de operar suas curas em dia de sábado, para ter ensejo de protestar contra o rigorismo dos fariseus no tocante à guarda desse dia. Queria mostrar-lhes que a verdadeira piedade não consiste na observância das práticas exteriores e das formalidades; que a piedade está nos sentimentos do coração. Justificava-se, declarando: "Meu Pai trabalha até hoje e eu trabalho também". Quer dizer: Deus não interrompe suas obras, nem sua ação sobre as coisas da Natureza, em dia de sábado. Continua a produzir tudo quanto é necessário à vossa alimentação e à vossa saúde, e eu lhe sigo o exemplo.

Cego de nascença

24. Ao passar, Jesus viu um homem que era cego desde que nascera; – e seus discípulos lhe fizeram esta pergunta: Mestre, quem pecou, esse homem ou seus pais, para que ele nascesse cego?

Jesus lhes respondeu: Nem ele, nem os que o puseram no mundo; mas para que nele se manifestassem as obras do poder de Deus. – É preciso que eu faça as obras daquele que me enviou, enquanto é dia; vem depois a noite, na qual ninguém pode fazer obras. – Enquanto estou no mundo, sou a luz do mundo.

Tendo dito isso, cuspiu no chão e, havendo feito lama com a sua saliva, ungiu com essa lama os olhos do cego, – e lhe disse: Vai lavar-te no tanque de *Siloé*, que significa *Enviado*. Ele foi, lavou-se e voltou vendo claro.

Seus vizinhos e os que o viam antes a pedir esmolas diziam: Não é este o que estava assentado e pedia esmolas? Uns respondiam: É ele; – outros diziam: Não, é um que se parece com ele. O homem, porém, lhes dizia: Sou eu mesmo. – Perguntaram-lhe então: Como se abriram os teus olhos? – Ele respondeu: Aquele homem que se chama Jesus fez um pouco de lama e passou nos meus olhos, dizendo: Vai ao tanque de Siloé e lava-te. Fui, lavei-me, vejo. – Disseram-lhe: Onde está Ele? Respondeu o homem: Não sei.

Levaram então aos fariseus o homem que estivera cego. – Ora, fora num dia de sábado que Jesus fizera aquela lama e lhe abrira os olhos.

Também os fariseus o interrogaram para saber como recobrara a vista. Ele lhes disse: Ele me pôs lama nos olhos, eu me lavei e vejo. – Ao que alguns fariseus retrucaram: Esse homem não é enviado de Deus, pois que não guarda o sábado. Outros, porém, diziam: Como poderia um homem mau fazer tais prodígios? Havia, a propósito, dissenção entre eles.

Disseram de novo ao que fora cego: E tu, que dizes desse homem que te abriu os olhos? Ele respondeu: Digo que é um profeta. – Mas os judeus não acreditaram que aquele homem fora cego e que houvesse recobrado a vista, enquanto não fizeram vir o pai e a mãe dele, – e os interrogaram assim: É esse o vosso filho que dizeis ter nascido cego? Como é que ele agora vê? – O pai e a mãe responderam: Sabemos que esse é nosso filho e que nasceu cego; – mas não sabemos como agora vê e tampouco sabemos quem lhe abriu os olhos. Interrogai-o; ele já tem idade, que responda por si mesmo.

Seu pai e sua mãe falavam desse modo porque temiam os judeus, visto que estes já haviam resolvido em comum que *quem quer que reconhecesse a Jesus como o Cristo seria expulso da sinagoga*. – Foi o que obrigou o pai e a mãe do rapaz a responderem: Ele já tem idade, interrogai-o.

Chamaram pela segunda vez o homem que fora cego e lhe disseram: Glorifica a Deus; sabemos que esse homem é um pecador. Ele lhes respondeu: Se é um pecador, não sei, tudo que sei é que estava cego e agora vejo. – Tornaram a perguntar-lhe: Que te fez Ele e como te abriu os olhos? – Respondeu o homem: Já vo-lo disse e bem o ouvistes; por que quereis ouvi-lo pela segunda vez? Quereis, porventura, tornar-vos seus discípulos? – Ao que eles o carregaram de injúrias e lhe disseram: Sê tu seu discípulo; quanto a nós, somos discípulos de Moisés. – Sabemos que Deus falou a Moisés, ao passo que não sabemos de onde este saiu.

O homem lhes respondeu: É de espantar que não saibais de onde Ele é e que Ele me tenha aberto os olhos. – Ora, sabemos que Deus não exalça os pecadores; mas àquele que o honre e faça a sua vontade, a esse, Deus exalça. – Desde que o mundo existe, jamais se ouviu dizer que alguém tenha aberto os olhos a um cego de nascença. – Se esse homem não fosse um enviado de Deus, nada poderia fazer de tudo o que tem feito.

Disseram-lhe os fariseus: Tu és todo pecado, desde o ventre de tua mãe, e queres ensinar-nos a nós? E o expulsaram (*João*, 9:1 a 34).

25. Esta narrativa, tão simples, tão singela, traz em si a marca evidente da verdade. Nada existe aí de fantástico nem de maravilhoso. É uma cena da vida real apanhada em flagrante. A linguagem do cego é exatamente a desses homens simples, nos quais o bom senso supre a falta de saber e que retrucam com bonomia aos argumentos de seus adversários, expendendo razões a que não faltam justeza nem oportunidade. O tom dos fariseus não é o dos orgulhosos que nada admitem acima de suas inteligências e que se enchem de indignação perante a só ideia de que um homem do povo lhes possa fazer observações? Salvo a cor local dos nomes, dir-se-ia que o fato é do nosso tempo.

Ser expulso da sinagoga equivalia a ser posto fora da Igreja. Era uma espécie de excomunhão. Os espíritas, cuja doutrina é a do Cristo, interpretada de acordo com o progresso das luzes atuais, são tratados como os judeus que reconheciam em Jesus o próprio Messias. Excomungando-os, a Igreja os põe fora de seu seio, como fizeram os escribas e os fariseus com os seguidores do Cristo. Eis aí um homem que é expulso porque não pode admitir que aquele que o curou seja um possesso do demônio e porque rende graças a Deus pela sua cura! Não é o que fazem com os espíritas? Obter dos Espíritos salutares conselhos, reconciliação com Deus e com o bem, curas, tudo isso é obra do diabo e merecedor de anátema. Não se têm visto padres declararem, do alto do púlpito, *que é melhor uma pessoa manter-se incrédula do que recobrar a fé por meio do Espiritismo*? Não há os que dizem aos doentes que estes não deviam ter procurado curar-se com os espíritas que possuem esse dom, porque esse dom é satânico? Que outra coisa diziam ou faziam os sacerdotes judeus e os fariseus? Aliás, fomos avisados de que tudo hoje tem que se passar como ao tempo do Cristo.

A pergunta dos discípulos: "Foi algum pecado deste homem que deu causa a que *nascesse* cego?" revela que eles tinham a intuição de uma existência anterior, pois, do contrário, ela não teria sentido, visto que um pecado somente pode ser causa de uma enfermidade de *nascença*, se cometido antes do nascimento e, por conseguinte, numa existência anterior. Se Jesus considerasse falsa semelhante ideia, ter-lhes-ia dito: "Como este homem poderia ter pecado antes de haver nascido?" Em vez disso, no entanto, diz que aquele homem estava cego, não por ter pecado, mas para que nele se manifestasse o poder de Deus, isto é, para que servisse de instrumento a uma demonstração do poder de Deus. Se não era uma expiação do passado, era uma provação que devia servir ao progresso daquele Espírito, porque Deus, que é justo, não lhe imporia um sofrimento sem compensação.

Quanto ao meio empregado para o curar, é evidente que aquela espécie de lama feita de saliva e terra não podia encerrar nenhuma virtude, a não ser pela ação do fluido curativo de que fora impregnada. É assim que as substâncias mais insignificantes, como a água, por exemplo, podem adquirir qualidades poderosas e efetivas, sob a ação do fluido espiritual ou magnético, ao qual elas servem de veículo, ou, se quiserem, de *reservatório*.

Numerosas curas operadas por Jesus

26. Jesus ia por toda a Galileia, ensinando nas sinagogas, pregando o Evangelho do reino e curando todos os langores e todas as enfermidades no meio do povo. – Tendo-se espalhado a sua reputação por toda a Síria, traziam-lhe os que estavam doentes e afligidos por dores e males diversos, os possessos, os lunáticos, os paralíticos e Ele a todos curava. – Acompanhava-o grande multidão da Galileia, de Decápolis, de Jerusalém, da Judeia e de além-Jordão (*Mateus*, 4:23 a 25).

27. De todos os fatos que dão testemunho do poder de Jesus, os mais numerosos são, incontestavelmente, as curas. Ele queria provar, dessa forma, que o verdadeiro poder é o daquele que faz o bem; que o seu objetivo era ser útil e não satisfazer à curiosidade dos indiferentes, por meio de coisas extraordinárias.

Aliviando os sofrimentos, prendia a si as criaturas pelo coração e fazia prosélitos mais numerosos e sinceros do que se apenas os maravilhasse com espetáculos para os olhos. Daquele modo, fazia-se amado, ao passo que se houvesse se limitado a produzir surpreendentes fatos materiais, como o exigiam os fariseus, a maioria das pessoas não teria visto nele senão um feiticeiro ou um hábil prestidigitador, *que os desocupados buscariam para se distrair*.

Assim, quando João Batista manda perguntar-lhe, por seus discípulos, se Ele era o Cristo, a sua resposta não foi: "Eu o sou", como qualquer impostor teria respondido. Não lhes fala de prodígios nem de coisas maravilhosas; responde-lhes simplesmente: "Ide dizer a João: os cegos veem, os doentes são curados, os surdos ouvem, o Evangelho é anunciado aos pobres". É como se houvesse dito: "Reconhecei-me pelas minhas obras; julgai a árvore pelo seu fruto", porque era esse o verdadeiro caráter da sua missão divina.

28. Também é pelo bem que faz que o Espiritismo prova a sua missão providencial. Ele cura os males físicos, mas cura, sobretudo, as doenças morais, e são esses os maiores prodígios pelos quais ele se afirma. Seus mais sinceros adeptos não são os que foram tocados pela observação de fenômenos extraordinários, mas aqueles a quem o consolo tocou os corações; os que se libertaram da tortura da dúvida; aqueles a quem levantou o ânimo na aflição, que hauriram forças na certeza de um futuro mais feliz, no conhecimento do seu ser espiritual e de seus destinos. São esses os de fé inabalável, porque sentem e compreendem.

Os que não veem no Espiritismo senão efeitos materiais não podem compreender sua força moral. É por isso que os incrédulos, que apenas o conhecem por meio de fenômenos cuja causa primeira não admitem, consideram os espíritas meros prestidigitadores e charlatães. Não será, pois, por meio de prodígios que o Espiritismo triunfará da incredulidade, mas pela multiplicação dos seus benefícios morais, porquanto, se é certo que os incrédulos não admitem os prodígios, também é certo que conhecem, como toda gente, o sofrimento e as aflições, e ninguém recusa alívio e consolação (cap. XIV, it. 30).

Possessos

29. Vieram em seguida a Cafarnaum, e Jesus, entrando primeiramente, em dia de sábado, na sinagoga, os instruía. – Admiravam-se da sua doutrina, porque Ele os instruía como tendo autoridade e não como os escribas.

Capítulo XV
Os milagres do Evangelho

Ora, achava-se na sinagoga um homem possesso de um Espírito impuro, que disse: – Que há entre ti e nós, Jesus de Nazaré? Vieste para nos perder? Sei quem és: És o santo de Deus. – Jesus, porém, falando-lhes ameaçadoramente, disse: Cala-te e sai desse homem. – Então, agitando o homem em violentas convulsões, o Espírito impuro saiu dele.

Ficaram todos tão surpreendidos que perguntavam uns aos outros: Que é isto? Que nova doutrina é esta? Ele dá ordem com império, até aos Espíritos impuros, e estes lhe obedecem (*Marcos*, 1:21 a 27).

30. Tendo eles saído, apresentaram-lhe um homem mudo, possesso do demônio. – Expulso o demônio, o mudo falou e o povo, tomado de admiração, dizia: Jamais se viu coisa semelhante em Israel.

Mas os fariseus, ao contrário, diziam: É pelo príncipe dos demônios que Ele expele os demônios (*Mateus*, 9:32 a 34).

31. Quando Ele se dirigia ao lugar onde estavam os outros discípulos, viu em torno destes uma grande multidão e muitos escribas que com eles disputavam. – Logo que deu com Jesus, todo o povo se tomou de espanto e temor e correram todos a saudá-lo.

Perguntou Ele então: Sobre que disputáveis em assembleia? – Um homem, do meio do povo, tomando a palavra, disse: Mestre, trouxe-te o meu filho, que está possesso de um Espírito mudo; – em todo lugar onde dele se apossa, atira-o por terra e o menino espuma, rilha os dentes e se torna todo seco. Pedi a teus discípulos que o expulsassem, mas eles não puderam.

Disse-lhes Jesus: Ó gente incrédula, até quando estarei convosco? Até quando vos suportarei? Trazei-mo. – Trouxeram-lho, e ainda não havia ele posto os olhos em Jesus, e o Espírito entrou a agitá-lo violentamente; ele caiu no chão e se pôs a rolar espumando.

Jesus perguntou ao pai do menino: Desde quando isto lhe sucede? – Desde pequenino, diz o pai. – E o Espírito o tem lançado, muitas vezes, ora à água, ora ao fogo, para fazê-lo perecer; se puderes fazer alguma coisa, tem compaixão de nós e socorre-nos.

Respondeu-lhe Jesus: Se puderes crer, tudo é possível àquele que crê. – Logo, banhado em lágrimas, disse o pai do menino: Senhor, creio, ajuda-me na minha incredulidade.

Jesus, vendo que o povo acorria em multidão, falou em tom de ameaça ao Espírito impuro, dizendo-lhe: Espírito surdo e mudo sai desse menino e não entres mais nele. – Então, o Espírito, soltando grande grito e agitando o menino em violentas convulsões, saiu, ficando o menino como morto, de sorte que muitos diziam que ele morrera. – Mas Jesus, tomando-lhe as mãos e amparando-o, fê-lo levantar-se.

Quando Jesus voltou para casa, seus discípulos lhe perguntaram, em particular: Por que não pudemos nós expulsar esse demônio? – Ele respondeu: Os demônios desta espécie não podem ser expulsos senão pela prece e pelo jejum (*Marcos*, 9:13 a 28).

32. Apresentaram-lhe então um possesso cego e mudo e Ele o curou, de modo que o possesso começou a falar e a ver. – Todo o povo ficou cheio de admiração e dizia: Não é esse o filho de Davi?

Mas os fariseus, ouvindo isso, diziam: Este homem expulsa os demônios com o auxílio de Belzebu, príncipe dos demônios.

Jesus, conhecendo-lhes os pensamentos, disse-lhes: Todo reino que se dividir contra si mesmo será arruinado, e toda cidade ou casa que se divide contra si mesma não pode subsistir. – Se Satanás expulsa a Satanás, ele está dividido contra si mesmo; como, pois, o seu reino poderá subsistir? – E, se é por Belzebu que eu expulso os demônios, por quem os expulsarão vossos filhos? Por isso, eles próprios serão os vossos juízes. – Se eu expulso os demônios pelo Espírito de Deus, é que o Reino de Deus veio até vós (*Mateus*, 12:22 a 28).

33. As libertações de possessos, juntamente com as curas, figuram entre os mais numerosos atos de Jesus. Entre os fatos dessa natureza, como os acima relatados, alguns há (it. 30) em que a possessão não é evidente. Provavelmente, naquela época, como ainda hoje acontece, atribuía-se à influência dos demônios todas as doenças cuja causa não se conhecia, principalmente a mudez, a epilepsia e a catalepsia. Outros há, todavia, em que a ação dos Espíritos maus não deixa dúvida. Esses casos guardam tão frisante analogia com os de que somos testemunhas, que neles se reconhecem todos os sintomas de tal gênero de afecção. A prova da participação de uma

inteligência oculta, em tal caso, ressalta de um fato material: são as numerosas curas radicais obtidas, em alguns centros espíritas, tão só pela evocação e doutrinação dos Espíritos obsessores, sem magnetização, nem medicamentos e, muitas vezes, na ausência do paciente e a grande distância deste. A imensa superioridade do Cristo lhe dava tal autoridade sobre os Espíritos imperfeitos, então chamados demônios, que bastava a Ele ordenar que se retirassem para que se vissem obrigados a não resistir a essa ordem formal (cap. XIV, it. 46).

34. O fato de alguns Espíritos maus terem sido mandados meter-se em corpos de porcos é contrário a todas as possibilidades. Não é por ser mau que um Espírito deixa de ser um Espírito humano, embora tão imperfeito que continue a fazer o mal, depois de desencarnar, como o fazia antes, e é contrário a todas as Leis da Natureza que ele possa animar o corpo de um animal. É preciso, pois, ver nesse fato a existência de um desses exageros de um fato real, tão comuns nos tempos de ignorância e de superstição; ou, talvez, uma alegoria destinada a caracterizar os pendores imundos de certos Espíritos.

35. Tudo indica que, ao tempo de Jesus, os obsidiados e os possessos eram bastante numerosos na Judeia; daí a oportunidade que Ele teve de curar a muitos. Sem dúvida, os Espíritos maus haviam invadido aquele país e causado uma epidemia de possessões (cap. XIV, it. 49).

Sem apresentarem caráter epidêmico, as obsessões individuais são extremamente frequentes e se revelam sob os mais variados aspectos, os quais facilmente se reconhecem por um conhecimento mais amplo do Espiritismo. Podem, muitas vezes, trazer consequências nocivas à saúde, quer agravando afecções orgânicas, quer ocasionando-as. Um dia, virão a ser, incontestavelmente, incluídas entre as causas patológicas que requerem, pela sua natureza especial, meios curativos igualmente especiais. Ao revelar a causa do mal, o Espiritismo abre novo caminho à arte de curar e fornece à Ciência o meio de alcançar êxito onde até hoje quase sempre vê malogrados seus esforços, em virtude de não atacar a causa primordial do mal (*O livro dos médiuns* [Segunda parte], cap. XXIII).

36. Os fariseus acusavam a Jesus de expulsar os demônios pela influência dos demônios. Segundo eles, o bem que Jesus fazia era obra de Satanás, sem refletirem que, se Satanás expulsasse a si mesmo, praticaria uma insensatez. Essa doutrina é ainda a que a Igreja procura fazer que prevaleça até hoje, contra as manifestações espíritas.[100]

Ressurreições

A filha de Jairo

37. Tendo Jesus passado novamente, de barca, para a outra margem, logo que desembarcou, grande multidão se reuniu em torno d'Ele. Então, um chefe de sinagoga, chamado Jairo, veio ao seu encontro e, ao aproximar-se d'Ele, se lançou aos seus pés, – a suplicar com insistência, dizendo: Tenho uma filha que está no momento extremo; vem impor-lhe as mãos para a curar e lhe salvar a vida.

Jesus foi com ele, acompanhado de grande multidão, que o comprimia.

Quando Jairo ainda falava, vieram pessoas que lhe eram subordinadas e lhe disseram: Tua filha está morta; por que hás de dar ao Mestre o incômodo de ir mais longe? – Jesus, porém, ouvindo isso, disse ao chefe da sinagoga: Não te aflijas, crê apenas. – E a ninguém permitiu que o acompanhasse, a não ser Pedro, Tiago e João, irmão de Tiago.

---

[100] Nota de Allan Kardec: Nem todos os teólogos adotam opiniões tão absurdas sobre a doutrina demoníaca. Aqui está uma cujo valor o clero não pode contestar, emitida por um eclesiástico, monsenhor Freyssinous, bispo de Hermópolis, na seguinte passagem das suas *Conferências sobre a religião*, volume II, p. 341, Paris, 1825.

"Se Jesus operasse seus milagres pelo poder do demônio, este teria trabalhado pela destruição do seu império e, portanto, empregado contra si próprio o seu poder. Certamente *um demônio que procurasse destruir o reinado do vício para implantar o da virtude seria um demônio muito singular*. Eis por que Jesus, para repelir a absurda acusação dos judeus, lhes dizia: Se opero prodígios em nome do demônio, o demônio está dividido consigo mesmo, trabalhando, conseguintemente, para a sua própria destruição". Esta resposta não admite réplica.

É justamente o argumento que os espíritas opõem aos que atribuem ao demônio os bons conselhos que os Espíritos lhes dão. O demônio agiria então como um ladrão profissional que restituísse tudo o que houvesse roubado e exortasse os outros ladrões a se tornarem pessoas honestas.

Chegando à casa do chefe da sinagoga, viu Ele uma aglomeração confusa de pessoas que choravam e soltavam grandes gritos. – Entrando, disse-lhes Ele: Por que fazeis tanto alarido e por que chorais? *Esta menina não está morta, está apenas adormecida.* – Zombavam dele. Tendo feito que toda a gente saísse, chamou o pai e a mãe da menina e os que tinham vindo em sua companhia e entrou no lugar onde a menina estava deitada. – Tomou-lhe a mão e lhe disse: *Talita cumi*, isto é, minha filha levanta-te, eu to ordeno. – No mesmo instante a menina se levantou e se pôs a andar, pois contava 12 anos, e ficaram todos maravilhados e espantados (*Marcos*, 5:21 a 43).

O filho da viúva de Naim

38. No dia seguinte, Jesus dirigiu-se a uma cidade chamada Naim; acompanhavam-no seus discípulos e grande multidão. – Quando estava perto da porta da cidade, aconteceu que levavam um morto para ser sepultado, filho único de sua mãe, e essa mulher era viúva; estava com ela grande número de pessoas da cidade. – Tendo-a visto, o Senhor se tomou de compaixão para com ela e lhe disse: Não chores. – Depois, aproximando-se, tocou o esquife e os que o conduziam pararam. Então, disse Ele: Jovem, levanta-te, eu te ordeno. – Imediatamente o moço se sentou e começou a falar. E Jesus o restituiu à sua mãe.

Todos os que estavam presentes ficaram tomados de espanto e glorificavam a Deus, dizendo: Um grande profeta surgiu entre nós e Deus visitou o seu povo. – O rumor desse milagre que Ele fizera se espalhou por toda a Judeia e por todas as regiões circunvizinhas (*Lucas*, 7:11 a 17).

39. O fato de voltar à vida corpórea um indivíduo que se achasse realmente morto seria totalmente contrário às Leis da Natureza e, portanto, milagroso. Ora, não é preciso que se recorra a essa ordem de fatos para que se tenha a explicação das ressurreições realizadas pelo Cristo.

Se, mesmo na atualidade, as aparências às vezes enganam os profissionais, quão mais frequentes não haviam de ser os acidentes daquela natureza, num país onde não se tomava nenhuma precaução contra eles e onde o sepultamento era imediato.[101] É, pois, de todo provável que, nos dois casos acima, apenas houvesse síncope ou letargia. O próprio Jesus declara positivamente, com relação à filha de Jairo: *Esta menina*, disse Ele, *não está morta, está apenas adormecida*.

Considerando-se o poder fluídico que Jesus possuía, nada há de espantoso em que esse fluido vivificante, dirigido por uma vontade poderosa, haja reanimado os sentidos em torpor; que haja mesmo feito voltar o Espírito ao corpo, prestes a abandoná-lo, uma vez que o laço perispirítico ainda não se rompera definitivamente. Para os homens daquela época, que consideravam morto o indivíduo que tão logo deixasse de respirar, havia ressurreição em casos tais, de modo que o afirmavam de muito boa-fé; contudo, o que havia na realidade era *cura* e não ressurreição, na acepção legítima do termo.

40. Quanto à ressurreição de Lázaro,[102] digam o que disserem, não infirma de modo algum este princípio. Dizem que ele já estava no sepulcro há quatro dias; sabe-se, porém, que há letargias que duram oito dias e até mais. Acrescentam que já cheirava mal, o que é sinal de decomposição. Esta alegação também nada prova, visto que em certos indivíduos há decomposição parcial do corpo, mesmo antes da morte, havendo em tal caso cheiro de podridão. A morte só se verifica quando são atacados os órgãos essenciais à vida.

E quem podia saber que Lázaro já cheirava mal? Foi sua irmã Marta quem o disse. Mas como sabia disso? Ela apenas o supunha, pois que Lázaro estava enterrado há quatro dias; entretanto, não podia ter nenhuma certeza desse fato (cap. XIV, it. 29).[103]

---

[101] Nota de Allan Kardec: Uma prova desse costume se encontra nos *Atos dos apóstolos*, 5:5 e seguintes:
"Ananias, tendo ouvido aquelas palavras, caiu e rendeu o Espírito e todos os que ouviram falar disso foram tomados de grande temor. – Logo, alguns jovens vieram buscar-lhe o corpo e, tendo-o levado, o enterraram. – Passadas umas três horas, sua mulher (Safira), que nada sabia do que acontecera, entrou. – E Pedro lhe disse... – No mesmo instante, ela caiu aos seus pés e rendeu o Espírito. Aqueles jovens, voltando, a encontraram morta e, levando-a, enterraram-na junto do marido".
[102] Nota do tradutor: *João*, 11:1 a 43.
[103] Nota de Allan Kardec: O fato seguinte prova que a decomposição precede algumas vezes a morte. No convento do Bom Pastor, fundado em Toulon, pelo padre Marin, capelão dos cárceres, e destinado às decaídas que se arrependem, encontrava-se uma jovem que suportava

Jesus caminha sobre a água

41. Logo, fez Jesus que seus discípulos tomassem a barca e passassem para a outra margem, enquanto Ele se despedia do povo. – Depois das despedidas, subiu a um monte para orar e, tendo caído a noite, achou-se Ele sozinho naquele lugar.

Enquanto isso, a barca era fortemente açoitada pelas ondas, em meio do mar, porque o vento soprava em sentido contrário. – Mas na quarta vigília da noite, Jesus foi ter com eles, caminhando sobre o mar.[104] – Quando eles o viram andando sobre o mar, turbaram-se e diziam: É um fantasma, e se puseram a gritar, amedrontados. – Jesus então lhes falou, dizendo: Tranquilizai-vos, sou eu, não tenhais medo.

Pedro lhe respondeu: Senhor, se és Tu, manda que eu vá ao teu encontro, caminhando sobre as águas. – Disse-lhe Jesus: Vem. Então Pedro, descendo da barca, caminhava sobre a água, ao encontro de Jesus. Mas, vindo um grande vento, ele teve medo; e como começasse a submergir, clamou: Senhor, salva-me! – Logo, Jesus, estendendo-lhe a mão, disse: Homem de pouca fé! Por que duvidaste? – E, tendo subido para a barca, cessou o vento. – Então, os que estavam na barca, aproximando-se dele, o adoraram, dizendo: Verdadeiramente és o filho de Deus (*Mateus*, 14:22 a 33).

42. Este fenômeno encontra explicação natural nos princípios acima expostos no capítulo XIV, item 43.

Exemplos análogos provam que ele nada tem de impossível, nem de miraculoso, pois que se produz sob a ação das Leis da Natureza. Pode operar-se de duas maneiras:

Jesus, embora estivesse vivo, pôde aparecer sobre a água com uma forma tangível, enquanto seu corpo permaneceu em outro lugar. É

---

os mais terríveis sofrimentos com a calma e a impassibilidade de uma vítima expiatória. Em meio de suas dores parecia sorrir a uma visão celestial. Como Santa Teresa, pedia para sofrer mais, embora suas carnes já se achassem em frangalhos e a gangrena já devastasse seus membros. Por sábia previdência, os médicos tinham recomendado que enterrassem o corpo imediatamente após o falecimento. Mas, coisa estranha! Mal o doente exalou o último suspiro, cessou todo o trabalho de decomposição; desapareceram as exalações cadavéricas, de sorte que durante 36 horas o corpo pôde ficar exposto às preces e à veneração da comunidade.

[104] Nota de Allan Kardec: O lago de Genesaré ou de Tiberíades.

a hipótese mais provável. Pode-se mesmo reconhecer, nessa narrativa, alguns sinais característicos das aparições tangíveis (cap. XIV, its. 35 a 37).

Por outro lado, também pode ter sucedido que seu corpo fosse sustentado e neutralizada a sua gravidade pela mesma força fluídica que mantém uma mesa no espaço, sem ponto de apoio. Idêntico efeito se produz muitas vezes com os corpos humanos.

Transfiguração

43. Seis dias depois, tendo chamado Pedro, Tiago e João em particular, Jesus os levou consigo a um alto monte afastado[105] e se transfigurou diante deles. – Enquanto orou, seu rosto pareceu inteiramente outro; suas vestes tornaram-se brilhantemente luminosas e brancas como a neve, como nenhuma lavadeira na Terra é capaz de fazer alguma tão alva – E eles viram aparecer Elias e Moisés, a conversar com Jesus.

Então disse Pedro a Jesus: Mestre, estamos bem aqui; façamos três tendas: uma para ti, outra para Moisés, outra para Elias. – É que ele não sabia o que dizia, tão espantado estava.

Ao mesmo tempo, apareceu uma nuvem que os cobriu; e, dessa nuvem, partiu uma voz, fazendo ouvir estas palavras: Este é o meu Filho bem-amado; escutai-o.

Logo, olhando para todos os lados, a ninguém mais viram, senão a Jesus, que ficara a sós com eles.

Quando desciam do monte, ordenou-lhes Ele que a ninguém falassem do que tinham visto, até que o Filho do Homem ressuscitasse dentre os mortos. – E eles conservaram o fato em segredo, inquirindo uns dos outros o que teria Ele querido dizer com estas palavras: Até que o Filho do Homem tenha ressuscitado dentre os mortos (*Marcos*, 9:1 a 9).

44. É ainda nas propriedades do fluido perispirítico que se encontra a explicação deste fenômeno. A transfiguração, explicada no capítulo XIV, item 39, é um fato bastante comum que, em virtude da irradiação

---

[105] Nota de Allan Kardec: O monte Thabor ou Tabor, a sudoeste do lago de Tabarich, 11 km a sudeste de Nazaré; tem cerca de 1.000 metros de altura.

fluídica, pode modificar a aparência de um indivíduo; mas a pureza do perispírito de Jesus permitiu que seu Espírito lhe desse excepcional fulgor. Quanto à aparição de Moisés e Elias cabe inteiramente no rol de todos os fenômenos do mesmo gênero (cap. XIV, its. 35 e seguintes).

De todas as faculdades que Jesus revelou, nenhuma se encontra fora das condições da Humanidade e que não se ache comumente nos homens, porque estão todas na ordem da Natureza. Porém, pela superioridade de sua essência moral e de suas qualidades fluídicas, aquelas faculdades atingiram nele proporções acima das que são vulgares. Posto de lado o seu envoltório carnal, Ele nos exibia a condição dos Espíritos puros.

Tempestade aplacada

45. Certo dia, tendo tomado uma barca com seus discípulos, disse-lhes Ele: Passemos à outra margem do lago. Partiram então. – Durante a travessia, Ele adormeceu. – Então, um grande turbilhão de vento se abateu de súbito sobre o lago, de sorte que, enchendo-se a barca de água, eles se viam em perigo. – Aproximaram-se, pois, d'Ele e o despertaram, dizendo-lhe: Mestre, perecemos. Jesus, levantando-se, falou, ameaçador, aos ventos e às ondas agitadas, e uns e outras se aplacaram, sobrevindo grande calma. – Ele então lhes disse: Onde está a vossa fé? Eles, porém, cheios de temor e admiração, perguntavam uns aos outros: Quem é este que assim dá ordens ao vento e às ondas, e eles lhe obedecem? (*Lucas*, 8:22 a 25).

46. Ainda não conhecemos bastante os segredos da Natureza para dizer se há ou não inteligências ocultas presidindo à ação dos elementos. Na hipótese de haver, o fenômeno em questão poderia ter resultado de um ato de autoridade sobre essas inteligências e provaria um poder que não é concedido a nenhum homem exercer.

Seja como for, o fato de Jesus dormir tranquilamente durante a tempestade, atesta, de sua parte, uma segurança que só se pode explicar pela circunstância de que seu Espírito *via* não haver perigo algum e que a tempestade ia se acalmar.

Bodas de Caná

47. Este milagre, mencionado apenas no Evangelho de *João*, é apresentado como o primeiro que Jesus realizou e, nessas condições, deveria ter sido um dos mais notados. Entretanto, parece haver produzido bem fraca impressão, visto que nenhum outro evangelista trata dele. Um fato tão extraordinário era para deixar espantados os convivas no mais alto grau e, sobretudo, o dono da casa, os quais, todavia, parece que não o perceberam.

Considerado em si mesmo, esse fato tem pouca importância em comparação com os que, verdadeiramente, atestam as qualidades espirituais de Jesus. Admitindo que as coisas se tenham passado conforme foram narradas, é notável que seja esse o único fenômeno de tal gênero que se tenha produzido. Jesus era de natureza extremamente elevada para se ater a efeitos puramente materiais, destinados apenas a aguçar a curiosidade da multidão, que, então, o teria nivelado a um mágico. Ele sabia que as coisas úteis lhe conquistariam mais simpatias e lhe granjeariam mais adeptos do que as que facilmente passassem por fruto de grande habilidade e destreza, mas que não tocavam o coração.

A rigor, se bem que o fato se possa explicar, até certo ponto, por uma ação fluídica que houvesse mudado as propriedades da água, dando-lhe o sabor de vinho, conforme atestam numerosos exemplos oferecidos pelo magnetismo, essa hipótese é pouco provável, considerando-se que, em tal caso, tendo do vinho unicamente o sabor, a água teria conservado a sua coloração, o que não deixaria de ser notado. É mais racional que se veja aí uma daquelas parábolas tão frequentes nos ensinos de Jesus, como a do Filho Pródigo, a do Festim das Bodas e tantas outras. Provavelmente, durante as refeições, Ele terá aludido ao vinho e à água, tirando de ambos um ensinamento. O que justifica esta opinião são as palavras que o mordomo lhe dirigia a respeito: "Toda gente serve em primeiro lugar o vinho bom e, depois que todos o beberam muito, serve o menos fino; tu, porém, reservaste até agora o bom vinho".

Capítulo XV
Os milagres do Evangelho

Multiplicação dos pães

48. A multiplicação dos pães é um dos milagres que mais têm intrigado os comentadores e, ao mesmo tempo, alimentado a zombaria dos incrédulos. Sem se darem ao trabalho de lhe perscrutar o sentido alegórico, para estes últimos ele não passa de um conto pueril. Entretanto, a maioria das pessoas sérias tem visto na narrativa desse fato, embora sob forma diferente da ordinária, uma parábola, em que se compara o alimento espiritual da alma ao alimento do corpo.

Pode-se, todavia, perceber nela mais do que uma simples figura e admitir, de certo ponto de vista, a realidade de um fato material, sem que, para isso, seja preciso se recorrer ao prodígio. É sabido que uma grande preocupação de espírito, bem como a atenção fortemente presa a uma coisa fazem esquecer a fome. Ora, os que seguiam a Jesus eram criaturas ávidas de ouvi-lo; nada, pois, há de espantoso em que, fascinados por sua palavra e talvez também pela poderosa ação magnética que Ele exercia sobre os que o cercavam, estes não tenham experimentado a necessidade material de comer.

Jesus, que previa esse resultado, pôde, pois, tranquilizar os discípulos, dizendo-lhes, na linguagem figurada que lhe era habitual, e admitindo que realmente houvessem trazido pães, que estes bastariam para saciar a fome da multidão. Ao mesmo tempo, dava aos discípulos uma lição, dizendo-lhes: "Dai-lhes vós mesmos de comer". Ensinava-lhes, assim, que eles também podiam alimentar por meio da palavra.

Dessa forma, a par do sentido moral alegórico, produziu-se um efeito fisiológico natural e muito conhecido. O prodígio, no caso, está no ascendente da palavra de Jesus, bastante poderosa para cativar a atenção de uma multidão imensa, a ponto de fazê-la esquecer-se de comer. Esse poder moral comprova a superioridade de Jesus, muito mais do que o fato puramente material da multiplicação dos pães, que deve ser considerada como alegoria.

O próprio Jesus, aliás, confirmou esta explicação nas duas passagens seguintes.

O fermento dos fariseus

49. Ora, tendo seus discípulos passado para o outro lado do mar, esqueceram-se de levar pães. – Jesus lhes disse: Tende o cuidado de vos precaver contra o fermento dos fariseus e dos saduceus. – Eles, porém, pensavam e diziam entre si: É porque não trouxemos pães.

Conhecendo-lhes os pensamentos, disse Jesus: Homens de pouca fé, por que haveis de estar cogitando de não terdes trazido pães? Ainda não compreendeis e não vos lembrais de quantos cestos levastes? – E que sete pães foram suficientes para quatro mil homens e quantos cestos de pães levastes? – Como não compreendereis que não é do pão que eu vos falava, quando disse que vos guardásseis do fermento dos fariseus e saduceus?

Eles não compreenderam que Ele não lhes dissera que se preservassem do fermento que se põe no pão, mas da doutrina dos fariseus e dos saduceus (*Mateus*, 16:5 a 12).

O pão do céu

50. No dia seguinte, o povo, que permanecera do outro lado do mar, notou que lá não chegara outra barca e que Jesus não havia entrado na que seus discípulos tomaram, que estes haviam partido sós, – e como tinham chegado depois outras barcas de Tiberíades, perto do lugar onde o Senhor, após render graças, os alimentara com cinco pães; e como verificassem por fim que Jesus não estava lá, tampouco seus discípulos, entraram naquelas barcas e foram para Cafarnaum, em busca de Jesus. – E, tendo-o encontrado além do mar, disseram-lhe: Mestre, quando vieste para cá?

Jesus lhes respondeu: Em verdade, em verdade vos digo que me procurais, não por causa dos milagres que vistes, mas porque eu vos dei pão a comer e ficastes saciados. – Trabalhai por ter não o alimento que perece, mas o que dura para a vida eterna e que o Filho do Homem vos dará, porque foi nele que Deus, o Pai, imprimiu sua marca e seu caráter.

Perguntaram-lhe eles: Que devemos fazer para produzir obras de Deus? – Respondeu-lhes Jesus: A obra de Deus é que creiais naquele que Ele enviou.

Capítulo XV
Os milagres do Evangelho

Perguntaram-lhe então: Que milagre operarás que, vendo-o, nos faça crer? Que farás de extraordinário? – Nossos pais comeram o maná no deserto, conforme está escrito: Ele lhes deu de comer o pão do céu.

Jesus lhes respondeu: Em verdade, em verdade vos digo que Moisés não vos deu o pão do céu; meu Pai é quem dá o verdadeiro pão do céu. – Porque o pão de Deus é aquele que desceu do céu e que dá vida ao mundo.

Disseram eles então: Senhor, dá-nos sempre desse pão.

Jesus lhes respondeu: *Eu sou o pão da vida; aquele que vem a mim não terá fome e aquele que em mim crê não terá sede.* – Mas, eu já vos disse: vós me tendes visto e não credes.

Em verdade, em verdade vos digo: Aquele que crê em mim tem a vida eterna. – Eu sou o pão da vida. – Vossos pais comeram o maná do deserto e morreram. – Aqui está o pão que desceu do céu, a fim de que quem dele comer não morra (*João*, 6:22 a 36; 47 a 50).

51. Na primeira passagem, Jesus, lembrando o fato precedentemente produzido, dá claramente a entender que não se tratara de pães materiais, pois, a não ser assim, não teria sentido a comparação por Ele estabelecida com o fermento dos fariseus: "*Ainda não compreendeis*", diz Ele, "e não vos recordais de que cinco pães bastaram para cinco mil pessoas e de que sete pães foram suficientes para quatro mil? Como não compreendestes que não era de pão que eu vos falava, quando vos dizia que vos preservásseis do fermento dos fariseus?" Esse confronto não teria nenhuma razão de ser na hipótese de uma multiplicação material. O fato teria sido muito extraordinário em si mesmo e, como tal, deveria ter impressionado fortemente a imaginação dos discípulos, que, entretanto, pareciam não mais lembrar dele.

É o que também ressalta com a mesma clareza do discurso que Jesus proferiu sobre o pão do céu, empenhado em fazer que seus ouvintes compreendessem o verdadeiro sentido do alimento espiritual. "Trabalhai", diz Ele, "não por conseguir o alimento que perece, mas pelo que se conserva para a vida eterna e que o Filho do Homem vos dará". Esse alimento é a sua palavra, pão que desceu do céu e dá vida ao mundo. "Eu sou", declara Ele, "o pão da vida; *aquele que vem a mim não terá fome*, e aquele que crê em mim jamais terá sede".

Tais distinções eram, no entanto, muito sutis para aquelas naturezas rudes, que só compreendiam as coisas tangíveis. Para eles, o maná que alimentara o corpo de seus antepassados era o verdadeiro pão do céu; aí é que estava o milagre. Se, pois, o fato da multiplicação dos pães houvesse ocorrido materialmente, por que teria impressionado tão fracamente aqueles mesmos homens, em benefício dos quais essa multiplicação se realizara poucos dias antes, a ponto de perguntarem a Jesus: "Que milagre farás para que, vendo-o, te creiamos? Que farás de extraordinário?" É que eles entendiam por milagres os prodígios que os fariseus pediam, isto é, sinais que aparecessem no céu por ordem de Jesus, como pela varinha de um mágico. Ora, o que Jesus fazia era simples demais e não se afastava das Leis da Natureza. As próprias curas não possuíam caráter estranho, nem muito extraordinário. Para eles, os milagres espirituais não representavam grande coisa.

Tentação de Jesus

52. Jesus, transportado pelo diabo ao pináculo do Templo, depois ao cume de uma montanha e tentado por ele, constitui uma daquelas parábolas que lhe eram familiares e que a credulidade pública transformou em fatos materiais.[106]

53. "Jesus não foi arrebatado. Ele apenas quis fazer que os homens compreendessem que a Humanidade se acha sujeita a falir e que deve manter-se sempre vigilante contra as más inspirações a que, pela sua natureza fraca, é impelida a ceder. A tentação de Jesus é, portanto, uma figura e fora preciso ser cego para tomá-la ao pé da letra. Como pretenderíeis que o Messias, o Verbo de Deus encarnado, tenha estado submetido, por algum tempo, por mais curto que fosse, às sugestões do demônio e que, como diz o *Evangelho de Lucas*, o demônio o houvesse deixado *por algum tempo*, o que levaria a supor que o Cristo continuou submetido ao poder daquela entidade maléfica? Não; compreendei melhor os ensinos que vos foram dados. O Espírito do mal não teria nenhum poder sobre a

---
[106] Nota de Allan Kardec: A explicação que se segue é a reprodução textual de uma instrução que um Espírito deu a esse respeito.

essência do bem. Ninguém diz ter *visto* Jesus no cume da montanha, nem no pináculo do Templo. Sem dúvida, tal fato se teria espalhado por todos os povos. A tentação, portanto, não constituiu um fato material e físico. Quanto ao ato moral, admitiríeis que o Espírito das trevas pudesse dizer àquele que conhecia sua própria origem e o seu poder: 'Adora-me, que te darei todos os reinos da Terra?' Então o demônio desconheceria aquele a quem fazia tais oferecimentos? Não é provável. Ora, se o conhecia, suas propostas eram uma insensatez, pois sabia ele que seria perfeitamente repelido por aquele que viera destruir o seu império sobre os homens.

"Compreendei, portanto, o sentido dessa parábola, pois se trata apenas de uma parábola, do mesmo modo que nos casos do *Filho Pródigo* e do *Bom Samaritano*. Aquela mostra os perigos que correm os homens, se não resistem à voz íntima que lhes clama sem cessar: 'Podes ser mais do que és; podes possuir mais do que possuis; podes engrandecer-te, adquirir muito; cede à voz da ambição e todos os teus desejos serão satisfeitos'. Ela vos mostra o perigo e o meio de o evitardes, dizendo às más inspirações: *Retira-te, Satanás!* ou, por outras palavras: *Vai-te, tentação!*

"As duas outras parábolas que lembrei mostram o que ainda pode esperar aquele que, por muito fraco para expulsar o demônio, lhe sucumbiu às tentações. Mostram a misericórdia do pai de família, pousando a mão sobre a fronte do filho arrependido e concedendo-lhe, com amor, o perdão implorado. Mostram o culpado, o cismático, o homem repelido por seus irmãos, valendo mais, aos olhos do Juiz Supremo, do que os que o desprezam, por praticar ele as virtudes ensinadas pela Lei de Amor.

"Pesai bem os ensinamentos que os Evangelhos contêm; sabei distinguir o que ali está em sentido próprio, ou em sentido figurado, e os erros que vos têm cegado durante tantos séculos pouco a pouco se apagarão, cedendo lugar à brilhante luz da verdade." – *João Evangelista*, Bordeaux, 1862.

Prodígios por ocasião da morte de Jesus

54. Ora, desde a sexta hora do dia até a nona, toda a Terra se cobriu de trevas.

Ao mesmo tempo o véu do Templo se rasgou em dois, de alto a baixo; a terra tremeu; as pedras se fenderam; – os sepulcros se abriram e muitos corpos de santos, que estavam no sono da morte, ressuscitaram; – e, saindo de seus túmulos após a ressurreição, vieram à cidade santa e foram vistos por muitas pessoas (*Mateus*, 27:45; 51 a 53).

55. É estranho que tais prodígios, operando-se no próprio momento em que a atenção da cidade se concentrava no suplício de Jesus, que era o acontecimento do dia, não tenham sido notados, visto que nenhum historiador os menciona. Parece impossível que um tremor de terra e o fato de ficar *toda a Terra* envolta em trevas durante três horas, num país onde o céu é sempre de perfeita limpidez, tenham passado despercebidos.

A duração de tal obscuridade teria sido quase a de um eclipse do Sol, mas os eclipses dessa espécie só se produzem na lua nova, e a morte de Jesus ocorreu em fase de lua cheia, a 14 de Nissan, dia da Páscoa dos Judeus.

O obscurecimento do Sol também pode ser produzido pelas manchas que se observam em sua superfície. Em tal caso, o brilho da luz se enfraquece sensivelmente, porém nunca a ponto de produzir obscuridade e trevas. Supondo que um fenômeno desse gênero tivesse ocorrido, ele resultaria de uma causa perfeitamente natural.[107]

Quanto aos mortos que ressuscitaram, possivelmente *algumas pessoas* tiveram visões ou viram aparições, o que não é excepcional. Entretanto, como então não se conhecia a causa desse fenômeno, presumiram que as figuras vistas saíam dos sepulcros.

Comovidos com a morte de seu Mestre, os discípulos de Jesus sem dúvida ligaram a essa morte alguns fatos particulares, aos quais não

---

[107] Nota de Allan Kardec: Há constantemente, na superfície do Sol, manchas fixas, que lhe acompanham o movimento de rotação e têm servido para se determinar a duração desse movimento. Às vezes, porém, essas manchas aumentam em número, em tamanho e em intensidade, e é então que se produz uma diminuição da luz e do calor solares. Esse aumento do número de manchas parece coincidir com certos fenômenos astronômicos e com a posição relativa de alguns planetas, o que lhes determina o reaparecimento periódico. A duração daquele obscurecimento é muito variável; por vezes não vai além de duas ou três horas, mas, em 535, houve um que durou quatorze meses.

teriam prestado nenhuma atenção em outra ocasião. Bastou, talvez, que um fragmento de rochedo se haja destacado naquele momento para que pessoas inclinadas ao maravilhoso tenham visto nesse fato um prodígio e, ampliando-o, tenham dito que as pedras se fenderam.

Jesus é grande por suas obras e não pelos quadros fantásticos com que um entusiasmo pouco ponderado achou por bem envolvê-lo.

Aparições de Jesus após sua morte

56. Mas Maria (Madalena) se conservou fora, perto do sepulcro, a derramar lágrimas. E, estando a chorar, como se abaixasse para olhar dentro do sepulcro, – viu dois anjos vestidos de branco, assentados no lugar onde estivera o corpo de Jesus, um à cabeceira, o outro ao lado dos pés. – Disseram-lhe eles: Mulher, por que choras? Ela respondeu: É que levaram o meu Senhor e não sei onde o puseram.

Tendo dito isto, voltou-se e viu Jesus de pé, *sem saber, entretanto, que fosse Jesus*. – Este então lhe disse: Mulher, por que choras? A quem procuras? Ela, pensando que fosse o jardineiro, lhe disse: Senhor, se foste tu quem o tirou, dizei-me onde o puseste e eu o levarei.

Disse-lhe Jesus: Maria. Logo ela se voltou e disse: *Rabboni*, isto é, Meu Senhor. – Jesus lhe respondeu: Não me toques, porque ainda não subi para o meu Pai; mas vai ter com meus irmãos e dize-lhes de minha parte: Subo a meu Pai e vosso Pai, a meu Deus e vosso Deus.

Maria Madalena foi então dizer aos discípulos que vira o Senhor e que este lhe dissera aquelas coisas (*João*, 20:14 a 18).

57. Naquele mesmo dia, indo dois deles para uma aldeia chamada Emaús, distante de Jerusalém sessenta estádios, – falavam entre si de tudo o que se passara. – E aconteceu que, quando conversavam e discorriam sobre isso, Jesus se lhes juntou e se pôs a caminhar com eles; – *seus olhos, porém, estavam tolhidos, a fim de que não o pudessem reconhecer*. – Ele disse: De que vínheis falando a caminhar e por que estais tão tristes?

Um deles, chamado Cléofas, tomando a palavra, disse: Serás em Jerusalém o único estrangeiro que não saiba do que aí se passou nestes últimos dias? – Que foi? – perguntou Ele. Responderam-lhe: A respeito de Jesus de Nazaré, que foi um poderoso profeta diante de Deus e de toda a gente; – e acerca do modo por que os príncipes dos sacerdotes e os nossos senadores o entregaram para ser condenado à morte e o crucificaram. – Ora, nós esperávamos fosse Ele quem resgatasse Israel, no entanto já estamos no terceiro dia depois que tais coisas aconteceram. – É certo que algumas mulheres das que estavam conosco nos espantaram, pois que, tendo ido ao seu sepulcro antes do romper do dia, e não tendo encontrado seu corpo, – nos vieram dizer que anjos mesmos lhes apareceram, dizendo-lhes que Ele está vivo. – E alguns dos nossos, tendo ido também ao sepulcro, encontraram todas as coisas conforme as mulheres haviam referido; mas, quanto a Ele, não o encontraram.

Disse-lhes então Jesus: Ó insensatos, de coração tardo a crer em tudo que os profetas disseram! Não era preciso que o Cristo sofresse e que entrasse assim na sua glória? – E, a começar de Moisés, passando em seguida por todos os profetas, lhes explicava o que em todas as Escrituras fora dito d'Ele.

Ao se aproximarem da aldeia para onde se dirigiam, Ele deu mostras de que ia mais longe. – Os dois o obrigaram a deter-se, dizendo-lhe: Fica conosco, que já é tarde e o dia está em declínio. Ele entrou com os dois. – Estando com eles à mesa, tomou do pão, abençoou-o e lhes deu. – *Abriram-se-lhes ao mesmo tempo os olhos e ambos o reconheceram; mas Ele lhes desapareceu das vistas.*

Então, disseram um ao outro: Não é verdade que o nosso coração ardia dentro de nós quando Ele nos falava pelo caminho, explicando-nos as Escrituras? – E, erguendo-se no mesmo instante, voltaram a Jerusalém e viram que os onze apóstolos e os que continuavam com eles estavam reunidos, – e diziam: O Senhor em verdade ressuscitou e *apareceu* a Simão. – Então, também eles narraram o que lhes acontecera em caminho e como o tinham reconhecido ao partir o pão.

Enquanto assim confabulavam, *Jesus se apresentou no meio deles* e lhes disse: A paz seja convosco; sou eu, não vos assusteis. – Mas na perturbação e no medo de que foram tomados eles imaginaram estar vendo *um Espírito*.

E Jesus lhes disse: Por que vos turbais? Por que se elevam tantos pensamentos nos vossos corações? – Olhai para as minhas mãos e para os meus pés e reconhecei que sou eu mesmo. Tocai-me e considerai que um Espírito não tem carne, nem osso, como vedes que eu tenho. – Dizendo isso, mostrou-lhes as mãos e os pés.

Mas como eles ainda não acreditassem, tão transportados de alegria e de admiração se achavam, disse-lhes: Tendes aqui alguma coisa que eu coma? – Eles lhe apresentaram um pedaço de peixe assado e um favo de mel. – Ele comeu diante deles e, tomando os restos, lhes deu, dizendo: Eis que, estando ainda convosco, eu vos dizia que era necessário que se cumprisse tudo o que de mim fora escrito na lei de Moisés, nos profetas e nos *Salmos*.

Ao mesmo tempo lhes abriu o espírito, a fim de que entendessem as Escrituras; – e lhes disse: É assim que está escrito e assim era que se fazia necessário que o Cristo sofresse e ressuscitasse dentre os mortos ao terceiro dia; – e que se pregasse em seu nome a penitência e a remissão dos pecados em todas as nações, a começar por Jerusalém. – Ora, sois testemunhas dessas coisas. – Vou enviar-vos o dom de meu Pai, o qual vos foi prometido; mas, por enquanto permanecei na cidade, até que eu vos haja revestido da força do Alto (*Lucas* 24:13 a 49).

58. Ora, Tomé, um dos doze apóstolos, chamado Dídimo, não se achava com eles quando veio Jesus. – Os outros discípulos então lhe disseram: Vimos o Senhor. Ele, porém, lhes disse: Se eu não vir nas suas mãos as marcas dos cravos que as atravessaram e não puser o dedo no buraco feito pelos cravos e minha mão na chaga do seu lado, não acreditarei absolutamente.

Oito dias depois, estando ainda os discípulos no mesmo lugar e com eles Tomé, Jesus se apresentou, *achando-se fechadas as portas*, e, colocando-se no meio deles, disse-lhes: A paz seja convosco.

Disse em seguida a Tomé: Põe aqui o teu dedo e olha minhas mãos; estende também a tua mão e mete-a no meu lado e não sejas incrédulo, mas fiel. – Tomé lhe respondeu: Meu Senhor e meu Deus! – Jesus lhe disse: Tu creste, Tomé, porque viste; felizes os que não viram e creram (*João*, 20: 20 a 29).

59. Jesus também se mostrou depois aos seus discípulos à margem do mar de Tiberíades, mostrando-se desta forma:

Simão, Pedro e Tomé, chamado Dídimo, Natanael, que era de Caná, na Galileia, os filhos de Zebedeu e dois outros de seus discípulos estavam juntos.

– Disse-lhes Simão Pedro: Vou pescar. Os outros disseram: Também nós vamos contigo. Foram-se e entraram numa barca; mas, naquela noite, nada apanharam.

Ao amanhecer, *Jesus apareceu à margem sem que seus discípulos conhecessem que era Ele.* – Disse-lhes então: Filhos, nada tendes que se coma? Responderam-lhe: Não. – Disse-lhes Ele: Lançai a rede do lado direito da barca e achareis. Eles a lançaram logo e quase não a puderam retirar, tão carregada estava de peixes.

Então, o discípulo a quem Jesus amava disse a Pedro: É o Senhor. Simão Pedro, ao ouvir que era o Senhor, vestiu-se (pois estava nu) e se atirou ao mar. – Os outros discípulos vieram com a barca e, como não estavam distantes da praia mais de duzentos côvados, puxaram daí a rede cheia de peixes (*João*, 21: 1 a 8).

60. Depois disso, Ele os conduziu a Betânia e, tendo levantado as mãos, os abençoou; – após o que *se separou deles e foi arrebatado ao céu.*

Quanto a eles, depois de o terem adorado, voltaram para Jerusalém, cheios de alegria. – Estavam constantemente no Templo, louvando e bendizendo a Deus. Amém (*Lucas*, 24:50 a 53).

61. Todos os evangelistas narram as aparições de Jesus, após sua morte, com detalhes circunstanciados que não permitem se duvide da sua realidade. Ademais, elas se explicam perfeitamente pelas leis fluídicas e pelas propriedades do perispírito e não apresentam nada de anômalo em face do fenômeno do mesmo gênero, de que a História, antiga e moderna, oferece numerosos exemplos, sem lhes faltar sequer a tangibilidade. Se notarmos as circunstâncias em que ocorreram as suas diversas aparições, nele reconheceremos, em tais ocasiões, todas as características de um ser fluídico. Aparece inopinadamente e do mesmo modo desaparece; uns o veem, outros não, sob aparências que nem mesmo os seus discípulos o reconhecem; mostra-se em recintos fechados, onde um corpo carnal não poderia penetrar; sua própria linguagem não tem a vivacidade da de um ser corpóreo; fala em tom breve e sentencioso, peculiar aos Espíritos que se manifestam daquela maneira; todas as suas atitudes, em suma, denotam alguma coisa que não é do mundo terreno. Sua presença causa simultaneamente surpresa e medo; ao vê-lo, seus discípulos não lhe falam com a mesma liberdade de antes; sentem que já não é um homem.

Jesus, portanto, se mostrou com o seu corpo perispirítico, o que explica que só tenha sido visto pelos que Ele quis que o vissem. Se estivesse com o seu corpo carnal, todos o veriam, como quando estava vivo. Ignorando a causa primeira do fenômeno das aparições, seus discípulos não se davam conta dessas particularidades que, provavelmente, não lhes mereciam qualquer atenção. Já que viam Jesus e o tocavam, para eles devia ser seu corpo ressuscitado (cap. XIV, its. 14 e 35 a 38).

62. Ao passo que a incredulidade rejeita todos os fatos que Jesus produziu, por terem uma aparência sobrenatural, e os considera, sem exceção, lendários, o Espiritismo dá explicação natural à maior parte desses fatos. Prova a possibilidade deles, não só pela teoria das leis fluídicas, como pela identidade que apresentam com fatos análogos produzidos por uma multidão de pessoas, nas mais vulgares condições. Por serem, de certo modo, do domínio público, tais fatos nada provam, em princípio, com relação à natureza excepcional de Jesus.[108]

63. O maior milagre que Jesus operou, o que verdadeiramente atesta a sua superioridade, foi a revolução que seus ensinamentos produziram no mundo, a despeito da exiguidade dos seus meios de ação.

Com efeito, Jesus, obscuro, pobre, nascido na mais humilde condição, no seio de um povo pequenino, quase ignorado e sem preponderância política, artística ou literária, prega a sua doutrina apenas durante três anos; em todo esse curto espaço de tempo é desprezado e perseguido pelos seus concidadãos, caluniado, tratado de impostor; vê-se obrigado a fugir para não ser lapidado; é traído por um de seus apóstolos, renegado por outro, abandonado por todos no momento em que cai nas mãos de

---

[108] Nota de Allan Kardec: Os inúmeros fatos contemporâneos de curas, aparições, possessões, dupla vista e outros, que se encontram relatados na *Revista Espírita* e lembrados nas observações anteriores, oferecem, até quanto aos pormenores, tão flagrante analogia com os narrados pelo Evangelho, que ressalta evidente a identidade dos efeitos e das causas. Não se compreende que o mesmo fato tivesse hoje uma causa natural e que, outrora, essa causa fosse sobrenatural; diabólica com uns e divina com outros. Se fosse possível confrontá-los aqui uns com os outros, a comparação se tornaria mais fácil. Impossível, contudo, fazê-lo, dado seu grande número e os desenvolvimentos que a narrativa reclamaria.

seus inimigos. Só fazia o bem, mas isso não o impedia de ser alvo da malevolência, que dos próprios serviços que Ele prestava tirava motivos para o acusar. Condenado ao suplício reservado aos criminosos, morre ignorado do mundo, visto que a História daquela época nada diz a seu respeito.[109] Nada escreveu; entretanto, ajudado por alguns homens tão obscuros quanto Ele, sua palavra bastou para regenerar o mundo; sua doutrina matou o paganismo onipotente e se tornou o farol da civilização. Tinha contra si tudo o que causa o malogro das obras dos homens, razão por que dizemos que o triunfo alcançado pela sua doutrina foi o maior dos seus milagres, provando, ao mesmo tempo, ser divina a sua missão. Se, em vez de princípios sociais e regeneradores, fundados sobre o futuro espiritual do homem, Ele só tivesse a oferecer à posteridade alguns fatos maravilhosos, talvez hoje mal o conhecêssemos de nome.

Desaparecimento do corpo de Jesus

64. O desaparecimento do corpo de Jesus após sua morte tem sido objeto de inúmeros comentários. É atestado pelos quatro evangelistas, baseados nos relatos das mulheres que foram ao sepulcro no terceiro dia depois da crucificação e lá não o encontraram. Algumas pessoas viram nesse desaparecimento um fato milagroso, enquanto outras o atribuíram a uma subtração clandestina.

Segundo outra opinião, Jesus não teria revestido um corpo carnal, mas apenas um corpo fluídico; não teria sido, em toda a sua vida, mais do que uma aparição tangível, uma espécie de agênere, em suma. Seu nascimento, sua morte e todos os atos materiais de sua vida teriam sido apenas aparentes. Foi assim que, dizem, seu corpo, voltado ao estado fluídico, pôde desaparecer do sepulcro e foi com esse mesmo corpo que Ele se teria mostrado depois de sua morte.

Sem dúvida, semelhante fato não é radicalmente impossível, dentro do que hoje se sabe sobre as propriedades dos fluidos; mas seria,

---

[109] Nota de Allan Kardec: O historiador judeu Flávio Josefo é o único que fala de Jesus, embora o faça em termos bem resumidos.

pelo menos, inteiramente excepcional e em formal oposição ao caráter dos agêneres (cap. XIV, it. 36). Trata-se, pois, de saber se tal hipótese é admissível, ou se é confirmada ou contraditada pelos fatos.

65. A estada de Jesus na Terra apresenta dois períodos: o que precedeu e o que se seguiu à sua morte. No primeiro, desde o momento da concepção até o nascimento, tudo se passa, pelo que respeita à sua mãe, como nas condições ordinárias da vida.[110] Desde o seu nascimento até a sua morte, tudo, em seus atos, na sua linguagem e nas diversas circunstâncias da sua vida, revela as características inequívocas da corporeidade. Os fenômenos de ordem psíquica que nele se produzem são acidentais e nada têm de anômalos, visto que se explicam pelas propriedades do perispírito e se dão, em graus diferentes, noutros indivíduos. Depois de sua morte, ao contrário, tudo nele revela o ser fluídico. A diferença entre os dois estados é tão marcante que não podem ser assimilados.

O corpo carnal tem as propriedades inerentes à matéria propriamente dita, propriedades que diferem essencialmente das dos fluidos etéreos; naquela, a desorganização se opera pela ruptura da coesão molecular. Ao penetrar no corpo material, um instrumento cortante lhe divide os tecidos; se os órgãos essenciais à vida forem atacados, cessa-lhes o funcionamento e sobrevém a morte do corpo. Não existindo nos corpos fluídicos essa coesão, a vida já não depende aí da ação de órgãos especiais, de modo que não se podem produzir desordens análogas àquelas. Um instrumento cortante ou outro qualquer penetra num corpo fluídico como se penetrasse numa massa de vapor, sem lhe ocasionar qualquer lesão. É por isso que *não podem morrer* os corpos dessa natureza e por que os seres fluídicos, designados pelo nome de *agêneres*, não podem ser mortos.

Após o suplício de Jesus, seu corpo se conservou inerte e sem vida. Foi sepultado como o são comumente os corpos, e todos o puderam ver e tocar. Após a sua ressurreição, quando quer deixar a Terra, Ele não morre; seu corpo se eleva, desvanece e desaparece, sem deixar qualquer vestígio, prova evidente de que aquele corpo era de natureza diversa da

---

[110] Nota de Allan Kardec: Não nos referimos aqui ao mistério da encarnação, com o qual não temos que nos ocupar e que será examinado mais tarde.

do que pereceu na cruz. Deve-se, pois, concluir que, se foi possível que Jesus morresse, é que Ele tinha um corpo carnal.

Em virtude de suas propriedades materiais, o corpo carnal é a sede das sensações e das dores físicas, que repercutem no centro sensitivo ou Espírito. Não é o corpo quem sofre, mas o Espírito, que recebe o contragolpe das lesões ou alterações dos tecidos orgânicos. Num corpo privado de Espírito, a sensação é absolutamente nula. Pela mesma razão, o Espírito, que não tem corpo material, não pode experimentar os sofrimentos que resultam da alteração da matéria, devendo-se igualmente concluir que, se Jesus sofreu materialmente, como ninguém pode duvidar, é que Ele tinha um corpo material de natureza semelhante ao de todas as pessoas.

66. Aos fatos materiais vêm juntar-se fortíssimas considerações morais.

Se as condições de Jesus, durante a vida, fossem as dos seres fluídicos, Ele não teria experimentado nem a dor, nem qualquer das necessidades do corpo. Supor que assim haja sido é tirar-lhe o mérito da vida de privações e de sofrimentos que escolhera, como exemplo de resignação. Se tudo nele não passasse de aparência, todos os atos de sua vida, a reiterada predição de sua morte, a cena dolorosa do Jardim das Oliveiras, sua prece a Deus para que lhe afastasse o cálice dos lábios, sua paixão, sua agonia, tudo, até o último brado, no momento de entregar o Espírito, não teria passado de vão simulacro para enganar com relação à sua natureza e fazer crer num sacrifício ilusório de sua vida, numa comédia indigna de um homem simplesmente honesto, e, com mais forte razão, indigna de um ser tão superior. Numa palavra, Ele teria abusado da boa-fé dos seus contemporâneos e da posteridade. Tais as consequências lógicas desse sistema, consequências inadmissíveis, porque o rebaixariam moralmente, em vez de o elevarem.

Como todo homem, Jesus teve, pois, um corpo carnal e um corpo fluídico, o que é atestado pelos fenômenos materiais e pelos fenômenos psíquicos que lhe assinalaram a existência.

67. Em que se transformou o corpo carnal [de Jesus]? É um problema cuja solução não se pode deduzir, até nova ordem, senão por hipóteses, em falta de elementos suficientes para se firmar uma convicção. Essa solução, ademais, é de importância secundária e nada acrescentaria aos méritos do Cristo, nem aos fatos que atestam, de maneira muito mais categórica, sua superioridade e sua Missão Divina.

Não pode, pois, haver sobre a maneira pela qual se operou esse desaparecimento, senão opiniões pessoais, que só teriam valor se fossem sancionadas por rigorosa lógica e pelo ensino geral dos Espíritos. Ora, até o presente, nenhuma das que foram formuladas recebeu a sanção do duplo controle.

Se os Espíritos ainda não decidiram a questão pela unanimidade de seus ensinos, é sem dúvida porque o momento de resolvê-la ainda não chegou, ou por faltarem conhecimentos, sem o auxílio dos quais a questão possa ser resolvida por si mesma. Enquanto se espera, e se afastamos a suposição de um rapto clandestino, podemos encontrar, por analogia, uma explicação provável na teoria do duplo fenômeno dos transportes e da invisibilidade (*O livro dos médiuns* [Segunda parte], caps. IV e V).

68. Essa ideia sobre a natureza do corpo de Jesus não é nova. No quarto século, Apolinário, de Laodiceia, chefe da seita dos *apolinaristas*, pretendia que Jesus não tomara um corpo como o nosso, mas um corpo *impassível*, que descera do céu ao seio da Santa Virgem e que não nascera dela; que, assim, Jesus não havia nascido, nem sofrido, nem morrido, senão em *aparência*. Os apolinaristas foram anatematizados no Concílio de Alexandria em 360; no de Roma, em 374; e no de Constantinopla, em 381.

AS PREDIÇÕES SEGUNDO O ESPIRITISMO

CAPÍTULO XVI

Teoria da presciência

1. Como é possível o conhecimento do futuro? Compreende-se a previsão dos acontecimentos que devam resultar do estado presente; não, porém, dos que não guardam qualquer relação com esse estado, nem, ainda menos, dos que são atribuídos ao acaso. As coisas futuras não existem, dizem; elas ainda se encontram no nada; como, pois, se há de saber que acontecerão? E, contudo, são muito numerosos os casos de predições realizadas, o que nos leva à conclusão de que ocorre aí um fenômeno para cuja explicação falta a chave, visto não haver efeito sem causa. É essa causa que vamos tentar descobrir e é ainda o Espiritismo, já por si mesmo chave de tantos mistérios, que no-la fornecerá, mostrando-nos, além disso, que o próprio fato das predições não se produz com exclusão das Leis Naturais.

Tomemos, para comparação, um exemplo nas coisas usuais. Ele nos ajudará a compreender o princípio que teremos de desenvolver.

2. Suponhamos um homem colocado no alto de uma montanha, a contemplar a vasta extensão da planície à sua volta. Nesta situação, o espaço de uma légua será pouca coisa para ele, que poderá facilmente apanhar, de um golpe de vista, todos os acidentes do terreno, desde o começo até o fim da estrada. O viajante que pela primeira vez percorra essa estrada sabe que, caminhando, chegará até o fim dela, não passando isso de simples previsão da consequência que terá a sua marcha. Entretanto, os acidentes do terreno, as subidas e descidas, os rios que terá de transpor, os bosques que haja de atravessar, os precipícios em que poderá cair, os ladrões que o espreitam para roubá-lo, as casas hospitaleiras onde poderá repousar, tudo isso independe da sua pessoa; é para ele o desconhecido, o futuro, porque a sua vista não vai além da pequena área que o cerca. Quanto à duração, mede-a pelo tempo que gasta em percorrer o caminho. Tirai-lhe os pontos de referência, e a duração desaparecerá. Para o homem que está em cima da montanha e que o acompanha com o olhar, tudo aquilo está presente. Suponhamos que esse homem desce do seu ponto de observação e, indo ao encontro do viajante, lhe diz: "Em tal momento, encontrarás tal coisa, serás atacado e socorrido". Estará predizendo o futuro, mas o futuro para o viajante; para o homem da montanha esse futuro é o presente.

3. Se, agora, sairmos do âmbito das coisas puramente materiais e entrarmos, pelo pensamento, no domínio da Vida Espiritual, veremos o fenômeno produzir-se em maior escala. Os Espíritos desmaterializados são como o homem da montanha; o espaço e a duração não existem para eles. Mas a extensão e a penetração da vista são proporcionais à depuração deles e à elevação que alcançaram na hierarquia espiritual. Eles são, com relação aos Espíritos inferiores, quais homens munidos de possantes telescópios, ao lado de outros que apenas dispõem dos olhos. Nos Espíritos inferiores, a visão é circunscrita, não só porque eles dificilmente podem afastar-se do globo a que se acham presos, como também porque a grosseria de seus perispíritos lhes vela as coisas distantes, do mesmo modo que um nevoeiro as oculta aos olhos do corpo.

Compreende-se, pois, que, de conformidade com o grau de perfeição, um Espírito possa abarcar um período de alguns anos, de alguns séculos e mesmo de muitos milhares de anos. Com efeito, o que é um século em face do infinito? Os acontecimentos não se desenrolam sucessivamente diante dele, como os incidentes da estrada diante do viajante: ele vê simultaneamente o começo e o fim do período; todos os eventos que, nesse período, constituem o futuro para o homem da Terra, são o presente para ele, que poderia então vir dizer-nos com certeza: tal coisa acontecerá em tal época, porque ele vê essa coisa como o homem da montanha vê o que espera o viajante no curso da viagem. Se assim não procede, é porque o conhecimento do futuro poderia ser prejudicial ao homem; entravaria seu livre-arbítrio, paralisá-lo-ia no trabalho que lhe cumpre executar a bem do seu progresso. O bem e o mal com que se defrontará no futuro, por se conservarem desconhecidos, constitui para o homem uma prova.

Se tal faculdade, mesmo restrita, pode ser arrolada entre os tributos da criatura, com que grau de potencialidade não existirá no Criador, que abrange o Infinito? Para Ele, o tempo não existe: o princípio e o fim dos mundos lhe são o presente. Dentro desse imenso panorama, que vem a ser a duração da vida de um homem, de uma geração, de um povo?

4. Entretanto, como o homem deve concorrer para o progresso geral, como certos acontecimentos devem resultar da sua cooperação, pode convir que, em certos casos, ele pressinta esses acontecimentos, a fim de lhes preparar o encaminhamento e de estar pronto a agir, quando chegar o momento propício. É por isso que Deus, às vezes, permite que se levante uma ponta do véu; mas sempre com fim útil, nunca para satisfação de vã curiosidade. Tal missão pode, pois, ser conferida, não a todos os Espíritos, visto que muitos não conhecem do futuro mais do que os homens, porém a alguns Espíritos bastante adiantados para desempenhá-la. Ora, é de notar-se que as revelações desse gênero são sempre feitas espontaneamente e jamais, ou, pelo menos, muito raramente, em resposta a uma pergunta direta.

5. Semelhante missão pode também ser confiada a certos homens, desta maneira:

Aquele a quem é dado o encargo de revelar uma coisa oculta recebe, à sua revelia e por inspiração dos Espíritos que a conhecem, a revelação dela e a transmite maquinalmente, sem se aperceber do que faz. É sabido, além disso, que tanto durante o sono quanto no estado de vigília, nos êxtases da dupla vista, a alma se desprende e adquire, em grau mais ou menos alto, as faculdades do Espírito livre. Se for um Espírito adiantado e, sobretudo, se houver recebido, como os profetas, uma missão especial para esse efeito, gozará, nos momentos de emancipação da alma, da faculdade de abarcar, por si mesmo, um período mais ou menos extenso, e verá, como presentes, os sucessos desse período. Pode então revelá-los no mesmo instante, ou conservar a lembrança deles ao despertar. Se os sucessos devem permanecer secretos, ele os esquecerá, ou apenas guardará vaga intuição do que lhe foi revelado, suficiente para o guiar instintivamente.

É assim que em certas ocasiões essa faculdade se desenvolve providencialmente, na iminência de perigos, nas grandes calamidades, nas revoluções, e é assim também que a maioria das seitas perseguidas tiveram numerosos *videntes*. É ainda assim que se veem os grandes capitães avançar resolutamente contra o inimigo, certos da vitória; que homens de gênio, como Cristóvão Colombo, por exemplo, caminham para uma meta, anunciando previamente, a bem dizer, o instante em que a alcançarão. É que eles viram essa meta, que, para seus Espíritos, deixou de ser o desconhecido.

O dom da predição nada tem, pois, de sobrenatural, mais do que uma imensidade de outros fenômenos. Repousa sobre as propriedades da alma e na lei das relações do mundo visível com o Mundo Invisível, que o Espiritismo vem dar a conhecer. Mas como admitir a existência de um Mundo Invisível, se não se admite a alma, ou, mesmo admitindo-a, se nega a sua individualidade após a morte? O incrédulo que nega a presciência é consequente consigo mesmo; resta saber se o é com a Lei Natural.

6. Esta teoria da presciência talvez não resolva de modo absoluto todos os casos que se possam apresentar de revelação do futuro, mas não se pode deixar de convir em que lhe estabelece o princípio fundamental. Se não pode explicar tudo, é pela dificuldade que tem o homem de se colocar nesse ponto de vista extraterreno. Por conta de sua própria inferioridade, seu pensamento, incessantemente atraído para o carreiro da vida material, quase sempre é impotente para se destacar do solo. A tal respeito, certos homens são quais passarinhos, cujas asas, frágeis em demasia, não lhes permitem elevar-se no ar, ou como aqueles cuja vista é excessivamente curta para conseguirem ver ao longe; finalmente, como os que não dispõem de um sentido para certas percepções.

7. Para compreendermos as coisas espirituais, isto é, para fazermos delas uma ideia tão clara como a que fazemos de uma paisagem que tenhamos diante dos olhos, falta-nos em verdade um sentido, exatamente como ao cego de nascença falta o sentido necessário que lhe faculte compreender os efeitos da luz, das cores e da vista, sem contato. É por isso que somente por esforço da imaginação e por meio de comparações com coisas materiais que nos sejam familiares chegamos a consegui-lo. As coisas materiais, porém, não nos podem dar das coisas espirituais senão ideias muito imperfeitas, razão por que não se devem tomar ao pé da letra essas comparações e crer, por exemplo, no caso de que se trata, que a extensão das faculdades perceptivas dos Espíritos depende da efetiva elevação deles, nem que eles precisem estar em cima de uma montanha ou acima das nuvens para abrangerem o tempo e o espaço.

Tal faculdade é inerente ao estado de espiritualização, ou, se preferirem, de desmaterialização do Espírito. Isso significa que a espiritualização produz um efeito que se pode comparar, embora muito imperfeitamente, ao da visão de conjunto que tem o homem colocado sobre a montanha. Essa comparação objetivava simplesmente mostrar que acontecimentos pertencentes ainda, para uns, ao futuro, pertencem, para outros, ao presente e podem assim ser preditos, o que não implica que o efeito se produza da mesma maneira.

Por conseguinte, para gozar dessa percepção o Espírito não precisa transportar-se a um ponto qualquer do Espaço. Aquele que está na Terra, ao nosso lado, pode possuí-la em toda a sua plenitude, tanto quanto se achasse a mil léguas de distância, ao passo que nada vemos além do nosso horizonte visual. Não se operando a visão dos Espíritos do mesmo modo, nem com os mesmos elementos que no homem, muito diverso é o horizonte visual dos primeiros. Ora, é justamente esse o sentido que nos falta para o concebermos. *O Espírito, ao lado do encarnado, é como o vidente ao lado do cego.*

8. Além disso, devemos ponderar que essa percepção não se limita à extensão, mas que ela abrange a penetração de todas as coisas. É, repetimos, uma faculdade inerente e proporcional ao estado de

desmaterialização. A encarnação *amortece-a*, sem, contudo, a anular completamente, porque a alma não fica encerrada no corpo como numa caixa. O encarnado a possui, embora em grau menor do que quando se acha completamente desprendido; é o que confere a certos homens um poder de penetração que falta totalmente a outros; maior agudeza de visão moral; compreensão mais fácil das coisas extramateriais.

O Espírito encarnado não somente percebe, como também se lembra do que viu no estado de Espírito livre, e essa visão é como um quadro que se projeta na sua mente. Na encarnação, ele vê, mas vagamente, como através de um véu; no estado de liberdade, vê e concebe claramente. *O princípio da visão não lhe é exterior, está nele*; é por isso que não precisa da luz exterior. Por efeito do desenvolvimento moral, alarga-se o círculo das ideias e da concepção; por efeito da desmaterialização gradual do perispírito, este se depura dos elementos grosseiros que lhe alteravam a delicadeza das percepções, o que torna fácil compreender-se que a ampliação de todas as faculdades acompanha o progresso do Espírito.

9. É o grau de extensão das faculdades do Espírito que, na encarnação, o torna mais ou menos apto a conceber as coisas espirituais. Essa aptidão, todavia, não resulta forçosamente do desenvolvimento da inteligência; a ciência vulgar não a dá, sendo por isso que se veem homens de grande saber tão cegos para as coisas espirituais, quanto outros o são para as coisas materiais; são-lhes refratários, porque não as compreendem, o que significa que *ainda* não progrediram em tal sentido, ao passo que outros, de instrução e inteligência vulgares, as apreendem com a maior facilidade, o que prova que já tinham de tais coisas uma intuição prévia. É, para estes, uma lembrança retrospectiva do que viram e souberam, quer na erraticidade, quer em suas existências anteriores, como alguns têm a intuição das línguas e das ciências de que já foram conhecedores.

10. A faculdade de mudar seu ponto de vista e considerá-lo de uma posição mais elevada não só oferece a solução do problema da presciência, como, além disso, é a chave da verdadeira fé, da fé sólida. É, também, o mais poderoso elemento de força e de resignação, porque

a vida terrestre, surgindo como um ponto na imensidade, faculta que se compreenda o pouco valor das coisas que, vistas de baixo, parecem tão importantes; os incidentes, as misérias, as vaidades da vida se apequenam à medida que se desdobra o imenso e esplêndido horizonte do futuro. Quem assim vê as coisas deste mundo é pouco ou nada atingido pelas vicissitudes e, por isso mesmo, tão feliz quanto o permita ser aqui na Terra. Deve-se, pois, lamentar os que concentram seus pensamentos na acanhada esfera terrestre, porque experimentam, em toda a sua pujança, o contragolpe das tribulações que, como outros tantos aguilhões, os atormentam incessantemente.

11. Quanto ao futuro do Espiritismo, os Espíritos, como se sabe, são unânimes em afirmar o seu triunfo próximo, apesar dos obstáculos que lhe opõem. Essa previsão lhes é fácil, primeiramente porque a sua propagação é obra pessoal deles; concorrendo para o movimento, ou dirigindo-o, eles sabem, por conseguinte, o que devem fazer; em segundo lugar, basta-lhes entrever um período de curta duração, no qual veem, ao longo do caminho, os poderosos auxiliares que Deus lhes suscita e que não tardarão a manifestar-se.

Embora não sejam Espíritos desencarnados, transportem-se os espíritas a trinta anos apenas para a frente, ao seio da geração que surge; daí considerem o que se passa hoje com o Espiritismo; acompanhem-lhe a marcha progressiva e verão consumir-se em vãos esforços os que se julgam destinados a derrubá-lo. Verão que esses tais pouco a pouco desaparecem da cena e que, paralelamente, a árvore cresce e alonga cada vez mais as suas raízes.

12. Na maioria das vezes, os acontecimentos vulgares da vida privada são consequência da maneira de proceder de cada um: este, de acordo com as suas capacidades, com a sua habilidade, com a sua perseverança, prudência e energia, terá êxito naquilo em que outro verá malogrados todos os seus esforços, por efeito da sua inaptidão, de sorte que se pode dizer que cada um é o artífice do seu próprio futuro, futuro que jamais se encontra sujeito a uma cega fatalidade, independente da sua personalidade. Conhecendo-se o caráter de um indivíduo, pode-se facilmente predizer a sorte que o espera no caminho por onde haja enveredado.

13. Os acontecimentos que envolvem interesses gerais da Humanidade são regulados pela Providência. Quando uma coisa está nos desígnios de Deus, ela se cumpre a despeito de tudo, ou por um meio, ou por outro. Os homens concorrem para que ela se execute, mas nenhum é indispensável, pois, do contrário, o próprio Deus estaria à mercê de suas criaturas. Se faltar aquele a quem incumba a missão de a executar, outro se encarregará dela. Não há missão fatal; o homem tem sempre a liberdade de cumprir ou não a que lhe foi confiada e que ele voluntariamente aceitou. Se não o faz, perde os benefícios que daí lhe resultariam e assume a responsabilidade dos atrasos que possam resultar da sua negligência ou da sua má vontade. Se se tornar um obstáculo a que ela se cumpra, Deus poderá afastá-lo com um sopro.

14. O resultado final de um acontecimento pode, portanto, ser certo, por se achar nos desígnios de Deus; como, porém, quase sempre, os detalhes e o modo de execução se encontram subordinados às circunstâncias e ao livre-arbítrio dos homens, podem ser eventuais os caminhos e os meios. Os Espíritos podem prevenir-nos do conjunto, se convier que sejamos avisados; mas, para determinarem lugar e data, seria preciso que conhecessem previamente a decisão que tomará este ou aquele indivíduo. Ora, se essa decisão ainda não estiver em sua mente, poderá, conforme venha ela a ser, apressar ou retardar a realização do fato, modificar os meios secundários de ação, embora o mesmo resultado chegue sempre a produzir-se. É assim, por exemplo, que os Espíritos podem, pelo conjunto das circunstâncias, prever que uma guerra se acha mais ou menos próxima, que é inevitável, sem, contudo, poderem predizer o dia em que começará, nem os incidentes pormenorizados que possam ser modificados pela vontade dos homens.

15. Para determinação da época dos acontecimentos futuros, será preciso, além disso, levar em conta uma circunstância inerente à própria natureza dos Espíritos.

O tempo, assim como o espaço, só pode ser avaliado com o auxílio de pontos de referência que o dividam em períodos que se possam contar. Na Terra, a divisão natural do tempo em dias e anos é marcada pelo nascer e pelo pôr do sol, assim como o movimento de translação da Terra. A subdivisão dos dias em 24 horas é arbitrária; é indicada por meio de instrumentos especiais, tais como as ampulhetas, as clepsidras, os relógios comuns, os relógios solares etc. As unidades de medida do tempo devem variar de acordo com os mundos, visto que os fenômenos astronômicos são diferentes. Assim, por exemplo, em Júpiter, o dia equivale a dez das nossas horas e os anos a mais de doze anos terrestres.

Há, pois, para cada mundo um modo diferente de computar-se a duração, de acordo com a natureza das revoluções astrais que nele se efetuam. Já haverá aí uma dificuldade para os Espíritos que, não conhecendo o nosso mundo, determinem datas com relação a nós. Além disso, fora dos mundos, não existem tais meios de apreciação. Para um Espírito, no Espaço, não há nascer nem pôr do sol a marcar os dias, nem a revolução periódica a marcar os anos; só há, para ele, a duração e o Espaço infinitos (cap. VI, its. 1 e seguintes). Aquele, portanto, que jamais houvesse vindo à Terra, não possuiria nenhum conhecimento dos nossos cálculos que, aliás, lhe seriam completamente inúteis. Mais ainda: aquele que jamais houvesse encarnado em um mundo não teria qualquer noção das frações da duração. Quando um Espírito estranho à Terra vem manifestar-se entre nós, não pode precisar datas aos acontecimentos, senão identificando-se com os nossos usos, o que sem dúvida lhe é possível, embora, na maioria das vezes, ele não descubra nenhuma utilidade nessa identificação.

16. O modo de computar a duração é uma convenção arbitrária feita entre os encarnados, tendo em vista as necessidades da vida corpórea de relação. Para medir a duração, como nós, os Espíritos teriam de valer-se dos nossos instrumentos de precisão, que não existem na Vida Espiritual.

No entanto, os Espíritos que compõem a população invisível do nosso globo, onde já viveram e continuam vivendo junto a nós, estão naturalmente identificados com os nossos hábitos, cuja lembrança conservam na erraticidade. Têm, pois, menos dificuldade do que os outros para se porem do nosso ponto de vista no que respeita aos usos terrenos. Na Grécia, contavam o tempo por olimpíadas; em outras partes, por períodos lunares ou solares, segundo as épocas e os lugares. Poderão, por conseguinte, com maior facilidade, determinar datas aos acontecimentos futuros, desde que os conheçam, mas sem contar que isso nem sempre lhes é permitido, eles se veem impedidos pela razão de que, sempre que as circunstâncias de detalhes estão subordinadas ao livre-arbítrio e à decisão eventual do homem, a data precisa só existe realmente depois que o acontecimento se realiza.

Eis por que as predições circunstanciadas não podem apresentar cunho de certeza e só devem ser acolhidas como prováveis, mesmo que não tragam consigo nenhum sinal que as torne *legitimamente suspeitas*. Por isso, os Espíritos verdadeiramente sensatos nunca predizem coisa alguma para épocas determinadas, limitando-se a prevenir-nos do seguimento das coisas que nos seja útil conhecer. Insistir por obter detalhes precisos é expor-se às mistificações dos Espíritos levianos que predizem tudo o que se queira, sem se preocuparem com a verdade, divertindo-se com os terrores e as decepções que causam.

As predições que oferecem mais probabilidade são as que têm caráter de utilidade geral e humanitário, não se devendo contar com as outras senão depois que se realizam. Pode-se, conforme as circunstâncias, aceitá-las a título de advertência, mas seria imprudência agirmos de forma prematura, em função delas, tendo em vista a sua realização em dia fixo. Estejamos certos: quanto mais detalhadas, tanto mais suspeitas.

17. A forma geralmente empregada até agora nas predições faz delas verdadeiros enigmas, quase sempre indecifráveis. Essa forma misteriosa e cabalística, de que Nostradamus nos oferece o tipo mais completo, lhes dá certo prestígio perante o vulgo, que tanto mais valor lhes atribui, quanto mais incompreensíveis se mostrem. Pela sua ambiguidade, elas se prestam a interpretações muito diferentes, de tal sorte que, conforme o sentido que se atribua a certas palavras alegóricas ou

convencionais, conforme a maneira por que se efetue o cálculo, singularmente complicado, das datas e, com um pouco de boa vontade, nelas se encontra quase tudo o que se queira.

Seja como for, não se pode deixar de convir que algumas predições apresentam caráter sério e confundem por sua veracidade. É provável que a forma velada tenha tido, em certo tempo, sua razão de ser e mesmo sua necessidade.

Hoje, as circunstâncias são outras; o positivismo do século se daria mal com a linguagem sibilina. É por isso que atualmente as predições já não se revestem dessas formas estranhas; as que fazem os Espíritos nada têm de místicas; falam a linguagem de todo o mundo, como o teriam feito quando vivos na Terra, porque continuam a pertencer à Humanidade. Avisam-nos das coisas futuras, pessoais ou gerais, quando necessário, na medida da perspicácia de que são dotados, como o fariam conselheiros e amigos. Suas previsões, pois, são antes advertências, que nada tiram ao livre-arbítrio, do que predições propriamente ditas, as quais implicariam uma fatalidade absoluta. Além disso, a opinião deles é quase sempre motivada, por não quererem que o homem anule a sua razão sob uma fé cega e por desejarem que este último lhe aprecie a exatidão.

18. A humanidade contemporânea também conta seus profetas. Mais de um escritor, poeta, literato, historiador ou filósofo pressentiram, em seus escritos, a marcha futura de acontecimentos a cuja realização agora assistimos.

Muitas vezes essa aptidão decorre, sem dúvida, da retidão do juízo, da dedução das consequências lógicas do presente, mas, de outras vezes, também resulta de uma clarividência especial inconsciente ou de uma inspiração vinda do exterior. O que tais homens fizeram quando vivos, eles podem, com mais forte razão e exatidão, fazer no estado de Espírito, quando já não têm a visão espiritual obscurecida pela matéria.

CAPÍTULO XVII

Predições do Evangelho

Ninguém é profeta em sua terra – Morte e paixão de Jesus – Perseguição aos apóstolos – Cidades impenitentes – Ruína do Templo e de Jerusalém – Maldição contra os fariseus – Minhas palavras não passarão – A pedra angular – Parábola dos Vinhateiros Homicidas – Um só rebanho e um só pastor – Advento de Elias – Anunciação do Consolador – Segundo advento do Cristo – Sinais precursores – Vossos filhos e vossas filhas profetizarão – Juízo final

Ninguém é profeta em sua terra

1. Tendo vindo à sua terra natal, Jesus os instruía nas sinagogas, de sorte que, tomados de espanto, diziam: De onde lhe vieram essa sabedoria e esses milagres? – Não é o filho daquele carpinteiro? Não se chama Maria, sua mãe, e seus irmãos Tiago, José, Simão e Judas? – Suas irmãs não se acham todas entre nós? De onde então lhe vem todas essas coisas? – E assim faziam dele objeto de escândalo. Mas Jesus lhes disse: *Um profeta só não é honrado em sua terra e na sua casa.* – E não fez lá muitos milagres devido à incredulidade deles (*Mateus*, 13:54 a 58).

2. Por essa forma, Jesus enunciou uma verdade que se tornou proverbial, que é de todos os tempos e à qual se poderia dar maior amplitude, dizendo que *ninguém é profeta em vida*.

Na linguagem usual, esta máxima se aplica ao crédito de que alguém goza entre os seus e entre aqueles em cujo seio ele vive, à confiança que lhe inspira a superioridade do saber e da inteligência. Se ela sofre exceções, estas são raras e, em nenhum caso, absolutas. O princípio de tal verdade decorre de uma consequência natural da fraqueza humana e pode explicar-se assim:

O hábito de se verem desde a infância, em todas as circunstâncias ordinárias da vida, estabelece entre os homens uma espécie de igualdade material que, muitas vezes, faz que a maioria deles se negue a reconhecer a superioridade moral de alguém que lhes foi companheiro ou comensal, que saiu do mesmo meio que eles, cujas primeiras fraquezas todos testemunharam. Sofre-lhes o orgulho, por se verem obrigados a reconhecer o ascendente do outro. Quem quer que se eleve acima do nível comum é sempre alvo do ciúme e da inveja. Os que se sentem incapazes de chegar à altura em que aquele se encontra esforçam-se por rebaixá-lo, por meio da difamação, da maledicência e da calúnia; e tanto mais forte gritam quanto menores forem, crendo que se engrandecem e o ofuscam pelo arruído que promovem. Tal foi e será a história da Humanidade, enquanto os homens não houverem compreendido a sua natureza espiritual e alargado seu horizonte moral. Semelhante preconceito, portanto, é próprio dos espíritos acanhados e vulgares, que tomam suas personalidades por ponto de aferição de tudo.

Por outro lado, toda gente costuma fazer dos homens apenas conhecidos pelo espírito um ideal que cresce à medida que o tempo e os lugares se vão distanciando. Eles são como que despojados de todo sinal de humanidade; parece que não devem ter falado, nem sentido como os demais; que os seus pensamentos e a linguagem de que usaram hão de ter ressoado constantemente no diapasão da sublimidade, sem se darem conta de que o Espírito não poderia permanecer constantemente em estado de tensão e de perpétua superexcitação. No contato diário da vida privada, vê-se a toda hora que o homem material em nada se distingue do vulgo. O homem corpóreo, o que impressiona os sentidos, quase que apaga o homem espiritual, que só impressiona o espírito. *De longe, apenas se veem os lampejos do gênio; de perto, veem-se as paradas do espírito.*

Capítulo XVII
Predições do Evangelho

Depois da morte, já não sendo possível nenhuma comparação, somente o homem espiritual subsiste, e tanto maior parece, quanto mais longínqua se torna a lembrança do homem corpóreo. É por isso que aqueles, cuja passagem pela Terra se assinalou por obras de real valor, são mais apreciados depois de mortos do que quando vivos. São julgados com mais imparcialidade, porque, já tendo desaparecido os invejosos e os ciumentos, cessaram os antagonismos pessoais. A posteridade é um juiz desinteressado que aprecia a obra do espírito, aceitando-a sem entusiasmo cego, se é boa, e rejeitando-a sem rancor, se é má, sem levar em conta a individualidade que a produziu.

Jesus não podia escapar às consequências desse princípio, inerente à natureza humana, considerando-se que Ele vivia num meio pouco esclarecido e entre homens inteiramente devotados à vida material. Seus compatriotas só viam nele o filho do carpinteiro, o irmão de homens tão ignorantes quanto eles e, assim sendo, não percebiam o que lhe dava superioridade e o investia do direito de os censurar. Verificando então que a sua palavra tinha menos autoridade sobre os seus, que o desprezavam, do que sobre os estranhos, preferiu ir pregar para os que o escutavam e aos quais inspirava simpatia.

Pode-se fazer ideia dos sentimentos que nutriam para com Ele os que lhe eram aparentados, pelo fato de que seus próprios irmãos, acompanhados de sua mãe, foram a uma reunião onde Ele se encontrava, para dele *se apoderarem*, dizendo que *perdera o juízo* (*Marcos*, 3:20 e 21; 31 a 35; *O evangelho segundo o espiritismo*, cap. XIV).

Assim, de um lado, os sacerdotes e os fariseus acusavam a Jesus de agir em nome do demônio; de outro, era tachado de louco pelos seus parentes mais próximos. Não é o que sucede atualmente com relação aos espíritas? E deverão estes se queixar de que os seus concidadãos não os tratem melhor do que os de Jesus o tratavam? O que há de estranhável é que, no século XIX e no seio de nações civilizadas, se dê o que, há dois mil anos, nada tinha de espantoso, por parte de um povo ignorante.

Morte e paixão de Jesus

3. (Após a cura do lunático) – Todos ficaram admirados do grande poder de Deus. E estando todos cheios de admiração pelo que Jesus fazia, disse Ele a seus discípulos: Guardai bem nos vossos corações o que vos vou dizer. O Filho do Homem tem que ser entregue às mãos dos homens. – Eles, porém, não entendiam essa linguagem; ela lhes era de tal modo oculta que nada compreendiam daquilo e temiam mesmo interrogá-lo a respeito (*Lucas*, 9:44 e 45).

4. A partir de então, Jesus começou a revelar a seus discípulos que tinha de ir a Jerusalém; que aí tinha de sofrer muito da parte dos senadores, dos escribas e dos príncipes dos sacerdotes; que tinha de ser morto e de ressuscitar ao terceiro dia (*Mateus*, 16:21).

5. Estando na Galileia, disse-lhes Jesus: O Filho do Homem tem que ser entregue às mãos dos homens; – estes lhe darão morte e Ele ressuscitará ao terceiro dia, o que os afligiu extremamente (*Mateus*, 17:21 e 22).

6. Ora, indo Jesus a Jerusalém, chamou à parte seus doze discípulos e lhes disse: Vamos para Jerusalém e o Filho do Homem será entregue aos príncipes dos sacerdotes e aos escribas, que o condenarão à morte, – e o entregarão aos gentios, a fim de que o tratem com zombarias, o açoitem e crucifiquem; e Ele ressuscitará ao terceiro dia (*Mateus*, 20:17 a 19).

7. Em seguida, tomando à parte os doze apóstolos, disse-lhes Jesus: Eis que vamos a Jerusalém e tudo o que os profetas escreveram acerca do Filho do Homem vai cumprir-se; – porquanto Ele será entregue aos gentios, zombarão dele, açoitá-lo-ão e lhe escarrarão no rosto. – Depois que o tiverem açoitado, matá-lo-ão e Ele ressuscitará ao terceiro dia.

Mas eles nada compreenderam de tudo isso; aquela linguagem lhes era oculta e não entendiam o que Ele lhes dizia (*Lucas*, 18:31 a 34).

8. Tendo concluído todos esses discursos, disse Jesus a seus discípulos: Sabeis que a Páscoa se fará daqui a dois dias e que o Filho do Homem será entregue para ser crucificado.

Ao mesmo tempo, os príncipes dos sacerdotes e os anciãos do povo se reuniram na corte do sumo sacerdote chamado Caifás – e entraram a consultar-se mutuamente, à procura de um meio de se apoderarem habilmente de Jesus e de fazê-lo morrer. – Diziam: É absolutamente necessário que não seja durante a festa, para que não se levante qualquer tumulto no seio do povo (*Mateus*, 26:1 a 5).

9. No mesmo dia, alguns fariseus vieram dizer-lhe: Vai-te, sai deste lugar, pois Herodes quer dar-te a morte. – Ele respondeu: Ide dizer a essa raposa: Ainda tenho que expulsar os demônios e restituir a saúde aos doentes, hoje e amanhã; no terceiro dia, serei consumado (*Lucas*, 13:31 e 32).

Perseguição aos apóstolos

10. Guardai-vos dos homens, porquanto eles vos farão comparecer nas suas assembleias, e vos farão açoitar nas suas sinagogas; e sereis apresentados, por minha causa, aos governadores e aos reis, para lhes servir de testemunhas, bem como às nações (*Mateus*, 10:17 e 18).

11. Eles vos expulsarão das sinagogas e vem o tempo em que aquele que vos fizer morrer julgará fazer coisa agradável a Deus. – Tratar-vos-ão desse modo, porque não conhecem nem a meu Pai, nem a mim. – Ora, digo-vos estas coisas, a fim de que, quando houver chegado o tempo, vos lembreis de que eu vo-las disse (*João*, 16:1 a 4).

12. Sereis traídos e entregues aos magistrados por vossos pais e vossas mães, por vossos irmãos, por vossos parentes, por vossos amigos e darão morte a muitos de vós. – Sereis odiados de toda gente, por causa de meu nome. – Entretanto, não se perderá um só cabelo de vossa cabeça. – Pela vossa paciência é que possuireis vossas almas (*Lucas*, 21:16 a 19).

13. (Martírio de Pedro) – Em verdade, em verdade vos digo que, quando éreis moços, vos cingíeis a vós mesmos e íeis onde queríeis, mas quando fordes velhos, estendereis as mãos e outro vos cingirá e conduzirá onde não querereis ir. – Ora, Ele dizia isso para assinalar de que morte Pedro havia de glorificar a Deus (*João*, 21:18 e 19).

Cidades impenitentes

14. Começou então a censurar as cidades onde fizera muitos milagres, por não terem feito penitência.

Ai de ti, Corazim, ai de ti, Betsaida, porque, se os milagres que foram feitos dentro de vós tivessem sido feitos em Tiro ou em Sídon, há muito tempo elas teriam feito penitência com saco e cinzas. – Declaro-vos por isso que, no dia do juízo, Tiro e Sídon serão tratadas menos rigorosamente do que vós.

E tu, Cafarnaum, elevar-te-ás sempre até o céu? Serás abaixada até o fundo do inferno, porque, se os milagres que foram feitos dentro de ti houvessem sido feitos em Sodoma, esta talvez ainda subsistisse até hoje. – Declaro-vos por isso que, no dia do julgamento, o país de Sodoma será tratado menos rigorosamente do que tu (*Mateus*, 11:20 a 24).

Ruína do Templo e de Jerusalém

15. Quando Jesus saiu do Templo para ir-se embora, seus discípulos se acercaram d'Ele para lhe fazerem notar a estrutura e a grandeza daquele edifício. – Ele, porém, lhes disse: Vedes todas estas construções? Digo-vos em verdade, que serão destruídas de tal maneira, que não ficará pedra sobre pedra (*Mateus*, 24:1 e 2).

16. Em seguida, tendo chegado perto de Jerusalém, contemplando a cidade, Ele chorou por ela, dizendo: – Ah! Se ao menos neste dia que ainda te é concedido, reconhecesses aquele que te pode proporcionar paz! Mas agora tudo isto se acha oculto aos teus olhos. – Tempo virá, pois, para ti, desventurada, em que teus inimigos te cercarão de trincheiras, te encerrarão e te apertarão de todos os lados; – em que te deitarão por terra, a ti e aos teus filhos que estão dentro de ti, e não te deixarão pedra sobre pedra, porque não reconheceste o tempo em que Deus te visitou (*Lucas*, 19:41 a 44).

17. Entretanto, é preciso que eu continue a andar hoje e amanhã e o dia seguinte, porque é necessário que nenhum profeta sofra morte em outra parte, que não em Jerusalém.

Jerusalém, Jerusalém, que matas os profetas e apedrejas os que te são enviados, quantas vezes eu quis reunir teus filhos, como uma galinha reúne os pintinhos sob as asas, e não o quiseste! – Aproxima-se o tempo em que vossa casa ficará deserta. Ora, eu, em verdade, vos digo que doravante não me tornareis a ver, até que digais: Bendito seja o que vem em nome do Senhor (*Lucas*, 13:33 a 35).

18. Quando virdes um Exército cercando Jerusalém, sabei que está próxima a sua destruição. – Fujam para as montanhas os que estiverem na Judeia, retirem-se os que estiverem dentro dela e nela não entrem os que estiverem na região circunvizinha. – Porquanto esses dias serão os da vingança, a fim de que se cumpra tudo o que está na Escritura. – Ai das que estiverem grávidas nesses dias, visto que este país será sobrecarregado de males e a cólera do céu cairá sobre este povo. – Serão passados a fio de espada; serão levados em cativeiro para todas as nações e Jerusalém será calcada aos pés pelos gentios, até que se haja preenchido o tempo das nações (*Lucas*, 21:20 a 24).

19. (Jesus avançando para o suplício) – Ora, acompanhava-o grande multidão de povo e de mulheres a bater nos peitos e a chorar. – Jesus, então, voltando-se, disse: Filhas de Jerusalém, não choreis por mim; chorai antes por vós mesmas e pelos vossos filhos; – porquanto virá tempo em que se dirá: Felizes as estéreis, as entranhas que não geraram filhos e os seios que não amamentaram. – Todos se porão a dizer às montanhas: Caí sobre nós! e às colinas: Cobri-nos! – Pois, se tratam deste modo o lenho verde, como será tratado o lenho seco? (*Lucas*, 23:27 a 31).

20. A faculdade de pressentir as coisas futuras é um dos atributos da alma e se explica pela teoria da presciência. Jesus a possuía, como todos os outros, em grau eminente. Pôde, portanto, prever os acontecimentos que se seguiriam à sua morte, sem que nesse fato haja qualquer coisa de sobrenatural, pois que o vemos reproduzir-se aos nossos olhos, nas mais vulgares condições. Não é raro que indivíduos anunciem com precisão o instante em que morrerão; é que a alma deles, no estado de desprendimento, está como o homem da montanha (cap. XVI, it. 1): abarca a estrada a ser percorrida e lhe vê o termo.

Com Jesus, esse fato havia de dar-se em mais alto grau, considerando-se que, tendo Ele conhecimento da missão que vinha desempenhar, sabia que a morte no suplício forçosamente seria a sua consequência. A visão espiritual, permanente nele, assim como a penetração do pensamento, haviam de mostrar-lhe as circunstâncias e a época fatal. Pela mesma razão, podia prever a ruína do Templo, a de Jerusalém, as desgraças que se iam abater sobre seus habitantes e a dispersão dos judeus.

21. A incredulidade, que não admite a Vida Espiritual independente da matéria, não pode compreender a presciência; por isso a nega, atribuindo ao acaso os fatos autênticos que se realizam sob suas vistas. É notável que ela recue ante o exame de todos os fenômenos psíquicos que se produzem em toda parte, certamente por medo de neles ver a alma surgir e de lhe ter que dar um desmentido.

Maldição contra os fariseus

22. (João Batista) – Vendo muitos fariseus e saduceus que acorriam para ser batizados, ele lhes disse: Raça de víboras, quem vos ensinou a fugir da cólera que há de cair sobre vós? – Produzi então frutos dignos de penitência; – não penseis em dizer de vós para convosco: Temos Abraão por pai, porquanto eu vos declaro que Deus pode fazer que destas próprias pedras nasçam filhos a Abraão. – O machado já está posto à raiz das árvores e toda árvore que não der bons frutos será cortada e lançada ao fogo (*Mateus*, 3:7 a 10).

23. Ai de vós, escribas e fariseus hipócritas, porque fechais aos homens o Reino dos Céus; lá não entrais e ainda vos opondes a que outros entrem!

Ai de vós, escribas e fariseus hipócritas, que, a pretexto de longas orações, devorais as casas das viúvas; tereis por isso um julgamento mais rigoroso!

Ai de vós, escribas e fariseus hipócritas, que percorreis o mar e a terra para fazer um prosélito e que, depois de o haverdes conseguido, o tornais duas vezes mais dignos do inferno do que vós mesmos!

Ai de vós, condutores de cegos, que dizeis: Se um homem jura pelo templo, isso nada vale; quem quer, porém, que jure pelo ouro do templo, fica obrigado a cumprir o seu juramento! – Insensatos e cegos que sois! A qual se deve mais estimar: ao ouro ou ao templo que santifica o ouro? – Se um homem, dizeis, jura pelo altar, isso nada vale; mas aquele que jurar pelo dom que esteja sobre o altar fica obrigado a cumprir o seu juramento. – Cegos que sois! A qual se deve mais estimar, ao dom ou ao altar que santifica o dom? – Aquele, pois, que jura pelo altar jura não só pelo altar, como por tudo o que está sobre o altar; – e aquele que jura pelo templo jura por aquele que o habita; – e aquele que jura pelo céu jura pelo trono de Deus e por aquele que aí se assenta.

Ai de vós, escribas e fariseus hipócritas, que pagais o dízimo da hortelã, do endro e do cominho e que tendes abandonado o que há de mais importante na Lei, a saber: a justiça, a misericórdia e a fé! Essas as coisas que deveis praticar, sem, contudo, omitirdes as outras. – Guias cegos, que tendes grande cuidado em coar o que bebeis, por medo de engolir um mosquito, e que, no entanto, engolis um camelo!

Ai de vós, escribas e fariseus hipócritas, que limpais por fora o copo e o prato e que estais por dentro cheios de rapina e impureza! – Fariseus cegos! limpai primeiro o interior do copo e do prato, a fim de que também o exterior fique limpo!

Ai de vós, escribas e fariseus hipócritas, que vos assemelhais a sepulcros caiados, que por fora parecem belos aos olhos dos homens, mas que, por dentro, estão cheios de ossadas de mortos e de toda espécie de podridão! – Assim, por fora pareceis justos, enquanto, por dentro, estais cheios de hipocrisia e de iniquidade.

Ai de vós, escribas e fariseus hipócritas, que erigis túmulos aos profetas e adornais os monumentos dos justos, – e que dizeis: Se existíssemos no tempo de nossos pais, não nos teríamos associado a eles para derramar o sangue dos profetas! – Acabais, pois, assim, de encher a medida de vossos pais. – Serpentes, raças de víboras, como podeis evitar a condenação ao inferno? – Eis que vou enviar-vos profetas, homens de sabedoria e escribas e matareis a uns, crucificareis a outros e a outros açoitareis nas vossas sinagogas e os perseguireis de cidade em cidade, – a fim de que recaia sobre vós todo o sangue inocente que tem sido derramado na Terra, desde o sangue de Abel, o justo, até o sangue de Zacarias, filho de Baraquias, que matastes entre o templo e o altar! Digo-vos, em verdade, que tudo isso virá recair sobre esta raça que existe hoje (*Mateus*, 23:13 a 36).

Minhas palavras não passarão

24. Então, aproximando-se d'Ele, seus discípulos lhe disseram: Sabes que, ouvindo o que acabaste de dizer, os fariseus se escandalizaram? – Ele respondeu: *Toda planta que meu Pai Celestial não plantou será arrancada.* – Deixai-os; são cegos a conduzir cegos; se um cego guia outro cego, cairão ambos na valeta. (*Mateus*, 15: 12 a 14).

25. Passará o Céu e a Terra, mas as minhas palavras não passarão. (*Mateus*, 24:35).

26. As palavras de Jesus não passarão, porque em todos os tempos serão verdadeiras. O seu código moral será eterno, porque encerra as condições do bem que conduz o homem ao seu destino eterno. Mas terão as suas palavras chegado até nós inteiramente puras e isentas de falsas interpretações? Todas as seitas cristãs lhes captaram o espírito? Nenhuma terá deturpado o seu verdadeiro sentido, em consequência dos preconceitos e da ignorância das Leis da Natureza? Nenhuma as transformou em instrumento de dominação, para servir às suas ambições e aos seus interesses materiais, em trampolim, não para se elevar ao céu, mas para elevar-se na Terra? Acaso terão adotado como regra de conduta a prática das virtudes de que Jesus fez condição expressa de salvação? Todas estarão livres das censuras que Ele dirigiu aos fariseus do seu tempo? Finalmente, tanto na teoria como na prática, serão todas a expressão pura da sua doutrina?

Por ser única, a verdade não pode achar-se contida em afirmações contrárias e não há razão para que Jesus imprimisse duplo sentido às suas palavras. Se, pois, as diferentes seitas se contradizem; se umas consideram verdadeiro o que outras condenam como heresias, é impossível que todas estejam com a verdade. Se todas houvessem apreendido o sentido verdadeiro do ensino evangélico, teriam todas se encontrado no mesmo terreno e não existiriam seitas.

O que *não passará* é o verdadeiro sentido das palavras de Jesus; o que *passará* é o que os homens construíram sobre o sentido falso que deram a essas mesmas palavras.

Tendo Jesus por missão transmitir aos homens o pensamento de Deus, somente a sua doutrina, *em toda pureza*, pode exprimir esse pensamento. Foi por isso que Ele disse: *Toda planta que meu Pai Celestial não plantou será arrancada.*

A pedra angular

27. Não lestes jamais estas palavras nas Escrituras: A pedra angular que os edificadores rejeitaram se tornou a principal pedra do ângulo? Foi o que o Senhor fez e nossos olhos o veem com admiração. – Por isso eu vos declaro que o Reino de Deus vos será tirado e será dado a um povo que dele tirará frutos. – Aquele que se deixar cair sobre essa pedra se despedaçará e ela esmagará aquele sobre quem cair.

Tendo ouvido de Jesus essas palavras, os príncipes dos sacerdotes reconheceram que era deles que o Mestre falava. – Quiseram então se apoderar d'Ele, mas tiveram medo do povo que o considerava um profeta (*Mateus*, 21:42 a 46).

28. A palavra de Jesus se tornou a pedra angular, isto é, a pedra de consolidação do novo edifício da fé, erguido sobre as ruínas do antigo. Havendo os judeus, os príncipes dos sacerdotes e os fariseus rejeitado essa palavra, ela os esmagou, do mesmo modo que esmagará os que, depois, a desconhecerem ou lhe desfigurarem o sentido em prol de suas ambições.

Parábola dos Vinhateiros Homicidas

29. Havia um pai de família que, tendo plantado uma vinha, a cercou com uma sebe e, cavando a terra, construiu uma torre. Arrendou-a depois a uns vinhateiros e partiu para um país distante.

Ora, estando próximo o tempo dos frutos, enviou ele seus servos aos vinhateiros, para recolher o fruto da sua vinha. – Os vinhateiros, apoderando-se dos servos, deram num, mataram outro e a outro apedrejaram. – Enviou-lhes ele outros servos em maior número do que os primeiros e eles os trataram da mesma maneira. – Por fim, enviou-lhes seu próprio filho, dizendo de si para consigo: Ao meu filho eles terão algum respeito. – Mas os vinhateiros, ao ver o filho, disseram entre si: Aqui está o herdeiro; vinde, matemo-lo e ficaremos donos da sua herança. – E, com isso, pegaram dele, lançaram-no fora da vinha e o mataram.

Quando vier o dono da vinha, como tratará esses vinhateiros? – Responderam-lhe: Fará que pereçam miseravelmente esses malvados e arrendará a vinha a outros vinhateiros, que lhe entreguem os frutos na estação própria (*Mateus*, 21:33 a 41).

30. O pai de família é Deus; a vinha que Ele plantou é a Lei que estabeleceu; os vinhateiros a quem arrendou a vinha são os homens que devem ensinar e praticar a Lei; os servos que enviou aos arrendatários são os profetas que estes últimos massacraram; seu filho, enviado por último, é Jesus, a quem eles igualmente mataram. Como tratará o Senhor os seus mandatários prevaricadores da Lei? Tratá-los-á como seus enviados foram por eles tratados e chamará outros arrendatários que lhe prestem melhores contas da sua propriedade e do proceder do seu rebanho.

Assim aconteceu com os escribas, com os príncipes dos sacerdotes e com os fariseus; assim será quando Ele vier de novo pedir contas a cada um do que fez da sua doutrina; retirará toda autoridade ao que dela houver abusado, pois quer que o seu campo seja administrado de acordo com a sua vontade.

Após dezoito séculos, tendo chegado à idade viril, a Humanidade está madura para compreender o que o Cristo apenas falou de leve, porque então, como Ele próprio o disse, não o teriam compreendido. Ora, a que resultado chegaram os que, durante esse longo período, foram encarregados da educação religiosa dessa mesma Humanidade? A constatação de que a indiferença sucedeu à fé e de que a incredulidade se arvorou em doutrina. Com efeito, em nenhuma outra época o ceticismo e o espírito de negação estiveram mais espalhados em todas as classes da sociedade.

Mas se algumas palavras do Cristo se apresentam encobertas pelo véu da alegoria, pelo que respeita à regra de proceder, às relações de homem para homem (*O evangelho segundo o espiritismo*, cap. XV), seus ensinos são claros, explícitos, sem ambiguidade.

Que fizeram das suas máximas de caridade, de amor e de tolerância? das recomendações que fez a seus apóstolos para que convertessem os homens pela persuasão e pela doçura? Que fizeram da simplicidade, da humildade, do desinteresse e de todas as virtudes que Ele exemplificou? Em seu nome, os homens se anatematizaram mutuamente e reciprocamente se amaldiçoaram; estrangularam-se em nome daquele que disse: Todos os homens são irmãos. Do Deus infinitamente justo, bom e misericordioso que Ele revelou, fizeram um Deus ciumento, cruel, vingativo e parcial; àquele Deus de paz e de verdade, sacrificaram nas fogueiras, pelas torturas e perseguições, muito maior número de vítimas do que as que em todos os tempos os pagãos sacrificaram aos seus falsos deuses; venderam as orações e as graças do céu em nome daquele que expulsou os vendilhões do templo e que disse aos seus discípulos: Dai de graça o que de graça recebestes.

Que diria o Cristo se vivesse hoje entre nós? Se visse os que se dizem seus representantes a ambicionar as honras, as riquezas, o poder e o fausto dos príncipes do mundo, ao passo que Ele, mais rei do que todos os reis da Terra, fez a sua entrada em Jerusalém montado num jumento? Não teria o direito de dizer-lhes: Que fizestes dos meus ensinos, vós que incensais o bezerro de ouro, que proferis a maior parte das vossas preces em favor dos ricos, reservando uma parte insignificante para os pobres, apesar de eu haver dito: Os primeiros serão os últimos e os últimos serão os primeiros no Reino dos Céus? Mas se Ele não está carnalmente entre nós, está em Espírito e, como o senhor da parábola, virá pedir contas aos seus vinhateiros, quando chegar o tempo da colheita.

Um só rebanho e um só pastor

31. Tenho ainda outras ovelhas que não são *deste aprisco*; é preciso que também a essas eu conduza; elas escutarão a minha voz e *haverá um só rebanho e um só pastor* (*João*, 10:16).

32. Por essas palavras, Jesus anuncia claramente que os homens um dia se unirão por uma crença única; mas como poderá efetuar-se essa união? A tarefa parece difícil, tendo-se em vista as diferenças que existem entre as religiões, os antagonismos que elas alimentam entre seus respectivos adeptos e a obstinação que manifestam em se acreditarem na posse exclusiva da verdade. Todas querem a unidade, mas cada uma se vangloria de que essa unidade se fará em seu proveito e nenhuma admite a possibilidade de fazer qualquer concessão às suas crenças.

Entretanto, a unidade se fará em religião, como já tende a fazer-se social, política e comercialmente, pela queda das barreiras que separam os povos, pela assimilação dos costumes, dos usos, da linguagem. Os povos do mundo inteiro já confraternizam, como os das províncias de um mesmo império. Pressente-se essa unidade e todos a desejam. Ela se fará pela força das coisas, porque se tornará uma necessidade, a fim de que se estreitem os laços de fraternidade entre as nações; far-se-á pelo desenvolvimento da razão humana, que se tornará apta a compreender a puerilidade de todas as dissidências; pelo progresso das ciências, a demonstrar cada dia mais os erros materiais sobre os quais tais dissidências se apoiam, e a destacar pouco a pouco das suas fieiras as pedras estragadas. Se é certo que a Ciência demole, nas religiões, o que é obra dos homens e fruto de sua ignorância das Leis da Natureza, também é certo que não poderá destruir, apesar da opinião de alguns, o que é obra de Deus e eterna verdade. Afastando os acessórios, ela prepara os caminhos para a unidade.

A fim de chegarem à unidade, as religiões terão que se encontrar num terreno neutro, se bem que comum a todas; para isso, todas terão que fazer concessões e sacrifícios maiores ou menores, conforme a multiplicidade de seus dogmas particulares. Mas em virtude do princípio de imutabilidade que todas professam, a iniciativa das concessões não poderá partir do campo oficial; em vez de se tomarem no alto o ponto de partida, tomá-lo-ão embaixo por iniciativa individual. Desde algum tempo se vem operando um movimento de descentralização, que tende a adquirir uma força irresistível. O princípio

Capítulo XVII
Predições do Evangelho

da imutabilidade, que tem servido de escudo protetor às religiões conservadoras, tornar-se-á elemento de destruição, considerando-se que, enquanto a sociedade caminhar para a frente, os cultos religiosos, imobilizando-se, serão ultrapassados e depois absorvidos pela corrente das ideias de progressão.

Entre as pessoas que se desgarram no todo ou em parte dos troncos principais, cujo número aumenta sem cessar, embora algumas não queiram nada, a imensa maioria, que de modo algum se compraz com essa situação, deseja alguma coisa. Esse algo ainda não está definido em seu pensamento, mas o pressentem; tendem ao mesmo objetivo por caminhos diferentes e é por meio delas que começará o movimento de concentração para a unidade.

No estado atual da opinião e dos conhecimentos, a religião, que terá um dia de congregar todos os homens sob o mesmo estandarte, será a que melhor satisfaça à razão e às legítimas aspirações do coração e do espírito; que não seja em nenhum ponto desmentida pela ciência positiva; que, em vez de se imobilizar, acompanhe a Humanidade em sua marcha progressiva, sem nunca deixar que a ultrapassem; que não seja exclusiva, nem intolerante; que seja emancipadora da inteligência, só admitindo a fé racional; aquela cujo código de moral seja o mais puro, o mais lógico, o mais em harmonia com as necessidades sociais, o mais apropriado, enfim, a fundar na Terra o reinado do Bem, pela prática da caridade e da fraternidade universais.

Entre as religiões existentes, as que mais se aproximam das condições normais terão menos concessões a fazer; se uma delas as reunissem completamente, tornar-se-ia naturalmente o centro da unidade futura. Tal unidade se fará em torno daquela que mais satisfaça à razão, não em virtude de uma decisão oficial, porquanto não se regulamenta a consciência, mas mediante adesões individuais e voluntárias.

O que alimenta o antagonismo entre as religiões é a ideia, generalizada por todas elas, de que cada uma tem o seu deus particular e a pretensão de que este é o único verdadeiro e o mais poderoso, em luta constante com os deuses dos outros cultos e ocupado em lhes combater a influência. Quando elas se houverem convencido de que só existe um Deus no Universo e que, em suma, Ele é o mesmo que elas adoram sob os nomes de Jeová, Alá ou Deus; quando se puserem de acordo sobre os atributos essenciais da Divindade, compreenderão que um Ser único não pode ter senão uma única e mesma vontade; então se estenderão as mãos umas às outras, como os servidores de um mesmo Mestre e os filhos de um mesmo Pai, dando assim o grande passo para a unidade.

Advento de Elias

33. Então, seus discípulos lhe perguntaram: Por que, pois, dizem os escribas ser preciso que, antes, venha Elias? – Jesus lhes respondeu: É certo que Elias tem de vir e que restabelecerá todas as coisas.

Eu, porém, vos digo que Elias já veio e eles não o conheceram: antes o trataram como lhes aprouve. É assim que farão morrer o Filho do Homem.

Compreenderam, então, seus discípulos que era de João Batista que Ele lhes falara. (*Mateus*, 17:10 a 13).

34. Elias já voltara na pessoa de João Batista. Seu novo advento é anunciado de modo explícito (*O evangelho segundo o espiritismo*, cap. IV, it. 10). Ora, como ele não pode voltar, senão tomando um novo corpo, aí temos a consagração formal do princípio da pluralidade das existências.

Anunciação do Consolador

35. Se me amais, guardai os meus mandamentos, – e eu rogarei a meu Pai e Ele vos enviará outro Consolador, a fim de que fique eternamente convosco: – O *Espírito de Verdade*, que o mundo não pode receber, porque não o vê nem o conhece; vós, porém, o conhecereis, porque permanecerá convosco e estará em vós. – Mas o Consolador, que é o Espírito Santo, que meu Pai enviará em meu nome, *vos ensinará todas as coisas e vos fará lembrar de tudo o que vos tenho dito* (João, 14:15 a 17; 26. – *O evangelho segundo o espiritismo*, cap. VI).

36. Entretanto, digo-vos a verdade: Convém que eu me vá, porque, se eu não me for, o Consolador não virá até vós; eu, porém, me vou e vo-lo enviarei. – E, quando ele vier, convencerá o mundo no que respeita ao pecado, à justiça e ao juízo: – no que respeita ao pecado, por não terem acreditado em mim; – no que respeita à justiça, porque me vou para meu Pai e não mais me vereis; no que respeita ao juízo, porque já está julgado o príncipe deste mundo.

Tenho ainda muitas outras coisas a dizer-vos, mas presentemente não as podeis suportar.

Quando vier esse Espírito de Verdade, ele vos ensinará toda a verdade, porque não falará de si mesmo, mas dirá tudo o que tenha escutado e vos anunciará as coisas porvindouras.

Ele me glorificará, porque receberá do que está em mim e vo-lo anunciará (*João*, 16:7 a 14).

37. Esta predição é, incontestavelmente, uma das mais importantes do ponto de vista religioso, porque comprova, sem qualquer equívoco, que *Jesus não disse tudo que tinha a dizer*, visto que não o teriam compreendido nem mesmo seus apóstolos, já que era a eles que o Mestre se dirigia. Se lhes houvesse dado instruções secretas, os Evangelhos fariam referência a tais instruções. Ora, desde que Ele não disse tudo a seus apóstolos, os sucessores destes não poderão saber mais do que eles com relação ao que foi dito; possivelmente se terão enganado quanto ao sentido das palavras do Senhor, ou interpretado falsamente os seus pensamentos, muitas vezes velados sob a forma parabólica. As religiões que se fundaram sobre o Evangelho não podem, pois, dizer-se na posse de toda a verdade, visto que Jesus reservou para si a complementação posterior de seus ensinamentos. O princípio da imutabilidade, em que elas se firmam, constitui um desmentido formal à próprias palavras do Cristo.

Sob o nome de *Consolador* e de *Espírito de Verdade*, Jesus anunciou a vinda daquele que *havia de ensinar todas as coisas* e de *lembrar* o que Ele dissera. Logo, não estava completo o seu ensino. Além disso, prevê não só que ficaria esquecido, como também que suas palavras seriam desvirtuadas, uma vez que o Espírito de Verdade viria *lembrar* tudo que Ele havia dito e, de comum acordo com Elias, *restabelecer todas as coisas*, isto é, pô-las de acordo com o verdadeiro pensamento de Jesus.

38. Quando virá esse novo revelador? É evidente que, se na época em que Jesus falava os homens não se achavam em estado de compreender as coisas que lhe restavam a dizer, não seria em alguns anos apenas que poderiam adquirir as luzes necessárias. Para a compreensão de certas partes do Evangelho, à exceção dos preceitos de moral, eram precisos conhecimentos que só o progresso das ciências podia dar e que tinham de ser obra do tempo e de muitas gerações. Se, portanto, o novo Messias tivesse vindo pouco tempo depois do Cristo, teria encontrado o terreno ainda nas mesmas condições e não poderia fazer mais do que fez Jesus. Ora, desde aquela época e até os nossos dias, não se produziu nenhuma grande revelação que haja completado o Evangelho e elucidado suas partes obscuras, indício certo de que o enviado ainda não aparecera.

39. Qual deverá ser esse enviado? Dizendo: "Pedirei a meu Pai e Ele vos enviará outro Consolador", Jesus indica claramente que esse Consolador não seria Ele próprio, pois, do contrário, teria dito: "Voltarei para completar o que vos tenho ensinado". Depois acrescenta: *A fim de que fique eternamente convosco e ele estará em vós*. Impossível esta sentença referir-se a uma individualidade encarnada, uma vez que não poderia ficar eternamente conosco, nem, ainda menos, estar em nós; compreendemo-la, porém, muito bem, com referência a uma doutrina, a qual, com efeito, quando a tenhamos assimilado, poderá estar eternamente em nós. O *Consolador* é, pois, segundo o pensamento de Jesus, a personificação de uma doutrina soberanamente consoladora, tendo por inspirador o *Espírito de Verdade*.

40. O Espiritismo realiza, como ficou demonstrado (cap. I, it. 30), todas as condições do *Consolador* que Jesus prometeu. Não é uma doutrina individual, nem de concepção humana; ninguém pode dizer-se seu criador. É fruto do ensino coletivo dos Espíritos, ensino a que preside o Espírito de Verdade. Nada suprime do Evangelho: antes o completa e elucida. Com o auxílio das novas leis que revela, conjugadas essas leis às que a Ciência já havia descoberto, leva à compreensão

do que era ininteligível e faz que se admita a possibilidade daquilo que a incredulidade considerava inadmissível. Teve precursores e profetas que pressentiram sua vinda. Pela sua força moralizadora, ele prepara o reinado do bem sobre a Terra.

A doutrina de Moisés, incompleta, ficou circunscrita ao povo judeu; a de Jesus, mais completa, se espalhou por toda a Terra, por meio do Cristianismo, mas não converteu a todos; o Espiritismo, ainda mais completo, tendo raízes em todas as crenças, converterá a Humanidade inteira.[111]

41. Dizendo a seus apóstolos: "Outro virá mais tarde para vos ensinar o que agora não posso ensinar", Cristo proclamava a necessidade da reencarnação. Como poderiam aqueles homens aproveitar do ensino mais completo que seria ministrado mais tarde? Como estariam aptos a compreendê-lo, se não tivessem de viver novamente? Jesus teria proferido algo inconsequente se, de acordo com a doutrina vulgar, os homens futuros houvessem de ser homens novos, almas saídas do nada por ocasião do nascimento. Admita-se, ao contrário, que os apóstolos e os homens do tempo d'Ele tenham vivido depois; *que ainda hoje revivem*, e a promessa de Jesus estará plenamente justificada. Tendo-se desenvolvido ao contato do progresso social, a inteligência deles pode comportar agora o que então não podia. Sem a reencarnação, a promessa de Jesus teria sido ilusória.

42. Se disserem que essa promessa se cumpriu no dia de Pentecostes, por meio da descida do Espírito Santo, poder-se-á responder que o Espírito Santo os inspirou, que lhes abriu a inteligência, que desenvolveu neles as aptidões mediúnicas destinadas a facilitar-lhes a missão, porém que nada lhes ensinou além daquilo que Jesus já ensinara, porque, no que deixaram, não se encontra o menor vestígio de um ensinamento especial. O Espírito Santo, pois, não realizou o que Jesus anunciara do

---

[111] Nota de Allan Kardec: Todas as doutrinas filosóficas e religiosas trazem o nome do seu fundador. Diz-se: o Mosaísmo, o Cristianismo, o Maometismo, o Budismo, o Cartesianismo, o Fourierismo, o Sansimonismo etc. A palavra *Espiritismo*, ao contrário, não lembra nenhuma personalidade; encerra uma ideia geral, que, ao mesmo tempo, indica o caráter e a fonte multíplice da sua Doutrina.

Consolador; a não ser assim, os apóstolos teriam elucidado, quando ainda eram vivos, tudo o que permaneceu obscuro no Evangelho, até o dia de hoje, e cuja interpretação contraditória deu origem às inúmeras seitas que dividiram o Cristianismo desde o primeiro século.

Segundo advento do Cristo

43. Disse então Jesus a seus discípulos: Se alguém quiser vir nas minhas pegadas, renuncie a si mesmo, tome a sua cruz e siga-me; – pois aquele que quiser salvar a vida a perderá e aquele que perder a vida por amor de mim a encontrará de novo.

De que serviria a um homem ganhar o mundo inteiro e perder a alma? Ou por que preço poderá o homem comprar sua alma, depois de a ter perdido? – Porquanto o Filho do Homem há de vir na glória de seu Pai, com seus anjos, e então dará a cada um segundo as suas obras.

Digo-vos, em verdade, que alguns daqueles que aqui se encontram não sofrerão a morte sem que tenham visto vir o Filho do Homem no seu reino (*Mateus*, 16:24 a 28).

44. Então, levantando-se do meio da assembleia, o sumo sacerdote interrogou a Jesus desta forma: Nada respondes ao que estes depõem contra ti? – Mas Jesus se conservava em silêncio e não respondeu. Interrogou-o de novo o sumo sacerdote: És o Cristo, o Filho de Deus para sempre bendito? – Jesus lhe respondeu: Eu o sou e vereis um dia o Filho do Homem assentado à direita da majestade de Deus e vindo sobre as nuvens do céu.

Logo o sumo sacerdote, rasgando as vestes, diz: Que necessidade temos de mais testemunhos? (*Marcos*, 14:60 a 63).

45. Jesus anuncia o seu segundo advento, mas não diz que voltará à Terra com um corpo carnal, nem que personificará o *Consolador*. Apresenta-se como tendo de vir em Espírito, na glória de seu Pai, para julgar o mérito e o demérito e dar a cada um segundo as suas obras, quando os tempos forem chegados.

Estas palavras: "Alguns dos que aqui estão não sofrerão a morte sem terem visto o Filho do Homem no seu reinado", parecem encerrar uma contradição, pois é incontestável que Ele não veio durante a vida de nenhum daqueles que estavam presentes. Jesus, entretanto, não podia enganar-se numa previsão daquela natureza, principalmente com relação a uma coisa contemporânea e que lhe dizia respeito de modo pessoal. Deve-se indagar, em primeiro lugar, se suas palavras foram sempre reproduzidas fielmente. É de duvidar-se, considerando-se que Ele nada escreveu; que elas só foram registradas depois de sua morte; que cada evangelista redigiu o mesmo discurso em termos diferentes, o que constitui prova evidente de que aquelas expressões não são textualmente as de que se serviu Jesus. Além disso, é provável que o sentido tenha sofrido alterações ao passar pelas traduções sucessivas.

Por outro lado, é fora de dúvida que, se Jesus houvesse dito tudo o que pudera dizer, Ele se teria expressado sobre todas as coisas de modo claro e preciso, sem dar lugar a qualquer equívoco, conforme o fez com relação aos princípios de moral, ao passo que foi obrigado a velar o seu pensamento sobre os assuntos que não julgou conveniente aprofundar. Os apóstolos, convencidos de que a geração de que faziam parte devia testemunhar o que Ele anunciava, foram levados a interpretar o pensamento de Jesus de acordo com aquela ideia. Por conseguinte, redigiram do ponto de vista do presente o que o Mestre dissera, fazendo-o de maneira mais absoluta do que Ele próprio o teria feito. Seja como for, o fato é que as coisas não se passaram como eles o supuseram.

46. Um ponto capital que Jesus não pôde desenvolver, porque os homens do seu tempo não se achavam suficientemente preparados para ideias dessa ordem e para as suas consequências, foi a grande e importante lei da reencarnação. Contudo, assentou o princípio da referida lei, como o fez relativamente a tudo mais. Estudada e posta em evidência nos dias atuais pelo Espiritismo, a lei da reencarnação constitui a chave para o entendimento de muitas passagens do Evangelho que, sem ela, parecem verdadeiros contrassensos.

É por meio dessa lei que se encontra a explicação racional das palavras acima, mesmo que as admitamos como textuais. Uma vez que elas não podem ser aplicadas às pessoas dos apóstolos, é evidente que se referem ao futuro reinado do Cristo, isto é, ao tempo em que a sua doutrina, mais bem compreendida, será Lei Universal. Dizendo que *alguns dos ali presentes* na ocasião veriam o seu advento, Ele forçosamente se referia aos que estarão vivos de novo nessa época. Os judeus, porém, imaginavam que veriam tudo o que Jesus anunciava e tomavam ao pé da letra as suas alegorias.

Aliás, algumas de suas predições se realizaram no devido tempo, tais como a ruína de Jerusalém, as desgraças que se lhe seguiram e a dispersão dos judeus. Mas a visão de Jesus se projetava muito mais longe, de sorte que, quando falava do presente, sempre aludia ao futuro.

Sinais precursores

47. Também ouvireis falar de guerra e de rumores de guerra; tratai de não vos perturbardes, porquanto é preciso que essas coisas aconteçam: mas ainda não será o fim, – pois se verá povo levantar-se contra povo e reino contra reino; e haverá pestes, fome e tremores de terra em diversos lugares, – e todas essas coisas serão apenas o começo das dores (*Mateus*, 24:6 a 8).

48. Então, o irmão entregará o irmão para ser morto; os filhos se levantarão contra seus pais e suas mães e os farão morrer. – Sereis odiados de toda a gente por causa do meu nome; mas aquele que perseverar até o fim será salvo (*Marcos*, 13:12 e 13).

49. Quando virdes que a abominação da desolação, que foi predita pelo profeta Daniel, *está no lugar santo* (que aquele que lê entenda bem o que lê); – então fujam para as montanhas os que estiverem na Judeia; – não desça aquele que estiver no telhado, para levar de sua casa qualquer coisa; – e não volte para apanhar suas roupas aquele que estiver no campo. – Mas ai das mulheres que estiverem grávidas ou amamentando nesses dias. – Pedi a Deus que a vossa fuga não se dê durante o inverno, nem em dia de sábado, – porque a aflição desse tempo será tão grande, como ainda não houve igual desde o começo do mundo até o presente e como nunca mais haverá. – E se esses dias não fossem abreviados, nenhum homem se salvaria; mas esses dias serão abreviados em favor dos eleitos (*Mateus*, 24:15 a 22).

Capítulo XVII
Predições do Evangelho

50. Logo depois desses dias de aflição, o Sol se obscurecerá e a Lua deixará de dar sua luz; as estrelas cairão do céu e as potestades celestes serão abaladas.

Então, o sinal do Filho do Homem aparecerá no céu e todos os povos da Terra estarão em prantos e em gemidos e verão o Filho do Homem vindo sobre as nuvens do céu com grande majestade.

Ele enviará seus anjos, que farão ouvir a voz retumbante de suas trombetas e que reunirão seus eleitos dos quatro cantos do mundo, de uma extremidade a outra do céu.

Aprendei uma comparação tirada da figueira. Quando seus ramos já estão tenros e dão folhas, sabeis que está próximo o verão. – Do mesmo modo, quando virdes todas essas coisas, sabei que vem próximo o Filho do Homem, que Ele se acha como que à porta.

Digo-vos, em verdade, que esta *raça* não passará, sem que todas essas coisas se tenham cumprido (*Mateus*, 24:29 a 34).

E acontecerá no advento do Filho do Homem o que aconteceu ao tempo de Noé;[112] – pois, como nos últimos tempos antes do dilúvio, os homens comiam e bebiam, casavam-se e casavam seus filhos, até o dia em que Noé entrou na arca; – e assim como eles não conheceram o momento do dilúvio, senão quando este sobreveio e arrebatou toda a gente, assim também será no advento do Filho do Homem (*Mateus*, 24:37 a 39).

51. Quanto a esse dia e a essa hora, ninguém o sabe, nem os anjos que estão no céu, *nem o Filho*, mas somente o Pai (*Marcos*, 13:32).

52. Em verdade, em verdade, vos digo: chorareis e gemereis, e o mundo se rejubilará; estareis em tristeza, mas a vossa tristeza se mudará em alegria. – Uma mulher, quando dá à luz, está em dor porque é vinda a sua hora, mas depois que ela dá à luz um filho, não mais se lembra de todos os males que sofreu, pela alegria que experimenta de haver posto um homem no mundo. – É assim que agora estais em tristeza; mas eu vos verei de novo e o vosso coração rejubilará e ninguém vos arrebatará a vossa alegria (*João*, 16:20 a 22).

53. Levantar-se-ão muitos falsos profetas que seduzirão a muitas pessoas; – e, porque abundará a iniquidade, a caridade de muitos esfriará; – mas

---
[112] Nota do tradutor: Moisés, no original.

aquele que perseverar até o fim será salvo. – E este Evangelho do reino será pregado em toda a Terra, para servir de testemunho a todas as nações. É então que o fim chegará (*Mateus*, 24:11 a 14).

54. Este quadro dos fins dos tempos é, sem dúvida, alegórico, como a maioria dos que Jesus compunha. Pelo seu vigor, as imagens que ele encerra são passíveis de impressionar inteligências ainda rudes. Para ferir fortemente aquelas imaginações pouco sutis, eram necessárias pinturas vigorosas, de cores bem acentuadas. Ele se dirigia principalmente ao povo, aos homens menos esclarecidos, incapazes de compreender as abstrações metafísicas e de apanhar a delicadeza das formas. A fim de atingir o coração, era preciso que falasse aos olhos, com o auxílio de sinais materiais, e aos ouvidos, por meio da força da linguagem.

Como consequência natural daquela disposição de espírito e segundo a crença de então, não era possível ao poder supremo manifestar-se senão por meio de fatos extraordinários, sobrenaturais. Quanto mais impossíveis fossem esses fatos, tanto mais aceita era a sua probabilidade.

O Filho do Homem, a vir sobre as nuvens do céu, com grande majestade, cercado de seus anjos e ao som de trombetas, lhes parecia muito mais imponente do que a simples vinda de uma entidade investida apenas de poder moral. Por isso mesmo os judeus, que esperavam no Messias um rei terreno, mais poderoso do que todos os outros reis, a fim de colocar a nação deles à frente de todas as demais e a reerguer o trono de Davi e de Salomão, não quiseram reconhecê-lo no humilde filho do carpinteiro, sem autoridade material, tratado de louco, por uns, e possuído pelo demônio, por outros. Não podiam compreender um rei que não tivesse palácio e que seu reino não fosse deste mundo.

No entanto, aquele pobre proletário da Judeia se tornou o maior entre os grandes; conquistou para a sua soberania maior número de reinos do que os mais poderosos potentados; apenas com a sua palavra e o concurso de alguns miseráveis pescadores, revolucionou o mundo e é a Ele que os judeus virão a dever a sua reabilitação.

55. É de notar-se que, entre os Antigos, os tremores de terra e o obscurecimento do Sol eram símbolos obrigatórios de todos os

acontecimentos e de todos os presságios sinistros. Nós os encontramos por ocasião da morte de Jesus, da de César e num sem-número de circunstâncias da história do paganismo. Se tais fenômenos se houvessem produzido tantas vezes quantas são relatadas, seria impossível que os homens não tivessem guardado lembrança deles pela tradição. Aqui, acrescenta-se *a queda das estrelas do céu*, como que para testemunhar às gerações futuras mais esclarecidas que não há nisso senão uma ficção, visto que agora se sabe que as estrelas não podem cair.

56. Entretanto, há grandes verdades a se ocultarem sob essas alegorias. Há, primeiramente, a predição das calamidades de todo gênero que assolarão e dizimarão a Humanidade, decorrentes da luta suprema entre o bem e o mal, a fé e a incredulidade, as ideias progressistas e as ideias retrógradas. Em segundo lugar, a da difusão, por toda a Terra, do Evangelho restaurado na sua pureza primitiva; depois, a do reinado do bem, que será o da paz e da fraternidade universais, que resultará do código de moral evangélica, posto em prática por todos os povos. Será verdadeiramente o Reino de Jesus, pois que Ele presidirá à sua implantação, passando os homens a viver sob a égide da sua Lei. Será o reinado da felicidade, visto dizer Ele que "depois dos dias de aflição, virão os de alegria".

57. Quando se darão tais coisas? "Ninguém o sabe", diz Jesus, "*nem mesmo o Filho*". Mas quando chegar o momento, os homens serão advertidos por meio de sinais precursores. Esses indícios, porém, não estarão nem no Sol, nem nas estrelas, mas no estado social e nos fenômenos mais de ordem moral do que físicos e que, em parte, se podem deduzir das suas alusões.

É indubitável que aquela mutação não poderia operar-se em vida dos apóstolos, pois, do contrário, Jesus não ignoraria o seu momento. Aliás, não era possível que semelhante transformação se desse dentro de apenas alguns anos. Entretanto, delas lhes fala como se eles a houvessem de presenciar; é que, com efeito, eles poderão estar reencarnados quando a transformação se der e, até mesmo, colaborar na sua efetivação. Ora Ele fala da sorte próxima de Jerusalém, ora toma esse fato por ponto de referência acerca do que ocorreria no futuro.

58. Será que, predizendo a sua segunda vinda, era o fim do mundo o que Jesus anunciava, ao dizer: "Quando o Evangelho for pregado por toda a Terra, então é que virá o fim?"

Não é racional supor-se que Deus destrua o mundo justamente no momento em que ele entre no caminho do progresso moral, pela prática dos ensinos evangélicos. Nada, aliás, nas palavras do Cristo, indica uma destruição universal que, em tais condições, não se justificaria.

Devendo a prática geral do Evangelho determinar grande melhora no estado moral dos homens, ela, por isso mesmo, trará o reinado do bem e acarretará a queda do mal. É, pois, o fim do *mundo velho*, do mundo governado pelos preconceitos, pelo orgulho, pelo egoísmo, pelo fanatismo, pela incredulidade, pela cupidez, por todas as paixões más, que o Cristo aludia, ao dizer: "Quando o Evangelho for pregado em toda a Terra, então é que virá o fim"; mas esse fim ocasionará uma luta, e é dessa luta que sobrevirão os males por Ele previstos.

Vossos filhos e vossas filhas profetizarão

59. Nos últimos tempos, diz o Senhor, derramarei do meu espírito sobre toda a carne; vossos filhos e vossas filhas profetizarão, vossos jovens terão visões e vossos velhos sonharão. – Nesses dias, derramarei do meu espírito sobre os meus servidores e eles profetizarão (*Atos*, 2: 17 e 18).

60. Se considerarmos o estado atual do mundo físico e do mundo moral, as tendências, aspirações e pressentimentos das massas, a decadência das velhas ideias que em vão se debatem há um século contra as ideias novas, não poderemos duvidar de que uma nova ordem de coisas se prepara e que o mundo velho chega a seu termo.

Se, agora, levando em conta a forma alegórica de alguns quadros e perscrutando o sentido profundo das palavras de Jesus, compararmos a situação atual com os tempos descritos pelo Mestre, como assinaladores da era da renovação, não poderemos deixar de convir que muitas das suas predições estão presentemente se realizando, e daí a conclusão de que atingimos os tempos anunciados, o que confirmam, em todos os pontos do globo, os Espíritos que se manifestam.

61. Como vimos (cap. I, it. 32), coincidindo com outras circunstâncias, o advento do Espiritismo realiza uma das mais importantes predições de Jesus, pela influência que forçosamente deve exercer sobre as ideias. Ele se encontra, além disso, claramente anunciado nos *Atos dos apóstolos*: "Nos últimos tempos", diz o Senhor, "derramarei do meu espírito sobre toda a carne; vossos filhos e filhas profetizarão".

É a predição inequívoca da vulgarização da mediunidade, que presentemente se revela em indivíduos de todas as idades, de ambos os sexos e de todas as condições; por conseguinte, a predição da manifestação universal dos Espíritos, porquanto, sem os Espíritos, não haveria médiuns. Isso, conforme está dito, acontecerá *nos últimos tempos*; ora, visto que não chegamos ao fim do mundo, mas, ao contrário, à época da sua regeneração, devemos entender aquelas palavras como indicativas dos últimos tempos do mundo moral que chega a seu termo (*O evangelho segundo o espiritismo*, cap. XXI).

Juízo final

62. Ora, quando o Filho do Homem vier em sua majestade, acompanhado de todos os anjos, assentar-se-á no trono de sua glória; – e, reunidas à sua frente todas as nações, Ele separará uns dos outros, como um pastor separa as ovelhas dos bodes, e colocará à sua direita as ovelhas e à sua esquerda os bodes. – Então, dirá o rei aos que estiverem à sua direita: Vinde a mim, benditos de meu Pai [...] (*Mateus*, 25:31 a 46. – *O evangelho segundo o espiritismo*, cap. XV).

63. Tendo o bem que reinar na Terra, é preciso que dela sejam excluídos os Espíritos endurecidos no mal e que possam trazer-lhe perturbações. Deus permitiu que eles aí permanecessem o tempo necessário para se melhorarem; mas, chegado o momento em que, pelo progresso moral de seus habitantes, o globo terráqueo tem de ascender na hierarquia dos mundos, ele será interdito, como morada, a encarnados e desencarnados que não hajam aproveitado os ensinamentos que uns e outros se achavam

em condições de aí receber. Serão exilados para mundos inferiores, como outrora o foram para a Terra os da raça adâmica, vindo substituí-los Espíritos melhores. Essa separação, a que Jesus presidirá, é que se acha figurada por estas palavras sobre o juízo final: "Os bons passarão à minha direita e os maus à minha esquerda" (cap. XI, its. 31 e seguintes).

64. A doutrina de um juízo final, único e universal, pondo fim para sempre à Humanidade, repugna à razão, por implicar a inatividade de Deus, durante a eternidade que precedeu a criação da Terra e durante a eternidade que se seguirá à sua destruição. Que utilidade teriam então o Sol, a Lua e as estrelas que, segundo o *Gênesis*, foram feitos para iluminar o mundo? Causa espanto que uma obra tão imensa se tenha produzido para tão pouco tempo e em benefício de seres votados, em sua maioria, aos suplícios eternos.

65. Materialmente, a ideia de um julgamento único seria, até certo ponto, admissível para os que não procuram a razão das coisas, quando se acreditava que a Humanidade toda se achava concentrada na Terra e que tudo no Universo fora feito para seus habitantes. É, porém, inadmissível, desde que se sabe que há milhares de milhares de mundos semelhantes, que perpetuam as humanidades pela eternidade afora e entre os quais a Terra é um dos menos consideráveis, simples ponto imperceptível.

Só por este fato, vê-se que Jesus tinha razão de declarar a seus discípulos: "Há muitas coisas que não vos posso dizer, porque não as compreenderíeis", visto que o progresso das ciências era indispensável para uma interpretação legítima de algumas de suas palavras. Certamente, os apóstolos, Paulo e os primeiros discípulos teriam estabelecido de modo muito diverso alguns dogmas se tivessem os conhecimentos astronômicos, geológicos, físicos, químicos, fisiológicos e psicológicos que possuímos hoje. Esta a razão de Jesus ter adiado a complementação de seus ensinos e anunciado que todas as coisas haviam de ser restabelecidas.

66. Moralmente, um juízo definitivo e sem apelação é inconciliável com a bondade infinita do Criador, que Jesus nos apresenta incessantemente como um bom Pai, que deixa sempre aberta uma porta ao arrependimento e que está pronto sempre a estender os braços ao filho pródigo. Se Jesus entendesse o juízo naquele sentido, desmentiria suas próprias palavras.

Além disso, se o juízo final houvesse de apanhar os homens de modo imprevisto, em meio de seus trabalhos ordinários, e grávidas as mulheres, caberia perguntar-se com que fim Deus, que nada faz de inútil ou injusto, faria nascessem crianças e *criaria almas novas* naquele momento supremo, no termo fatal da Humanidade. Seria para submetê-las ao julgamento logo ao saírem do ventre materno, antes de terem consciência de si mesmas, enquanto a outros teriam sido concedidos milhares de anos para se inteirarem quanto à própria individualidade? Para que lado, direito ou esquerdo, iriam essas almas, que ainda não são nem boas nem más e para as quais, no entanto, encontram-se fechados todos os caminhos de ulterior progresso, visto que a Humanidade não mais existiria? (cap. II, it. 19).

Conservem semelhantes crenças quem com elas se contentam; estão no seu direito e ninguém nada tem a ver com isso; mas não se aborreçam se nem todo mundo concorda com elas.

67. O juízo, pelo processo da emigração, conforme ficou explicado no item 63, é racional; funda-se na mais rigorosa justiça, visto que conserva para o Espírito, eternamente, o seu livre-arbítrio; não constitui privilégio para ninguém; a todas as criaturas, sem exceção alguma, Deus concede igual liberdade de ação para progredirem; as portas do céu estão sempre abertas para os que se tornam dignos de nela entrar; o próprio aniquilamento de um mundo, acarretando a destruição do corpo, não ocasionará nenhuma interrupção à marcha progressiva do Espírito. Tais as consequências da pluralidade dos mundos e da pluralidade das existências.

Segundo essa interpretação, a qualificação de *juízo final* não é exata, uma vez que os Espíritos passam por análogas fieiras a cada renovação dos mundos que eles habitam, até que atinjam certo grau de perfeição. Não há, portanto, *juízo final* propriamente dito, mas *juízos gerais* em todas as épocas de renovação parcial ou total da população dos mundos, por efeito das quais se operam as grandes emigrações e imigrações de Espíritos.

CAPÍTULO XVIII

Os tempos são chegados

Sinais dos tempos – A geração nova

Sinais dos tempos

1. Dizem-nos de todas as partes que são chegados os tempos marcados por Deus, em que grandes acontecimentos se vão dar para a regeneração da Humanidade. Em que sentido se devem entender essas palavras proféticas? Para os incrédulos, elas não têm a menor importância; aos seus olhos, não passam da expressão de uma crença pueril, destituída de fundamento. Para a maioria dos crentes elas apresentam qualquer coisa de místico e de sobrenatural, parecendo-lhes prenunciadoras da subversão das Leis da Natureza. Ambas as interpretações são igualmente errôneas; a primeira, porque implica a negação da Providência; a segunda, porque tais palavras não prenunciam a perturbação das Leis da Natureza, mas o cumprimento dessas leis.

2. Tudo é harmonia na Criação; tudo revela uma previdência que não se desmente nem nas menores, nem nas maiores coisas. Temos, pois, que afastar, desde logo, toda ideia de capricho, por ser inconciliável com a sabedoria divina. Em segundo lugar, se a nossa época está designada para a realização de certas coisas, é que estas têm uma razão de ser na marcha do conjunto.

Isso posto, diremos que o nosso globo, como tudo o que existe, está submetido à Lei do Progresso. Ele progride fisicamente, pela transformação dos elementos que o compõem, e moralmente, pela depuração dos Espíritos encarnados e desencarnados que o povoam. Esses dois progressos se realizam paralelamente, visto que a perfeição da habitação guarda relação com a do habitante. Fisicamente, o globo terrestre tem sofrido transformações que a Ciência tem comprovado e que o tornaram sucessivamente habitado por seres cada vez mais aperfeiçoados. Moralmente, a Humanidade progride pelo desenvolvimento da inteligência, do senso moral e do abrandamento dos costumes. Ao mesmo tempo que o melhoramento do globo se opera sob a ação das forças materiais, os homens concorrem para isso pelos esforços da sua inteligência. Saneiam as regiões insalubres, tornam mais fáceis as comunicações e mais produtiva a terra.

Esse duplo progresso se executa de duas maneiras: uma, lenta, gradual e insensível; a outra, por meio de mudanças bruscas, a cada uma das quais corresponde um movimento ascensional mais rápido, que assinala, mediante impressões bem acentuadas, os períodos progressivos da Humanidade. Esses movimentos, subordinados, *quanto às particularidades*, ao livre-arbítrio dos homens, são, de certo modo, fatais em seu conjunto, porque estão submetidos a leis, como as que se operam na germinação, no crescimento e na maturidade das plantas, considerando-se que o objetivo da Humanidade é o progresso, não obstante a marcha retardatária de alguns indivíduos. É por isso que o movimento progressivo se efetua, às vezes, de modo parcial, isto é, limitado a uma raça ou a uma nação; de outras vezes é geral.

O progresso da Humanidade se efetua, pois, em virtude de uma lei. Ora, como todas as Leis da Natureza são obra da eterna sabedoria e da presciência divinas, tudo o que é efeito dessas leis resulta da vontade de Deus, não de uma vontade acidental e caprichosa, mas de uma vontade imutável. Quando, por conseguinte, a Humanidade está madura para subir um degrau, pode-se dizer que os tempos marcados por Deus são chegados, como se pode dizer também que, em tal estação, eles chegam para a maturação dos frutos e sua colheita.

3. Pelo fato de ser inevitável o movimento progressivo da Humanidade, porque está na Natureza, não se segue que Deus lhe seja indiferente e que, depois de ter estabelecido Leis, se haja recolhido à inação, deixando que as coisas sigam sozinhas o seu curso. Sem dúvida, suas Leis são eternas e imutáveis, mas porque a sua própria vontade é eterna e constante e porque o seu pensamento anima todas as coisas, sem interrupção. Esse pensamento, que em tudo penetra, é a força inteligente e permanente que mantém a harmonia em tudo. Se ele deixasse um só instante de atuar, o Universo seria como um relógio sem pêndulo regulador. Deus vela, pois, incessantemente pela execução de suas Leis, e os Espíritos que povoam o Espaço são seus ministros, encarregados de atender aos pormenores, dentro de atribuições que correspondem ao grau de adiantamento que tenham alcançado.

4. O Universo é, ao mesmo tempo, um mecanismo incomensurável, acionado por um número incontável de inteligências, e um imenso governo, no qual cada ser inteligente tem a sua quota de ação sob as vistas do soberano Senhor, cuja vontade única mantém por toda parte a *unidade*. Sob o império dessa vasta potência reguladora, tudo se move, tudo funciona em perfeita ordem. Onde nos parece haver perturbações, o que há são movimentos parciais isolados, que se nos afiguram irregulares apenas porque a nossa visão é circunscrita. Se lhes pudéssemos abranger o conjunto, veríamos que tais irregularidades são apenas aparentes e que se harmonizam com o todo.

5. A previsão dos movimentos progressivos da Humanidade nada tem de surpreendente, quando feita por seres desmaterializados, que veem o objetivo para onde tendem todas as coisas, tendo alguns deles conhecimento direto do pensamento de Deus. Pelos movimentos parciais, esses seres veem em que época poderá operar-se um movimento geral, do mesmo modo que o homem pode calcular por antecedência o tempo que uma árvore levará para dar frutos, assim como os astrônomos calculam a época de um fenômeno astronômico, pelo tempo que um astro gasta para efetuar a sua revolução.

Todavia, nem todos os que anunciam esses fenômenos, como os autores dos almanaques que predizem os eclipses e as marés, estão em condições de fazer os cálculos necessários: não passam de ecos. Dá-se a mesma coisa com os Espíritos secundários, cuja vista é limitada e que apenas repetem o que *quiseram* revelar-lhes os Espíritos Superiores.

6. Até aqui, a Humanidade tem realizado incontáveis progressos. Os homens, com a sua inteligência, chegaram a resultados que jamais haviam alcançado, sob o ponto de vista das ciências, das artes e do bem-estar material. Resta-lhes, ainda, um imenso progresso a realizar: *fazerem que reinem entre si a caridade, a fraternidade e a solidariedade, que lhes assegurem o bem-estar moral*. Não poderiam consegui-lo nem com as suas crenças, nem com as suas instituições antiquadas, resquícios de outra idade, boas para certa época, suficientes para um estado transitório, mas que, havendo dado tudo que comportavam, hoje seriam um entrave. Tal a criança estimulada por brinquedos, o que não ocorre quando chega a idade madura. O homem já não necessita somente de desenvolver a inteligência, mas de elevar o sentimento; para isso, faz-se preciso destruir tudo o que nele superexcite o egoísmo e o orgulho.

Tal o período em que vão entrar de agora em diante e que marcará uma das fases principais da Humanidade. Esta fase, que neste momento se elabora, é o complemento indispensável do estado precedente, como a idade viril é o complemento da juventude. Ela podia, pois, ser prevista e predita com antecedência e é por isso que se diz que os tempos marcados por Deus são chegados.

7. Nestes tempos, porém, não se trata de uma mudança parcial, de uma renovação limitada a certa região, ou a um povo, a uma raça. Trata-se de um movimento universal, que se opera no sentido do *progresso moral*. Uma nova ordem de coisas tende a estabelecer-se, e os homens, que lhe são mais opostos, para ela trabalham, mesmo sem o saberem. A geração futura, desembaraçada das escórias do velho mundo e formada de elementos mais depurados, se achará possuída de ideias e de sentimentos muito diversos dos da geração presente, que se vai a passo de gigante. O velho mundo estará morto e apenas viverá na História, como o estão hoje os tempos da Idade Média, com seus costumes bárbaros e suas crenças supersticiosas.

Aliás, todos sabem quanto ainda deixa a desejar a atual ordem de coisas. Depois de se haver, de certo modo, esgotado todo o bem-estar material que a inteligência é capaz de produzir, chega-se a compreender que o complemento desse bem-estar somente pode achar-se no desenvolvimento moral. Quanto mais se avança, mais se sente o que falta, sem que, no entanto, se possa ainda defini-lo claramente: é o efeito do trabalho íntimo que se opera em favor da regeneração. Surgem desejos, aspirações, que são como que o pressentimento de um estado melhor.

8. Mas uma mudança tão radical como a que se está elaborando não pode realizar-se sem comoções. Há, inevitavelmente, luta de ideias. Desse conflito forçosamente se originarão perturbações temporárias, até que o terreno se ache aplanado e restabelecido o equilíbrio. É, pois, da luta de ideias que surgirão os graves acontecimentos preditos e não de cataclismos ou catástrofes puramente materiais. Os cataclismos gerais foram consequência do estado de formação da Terra. *Hoje, não são mais as entranhas do globo que se agitam: são as da Humanidade.*

9. A Humanidade é um ser coletivo em que se operam as mesmas revoluções morais por que passa todo ser individual, com a diferença de que umas se realizam de ano em ano e as outras de século em século. Acompanhe-se a Humanidade em suas evoluções através dos tempos e ver-se-á a vida das diversas raças, marcada por períodos que, a cada época, dão uma fisionomia especial.[113]

Além dos movimentos parciais, há um movimento geral que impulsiona a Humanidade inteira, mas o progresso de cada parte do conjunto é relativo ao seu grau de adiantamento. Tal uma família, composta de vários filhos, o mais jovem dos quais está no berço e o maior conta 10 anos, por exemplo. Em dez anos o mais velho terá 20 e já será um homem; o mais jovem terá 10 anos e, embora mais adiantado, ainda será uma criança; contudo, também chegará sua vez de ser um homem. Dá-se a mesma coisa com as diferentes frações da Humanidade: as mais atrasadas avançam, mas não podem alcançar de um salto o nível das mais adiantadas.

---

[113] N.E.: Ver *Nota explicativa*, p. 865.

10. A Humanidade, tornada adulta, tem novas necessidades, aspirações mais vastas e mais elevadas; compreende o vazio com que foi embalada, a insuficiência de suas instituições para lhe dar felicidade; já não encontra, no estado das coisas, as satisfações legítimas a que se sente com direito. É por isso que se despoja das fraldas da infância e se lança, impelida por uma força irresistível, para margens desconhecidas, em busca de novos horizontes menos limitados.

E é no momento em que ela se encontra muito apertada na esfera material, em que transborda a vida intelectual, em que o sentimento da espiritualidade desabrocha em seu seio, que homens que se dizem filósofos pretendem preencher o vácuo com as doutrinas do niilismo e do materialismo! Estranha aberração! Esses mesmos homens, que pretendem impelir para a frente a Humanidade, se esforçam por circunscrevê-la no acanhado círculo da matéria, de onde ela anseia por escapar-se. Velam-lhe o aspecto da vida infinita e lhe dizem, apontando para o túmulo: *Nec plus ultra!*[114]

11. Como já dissemos, a marcha progressiva da Humanidade se opera de duas maneiras: uma gradual, lenta, imperceptível, se se considerarem as épocas consecutivas, a traduzir-se por sucessivas melhoras nos costumes, nas leis, nos usos, melhoras que só com a continuação se podem perceber, como as mudanças que as correntes de água ocasionam na superfície do globo; a outra, por movimentos relativamente bruscos, rápidos, semelhantes aos de uma torrente que, rompendo os diques que a continham, transpõe em alguns anos o espaço que levaria séculos a percorrer. É, então, um cataclismo moral que devora em alguns instantes as instituições do passado e ao qual sobrevém uma nova ordem de coisas, que pouco a pouco se estabiliza, à medida que a calma se restabelece e se torna definitiva.

Àquele que viva bastante para abranger com a vista as duas vertentes da nova fase, parecerá que um mundo novo surgiu das ruínas do antigo. O caráter, os costumes, os usos, tudo está mudado. É que, com efeito, surgiram homens novos, ou melhor, regenerados. As ideias, que a

---

[114] Nota do tradutor: Expressão latina que significa: *Nada mais além*.

geração que se extinguiu levou consigo, cederam lugar a ideias novas na geração que se ergue.

É a um desses períodos de transformação, ou, se o preferirem, de *crescimento moral*, que ora chega a Humanidade. Da adolescência ela passa à idade viril. O passado já não pode bastar às suas novas aspirações, às suas novas necessidades; ela já não pode ser conduzida pelos mesmos métodos; não mais se deixa levar por ilusões nem por sortilégios; sua razão amadurecida reclama alimentos mais substanciais. O presente é demasiado efêmero; ela sente que o seu destino é mais vasto e que a vida corpórea é restrita demais para encerrá-lo inteiramente. Por isso, mergulha o olhar no passado e no futuro, a fim de descobrir o mistério da sua existência e de adquirir uma consoladora certeza.

12. Quem quer que haja meditado sobre o Espiritismo e suas consequências, e não o circunscreva à produção de alguns fenômenos terá compreendido que ele abre à Humanidade uma estrada nova e lhe desvenda os horizontes do infinito. Iniciando-a nos mistérios do Mundo Invisível, mostra-lhe seu verdadeiro papel na Criação, papel *perpetuamente ativo*, tanto no estado espiritual, como no estado corpóreo. O homem já não caminha às cegas: sabe de onde vem, para onde vai e por que está na Terra. O futuro se lhe revela em sua realidade, isento dos prejuízos da ignorância e da superstição. Já não se trata de vaga esperança, mas de verdade palpável, tão certa como a sucessão do dia e da noite. Ele sabe que o seu ser não se acha limitado a alguns instantes de uma existência efêmera; que a Vida Espiritual não se interrompe com a morte; que já viveu e tornará a viver e que nada se perde do que já ganhou em perfeição, por meio do trabalho; encontra nas existências anteriores a razão do que é hoje e reconhece que, *pelo que é hoje, poderá deduzir o que virá a ser um dia.*

13. Com a ideia de que a atividade e a cooperação individuais na obra geral da civilização se limitam à vida presente, que, antes, a criatura nada foi e nada será depois, em que interessa ao homem o progresso posterior da Humanidade? Que lhe importa, no futuro, que os povos sejam mais bem governados, mais felizes, mais esclarecidos, melhores uns para

com os outros? Visto que de tudo isso ele não deverá tirar nenhum proveito, não fica perdido para ele todo o progresso? De que lhe vale trabalhar para os que virão depois dele, se nunca lhe será dado conhecê-los, se são criaturas novas, que, por sua vez, pouco depois voltarão ao nada? Sob o domínio da negação do futuro individual, tudo forçosamente se amesquinha às insignificantes proporções do momento e da personalidade.

Mas, ao contrário, que amplitude dá ao pensamento do homem a *certeza* da perpetuidade do seu ser espiritual! Que de mais racional, de mais grandioso, de mais digno do Criador do que a Lei segundo a qual a Vida Espiritual e a vida corpórea são apenas dois modos de existência, que se alternam para a realização do progresso! Que de mais justo e de mais consolador do que a ideia de estarem os mesmos seres a progredir incessantemente, primeiro, através das gerações de um mesmo mundo; depois, de mundo em mundo até a perfeição, *sem solução de continuidade*! Todas as ações têm, então, uma finalidade, porque, trabalhando para todos cada um trabalha para si e reciprocamente, de sorte que nunca se podem considerar estéreis os progressos individual e coletivo. Tal progresso trará proveito às gerações e às individualidades futuras, que não virão a ser outras senão as gerações e as individualidades passadas, em mais alto grau de adiantamento.

14. A Vida Espiritual é a vida normal e eterna do Espírito, não passando a encarnação de uma forma temporária de sua existência. Salvo a vestimenta exterior, há, pois, identidade entre os encarnados e os desencarnados; são as mesmas individualidades sob dois aspectos diferentes, ora pertencendo ao mundo visível, ora ao Mundo Invisível, encontrando-se novamente num e noutro mundos e em ambos concorrendo para o mesmo objetivo, por vias apropriadas à situação de cada um.

Resulta desta Lei a perpetuidade das relações entre os seres. A morte não os separa nem põe termo aos seus vínculos afetivos, nem aos seus deveres recíprocos. Daí a *solidariedade* de todos para com cada um e de cada um para com todos; daí também a *fraternidade*. Os homens só viverão felizes na Terra quando esses dois sentimentos houverem penetrado em seus corações e em seus costumes, porque, então, a eles conformarão suas leis e suas instituições. Será este um dos principais resultados da transformação que agora se opera.

Mas como conciliar os deveres da solidariedade e da fraternidade com a crença de que a morte torna os homens para sempre estranhos entre si? Pela lei da perpetuidade das relações que ligam todos os seres, o Espiritismo estabelece esse duplo princípio sobre as próprias Leis da Natureza, dele fazendo não somente um dever, mas uma necessidade. Pela lei da pluralidade das existências, o homem se vincula ao que foi feito e ao que se fará, aos homens do passado e aos do futuro; já não poderá dizer que nada tem em comum com os que morrem, visto que uns e outros se reúnem incessantemente, neste e no outro mundo, para juntos ascenderem a escala do progresso e se prestarem mútuo apoio. Não se achando mais circunscrita a alguns indivíduos a quem o acaso reuniu durante efêmera existência, a fraternidade é perpétua como a vida do Espírito, universal como a Humanidade, constituindo uma grande família, cujos membros são solidários entre si, *seja qual for a época em que viveram*.

Tais são as ideias que ressaltam do Espiritismo, ideias que ele suscitará entre todos os homens quando estiver universalmente espalhado, compreendido, ensinado e praticado. Com o Espiritismo, a fraternidade, sinônimo da caridade pregada pelo Cristo, já não é uma palavra vã; tem sua razão de ser. Do sentimento da fraternidade nasce o da reciprocidade e o dos deveres sociais, de homem a homem, de povo a povo, de raça a raça. Desses dois sentimentos, bem compreendidos, surgirão forçosamente instituições mais proveitosas ao bem-estar de todos.

15. A fraternidade deve ser a pedra angular da nova ordem social; mas não há fraternidade real, sólida e efetiva se não se apoiar sobre base inabalável. Essa base é a *fé*, não a fé em tais ou quais dogmas particulares, que mudam com os tempos e os povos, e que mutuamente se apedrejam, visto que, anatematizando-se uns aos outros, alimentam o antagonismo, mas a fé nos princípios fundamentais que todos podem aceitar: *Deus, a alma, o futuro, o progresso individual indefinido, a perpetuidade das relações entre os seres.* Quando todos os homens estiverem convencidos de que Deus é o mesmo para todos; de que esse Deus, soberanamente justo e bom, nada pode querer de injusto; que o mal vem dos homens e não d'Ele, todos se considerarão filhos do mesmo Pai e se estenderão as mãos uns aos outros.

É essa fé que o Espiritismo faculta e que doravante será o eixo em torno do qual se moverá o gênero humano, quaisquer que sejam os cultos e as crenças particulares, que o Espiritismo respeita, mas com os quais não tem que se ocupar.

Só dessa fé pode resultar o verdadeiro progresso moral, porque só ela dá sanção lógica aos direitos legítimos e aos deveres; sem ela, o direito é o da força; o dever, um código humano imposto pela violência. Sem ela, que é o homem? Um pouco de matéria, que se desfaz, um ser efêmero, que não faz senão passar. O gênio mesmo é apenas uma centelha, que brilha um instante, para depois se extinguir para sempre; por certo não há nisso motivo algum para realçá-lo aos seus próprios olhos.

Com ideias assim, onde estão realmente os direitos e os deveres? Qual a finalidade do progresso? Somente esta fé permite ao homem sentir sua dignidade, mediante a perpetuidade e a progressão de seu ser, não num futuro mesquinho e circunscrito à personalidade, mas num porvir grandioso e esplêndido. Esse pensamento o eleva acima da Terra; com ele se sente crescer, ao considerar que desempenha importante papel no Universo; que esse universo é seu domínio, que um dia ele poderá percorrer, e que a morte não mais fará dele uma nulidade, um ser inútil para si mesmo e para os outros.

16. O progresso intelectual realizado até o presente, nas mais vastas proporções, constitui um grande passo e marca uma primeira fase no avanço geral da Humanidade, mas que, sozinho, é impotente para regenerá-la. Enquanto for dominado pelo orgulho e pelo egoísmo, o homem se servirá da sua inteligência e dos seus conhecimentos para satisfazer às suas paixões e aos seus interesses pessoais. É por isso que ele os aplica em aperfeiçoar os meios que lhe sirvam para prejudicar os outros e de se destruírem reciprocamente.

Somente o progresso moral pode assegurar aos homens a felicidade na Terra, refreando as paixões más; somente esse progresso poderá fazer que reinem entre as criaturas a concórdia, a paz e a fraternidade.

Será ele que derrubará as barreiras que separam os povos, que fará caírem os preconceitos de casta e se calarem os antagonismos de seitas, ensinando os homens a se considerarem irmãos e a se auxiliarem mutuamente, e não destinados a viver uns à custa dos outros.

Será ainda o progresso moral, secundado então pelo progresso da inteligência, que confundirá os homens numa mesma crença fundada nas verdades eternas, não sujeitas a controvérsias e, por isso mesmo, aceitas por todos.

A unidade de crença será o laço mais forte, o fundamento mais sólido da fraternidade universal, impedida de efetivar-se, desde todos os tempos, pelos antagonismos religiosos que dividem os povos e as famílias, que fazem que o próximo seja visto pelo outro como se fosse inimigo a ser evitado, combatido, exterminado, em vez de irmão a ser amado.

17. Semelhante estado de coisas pressupõe uma mudança radical no sentimento das massas, um progresso geral que não se podia realizar senão fora do círculo das ideias acanhadas e corriqueiras que fomentam o egoísmo. Em diversas épocas, homens de escol procuraram impelir a Humanidade por esse caminho; mas, ainda jovem demais, a Humanidade conservou-se surda, e os ensinamentos que eles ministraram foram como a boa semente caída no pedregulho.

Hoje, a Humanidade está madura para lançar o olhar a alturas dantes nunca entrevistas, a fim de nutrir-se de ideias mais amplas e compreender o que outrora não compreendia.

A geração que desaparece levará consigo seus erros e preconceitos; a geração que surge, retemperada em fonte mais pura, imbuída de ideias mais saudáveis, imprimirá ao mundo o movimento ascensional, no sentido do progresso moral que assinalará a nova fase da evolução da Humanidade.

18. Essa fase já se revela por sinais inequívocos, por tentativas de reformas úteis, por ideias grandes e generosas que começam a encontrar

eco. É assim que vemos fundar-se uma imensidade de instituições protetoras, civilizadoras e emancipadoras, sob o influxo e por iniciativa de homens evidentemente predestinados à obra da regeneração; que as leis penais se impregnam dia a dia de sentimentos mais humanos. Os preconceitos de raça se enfraquecem, os povos começam a considerar-se membros de uma grande família; pela uniformidade e facilidade dos meios de realizarem suas transações, eles suprimem as barreiras que os separavam, e de todos os pontos do mundo reúnem-se em assembleias universais para os torneios pacíficos da inteligência.

Falta, porém, a essas reformas uma base que lhes permita desenvolver-se, completar-se e consolidar-se; falta uma predisposição moral mais generalizada, para fazer que frutifiquem e sejam aceitas pelas massas. Não deixa de ser um sinal característico da época, o prelúdio do que se efetuará em mais larga escala, à medida que o terreno se for tornando mais favorável.

19. Um sinal não menos característico do período em que entramos é a reação evidente que se opera no sentido das ideias espiritualistas; na repulsão instintiva que se manifesta contra as ideias materialistas. O espírito de incredulidade que se apoderara das massas, ignorantes ou esclarecidas, e as levava a rejeitar com a forma a própria substância de toda crença, parece ter sido um sono, a cujo despertar se sente a necessidade de respirar um ar mais vivificante. Involuntariamente, lá onde o vácuo se fizera, procura-se alguma coisa, um ponto de apoio, uma esperança.

20. Nesse grande movimento regenerador, o Espiritismo desempenha um papel considerável, não o Espiritismo ridículo, inventado pela crítica zombeteira, mas o Espiritismo filosófico, tal qual o compreende quem se dê ao trabalho de buscar a amêndoa dentro da casca que a contém.

Pelas provas que fornece das verdades fundamentais, preenche o vazio provocado pela incredulidade nas ideias e nas crenças; pela certeza que faculta de um futuro em conformidade com a Justiça de Deus e que a mais severa razão pode admitir, o Espiritismo abranda as amarguras da vida e previne os funestos efeitos do desespero.

Fazendo que se conheçam novas Leis da Natureza, o Espiritismo dá a chave de fenômenos incompreendidos e de problemas até hoje insolúveis, destruindo, ao mesmo tempo, a incredulidade e a superstição. Para ele não há sobrenatural nem maravilhoso; tudo se realiza no mundo em virtude de leis imutáveis.

Longe de substituir um exclusivismo por outro, ele se apresenta como campeão absoluto da liberdade de consciência; combate o fanatismo sob todas as formas e o corta pela raiz, ao proclamar a salvação para todos os homens de bem, assim como a possibilidade, para os mais imperfeitos, por meio de seus próprios esforços, da expiação e da reparação, de alcançarem a perfeição, única a conduzir à suprema felicidade. Em vez de desanimar o fraco, o Espiritismo o encoraja, ao lhe mostrar o porto que pode atingir.

Não diz: *Fora do Espiritismo não há salvação*, mas, como o Cristo: *Fora da caridade não há salvação*, princípio de união, de tolerância, que unirá os homens num sentimento comum de fraternidade, em vez de os dividir em seitas inimigas.

Com este outro princípio: *Fé inabalável é somente a que pode encarar a razão face a face, em todas as épocas da Humanidade*, o Espiritismo destrói o império da fé cega, que aniquila a razão, e da obediência passiva, que embrutece; emancipa a inteligência do homem e lhe eleva o moral.

Consequente consigo mesmo, não se impõe; diz o que é, o que quer, o que oferece, e espera que a ele venham livremente, voluntariamente; quer ser aceito pela razão e não pela força. Respeita todas as crenças sinceras e só combate a incredulidade, o egoísmo, o orgulho e a hipocrisia, que são as chagas da sociedade e os mais sérios obstáculos ao progresso moral. Mas não lança anátema a quem quer que seja, nem mesmo aos seus inimigos, porque está convicto de que o caminho do bem também está aberto aos mais imperfeitos, e que neste, cedo ou tarde, todos hão de entrar.

21. Se supusermos a maioria dos homens imbuída desses sentimentos, poderemos facilmente imaginar as modificações que daí resultarão para as relações sociais; todos terão por divisa: caridade,

fraternidade, benevolência para com todos, tolerância para com todas as crenças. É a meta para a qual tende, evidentemente, a Humanidade, sendo esse o objeto de suas aspirações, de seus desejos, sem que, entretanto, ela perceba claramente por que meio as haverá de realizar. Ensaia, tateia, mas é detida por muitas resistências ativas, ou pela força de inércia dos preconceitos, das crenças estacionárias e refratárias ao progresso. É preciso vencer tais resistências, e essa será a obra da nova geração. Quem acompanhar o curso atual das coisas reconhecerá que tudo parece predestinado a lhe abrir caminho. Ela terá por si a dupla força do número e das ideias e, além disso, a experiência do passado.

22. A nova geração marchará, pois, para a realização de todas as ideias humanitárias compatíveis com o grau de adiantamento a que houver chegado. Avançando para o mesmo alvo e realizando seus objetivos, o Espiritismo se encontrará com ela no mesmo terreno. Os homens progressistas descobrirão, nas ideias espíritas, poderosa alavanca, e o Espiritismo achará, nos novos homens, espíritos inteiramente dispostos a acolhê-lo. Dado esse estado de coisas, que poderão fazer os que pretendem opor-se a ele?

23. O Espiritismo não cria a renovação social; a madureza da Humanidade é que fará dessa renovação uma necessidade. Pelo seu poder moralizador, por suas tendências progressistas, pela amplitude de suas vistas, pela generalidade das questões que abrange, o Espiritismo, mais do que qualquer outra doutrina, está apto a secundar o movimento regenerador; por isso, ele é contemporâneo desse movimento. Surgiu no momento em que podia ser útil, visto que também para ele os tempos são chegados. Se tivesse vindo mais cedo, teria encontrado obstáculos insuperáveis; teria inevitavelmente sucumbido, porque os homens, satisfeitos com o que tinham, ainda não sentiriam falta do que ele lhes traz. Hoje, nascido com as ideias que fermentam, encontra o terreno preparado para recebê-lo. Os Espíritos cansados da dúvida e da incerteza, horrorizados com o abismo que se lhes abre à frente, o acolhem como âncora de salvação e suprema consolação.

24. Ao dizer que a Humanidade está madura para a regeneração, não significa que todos os indivíduos estejam no mesmo grau, mas que muitos têm, por intuição, o gérmen das ideias novas, que as circunstâncias

farão desabrochar. Eles, então, se mostrarão mais adiantados do que se supunha e seguirão com prontidão o impulso da maioria.

Todavia, há os que são refratários por natureza, mesmo entre os mais inteligentes e que, seguramente, jamais as aceitarão, pelo menos nesta existência: uns de boa-fé, por convicção; outros, por interesse. Aqueles cujos interesses materiais estão presos ao atual estado de coisas e que não se acham bastante adiantados para a eles renunciar, visto que o bem geral lhes importa menos que o pessoal, não podem ver sem temor o menor movimento reformador. Para eles a verdade é uma questão secundária, ou, melhor dizendo, *a verdade, para certas pessoas, está integralmente no que não lhes traga nenhuma perturbação.* Aos seus olhos, todas as ideias progressivas são subversivas, razão pela qual lhes devotam um ódio implacável e a elas fazem guerra obstinada. Suficientemente inteligentes para não verem no Espiritismo um auxiliar dessas ideias, assim como os elementos da transformação que tanto temem, porque não se sentem à altura, esforçam-se por abatê-lo. Se o julgassem sem valor e sem alcance, com ele não se preocupariam. Já dissemos alhures: *Quanto maior uma ideia, tanto mais adversários encontra, podendo-se medir sua importância pela violência dos ataques de que é objeto.*

25. Certamente o número de retardatários ainda é grande; mas que podem eles contra a onda que se levanta, senão atirar-lhe algumas pedras? Essa onda é a geração que surge, ao passo que eles somem com a geração que vai desaparecendo todos os dias a passos largos. Até lá, defenderão palmo a palmo o terreno. Haverá, portanto, uma luta inevitável, mas desigual, porque é a do passado decrépito, a cair em frangalhos, contra o futuro juvenil. Será a luta da estagnação contra o progresso, da criatura contra a vontade de Deus, pois os tempos marcados por Ele são chegados.

A geração nova

26. Para que os homens sejam felizes na Terra, é preciso que somente a povoem Espíritos bons, encarnados e desencarnados, que só se dediquem ao bem. Havendo chegado o tempo, grande emigração se

verifica neste momento entre os que a habitam: a dos que praticam o mal pelo mal, ainda *não tocados* pelo sentimento do bem, os quais, já não sendo dignos do planeta transformado, serão excluídos, visto que, a não ser assim, lhe ocasionariam de novo perturbação e confusão e constituiriam obstáculo ao progresso. Vão expiar o endurecimento de seus corações, uns em mundos inferiores, outros em raças terrestres ainda atrasadas, equivalentes a mundos inferiores, aos quais levarão os conhecimentos que hajam adquirido, tendo por missão fazê-las avançar. Serão substituídos por Espíritos melhores, que farão reinarem em seu seio a justiça, a paz e a fraternidade.

No dizer dos Espíritos, a Terra não deverá transformar-se por meio de um cataclismo que aniquile de súbito uma geração. A atual desaparecerá gradualmente e a nova lhe sucederá do mesmo modo, sem que haja mudança alguma na ordem natural das coisas.

Tudo, pois, se processará exteriormente, como de costume, mas com uma única e capital diferença: uma parte dos Espíritos que encarnavam na Terra aí não mais tornarão a encarnar. Em cada criança que nascer, em vez de um Espírito atrasado e inclinado ao mal, que antes nela encarnaria, virá um Espírito mais adiantado e *propenso ao bem*.

Trata-se, pois, muito menos de uma nova geração corpórea do que de uma nova geração de Espíritos. Assim, os que esperavam ver a transformação operar-se por efeitos sobrenaturais e maravilhosos ficarão bastante decepcionados.[115]

27. A época atual é de transição; os elementos das duas gerações se confundem. Colocados no ponto intermediário, assistimos à partida de uma e à chegada da outra, já se assinalando cada uma, no mundo, pelos caracteres que lhe são peculiares.

As duas gerações que se sucedem têm ideias e pontos de vista opostos. Pela natureza das disposições morais e, sobretudo, das disposições *intuitivas e inatas*, torna-se fácil distinguir a qual das duas pertence cada indivíduo.

---

[115] N.E.: Ver *Nota explicativa*, p. 865.

Cabendo-lhe fundar a era do progresso moral, a nova geração se distingue por inteligência e razão geralmente precoces, aliadas ao sentimento *inato* do bem e a crenças espiritualistas, o que constitui sinal indubitável de certo grau de adiantamento *anterior*. Não se comporá exclusivamente de Espíritos eminentemente superiores, mas dos que, já tendo progredido, se acham predispostos a assimilar todas as ideias progressivas e estejam aptos a secundar o movimento regenerador.

Ao contrário, o que distingue os Espíritos atrasados é, em primeiro lugar, a revolta contra Deus, por se recusarem a reconhecer um poder superior à Humanidade; a propensão *instintiva* para as paixões degradantes, para os sentimentos antifraternos de egoísmo, de orgulho e de apego a tudo o que é material.

São esses os vícios de que a Terra tem de ser expurgada pelo afastamento dos que se obstinam em não se emendar, porque são incompatíveis com o reinado da fraternidade e porque o contato com eles constituirá sempre um sofrimento para os homens de bem. Quando a Terra se achar livre deles, os homens caminharão sem obstáculos para o futuro melhor que lhes está reservado, mesmo neste mundo, por prêmio de seus esforços e de sua perseverança, enquanto esperam que uma depuração mais completa lhes abra o acesso aos mundos superiores.

28. Não se deve entender que por meio dessa emigração de Espíritos sejam expulsos da Terra e relegados para mundos inferiores todos os Espíritos retardatários. Muitos, ao contrário, a ela voltarão, pois se atrasaram porque cederam ao arrastamento das circunstâncias e do exemplo. Nesses, a casca é pior do que o miolo. Uma vez subtraídos à influência da matéria e dos prejuízos do mundo corpóreo, a maioria deles verá as coisas de maneira inteiramente diversa da que viam quando em vida, conforme os numerosos exemplos que conhecemos. Para isso, são auxiliados por Espíritos benévolos que por eles se interessam e se dão pressa em esclarecê-los e em lhes mostrar o falso caminho em que seguiam. Nós mesmos, pelas nossas preces e exortações, podemos concorrer para que eles se melhorem, visto que há perpétua solidariedade entre mortos e vivos.

A maneira por que se opera a transformação é muito simples e, como se vê, é toda de ordem moral, sem se afastar em nada das Leis da Natureza.

29. Quer os Espíritos que componham a nova geração sejam melhores, quer Espíritos antigos que se melhoraram, o resultado é o mesmo. Desde que tragam disposições melhores, há sempre uma renovação. Assim, os Espíritos encarnados formam duas categorias, de acordo com as suas disposições naturais: de um lado os retardatários, que partem; de outro, os progressistas, que chegam. O estado dos costumes e da sociedade estará, portanto, no seio de um povo, de uma raça ou do mundo inteiro, em relação com aquela das duas categorias que preponderar.

Para simplificar a questão, imaginemos um povo, não importa seu grau de adiantamento, composto de vinte milhões de almas, por exemplo. Considerando-se que a renovação dos Espíritos se processa à medida que os homens se extinguem, isolada ou coletivamente, há, necessariamente, um momento em que a geração de Espíritos retardatários supera em número a dos Espíritos favoráveis ao progresso, que só contam com alguns representantes sem influência, e cujos esforços, para fazer que predominem o bem e as ideias progressistas, estão paralisados. Ora, partindo uns e chegando outros, depois de certo tempo as duas forças se equilibram e suas influências se neutralizam. Mais tarde, os recém-chegados já são maioria e sua influência se torna preponderante, não obstante embaraçada pela ingerência dos primeiros. Estes acabam por desaparecer, visto que prosseguem diminuindo, enquanto os outros se multiplicam; chegará, pois, um momento em que a influência da nova geração será exclusiva. Mas nada disso é compreensível, desde que não se admita a Vida Espiritual independente da vida material.

30. Assistimos a essa transformação, ao conflito que resulta da luta das ideias contrárias que procuram implantar-se, umas com a bandeira do passado, outras com a do futuro. Se examinarmos o estado atual do mundo, reconheceremos que, tomada em seu conjunto, a humanidade terrestre ainda se acha longe do ponto intermediário em que as forças se

equilibram; que os povos, considerados isoladamente, ainda se encontram a grande distância uns dos outros nesta escala; que alguns hão chegado a esse ponto, mas que nenhum o ultrapassou ainda. Ademais, a distância que os separa dos pontos extremos está longe de ser a mesma em duração e, uma vez transposto o limite, o novo caminho será percorrido com tanto maior velocidade quanto maior for o número de circunstâncias que concorram para aplainá-lo

Assim se opera a transformação da Humanidade. Mesmo sem a emigração, isto é, sem a partida dos Espíritos retardatários, que não devem voltar ou que só voltarão depois de se terem melhorado, a humanidade terrestre não permaneceria indefinidamente estacionária, porque os Espíritos mais atrasados também progridem; mas talvez fossem precisos séculos, milhares de anos para se chegar ao mesmo resultado, quando bastaria meio século para que essa transformação se realize.

31. Uma comparação vulgar dará a compreender ainda melhor o que se passa nessa circunstância. Suponhamos um regimento, composto na sua maioria de homens turbulentos e indisciplinados, os quais ocasionarão constantes desordens que a severidade da lei penal terá por vezes dificuldade em reprimir. Esses homens são os mais fortes, por serem mais numerosos. Eles se amparam, animam e estimulam pelo exemplo. Os poucos bons não exercem qualquer influência; seus conselhos são desprezados; sofrem com a companhia dos outros, que os ridicularizam e maltratam. Não é essa uma imagem da sociedade atual?

Imaginemos que esses homens sejam retirados um a um, dez a dez, cem a cem, do regimento e substituídos gradativamente por iguais números de bons soldados, mesmo por alguns que, tendo sido expulsos, se corrigiram. Ao cabo de algum tempo, existirá o mesmo regimento, mas transformado. A boa ordem terá sucedido à desordem. Assim será a Humanidade regenerada.

32. As grandes partidas coletivas, entretanto, não têm por único fim ativar as saídas; têm igualmente o de transformar mais rapidamente o espírito da massa, livrando-a das más influências e o de dar maior ascendente às ideias novas.

Em virtude de muitos estarem maduros para a transformação, mesmo com todas as suas imperfeições, é que muitos partem, a fim de se retemperarem em fonte mais pura. Enquanto se conservassem no mesmo meio e sob as mesmas influências, persistiriam nas suas opiniões e nas suas maneiras de apreciar as coisas. Bastará uma estada no Mundo dos Espíritos para lhes descerrar os olhos, porque aí veem o que não podiam ver na Terra. O incrédulo, o fanático e o absolutista poderão, conseguintemente, voltar com ideias *inatas* de fé, tolerância e liberdade. Ao regressarem, acharão as coisas mudadas e sofrerão a influência do novo meio em que houverem nascido. Em vez de se oporem às novas ideias, serão seus auxiliares.

33. A regeneração da Humanidade, portanto, não exige absolutamente a renovação integral dos Espíritos; basta uma modificação em suas disposições morais. Essa modificação se opera em todos quantos lhe estão predispostos, desde que sejam subtraídos à influência perniciosa do mundo. Assim, nem sempre são outros os Espíritos que voltam; com frequência são os mesmos Espíritos, mas pensando e sentindo de outra maneira.

Quando isolado e individual, esse melhoramento passa despercebido e não apresenta qualquer influência ostensiva sobre o mundo. O efeito é completamente diverso, quando a melhora se produz ao mesmo tempo sobre grandes massas, porque, então, conforme as proporções que assuma, numa geração, pode modificar profundamente as ideias de um povo ou de uma raça.

É o que se nota quase sempre depois dos grandes choques que dizimam as populações. Os flagelos destruidores apenas destroem corpos, não atingem o Espírito; ativam o movimento de vaivém entre o mundo corpóreo e o Mundo Espiritual e, por conseguinte, o movimento progressivo dos Espíritos encarnados e desencarnados. É de notar-se que, em todas as épocas da História, as grandes crises sociais foram seguidas de uma era de progresso.

34. Opera-se presentemente um desses movimentos gerais, destinados a realizar uma remodelação da Humanidade. A multiplicidade

das causas de destruição constitui sinal característico dos tempos, pois que elas apressarão a eclosão dos novos germens. São as folhas que caem no outono e às quais sucedem outras folhas cheias de vida, visto que a Humanidade tem suas estações, como os indivíduos têm suas várias idades. As folhas mortas da Humanidade caem batidas pelas rajadas e pelos golpes de vento, mas para renascerem mais vivazes sob o mesmo sopro de vida, que não se extingue, mas se purifica.

35. Para o materialista, os flagelos destruidores são calamidades sem compensação, sem resultados úteis, uma vez que, na opinião deles, os aludidos flagelos *aniquilam os seres para sempre*. Mas para aquele que sabe que a morte só destrói o envoltório, tais flagelos não têm as mesmas consequências e não lhe causam o menor pavor; compreende o seu objetivo e sabe também que os homens não perdem mais por morrerem juntos, do que por morrerem isoladamente, considerando-se que, de uma forma ou de outra, todos a isso hão de chegar.

Os incrédulos rirão destas coisas e as qualificarão de quimeras; mas, digam o que disserem, não escaparão à lei comum; cairão por sua vez, como os outros, e, então, o que lhes acontecerá? Eles dizem: *nada!* Viverão, no entanto, a despeito de si próprios e se verão um dia forçados a abrir os olhos.

Reproduction numérisée de la 1re édition française

≈

[6 janvier 1868]

LA GENÈSE

LES MIRACLES ET LES PRÉDICTIONS

SELON LE SPIRITISME

PARIS. — TYP. ROUGE FRÈRES, DUNON ET FRESNÉ.
Rue du Four-Saint-Germain, 43.

LA GENÈSE

LES MIRACLES ET LES PRÉDICTIONS

SELON LE SPIRITISME

PAR

ALLAN KARDEC

Auteur du *Livre des Esprits*

> La doctrine spirite est la résultante de l'enseignement collectif et concordant des Esprits.
> La science est appelée à constituer la Genèse selon les lois de la nature.
> Dieu prouve sa grandeur et sa puissance par l'immutabilité de ses lois, et non par leur suspension.
> Pour Dieu, le passé et l'avenir sont le présent.

PARIS
LIBRAIRIE INTERNATIONALE
15, BOULEVARD MONTMARTRE
A. LACROIX, VERBOECKHOVEN ET Ce, ÉDITEURS
A BRUXELLES, A LEIPZIG ET A LIVOURNE
Et au bureau de la Revue SPIRITE, 59, rue et passage Ste-Anne
—
1868
Réserve de tous droits.

INTRODUCTION

Ce nouvel ouvrage est un pas de plus en avant dans les conséquences et les applications du Spiritisme. Ainsi que l'indique son titre, il a pour objet l'étude de trois points diversement interprétés et commentés jusqu'à ce jour : *La Genèse, les miracles et les prédictions,* dans leurs rapports avec les lois nouvelles qui découlent de l'observation des phénomènes spirites.

Deux éléments ou, si l'on veut, deux forces régissent l'univers : l'élément spirituel et l'élément matériel; de l'action simultanée de ces deux principes, naissent des phénomènes spéciaux qui sont naturellement inexplicables, si l'on fait abstraction de l'un des deux, absolument comme la formation de l'eau serait inexplicable si l'on faisait abstraction de l'un de ses deux éléments constituants : l'oxygène ou l'hydrogène.

Le Spiritisme en démontrant l'existence du monde spirituel et ses rapports avec le monde matériel donne la clef d'une foule de phénomènes incompris, et considérés, par cela même, comme inadmissibles par une certaine classe de penseurs. Ces faits abondent dans les Ecritures, et c'est faute de connaître la loi qui les régit, que les commentateurs des deux camps opposés, tournant sans cesse dans le même cercle d'idées, les uns faisant abstraction des données positives de la science,

INTRODUCTION

les autres du principe spirituel, n'ont pu aboutir à une solution rationnelle.

Cette solution est dans l'action réciproque de l'esprit et de la matière. Elle ôte, il est vrai, à la plupart de ces faits leur caractère surnaturel ; mais lequel vaut le mieux : de les admettre comme ressortant des lois de la nature, ou de les rejeter tout à fait ? Leur rejet absolu entraîne celui de la base même de l'édifice, tandis que leur admission à ce titre, ne supprimant que les accessoires, laisse cette base intacte. Voilà pourquoi le Spiritisme ramène tant de gens à la croyance de vérités qu'ils considéraient naguère comme des utopies.

Cet ouvrage est donc, ainsi que nous l'avons dit, un complément des applications du Spiritisme à un point de vue spécial. Les matériaux en étaient prêts, ou tout au moins élaborés depuis longtemps, mais le moment de les publier n'était pas encore venu. Il fallait d'abord que les idées qui devaient en faire la base fussent arrivées à maturité, et, en outre, tenir compte de l'opportunité des circonstances. Le Spiritisme n'a ni mystères, ni théories secrètes ; tout doit y être dit au grand jour, afin que chacun puisse le juger en connaissance de cause ; mais chaque chose doit venir en son temps pour venir sûrement. Une solution donnée à la légère, avant l'élucidation complète de la question, serait une cause de retard plutôt que d'avancement. Dans celle dont il s'agit ici, l'importance du sujet nous faisait un devoir d'éviter toute précipitation.

Avant d'entrer en matière, il nous a paru nécessaire de définir nettement le rôle respectif des Esprits et des hommes dans l'œuvre de la doctrine nouvelle ; ces considérations préliminaires, qui en écartent toute idée de mysticisme, font l'objet du premier chapitre, intitulé : *Caractères de la révélation spirite ;* nous appelons sur ce point une attention sérieuse, parce que là est, en quelque sorte, le nœud de la question.

Malgré la part qui incombe à l'activité humaine dans l'élaboration de cette doctrine, l'initiative en appartient aux Esprits, mais elle n'est formée de l'opinion personnelle d'aucun d'eux ;

INTRODUCTION

elle n'est, et ne peut être, que *la résultante de leur enseignement collectif et concordant*. A cette condition seule, elle peut se dire la doctrine *des Esprits*, autrement ce ne serait que la doctrine *d'un Esprit*, et elle n'aurait que la valeur d'une opinion personnelle.

Généralité et concordance dans l'enseignement, tel est le caractère essentiel de la doctrine, la condition même de son existence ; il en résulte que tout principe qui n'a pas reçu la consécration du contrôle de la généralité ne peut être considéré comme partie intégrante de cette même doctrine, mais comme une simple opinion isolée dont le Spiritisme ne peut assumer la responsabilité.

C'est cette collectivité concordante de l'opinion des Esprits, passée, en outre, au critérium de la logique, qui fait la force de la doctrine spirite, et en assure la perpétuité. Pour qu'elle changeât, il faudrait que l'universalité des Esprits changeât d'opinion, et qu'ils vinssent un jour dire le contraire de ce qu'ils ont dit ; puisqu'elle a sa source dans l'enseignement des Esprits, pour qu'elle succombât, il faudrait que les Esprits cessassent d'exister. C'est aussi ce qui la fera toujours prévaloir sur les systèmes personnels qui n'ont pas, comme elle, leurs racines partout.

Le *Livre des Esprits* n'a vu son crédit se consolider que parce qu'il est l'expression d'une pensée collective générale ; au mois d'avril 1867, il a vu s'accomplir sa première période décennale ; dans cet intervalle, les principes fondamentaux dont il a posé les bases ont été successivement complétés et développés, par suite de l'enseignement progressif des Esprits, mais aucun n'a reçu un démenti de l'expérience ; tous, sans exception, sont restés debout, plus vivaces que jamais, tandis que, de toutes les idées contradictoires qu'on a essayé d'y opposer, aucune n'a prévalu, précisément parce que, de toutes parts, le contraire était enseigné. C'est là un résultat caractéristique que nous pouvons proclamer sans vanité, puisque nous ne nous en sommes jamais attribué le mérite.

IV   INTRODUCTION

Les mêmes scrupules ayant présidé à la rédaction de nos autres ouvrages, nous avons pu, en toute vérité, les dire *selon le Spiritisme*, parce que nous étions certain de leur conformité avec l'enseignement général des Esprits. Il en est de même de celui-ci, que nous pouvons, par des motifs semblables, donner comme le complément des précédents, à l'exception, toutefois, de quelques théories encore hypothétiques, que nous avons eu soin d'indiquer comme telles, et qui ne doivent être considérées que comme des opinions personnelles, jusqu'à ce qu'elles aient été confirmées ou contredites, afin de n'en pas faire peser la responsabilité sur la doctrine.

Du reste, les lecteurs assidus de la Revue auront pu y remarquer, à l'état d'ébauche, la plupart des idées qui sont développées dans ce dernier ouvrage, comme nous l'avons fait pour les précédents. La Revue est souvent pour nous un terrain d'essai destiné à sonder l'opinion des hommes et des Esprits sur certains principes, avant de les admettre comme parties constituantes de la doctrine.

LA GENÈSE

SELON LE SPIRITISME

CHAPITRE PREMIER

Caractères de la révélation spirite

1. — Peut-on considérer le Spiritisme comme une révélation ? Dans ce cas, quel est son caractère ? Sur quoi est fondée son authenticité ? A qui et de quelle manière a-t-elle été faite ? La doctrine spirite est-elle une révélation dans le sens liturgique du mot, c'est-à-dire est-elle de tous points le produit d'un enseignement occulte venu d'en haut ? Est-elle absolue ou susceptible de modifications ? En apportant aux hommes la vérité toute faite, la révélation n'aurait-elle pas pour effet de les empêcher de faire usage de leurs facultés, puisqu'elle leur épargnerait le travail de la recherche ? Quelle peut être l'autorité de l'enseignement des Esprits, s'ils ne sont pas infaillibles et supérieurs à l'humanité ? Quelle est l'utilité de la morale qu'ils prêchent, si cette morale n'est autre que celle du Christ que l'on connaît ? Quelles sont les vérités nouvelles qu'ils nous apportent ? L'homme a-t-il besoin d'une révélation et ne peut-il trouver en

CHAPITRE I

lui-même et dans sa conscience tout ce qui lui est nécessaire pour se conduire? Telles sont les questions sur lesquelles il importe d'être fixé.

2. — Définissons d'abord le sens du mot *révélation*.

Révéler, dérivé du mot *voile* (du latin *velum*), signifie littéralement *ôter le voile;* et, au figuré : découvrir, faire connaître une chose secrète ou inconnue. Dans son acception vulgaire la plus générale, il se dit de toute chose ignorée qui est mise au jour, de toute idée nouvelle qui met sur la voie de ce que l'on ne savait pas.

A ce point de vue, toutes les sciences qui nous font connaître les mystères de la nature sont des révélations, et l'on peut dire qu'il y a pour nous une révélation incessante; l'astronomie nous a révélé le monde astral, que nous ne connaissions pas; la géologie, la formation de la terre; la chimie, la loi des affinités; la physiologie, les fonctions de l'organisme, etc.; Copernic, Galilée, Newton, Laplace, Lavoisier, sont des révélateurs.

3. — Le caractère essentiel de toute révélation doit être la vérité. Révéler un secret, c'est faire connaître un fait; si la chose est fausse, ce n'est pas un fait, et par conséquent il n'y a pas révélation. Toute révélation démentie par les faits n'en est pas une; si elle est attribuée à Dieu, Dieu ne pouvant ni mentir ni se tromper, elle ne peut émaner de lui; il faut la considérer comme le produit d'une conception humaine.

4. — Quel est le rôle du professeur vis-à-vis de ses élèves, si ce n'est celui d'un révélateur? Il leur enseigne ce qu'ils ne savent pas, ce qu'ils n'auraient ni le temps, ni la possibilité de découvrir eux-mêmes, parce que la

science est l'œuvre collective des siècles et d'une multitude d'hommes qui ont apporté chacun leur contingent d'observations, et dont profitent ceux qui viennent après eux. L'enseignement est donc, en réalité, la révélation de certaines vérités scientifiques ou morales, physiques ou métaphysiques, faite par des hommes qui les connaissent, à d'autres qui les ignorent, et qui, sans cela, les eussent toujours ignorées.

5. — Mais le professeur n'enseigne que ce qu'il a appris : c'est un révélateur de second ordre; l'homme de génie enseigne ce qu'il a trouvé lui-même : c'est le révélateur primitif; il apporte la lumière qui, de proche en proche, se vulgarise. Où en serait l'humanité, sans la révélation des hommes de génie qui apparaissent de temps à autre ?

Mais qu'est-ce que les hommes de génie? Pourquoi sont-ils hommes de génie? D'où viennent-ils? Que deviennent-ils? Remarquons que la plupart apportent en naissant des facultés transcendantes et des connaissances innées, qu'un peu de travail suffit pour développer. Ils appartiennent bien réellement à l'humanité, puisqu'ils naissent, vivent et meurent comme nous. Où donc ont-ils puisé ces connaissances qu'ils n'ont pu acquérir de leur vivant? Dira-t-on, avec les matérialistes, que le hasard leur a donné la matière cérébrale en plus grande quantité et de meilleure qualité? Dans ce cas, ils n'auraient pas plus de mérite qu'un légume plus gros et plus savoureux qu'un autre.

Dira-t-on, avec certains spiritualistes, que Dieu les a doués d'une âme plus favorisée que celle du commun des hommes? Supposition tout aussi illogique, puisqu'elle entacherait Dieu de partialité. La seule solution ration-

CHAPITRE I

nelle de ce problème est dans la préexistence de l'âme et dans la pluralité des existences. L'homme de génie est un Esprit qui a vécu plus longtemps ; qui a, par conséquent, plus acquis et plus progressé que ceux qui sont moins avancés. En s'incarnant, il apporte ce qu'il sait, et comme il sait beaucoup plus que les autres, sans avoir besoin d'apprendre, il est ce qu'on appelle un homme de génie. Mais ce qu'il sait n'en est pas moins le fruit d'un travail antérieur et non le résultat d'un privilége. Avant de renaître, il était donc Esprit avancé ; il se réincarne, soit pour faire profiter les autres de ce qu'il sait, soit pour acquérir davantage.

Les hommes progressent incontestablement par eux-mêmes et par les efforts de leur intelligence ; mais, livrés à leurs propres forces, ce progrès est très lent, s'ils ne sont aidés par des hommes plus avancés, comme l'écolier l'est par ses professeurs. Tous les peuples ont eu leurs hommes de génie qui sont venus, à diverses époques, donner une impulsion et les tirer de leur inertie.

6. — Dès lors qu'on admet la sollicitude de Dieu pour ses créatures, pourquoi n'admettrait-on pas que des Esprits capables, par leur énergie et la supériorité de leurs connaissances, de faire avancer l'humanité, s'incarnent par la volonté de Dieu en vue d'aider au progrès dans un sens déterminé ; qu'ils reçoivent une mission, comme un ambassadeur en reçoit une de son souverain? Tel est le rôle des grands génies. Que viennent-ils faire, sinon apprendre aux hommes des vérités que ceux-ci ignorent, et qu'ils eussent ignorées pendant encore de longues périodes, afin de leur donner un marchepied à l'aide duquel ils pourront s'élever plus rapidement? Ces génies

qui apparaissent à travers les siècles comme des étoiles brillantes, laissant après elles une longue traînée lumineuse sur l'humanité, sont des missionnaires, ou, si l'on veut, des messies. S'ils n'apprenaient aux hommes rien autre que ce que savent ces derniers, leur présence serait complétement inutile ; les choses nouvelles qu'ils leur enseignent, soit dans l'ordre physique, soit dans l'ordre philosophique, sont des *révélations*.

Si Dieu suscite des révélateurs pour les vérités scientifiques, il peut, à plus forte raison, en susciter pour les vérités morales, qui sont un des éléments essentiels du progrès. Tels sont les philosophes dont les idées ont traversé les siècles.

7. — Dans le sens spécial de la foi religieuse, la révélation se dit plus particulièrement des choses spirituelles que l'homme ne peut savoir par lui-même, qu'il ne peut découvrir au moyen de ses sens, et dont la connaissance lui est donnée par Dieu ou par ses messagers, soit au moyen de la parole directe, soit par l'inspiration. Dans ce cas, la révélation est toujours faite à des hommes privilégiés, désignés sous le nom de prophètes ou *messies*, c'est-à-dire *envoyés*, *missionnaires*, ayant *mission* de la transmettre aux hommes. Considérée sous ce point de vue, la révélation implique la passivité absolue ; on l'accepte sans contrôle, sans examen, sans discussion.

8. — Toutes les religions ont eu leurs révélateurs, et quoique tous soient loin d'avoir connu toute la vérité, ils avaient leur raison d'être providentielle, car ils étaient appropriés au temps et au milieu où ils vivaient, au génie particulier des peuples auxquels ils parlaient, et auxquels ils étaient relativement supérieurs. Malgré les erreurs de leurs doctrines, ils n'en ont pas moins remué les

CHAPITRE I

esprits, et par cela même semé des germes de progrès qui, plus tard, devaient s'épanouir, ou s'épanouiront un jour au soleil du Christianisme. C'est donc à tort qu'on leur jette l'anathème au nom de l'orthodoxie, car un jour viendra où toutes ces croyances, si diverses pour la forme, mais qui reposent en réalité sur un même principe fondamental : Dieu et l'immortalité de l'âme, se fondront dans une grande et vaste unité, lorsque la raison aura triomphé des préjugés.

Malheureusement, les religions ont de tous temps été des instruments de domination ; le rôle de prophète a tenté les ambitions secondaires, et l'on a vu surgir une multitude de prétendus révélateurs ou messies qui, à la faveur du prestige de ce nom, ont exploité la crédulité au profit de leur orgueil, de leur cupidité ou de leur paresse, trouvant plus commode de vivre aux dépens de leurs dupes. La religion chrétienne n'a pas été à l'abri de ces parasites. A ce sujet, nous appelons une attention sérieuse sur le chapitre XXI de l'*Evangile selon le Spiritisme* : « *Il y aura de faux Christs et de faux prophètes.* »

9. — Y a-t-il des révélations directes de Dieu aux hommes ? C'est une question que nous n'oserions résoudre ni affirmativement ni négativement d'une manière absolue. La chose n'est point radicalement impossible, mais rien n'en donne la preuve certaine. Ce qui ne saurait être douteux, c'est que les Esprits les plus rapprochés de Dieu par la perfection se pénètrent de sa pensée et peuvent la transmettre. Quant aux révélateurs incarnés, selon l'ordre hiérarchique auquel ils appartiennent et le degré de leur savoir personnel, ils peuvent puiser leurs instructions dans leurs propres connaissances, ou

les recevoir d'Esprits plus élevés, voire même des messagers directs de Dieu. Ceux-ci, parlant au nom de Dieu, ont pu parfois être pris pour Dieu lui-même.

Ces sortes de communications n'ont rien d'étrange pour quiconque connaît les phénomènes spirites et la manière dont s'établissent les rapports entre les incarnés et les désincarnés. Les instructions peuvent être transmises par divers moyens : par l'inspiration pure et simple, par l'audition de la parole, par la vue des Esprits instructeurs dans les visions et apparitions, soit en rêve, soit à l'état de veille, ainsi qu'on en voit maints exemples dans la Bible, l'Evangile et dans les livres sacrés de tous les peuples. Il est donc rigoureusement exact de dire que la plupart des révélateurs sont des médiums inspirés, auditifs ou voyants; d'où il ne suit pas que tous les médiums soient des révélateurs, et encore moins les intermédiaires directs de la Divinité ou de ses messagers.

10. — Les purs Esprits seuls reçoivent la parole de Dieu avec mission de la transmettre; mais on sait maintenant que les Esprits sont loin d'être tous parfaits, et qu'il en est qui se donnent de fausses apparences; c'est ce qui a fait dire à saint Jean : « Ne croyez point à tout Esprit, mais voyez auparavant si les Esprits sont de Dieu. » (Ép. 1er, ch. IV, v. 4.)

Il peut donc y avoir des révélations sérieuses et vraies, comme il y en a d'apocryphes et de mensongères. Le caractère essentiel de la révélation divine est celui de l'*éternelle vérité*. Toute révélation entachée d'erreur ou sujette à changement ne peut émaner de Dieu. C'est ainsi que la loi du Décalogue a tous les caractères de son origine, tandis que les autres lois mosaïques, essentiellement transitoires, souvent en contradiction avec la loi du Sinaï,

CHAPITRE I

sont l'œuvre personnelle et politique du législateur hébreu. Les mœurs du peuple s'adoucissant, ces lois sont d'elles-mêmes tombées en désuétude, tandis que le Décalogue est resté debout comme le phare de l'humanité. Christ en a fait la base de son édifice, tandis qu'il a aboli les autres lois ; si elles eussent été l'œuvre de Dieu, il se serait gardé d'y toucher. Christ et Moïse sont les deux grands révélateurs qui ont changé la face du monde, et là est la preuve de leur mission divine. Une œuvre purement humaine n'aurait pas un tel pouvoir.

11. — Une importante révélation s'accomplit à l'époque actuelle ; c'est celle qui nous montre la possibilité de communiquer avec les êtres du monde spirituel. Cette connaissance n'est point nouvelle, sans doute, mais elle était restée jusqu'à nos jours en quelque sorte à l'état de lettre morte, c'est-à-dire sans profit pour l'humanité. L'ignorance des lois qui régissent ces rapports l'avait étouffée sous la superstition ; l'homme était incapable d'en tirer aucune déduction salutaire ; il était réservé à notre époque de la débarrasser de ses accessoires ridicules, d'en comprendre la portée, et d'en faire sortir la lumière qui devait éclairer la route de l'avenir.

12. — Le Spiritisme nous ayant fait connaître le monde invisible qui nous entoure, et au milieu duquel nous vivions sans nous en douter, les lois qui le régissent, ses rapports avec le monde visible, la nature et l'état des êtres qui l'habitent, et par suite la destinée de l'homme après la mort, est une véritable révélation dans l'acception scientifique du mot.

13. — Par sa nature, la révélation spirite a un double caractère : elle tient à la fois de la révélation divine et de

la révélation scientifique. Elle tient de la première, en ce que son avénement est providentiel, et non le résultat de l'initiative et d'un dessein prémédité de l'homme ; que les points fondamentaux de la doctrine sont le fait de l'enseignement donné par les Esprits chargés par Dieu d'éclairer les hommes sur des choses qu'ils ignoraient, qu'ils ne pouvaient apprendre par eux-mêmes, et qu'il leur importe de connaître aujourd'hui qu'il sont mûrs pour les comprendre. Elle tient de la seconde, en ce que cet enseignement n'est le privilége d'aucun individu, mais qu'il est donné à tout le monde par la même voie ; que ceux qui le transmettent et ceux qui le reçoivent ne sont point des êtres *passifs*, dispensés du travail d'observation et de recherche ; qu'ils ne font point abnégation de leur jugement et de leur libre arbitre ; que le contrôle ne leur est point interdit, mais au contraire recommandé ; enfin que la doctrine n'a point été *dictée de toutes pièces, ni imposée à la croyance aveugle ;* qu'elle est déduite, par le travail de l'homme, de l'observation des faits que les Esprits mettent sous ses yeux, et des instructions qu'ils lui donnent, instructions qu'il étudie, commente, compare, et dont il tire lui-même les conséquences et les applications. En un mot, *ce qui caractérise la révélation spirite, c'est que la source en est divine, que l'initiative appartient aux Esprits, et que l'élaboration est le fait du travail de l'homme.*

14. — Comme moyen d'élaboration, le Spiritisme procède exactement de la même manière que les sciences positives, c'est-à-dire qu'il applique la méthode expérimentale. Des faits d'un ordre nouveau se présentent qui ne peuvent s'expliquer par les lois connues; il les observe, les compare, les analyse, et des effets remontant

1.

aux causes, il arrive à la loi qui les régit ; puis il en déduit les conséquences et on cherche les applications utiles. *Il n'établit aucune théorie préconçue ;* ainsi il n'a posé comme hypothèse, ni l'existence et l'intervention des Esprits, ni le périsprit, ni la réincarnation, ni aucun des principes de la doctrine ; il a conclu à l'existence des Esprits lorsque cette existence est ressortie avec évidence de l'observation des faits, et ainsi des autres principes. Ce ne sont point les faits qui sont venus après coup confirmer la théorie, mais la théorie qui est venue subséquemment expliquer et résumer les faits. Il est donc rigoureusement exact de dire que le Spiritisme est une science d'observation, et non le produit de l'imagination.

15. — Citons un exemple. Il se passe, dans le monde des Esprits, un fait très singulier, et qu'assurément personne n'aurait soupçonné, c'est celui des Esprits qui ne se croient pas morts. Eh bien ! les Esprits supérieurs, qui le connaissent parfaitement, ne sont point venus dire par anticipation : « Il y a des Esprits qui croient encore vivre de la vie terrestre ; qui ont conservé leurs goûts, leurs habitudes et leurs instincts ; » mais ils ont provoqué la manifestation d'Esprits de cette catégorie pour nous les faire observer. Ayant donc vu des Esprits incertains de leur état, ou affirmant qu'ils étaient encore de ce monde et croyant vaquer à leurs occupations ordinaires, de l'exemple on a conclu à la règle. La multiplicité des faits analogues a prouvé que ce n'était point une exception, mais une des phases de la vie spirite ; elle a permis d'étudier toutes les variétés et les causes de cette singulière illusion ; de reconnaître que cette situation est surtout le propre des Esprits peu avancés moralement, et

qu'elle est particulière à certains genres de mort ; qu'elle n'est que temporaire, mais peut durer des jours, des mois et des années. C'est ainsi que la théorie est née de l'observation. Il en est de même de tous les autres principes de la doctrine.

16. — De même que la science proprement dite a pour objet l'étude des lois du principe matériel, l'objet spécial du Spiritisme est la connaissance des lois du principe spirituel ; or, comme ce dernier principe est une des forces de la nature, qu'il réagit incessamment sur le principe matériel et réciproquement, il en résulte que la connaissance de l'un ne peut être complète sans la connaissance de l'autre ; que le Spiritisme et la science se complètent l'un par l'autre ; que la science sans le Spiritisme se trouve dans l'impuissance d'expliquer certains phénomènes par les seules lois de la matière, et que c'est pour avoir fait abstraction du principe spirituel qu'elle est arrêtée dans de si nombreuses impasses ; que le Spiritisme sans la science manquerait d'appui et de contrôle, et pourrait se bercer d'illusions. Le Spiritisme venu avant les découvertes scientifiques eût été une œuvre avortée, comme tout ce qui vient avant son temps.

17. — Toutes les sciences s'enchaînent et se succèdent dans un ordre rationnel ; elles naissent les unes des autres, à mesure qu'elles trouvent un point d'appui dans les idées et dans les connaissances antérieures. L'astronomie, l'une des premières qui aient été cultivées, est restée dans les erreurs de l'enfance jusqu'au moment où la physique est venue révéler la loi des forces des agents naturels ; la chimie ne pouvant rien sans la physique, devait lui succéder de près, pour ensuite

CHAPITRE I

marcher de concert en s'appuyant l'une sur l'autre. L'anatomie, la physiologie, la zoologie, la botanique, la minéralogie ne sont devenues des sciences sérieuses qu'à l'aide des lumières apportées par la physique et la chimie. La géologie, née d'hier, sans l'astronomie, la physique, la chimie et toutes les autres, eût manqué de ses véritables éléments de vitalité ; elle ne pouvait venir qu'après.

18. — La science moderne a fait justice des quatre éléments primitifs des Anciens, et d'observation en observation, elle est arrivée à la conception *d'un seul élément générateur* de toutes les transformations de la matière; mais la matière, par elle-même, est inerte ; elle n'a ni vie, ni pensée, ni sentiment; il lui faut son union avec le principe spirituel. Le Spiritisme n'a ni découvert, ni inventé ce principe, mais le premier, il l'a démontré par des preuves irrécusables; il l'a étudié, analysé, et en a rendu l'action évidente. A *l'élément matériel*, il est venu ajouter *l'élément spirituel*. *Elément matériel* et *élément spirituel*, voilà les deux principes, les deux forces vives de la nature. Par l'union indissoluble de ces deux éléments on explique sans peine une foule de faits jusqu'alors inexplicables.

Par son essence même, et comme ayant pour objet l'étude d'un des deux éléments constitutifs de l'univers, le Spiritisme touche forcément à la plupart des sciences; il ne pouvait venir qu'après l'élaboration de ces sciences, et après surtout qu'elles auraient prouvé leur impuissance à tout expliquer par les seules lois de la matière.

19. — On accuse le Spiritisme de parenté avec la magie et la sorcellerie ; mais on oublie que l'astronomie a pour ainée l'astrologie judiciaire qui n'est pas si éloignée de

nous ; que la chimie est fille de l'alchimie dont aucun homme sensé n'oserait s'occuper aujourd'hui. Personne ne nie, cependant, qu'il y eût, dans l'astrologie et l'alchimie, le germe des vérités d'où sont sorties les sciences actuelles. Malgré ses formules ridicules, l'alchimie a mis sur la voie des corps simples et de la loi des affinités ; l'astrologie s'appuyait sur la position et le mouvement des astres qu'elle avait étudiés ; mais dans l'ignorance des véritables lois qui régissent le mécanisme de l'univers, les astres étaient, pour le vulgaire, des êtres mystérieux auxquels la superstition prêtait une influence morale et un sens révélateur. Lorsque Galilée, Newton, Keppler eurent fait connaître ces lois, que le télescope eut déchiré le voile, et plongé dans les profondeurs de l'espace un regard, que certaines gens trouvèrent indiscret, les planètes nous apparurent comme de simples mondes semblables au nôtre, et tout l'échafaudage du merveilleux s'écroula.

Il en est de même du Spiritisme à l'égard de la magie et de la sorcellerie ; celles-ci s'appuyaient aussi sur la manifestation des Esprits, comme l'astrologie sur le mouvement des astres ; mais dans l'ignorance des lois qui régissent le monde spirituel, elles mêlaient à ces rapports des pratiques et des croyances ridicules, dont le Spiritisme moderne, fruit de l'expérience et de l'observation, a fait justice. Assurément, la distance qui sépare le Spiritisme de la magie et de la sorcellerie, est plus grande que celle qui existe entre l'astronomie et l'astrologie, la chimie et l'alchimie ; vouloir les confondre, c'est prouver qu'on n'en sait pas le premier mot.

20. — Le seul fait de la possibilité de communiquer avec les êtres du monde spirituel a des conséquences

incalculables de la plus haute gravité; c'est tout un monde nouveau qui se révèle à nous, et qui a d'autant plus d'importance, qu'il attend tous les hommes sans exception. Cette connaissance ne peut manquer d'apporter, en se généralisant, une modification profonde dans les mœurs, le caractère, les habitudes, et dans les croyances qui ont une si grande influence sur les rapports sociaux. C'est toute une révolution qui s'opère dans les idées, révolution d'autant plus grande, d'autant plus puissante, qu'elle n'est pas circonscrite à un peuple, à une caste, mais qu'elle atteint simultanément par le cœur toutes les classes, toutes les nationalités, tous les cultes.

C'est donc avec raison que le Spiritisme est considéré comme la troisième grande révélation. Voyons en quoi elles diffèrent, et par quel lien elles se rattachent l'une à l'autre.

21. — Moïse, comme prophète, a révélé aux hommes la connaissance d'un Dieu unique, souverain maître et créateur de toutes choses; il a promulgué la loi du Sinaï et posé les fondements de la véritable foi; comme homme, il a été le législateur du peuple par lequel cette foi primitive, en s'épurant, devait un jour se répandre sur toute la terre.

22. — Christ, prenant de l'ancienne loi ce qui est éternel et divin, et rejetant ce qui n'était que transitoire, purement disciplinaire et de conception humaine, ajoute *la révélation de la vie future* dont Moïse n'avait point parlé, celle des peines et des récompenses qui attendent l'homme après la mort. (Voir *Revue spirite*, 1861, p. 90 et 280.)

23. — La partie la plus importante de la révélation du Christ, en ce sens qu'elle est la source première, la

pierre angulaire de toute sa doctrine, c'est le point de vue tout nouveau sous lequel il fait envisager la divinité. Ce n'est plus le Dieu terrible, jaloux, vindicatif de Moïse, le Dieu cruel et impitoyable qui arrose la terre du sang humain, qui ordonne le massacre et l'extermination des peuples, sans excepter les femmes, les enfants et les vieillards, qui châtie ceux qui épargnent les victimes ; ce n'est plus le Dieu injuste qui punit tout un peuple pour la faute de son chef, qui se venge du coupable sur la personne de l'innocent, qui frappe les enfants pour la faute de leur père, mais un Dieu clément, souverainement juste et bon, plein de mansuétude et de miséricorde, qui pardonne au pécheur repentant, et *rend à chacun selon ses œuvres;* ce n'est plus le Dieu d'un seul peuple privilégié, *le Dieu des armées* présidant aux combats pour soutenir sa propre cause contre le Dieu des autres peuples, mais le père commun du genre humain qui étend sa protection sur tous ses enfants, et les appelle tous à lui ; ce n'est plus le Dieu qui récompense et punit par les seuls biens de la terre, qui fait consister la gloire et le bonheur dans l'asservissement des peuples rivaux et dans la multiplicité de la progéniture, mais qui dit aux hommes : « Votre véritable patrie n'est pas en ce monde, elle est dans le royaume céleste ; c'est là que les humbles de cœur seront élevés et que les orgueilleux seront abaissés. » Ce n'est plus le Dieu qui fait une vertu de la vengeance et ordonne de rendre œil pour œil, dent pour dent, mais le Dieu de miséricorde qui dit : « Pardonnez les offenses si vous voulez qu'il vous soit pardonné ; rendez le bien pour le mal ; ne faites point à autrui ce que vous ne voudriez pas qu'on vous fît. » Ce n'est plus le Dieu mesquin et méticuleux qui impose, sous les

CHAPITRE I

peines les plus rigoureuses, la manière dont il veut être adoré, qui s'offense de l'inobservance d'une formule, mais le Dieu grand qui regarde la pensée et ne s'honore pas de la forme; ce n'est plus enfin le Dieu qui veut être craint, mais le Dieu qui veut être aimé.

24. — Dieu étant le pivot de toutes les croyances religieuses, le but de tous les cultes, *le caractère de toutes les religions est conforme à l'idée qu'elles donnent de Dieu*. Celles qui en font un Dieu vindicatif et cruel croient l'honorer par des actes de cruauté, par les bûchers et les tortures; celles qui en font un Dieu partial et jaloux sont intolérantes; elles sont plus ou moins méticuleuses dans la forme, selon qu'elles le croient plus ou moins entaché des faiblesses et des petitesses humaines.

25. — Toute la doctrine du Christ est fondée sur le caractère qu'il attribue à la Divinité. Avec un Dieu impartial, souverainement juste, bon et miséricordieux, il a pu faire de l'amour de Dieu et de la charité envers le prochain, la condition expresse du salut, et dire : *C'est là toute la loi et les prophètes, il n'y en a pas d'autre*. Sur cette croyance seule, il a pu asseoir le principe de l'égalité des hommes devant Dieu, et de la fraternité universelle.

Cette révélation des véritables attributs de la divinité, jointe à celle de l'immortalité de l'âme et de la vie future, modifiait profondément les rapports mutuels des hommes, leur imposait de nouvelles obligations, leur faisait envisager la vie présente sous un autre jour; elle devait, par cela même, réagir sur les mœurs et les relations sociales. C'est incontestablement, par ses conséquences, le point le plus capital de la révélation du Christ, et dont on n'a pas assez compris l'importance; il est regrettable de le dire, c'est aussi le point dont on s'est le plus écarté, que l'on a le plus méconnu dans l'interprétation de ses enseignements.

26. — Cependant Christ ajoute : Beaucoup des choses que je vous dis, vous ne pouvez encore les comprendre, et j'en aurais beaucoup d'autres à vous dire que vous ne comprendriez pas; c'est pourquoi je vous parle en paraboles; mais plus tard *je vous enverrai le Consolateur, l'Esprit de Vérité qui rétablira toutes choses et vous les expliquera toutes.*

Si Christ n'a pas dit tout ce qu'il aurait pu dire, c'est qu'il a cru devoir laisser certaines vérités dans l'ombre jusqu'à ce que les hommes fussent en état de les comprendre. De son aveu, son enseignement était donc incomplet, puisqu'il annonce la venue de celui qui doit le compléter; il prévoyait donc qu'on se méprendrait sur ses paroles, qu'on dévierait de son enseignement, en un mot, qu'on déferait ce qu'il a fait, puisque toute chose doit être rétablie; or, on ne *rétablit* que ce qui a été défait.

27. — Pourquoi appelle-t-il le nouveau Messie *Consolateur?* Ce nom significatif et sans ambiguïté est toute une révélation. Il prévoyait donc que les hommes auraient besoin de consolations, ce qui implique l'insuffisance de celles qu'ils trouveraient dans la croyance qu'ils allaient se faire. Jamais peut-être Christ n'a été plus clair et plus explicite que dans ces dernières paroles, auxquelles peu de personnes ont pris garde, peut-être parce qu'on a évité de les mettre en lumière et d'en approfondir le sens prophétique.

28. — Si Christ n'a pu développer son enseignement d'une manière complète, c'est qu'il manquait aux hommes

des connaissances que ceux-ci ne pouvaient acquérir qu'avec le temps, et sans lesquelles ils ne pouvaient le comprendre; il est des choses qui eussent paru un non-sens dans l'état des connaissances d'alors. Compléter son enseignement doit donc s'entendre dans le sens d'*expliquer* et de *développer*, bien plus que dans celui d'y ajouter des vérités nouvelles; car tout s'y trouve en germe; il manquait la clef pour saisir le sens de ses paroles.

29. — Mais qui ose se permettre d'interpréter les Écritures sacrées? Qui a ce droit? Qui possède les lumières nécessaires, si ce ne sont les théologiens?

Qui l'ose? La science d'abord, qui ne demande de permission à personne pour faire connaître les lois de la nature, et saute à pieds joints sur les erreurs et les préjugés. — Qui a ce droit? Dans ce siècle d'émancipation intellectuelle et de liberté de conscience, le droit d'examen appartient à tout le monde, et les Écritures ne sont plus l'arche sainte à laquelle nul n'osait toucher du doigt sans risquer d'être foudroyé. Quant aux lumières spéciales nécessaires, sans contester celles des théologiens, et tout éclairés que fussent ceux du moyen âge, et en particulier les Pères de l'Église, ils ne l'étaient cependant point encore assez pour ne pas condamner, comme hérésie, le mouvement de la terre et la croyance aux antipodes; et sans remonter si haut, ceux de nos jours n'ont-ils pas jeté l'anathème aux périodes de la formation de la terre?

Les hommes n'ont pu expliquer les Écritures qu'à l'aide de ce qu'ils savaient, des notions fausses ou incomplètes qu'ils avaient sur les lois de la nature, plus tard révélées par la science; voilà pourquoi les théologiens eux-mêmes ont pu, de très bonne foi, se méprendre sur le sens de certaines paroles et de certains faits de l'Évangile. Voulant à tout prix y trouver la confirmation d'une pensée préconçue, ils tournaient toujours dans le même cercle, sans quitter leur point de vue, de telle sorte qu'ils n'y voyaient que ce qu'ils voulaient y voir. Tout savants théologiens qu'ils étaient, ils ne pouvaient comprendre les causes dépendant de lois qu'ils ne connaissaient pas.

Mais qui sera juge des interprétations diverses et souvent contradictoires, données en dehors de la théologie? — L'avenir, la logique et le bon sens. Les hommes, de plus en plus éclairés à mesure que de nouveaux faits et de nouvelles lois viendront se révéler, sauront faire la part des systèmes utopiques et de la réalité; or, la science fait connaître certaines lois; le Spiritisme en fait connaître d'autres; les unes et les autres sont indispensables à l'intelligence des textes sacrés de toutes les religions, depuis Confucius et Boudha jusqu'au christianisme. Quant à la théologie, elle ne saurait judicieusement exciper des contradictions de la science, alors qu'elle n'est pas toujours d'accord avec elle-même.

30. — Le Spiritisme prenant son point de départ dans les paroles mêmes du Christ, comme Christ a pris le sien dans Moïse, est une conséquence directe de sa doctrine.

A l'idée vague de la vie future, il ajoute la révélation de l'existence du monde invisible qui nous entoure et peuple l'espace, et par là il précise la croyance; il lui donne un corps, une consistance, une réalité dans la pensée.

Il définit les liens qui unissent l'âme et le corps, et lève le voile qui cachait aux hommes les mystères de la naissance et de la mort.

20   CHAPITRE I

Par le Spiritisme, l'homme sait d'où il vient, où il va, pourquoi il est sur la terre, pourquoi il y souffre temporairement, et il voit partout la justice de Dieu.

Il sait que l'âme progresse sans cesse à travers une série d'existences successives, jusqu'à ce qu'elle ait atteint le degré de perfection qui peut la rapprocher de Dieu.

Il sait que toutes les âmes ayant un même point de départ, sont créées égales, avec une même aptitude à progresser en vertu de leur libre arbitre; que toutes sont de même essence, et qu'il n'y a entre elles que la différence du progrès accompli; que toutes ont la même destinée et atteindront le même but, plus ou moins promptement selon leur travail et leur bonne volonté.

Il sait qu'il n'y a point de créatures déshéritées, ni plus favorisées les unes que les autres; que Dieu n'en a point créé qui soient privilégiées et dispensées du travail imposé à d'autres pour progresser; qu'il n'y a point d'êtres perpétuellement voués au mal et à la souffrance; que ceux désignés sous le nom de *démons* sont des Esprits encore arriérés et imparfaits, qui font le mal à l'état d'Esprits, comme ils le faisaient à l'état d'hommes, mais qui avanceront et s'amélioreront; que les anges ou purs Esprits ne sont point des êtres à part dans la création, mais des Esprits qui ont atteint le but, après avoir suivi la filière du progrès; qu'ainsi il n'y a pas de créations multiples de différentes catégories parmi les êtres intelligents, mais que toute la création ressort de la grande loi d'unité qui régit l'univers, et que tous les êtres gravitent vers un but commun, qui est la perfection, sans que les uns soient favorisés aux dépens des autres, tous étant les fils de leurs œuvres.

CARACTÈRES DE LA RÉVÉLATION SPIRITE 21

31. — Par les rapports que l'homme peut maintenant établir avec ceux qui ont quitté la terre, il a non-seulement la preuve matérielle de l'existence et de l'individualité de l'âme, mais il comprend la solidarité qui relie les vivants et les morts de ce monde, et ceux de ce monde avec ceux des autres mondes. Il connaît leur situation dans le monde des Esprits; il les suit dans leurs migrations; il est témoin de leurs joies et de leurs peines; il sait pourquoi ils sont heureux ou malheureux, et le sort qui l'attend lui-même selon le bien ou le mal qu'il fait. Ces rapports l'initient à la vie future qu'il peut observer dans toutes ses phases, dans toutes ses péripéties; l'avenir n'est plus une vague espérance : c'est un fait positif, une certitude mathématique. Alors la mort n'a plus rien d'effrayant, car c'est pour lui la délivrance, la porte de la véritable vie.

32. — Par l'étude de la situation des Esprits, l'homme sait que le bonheur et le malheur dans la vie spirituelle sont inhérents au degré de perfection et d'imperfection; que chacun subit les conséquences directes et naturelles de ses fautes, autrement dit, qu'il est puni par où il a péché; que ces conséquences durent aussi longtemps que la cause qui les a produites; qu'ainsi le coupable souffrirait éternellement s'il persistait éternellement dans le mal, mais que la souffrance cesse avec le repentir et la réparation; or, comme il dépend de chacun de s'améliorer, chacun peut, en vertu de son libre arbitre, prolonger ou abréger ses souffrances, comme le malade souffre de ses excès aussi longtemps qu'il n'y met pas un terme.

33. — Si la raison repousse, comme incompatible avec la bonté de Dieu, l'idée des peines irrémissibles, perpétuelles et absolues, souvent infligées pour une seule faute;

des supplices de l'enfer que ne peut adoucir le repentir le plus ardent et le plus sincère, elle s'incline devant cette justice distributive et impartiale, qui tient compte de tout, ne ferme jamais la porte du retour, et tend sans cesse la main au naufragé, au lieu de le repousser dans l'abîme.

34. — La pluralité des existences, dont Christ a posé le principe dans l'Évangile, mais sans plus le définir que beaucoup d'autres, est une des lois les plus importantes révélées par le Spiritisme, en ce sens qu'il en démontre la réalité et la nécessité pour le progrès. Par cette loi, l'homme s'explique toutes les anomalies apparentes que présente la vie humaine; ses différences de position sociale; les morts prématurées qui, sans la réincarnation, rendraient inutiles pour l'âme les vies abrégées; l'inégalité des aptitudes intellectuelles et morales, par l'ancienneté de l'Esprit, qui a plus ou moins vécu, plus ou moins appris et progressé, et qui apporte en renaissant l'acquis de ses existences antérieures. (N° 5.)

35. — Avec la doctrine de la création de l'âme à chaque naissance, on retombe dans le système des créations privilégiées; les hommes sont étrangers les uns aux autres, rien ne les relie, les liens de famille sont purement charnels; ils ne sont point solidaires d'un passé où ils n'existaient pas; avec celle du néant après la mort, tout rapport cesse avec la vie; ils ne sont point solidaires de l'avenir. Par la réincarnation, ils sont solidaires du passé et de l'avenir; leurs rapports se perpétuant dans le monde spirituel et dans le monde corporel, la fraternité a pour base les lois mêmes de la nature; le bien a un but, le mal ses conséquences inévitables.

36. — Avec la réincarnation tombent les préjugés de

races et de castes, puisque le même Esprit peut renaître riche ou pauvre, grand seigneur ou prolétaire, maître ou subordonné, libre ou esclave, homme ou femme. De tous les arguments invoqués contre l'injustice de la servitude et de l'esclavage, contre la sujétion de la femme à la loi du plus fort, il n'en est aucun qui prime en logique le fait matériel de la réincarnation. Si donc, la réincarnation fonde sur une loi de la nature le principe de la fraternité universelle, elle fonde sur la même loi celui de l'égalité des droits sociaux, et par suite celui de la liberté.

Les hommes ne naissent inférieurs et subordonnés que par le corps; par l'Esprit, ils sont égaux et libres. De là le devoir de traiter les inférieurs avec bonté, bienveillance et humanité, parce que celui qui est notre subordonné aujourd'hui, peut avoir été notre égal ou notre supérieur, peut-être un parent ou un ami, et que nous pouvons devenir à notre tour le subordonné de celui auquel nous commandons.

37. — Otez à l'homme l'Esprit libre, indépendant, survivant à la matière, vous en faites une machine organisée, sans but, sans responsabilité, sans autre frein que la loi civile, et *bonne à exploiter* comme un animal intelligent. N'attendant rien après la mort, rien ne l'arrête pour augmenter les jouissances du présent; s'il souffre, il n'a en perspective que le désespoir et le néant pour refuge. Avec la certitude de l'avenir, celle de retrouver ceux qu'il a aimés, *la crainte de revoir ceux qu'il a offensés*, toutes ses idées changent. Le Spiritisme n'eût-il fait que tirer l'homme du doute touchant la vie future, aurait plus fait pour son amélioration morale que toutes les lois disciplinaires qui le brident quelquefois, mais ne le changent pas.

CHAPITRE I

38. — Sans la préexistence de l'âme, la doctrine du péché originel n'est pas seulement inconciliable avec la justice de Dieu qui rendrait tous les hommes responsables de la faute d'un seul, elle serait un non-sens, et d'autant moins justifiable que l'âme n'existait pas à l'époque où l'on prétend faire remonter sa responsabilité. Avec la préexistence et la réincarnation, l'homme apporte en renaissant le germe de ses imperfections passées, des défauts dont il ne s'est pas corrigé, et qui se traduisent par ses instincts natifs, ses propensions à tel ou tel vice C'est là son véritable péché originel, dont il subit tout naturellement les conséquences ; mais avec cette différence capitale qu'il porte la peine de ses propres fautes, et non celle de la faute d'un autre ; et cette autre différence, à la fois consolante, encourageante, et souverainement équitable, que chaque existence lui offre les moyens de se racheter par la réparation, et de progresser soit en se dépouillant de quelque imperfection, soit en acquérant de nouvelles connaissances, et cela jusqu'à ce qu'étant suffisamment purifié, il n'ait plus besoin de la vie corporelle, et puisse vivre exclusivement de la vie spirituelle, éternelle et bienheureuse.

Par la même raison, celui qui a progressé moralement, apporte, en renaissant, des qualités natives, comme celui qui a progressé intellectuellement apporte des idées innées ; il est identifié avec le bien ; il le pratique sans efforts, sans calcul, et pour ainsi dire sans y penser. Celui qui est obligé de combattre ses mauvaises tendances, en est encore à la lutte ; le premier a déjà vaincu, le second est en train de vaincre. Il y a donc *vertu originelle*, comme il y a *savoir originel*, et *péché* ou mieux *vice originel*.

CARACTÈRES DE LA RÉVÉLATION SPIRITE 25

39. — Le Spiritisme expérimental a étudié les propriétés des fluides spirituels et leur action sur la matière. Il a démontré l'existence du *périsprit*, soupçonné dès l'antiquité, et désigné par saint Paul sous le nom de *Corps Spirituel*, c'est-à-dire de corps fluidique de l'âme après la destruction du corps tangible. On sait aujourd'hui que cette enveloppe est inséparable de l'âme ; qu'elle est un des éléments constitutifs de l'être humain ; qu'elle est le véhicule de transmission de la pensée, et que, pendant la vie du corps, elle sert de lien entre l'Esprit et la matière. Le périsprit joue un rôle si important dans l'organisme et dans une foule d'affections, qu'il se lie à la physiologie aussi bien qu'à la psychologie.

40. — L'étude des propriétés du périsprit, des fluides spirituels et des attributs physiologiques de l'âme, ouvre de nouveaux horizons à la science, et donne la clef d'une foule de phénomènes incompris jusqu'alors faute de connaître la loi qui les régit ; phénomènes niés par le matérialisme, parce qu'ils se rattachent à la spiritualité, qualifiés par d'autres de miracles ou de sortilèges, selon les croyances. Tels sont, entre autres, les phénomènes de la double vue, de la vue à distance, du somnambulisme naturel et artificiel, des effets psychiques de la catalepsie et de la léthargie, de la prescience, des pressentiments, des apparitions, des transfigurations, de la transmission de pensée, de la fascination, des guérisons instantanées, des obsessions et possessions, etc. En démontrant que ces phénomènes reposent sur des lois aussi naturelles que les phénomènes électriques, et les conditions normales dans lesquelles ils peuvent se reproduire, le Spiritisme détruit l'empire du merveilleux et du surnaturel, et par suite la source de la plupart des supersti-

26   CHAPITRE I

tions. S'il fait croire à la possibilité de certaines choses regardées par quelques-uns comme chimériques, il empêche de croire à beaucoup d'autres dont il démontre l'impossibilité et l'irrationnalité.

41. — Le Spiritisme, bien loin de nier ou de détruire l'Évangile, vient au contraire confirmer, expliquer et développer, par les nouvelles lois de nature qu'il révèle, tout ce qu'a dit et fait le Christ; il porte la lumière sur les points obscurs de son enseignement, de telle sorte que ceux pour qui certaines parties de l'Évangile étaient inintelligibles, ou semblaient *inadmissibles*, les comprennent sans peine à l'aide du Spiritisme, et les admettent; ils en voient mieux la portée, et peuvent faire la part de la réalité et de l'allégorie; Christ leur paraît plus grand : ce n'est plus simplement un philosophe, c'est un Messie divin.

42. — Si l'on considère en outre la puissance moralisatrice du Spiritisme par le but qu'il assigne à toutes les actions de la vie, par les conséquences du bien et du mal qu'il fait toucher du doigt; la force morale, le courage, les consolations qu'il donne dans les afflictions par une inaltérable confiance en l'avenir, par la pensée d'avoir près de soi les êtres que l'on a aimés, l'assurance de les revoir, la possibilité de s'entretenir avec eux, enfin par la certitude que de tout ce que l'on fait, de tout ce que l'on acquiert en intelligence, en science, en moralité *jusqu'à la dernière heure de la vie*, rien n'est perdu, que tout profite à l'avancement, on reconnaît que le Spiritisme réalise toutes les promesses du Christ à l'égard du *Consolateur* annoncé. Or, comme c'est l'*Esprit de Vérité* qui préside au grand mouvement de la régénération, la promesse de son avénement se trouve de même réalisée,

CARACTÈRES DE LA RÉVÉLATION SPIRITE 27

car, par le fait, c'est lui qui est le véritable *Consolateur* (1).

43. — Si, à ces résultats, on ajoute la rapidité inouïe de la propagation du Spiritisme, malgré tout ce qu'on a fait pour l'abattre, on ne peut disconvenir que sa venue ne soit providentielle, puisqu'il triomphe de toutes les forces et de toutes les mauvaises volontés humaines. La facilité avec laquelle il est accepté par un si grand nombre, et cela sans contrainte, sans autres moyens que la puissance de l'idée, prouve qu'il répond à un besoin : celui de croire à quelque chose, après le vide creusé par l'incrédulité, et que, par conséquent, il est venu en son temps.

44. — Les affligés sont en grand nombre, il n'est donc pas surprenant que tant de gens accueillent une doctrine qui console de préférence à celles qui désespèrent; car c'est aux déshérités, plus qu'aux heureux du monde, que s'adresse le Spiritisme. Le malade voit venir

---

(1) Bien des pères de famille déplorent la mort prématurée d'enfants pour l'éducation desquels ils ont fait de grands sacrifices, et se disent que tout cela est en pure perte. Avec le Spiritisme, ils ne regrettent pas ces sacrifices, et seraient prêts à les faire, même avec la certitude de voir mourir leurs enfants, car ils savent que, si ces derniers ne profitent pas de cette éducation dans le présent, elle servira, d'abord à leur avancement comme Esprits, puis que ce sera autant d'acquis pour une nouvelle existence, et que lorsqu'ils reviendront, ils auront un bagage intellectuel qui les rendra plus aptes à acquérir de nouvelles connaissances. Tels sont ces enfants qui apportent en naissant des idées innées, qui savent sans pour ainsi dire avoir besoin d'apprendre. Si, comme pères, ils n'ont pas la satisfaction immédiate de voir leurs enfants mettre cette éducation à profit, ils en jouiront certainement plus tard, soit comme Esprits, soit comme hommes. Peut-être seront-ils de nouveau les parents de ces mêmes enfants qu'on dit heureusement doués par la nature, et qui doivent leurs aptitudes à une précédente éducation; comme aussi, si des enfants tournent mal par suite de la négligence de leurs parents, ceux-ci peuvent avoir à en souffrir plus tard par les ennuis et les chagrins qu'ils leur susciteront dans une nouvelle existence.

(Evang. selon le Spir. : ch. V, n° 21 : *Morts prématurées.*)

CHAPITRE I

le médecin avec plus de joie que celui qui se porte bien ; or, les affligés sont des malades, et le Consolateur est le médecin.

Vous qui combattez le Spiritisme, si vous voulez qu'on le quitte pour vous suivre, donnez plus et mieux que lui ; guérissez plus sûrement les blessures de l'âme. Donnez donc plus de consolations, plus de satisfactions du cœur, des espérances plus légitimes, des certitudes plus grandes ; faites de l'avenir un tableau plus rationnel, plus séduisant ; mais ne pensez pas l'emporter, vous, avec la perspective du néant, vous, avec l'alternative des flammes de l'enfer ou de la béate et inutile contemplation perpétuelle.

45. — La première révélation était personnifiée dans Moïse, la seconde dans le Christ, la troisième ne l'est dans aucun individu. Les deux premières sont individuelles, la troisième est collective ; c'est là un caractère essentiel d'une grande importance. Elle est collective en ce sens qu'elle n'a été faite par privilége à personne ; que personne, par conséquent, ne peut s'en dire le prophète exclusif. Elle a été faite simultanément sur toute la terre, à des millions de personnes, de tous âges, de tous temps et de toutes conditions, depuis le plus bas jusqu'au plus haut de l'échelle, selon cette prédiction rapportée par l'auteur des Actes des apôtres : « Dans les derniers temps, dit le Seigneur, je répandrai de mon esprit sur toute chair ; vos fils et vos filles prophétiseront ; vos jeunes gens auront des visions, et vos vieillards auront des songes. » Elle n'est sortie d'aucun culte spécial, afin de servir un jour à tous de point de ralliement (1).

(1) Notre rôle personnel, dans le grand mouvement des idées

CARACTÈRES DE LA RÉVÉLATION SPIRITE

46. — Les deux premières révélations étant le produit d'un enseignement personnel, ont été forcément localisées, c'est-à-dire qu'elles ont eu lieu sur un seul point, autour duquel l'idée s'est répandue de proche en proche ; mais il a fallu bien des siècles pour qu'elles atteignent les extrémités du monde, sans l'envahir tout entier. La troisième a cela de particulier, que n'étant pas personnifiée dans un individu, elle s'est produite simultanément sur des milliers de points différents, qui tous sont devenus des centres ou foyers de rayonnement. Ces centres se multipliant, leurs rayons se rejoignent peu à peu, comme les cercles formés par une multitude de pierres jetées dans l'eau ; de telle sorte, qu'en un temps donné, ils finiront par couvrir la surface entière du globe.

Telle est une des causes de la rapide propagation de la doctrine. Si elle eût surgi sur un seul point, si elle

qui se prépare par le Spiritisme, et qui commence déjà à s'opérer, est celui d'un observateur attentif qui étudie les faits pour en chercher la cause et en tirer les conséquences. Nous avons confronté tous ceux qu'il nous a été possible de rassembler ; nous avons comparé et commenté les instructions données par les Esprits sur tous les points du globe, puis nous avons coordonné le tout méthodiquement ; en un mot, nous avons étudié, et donné au public le fruit de nos recherches, sans attribuer à nos travaux d'autre valeur que celle d'une œuvre philosophique déduite de l'observation et de l'expérience, sans jamais nous être posé en chef de doctrine, ni avoir voulu imposer nos idées à personne. En les publiant, nous avons usé d'un droit commun, et ceux qui les ont acceptées l'ont fait librement. Si ces idées ont trouvé de nombreuses sympathies, c'est qu'elles ont eu l'avantage de répondre aux aspirations d'un grand nombre, ce dont nous ne saurions tirer vanité, puisque l'origine ne nous en appartient pas. Notre plus grand mérite est celui de la persévérance et du dévoûment à la cause que nous avons embrassée. En tout cela nous avons fait ce que d'autres eussent pu faire comme nous ; c'est pourquoi nous n'avons jamais eu la prétention de nous croire prophète ou messie, et encore moins de nous donner pour tel.

2.

eût été l'œuvre exclusive d'un homme, elle aurait formé secte autour de lui ; mais un demi-siècle se serait peut-être écoulé avant qu'elle eût atteint les limites du pays où elle aurait pris naissance, tandis qu'après dix ans, elle a des jalons plantés d'un pôle à l'autre.

47. — Cette circonstance, inouïe dans l'histoire des doctrines, donne à celle-ci une force exceptionnelle et une puissance d'action irrésistible ; en effet, si on la comprime sur un point, dans un pays, il est matériellement impossible de la comprimer sur tous les points, dans tous les pays. Pour un endroit où elle sera entravée, il y en aura mille à côté où elle fleurira. Bien plus, si on l'atteint dans un individu, on ne peut l'atteindre dans les Esprits qui en sont la source. Or, comme les Esprits sont partout, et qu'il y en aura toujours, si, par impossible, on parvenait à l'étouffer sur tout le globe, elle reparaîtrait quelque temps après, parce qu'elle repose sur *un fait, que ce fait est dans la nature*, et qu'on ne peut supprimer les lois de la nature. Voilà ce dont doivent se persuader ceux qui rêvent l'assentiment du Spiritisme. (*Revue spir.*, fév. 1865, p. 38 : *Perpétuité du Spiritisme*.)

48. — Cependant ces centres disséminés auraient pu rester encore longtemps isolés les uns des autres, confinés que sont quelques-uns dans les pays lointains. Il fallait entre eux un trait d'union qui les mît en communion de pensées avec leurs frères en croyance, en leur apprenant ce qui se faisait ailleurs. Ce trait d'union, qui aurait manqué au Spiritisme dans l'antiquité, se trouve dans les publications qui vont partout, qui condensent, sous une forme unique, concise et méthodique, l'enseignement donné partout sous des formes multiples et dans des langues diverses.

49. — Les deux premières révélations ne pouvaient être que le résultat d'un enseignement direct ; elles devaient s'imposer à la foi par l'autorité de la parole du maître, les hommes n'étant pas assez avancés pour concourir à leur élaboration.

Remarquons, toutefois, entre elles une nuance bien sensible qui tient au progrès des mœurs et des idées, bien qu'elles aient été faites chez le même peuple et dans le même milieu, mais à près de dix-huit siècles d'intervalle. La doctrine de Moïse est absolue, despotique ; elle n'admet pas de discussion et s'impose à tout le peuple par la force. Celle de Jésus est essentiellement *conseillère ;* elle est librement acceptée et ne s'impose que par la persuasion ; elle est controversée du vivant même de son fondateur qui ne dédaigne pas de discuter avec ses adversaires.

50. — La troisième révélation venue à une époque d'émancipation et de maturité intellectuelle, où l'intelligence développée ne peut se résoudre à un rôle passif, où l'homme n'accepte rien en aveugle, mais veut voir où on le conduit, savoir le pourquoi et le comment de chaque chose, devait être à la fois le produit d'un enseignement et le fruit du travail, de la recherche et du libre examen. Les Esprits n'enseignent que juste ce qu'il faut pour mettre sur la voie de la vérité, mais ils s'abstiennent de révéler ce que l'homme peut trouver par lui-même, lui laissant le soin de discuter, de contrôler et de soumettre le tout au creuset de la raison, le laissant même souvent acquérir l'expérience à ses dépens. Ils lui donnent le principe, les matériaux, à lui d'en tirer profit et de les mettre en œuvre (n° 15).

51. — Les éléments de la révélation spirite ayant été

CHAPITRE I

donnés simultanément sur une multitude de points, à des hommes de toutes conditions sociales et de divers degrés d'instruction, il est bien évident que les observations ne pouvaient être faites partout avec le même fruit; que les conséquences à en tirer, la déduction des lois qui régissent cet ordre de phénomènes, en un mot la conclusion qui devait asseoir les idées, ne pouvaient sortir que de l'ensemble et de la corrélation des faits. Or, chaque centre isolé, circonscrit dans un cercle restreint, ne voyant, le plus souvent, qu'un ordre particulier de faits quelquefois en apparence contradictoires, n'ayant généralement affaire qu'à une même catégorie d'Esprits, et, de plus, entravé par les influences locales et l'esprit de parti, se trouvait dans l'impossibilité matérielle d'embrasser l'ensemble et, par cela même, impuissant à rattacher les observations isolées à un principe commun. Chacun appréciant les faits au point de vue de ses connaissances et de ses croyances antérieures, ou de l'opinion particulière des Esprits qui se manifestent, il y aurait eu bientôt autant de théories et de systèmes que de centres, et dont aucun n'aurait pu être complet, faute d'éléments de comparaison et de contrôle. En un mot, chacun se serait immobilisé dans sa révélation partielle, croyant avoir toute la vérité, faute de savoir qu'en cent autres endroits on obtenait plus ou mieux.

52. — Il est en outre à remarquer que nulle part l'enseignement spirite n'a été donné d'une manière complète; il touche à un si grand nombre d'observations, à des sujets si divers qui exigent soit des connaissances, soit des aptitudes médianimiques spéciales, qu'il eût été impossible de réunir sur un même point toutes les conditions nécessaires. L'enseignement devant être collectif

et non individuel, les Esprits ont divisé le travail en disséminant les sujets d'étude et d'observation, comme dans certaines fabriques la confection de chaque partie d'un même objet est répartie entre différents ouvriers.

La révélation s'est ainsi faite partiellement, en divers lieux et par une multitude d'intermédiaires, et c'est de cette manière qu'elle se poursuit encore en ce moment, car tout n'est pas révélé. Chaque centre trouve, dans les autres centres, le complément de ce qu'il obtient, et c'est l'ensemble, la coordination de tous les enseignements partiels, qui ont constitué *la doctrine spirite*.

Il était donc nécessaire de grouper les faits épars pour voir leur corrélation, de rassembler les documents divers, les instructions données par les Esprits sur tous les points et sur tous les sujets, pour les comparer, les analyser, en étudier les analogies et les différences. Les communications étant données par des Esprits de tous ordres, plus ou moins éclairés, il fallait apprécier le degré de confiance que la raison permettait de leur accorder, distinguer les idées systématiques individuelles et isolées de celles qui avaient la sanction de l'enseignement général des Esprits, les utopies des idées pratiques; élaguer celles qui étaient notoirement démenties par les données de la science positive et la saine logique; utiliser les erreurs mêmes, les renseignements fournis par les Esprits même du plus bas étage, pour la connaissance de l'état du monde invisible, et en former un tout homogène. Il fallait, en un mot, un centre d'élaboration, indépendant de toute idée préconçue, de tout préjugé de secte, *résolu d'accepter la vérité devenue évidente, dût-elle être contraire à ses opinions personnelles*. Ce centre s'est formé de lui-même,

CHAPITRE I

par la force des choses, et *sans dessein prémédité* (1).

53. — De cet état de choses, il est résulté un double courant d'idées : les unes allant des extrémités au centre, les autres retournant du centre à la circonférence. C'est ainsi que la doctrine a promptement marché vers l'unité, malgré la diversité des sources d'où elle est émanée ; que les systèmes divergents sont peu à peu tombés, par le fait de leur isolement, devant l'ascendant de l'opinion de la majorité, faute d'y trouver des échos sympathiques. Une communion de pensées s'est dès lors établie entre les différents centres partiels ; parlant la même langue spiri-

---

(1) Le *Livre des Esprits*, le premier ouvrage qui ait fait entrer le Spiritisme dans la voie philosophique, par la déduction des conséquences morales des faits, qui ait abordé toutes les parties de la doctrine, en touchant aux questions les plus importantes qu'elle soulève, a été, dès son apparition, le point de ralliement vers lequel ont spontanément convergé les travaux individuels. Il est de notoriété que, de la publication de ce livre, date l'ère du Spiritisme philosophique, resté jusque-là dans le domaine des expériences de curiosité. Si ce livre a conquis les sympathies de la majorité, c'est qu'il était l'expression des sentiments de cette même majorité, et qu'il répondait à ses aspirations ; c'est aussi parce que chacun y trouvait la confirmation et une explication rationnelle de ce qu'il obtenait en particulier. S'il avait été en désaccord avec l'enseignement général des Esprits, il n'aurait eu aucun crédit, et serait promptement tombé dans l'oubli. Or, à qui s'est-on rallié ? Ce n'est pas à l'homme qui n'est rien par lui-même, cheville ouvrière qui meurt et disparaît, mais à l'idée qui ne périt pas quand elle émane d'une source supérieure à l'homme.

Cette concentration spontanée des forces éparses a donné lieu à une correspondance immense, monument unique au monde, tableau vivant de la véritable histoire du Spiritisme moderne, où se reflètent à la fois les travaux partiels, les sentiments multiples qu'a fait naître la doctrine, les résultats moraux, les dévoûments et les défaillances ; archives précieuses pour la postérité qui pourra juger les hommes et les choses sur des pièces authentiques. En présence de ces témoignages irrécusables, que deviendront, dans la suite, toutes les fausses allégations, les diffamations de l'envie et de la jalousie ?

CARACTÈRES DE LA RÉVÉLATION SPIRITE

tuelle, ils se comprennent et sympathisent d'un bout du monde à l'autre.

Les Spirites se sont trouvés plus forts, ils ont lutté avec plus de courage, ils ont marché d'un pas plus assuré, quand ils ne se sont plus vus isolés, quand ils ont senti un point d'appui, un lien qui les rattachait à la grande famille ; les phénomènes dont ils étaient témoins ne leur ont plus semblé étranges, anormaux, contradictoires, quand ils ont pu les rattacher à des lois générales d'harmonie, embrasser d'un coup d'œil l'édifice, et voir à tout cet ensemble un but grand et humanitaire (1).

Mais comment savoir si un principe est enseigné partout, ou s'il n'est que le résultat d'une opinion indivi-

---

(1) Un témoignage significatif, aussi remarquable que touchant, de cette communion de pensées qui s'établit entre les Spirites par la conformité des croyances, ce sont les demandes de prières qui nous viennent des contrées les plus lointaines, depuis le Pérou jusqu'aux extrémités de l'Asie, de la part de personnes de religions et de nationalités diverses, et que nous n'avons jamais vues. N'est-ce pas là le prélude de la grande unification qui se prépare ? la preuve des racines sérieuses que prend partout le Spiritisme ?

Il est remarquable que, de tous les groupes qui se sont formés avec l'intention préméditée de faire scission en proclamant des principes divergents, de même que ceux qui, par des raisons d'amour-propre ou autres, ne voulant pas avoir l'air de subir la loi commune, se sont crus assez forts pour marcher seuls, assez de lumières pour se passer de conseils, aucun n'est parvenu à constituer une idée prépondérante et viable ; tous se sont éteints ou ont végété dans l'ombre. Comment pouvait-il en être autrement, dès lors que, pour se distinguer, au lieu de s'efforcer de donner une plus grande somme de satisfactions, ils rejetaient des principes de la doctrine précisément ce qui en fait le plus puissant attrait, ce qu'il y a de plus consolant, de plus encourageant et de plus rationnel ? S'ils avaient compris la puissance des éléments moraux qui ont constitué l'unité, ils ne se seraient pas bercés d'une illusion chimérique ; mais prenant leur petit cercle pour l'univers, ils n'ont vu dans les adhérents qu'une coterie qui pouvait facilement être renversée par une contre-coterie. C'était se méprendre étrangement sur les caractères essentiels de la doctrine, et cette erreur ne pouvait amener que des déceptions ; au lieu de rompre l'unité, ils

36   CHAPITRE I

duelle? Les groupes isolés n'étant pas à même de savoir ce qui se dit ailleurs, il était nécessaire qu'un centre rassemblât toutes les instructions pour faire une sorte de dépouillement des voix, et porter à la connaissance de tous l'opinion de la majorité (1).

54. — Il n'est aucune science qui soit sortie de toutes pièces du cerveau d'un homme ; toutes, sans exception, sont le produit d'observations successives s'appuyant sur les observations précédentes, comme sur un point connu pour arriver à l'inconnu. C'est ainsi que les Esprits ont procédé pour le Spiritisme ; c'est pourquoi leur enseignement est gradué ; ils n'abordent les questions qu'au fur et à mesure que les principes sur lesquels elles doivent s'appuyer sont suffisamment élaborés, et que l'opinion est mûre pour se les assimiler. Il est même remarquable que toutes les fois que les centres particuliers ont voulu aborder des questions prématurées, ils n'ont obtenu que des réponses contradictoires non concluantes. Quand, au contraire, le moment favorable est venu, l'enseignement est identique sur toute la ligne, dans la presque universalité des centres.

Il y a, toutefois, entre la marche du Spiritisme et celle

ont brisé le lien qui seul pouvait leur donner la force et la vie. (Voir *Revue spirite*, avril 1866, pages 106 et 111 : *Le Spiritisme sans les Esprits ; le Spiritisme indépendant*.)

(1) Tel est l'objet de nos publications, qui peuvent être considérées comme le résultat de ce dépouillement. Toutes les opinions y sont discutées, mais les questions ne sont formulées en principes qu'après avoir reçu la consécration de tous les contrôles qui, seule, peut leur donner force de loi, et permettre d'affirmer. Voilà pourquoi nous ne préconisons légèrement aucune théorie, et c'est en cela que la doctrine procédant de l'enseignement général, n'est point le produit d'un système préconçu ; c'est aussi ce qui fait sa force et assure son avenir.

CARACTÈRES DE LA RÉVÉLATION SPIRITE

des sciences une différence capitale, c'est que celles-ci n'ont atteint le point où elles sont arrivées qu'après de longs intervalles, tandis qu'il a suffi de quelques années au Spiritisme, sinon pour atteindre le point culminant, du moins pour recueillir une somme d'observations assez grande pour constituer une doctrine. Cela tient à la multitude innombrable d'Esprits qui, par la volonté de Dieu, se sont manifestés simultanément, apportant chacun le contingent de leurs connaissances. Il en est résulté que toutes les parties de la doctrine, au lieu d'être élaborées successivement durant plusieurs siècles, l'ont été à peu près simultanément en quelques années, et qu'il a suffi de les grouper pour en former un tout.

Dieu a voulu qu'il en fût ainsi, d'abord pour que l'édifice arrivât plus promptement au faîte ; en second lieu pour que l'on pût, par la comparaison, avoir un contrôle pour ainsi dire immédiat et permanent dans l'universalité de l'enseignement, chaque partie n'ayant de valeur et d'*autorité* que par sa connexité avec l'ensemble, toutes devant s'harmoniser, trouver leur place dans le casier général, et arriver chacune en son temps.

En ne confiant pas à un seul Esprit le soin de la promulgation de la doctrine, Dieu a voulu en outre que le plus petit comme le plus grand, parmi les Esprits comme parmi les hommes, apportât sa pierre à l'édifice, afin d'établir entre eux un lien de solidarité coopérative qui a manqué à toutes les doctrines sorties d'une source unique.

D'un autre côté, chaque Esprit, de même que chaque homme, n'ayant qu'une somme limitée de connaissances, individuellement ils étaient inhabiles à traiter *ex professo* les innombrables questions auxquelles touche le Spiri-

38 CHAPITRE I

tisme; voilà également pourquoi la doctrine, pour remplir les vues du Créateur, ne pouvait être l'œuvre ni d'un seul Esprit, ni d'un seul médium; elle ne pouvait sortir que de la collectivité des travaux contrôlés les uns par les autres (1).

55. — Un dernier caractère de la révélation spirite, et qui ressort des conditions mêmes dans lesquelles elle est faite, c'est que, s'appuyant sur des faits, elle est et ne peut être qu'essentiellement progressive, comme toutes les sciences d'observation. Par son essence, elle contracte alliance avec la science, qui, étant l'exposé des lois de la nature dans un certain ordre de faits, ne peut être contraire à la volonté de Dieu, l'auteur de ces lois. *Les découvertes de la science glorifient Dieu au lieu de l'abaisser; elles ne détruisent que ce que les hommes ont bâti sur les idées fausses qu'ils se sont faites de Dieu.*

Le Spiritisme ne pose donc en principe absolu que ce qui est démontré avec évidence, ou ce qui ressort logiquement de l'observation. Touchant à toutes les branches de l'économie sociale, auxquelles il prête l'appui de ses propres découvertes, il s'assimilera toujours toutes les doctrines progressives, de quelque ordre qu'elles soient, arrivées à l'état de *vérités pratiques*, et sorties du domaine de l'utopie, sans cela il se suiciderait; en cessant d'être ce qu'il est, il mentirait à son origine et à son but providentiel. *Le Spiritisme, marchant avec le progrès, ne sera jamais débordé, parce que, si de nouvelles découvertes lui démontraient qu'il est dans l'erreur sur un*

---

(1) Voir dans l'*Évangile selon le Spiritisme*, introduction, p. vi, et *Revue spirite*, avril 1864, p. 90 : *Autorité de la doctrine spirite; contrôle universel de l'enseignement des Esprits.*

point, il se modifierait sur ce point ; si une nouvelle vérité se révèle, il l'accepte (1).

56. — Quelle est l'utilité de la doctrine morale des Esprits, puisqu'elle n'est autre chose que celle du Christ ? L'homme a-t-il besoin d'une révélation, et ne peut-il trouver en lui-même tout ce qui lui est nécessaire pour se conduire ?

Au point de vue moral, Dieu a sans doute donné à l'homme un guide dans sa conscience qui lui dit : « Ne fais pas à autrui ce que tu ne voudrais pas qu'on te fît. » La morale naturelle est certainement inscrite dans le cœur des hommes, mais tous savent-ils y lire ? N'ont-ils jamais méconnu ces sages préceptes ? Qu'ont-ils fait de la morale du Christ ? Comment la pratiquent ceux mêmes qui l'enseignent ? N'est-elle pas devenue une lettre morte, une belle théorie, bonne pour les autres et non pour soi ? Reprocherez-vous à un père de répéter dix fois, cent fois les mêmes instructions à ses enfants s'ils n'en profitent pas ? Pourquoi Dieu ferait-il moins qu'un père de famille ? Pourquoi n'enverrait-il pas de temps à autre parmi les hommes des messagers spéciaux chargés de les rappeler à leurs devoirs, et de les remettre en bon chemin quand ils s'en écartent ? d'ouvrir les yeux de l'intelligence à ceux qui les ont fermés, comme les hommes

---

(1) Devant des déclarations aussi nettes et aussi catégoriques que celles qui sont contenues dans ce chapitre, tombent toutes les allégations de tendance à l'absolutisme et à l'autocratie des principes, toutes les fausses assimilations que des gens prévenus ou mal informés prêtent à la doctrine. Ces déclarations, d'ailleurs, ne sont pas nouvelles; nous les avons assez souvent répétées dans nos écrits pour ne laisser aucun doute à cet égard. Elles nous assignent en outre notre véritable rôle, le seul que nous ambitionnons : celui de travailleur.

CHAPITRE I

les plus avancés envoient des missionnaires chez les sauvages et les barbares?

Les Esprits n'enseignent pas d'autre morale que celle du Christ, par la raison qu'il n'y en a pas de meilleure. Mais alors à quoi bon leur enseignement, puisqu'ils ne disent que ce que nous savons? On pourrait en dire autant de la morale du Christ qui fut enseignée cinq cents ans avant lui par Socrate et Platon, et dans des termes presque identiques; de tous les moralistes qui répètent la même chose sur tous les tons et sous toutes les formes. Eh bien! *les Esprits viennent tout simplement augmenter le nombre des moralistes*, avec la différence que se manifestant partout, ils se font entendre dans la chaumière aussi bien que dans le palais, aux ignorants comme aux gens instruits.

Ce que l'enseignement des Esprits ajoute à la morale du Christ, c'est la connaissance des principes qui relient les morts et les vivants, qui complètent les notions vagues qu'il avait données de l'âme, de son passé et de son avenir, et qui donnent pour sanction à sa doctrine les lois mêmes de la nature. A l'aide des nouvelles lumières apportées par le Spiritisme et les Esprits, l'homme comprend la solidarité qui relie tous les êtres; la charité et la fraternité deviennent une nécessité sociale; il fait par conviction ce qu'il ne faisait que par devoir, et il le fait mieux.

Lorsque les hommes pratiqueront la morale du Christ, alors seulement ils pourront dire qu'ils n'ont plus besoin de moralistes incarnés ou désincarnés; mais alors aussi Dieu ne leur en enverra plus.

57. — Une des questions les plus importantes parmi celles qui sont posées en tête de ce chapitre est celle-ci:

CARACTÈRES DE LA RÉVÉLATION SPIRITE

Quelle est l'autorité de la révélation spirite, puisqu'elle émane d'êtres dont les lumières sont bornées, et qui ne sont pas infaillibles?

L'objection serait sérieuse si cette révélation ne consistait que dans l'enseignement des Esprits; si nous devions la tenir d'eux exclusivement et l'accepter les yeux fermés; elle est sans valeur dès l'instant que l'homme y apporte le concours de son intelligence et de son jugement; que les Esprits se bornent à le mettre sur la voie des déductions qu'il peut tirer de l'observation des faits. Or, les manifestations et leurs innombrables variétés sont des faits; l'homme les étudie et en cherche la loi; il est aidé dans ce travail par les Esprits de tous ordres qui sont plutôt des *collaborateurs* que des *révélateurs* dans le sens usuel du mot; il soumet leurs dires au contrôle de la logique et du bon sens; de cette manière il bénéficie des connaissances spéciales qu'ils doivent à leur position, sans abdiquer l'usage de sa propre raison.

Les Esprits n'étant autres que les âmes des hommes, en communiquant avec eux *nous ne sortons pas de l'humanité*, circonstance capitale à considérer. Les hommes de génie qui ont été les flambeaux de l'humanité sont donc sortis du monde des Esprits, comme ils y sont rentrés en quittant la terre. Dès lors que les Esprits peuvent se communiquer aux hommes, ces mêmes génies peuvent leur donner des instructions sous la forme spirituelle, comme ils l'ont fait sous la forme corporelle; ils peuvent nous instruire après leur mort, comme ils le faisaient de leur vivant; ils sont invisibles au lieu d'être visibles, voilà toute la différence. Leur expérience et leur savoir ne doivent pas être moindres, et si leur parole, comme hommes,

CHAPITRE I

avait de l'autorité, elle n'en doit pas avoir moins parce qu'ils sont dans le monde des Esprits.

58. — Mais ce ne sont pas seulement les Esprits supérieurs qui se manifestent, ce sont aussi les Esprits de tous ordres, et cela était nécessaire pour nous initier au véritable caractère du monde spirituel, en nous le montrant sous toutes ses faces; par là, les relations entre le monde visible et le monde invisible sont plus intimes, la connexité est plus évidente; nous voyons plus clairement d'où nous venons et où nous allons; tel est le but essentiel de ces manifestations. Tous les Esprits, à quelque degré qu'ils soient parvenus, nous apprennent donc quelque chose; mais comme ils sont plus ou moins éclairés, c'est à nous de discerner ce qu'il y a en eux de bon ou de mauvais, et de tirer le profit que comporte leur enseignement; or tous, quels qu'ils soient, peuvent nous apprendre ou nous révéler des choses que nous ignorons et que sans eux nous ne saurions pas.

59. — Les grands Esprits incarnés sont des individualités puissantes, sans contredit, mais dont l'action est restreinte et nécessairement lente à se propager. Qu'un seul d'entre eux, fût-il même Elie ou Moïse, Socrate ou Platon, soit venu en ces derniers temps révéler aux hommes l'état du monde spirituel, qui aurait prouvé la vérité de ses assertions, par ce temps de scepticisme? Ne l'aurait-on pas regardé comme un rêveur ou un utopiste? Et en admettant qu'il fût dans le vrai absolu, des siècles se fussent écoulés avant que ses idées fussent acceptées par les masses. Dieu, dans sa sagesse, n'a pas voulu qu'il en fût ainsi; il a voulu que l'enseignement fût donné par les *Esprits eux-mêmes*, et non par des incarnés, afin de convaincre de leur existence, et qu'il eût lieu simultanément

CARACTÈRES DE LA RÉVÉLATION SPIRITE

par toute la terre, soit pour le propager plus rapidement, soit pour que l'on trouvât dans la coïncidence de l'enseignement, une preuve de la vérité, chacun ayant ainsi les moyens de se convaincre par soi-même.

60. — Les Esprits ne viennent pas affranchir l'homme du travail, de l'étude et des recherches ; ils ne lui apportent aucune science toute faite ; sur ce qu'il peut trouver lui-même, ils le laissent à ses propres forces ; c'est ce que savent parfaitement aujourd'hui les Spirites. Depuis longtemps l'expérience a démontré l'erreur de l'opinion qui attribuait aux Esprits tout savoir et toute sagesse, et qu'il suffisait de s'adresser au premier Esprit venu pour connaître toutes choses. Sortis de l'humanité, les Esprits en sont une des faces ; comme sur la terre, il y en a de supérieurs et de vulgaires ; beaucoup en savent donc scientifiquement et philosophiquement moins que certains hommes ; ils disent ce qu'ils savent, ni plus ni moins ; comme parmi les hommes, les plus avancés peuvent nous renseigner sur plus de choses, nous donner des avis plus judicieux que les arriérés. Demander des conseils aux Esprits, ce n'est donc point s'adresser à des puissances surnaturelles, mais *à ses pareils*, à ceux mêmes à qui on se serait adressé de leur vivant, à ses parents, à ses amis, ou à des individus plus éclairés que nous. Voilà ce dont il importe de se persuader et ce qu'ignorent ceux qui, n'ayant pas étudié le Spiritisme, se font une idée complètement fausse sur la nature du monde des Esprits et des relations d'outre-tombe.

61. — Quelle est donc l'utilité de ces manifestations, ou si l'on veut de cette révélation, si les Esprits n'en savent pas plus que nous, ou s'ils ne nous disent pas tout ce qu'ils savent ?

44   CHAPITRE I

D'abord, comme nous l'avons dit, ils s'abstiennent de nous donner ce que nous pouvons acquérir par le travail; en second lieu, il est des choses qu'il ne leur est pas permis de révéler, parce que notre degré d'avancement ne le comporte pas. Mais cela à part, les conditions de leur nouvelle existence étendent le cercle de leurs perceptions; ils voient ce qu'ils ne voyaient pas sur la terre; affranchis des entraves de la matière, délivrés des soucis de la vie corporelle, ils jugent les choses d'un point plus élevé, et par cela même plus sainement; leur perspicacité embrasse un horizon plus vaste; ils comprennent leurs erreurs, rectifient leurs idées et se débarrassent des préjugés humains.

C'est en cela que consiste la supériorité des Esprits sur l'humanité corporelle, et que leurs conseils peuvent être, eu égard à leur degré d'avancement, plus judicieux et plus désintéressés que ceux des incarnés. Le milieu dans lequel ils se trouvent leur permet en outre de nous initier aux choses de la vie future que nous ignorons, et que nous ne pouvons apprendre dans celui où nous sommes. Jusqu'à ce jour l'homme n'avait créé que des hypothèses sur son avenir; voilà pourquoi ses croyances sur ce point ont été partagées en systèmes si nombreux et si divergents, depuis le néantisme jusqu'aux fantastiques descriptions de l'enfer et du paradis. Aujourd'hui ce sont les témoins oculaires, les acteurs mêmes de la vie d'outre-tombe, qui viennent nous dire ce qu'il en est, *et qui seuls pouvaient le faire*. Ces manifestations ont donc servi à nous faire connaître le monde invisible qui nous entoure, et que nous ne soupçonnions pas; et cette connaissance seule serait d'une importance capitale, en supposant que les Esprits fussent incapables de rien nous apprendre de plus.

Si vous allez dans un pays nouveau pour vous, rejetterez-vous les renseignements du plus humble paysan que vous rencontrerez ? Refuserez-vous de l'interroger sur l'état de la route parce que ce n'est qu'un paysan ? Vous n'attendrez certainement pas de lui des éclaircissements d'une très haute portée, mais tel qu'il est, et dans sa sphère, il pourra, sur certains points, vous renseigner mieux qu'un savant qui ne connaît pas le pays. Vous tirerez de ses indications des conséquences qu'il ne pourrait tirer lui-même, mais il n'en aura pas moins été un instrument utile pour vos observations, n'eût-il servi qu'à vous faire connaître les mœurs des paysans. Il en est de même des rapports avec les Esprits, où le plus petit peut nous apprendre quelque chose.

62. — Une comparaison vulgaire fera encore mieux comprendre la situation.

Un navire chargé d'émigrants part pour une destination lointaine ; il emporte des hommes de toutes conditions, des parents et des amis de ceux qui restent. On apprend que ce navire a fait naufrage ; nulle trace n'en est restée, aucune nouvelle n'est parvenue sur son sort ; on pense que tous les voyageurs ont péri, et le deuil est dans toutes les familles. Cependant l'équipage tout entier, sans en excepter un seul homme, a abordé une terre inconnue, terre abondante et fertile, où tous vivent heureux sous un ciel clément ; mais on l'ignore. Or voilà qu'un jour un autre navire aborde cette terre ; il y trouve tous les naufragés sains et saufs. L'heureuse nouvelle se répand avec la rapidité de l'éclair ; chacun se dit : « Nos amis ne sont point perdus ! » Et ils en rendent grâce à Dieu. Ils ne peuvent se voir, mais ils correspondent ; ils échangent des témoignages d'affection, et voilà que la joie succède à la tristesse.

CHAPITRE I

Telle est l'image de la vie terrestre et de la vie d'outre-tombe, avant et après la révélation moderne; celle-ci, semblable au second navire, nous apporte la bonne nouvelle de la survivance de ceux qui nous sont chers, et la certitude de les rejoindre un jour; le doute sur leur sort et sur le nôtre n'existe plus; le découragement s'efface devant l'espérance.

Mais d'autres résultats viennent féconder cette révélation. Dieu, jugeant l'humanité mûre pour pénétrer le mystère de sa destinée et contempler de sang-froid de nouvelles merveilles, a permis que le voile qui séparait le monde visible du monde invisible fût levé. Le fait des manifestations n'a rien d'extrahumain; *c'est l'humanité spirituelle qui vient causer avec l'humanité corporelle* et lui dire:

« Nous existons, donc le néant n'existe pas; voilà ce que nous sommes, et voilà ce que vous serez; l'avenir est à vous comme il est à nous. Vous marchiez dans les ténèbres, nous venons éclairer votre route et vous frayer la voie; vous alliez au hasard, nous vous montrons le but. La vie terrestre était tout pour vous, parce que vous ne voyiez rien au delà; nous venons vous dire, en vous montrant la vie spirituelle : La vie terrestre n'est rien. Votre vue s'arrêtait à la tombe, nous vous montrons au delà un horizon splendide. Vous ne saviez pas pourquoi vous souffrez sur la terre; maintenant, dans la souffrance, vous voyez la justice de Dieu; le bien était sans fruits apparents pour l'avenir, il aura désormais un but et sera une nécessité; la fraternité n'était qu'une belle théorie, elle est maintenant assise sur une loi de la nature. Sous l'empire de la croyance que tout finit avec la vie, l'immensité est vide, l'égoïsme règne en maître parmi vous, et votre mot d'ordre est:

« Chacun pour soi ; » avec la certitude de l'avenir, les espaces infinis se peuplent à l'infini, le vide et la solitude ne sont nulle part, la solidarité relie tous les êtres par delà et en deçà de la tombe ; c'est le règne de la charité, avec la devise : « Chacun pour tous et tous pour chacun. » Enfin, au terme de la vie vous disiez un éternel adieu à ceux qui vous sont chers, maintenant vous leur direz : « Au revoir ! »

Tels sont, en résumé, les résultats de la révélation nouvelle ; elle est venue combler le vide creusé par l'incrédulité, relever les courages abattus par le doute ou la perspective du néant, et donner à toute chose sa raison d'être. Ce résultat est-il donc sans importance, parce que les Esprits ne viennent pas résoudre les problèmes de la science, donner le savoir aux ignorants, et aux paresseux le moyen de s'enrichir sans peine ? Cependant les fruits que l'homme doit en retirer ne sont pas seulement pour la vie future ; il les cueillera sur la terre par la transformation que ces nouvelles croyances doivent nécessairement opérer sur son caractère, ses goûts, ses tendances et, par suite, sur les habitudes et les relations sociales. En mettant fin au règne de l'égoïsme, de l'orgueil et de l'incrédulité, elles préparent celui du bien, qui est le règne de Dieu.

La révélation a donc pour objet de mettre l'homme en possession de certaines vérités qu'il ne pourrait acquérir par lui-même, et cela en vue d'activer le progrès. Ces vérités se bornent en général à des principes fondamentaux destinés à le mettre sur la voie des recherches, et non à le conduire par la lisière ; ce sont des jalons qui lui montrent le but : à lui la tâche de les étudier et d'en déduire les applications ; loin de l'affranchir du travail, ce sont de nouveaux éléments fournis à son activité.

CHAPITRE II

Dieu.

Existence de Dieu. — De la nature divine. — La Providence. — La vue de Dieu.

EXISTENCE DE DIEU

1. — Dieu étant la cause première de toutes choses, le point de départ de tout, le pivot sur lequel repose l'édifice de la création, c'est le point qu'il importe de considérer avant tout.

Il est de principe élémentaire qu'on juge d'une cause par ses effets, alors même qu'on ne voit pas la cause. La science va plus loin : elle calcule la puissance de la cause par la puissance de l'effet, et peut même en déterminer la nature. C'est ainsi, par exemple, que l'astronomie a conclu à l'existence de planètes dans des régions déterminées de l'espace, par la connaissance des lois qui régissent le mouvement des astres ; on a cherché, et l'on a rouvé les planètes, qu'on peut en réalité dire avoir été découvertes avant d'avoir été vues.

2. — Dans un ordre de faits plus vulgaires, si l'on est plongé dans un épais brouillard, à la clarté diffuse on juge que le soleil est sur l'horizon, quoiqu'on ne voie pas le soleil. Si un oiseau fendant l'air est atteint d'un plomb mortel, on juge qu'un habile tireur l'a frappé quoiqu'on ne voie pas le tireur. Il n'est donc pas toujours néces-

CHAPITRE II — DIEU

saire d'avoir vu une chose pour savoir qu'elle existe. En tout, c'est en observant les effets qu'on arrive à la connaissance des causes.

3. — Un autre principe tout aussi élémentaire, et passé à l'état d'axiome à force de vérité, c'est que tout effet intelligent doit avoir une cause intelligente.

Si l'on demandait quel est l'inventeur de tel ingénieux mécanisme, l'architecte de tel monument, le sculpteur de telle statue ou le peintre de tel tableau, que penserait-on de celui qui répondrait que cela s'est fait tout seul ? Lorsqu'on voit un chef-d'œuvre de l'art ou de l'industrie, on dit ce que doit être le produit d'un homme de génie, parce qu'une haute intelligence a dû présider à sa conception ; on juge néanmoins qu'un homme a dû le faire, parce qu'on sait que la chose n'est pas au-dessus de la capacité humaine, mais il ne viendra à personne la pensée de dire qu'elle est sortie du cerveau d'un idiot ou d'un ignorant, et encore moins qu'elle est le travail d'un animal ou le produit du hasard.

4. — Partout on reconnaît la présence de l'homme à ses ouvrages. Si vous abordez une terre inconnue, fût-elle un désert, et que vous y découvriez le moindre vestige de travaux humains, vous en concluez que des hommes habitent ou ont habité cette contrée. L'existence des hommes antédiluviens ne se prouverait pas seulement par des fossiles humains, mais aussi, et avec autant de certitude, par la présence, dans les terrains de cette époque, d'objets travaillés par les hommes ; un fragment de vase, une pierre taillée, une arme, une brique, suffiront pour attester leur présence. A la grossièreté ou à la perfection du travail on reconnaîtra le degré d'intelligence et d'avancement de ceux qui l'ont accompli. Si

donc, vous trouvant dans un pays habité exclusivement par des sauvages, vous découvriez une statue digne de Phidias, vous n'hésiteriez pas à dire que des sauvages étant incapables de l'avoir faite, elle doit être l'œuvre d'une intelligence supérieure à celle des sauvages.

5. — Eh bien ! en jetant les yeux autour de soi, sur les œuvres de la nature, en observant la prévoyance, la sagesse, l'harmonie qui président à toutes, on reconnaît qu'il n'en est aucune qui ne dépasse la plus haute portée de l'intelligence humaine, puisque le plus grand génie de la terre ne saurait créer le moindre brin d'herbe. Dès lors que l'intelligence humaine ne peut les produire, c'est qu'elles sont le produit d'une intelligence supérieure à l'humanité. Cette harmonie et cette sagesse s'étendant depuis le grain de sable et le ciron jusqu'aux astres innombrables qui circulent dans l'espace, il en faut conclure que cette intelligence embrasse l'infini, à moins de dire qu'il y a des effets sans cause.

6. — A cela quelques-uns opposent le raisonnement suivant :

Les œuvres dites de la nature sont le produit de forces matérielles qui agissent mécaniquement, par suite des lois d'attraction et de répulsion ; les molécules des corps inertes s'agrègent et se désagrègent sous l'empire de ces lois. Les plantes naissent, poussent, croissent et se multiplient toujours de la même manière, chacune dans son espèce, en vertu de ces mêmes lois ; chaque sujet est semblable à celui d'où il est sorti ; la croissance, la floraison, la fructification, la coloration sont subordonnées à des causes matérielles, telles que la chaleur, l'électricité, la lumière, l'humidité, etc. Il en est de même des animaux. Les astres se forment par l'attraction moléculaire, et se meuvent perpétuellement dans leurs orbites par l'effet de la gravitation. Cette régularité mécanique dans l'emploi des forces naturelles n'accuse point une intelligence libre. L'homme remue son bras quand il veut et comme il veut, mais celui qui le remuerait dans le même sens depuis sa naissance jusqu'à sa mort, serait un automate; or les forces organiques de la nature, considérées dans leur ensemble, sont en quelque sorte automatiques.

Tout cela est vrai; mais ces forces sont des effets qui doivent avoir une cause, et nul n'a prétendu qu'elles constituent la divinité. Elles sont matérielles et mécaniques; elles ne sont point intelligentes par elles-mêmes, cela est encore vrai; mais elles sont mises en œuvre, distribuées, appropriées pour les besoins de chaque chose par une intelligence qui n'est point celle des hommes. L'utile appropriation de ces forces est un effet intelligent qui dénote une cause intelligente. Une pendule se meut avec une régularité automatique, et c'est cette régularité qui en fait le mérite. La force qui la fait agir est toute matérielle et nullement intelligente; mais que serait cette pendule si une intelligence n'avait combiné, calculé, distribué l'emploi de cette force pour la faire marcher avec précision? De ce que l'intelligence n'est pas dans le mécanisme de la pendule, et de ce qu'on ne la voit pas, serait-il rationnel de conclure qu'elle n'existe pas? On la juge à ses effets.

L'existence de l'horloge atteste l'existence de l'horloger; l'ingéniosité du mécanisme atteste l'intelligence et le savoir de l'horloger. Quand on voit une de ces pendules compliquées qui marquent l'heure des principales villes du monde, le mouvement des astres, qui jouent des airs, qui semblent, en un mot, vous parler pour vous donner à point nommé le renseignement dont vous avez besoin, est-il jamais venu à la pensée de quelqu'un de dire : Voilà une pendule bien intelligente ?

Ainsi en est-il du mécanisme de l'univers ; Dieu ne se montre pas, mais il s'affirme par ses œuvres.

7. — L'existence de Dieu est donc un fait acquis, non-seulement par la révélation, mais par l'évidence matérielle des faits. Les peuples les plus sauvages n'ont pas eu de révélation, et cependant ils croient instinctivement à l'existence d'une puissance surhumaine ; c'est que les sauvages eux-mêmes n'échappent pas aux conséquences logiques ; ils voient des choses qui sont au-dessus du pouvoir humain, et ils en concluent qu'elles proviennent d'un être supérieur à l'humanité.

DE LA NATURE DIVINE

8. — Il n'est pas donné à l'homme de sonder la nature intime de Dieu. Téméraire serait celui qui prétendrait lever le voile qui le dérobe à notre vue ; il nous manque *encore* le sens qui ne s'acquiert que par la complète épuration de l'Esprit. Mais s'il ne peut pénétrer son essence, son existence étant donnée comme prémisses, il peut, par le raisonnement, arriver à la connaissance de ses attributs nécessaires ; car, en voyant ce qu'il ne peut pas ne pas être sans cesser d'être Dieu, il en conclut ce qu'il doit être.

Sans la connaissance des attributs de Dieu, il serait impossible de comprendre l'œuvre de la création ; c'est le point de départ de toutes les croyances religieuses, et c'est faute de s'y être reportées comme au phare qui pouvait les diriger, que la plupart des religions ont erré dans leurs dogmes. Celles qui n'ont pas attribué à Dieu la toute-puissance ont imaginé plusieurs dieux ; celles qui ne lui ont pas attribué la souveraine bonté en ont fait un Dieu jaloux, colère, partial et vindicatif.

9. — *Dieu est la suprême et souveraine intelligence*. L'intelligence de l'homme est bornée, puisqu'il ne peut ni faire ni comprendre tout ce qui existe ; celle de Dieu, embrassant l'infini, doit être infinie. Si on la supposait bornée sur un point quelconque, on pourrait concevoir un être encore plus intelligent, capable de comprendre et de faire ce que l'autre ne ferait pas, et ainsi de suite jusqu'à l'infini.

10. — *Dieu est éternel*, c'est-à-dire qu'il n'a point eu de commencement et n'aura point de fin. S'il avait eu un commencement, c'est qu'il serait sorti du néant ; or le néant n'étant rien, ne peut rien produire ; ou bien il aurait été créé par un autre être antérieur, et alors c'est cet être qui serait Dieu. Si on lui supposait un commencement ou une fin, on pourrait donc concevoir un être ayant existé avant lui, ou pouvant exister après lui, et ainsi de suite jusqu'à l'infini.

11. — *Dieu est immuable*. S'il était sujet à des changements, les lois qui régissent l'univers n'auraient aucune stabilité.

12. — *Dieu est immatériel ;* c'est-à-dire que sa nature diffère de tout ce que nous appelons matière ; autrement il ne serait pas immuable, car il serait sujet aux transformations de la matière.

Dieu n'a pas de forme appréciable à nos sens ; sans cela il serait matière. Nous disons : la main de Dieu, l'œil de Dieu, la bouche de Dieu, parce que l'homme ne connaissant que lui, il se prend pour terme de comparaison de tout ce qu'il ne comprend pas. Ces images où l'on représente Dieu sous la figure d'un vieillard à longue barbe, couvert d'un manteau, sont ridicules; elles ont l'inconvénient de rabaisser l'être suprême aux mesquines proportions de l'humanité; de là à lui prêter les passions de l'humanité, à en faire un Dieu colère et jaloux, il n'y a qu'un pas.

13. — *Dieu est tout-puissant*. S'il n'avait pas la suprême puissance, on pourrait concevoir un être plus puissant, et ainsi de suite jusqu'à ce qu'on trouvât l'être qu'aucun autre ne pourrait surpasser en puissance, et c'est celui-là qui serait Dieu. Il n'aurait pas fait toutes choses, et celles qu'il n'aurait pas faites seraient l'œuvre d'un autre dieu.

14. — *Dieu est souverainement juste et bon*. La sagesse providentielle des lois divines se révèle dans les plus petites choses comme dans les plus grandes, et cette sagesse ne permet de douter ni de sa justice ni de sa bonté. Ces deux qualités impliquent toutes les autres; si on les supposait bornées, ne fût-ce que sur un point, on pourrait concevoir un être qui les posséderait à un plus haut degré, et qui lui serait supérieur.

L'infini d'une qualité exclut la possibilité de l'existence d'une qualité contraire qui l'amoindrirait ou l'annulerait. Un être *infiniment bon* ne saurait avoir la plus petite parcelle de méchanceté, ni l'être *infiniment mauvais* avoir la plus petite parcelle de bonté; de même qu'un objet ne saurait être d'un noir absolu avec la plus légère nuance de blanc, ni d'un blanc absolu avec la plus petite tache de noir.

Dieu ne saurait donc être à la fois bon et mauvais, car

alors, ne possédant ni l'une ni l'autre de ces qualités au suprême degré, il ne serait pas Dieu; toutes choses seraient soumises au caprice, et il n'y aurait de stabilité pour rien. Il ne pourrait donc être qu'infiniment bon ou infiniment mauvais; s'il était infiniment mauvais, il ne ferait rien de bon; or, comme ses œuvres témoignent de sa sagesse, de sa bonté et de sa sollicitude, il en faut conclure que, ne pouvant être à la fois bon et mauvais sans cesser d'être Dieu, il doit être infiniment bon.

La souveraine bonté implique la souveraine justice; car s'il agissait injustement ou avec partialité dans *une seule circonstance*, ou à l'égard *d'une seule de ses créatures*, il ne serait pas souverainement juste, et par conséquent ne serait pas souverainement *bon*.

15. — *Dieu est infiniment parfait*. Il est impossible de concevoir Dieu sans l'infini des perfections, sans quoi il ne serait pas Dieu, car on pourrait toujours concevoir un être possédant ce qui lui manquerait. Pour qu'aucun être ne puisse le surpasser, il faut qu'il soit infini en tout.

Les attributs de Dieu étant infinis, ne sont susceptibles ni d'augmentation ni de diminution, sans cela ils ne seraient pas infinis, et Dieu ne serait pas parfait. Si l'on ôtait la plus petite parcelle d'un seul de ses attributs, on n'aurait plus Dieu, puisqu'il pourrait exister un être plus parfait.

16. — *Dieu est unique*. L'unité de Dieu est la conséquence de l'infini absolu des perfections. Un autre Dieu ne pourrait exister qu'à la condition d'être également infini en toutes choses; car s'il y avait entre eux la plus légère différence, l'un serait inférieur à l'autre, subordonné à sa puissance, et ne serait pas Dieu. S'il y avait entre eux égalité absolue, ce serait de toute éternité une

même pensée, une même volonté, une même puissance; ainsi confondus dans leur identité, ce ne serait en réalité qu'un seul Dieu. S'ils avaient chacun des attributions spéciales, l'un ferait ce que l'autre ne ferait pas, et alors il n'y aurait pas entre eux égalité parfaite, puisque ni l'un ni l'autre n'aurait la souveraine autorité.

17. — C'est l'ignorance du principe de l'infini des perfections de Dieu qui a engendré le polythéisme, culte de tous les peuples primitifs; ils ont attribué la divinité à toute puissance qui leur a semblé au-dessus de l'humanité; plus tard, la raison les a conduits à confondre ces diverses puissances en une seule. Puis, à mesure que les hommes ont compris l'essence des attributs divins, ils ont retranché de leurs symboles les croyances qui en étaient la négation.

18. — En résumé, Dieu ne peut être Dieu qu'à la condition de n'être surpassé en rien par un autre être; car alors l'être qui le surpasserait en quoi que ce soit, ne fût-ce que de l'épaisseur d'un cheveu, serait le véritable Dieu; pour cela, il faut qu'il soit infini en toutes choses.

C'est ainsi que l'existence de Dieu étant constatée par le fait de ses œuvres, on arrive, par la simple déduction logique, à déterminer les attributs qui le caractérisent.

19. — Dieu est donc *la suprême et souveraine intelligence; il est unique, éternel, immuable, immatériel, tout-puissant, souverainement juste et bon, infini dans toutes ses perfections*, et ne peut être autre chose.

Tel est le pivot sur lequel repose l'édifice universel; c'est le phare dont les rayons s'étendent sur l'univers entier, et qui seul peut guider l'homme dans la recherche de la vérité; en le suivant, il ne s'égarera jamais, et s'il s'est si souvent fourvoyé, c'est faute d'avoir suivi la route qui lui était indiquée.

Tel est aussi le critérium infaillible de toutes les doctrines philosophiques et religieuses ; l'homme a pour les juger une mesure rigoureusement exacte dans les attributs de Dieu, et il peut se dire avec certitude que toute théorie, tout principe, tout dogme, toute croyance, toute pratique qui serait en contradiction avec *un seul* de ces attributs, qui tendrait non-seulement à l'annuler, mais simplement à l'affaiblir, ne peut être dans la vérité.

En philosophie, en psychologie, en morale, en religion, il n'y a de vrai que ce qui ne s'écarte pas d'un iota des qualités essentielles de la divinité. La religion parfaite serait celle dont aucun article de foi ne serait en opposition avec ces qualités, dont tous les dogmes pourraient subir l'épreuve de ce contrôle, sans en recevoir aucune atteinte.

LA PROVIDENCE

20. — La providence est la sollicitude de Dieu pour toutes ses créatures. Dieu est partout, il voit tout, il préside à tout, même aux plus petites choses ; c'est en cela que consiste l'action providentielle.

« Comment Dieu si grand, si puissant, si supérieur à tout, peut-il s'immiscer dans des détails infimes, se préoccuper des moindres actes et des moindres pensées de chaque individu ? Telle est la question que se pose l'incrédulité, d'où elle conclut qu'en admettant l'existence de Dieu, son action ne doit s'étendre que sur les lois générales de l'univers ; que l'univers fonctionne de toute éternité en vertu de ces lois auxquelles chaque créature est

58   CHAPITRE II

soumise dans sa sphère d'activité, sans qu'il soit besoin du concours incessant de la providence. »

21. — Dans leur état actuel d'infériorité, les hommes ne peuvent que difficilement comprendre Dieu infini, parce qu'ils sont eux-mêmes bornés et limités, c'est pourquoi ils se le figurent borné et limité comme eux; ils se le représentent comme un être circonscrit, et en font une image à leur image. Nos tableaux qui le peignent sous des traits humains ne contribuent pas peu à entretenir cette erreur dans l'esprit des masses qui adorent en lui la forme plus que la pensée. C'est pour le plus grand nombre un souverain puissant, sur un *trône* inaccessible, perdu dans l'immensité des cieux, et parce que leurs facultés et leurs perceptions sont bornées, ils ne comprennent pas que Dieu puisse ou daigne intervenir directement dans les petites choses.

22. — Dans l'impuissance où est l'homme de comprendre l'essence même de la divinité, il ne peut s'en faire qu'une idée approximative à l'aide de comparaisons nécessairement très imparfaites, mais qui peuvent du moins lui montrer la possibilité de ce qui, au premier abord, lui semble impossible.

Supposons un fluide assez subtile pour pénétrer tous les corps, il est évident que chaque molécule de ce fluide se trouvant en contact avec chaque molécule de la matière, produira sur le corps une action identique à celle que produirait la totalité du fluide. C'est ce que la chimie démontre tous les jours dans des proportions limitées.

Ce fluide étant inintelligent agit mécaniquement par les seules forces matérielles ; mais si nous supposons ce fluide doué d'intelligence, de facultés perceptives et sensitives, il agira, non plus aveuglément, mais avec discernement, avec volonté et liberté ; il verra, entendra et sentira.

Les propriétés du fluide périsprital peuvent nous en donner une idée. Il n'est point intelligent par lui-même puisqu'il est matière, mais il est le véhicule de la pensée, des sensations et des perceptions de l'Esprit ; c'est par suite de la subtilité de ce fluide que les Esprits pénètrent partout, qu'ils scrutent nos pensées les plus intimes, qu'ils voient et agissent à distance ; c'est à ce fluide arrivé à un certain degré d'épuration, que les Esprits supérieurs doivent le don d'ubiquité ; il suffit d'un rayon de leur pensée dirigé sur divers points, pour qu'ils puissent y manifester leur présence simultanément. L'extension de cette faculté est subordonnée au degré d'élévation et d'épuration de l'Esprit. C'est encore à l'aide de ce fluide que l'homme lui-même agit à distance, par la puissance de la volonté, sur certains individus ; qu'il modifie dans certaines limites les propriétés de la matière, donne à des substances inactives des propriétés déterminées, répare des désordres organiques, et opère des guérisons par l'imposition des mains.

23. — Mais les Esprits, quelque élevés qu'ils soient, sont des créatures bornées dans leurs facultés, leur puissance, et l'étendue de leurs perceptions, et ne sauraient, sous ce rapport, approcher de Dieu. Cependant ils peuvent nous servir de point de comparaison. Ce que l'Esprit ne peut accomplir que dans une limite restreinte, Dieu, qui est infini, l'accomplit dans des proportions indéfinies. Il y a encore cette différence que l'action de l'Esprit est momentanée et subordonnée aux circonstances : celle de Dieu est permanente ; la pensée de l'Esprit n'embrasse qu'un temps et un espace circonscrits : celle de Dieu em-

brasse l'univers et l'éternité. En un mot, entre les Esprits et Dieu, il y a la distance du fini à l'infini.

24. — Le fluide périsprital n'est pas la pensée de l'Esprit, mais l'agent et l'intermédiaire de cette pensée ; comme c'est lui qui la transmet, il en est en quelque sorte *imprégné*, et dans l'impossibilité où nous sommes de l'isoler, elle semble ne faire qu'un avec le fluide, comme le son semble ne faire qu'un avec l'air, de sorte que nous pouvons, pour ainsi dire, la matérialiser. De même que nous disons que l'air devient sonore, nous pourrions, en prenant l'effet pour la cause, dire que le fluide devient intelligent.

25. — Qu'il en soit ou non ainsi de la pensée de Dieu, c'est-à-dire qu'elle agisse directement ou par l'intermédiaire d'un fluide, pour la facilité de notre intelligence, représentons-nous-la sous la forme concrète d'un fluide intelligent remplissant l'univers infini, pénétrant toutes les parties de la création : *la nature entière est plongée dans le fluide divin*; or, en vertu du principe que les parties d'un tout sont de même nature, et ont les mêmes propriétés que le tout, chaque atome de ce fluide, si l'on peut s'exprimer ainsi, possédant la pensée, c'est-à-dire les attributs essentiels de la divinité, et ce fluide étant partout, tout est soumis à son action intelligente, à sa prévoyance, à sa sollicitude; pas un être, quelque infime qu'il soit, qui n'en soit en quelque sorte saturé. Nous sommes ainsi constamment en présence de la divinité ; il n'est pas une seule de nos actions que nous puissions soustraire à son regard; notre pensée est en contact incessant avec sa pensée, et c'est avec raison qu'on dit que Dieu lit dans les plus profonds replis de notre cœur; *Nous sommes en lui, comme il est en nous*, selon la parole du Christ.

Pour étendre sa sollicitude sur toutes ses créatures,

Dieu n'a donc pas besoin de plonger son regard du haut de l'immensité; nos prières, pour être entendues de lui, n'ont pas besoin de franchir l'espace, ni d'être dites d'une voix retentissante, car, sans cesse à nos côtés, nos pensées se répercutent en lui. Nos pensées sont comme les sons d'une cloche qui font vibrer toutes les molécules de l'air ambiant.

26. — Loin de nous la pensée de matérialiser la divinité; l'image d'un fluide intelligent universel n'est évidemment qu'une comparaison, mais propre à donner une idée plus juste de Dieu que les tableaux qui le représentent sous une figure humaine; elle n'a pour objet que de faire comprendre la possibilité pour Dieu d'être partout et de s'occuper de tout.

27. — Nous avons incessamment sous les yeux un exemple qui peut nous donner une idée de la manière dont l'action de Dieu peut s'exercer sur les parties les plus intimes de tous les êtres, et par conséquent comment les impressions les plus subtiles de notre âme arrivent à lui. Il est tiré d'une instruction donnée par un Esprit à ce sujet.

« L'un des attributs de la divinité est l'infinité; on ne peut se représenter le Créateur comme ayant une forme, une limite, une borne quelconque. S'il n'était pas infini, on pourrait concevoir quelque chose de plus grand que lui et ce serait ce quelque chose qui serait Dieu. — Etant infini, Dieu est partout, car, s'il n'était pas partout, il ne serait pas infini; on ne peut sortir de ce dilemme. Donc, s'il y a un Dieu, et cela ne fait de doute pour personne, ce Dieu est infini et l'on ne peut concevoir d'étendue qu'il n'occupe point. Il se trouve par conséquent en contact avec toutes ses créations; il les enveloppe,

CHAPITRE II

elles sont dans lui; il est donc compréhensible qu'il soit en rapport direct avec chaque créature, et, pour vous faire comprendre aussi matériellement que possible de quelle manière cette communication a lieu universellement et constamment, examinons ce qui se passe chez l'homme entre son Esprit et son corps.

« L'homme est un petit monde dont le directeur est l'Esprit et dont le principe dirigé est le corps. Dans cet univers, le corps représentera une création dont l'Esprit serait Dieu. (Vous comprenez qu'il ne peut y avoir ici qu'une question d'analogie et non d'identité.) Les membres de ce corps, les différents organes qui le composent, ses muscles, ses nerfs, ses articulations, sont autant d'individualités matérielles, si l'on peut dire, localisées dans un endroit spécial du corps; bien que le nombre de ces parties constitutives si variées et si différentes de nature, soit considérable, il n'est cependant douteux pour personne qu'il ne peut se produire de mouvements, qu'une impression quelconque ne peut avoir lieu dans un endroit particulier, sans que l'Esprit en ait conscience. Y a-t-il des sensations diverses en plusieurs endroits simultanés? L'Esprit les ressent toutes, les discerne, les analyse, assigne à chacune sa cause et son lieu d'action.

« Un phénomène analogue a lieu entre la création et Dieu. Dieu est partout dans la nature, comme l'Esprit est partout dans le corps; tous les éléments de la création sont en rapport constant avec lui, comme toutes les cellules du corps humain sont en contact immédiat avec l'être spirituel; il n'y a donc point de raison pour que des phénomènes de même ordre ne se produisent pas de la même manière, dans l'un et l'autre cas.

« Un membre s'agite : l'Esprit le sent; une créature

pense : Dieu le sait. Tous les membres sont en mouvement, les différents organes sont mis en vibration : l'Esprit ressent chaque manifestation, les distingue et les localise. Les différentes créations, les différentes créatures, s'agitent, pensent, agissent diversement, et Dieu sait tout ce qui se passe, assigne à chacun ce qui lui est particulier.

« On peut en déduire également la solidarité de la matière et de l'intelligence, la solidarité de tous les êtres d'un monde entre eux, celle de tous les mondes, et celle enfin des créations et du Créateur. » (QUINEMANT. *Société de Paris*, 1867.)

28. — Nous comprenons l'effet, c'est déjà beaucoup; de l'effet nous remontons à la cause, et nous jugeons de sa grandeur par la grandeur de l'effet; mais son essence intime nous échappe, comme celle de la cause d'une foule de phénomènes. Nous connaissons les effets de l'électricité, de la chaleur, de la lumière, de la gravitation; nous les calculons, et cependant nous ignorons la nature intime du principe qui les produit. Est-il donc plus rationnel de nier le principe divin, parce que nous ne le comprenons pas?

29. — Rien n'empêche d'admettre pour le principe de souveraine intelligence, un centre d'action, un foyer principal rayonnant sans cesse, inondant l'univers de ses effluves comme le soleil de sa lumière. Mais où est ce foyer? C'est ce que nul ne peut dire. Il est probable qu'il n'est pas plus fixé sur un point déterminé que ne l'est son action, et qu'il parcourt incessamment les régions de l'espace sans bornes. Si de simples Esprits ont le don d'ubiquité, cette faculté, en Dieu, doit être sans limite. Dieu remplissant l'univers, on pourrait encore

CHAPITRE II

admettre, à titre d'hypothèse, que ce foyer n'a pas besoin de se transporter, et qu'il se forme sur tous les points où la souveraine volonté juge à propos de se produire, d'où l'on pourrait dire qu'il est partout et nulle part.

30. — Devant ces problèmes insondables, notre raison doit s'humilier. Dieu existe : nous n'en saurions douter; il est infiniment juste et bon : c'est son essence; sa sollicitude s'étend à tout : nous le comprenons; il ne peut donc vouloir que notre bien, c'est pourquoi nous devons avoir confiance en lui. Voilà l'essentiel; pour le surplus, attendons que nous soyons dignes de le comprendre.

LA VUE DE DIEU

31. — Puisque Dieu est partout, pourquoi ne le voyons-nous pas? Le verrons-nous en quittant la terre? Telles sont les questions qu'on se pose journellement.

La première est facile à résoudre; nos organes matériels ont des perceptions bornées qui les rendent impropres à la vue de certaines choses, même matérielles. C'est ainsi que certains fluides échappent totalement à notre vue et à nos instruments d'analyse, et pourtant nous ne doutons pas de leur existence. Nous voyons les effets de la peste, et nous ne voyons pas le fluide qui la transporte; nous voyons les corps se mouvoir sous l'influence de la force de gravitation, et nous ne voyons pas cette force.

32. — Les choses d'essence spirituelle ne peuvent être perçues par des organes matériels; ce n'est que par la vue spirituelle que nous pouvons voir les Esprits et les choses du monde immatériel; notre âme seule peut donc avoir la perception de Dieu. Le voit-elle immédiatement

après la mort? C'est ce que les communications d'outre-tombe peuvent seules nous apprendre. Par elles nous savons que la vue de Dieu n'est le privilége que des âmes les plus épurées, et qu'ainsi bien peu possèdent, en quittant leur enveloppe terrestre, le degré de dématérialisation nécessaire. Quelques comparaisons vulgaires le feront aisément comprendre.

33. — Celui qui est au fond d'une vallée environnée d'une brume épaisse, ne voit pas le soleil; cependant, comme nous l'avons dit plus haut, à la lumière diffuse il juge de la présence du soleil. S'il gravit la montagne, à mesure qu'il s'élève, le brouillard s'éclaircit, la lumière devient de plus en plus vive, mais il ne voit pas encore le soleil; quand il commence à l'apercevoir, il est encore voilé, car la moindre vapeur suffit pour en affaiblir l'éclat. Ce n'est qu'après s'être complétement élevé au-dessus de la couche brumeuse, que se trouvant dans un air parfaitement pur, il le voit dans toute sa splendeur.

Il en est de même de celui dont la tête serait enveloppée de plusieurs voiles; d'abord il ne voit rien du tout; à chaque voile qu'on enlève il distingue une lueur de plus en plus claire; ce n'est que lorsque le dernier voile a disparu qu'il perçoit nettement les choses.

Il en est encore de même d'une liqueur chargée de matières étrangères; elle est trouble d'abord ; à chaque distillation sa transparence augmente, jusqu'a ce qu'étant complétement épurée, elle acquiert une limpidité parfaite et ne présente aucun obstacle à la vue.

Ainsi en est-il de l'âme. L'enveloppe périspritale, bien qu'invisible et impalpable pour nous, est pour elle une véritable matière, trop grossière encore pour certaines perceptions. Cette enveloppe se spiritualise à mesure que

4.

CHAPITRE II

l'âme s'élève en moralité. Les imperfections de l'âme sont comme des voiles qui obscurcissent sa vue; chaque imperfection dont elle se défait est un voile de moins, mais ce n'est qu'après s'être complétement épurée qu'elle jouit de la plénitude de ses facultés.

34. — Dieu étant l'essence divine par excellence, ne peut être perçu dans tout son éclat que par les Esprits arrivés au plus haut degré de dématérialisation. Si les Esprits imparfaits ne le voient pas, ce n'est pas qu'ils en soient plus éloignés que les autres; comme eux, comme tous les êtres de la nature, ils sont plongés dans le fluide divin, comme nous le sommes dans la lumière; seulement leurs imperfections sont des voiles qui le dérobent à leur vue; quand le brouillard sera dissipé, ils le verront resplendir; pour cela ils n'auront besoin ni de monter, ni d'aller le chercher dans les profondeurs de l'infini; la vue spirituelle étant débarrassée des taies morales qui l'obscurcissaient, ils le verront en quelque lieu qu'ils se trouvent, fût-ce même sur la terre, car il est partout.

35. — L'Esprit ne s'épure qu'à la longue, et les différentes incarnations sont les alambics au fond desquels il laisse à chaque fois quelques impuretés. En quittant son enveloppe corporelle, ils ne se dépouille pas instantanément de ses imperfections; c'est pourquoi il en est qui, après la mort, ne voient pas plus Dieu que de leur vivant; mais à mesure qu'ils s'épurent ils en ont une intuition plus distincte; s'ils ne le voient pas, ils le comprennent mieux : la lumière est moins diffuse. Lors donc que des Esprits disent que Dieu leur défend de répondre à telle question, ce n'est pas que Dieu leur apparaisse, ou leur adresse la parole pour leur prescrire ou leur interdire telle ou telle chose, non; mais ils le sentent; ils

reçoivent les effluves de sa pensée, comme cela nous arrive à l'égard des Esprits qui nous enveloppent de leur fluide, quoique nous ne les voyions pas.

36. — Aucun homme ne peut donc voir Dieu avec les yeux de la chair. Si cette faveur était accordée à quelques-uns, ce ne serait qu'à l'état d'extase, alors que l'âme est autant dégagée des liens de la matière que cela est possible pendant l'incarnation. Un tel privilége ne serait d'ailleurs celui que des âmes d'élite, incarnées en mission et non en *expiation*. Mais comme les Esprits de l'ordre le plus élevé resplendissent d'un éclat éblouissant, il se peut que des Esprits moins élevés, incarnés ou désincarnés, frappés de la splendeur qui les entoure, aient cru voir Dieu lui-même. Tel on voit parfois un ministre pris pour son souverain.

37. — Sous quelle apparence Dieu se présente-t-il à ceux qui se sont rendus dignes de cette faveur ? Est-ce sous une forme quelconque ? sous une figure humaine, ou comme un foyer resplendissant de lumière ? C'est ce que le langage humain est impuissant à décrire, parce qu'il n'existe pour nous aucun point de comparaison qui puisse en donner une idée ; nous sommes comme des aveugles à qui l'on chercherait en vain à faire comprendre l'éclat soleil. Notre vocabulaire est borné à nos besoins et au cercle de nos idées ; celui des sauvages ne saurait dépeindre les merveilles de la civilisation ; celui des peuples les plus civilisés est trop pauvre pour décrire les splendeurs des cieux, notre intelligence trop bornée pour les comprendre, et notre vue trop faible en serait éblouie.

CHAPITRE III

Le bien et le mal.

Source du bien et du mal. — L'instinct et l'intelligence. — Destruction des êtres vivants les uns par les autres.

SOURCE DU BIEN ET DU MAL

1. — Dieu étant le principe de toutes choses, et ce principe étant toute sagesse, toute bonté, toute justice, tout ce qui en procède doit participer de ces attributs, car ce qui est infiniment sage, juste et bon, ne peut rien produire de déraisonnable, de mauvais et d'injuste. Le mal que nous observons ne doit donc pas avoir sa source en lui.

2. — Si le mal était dans les attributions d'un être spécial, qu'on l'appelle Arimane ou Satan, de deux choses l'une, ou cet être serait égal à Dieu et par conséquent aussi puissant, et de toute éternité comme lui, ou il lui serait inférieur.

Dans le premier cas, il y aurait deux puissances rivales, luttant sans cesse, chacune cherchant à défaire ce que fait l'autre, et se contrecarrant mutuellement. Cette hypothèse est inconciliable avec l'unité de vue qui se révèle dans l'ordonnance de l'univers.

Dans le second cas, cet être étant inférieur à Dieu lui serait subordonné; ne pouvant avoir été de toute éternité comme lui sans être son égal, il aurait eu un commen-

CHAPITRE III. — LE BIEN ET LE MAL

cement; s'il a été créé, il ne peut l'avoir été que par Dieu; Dieu aurait ainsi créé l'Esprit du mal, ce qui serait la négation de l'infinie bonté.

3. — Selon une doctrine, l'Esprit du mal, créé bon, serait devenu mauvais, et Dieu, pour le punir, l'aurait condamné à rester éternellement mauvais, et lui aurait donné pour mission de séduire les hommes pour les induire au mal; or une seule chute pouvant leur mériter les plus cruels châtiments pour l'éternité, sans espoir de pardon, il y aurait ici plus qu'un manque de bonté, mais une cruauté préméditée, car pour rendre la séduction plus facile et mieux cacher le piége, Satan serait autorisé à *se transformer en ange de lumière et à simuler les œuvres mêmes de Dieu jusqu'à s'y méprendre*. Il y aurait de plus iniquité et imprévoyance de la part de Dieu, car toute liberté étant laissée à Satan de sortir de l'empire des ténèbres et de se livrer aux plaisirs mondains pour y entraîner les hommes, le provocateur au mal serait moins puni que les victimes de ses ruses qui y tombent par faiblesse, puisqu'une fois dans le gouffre, celles-ci n'en peuvent plus sortir. Dieu leur refuse un verre d'eau pour étancher leur soif, et pendant toute l'éternité il entend, lui et ses anges, leurs gémissements sans se laisser émouvoir, tandis qu'il laisse Satan se donner toutes les jouissances qu'il désire.

De toutes les doctrines sur la théorie du mal, celle-ci est sans contredit la plus irrationnelle et la plus injurieuse pour la divinité. (Voir *Ciel et Enfer selon le Spiritisme*, ch. x, *les Démons*.)

4. — Cependant le mal existe et il a une cause.

Le mal est de plusieurs sortes. Il y a d'abord le mal physique et le mal moral, puis les maux que l'homme peut

70 CHAPITRE III.

éviter et ceux qui sont indépendants de sa volonté. Parmi ces derniers il faut placer les fléaux naturels.

L'homme, dont les facultés sont limitées, ne peut pénétrer ni embrasser l'ensemble des vues du Créateur; il juge les choses au point de vue de sa personnalité, des intérêts factices et de convention qu'il s'est créés, et qui ne sont point dans l'ordre de la nature; c'est pourquoi il trouve souvent mauvais et injuste ce qu'il trouverait juste et admirable s'il en voyait la cause, le but et le résultat définitif. En cherchant la raison d'être et l'utilité de chaque chose, il reconnaîtra que tout porte l'empreinte de la sagesse infinie, et il s'inclinera devant cette sagesse, même pour les choses qu'il ne comprendrait pas.

5. — L'homme a reçu en partage une intelligence à l'aide de laquelle il peut conjurer, ou tout au moins grandement atténuer les effets de tous les fléaux naturels; plus il acquiert de savoir et avance en civilisation, moins ces fléaux sont désastreux; avec une organisation sociale sagement prévoyante il pourra même en neutraliser les conséquences, lorsqu'ils ne pourront être évités entièrement. Ainsi, pour ces mêmes fléaux qui ont leur utilité dans l'ordre général de la nature et pour l'avenir, mais qui frappent dans le présent, Dieu a donné à l'homme, par les facultés dont il a doué son Esprit, les moyens d'en paralyser les effets.

C'est ainsi qu'il assainit les contrées insalubres, qu'il neutralise les miasmes pestiférés, qu'il fertilise les terres incultes et s'ingénie à les préserver des inondations; qu'il se construit des habitations plus saines, plus solides pour résister aux vents si nécessaires à l'épuration de l'atmosphère; qu'il se met à l'abri des intempéries; c'est ainsi enfin que, petit à petit, le besoin lui a fait créer les sciences, à l'aide desquelles il améliore les conditions d'habitabilité du globe, et augmente la somme de son bien-être.

L'homme devant progresser, les maux auxquels il est exposé sont un stimulant pour l'exercice de son intelligence, de toutes ses facultés physiques et morales, en l'invitant à la recherche des moyens de s'y soustraire. S'il n'avait rien à craindre, aucune nécessité ne le porterait à la recherche du mieux ; il s'engourdirait dans l'inactivité de son esprit ; il n'inventerait rien et ne découvrirait rien. *La douleur est l'aiguillon qui pousse l'homme en avant dans la voie du progrès.*

6. — Mais les maux les plus nombreux sont ceux que l'homme se crée par ses propres vices, ceux qui proviennent de son orgueil, de son égoïsme, de son ambition, de sa cupidité, de ses excès en toutes choses : là est la cause des guerres et des calamités qu'elles entraînent, des dissensions, des injustices, de l'oppression du faible par le fort, enfin de la plupart des maladies.

Dieu a établi des lois pleines de sagesse qui n'ont pour but que le bien ; l'homme trouve en lui-même tout ce qu'il faut pour les suivre ; sa route est tracée par sa conscience ; la loi divine est gravée dans son cœur ; et de plus Dieu les lui rappelle sans cesse par ses messies et ses prophètes, par tous les Esprits incarnés qui ont reçu mission de l'éclairer, de le moraliser, de l'améliorer, et en ces derniers temps par la multitude des Esprits désincarnés qui se manifestent de toutes parts. *Si l'homme se conformait rigoureusement aux lois divines, il n'est pas douteux qu'il éviterait les maux les plus cuisants et qu'il vivrait heureux sur la terre.* S'il ne le fait pas, c'est en vertu de son libre arbitre, et il en subit les conséquences.

CHAPITRE III

7. — Mais Dieu, plein de bonté, a placé le remède à côté du mal, c'est-à-dire que du mal même il fait sortir le bien. Il arrive un moment où l'excès du mal moral devient intolérable et fait éprouver à l'homme le besoin de changer de voie; instruit par l'expérience, il est poussé à chercher un remède dans le bien, toujours par un effet de son libre arbitre; lorsqu'il entre dans une route meilleure, c'est par le fait de sa volonté et parce qu'il a reconnu les inconvénients de l'autre route. La nécessité le contraint donc à s'améliorer moralement en vue d'être plus heureux, comme cette même nécessité l'a contraint d'améliorer les conditions matérielles de son existence.

On peut dire que *le mal est l'absence du bien, comme le froid est l'absence de la chaleur*. Le mal n'est pas plus un attribut distinct que le froid n'est un fluide spécial; l'un est le négatif de l'autre. Là où le bien n'existe pas, existe forcément le mal; ne pas faire le mal est déjà le commencement du bien. Dieu ne veut que le bien; de l'homme seul vient le mal. S'il y avait, dans la création, un être préposé au mal, l'homme ne pourrait l'éviter; mais l'homme ayant la cause du mal *en lui-même*, et ayant en même temps son libre arbitre et pour guide les lois divines, il l'évitera quand il voudra.

Prenons un fait vulgaire pour comparaison. Un propriétaire sait qu'à l'extrémité de son champ est un endroit dangereux où pourrait périr ou se blesser celui qui s'y aventurerait. Que fait-il pour prévenir les accidents? Il place près de l'endroit un avis portant défense d'aller plus loin pour cause de danger. Voilà la loi; elle est sage et prévoyante. Si, malgré cela, un imprudent n'en tient pas compte et passe outre, et s'il lui en

LE BIEN ET LE MAL

mésarrive, à qui peut-il s'en prendre si ce n'est à lui-même ?

Ainsi en est-il de tout mal. L'homme l'éviterait s'il observait les lois divines. Dieu, par exemple, a mis une limite à la satisfaction des besoins ; l'homme est averti par la satiété ; s'il outrepasse cette limite, il le fait volontairement. Les maladies, les infirmités, la mort qui peuvent en être la suite, sont donc son fait et non celui de Dieu.

8. — Le mal étant le résultat des imperfections de l'homme, et l'homme étant créé par Dieu, Dieu, dira-t-on, n'en a pas moins créé, sinon le mal, du moins la cause du mal ; s'il eût fait l'homme parfait, le mal n'existerait pas.

Si l'homme eût été créé parfait, il serait porté fatalement au bien ; or, en vertu de son libre arbitre, il n'est porté fatalement ni au bien ni au mal. Dieu a voulu qu'il fût soumis à la loi du progrès, et que ce progrès fût le fruit de son propre travail, afin qu'il en ait le mé[rite] de même qu'il porte la responsabilité du mal qui es[t] fait de sa volonté. La question est donc de savoir quel[le] est, en l'homme, la source de la propension au mal (1).

(1) L'erreur consiste à prétendre que l'âme serait sortie parfait[e] des mains du Créateur, alors que celui-ci, au contraire, a voul[u] que la perfection fût le résultat de l'épuration graduelle de l'Espri[t] et son œuvre propre. Dieu a voulu que l'âme, en vertu de son libre arbitre, pût opter entre le bien et le mal, et qu'elle arrivât à ses fins dernières par une vie militante et en résistant au mal. S'il eût fait l'âme parfaite comme lui, et que, sortant de ses mains, il l'eût associée à sa béatitude éternelle, il l'aurait faite non à son image, mais semblable à lui-même, ainsi que nous l'avons déjà dit. Connaissant toutes choses en vertu de son essence même et sans avoir rien appris, mue par un sentiment d'orgueil né de la conscience de ses divins attributs, elle aurait été entraînée à renier son origine, à méconnaître l'auteur de son existence, et se serait constituée en état de rébellion, de révolte envers son Créateur. »
(Bonnamy, juge d'instruction : *La Raison du Spiritisme*, ch. vi.)

74 CHAPITRE III

9. — Si l'on étudie toutes les passions, et même tous les vices, on voit qu'ils ont leur principe dans l'instinct de conservation. Cet instinct est dans toute sa force chez les animaux et chez les êtres primitifs qui se rapprochent le plus de l'animalité; il y domine seul, parce que, chez eux, il n'a pas encore pour contre-poids le sens moral; l'être n'est pas encore né à la vie intellectuelle. L'instinct s'affaiblit, au contraire, à mesure que l'intelligence se développe, parce que celle-ci domine la matière; avec l'intelligence raisonnée naît le libre arbitre dont l'homme use à son gré; alors pour lui seulement commence la responsabilité de ses actes.

10. — La destinée de l'Esprit est la vie spirituelle; mais dans les premières phases de son existence corporelle, il n'a que des besoins matériels à satisfaire, et à cette fin l'exercice des passions est une nécessité pour la conservation de l'espèce et des individus, matériellement parlant. Mais sorti de cette période, il a d'autres besoins, besoins d'abord semi-moraux et semi-matériels, puis exclusivement moraux. C'est alors que l'Esprit domine la matière; s'il en secoue le joug, il avance dans sa voie providentielle, il se rapproche de sa destinée finale. Si, au contraire, il se laisse dominer par elle, il s'attarde en s'assimilant à la brute. Dans cette situation, *ce qui était jadis un bien, parce que c'était une nécessité de sa nature, devient un mal, non-seulement parce que ce n'est plus une nécessité, mais parce que cela devient nuisible à la spiritualisation de l'être.* Le mal est ainsi relatif, et la responsabilité proportionnée au degré d'avancement.

Toutes les passions ont ainsi leur utilité providentielle, sans cela Dieu eût fait quelque chose d'inutile et de nuisible; c'est l'abus qui constitue le mal, et l'homme abuse

LE BIEN ET LE MAL

en vertu de son libre arbitre. Plus tard, éclairé par son propre intérêt, il choisit librement entre le bien et le mal.

L'INSTINCT ET L'INTELLIGENCE

11. — Qu'elle différence y a-t-il entre l'instinct et l'intelligence ? Où finit l'un et où commence l'autre ? L'instinct est-il une intelligence rudimentaire, ou bien une faculté distincte, un attribut exclusif de la matière ?

L'instinct est la force occulte qui sollicite les êtres organiques à des actes spontanés et involontaires, en vue de leur conservation. Dans les actes instinctifs, il n'y a ni réflexion, ni combinaison, ni préméditation. C'est ainsi que la plante cherche l'air, se tourne vers la lumière, dirige ses racines vers l'eau et la terre nourricière ; que la fleur s'ouvre et se referme alternativement selon le besoin ; que les plantes grimpantes s'enroulent autour de l'appui, ou s'accrochent avec leurs vrilles. C'est par l'instinct que les animaux sont avertis de ce qui leur est utile ou nuisible ; qu'ils se dirigent, selon les saisons, vers les climats propices ; qu'ils construisent, sans leçons préalables, avec plus ou moins d'art, selon les espèces, des couches moelleuses et des abris pour leur progéniture, des engins pour prendre au piége la proie dont ils se nourrissent ; qu'ils manient avec adresse les armes offensives et défensives dont ils sont pourvus ; que les sexes se rapprochent ; que la mère couve ses petits, et que ceux-ci cherchent le sein de la mère. Chez l'homme, l'instinct domine exclusivement au début de la vie ; c'est par l'instinct que l'enfant fait ses premiers mouvements, qu'il saisit sa nourriture, qu'il crie pour exprimer ses besoins, qu'il imite le son de la voix, qu'il s'essaye à parler et à marcher. Chez l'adulte même, certains actes sont instinctifs; tels sont les mouvements spontanés pour parer à un danger, pour se tirer d'un péril, pour maintenir l'équilibre; tels sont encore le clignotement des paupières pour tempérer l'éclat de la lumière, l'ouverture machinale de la bouche pour respirer, etc.

12. — *L'intelligence se révèle par des actes volontaires, réfléchis, prémédités, combinés, selon l'opportunité des circonstances.* C'est incontestablement un attribut exclusif de l'âme.

Tout acte machinal est instinctif; celui qui dénote la réflexion et la combinaison est intelligent; l'un est libre, l'autre ne l'est pas.

L'instinct est un guide sur, qui ne trompe jamais; l'intelligence, par cela seul qu'elle est libre, est parfois sujette à erreur.

Si l'acte instinctif n'a pas le caractère de l'acte intelligent, il révèle néanmoins une cause intelligente essentiellement prévoyante. Si l'on admet que l'instinct a sa source dans la matière, il faut admettre que la matière est intelligente, plus sûrement intelligente même et prévoyante que l'âme, puisque l'instinct ne se trompe pas, tandis que l'intelligence se trompe.

Si l'on considère l'instinct comme une intelligence rudimentaire, comment se fait-il qu'il soit, dans certains cas, supérieur à l'intelligence raisonnée ? Qu'il donne la possibilité d'exécuter des choses que celle-ci ne peut pas produire ?

S'il est l'attribut d'un principe spirituel spécial, que devient ce principe ? Puisque l'instinct s'efface, ce principe serait donc anéanti ? Si les animaux ne sont doués que de l'instinct, leur avenir est sans issue ; leurs souffrances n'ont aucune compensation. Ce ne serait conforme ni à la justice ni à la bonté de Dieu.

13. — Selon un autre système, l'instinct et l'intelligence auraient un seul et même principe ; arrivé à un certain degré de développement, ce principe, qui d'abord n'aurait eu que les qualités de l'instinct, subirait une transformation qui lui donnerait celles de l'intelligence libre ; il recevrait, en un mot, ce que l'on est convenu d'appeler l'étincelle divine. Cette transformation ne serait pas subite, mais graduelle, de telle sorte que, pendant une certaine période, il y aurait mélange des deux aptitudes, la première diminuant à mesure que la seconde augmente.

14. — Enfin, une dernière hypothèse qui, du reste, s'allie parfaitement à l'idée de l'unité de principe, ressort du caractère essentiellement prévoyant de l'instinct, et concorde avec ce que le Spiritisme nous enseigne, touchant les rapports du monde Spirituel et du monde corporel.

On sait maintenant que des Esprits désincarnés ont pour mission de veiller sur les incarnés, dont ils sont les protecteurs et les guides ; qu'ils les entourent de leurs effluves fluidiques ; que l'homme agit souvent d'une manière *inconsciente*, sous l'action de ces effluves.

On sait en outre que l'instinct, qui lui-même produit des actes inconscients, prédomine chez les enfants, et en général chez les êtres dont la raison est faible. Or, selon cette hypothèse, l'instinct ne serait un attribut ni de l'âme, ni de la matière; il n'appartiendrait point en propre à l'être vivant, mais il serait un *effet* de l'action directe des protecteurs invisibles qui suppléeraient à l'imperfection

CHAPITRE III

de l'intelligence, en provoquant eux-mêmes les actes inconscients nécessaires à la conservation de l'être. Ce serait comme la lisière à l'aide de laquelle on soutient l'enfant qui ne sait pas encore marcher. Mais de même qu'on supprime graduellement l'usage de la lisière à mesure que l'enfant se soutient seul, les Esprits protecteurs laissent à eux-mêmes leurs protégés à mesure que ceux-ci peuvent se guider par leur propre intelligence.

Ainsi l'instinct, loin d'être le produit d'une intelligence rudimentaire et incomplète, serait le fait d'une intelligence étrangère *dans la plénitude de sa force*, suppléant à l'insuffisance, soit d'une intelligence plus jeune, qu'elle pousserait à faire inconsciemment pour son bien ce que celle-ci est encore incapable de faire par elle-même, soit d'une intelligence mûre, mais momentanément entravée dans l'usage de ses facultés, ainsi que cela a lieu chez l'homme dans l'enfance, et dans les cas d'idiotie et d'affections mentales.

On dit proverbialement qu'il y a un Dieu pour les enfants, les fous et les ivrognes; ce dicton est plus vrai qu'on ne le croit; ce Dieu n'est autre que l'Esprit protecteur qui veille sur l'être incapable de se protéger par sa propre raison.

15. — Dans cet ordre d'idées, on peut aller plus loin. Cette théorie, quelque rationnelle qu'elle soit, ne résout pas toutes les difficultés de la question. Pour rechercher les causes, il faut étudier les effets, et de la nature des effets on peut conclure à la nature de la cause.

Si l'on observe les effets de l'instinct, on remarque tout d'abord une unité de vue et d'ensemble, une sûreté de résultats qui n'existent plus que dès que l'instinct est remplacé par l'intelligence libre; de plus, à l'appropriation si parfaite et si constante des facultés instinctives aux besoins de chaque espèce, on reconnaît une profonde sagesse. Cette unité de vues ne saurait exister sans l'unité de pensées, et par conséquent avec la multiplicité des causes agissantes. Or, par suite du progrès qu'accomplissent incessamment les intelligences individuelles, il y a entre elles une diversité d'aptitudes et de volontés incompatible avec cet ensemble si parfaitement harmonieux qui se produit depuis l'origine des temps et dans tous les climats, avec une régularité et une précision mathématiques, sans jamais faire défaut. Cette uniformité dans le résultat des facultés instinctives est un fait caractéristique qui implique forcément l'unité de la cause ; si cette cause était inhérente à chaque individualité, il y aurait autant de variétés d'instincts qu'il y a d'individus, depuis la plante jusqu'à l'homme. Un effet général, uniforme et constant, doit avoir une cause générale, uniforme et constante ; un effet qui accuse de la sagesse et de la prévoyance, doit avoir une cause sage et prévoyante.

Or, une cause sage et prévoyante étant nécessairement intelligente, ne peut être exclusivement matérielle.

Ne trouvant pas dans les créatures, incarnées ou désincarnées, les qualités nécessaires pour produire un tel résultat, il faut remonter plus haut, c'est-à-dire au Créateur lui-même. Si l'on se reporte à l'explication qui a été donnée sur la manière dont on peut concevoir l'action providentielle (chap. II, n° 25); si l'on se figure tous les êtres pénétrés du fluide divin, souverainement intelligent, on comprendra la sagesse prévoyante et l'unité de vues qui président à tous les mouvements instinctifs pour le bien de chaque individu. Cette sollicitude est d'autant plus active que l'individu a moins de ressources en lui-même et dans sa propre intelligence, c'est pourquoi elle se montre plus grande et plus absolue chez les animaux et les êtres inférieurs que chez l'homme.

D'après cette théorie on comprend que l'instinct soit un guide toujours sûr. L'instinct maternel, le plus noble de tous, que le matérialisme rabaisse au niveau des forces attractives de la matière, se trouve relevé et ennobli. En raison de ses conséquences, il ne fallait pas qu'il fût livré aux éventualités capricieuses de l'intelligence et du libre arbitre. *Par l'organe de la mère, Dieu veille lui-même sur ses créatures naissantes.*

16. — Cette théorie ne détruit nullement le rôle des Esprits protecteurs dont le concours est un fait acquis et prouvé par l'expérience ; mais il est à remarquer que l'action de ceux-ci est essentiellement individuelle ; qu'elle se modifie selon les qualités propres du protecteur et du protégé, et que nulle part elle n'a l'uniformité et la généralité de l'instinct. Dieu, dans sa sagesse, conduit lui-même les aveugles, mais il confie à des intelligences libres le soin de conduire les clairvoyants pour laisser à chacun la responsabilité de ses actes. La mission des Esprits protecteurs est un devoir qu'ils acceptent volontairement, et qui est pour eux un moyen d'avancement suivant la manière dont ils le remplissent.

17. — Toutes ces manières d'envisager l'instinct sont nécessairement hypothétiques, et aucune n'a un caractère suffisant d'authenticité pour être donnée comme solution définitive. La question sera certainement résolue un jour, lorsqu'on aura réuni les éléments d'observation qui manquent encore ; jusque-là il faut se borner à soumettre les opinions diverses au creuset de la raison

LE BIEN ET LE MAL

et de la logique, et attendre que la lumière se fasse ; la solution qui se rapproche le plus de la vérité, sera nécessairement celle qui correspond le mieux aux attributs de Dieu, c'est-à-dire à la souveraine bonté et à la souveraine justice. (Voir ch. II, n° 19.)

18. — L'instinct étant le guide, et les passions les ressorts des âmes dans la première période de leur développement, se confondent parfois dans leurs effets, et surtout dans le langage humain qui ne se prête pas toujours suffisamment à l'expression de toutes les nuances. Il y a cependant entre ces deux principes des différences qu'il est essentiel de considérer.

L'instinct est un guide sûr, toujours bon ; à un temps donné il peut devenir inutile, mais jamais nuisible ; il s'affaiblit par la prédominance de l'intelligence.

Les passions, dans les premiers âges de l'âme, ont cela de commun avec l'instinct, que les êtres y sont sollicités par une force également inconsciente. Elles naissent plus particulièrement des besoins du corps, et tiennent plus que l'instinct à l'organisme. Ce qui les distingue surtout de l'instinct, c'est qu'elles sont individuelles et ne produisent pas, comme ce dernier, des effets généraux et uniformes ; on les voit au contraire varier d'intensité et de nature selon les individus. Elles sont utiles, comme stimulant, jusqu'à l'éclosion du sens moral, qui, d'un être passif, fait un être de raison ; à ce moment elles deviennent, non plus seulement inutiles, mais nuisibles à l'avancement de l'Esprit dont elles retardent la dématérialisation ; elles s'affaiblissent avec le développement de la raison.

19. — L'homme qui n'agirait constamment que par l'instinct, pourrait être très bon, mais laisserait dormir

5.

son intelligence ; il serait comme l'enfant qui ne quitterait pas les lisières et ne saurait se servir de ses membres. Celui qui ne maîtrise pas ses passions, peut être très intelligent, mais en même temps très mauvais. *L'instinct s'annihile de lui-même ; les passions ne se domptent que par l'effort de la volonté.*

Tous les hommes ont passé par la filière des passions ; ceux qui n'en ont plus, qui ne sont, par nature, ni orgueilleux, ni ambitieux, ni égoïstes, ni haineux, ni vindicatifs, ni cruels, ni colères, ni sensuels, qui font le bien sans efforts, sans préméditation et pour ainsi dire involontairement, c'est qu'ils ont progressé dans la suite de leurs existences antérieures ; ils sont purgés de la gourme. C'est à tort qu'on dit qu'ils ont moins de mérite à faire le bien que ceux qui ont à lutter contre leurs tendances ; pour eux, la victoire est remportée ; pour les autres elle ne l'est pas encore, et quand elle le sera, ils seront comme les autres : à leur tour ils feront le bien sans y penser, comme des enfants qui lisent couramment sans plus avoir besoin d'épeler ; ce sont comme deux malades dont l'un est guéri et plein de force, tandis que l'autre n'est encore que convalescent et trébuche en marchant ; ce sont enfin comme deux coureurs dont l'un est plus près du but que l'autre.

DESTRUCTION DES ÊTRES VIVANTS LES UNS PAR LES AUTRES

20. — La destruction réciproque des êtres vivants est une des lois de la nature qui, au premier abord, semblent le moins se concilier avec la bonté de Dieu. On se demande pourquoi il leur a fait une nécessité de s'entre-

détruire pour se nourrir aux dépens les uns des autres.

Pour celui qui ne voit que la matière, qui borne sa vue à la vie présente, cela paraît en effet une imperfection dans l'œuvre divine; d'où cette conclusion qu'en tirent les incrédules, que Dieu n'étant pas parfait, il n'y a pas de Dieu. C'est qu'ils jugent la perfection de Dieu à leur point de vue; leur propre jugement est la mesure de sa sagesse, et ils pensent que Dieu ne saurait mieux faire que ce qu'ils feraient eux-mêmes. Leur courte vue ne leur permettant pas de juger l'ensemble, ils ne comprennent pas qu'un bien réel peut sortir d'un mal apparent. La connaissance du principe spirituel, considéré dans son essence véritable, et de la grande loi d'unité qui constitue l'harmonie de la création, peut seule donner à l'homme la clef de ce mystère, et lui montrer la sagesse providentielle et l'harmonie précisément là où il ne voyait qu'une anomalie et une contradiction. Il en est de cette vérité comme d'une foule d'autres; l'homme n'est apte à sonder certaines profondeurs que lorsque son Esprit est arrivé à un degré suffisant de maturité.

21. — La vraie vie, de l'animal aussi bien que de l'homme, n'est pas plus dans l'enveloppe corporelle qu'elle n'est dans l'habillement; elle est dans le principe intelligent qui préexiste et survit au corps. Ce principe a besoin du corps pour se développer par le travail qu'il doit accomplir sur la matière brute; le corps s'use dans ce travail, mais l'Esprit ne s'use pas, au contraire : il en sort à chaque fois plus fort, plus lucide et plus capable. Qu'importe donc que l'Esprit change plus ou moins souvent d'enveloppe! il n'en est pas moins Esprit; c'est absolument comme si un homme renouvelait cent fois son habillement dans l'année : il n'en serait pas moins le même homme.

CHAPITRE III

Par le spectacle incessant de la destruction, Dieu apprend aux hommes le peu de cas qu'ils doivent faire de l'enveloppe matérielle, et suscite en eux l'idée de la vie spirituelle en la leur faisant désirer comme une compensation.

Dieu, dira-t-on, ne pouvait-il arriver au même résultat par d'autres moyens, et sans astreindre les êtres vivants à s'entre-détruire ? Bien hardi celui qui prétendrait pénétrer les desseins de Dieu ! Si tout est sagesse dans son œuvre, nous devons supposer que cette sagesse ne doit pas plus faire défaut sur ce point que sur les autres ; si nous ne le comprenons pas, il faut nous en prendre à notre peu d'avancement. Toutefois, nous pouvons essayer d'en chercher la raison, en prenant pour boussole ce principe : *Dieu doit être infiniment juste et sage ;* cherchons donc en tout sa justice et sa sagesse, et inclinons-nous devant ce qui dépasse notre entendement.

22. — Une première utilité qui se présente de cette destruction, utilité purement physique, il est vrai, est celle-ci : les corps organiques ne s'entretiennent qu'à l'aide des matières organiques, ces matières contenant seules les éléments nutritifs nécessaires à leur transformation. Les corps, instruments d'action du principe intelligent, ayant besoin d'être incessamment renouvelés, la Providence les fait servir à leur entretien mutuel ; c'est pour cela que les êtres se nourrissent les uns des autres ; c'est alors que le corps se nourrit du corps, mais l'Esprit n'est ni anéanti, ni altéré ; il n'est que dépouillé de son enveloppe.

23. — Il est en outre des considérations morales d'un ordre plus élevé.

La lutte est nécessaire au développement de l'Esprit

c'est dans la lutte qu'il exerce ses facultés. Celui qui attaque pour avoir sa nourriture, et celui qui se défend pour conserver sa vie, font assaut de ruse et d'intelligence, et augmentent, par cela même, leurs forces intellectuelles. L'un des deux succombe; mais qu'est-ce que le plus fort ou le plus adroit a enlevé au plus faible en réalité? Son vêtement de chair, pas autre chose; l'Esprit, qui n'est pas mort, en reprendra un autre plus tard.

24. — Dans les êtres inférieurs de la création, dans ceux où le sens moral n'existe pas, où l'intelligence n'a pas encore remplacé l'instinct, la lutte ne saurait avoir pour mobile que la satisfaction d'un besoin matériel; or, un des besoins matériels les plus impérieux est celui de la nourriture; ils luttent donc uniquement pour vivre, c'est-à-dire pour prendre ou défendre une proie, car ils ne sauraient être stimulés par un mobile plus élevé. C'est dans cette première période que l'âme s'élabore et s'essaie à la vie. Lorsqu'elle a atteint le degré de maturité nécessaire pour sa transformation, elle reçoit de Dieu de nouvelles facultés: le libre arbitre et le sens moral, l'étincelle divine en un mot, qui donnent un nouveau cours à ses idées, la dotent de nouvelles aptitudes et de nouvelles perceptions.

Mais les nouvelles facultés morales dont elle est douée ne se développent que graduellement, car rien n'est brusque dans la nature; il y a une période de transition où l'homme se distingue à peine de la brute; dans les premiers âges, l'instinct animal domine, et la lutte a encore pour mobile la satisfaction des besoins matériels; plus tard l'instinct animal et le sentiment moral se contrebalancent; l'homme alors lutte, non plus pour se nourrir, mais pour satisfaire son ambition, son orgueil, le

86 CHAPITRE III — LE BIEN ET LE MAL

besoin de dominer : pour cela, il lui faut encore détruire. Mais à mesure que le sens moral prend le dessus, la sensibilité se développe, le besoin de la destruction diminue ; il finit même par s'effacer et par devenir odieux : l'homme a horreur du sang.

Cependant la lutte est toujours nécessaire au développement de l'Esprit, car même arrivé à ce point qui nous semble culminant, il est loin d'être parfait ; ce n'est qu'au prix de son activité qu'il acquiert des connaissances, de l'expérience, et qu'il se dépouille des derniers vestiges de l'animalité ; mais alors la lutte, de sanglante et brutale qu'elle était, devient purement intellectuelle ; l'homme lutte contre les difficultés et non plus contre ses semblables (1).

(1) Cette question se rattache à celle, non moins grave, des rapports de l'animalité et de l'humanité, qui sera traitée ultérieurement. Nous avons seulement voulu démontrer, par cette explication, que la destruction des êtres vivants les uns par les autres n'infirme en rien la sagesse divine, et que tout s'enchaîne dans les lois de la nature. Cet enchaînement est nécessairement rompu si l'on fait abstraction du principe spirituel ; c'est pourquoi tant de questions sont insolubles si l'on ne considère que la matière.

CHAPITRE IV

Rôle de la science dans la Genèse.

1. — L'histoire de l'origine de presque tous les anciens peuples se confond avec celle de leur religion; c'est pour cela que leurs premiers livres ont été des livres religieux; et comme toutes les religions se lient au principe des choses, qui est aussi celui de l'humanité, elles ont donné sur la formation et l'arrangement de l'univers, des explications en rapport avec l'état des connaissances du temps et de leurs fondateurs. Il en est résulté que les premiers livres sacrés ont été en même temps les premiers livres de science, comme ils ont été longtemps l'unique code des lois civiles.

2. — La religion était alors un frein puissant pour gouverner; les peuples se courbaient volontiers sous les puissances invisibles au nom desquelles on les subjuguait, et dont les gouvernants disaient tenir leur pouvoir, s'ils ne se donnaient pas pour les égaux de ces mêmes puissances.

Pour donner plus de force à la religion, il fallait la présenter comme absolue, infaillible et immuable, sans quoi elle eût perdu son ascendant sur des êtres presque bruts et naissant à peine à la raison. Il ne fallait pas qu'elle

CHAPITRE IV

Puisqu'il est impossible de concevoir la Genèse sans les données fournies par la science, on peut dire en toute vérité que : *c'est la science qui est appelée à constituer la véritable Genèse d'après les lois de la nature.*

5. — Au point où elle en est arrivée au dix-neuvième siècle, la science a-t-elle résolu toutes les difficultés du problème de la Genèse ?

Non, assurément; mais il est incontestable qu'elle en a détruit sans retour toutes les erreurs capitales, et qu'elle en a posé les fondements les plus essentiels sur des données irrécusables; les points encore incertains ne sont, à proprement parler, que des questions de détail, dont la solution, quelle qu'elle soit dans l'avenir, ne peut préjudicier à l'ensemble. D'ailleurs, malgré toutes les ressources dont elle a pu disposer, il lui a manqué jusqu'à ce jour un élément important sans lequel l'œuvre ne saurait jamais être complète.

6. — De toutes les Genèses antiques, celle qui se rapproche le plus des données scientifiques modernes, malgré les erreurs qu'elle renferme et qui sont aujourd'hui démontrées jusqu'à l'évidence, c'est incontestablement celle de Moïse. Quelques-unes de ces erreurs sont même plus apparentes que réelles, et proviennent, soit de la fausse interprétation de certains mots dont la signification primitive s'est perdue en passant de langue en langue par la traduction, ou dont l'acception a changé avec les mœurs des peuples, soit de la forme allégorique particulière au style oriental, et dont on a pris la lettre au lieu d'en chercher l'esprit.

7. — La Bible contient évidemment des faits que la raison développée par la science ne saurait accepter aujourd'hui, et d'autres qui semblent étranges et répu-

physique lui révélât les lois de la gravitation, de la chaleur, de la lumière et de l'électricité, la puissance de ces agents sur la nature entière et la cause des innombrables phénomènes qui en découlent; que la chimie lui enseignât les transformations de la matière, et la minéralogie les matières qui forment l'écorce du globe; que la géologie lui apprît à lire dans les couches terrestres la formation graduelle de ce même globe. La botanique, la zoologie, la paléontologie, l'anthropologie devaient l'initier à la filiation et à la succession des êtres organisés; avec l'archéologie il a pu suivre les traces de l'humanité à travers les âges; toutes les sciences, en un mot, se complétant les unes pa les autres, devaient apporter leur contingent indispensable pour la connaissance de l'histoire du monde ; à leur défaut l'homme n'avait pour guide que ses premières hypothèses.

Aussi, avant que l'homme ne fût en possession de ces éléments d'appréciation, tous les commentateurs de la Genèse, dont la raison se heurtait à des impossibilités matérielles, tournaient-ils dans un même cercle sans pouvoir en sortir; ils ne l'ont pu que lorsque la science a ouvert la voie, en faisant brèche dans le vieil édifice des croyances, et alors tout a changé d'aspect; une fois le fil conducteur trouvé, les difficultés se sont promptement aplanies; au lieu d'une Genèse imaginaire, on a eu une Genèse positive et en quelque sorte expérimentale; le champ de l'univers s'est étendu à l'infini; on a vu la terre et les astres se former graduellement selon des lois éternelles et immuables, qui témoignent bien mieux de la grandeur et de la sagesse de Dieu qu'une création miraculeuse sortie tout à coup du néant, comme un changement à vue, par une idée subite de la divinité après une éternité d'inaction.

CHAPITRE IV

Puisqu'il est impossible de concevoir la Genèse sans les données fournies par la science, on peut dire en toute vérité que : *c'est la science qui est appelée à constituer la véritable Genèse d'après les lois de la nature*.

5. — Au point où elle en est arrivée au dix-neuvième siècle, la science a-t-elle résolu toutes les difficultés du problème de la Genèse ?

Non, assurément; mais il est incontestable qu'elle en a détruit sans retour toutes les erreurs capitales, et qu'elle en a posé les fondements les plus essentiels sur des données irrécusables; les points encore incertains ne sont, à proprement parler, que des questions de détail, dont la solution, quelle qu'elle soit dans l'avenir, ne peut préjudicier à l'ensemble. D'ailleurs, malgré toutes les ressources dont elle a pu disposer, il lui a manqué jusqu'à ce jour un élément important sans lequel l'œuvre ne saurait jamais être complète.

6. — De toutes les Genèses antiques, celle qui se rapproche le plus des données scientifiques modernes, malgré les erreurs qu'elle renferme et qui sont aujourd'hui démontrées jusqu'à l'évidence, c'est incontestablement celle de Moïse. Quelques-unes de ces erreurs sont même plus apparentes que réelles, et proviennent, soit de la fausse interprétation de certains mots dont la signification primitive s'est perdue en passant de langue en langue par la traduction, ou dont l'acception a changé avec les mœurs des peuples, soit de la forme allégorique particulière au style oriental, et dont on a pris la lettre au lieu d'en chercher l'esprit.

7. — La Bible contient évidemment des faits que la raison développée par la science ne saurait accepter aujourd'hui, et d'autres qui semblent étranges et répu-

gnent, parce qu'ils se rattachent à des mœurs qui ne sont plus les nôtres. Mais à côté de cela, il y aurait de la partialité à ne pas reconnaître qu'elle renferme de grandes et belles choses. L'allégorie y tient une place considérable, et sous ce voile elle cache des vérités sublimes qui apparaissent si l'on cherche le fond de la pensée, car alors l'absurde disparaît.

Pourquoi donc n'a-t-on pas levé ce voile plus tôt? C'est, d'une part, le manque des lumières que la science et une saine philosophie pouvaient seules donner, et de l'autre, le principe de l'immutabilité absolue de la foi, conséquence d'un respect trop aveugle pour la lettre, sous lequel la raison devait s'incliner, et par suite la crainte de compromettre l'échafaudage de croyances bâti sur le sens littéral. Ces croyances partant d'un point primitif, on a craint que, si le premier anneau de la chaîne venait à se rompre, toutes les mailles du filet ne finissent par se séparer; c'est pourquoi on a fermé les yeux quand même; mais fermer les yeux sur le danger n'est pas l'éviter. Quand un bâtiment fléchit, n'est-il pas plus prudent de remplacer de suite les mauvaises pierres par de bonnes, plutôt que d'attendre, par respect pour la vieillesse de l'édifice, que le mal soit sans remède, et qu'il faille le reconstruire de fond en comble?

8. — La science, en portant ses investigations jusque dans les entrailles de la terre et les profondeurs des cieux, a donc démontré d'une manière irrécusable les erreurs de la Genèse mosaïque prise à la lettre, et l'impossibilité matérielle que les choses se soient passées ainsi qu'elles y sont textuellement rapportées; elle a, par cela même, porté une atteinte profonde à des croyances séculaires. La foi orthodoxe s'en est émue, parce qu'elle a cru voir

CHAPITRE IV

sa pierre d'assise enlevée; mais qui devait avoir raison : de la science marchant prudemment et progressivement sur le terrain solide des chiffres et de l'observation, sans rien affirmer avant d'avoir la preuve en main, ou d'une relation écrite à une époque où les moyens d'observation manquaient absolument? Qui doit l'emporter, en fin de compte, de celui qui dit que 2 et 2 font 5, et refuse de vérifier, ou de celui qui dit que 2 et 2 font 4, et le prouve?

9. — Mais alors, dit-on, si la Bible est une révélation divine, Dieu s'est donc trompé ? Si elle n'est pas une révélation divine, elle n'a plus d'autorité, et la religion s'écroule faute de base.

De deux choses l'une : ou la science a tort, ou elle a raison; si elle a raison, elle ne peut faire qu'une opinion contraire soit vraie; il n'y a pas de révélation qui puisse l'emporter sur l'autorité des faits.

Incontestablement Dieu, qui est toute vérité, ne peut induire les hommes en erreur, ni sciemment ni inconsciemment, sans quoi il ne serait pas Dieu. Si donc les faits contredisent les paroles qui lui sont attribuées, il en faut conclure logiquement qu'il ne les a pas prononcées, ou qu'elles ont été prises à contre-sens.

Si la religion souffre en quelques parties de ces contradictions, le tort n'en est point à la science qui ne peut faire que ce qui est ne soit pas, mais aux hommes d'avoir fondé prématurément des dogmes absolus, dont ils ont fait une question de vie et de mort, sur des hypothèses susceptibles d'être démenties par l'expérience.

Il est des choses au sacrifice desquelles il faut se résigner bon gré mal gré, quand on ne peut pas faire autrement. Quand le monde marche, la volonté de quelques-uns ne pouvant l'arrêter, le plus sage est de le suivre, et de s'accommoder avec le nouvel état de choses, plutôt que de se cramponner au passé qui s'écroule, au risque de tomber avec lui.

10. — Fallait-il, par respect pour des textes regardés comme sacrés, imposer silence à la science ? C'eût été chose aussi impossible que d'empêcher la terre de tourner. Les religions, quelles qu'elles soient, n'ont jamais rien gagné à soutenir des erreurs manifestes. La mission de la science est de découvrir les lois de la nature ; or, comme ces lois sont l'œuvre de Dieu, elles ne peuvent être contraires aux religions fondées sur la vérité. Elle accomplit sa mission par la force même des choses, et par une conséquence naturelle du développement de l'intelligence humaine qui, elle aussi, est une œuvre divine, et n'avance qu'avec la permission de Dieu en vertu des lois progressives qu'il a établies. Jeter l'anathème au progrès comme attentatoire à la religion, c'est donc aller contre la volonté de Dieu ; c'est de plus peine inutile, car tous les anathèmes du monde n'empêcheront pas la science de marcher, et la vérité de se faire jour. *Si la religion refuse de marcher avec la science, la science marche toute seule.*

11. — Les religions stationnaires peuvent seules redouter les découvertes de la science ; ces découvertes ne sont funestes qu'à celles qui se laissent distancer par les idées progressives en s'immobilisant dans l'absolutisme de leurs croyances ; elles se font en général une idée si mesquine de la divinité, qu'elles ne comprennent pas que s'assimiler les lois de la nature révélées par la science, c'est glorifier Dieu dans ses œuvres ; mais dans leur aveuglement elles préfèrent en faire hommage à l'Esprit du mal. *Une religion qui ne serait sur aucun point*

CHAPITRE IV

en contradiction avec les lois de la nature n'aurait rien à redouter du progrès, et serait invulnérable.

12.—La Genèse comprend deux parties : l'histoire de la formation du monde matériel, et celle de l'humanité considérée dans son double principe corporel et spirituel. La science s'est bornée à la recherche des lois qui régissent la matière; dans l'homme même elle n'a étudié que l'enveloppe charnelle. Sous ce rapport, elle est arrivée à se rendre compte avec une précision incontestable des principales parties du mécanisme de l'univers et de l'organisme humain. Sur ce point capital elle a donc pu compléter la Genèse de Moïse et en rectifier les parties défectueuses.

Mais, l'histoire de l'homme, considéré comme être spirituel, se rattache à un ordre spécial d'idées qui n'est pas du domaine de la science proprement dite, et dont celle-ci, par ce motif, n'a pas fait l'objet de ses investigations. La philosophie, qui a plus particulièrement ce genre d'étude dans ses attributions, n'a formulé, sur ce point, que des systèmes contradictoires, depuis la spiritualité pure, jusqu'à la négation du principe spirituel et même de Dieu, sans autres bases que les idées personnelles de leurs auteurs; elle a donc laissé la question indécise faute d'un contrôle suffisant.

13. — Cette question, cependant, est pour l'homme la plus importante, car c'est le problème de son passé et de son avenir; celle du monde matériel ne le touche qu'indirectement. Ce qu'il lui importe avant tout de savoir, c'est d'où il vient, où il va; s'il a déjà vécu, et s'il vivra encore, et quel sort lui est réservé.

Sur toutes ces questions la science est muette. La philosophie ne donne que des opinions qui concluent en sens diamétralement opposés, mais au moins elle permet de discuter, ce qui fait que beaucoup de gens se rangent de son côté de préférence à celui de la religion qui ne discute pas.

14.—Toutes les religions sont d'accord avec le principe de l'existence de l'âme, sans toutefois le démontrer; mais elles ne s'accordent ni sur son origine, ni sur son passé, ni sur son avenir, ni surtout, ce qui est l'essentiel, sur les conditions d'où dépend son sort futur. Elles font, pour la plupart, de son avenir un tableau imposé à la croyance de leurs adeptes, qui ne peut être accepté que par la foi aveugle, mais ne peut supporter un examen sérieux. La destinée qu'elles font à l'âme étant liée, dans leurs dogmes, aux idées que l'on se faisait du monde matériel et du mécanisme de l'univers dans les temps primitifs, est inconciliable avec l'état des connaissances actuelles. Ne pouvant donc que perdre à l'examen et à la discussion, elles trouvent plus simple de proscrire l'un et l'autre.

15.—De ces divergences touchant l'avenir de l'homme, sont nés le doute et l'incrédulité. Il n'en pouvait être autrement; chaque religion prétendant seule posséder toute la vérité, l'une disant d'une façon et l'autre d'une autre, sans donner de ses assertions des preuves suffisantes pour rallier la majorité, dans l'indécision l'homme s'est replié sur le présent. Cependant l'incrédulité laisse un vide pénible; l'homme envisage avec anxiété l'inconnu où il doit tôt ou tard entrer fatalement; l'idée du néant le glace; sa conscience lui dit qu'au delà du présent il y a pour lui quelque chose: mais quoi? Sa raison développée ne lui permet plus d'accepter les histoires dont on a bercé son enfance, de prendre l'allégorie pour la réalité. Quel est le

CHAPITRE IV

sens de cette allégorie ? La science a déchiré un coin du voile, mais elle ne lui a pas révélé ce qu'il lui importe le plus de savoir. Il interroge en vain, rien ne lui répond d'une manière péremptoire et propre à calmer ses appréhensions ; partout il trouve l'affirmation se heurtant contre la négation, sans preuves plus positives d'une part que de l'autre ; de là l'incertitude, et *l'incertitude sur les choses de la vie future fait que l'homme se rejette avec une sorte de frénésie sur celles de la vie matérielle.*

Tel est l'inévitable effet des époques de transition ; l'édifice du passé s'écroule, et celui de l'avenir n'est pas encore construit. L'homme est comme l'adolescent qui n'a plus la croyance naïve de ses premières années, et n'a pas encore les connaissances de l'âge mûr ; il n'a que de vagues aspirations qu'il ne sait pas définir.

16. — Si la question de l'homme spirituel est restée jusqu'à nos jours à l'état de théorie, c'est qu'on a manqué des moyens d'observation directs qu'on a eus pour constater l'état du monde matériel, et le champ est resté ouvert aux conceptions de l'esprit humain. Tant que l'homme n'a pas connu les lois qui régissent la matière, et qu'il n'a pu appliquer la méthode expérimentale, il a erré de système en système touchant le mécanisme de l'univers et la formation de la terre. Il en a été dans l'ordre moral comme dans l'ordre physique ; pour fixer les idées on a manqué de l'élément essentiel : la connaissance des lois du principe spirituel. Cette connaissance était réservée à notre époque, comme celle des lois de la matière a été l'œuvre des deux derniers siècles.

17. — Jusqu'à présent l'étude du principe spirituel, comprise dans la métaphysique, avait été purement spéculative et théorique ; dans le Spiritisme elle est toute

expérimentale. A l'aide de la faculté médianimique, plus développée de nos jours, et surtout généralisée et mieux étudiée, l'homme s'est trouvé en possession d'un nouvel instrument d'observation. La médiumnité a été pour le monde spirituel, ce que le télescope a été pour le monde astral et le microscope pour le monde des infiniment petits; elle a permis d'explorer, d'étudier, pour ainsi dire *de visu*, ses rapports avec le monde corporel; d'isoler, dans l'homme vivant, l'être intelligent de l'être matériel, et de les voir agir séparément. Une fois en relation avec les habitants de ce monde, on a pu suivre l'âme dans sa marche ascendante, dans ses migrations, dans ses transformations, on put enfin étudier l'élément spirituel. Voilà ce qui manquait aux précédents commentateurs de la Genèse pour la comprendre et en rectifier les erreurs.

18. — Le monde spirituel et le monde matériel étant en contact incessant, sont solidaires l'un de l'autre; tous les deux ont leur part d'action dans la Genèse. Sans la connaissance des lois qui régissent le premier, il serait aussi impossible de constituer une Genèse complète, qu'il l'est à un statuaire de donner la vie à une statue. Aujourd'hui seulement, bien que ni la science matérielle, ni la science spirituelle n'aient dit leur dernier mot, l'homme possède les deux éléments propres à jeter la lumière sur cet immense problème. Il fallait de toute nécessité ces deux clefs pour arriver à une solution même approximative. Quant à la solution définitive, il ne sera peut-être jamais donné à l'homme de la trouver sur la terre, parce qu'il est des choses qui sont les secrets de Dieu.

6

CHAPITRE V

Systèmes du monde anciens et modernes.

1. — L'idée première que les hommes se firent de la terre, du mouvement des astres et de la constitution de l'univers, dut être, dans l'origine, uniquement basée sur le témoignage des sens. Dans l'ignorance des lois les plus élémentaires de la physique et des forces de la nature, n'ayant que leur vue bornée pour moyen d'observation, ils ne pouvaient juger que sur les apparences.

En voyant le soleil paraître le matin d'un côté de l'horizon et disparaître le soir du côté opposé, on en conclut naturellement qu'il tournait autour de la terre, tandis que celle-ci restait immobile. Si l'on eût dit alors aux hommes que c'est le contraire qui a lieu, ils auraient répondu que cela ne se pouvait pas, car, auraient-ils dit, nous voyons le soleil changer de place, et nous ne sentons pas la terre bouger.

2. — Le peu d'étendue des voyages, qui dépassaient alors rarement les limites de la tribu ou de la vallée, ne pouvaient permettre de constater la sphéricité de la terre. Comment, d'ailleurs, supposer que la terre puisse être une boule? Les hommes n'auraient pu se maintenir que sur

CHAPITRE V — SYSTÈMES DU MONDE ANCIEN ET MODERNE

le point le plus élevé, et en la supposant habitée sur toute sa surface, comment auraient-ils pu vivre dans l'hémisphère opposé, la tête en bas et les pieds en haut? La chose eût paru encore moins possible avec un mouvement de rotation. Quand on voit encore de nos jours, où l'on connaît la loi de gravitation, des gens relativement éclairés ne pas se rendre compte de ce phénomène, on ne doit pas s'étonner que les hommes des premiers âges ne l'aient pas même soupçonné.

La terre était donc pour eux une surface plate, circulaire comme une meule de moulin, s'étendant à perte de vue dans la direction horizontale; de là l'expression encore usitée : Aller au bout du monde. Ses limites, son épaisseur, son intérieur, sa face inférieure, ce qu'il y avait au-dessous, c'était l'inconnu (1).

3. — Le ciel apparaissant sous une forme concave,

---

(1) « La mythologie indoue enseignait que l'astre du jour se dépouillait le soir de sa lumière, et traversait le ciel pendant la nuit avec une face obscure. La mythologie grecque représentait le char d'Apollon traîné par quatre chevaux. Anaximandre, de Millet, soutenait, au rapport de Plutarque, que le soleil était un chariot rempli d'un feu très vif qui se serait échappé par une ouverture circulaire. Epicure aurait, il paraît, émis l'opinion que le soleil s'allumait le matin et s'éteignait le soir dans les eaux de l'Océan; d'autres pensent qu'il faisait de cet astre une pierre ponce chauffée à l'état d'incandescence. Anaxagore le regardait comme un fer chaud de la grandeur du Péloponèse. Singulière remarque! les Anciens étaient si invinciblement portés à considérer la grandeur apparente de cet astre comme réelle, qu'ils persécutèrent ce philosophe téméraire pour avoir attribué un tel volume au flambeau du jour, et qu'il fallut toute l'autorité de Périclès pour le sauver d'une condamnation à mort, et commuer celle-ci en une sentence d'exil.» (Flammarien, *Etudes et lectures sur l'astronomie*, page 6.)

Quand on voit de telles idées émises au cinquième siècle avant l'ère chrétienne, au temps le plus florissant de la Grèce, on ne peut s'étonner de celles que se faisaient les hommes des premiers âges sur le système du monde.

était, selon la croyance vulgaire, une voûte réelle dont les bords inférieurs reposaient sur la terre et en marquaient les confins; vaste dôme dont l'air remplissait toute la capacité. Sans aucune notion de l'infini de l'espace, incapables même de le concevoir, les hommes se figuraient cette voûte formée d'une matière solide; de là le nom de *firmament* qui a survécu à la croyance, et qui signifie *ferme, résistant* (du latin *firmamentum*, dérivé de *firmus*, et du grec *herma, hermatos*, ferme, soutien, support, point d'appui).

4. — Les étoiles, dont ils ne pouvaient soupçonner la nature, étaient de simples points lumineux, plus ou moins gros, attachés à la voûte comme des lampes suspendues, disposées sur une seule surface, et par conséquent toutes à la même distance de la terre, de la même manière qu'on les représente dans l'intérieur de certaines coupoles peintes en bleu pour figurer l'azur des cieux.

Bien qu'aujourd'hui les idées soient tout autres, l'usage des anciennes expressions s'est conservé; on dit encore, par comparaison : la voûte étoilée; sous la calotte du ciel.

5. — La formation des nuages par l'évaporation des eaux de la terre était alors également inconnue; il ne pouvait venir à la pensée que la pluie qui tombe du ciel eût son origine sur la terre d'où l'on ne voyait pas l'eau remonter. De là la croyance à l'existence *des eaux supérieures et des eaux inférieures,* des sources célestes et des sources terrestres, des réservoirs placés dans les hautes régions, supposition qui s'accordait parfaitement avec l'idée d'une voûte solide capable de les maintenir. Les eaux supérieures s'échappant par les fissures de la voûte tombaient en pluie, et selon que ces ouvertures étaient

SYSTÈMES DU MONDE ANCIEN ET MODERNE 101

plus ou moins larges, la pluie était douce ou torrentielle et diluvienne.

6. — L'ignorance complète de l'ensemble de l'univers et des lois qui le régissent, de la nature, de la constitution et de la destination des astres, qui semblaient d'ailleurs si petits comparativement à la terre, dut nécessairement faire considérer celle-ci comme la chose principale, le but unique de la création, et les astres comme des accessoires créés uniquement à l'intention de ses habitants. Ce préjugé s'est perpétué jusqu'à nos jours, malgré les découvertes de la science qui ont changé, pour l'homme, l'aspect du monde. Combien de gens croient encore que les étoiles sont des ornements du ciel pour récréer la vue des habitants de la terre !

7. — On ne tarda pas à s'apercevoir du mouvement apparent des étoiles qui se meuvent en masse d'orient en occident, se levant le soir et se couchant le matin, en conservant leurs positions respectives. Cette observation n'eut pendant longtemps d'autre conséquence que de confirmer l'idée d'une voûte solide entraînant les étoiles dans son mouvement de rotation.

Ces idées premières, idées naïves, ont fait pendant de longues périodes séculaires le fond des croyances religieuses, et ont servi de base à toutes les cosmogonies anciennes.

8. — Plus tard on comprit, par la direction du mouvement des étoiles et leur retour périodique dans le même ordre, que la voûte céleste ne pouvait être simplement une demi-sphère posée sur la terre, mais bien une sphère entière, creuse, au centre de laquelle se trouvait la terre, toujours plate, ou tout au plus convexe, et habitée seulement sur sa face supérieure. C'était déjà un progrès.

6.

102   CHAPITRE V

Mais sur quoi était posée la terre? Il serait inutile de rapporter toutes les suppositions ridicules enfantées par l'imagination, depuis celle des Indiens qui la disaient portée par quatre éléphants blancs, et ceux-ci sur les ailes d'un immense vautour. Les plus sages avouaient qu'ils n'en savaient rien.

9. — Cependant une opinion généralement répandue dans les théogonies païennes plaçait dans les *lieux bas*, autrement dit dans les profondeurs de la terre, ou au-dessous, on ne savait trop, le séjour des réprouvés, appelé *enfers*, c'est-à-dire *lieux inférieurs*, et dans les *lieux hauts*, par delà la région des étoiles, le séjour des bienheureux. Le mot *enfer* s'est conservé jusqu'à nos jours, quoiqu'il ait perdu sa signification étymologique depuis que la géologie a délogé le lieu des supplices éternels des entrailles de la terre, et que l'astronomie a démontré qu'il n'y a ni haut ni bas dans l'espace infini.

10. — Sous le ciel pur de la Chaldée, de l'Inde et de l'Egypte, berceau des plus antiques civilisations, on put observer le mouvement des astres avec autant de précision que le permettait l'absence d'instruments spéciaux. On vit d'abord que certaines étoiles avaient un mouvement propre indépendant de la masse, ce qui ne permettait pas de supposer qu'elles fussent attachées à la voûte; on les appela *étoiles errantes* ou *planètes* pour les distinguer des étoiles fixes. On calcula leurs mouvements et leurs retours périodiques.

Dans le mouvement diurne de la sphère étoilée, on remarqua l'immobilité de l'étoile polaire, autour de laquelle les autres décrivaient, en vingt-quatre heures, des cercles obliques parallèles plus ou moins grands selon leur éloignement de l'étoile centrale; ce fut le premier pas vers

SYSTÈMES DU MONDE ANCIEN ET MODERNE

la connaissance de l'obliquité de l'axe du monde. De plus longs voyages permirent d'observer la différence d'aspect du ciel selon les latitudes et les saisons ; l'élévation de l'étoile polaire au-dessus de l'horizon variant avec la latitude, mit sur la voie de la rondeur de la terre ; c'est ainsi que peu à peu on se fit une idée plus juste du système du monde.

Vers l'an 600 avant J.-C., *Thalès*, de Millet (Asie-Mineure) connut la sphéricité de la terre, l'obliquité de l'écliptique et la cause des éclipses.

Un siècle plus tard, *Pythagore* (de Samos) découvre le mouvement diurne de la terre sur son axe, son mouvement annuel autour du soleil, et rattache les planètes et les comètes au système solaire.

160 ans avant J.-C., *Hipparque*, d'Alexandrie (Egypte) invente l'astrolabe, calcule et prédit les éclipses, observe les taches du soleil, détermine l'année tropique, la durée des révolutions de la lune.

Quelque précieuses que fussent ces découvertes pour le progrès de la science, elles furent près de 2,000 ans à se populariser. Les idées nouvelles n'ayant alors pour se propager que de rares manuscrits, restaient le partage de quelques philosophes qui les enseignaient à des disciples privilégiés ; les masses, qu'on ne songeait guère à éclairer, n'en profitaient nullement et continuaient à se nourrir des vieilles croyances.

Il. — Vers l'an 140 de l'ère chétienne, *Ptolémée*, un des hommes les plus illustres de l'école d'Alexandrie, combinant ses propres idées avec les croyances vulgaires et quelques-unes des plus récentes découvertes astronomiques, composa un système qu'on peut appeler mixte, qui porte son nom, et qui, pendant près de

CHAPITRE V

quinze siècles, fut seul adopté dans le monde civilisé.

Selon le système de Ptolémée, la terre est une sphère au centre de l'univers; elle se composait des quatre éléments : la terre, l'eau, l'air et le feu. C'était la première région, dite *élémentaire*. La seconde région, dite *éthérée*, comprenait onze cieux, ou sphères concentriques tournant autour de la terre, savoir : le ciel de la lune, ceux de Mercure, de Vénus, du soleil, de Mars, de Jupiter, de Saturne, des étoiles fixes, du premier cristallin, sphère solide transparente; du second cristallin, et enfin du premier mobile qui donnait le mouvement à tous les cieux inférieurs, et leur faisait faire une révolution en vingt-quatre heures. Au delà des onze cieux était l'*Empyrée*, séjour des bienheureux, ainsi nommé du grec *pyr*, ou *pur*, qui signifie *feu*, parce qu'on croyait cette région resplendissante de lumière comme le feu.

La croyance à plusieurs cieux superposés a longtemps prévalu; mais on variait sur le nombre; le septième était généralement regardé comme le plus élevé; de là l'expression : Être ravi au septième ciel. Saint Paul a dit qu'il avait été élevé au troisième ciel.

Indépendamment du mouvement commun, les astres avaient, selon Ptolémée, des mouvements propres particuliers, plus ou moins grands selon leur éloignement du centre. Les étoiles fixes faisaient une révolution en 25,816 ans. Cette dernière évaluation dénote la connaissance de la précession des équinoxes qui s'accomplit en effet en 25,000 ans environ.

12. — Au commencement du seizième siècle, *Copernic*, célèbre astronome, né à Thorn (Prusse) en 1472, mort en 1543, reprit les idées de Pythagore; il publia un système qui, confirmé chaque jour par de nouvelles observations,

SYSTÈMES DU MONDE ANCIEN ET MODERNE

fut favorablement accueilli, et ne tarda pas à renverser celui de Ptolémée. Selon ce système, le soleil est au centre, les planètes décrivent des orbes circulaires autour de cet astre ; la lune est un satellite de la terre.

Un siècle plus tard, en 1609, Galilée, né à Florence, invente le télescope ; en 1610, il découvre les quatre satellites de Jupiter et calcule leurs révolutions ; il reconnaît que les planètes n'ont pas de lumière propre comme les étoiles, mais qu'elles sont éclairées par le soleil ; que ce sont des sphères semblables à la terre ; il observe leurs phases et détermine la durée de leur rotation sur leur axe ; il donne ainsi, par des preuves matérielles, une sanction définitive au système de Copernic.

Dès lors s'écroula l'échafaudage des cieux superposés ; les planètes furent reconnues pour des mondes semblables à la terre, et comme elle sans doute habités ; le soleil pour une étoile, centre d'un tourbillon de planètes qui lui sont assujetties ; les étoiles pour d'innombrables soleils, centres probables d'autant de systèmes planétaires.

Les étoiles ne sont plus confinées dans une zone de la sphère céleste, mais irrégulièrement disséminées dans l'espace sans bornes ; celles qui paraissent se toucher sont à des distances incommensurables les unes des autres ; les plus petites, en apparence, sont les plus éloignées de nous ; les plus grosses, celles qui sont le plus près, en sont encore à des centaines de milliards de lieues.

Les groupes auxquels on a donné le nom de *constellations*, ne sont que des assemblages apparents causés par l'éloignement, des effets de perspective, comme en forment, à la vue de celui qui est placé en un point fixe, des lumières dispersées dans une vaste plaine, ou les arbres d'une forêt ; mais ces assemblages n'existent point

CHAPITRE V

en réalité; si l'on pouvait se transporter dans la région d'une de ces constellations, à mesure qu'on s'approcherait, la forme disparaîtrait et de nouveaux groupes se dessineraient à la vue.

Dès lors que ces groupes n'existent qu'en apparence, la signification qu'une croyance vulgaire superstitieuse leur attribue est illusoire, et leur influence ne saurait exister que dans l'imagination.

Pour distinguer les constellations, on leur a donné des noms, tels que ceux de : *Lion*, *Taureau*, *Gémeaux*, *Vierge*, *Balance*, *Capricorne*, *Cancer*, *Orion*, *Hercule*, *Grande Ourse* ou *Chariot de David*, *Petite Ourse*, *Lyre*, etc., et on les a représentées par les figures qui rappellent ces noms, la plupart de fantaisie, mais qui, dans tous les cas, n'ont aucun rapport avec la forme apparente du groupe d'étoiles. Ce serait donc en vain qu'on chercherait ces figures dans le ciel.

La croyance à l'influence des constellations, de celles surtout qui constituent les douze signes du zodiaque, vient de l'idée attachée aux noms qu'elles portent; si celle qui est appelée *lion* eût été nommée *âne* ou *brebis*, on lui aurait certainement attribué une toute autre influence.

13. — A partir de Copernic et de Galilée, les vieilles cosmogonies sont à jamais détruites; l'astronomie ne pouvait qu'avancer et non reculer. L'histoire dit les luttes que ces hommes de génie eurent à soutenir contre les préjugés, et surtout contre l'esprit de secte intéressé au maintien des erreurs sur lesquelles on avait fondé des croyances qu'on se figurait assises sur une base inébranlable. Il a suffi de l'invention d'un instrument d'optique pour renverser un échafaudage de plusieurs milliers d'années. Mais rien ne saurait prévaloir contre une vérité

reconnue pour telle. Grâce à l'imprimerie, le public, initié aux idées nouvelles, commençait à ne plus se bercer d'illusions et prenait part à la lutte; ce n'était plus contre quelques individus qu'il fallait combattre, mais contre l'opinion générale qui prenait fait et cause pour la vérité.

Que l'univers est grand auprès des mesquines proportions que lui assignaient nos pères! Que l'œuvre de Dieu est sublime quand on la voit s'accomplir selon les éternelles lois de la nature! Mais aussi que de temps, que d'efforts de génie, que de dévoûments il a fallu pour dessiller les yeux et arracher enfin le bandeau de l'ignorance!

14. — La voie était désormais ouverte où d'illustres et nombreux savants allaient entrer pour compléter l'œuvre ébauchée. Képler, en Allemagne, découvre les lois célèbres qui portent son nom et à l'aide desquelles il reconnaît que les planètes décrivent, non des orbes circulaires, mais des ellipses dont le soleil occupe l'un des foyers; Newton, en Angleterre, découvre la loi de gravitation universelle; Laplace, en France, crée la mécanique céleste; l'astronomie, enfin, n'est plus un système fondé sur des conjectures ou des probabilités, mais une science établie sur les bases les plus régoureuses du calcul et de la géométrie. Ainsi se trouve posée une des pierres fondamentales de la Génèse.

CHAPITRE VI

Uranographie générale (1).

L'espace et le temps. — La matière. — Les lois et les forces. — La création première. — La création universelle. — Les soleils et les planètes. — Les satellites. — Les comètes. — La voie lactée. — Les étoiles fixes. — Les déserts de l'espace. — Succession éternelle des mondes. — La vie universelle. — La science. — Considérations morales.

L'ESPACE ET LE TEMPS.

1. — Plusieurs définitions de l'espace ont été données; la principale est celle-ci : l'espace est l'étendue qui sépare deux corps. D'où certains sophistes ont déduit que là où il n'y avait pas de corps, il n'y avait pas d'espace; c'est sur quoi des docteurs en théologie se sont basés pour établir que l'espace était nécessairement fini, alléguant que des corps limités en certain nombre ne sauraient former une suite infinie; et que là où les corps s'arrêtaient, l'espace s'arrêtait aussi. On a encore défini l'espace : Le lieu où se meuvent les mondes, le vide où agit la matière, etc... Laissons dans les traités où elles reposent toutes ces définitions qui ne définissent rien.

(1) Ce chapitre est extrait textuellement d'une série de communications dictées à la Société spirite de Paris, en 1862 et 1863, sous le titre d'*Etudes uranographiques*, et signées *Galilée*, médium M. C. F...

URANOGRAPHIE GÉNÉRALE

L'espace est un de ces mots qui représentent une idée primitive et axiomatique, évidente par elle-même, et que les diverses définitions qu'on en peut donner, ne servent qu'à obscurcir. Nous savons tous ce que c'est que l'espace, et je ne veux qu'établir son infinité, afin que nos études ultérieures n'aient aucune barrière s'opposant aux investigations de notre vue.

Or, je dis que l'espace est infini, par cette raison qu'il est impossible de lui supposer aucune limite, et que, malgré la difficulté que nous avons de concevoir l'infini, il nous est pourtant plus facile d'aller éternellement dans l'espace, en pensée, que de nous arrêter en un lieu quelconque après lequel nous ne trouverions plus d'étendue à parcourir.

Pour nous figurer, autant qu'il est en nos facultés bornées, l'infinité de l'espace, supposons que partant de la terre perdue au milieu de l'infini, vers un point quelconque de l'univers, et cela avec la vitesse prodigieuse de l'étincelle électrique qui franchit *des milliers de lieues à chaque seconde*, à peine avons-nous quitté ce globe, qu'ayant parcouru des millions de lieues, nous nous trouvons en un lieu d'où la terre ne nous apparaît plus que sous l'aspect d'une pâle étoile. Un instant après, en suivant toujours la même direction, nous arrivons vers les étoiles lointaines que vous distinguez à peine de votre station terrestre; et de là, non-seulement la terre est entièrement perdue pour nos regards dans les profondeurs du ciel, mais encore votre soleil même dans sa splendeur est éclipsé par l'étendue qui nous sépare de lui. Animés toujours de la même vitesse de l'éclair, nous franchissons des systèmes de monde à chaque pas que nous avançons dans l'étendue, des îles de lumière éthérée, des voies stel-

7

CHAPITRE VI

lifères, des parages somptueux où Dieu a semé les mondes avec la même profusion qu'il a semé les plantes dans les prairies terrestres.

Or, il y a à peine quelques minutes que nous marchons, et déjà des centaines de millions et de millions de lieues nous séparent de la terre, des milliards de mondes ont passé sous nos regards, et pourtant, écoutez! Nous n'avons pas en réalité avancé d'un seul pas dans l'univers.

Si nous continuons pendant des années, des siècles, des milliers de siècles, des millions de périodes cent fois séculaires et *incessamment avec la même vitesse de l'éclair*, nous n'aurons pas avancé davantage! et cela de quelque côté que nous allions, et vers quelque point que nous nous dirigions, depuis ce grain invisible que nous avons quitté et qui s'appelle la terre.

Voilà ce que c'est que l'espace!

2. — Le temps, comme l'espace, est un mot défini par lui-même ; on s'en fait une idée plus juste en établissant sa relation avec le tout infini.

Le temps est la succession des choses ; il est lié à l'éternité de la même manière que ces choses sont liées à l'infini. Supposons-nous à l'origine de notre monde, à cette époque primitive où la terre ne se balançait pas encore sous la divine impulsion, en un mot, au commencement de la Genèse. Là le temps n'est pas encore sorti du mystérieux berceau de la nature, et nul ne peut dire à quelle époque de siècles nous sommes, puisque le balancier des siècles n'est pas encore en mouvement.

Mais silence! la première heure d'une terre isolée sonne au timbre éternel, la planète se meut dans l'espace, et dès lors il y a *soir* et *matin*. Au delà de la terre, l'éternité reste impassible et immobile, quoique le temps marche pour bien d'autres mondes. Sur la terre, le temps la remplace, et pendant une suite déterminée de générations on comptera les ans et les siècles.

Transportons-nous maintenant au dernier jour de ce monde, à l'heure où, courbée sous le poids de la vétusté, la terre s'effacera du livre de vie pour n'y plus reparaître : ici la succession des événements s'arrête ; les mouvements terrestres qui mesuraient le temps s'interrompent, et le temps finit avec eux.

Cette simple exposition des choses naturelles qui donnent naissance au temps, le nourrissent et le laissent s'éteindre, suffit pour montrer que, vu du point où nous devons nous placer pour nos études, le temps est une goutte d'eau qui tombe du nuage dans la mer, et dont la chute est mesurée.

Autant de mondes dans la vaste étendue, autant de temps divers et incompatibles. En dehors des mondes, l'éternité seule remplace ces successions éphémères, et remplit paisiblement de sa lumière immobile l'immensité des cieux. Immensité sans bornes et éternité sans limites, telles sont les deux grandes propriétés de la nature universelle.

L'œil de l'observateur qui traverse, sans jamais rencontrer d'arrêt, les distances incommensurables de l'espace, et celui du géologue qui remonte au delà des limites des âges, ou qui descend dans les profondeurs de l'éternité béante où ils se perdront un jour, agissent de concert, chacun dans sa voie, pour acquérir cette double notion de l'infini : étendue et durée.

Or, en conservant cet ordre d'idées, il nous sera facile de concevoir que le temps n'étant que le rapport des choses transitoires, et dépendant uniquement des choses qui se mesurent, si, prenant les siècles terrestres pour unités, nous les entassons milliers sur milliers pour en former un nombre colossal, ce nombre ne représentera jamais qu'un point dans l'éternité ; de même que les milliers de lieues joints aux milliers de lieues ne sont qu'un point dans l'étendue.

Ainsi, par exemple, les siècles étant en dehors de la vie éthérée de l'âme, nous pourrions écrire un nombre aussi long que l'équateur terrestre, et nous supposer vieillis de ce nombre de siècles, sans qu'en réalité notre âme compte un jour de plus ; et, en ajoutant à ce nombre indéfinissable des siècles, une série longue comme d'ici au soleil de nombres semblables, ou plus considérables encore, et nous imaginant vivre pendant la succession prodigieuse de périodes séculaires représentées par l'addition de tels nombres, lorsque nous parviendrions au terme, l'entassement incompréhensible de siècles qui pèserait sur nos têtes serait comme s'il n'était pas : il resterait toujours devant nous l'éternité tout entière.

Le temps n'est qu'une mesure relative de la succession des choses transitoires ; l'éternité n'est susceptible d'aucune mesure au point de vue de la durée ; pour elle il n'y a ni commencement ni fin ; tout est présent pour elle.

Si des siècles de siècles sont moins qu'une seconde par rapport à l'éternité, qu'est-ce que la durée de la vie humaine ?

LA MATIÈRE.

3. — Au premier abord, rien ne paraît si profondément varié, si essentiellement distinct, que ces diverses

substances qui composent le monde. Parmi les objets que l'art ou la nature fait journellement passer sous nos regards, en est-il deux qui accusent une identité parfaite, ou seulement une parité de composition? Quelle dissemblance au point de vue de la solidité, de la compressibilité, du poids et des propriétés multiples des corps, entre les gaz atmosphériques et le filet d'or; entre la molécule aqueuse du nuage et celle du minéral qui forme la charpente osseuse du globe! quelle diversité entre le tissu chimique des plantes variées qui décorent le règne végétal, et celui des représentants non moins nombreux de l'animalité sur la terre!

Cependant nous pouvons poser en principe absolu que toutes les substances connues et inconnues, quelque dissemblables qu'elles paraissent, soit au point de vue de leur constitution intime, soit sous le rapport de leur action réciproque, ne sont en fait que des modes divers sous lesquels la matière se présente, que des variétés en lesquelles elle s'est transformée sous la direction des forces sans nombre qui la gouvernent.

4. — La chimie dont les progrès ont été si rapides depuis mon époque, où ses adeptes eux-mêmes la reléguaient encore dans le domaine secret de la magie, cette nouvelle science que l'on peut à juste titre considérer comme enfant du siècle observateur, et comme uniquement basée, bien plus solidement que ses sœurs aînées, sur la méthode expérimentale ; la chimie, dis-je, a fait beau jeu des quatre éléments primitifs que les Anciens s'étaient accordés à reconnaître dans la nature; elle a montré que l'élément terrestre n'est que la combinaison de substances diverses variées à l'infini ; que l'air et l'eau sont également décomposables, qu'ils sont le pro-

CHAPITRE VI

duit d'un certain nombre d'équivalents de gaz; que le feu, loin d'être, lui aussi, un élément principal, n'est qu'un état de la matière résultant du mouvement universel auquel elle est soumise, et d'une combustion sensible ou latente.

En revanche, elle a trouvé un nombre considérable de principes jusqu'alors inconnus, qui lui ont paru former, par leurs combinaisons déterminées, les diverses substances, les divers corps qu'elle a étudiés, et qui agissent simultanément suivant certaines lois, et en certaines proportions, dans les travaux opérés au grand laboratoire de la nature. Ces principes, elle les a dénommés *corps simples*, indiquant par là qu'elle les considère comme primitifs et indécomposables, et que nulle opération, jusqu'à ce jour, ne saurait les réduire en parties relativement plus simples qu'eux-mêmes (1).

5. — Mais là où s'arrêtent les appréciations de l'homme, aidé même de ses sens artificiels les plus impressionnables, l'œuvre de la nature se continue; là où le vulgaire prend l'apparence pour la réalité, là où le praticien soulève le voile et distingue le commencement des choses, l'œil de celui qui a pu saisir le mode d'action de la nature, ne voit, sous les matériaux constitutifs du monde, que la *matière cosmique* primitive, simple et une, diversifiée en certaines régions à l'époque de leur naissance, partagée en corps solidaires durant leur vie, et démembrés un jour dans le réceptacle de l'étendue par leur décomposition.

(1) Les principaux corps simples sont : parmi les corps non métalliques, l'oxygène, l'hydrogène, l'azote, le chlore, le carbone, le phosphore, le soufre, l'iode; parmi les corps métalliques : l'or, l'argent, le platine, le mercure, le plomb, l'étain, le zinc, le fer, le cuivre, l'arsenic, le sodium, le potassium, le calcium, l'aluminium, etc.

6. — Il est de ces questions que nous-mêmes, Esprits amoureux de science, ne saurions approfondir, et sur lesquelles nous ne pourrions émettre que des opinions personnelles plus ou moins conjecturales ; sur ces questions je me tairai ou je justifierai ma manière de voir ; mais celle-ci n'est pas de ce nombre. A ceux donc qui seraient tentés de ne voir dans mes paroles qu'une théorie hasardée, je dirai : Embrassez, s'il est possible, dans un regard investigateur, la multiplicité des opérations de la nature, et vous reconnaîtrez que, si l'on n'admet pas l'unité de la matière, il est impossible d'expliquer, je ne dirai pas seulement les soleils et les sphères, mais sans aller si loin, la germination d'une graine sous terre, ou la production d'un insecte.

7. — Si l'on observe une telle diversité dans la matière, c'est parce que les forces qui ont présidé à ses transformations, les conditions dans lesquelles elles se sont produites, étant en nombre illimité, les combinaisons variées de la matière ne pouvaient qu'être illimitées elles-mêmes.

Donc, que la substance que l'on envisage appartienne aux fluides proprement dits, c'est-à-dire aux corps impondérables, ou qu'elle soit revêtue des caractères et des propriétés ordinaires de la matière, il n'y a dans tout l'univers qu'une seule substance primitive : le *cosme* ou *matière cosmique* des uranographes.

LES LOIS ET LES FORCES.

8. — Si l'un de ces êtres inconnus qui consument leur existence éphémère au fond des régions ténébreuses

CHAPITRE VI

de l'Océan; si l'un de ces polygastriques, de ces néréides, — misérables animalcules qui ne connaissent de la nature que les poissons ichthyophages et les forêts sous-marines, — recevait tout à coup le don de l'intelligence, la faculté d'étudier son monde, et d'établir sur ses appréciations un raisonnement conjectural étendu à l'universalité des choses, quelle idée se formerait-il de la nature vivante qui se développe en son milieu, et du monde terrestre qui n'appartient pas au champ de ses observations?

Si, maintenant, par un effet merveilleux de sa nouvelle puissance, ce même être parvenait à s'élever au-dessus de ses ténèbres éternelles, à la surface de la mer, non loin des rivages opulents d'une île à la végétation splendide, au soleil fécond, dispensateur d'une bienfaisante chaleur, quel jugement porterait-il alors sur ses théories anticipées de la création universelle, théorie qu'il effacerait bientôt par une appréciation plus large, mais relativement encore aussi incomplète que la première? Telle est, ô hommes! l'image de votre science toute spéculative (1).

9. — Lors donc que je viens traiter ici la question des lois et des forces qui régissent l'univers, moi qui ne suis, comme vous, qu'un être relativement ignorant au prix de la science réelle, malgré l'apparente supériorité que me donne sur mes frères de la terre la possibilité qui m'appartient d'étudier des questions naturelles qui leur sont

---

(1) Telle est aussi la situation des négateurs du monde des Esprits, lorsqu'après avoir dépouillé leur enveloppe charnelle, les horizons de ce monde se déroulent à leurs yeux. Ils comprenent alors le vide des théories par lesquelles ils prétendaient tout expliquer par la matière seule. Cependant ces horizons ont encore pour eux des mystères qui ne se dévoilent que successivement, à mesure qu'ils s'élèvent par l'épuration. Mais dès leurs premiers pas dans dans ce monde nouveau, ils sont forcés de reconnaître leur aveuglement, et combien ils étaient loin de la vérité.

interdites dans leur position, mon but est seulement de vous exposer la notion générale des lois universelles, sans expliquer en détail le mode d'action et la nature des forces spéciales qui en dépendent.

10. — Il est un fluide éthéré qui remplit l'espace et pénètre les corps; ce fluide, c'est l'*éther* ou *matière cosmique* primitive, génératrice du monde et des êtres. A l'éther sont inhérentes les forces qui ont présidé aux métamorphoses de la matière, les lois immuables et nécessaires qui régissent le monde. Ces forces multiples, indéfiniment variées suivant les combinaisons de la matière, localisées suivant les masses, diversifiées dans leurs modes d'action suivant les circonstances et les milieux, sont connues sur la terre sous les noms de *pesanteur*, *cohésion*, *affinité*, *attraction*, *magnétisme*, *électricité active;* les mouvements vibratoires de l'agent sous ceux de : *son, chaleur, lumière,* etc. En d'autres mondes, elles se présentent sous d'autres aspects, offrent d'autres caractères inconnus à celui-ci, et dans l'immense étendue des cieux, un nombre indéfini de forces s'est développé sur une échelle inimaginable dont nous sommes aussi peu capables d'évaluer la grandeur que le crustacé au fond de l'Océan l'est d'embrasser l'universalité des phénomènes terrestres (1).

---

(1) Nous rapportons tout à ce que nous connaissons, et nous ne comprenons pas plus ce qui échappe à la perception de nos sens, que l'aveugle-né ne comprend les effets de la lumière et l'utilité des yeux. Il se peut donc qu'en d'autres milieux, le fluide cosmique ait des propriétés, des combinaisons dont nous n'avons aucune idée, des effets appropriés à des besoins qui nous sont inconnus, donnant lieu à des perceptions nouvelles ou à d'autres modes de perception. Nous ne comprenons pas, par exemple, qu'on puisse voir sans les yeux du corps et sans la lumière; mais qui nous dit qu'il n'existe pas d'autres agents que la lumière auxquels

7.

118   CHAPITRE VI

Or, de même qu'il n'y a qu'une seule substance simple, primitive, génératrice de tous les corps, mais diversifiée dans ses combinaisons, de même toutes ces forces dépendent d'une loi universelle diversifiée dans ses effets, que l'on trouve à leur origine, et qui dans les décrets éternels a été souverainement imposée à la création pour en constituer l'harmonie et la stabilité permanentes.

11. — La nature n'est jamais opposée à elle-même. Le blason de l'univers n'a qu'une devise : $\frac{\text{UNITÉ}}{\text{VARIÉTÉ}}$. En remontant l'échelle des mondes, on trouve l'*unité* d'harmonie et de création, en même temps qu'une variété infinie dans cet immense parterre d'étoiles ; en parcourant les degrés de la vie, depuis le dernier des êtres jusqu'à Dieu, la grande loi de continuité se fait reconnaître ; en considérant les forces en elles-mêmes, on peut en former une série dont la résultante, se confondant avec la génératrice, est la loi universelle.

Vous ne sauriez apprécier cette loi dans toute son étendue, puisque les forces qui la représentent dans le champ de vos observations sont restreintes et limitées ; cependant la gravitation et l'électricité peuvent être regardées comme une large application de la loi primordiale qui règne par delà les cieux.

Toutes ces forces sont éternelles, — nous expliquerons ce mot, — et universelles comme la création ; étant in-

sont affectés des organismes spéciaux? La vue somnambulique, qui n'est arrêtée ni par la distance, ni par les obstacles matériels, ni par l'obscurité, nous en offre un exemple. Supposons que, dans un monde quelconque, les êtres soient *normalement* ce que nos somnambules ne sont qu'exceptionnellement, ils n'auront besoin ni de notre lumière, ni de nos yeux, et pourtant ils verront ce que nous ne pouvons voir. Il en est de même de toutes les autres sensations. Les conditions de vitabilité et de perceptibilité, les sensations et les besoins, varient selon les milieux.

URANOGRAPHIE GÉNÉRALE

hérentes au fluide cosmique, elles agissent nécessairement en tout et partout, modifiant leur action par leur sumultanéité ou leur succession; prédominant ici, s'effaçant plus loin; puissantes et actives en certains points, latentes ou secrètes en d'autres; mais finalement préparant, dirigeant, conservant et détruisant les mondes dans leurs diverses périodes de vie, gouvernant les travaux merveilleux de la nature en quelque point qu'ils s'exécutent, assurant à jamais l'éternelle splendeur de la création.

LA CRÉATION PREMIÈRE.

12. — Après avoir considéré l'univers sous les points de vue généraux de sa composition, de ses lois et de ses propriétés, nous pouvons porter nos études sur le mode de formation qui donna le jour aux mondes et aux êtres ; nous descendrons ensuite à la création de la terre en particulier, et à son état actuel dans l'universalité des choses, et de là, prenant ce globe pour point de départ et pour unité relative, nous procéderons à nos études planétaires et sidérales.

13. — Si nous avons bien compris le rapport, ou plutôt l'opposition de l'éternité avec le temps, si nous nous sommes familiarisés avec cette idée que le temps n'est qu'une mesure relative de la succession des choses transitoires, tandis que l'éternité est essentiellement une, immobile et permanente, et qu'elle n'est susceptible d'aucune mesure au point de vue de la durée, nous comprenons que pour elle il n'y a ni commencement ni fin.

D'un autre côté, si nous nous faisons une juste idée, —

quoique nécessairement bien faible, — de l'infinité de la puissance divine, nous comprendrons comment il est possible que l'univers ait toujours été et soit toujours. Du moment où Dieu fut, ses perfections éternelles parlèrent. Avant que les temps ne fussent nés, l'éternité incommensurable reçut la parole divine et féconda l'espace éternel comme elle.

14. — Dieu étant par sa nature de toute éternité, a créé de toute éternité, et cela ne pouvait être autrement; car, à quelque époque lointaine que nous reculions en imagination les limites supposées de la création, il restera toujours au delà de cette limite une éternité, — pesez bien cette pensée, — une éternité durant laquelle les divines hypostases, les volitions infinies, eussent été ensevelies dans une muette léthargie inactive et inféconde, une éternité de mort apparente pour le Père éternel qui donne la vie aux êtres, de mutisme indifférent pour le verbe qui les gouverne, de stérilité froide et égoïste pour l'Esprit d'amour et de vivification.

Comprenons mieux la grandeur de l'action divine et sa perpétuité sous la main de l'être absolu! Dieu, c'est le soleil des êtres; c'est la lumière du monde. Or, l'apparition du soleil donne instantanément naissance à des flots de lumière qui vont se répandant de toutes parts dans l'étendue; de même l'univers, né de l'Eternel, remonte aux périodes inimaginables de l'infini de durée, au *Fiat lux du commencement.*

15. — Le commencement absolu des choses remonte donc à Dieu; leurs apparitions successives dans le domaine de l'existence constitue l'ordre de la création perpétuelle.

Quel immortel saurait dire les magnificences inconnues et superbement voilées sous la nuit des âges qui se développèrent en ces temps antiques où nulle des merveilles de l'univers actuel n'existait; à cette époque primitive où la voix du Seigneur s'étant fait entendre, les matériaux qui devaient, dans l'avenir, s'assembler symétriquement et d'eux-mêmes pour former le temple de la nature, se trouvèrent soudain au sein des vides infinis; lorsqu'à cette voix mystérieuse que chaque créature vénère et chérit comme celle d'une mère, des notes harmonieusement variées se produisirent pour aller vibrer ensemble et moduler le concert des vastes cieux !

Le monde à son berceau ne fut point établi dans sa virilité et dans sa plénitude de vie ; non : le pouvoir créateur ne se contredit jamais, et, comme toutes choses, l'univers naquit enfant. Revêtue des lois mentionnées plus haut, et de l'impulsion initiale inhérente à sa formation même, la matière cosmique primitive donna successivement naissance à des tourbillons, à des agglomérations de ce fluide diffus, à des amas de matière nébuleuse qui se divisèrent eux-mêmes et se modifièrent à l'infini pour enfanter, dans les régions incommensurables de l'étendue, divers centres de créations simultanées ou successives.

En raison des forces qui prédominèrent sur l'un ou sur l'autre, et des circonstances ultérieures qui présidèrent à leurs développements, ces centres primitifs devinrent les foyers d'une vie spéciale ; les uns moins disséminés dans l'espace et plus riches en principes et en forces agissantes commencèrent dès lors leur vie astrale particulière, les autres occupant une étendue illimitée, ne grandirent qu'avec une extrême lenteur, ou se divisèrent de nouveau en d'autres centres secondaires.

CHAPITRE VI

16. — En nous reportant à quelques millions de siècles seulement au-dessus de l'époque actuelle, notre terre n'existe pas encore, notre système solaire lui-même n'a pas encore commencé les évolutions de la vie planétaire; et cependant déjà de splendides soleils illuminent l'éther; déjà des planètes habitées donnent la vie et l'existence à une multitude d'êtres qui nous ont précédés dans la carrière humaine; les productions opulentes d'une nature inconnue et les phénomènes merveilleux du ciel développent sous d'autres regards les tableaux de l'immense création. Que dis-je ! Déjà des splendeurs ne sont plus qui jadis ont fait palpiter le cœur d'autres mortels sous la pensée de l'infinie puissance ! Et nous, pauvres petits êtres qui venons après une éternité de vie, nous nous croyons contemporains de la création !

Encore une fois, comprenons mieux la nature. Sachons que l'éternité est derrière nous comme devant, que l'espace est le théâtre d'une succession et d'une simultanéité inimaginable de créations. Telles nébuleuses que nous distinguons à peine dans les lointains du ciel, sont des agglomérations de soleils en voie de formation ; telles autres sont des voies lactées de mondes habités; d'autres enfin le siége de catastrophes ou de dépérissement. Sachons que de même que nous sommes placés au milieu d'une infinité de mondes, de même nous sommes au milieu d'une double infinité de durées antérieures et ultérieures ; que la création universelle n'est point pour nous, et que nous devons réserver ce mot à la formation isolée de notre petit globule.

LA CRÉATION UNIVERSELLE.

17. — Après être remontés, autant qu'il est en notre faiblesse, vers la source cachée d'où découlent les mondes comme les gouttes d'eau d'un fleuve, considérons la **marche** des créations successives et de leurs développements sériels.

La matière cosmique primitive renfermait les éléments matériels, fluidiques et vitaux de tous les univers qui déroulent leurs magnificences devant l'éternité ; elle est la mère féconde de toutes choses, la première aïeule, et, qui plus est, la génératrice éternelle. Elle n'a point disparu, cette substance d'où proviennent les sphères sidérales ; elle n'est point morte, cette puissance, car elle donne encore incessamment le jour à de nouvelles créations, et reçoit incessamment les principes reconstitués des mondes qui s'effacent du livre éternel.

La matière éthérée, plus ou moins raréfiée, qui descend parmi les espaces interplanétaires; ce fluide cosmique qui remplit le monde, plus ou moins raréfié dans les régions immenses, riches en agglomérations d'étoiles, plus ou moins condensé là où le ciel astral ne brille pas encore, plus ou moins modifié par diverses combinaisons suivant les localités de l'étendue, n'est autre chose que la substance primitive en qui résident les forces universelles, d'où la nature a tiré toutes choses (1).

(1) Si l'on demandait quel est le principe de ces forces, et comment il peut être dans la substance même qui le produit, nous répondrions que la mécanique nous en offre de nombreux exemples. L'élasticité qui fait détendre un ressort n'est-elle pas dans le ressort même, et ne dépend-elle pas du mode d'agrégation des molé-

CHAPITRE VI

18. — Ce fluide pénètre les corps comme un immense océan. C'est en lui que réside le principe vital qui donne naissance à la vie des êtres et la perpétue sur chaque globe suivant sa condition, principe à l'état latent qui sommeille là où la voix d'un être ne l'appelle pas. Chaque créature minérale, végétale, animale ou autre, — car il est bien d'autres règnes naturels dont vous ne soupçonnez pas même l'existence,— sait, en vertu de ce principe vital universel, s'approprier les conditions de son existence et de sa durée.

Les molécules du minéral ont leur somme de cette vie, aussi bien que la graine et l'embryon, et se groupent, comme dans l'organisme, en figures symétriques qui constituent les individus.

Il importe fort de se pénétrer de cette notion : que la matière cosmique primitive était revêtue, non-seulement des lois qui assurent la stabilité des mondes, mais encore du principe vital universel qui forme des générations spontanées sur chaque monde, à mesure que se manifestent les conditions de l'existence successive des êtres, et quand sonne l'heure de l'apparition des enfants de la vie pendant la période créatrice.

Ainsi s'effectue la création universelle. Il est donc vrai de dire que, les opérations de la nature étant l'expression de la volonté divine, Dieu a toujours créé, crée sans cesse et créera toujours.

19. — Mais jusqu'ici nous avons passé sous silence le *monde spirituel* qui, lui aussi, fait partie de la création et accomplit ses destinées suivant les augustes prescriptions du maître.

cules ? Le corps qui obeit à la force centrifuge reçoit son impulsion du mouvement primitif qui lui a été imprimé.

URANOGRAPHIE GÉNÉRALE

Je ne puis donner qu'un enseignement bien restreint sur le sujet du mode de création des Esprits, eu égard à ma propre ignorance même, et je dois me taire encore sur des questions qu'il m'a été permis d'approfondir.

A ceux qui sont religieusement désireux de connaître, et qui sont humbles devant Dieu, je dirai, en les suppliant eux-mêmes de ne baser aucun système prématuré sur mes paroles : L'Esprit n'arrive point à recevoir l'illumination divine qui lui donne, en même temps que le libre arbitre et la conscience, la notion de ses hautes destinées, sans avoir passé par la série divinement fatale des êtres inférieurs parmi lesquels s'élabore lentement l'œuvre de son individualité; c'est seulement à dater du jour où le Seigneur imprime sur son front son auguste type, que l'Esprit prend rang parmi les humanités.

Encore une fois, ne bâtissez point sur mes paroles vos raisonnements, si tristement célèbres dans l'histoire de la métaphysique ; je préfèrerais mille fois me taire sur des questions aussi élevées au-dessus de nos méditations ordinaires, plutôt que de vous exposer à dénaturer le sens de mon enseignement, et à vous enfoncer, par ma faute, dans les dédales inextricables du déisme ou du fatalisme.

LES SOLEILS ET LES PLANÈTES.

20. — Or, il arriva qu'en un point de l'univers, perdu parmi les myriades de mondes, la matière cosmique se condensa sous la forme d'une immense nébuleuse. Cette nébuleuse était animée des lois universelles qui régissent la matière; en vertu de ces lois, et notamment de la force moléculaire d'attraction, elle revêtit la figure d'un sphé-

roïde, la seule que puisse revêtir primitivement une masse de matière isolée dans l'espace.

Le mouvement circulaire, produit par la gravitation rigoureusement égale de toutes les zones moléculaires vers le centre, modifia bientôt la sphère primitive pour la conduire, de mouvements en mouvements, vers la forme lenticulaire. — Nous parlons de l'ensemble de la nébuleuse.

21. — De nouvelles forces surgirent à la suite de ce mouvement de rotation : la force centripète et la force centrifuge. La première tendant à réunir toutes les parties au centre, la seconde tendant à les en éloigner. Or, le mouvement s'accélérant à mesure que la nébuleuse se condense, et son rayon augmentant à mesure qu'elle approche de la forme lenticulaire, la force centrifuge, incessamment développée par ces deux causes, prédomina bientôt sur l'attraction centrale.

De même qu'un mouvement trop rapide de la fronde en brise la corde et laisse échapper au loin le projectile, ainsi la prédominance de la force centrifuge détacha le cercle équatorial de la nébuleuse, et de cet anneau forma une nouvelle masse isolée de la première, mais néanmoins soumise à son empire. Cette masse a conservé son mouvement équatorial qui, modifié, devint son mouvement de translation autour de l'astre solaire. De plus, son nouvel état lui donne un mouvement de rotation autour de son propre centre.

22. — La nébuleuse génératrice qui donna naissance à ce nouveau monde, s'est condensée et a repris la forme sphérique ; mais la chaleur primitive, développée par ses mouvements divers, ne s'affaiblissant qu'avec une extrême lenteur, le phénomène que nous venons de décrire

se reproduira souvent et pendant une longue période, tant que cette nébuleuse ne sera pas devenue assez dense, assez solide', pour opposer une résistance efficace aux modifications de forme que lui imprime successivement son mouvement de rotation.

Elle n'aura donc pas donné naissance à un seul astre, mais à des centaines de mondes détachés du foyer central, issus d'elle par le mode de formation mentionné plus haut. Or, chacun de ces mondes, revêtu comme le monde primitif des forces naturelles qui président à la création des univers, engendrera dans la suite de nouveaux globes gravitant désormais autour de lui, comme il gravite concurremment avec ses frères autour du foyer de leur existence et de leur vie. Chacun de ces mondes sera un soleil, centre d'un tourbillon de planètes successivement échappées de son équateur. Ces planètes recevront une vie spéciale, particulière, quoique dépendante de leur astre générateur.

23. — Les planètes sont ainsi formées de masses de matière condensée, mais non encore solidifiée, détachées de la masse centrale par l'action de la force centrifuge, et prenant, en vertu des lois du mouvement, la forme sphéroïdale plus ou moins elliptique, selon le degré de fluidité qu'elles ont conservé. L'une de ces planètes sera la terre qui, avant d'être refroidie et revêtue d'une croûte solide, donnera naissance à la lune, par le même mode de formation astrale auquel elle doit sa propre existence; la terre, désormais inscrite au livre de vie, berceau de créatures dont la faiblesse est protégée sous l'aile de la divine Providence, corde nouvelle sur la harpe infinie qui doit vibrer en son lieu dans le concert universel des mondes.

128 CHAPITRE VI

LES SATELLITES.

24. — Avant que les masses planétaires n'aient atteint un degré de refroidissement suffisant pour en opérer la solidification, des masses plus petites, véritables globules liquides, se sont détachées de quelques-unes dans le plan équatorial, plan dans lequel la force centrifuge est la plus grande, et en vertu des mêmes lois ont acquis un mouvement de translation autour de leur planète génératrice, comme il en a été de celles-ci autour de leur astre central générateur.

C'est ainsi que la terre a donné naissance à la lune dont la masse moins considérable a dû subir un refroidissement plus prompt. Or, les lois et les forces qui présidèrent à son détachement de l'équateur terrestre, et son mouvement de translation dans ce même plan, agirent de telle sorte que ce monde, au lieu de revêtir la forme sphéroïde, prit celle d'un globe ovoïde, c'est-à-dire ayant la forme allongée d'un œuf, dont le centre de gravité serait fixé à la partie inférieure.

25. — Les conditions dans lesquelles s'effectua la désagrégation de la lune lui permirent à peine de s'éloigner de la terre, et la contraignirent à rester perpétuellement suspendue dans son ciel, comme une figure ovoïde dont les parties les plus lourdes formèrent la face inférieure tournée vers la terre, et dont les parties les moins denses occupèrent le sommet, si l'on désigne par ce mot le côté tourné à l'opposite de la terre et s'élevant vers le ciel. C'est ce qui fait que cet astre nous présente continuellement la même face. Il peut être assimilé, pour mieux faire comprendre son état géologique, à un globe de liége

dont la base tournée vers la terre serait formée de plomb.

De là, deux natures essentiellement distinctes à la surface du monde lunaire : l'une, sans nulle analogie possible avec le nôtre, car les corps fluides et éthérés lui sont inconnus ; l'autre, légère relativement à la terre, puisque toutes les substances les moins denses se portèrent sur cet hémisphère. La première, perpétuellement tournée vers la terre, sans eaux et sans atmosphère, si ce n'est quelquefois aux limites de cet hémisphère subterrestre ; l'autre, riche en fluides, perpétuellement opposée à notre monde (1).

26. — Le nombre et l'état des satellites de chaque planète ont varié selon les conditions spéciales dans lesquelles ils se sont formés. Quelques-unes n'ont donné naissance à aucun astre secondaire, telles que Mercure, Vénus et Mars, tandis que d'autres en ont formé un ou plusieurs, comme la Terre, Jupiter, Saturne, etc.

---

(1) Cette théorie de la lune, entièrement nouvelle, explique, par la loi de la gravitation, la raison pour laquelle cet astre présente toujours la même face à la terre. Son centre de gravité, au lieu d'être au centre de la sphère, se trouvant sur l'un des points de sa surface, et par conséquent attiré vers la terre par une force plus grande que les parties plus légères, la lune produirait l'effet des figures appelées *poussahs* qui se redressent constamment sur leur base, tandis que les planètes, dont le centre de gravité est à égale distance de la surface, tournent régulièrement sur leur axe. Les fluides vivifiants, gazeux ou liquides, par suite de leur légèreté spécifique, se trouveraient accumulés dans l'hémisphère supérieur constamment opposé à la terre ; l'hémisphère inférieur, le seul que nous voyons, en serait dépourvu, et par suite impropre à la vie, tandis qu'elle régnerait sur l'autre. Si donc l'hémisphère supérieur est habité, ses habitants n'ont jamais vu la terre, à moins d'excursions dans l'autre hémisphère.

Quelque rationnelle et scientifique que soit cette opinion, comme elle n'a pu encore être confirmée par aucune observation directe, elle ne peut être acceptée qu'à titre d'hypothèse, et comme une idée pouvant servir de jalon à la science.

130 CHAPITRE VI

27. — Outre ses satellites ou lunes, la planète de Saturne présente le phénomène spécial de l'anneau qui semble, vu de loin, l'entourer comme une blanche auréole. Cette formation est pour nous une nouvelle preuve de l'universalité des lois de la nature. Cet anneau est, en effet, le résultat d'une séparation qui s'est opérée aux temps primitifs dans l'équateur de Saturne, de même qu'une zone équatoriale s'est échappée de la terre pour former son satellite. La différence consiste en ce que l'anneau de Saturne se trouva formé, dans toutes ses parties, de molécules homogènes, probablement déjà dans un certain état de condensation, et put, de cette sorte, continuer son mouvement de rotation dans le même sens et dans un temps à peu près égal à celui qui anime la planète. Si l'un des points de cet anneau avait été plus dense que tout autre, une ou plusieurs agglomérations de substance se seraient subitement opérées, et Saturne aurait compté plusieurs satellites de plus. Depuis le temps de sa formation cet anneau s'est solidifié ainsi que les autres corps planétaires.

LES COMÈTES.

28. — Astres errants, plus encore que les planètes qui en ont conservé la dénomination étymologique, les comètes seront les guides qui nous aideront à franchir les limites du système auquel appartient la terre pour nous porter vers les régions lointaines de l'étendue sidérale.

Mais avant d'explorer, à l'aide de ces voyayeuses de l'univers, les domaines célestes, il sera bon de faire connaître, autant qu'il est possible, leur nature intrinsèque et leur rôle dans l'économie planétaire.

29. — On a souvent vu dans ces astres chevelus des mondes naissants, élaborant dans leur chaos primitif les conditions de vie et d'existence qui sont données en partage aux terres habitées ; d'autres ont imaginé dans ces corps extraordinaires des mondes à l'état de destruction, et leur apparence singulière fut pour beaucoup le sujet d'appréciations erronées sur leur nature ; de telle sorte qu'il n'est pas jusqu'à l'astrologie judiciaire qui n'en ait fait des présages de malheurs envoyés par les décrets providentiels à la terre étonnée et tremblante.

30. — La loi de variété est appliquée avec une si grande profusion dans les travaux de la nature, qu'on se demande comment les naturalistes, astronomes ou philosophes, ont élevé tant de systèmes pour assimiler les comètes aux astres planétaires, et pour ne voir en elles que des astres à un degré plus ou moins grand de développement ou de caducité. Les tableaux de la nature devaient amplement suffire, cependant, pour éloigner de l'observateur le soin de rechercher des rapports qui n'existent pas, et laisser aux comètes le rôle modeste, mais utile, d'astres errants servant d'éclaireurs pour les empires solaires. Car les corps célestes dont il s'agit sont tout autres que les corps planétaires ; ils n'ont point, comme eux, la destination de servir de séjour aux humanités ; ils vont successivement de soleils en soleils, s'enrichissant parfois en route de fragments planétaires réduits à l'état de vapeurs, puiser à leurs foyers les principes vivifiants et rénovateurs qu'ils déversent sur les mondes terrestres.

31. — Si, lorsqu'un de ces astres approche de notre petit globe, pour en traverser l'orbite et retourner à son apogée situé à une distance incommensurable du soleil, nous le suivions, par la pensée, pour visiter avec lui les

contrées sidérales, nous franchirions cette étendue prodigieuse de matière éthérée qui sépare le soleil des étoiles les plus voisines, et observant les mouvements combinés de cet astre que l'on croirait égaré dans le désert de l'infini, nous trouverions là encore une preuve éloquente de l'universalité des lois de la nature, qui s'exercent à des distances que l'imagination la plus active peut à peine concevoir.

Là, la forme elliptique prend la forme parabolique, et la marche se ralentit au point de ne parcourir que quelques mètres dans le même temps qu'à son périgée elle parcourait plusieurs milliers de lieues. Peut-être un soleil plus puissant, plus important que celui qu'elle vient de quitter, usera-t-il envers cette comète d'une attraction prépondérante, et la recevra-t-il au rang de ses propres sujets, et alors les enfants étonnés de votre petite terre en attendront en vain le retour qu'ils avaient pronostiqué par des observations incomplètes. Dans ce cas, nous, dont la pensée a suivi la comète errante en ces régions inconnues, nous rencontrerons alors une nouvelle nation introuvable pour les regards terrestres, inimaginable pour les Esprits qui habitent la terre, inconcevable même à leur pensée, car elle sera le théâtre de merveilles inexplorées.

Nous sommes parvenus au monde astral, dans ce monde éblouissant des vastes soleils qui rayonnent dans l'espace infini, et qui sont les fleurs brillantes du parterre magnifique de la création. Arrivés là, nous saurons seulement ce que c'est que la terre.

URANOGRAPHIE GÉNÉRALE

LA VOIE LACTÉE.

32. — Pendant les belles nuits étoilées et sans lune, chacun a pu remarquer cette lueur blanchâtre qui traverse le ciel d'une extrémité à l'autre, et que les Anciens avaient surnommée *voie lactée,* à cause de son apparence laiteuse. Cette lueur diffuse a été longuement explorée par l'œil du télescope dans les temps modernes, et ce chemin de poudre d'or, ou ce ruisseau de lait de l'antique mythologie, s'est transformé en un vaste champ de merveilles inconnues. Les recherches des observateurs ont amené à la connaissance de sa nature, et ont montré, là où le regard égaré ne rencontrait qu'une faible clarté, des millions de soleils plus lumineux et plus importants que celui qui nous éclaire.

33. — La voie lactée, en effet, est une campagne semée de fleurs solaires ou planétaires qui brillent dans sa vaste étendue. Notre soleil et tous les corps qui l'accompagnent font partie de ces globes rayonnants dont se compose la voie lactée; mais, malgré ses dimensions gigantesques relativement à la terre et à la grandeur de son empire, il n'occupe cependant qu'une place inappréciable dans cette vaste création. On peut compter une trentaine de millions de soleils semblables à lui qui gravitent en cette immense région, éloignés chacun les uns des autres de plus de cent mille fois le rayon de l'orbite terrestre (1).

34. — On peut juger, par cette approximation, de l'étendue de cette région sidérale, et de la relation qui unit

---

(1) Plus de 3 trillions, 400 billions de lieues.

134   CHAPITRE VI

notre système à l'universalité des systèmes qui l'occupent. On peut juger également de l'exiguïté du domaine solaire, et *à fortiori*, du néant de notre petite terre. Que serait-ce donc si l'on considérait les êtres qui le peuplent!

Je dis du néant, car nos déterminations s'appliquent, non seulement à l'étendue matérielle, physique, des corps que nous étudions, — ce serait peu, — mais encore et surtout à leur état moral d'habitation, au degré qu'ils occupent dans l'universelle hiérarchie des êtres. La création s'y montre dans toute sa majesté, créant et propageant tout autour du monde solaire, et dans chacun des systèmes qui l'entourent de toutes parts, les manifestations de la vie et de l'intelligence.

35. — On connaît de cette manière la position occupée par notre soleil ou par la terre dans le monde des étoiles; ces considérations acquerront un plus grand poids encore si l'on réfléchit à l'état même de la voie lactée qui, dans l'immensité des créations sidérales, ne représente elle-même qu'un point insensible et inappréciable vu de loin; car elle n'est autre chose qu'une nébuleuse stellaire, comme il en existe des milliers dans l'espace. Si elle nous paraît plus vaste et plus riche que d'autres, c'est par cette seule raison qu'elle nous entoure et se développe dans toute son étendue sous nos yeux; tandis que les autres, perdues dans des profondeurs insondables, se laissent à peine entrevoir.

36. — Or, si l'on sait que la terre n'est rien, ou presque rien dans le système solaire, celui-ci rien ou presque rien dans la voie lactée, celle-ci rien ou presque rien dans l'universalité des nébuleuses, et cette universalité elle-même fort peu de chose au milieu de l'immense in-

fini, on commencera à comprendre ce que c'est que le globe terrestre.

LES ÉTOILES FIXES.

37. — Les étoiles que l'on appelle fixes, et qui constellent les deux hémisphères du firmament, ne sont point isolées de toute attraction extérieure comme on le suppose généralement; loin de là, elles appartiennent toutes à une même agglomération d'astres stellaires. Cette agglomération n'est autre que la grande nébuleuse dont nous faisons partie, et dont le plan équatorial qui se projette dans le ciel a reçu le nom de *voie lactée*. Tous les soleils qui la composent sont solidaires; leurs multiples influences réagissent perpétuellement l'une sur l'autre, et la gravitation universelle les réunit tous en une même famille.

38. — Parmi ces divers soleils, la plupart sont, comme le nôtre, entourés de mondes secondaires, qu'ils illuminent et fécondent par les mêmes lois qui président à la vie de notre système planétaire. Les uns, comme Syrius, sont des milliers de fois plus magnifiques en dimensions et en richesses que le nôtre, et leur rôle plus important dans l'univers, de même que des planètes en plus grand nombre et fort supérieures aux nôtres les entourent. D'autres sont très dissemblables par leurs fonctions astrales. C'est ainsi qu'un certain nombre de ces soleils, véritables jumeaux de l'ordre sidéral, sont accompagnés de leurs frères du même âge, et forment, dans l'espace, des systèmes binaires auxquels la nature a donné des fonctions tout autres que celles qui appartiennent à notre soleil. Là les années ne se mesurent plus par les mêmes

CHAPITRE VI

périodes, ni les jours par les mêmes soleils, et ces mondes éclairés par un double flambeau ont reçu en partage des conditions d'existence inimaginables pour ceux qui ne sont pas sortis de ce petit monde terrestre.

D'autres astres sans cortége, privés de planètes, ont reçu les meilleurs éléments de l'habitabilité qui soient donnés à aucun. Les lois de la nature sont diversifiées dans leur immensité, et si l'unité est le grand mot de l'univers, la variété infinie n'en est pas moins l'éternel attribut.

39. — Malgré le nombre prodigieux de ces étoiles et de leurs systèmes, malgré les distances incommensurables qui les séparent, elles n'en appartiennent pas moins toutes à la même nébuleuse stellaire que les regards des plus puissants télescopes peuvent à peine traverser, et que les conceptions les plus hardies de l'imagination peuvent à peine franchir; nébuleuse qui, néanmoins, n'est qu'une unité dans l'ordre des nébuleuses qui composent le monde astral.

40. — Les étoiles que l'on appelle fixes ne sont point immobiles dans l'étendue. Les constellations que l'on a figurées sur la voûte du firmament ne sont pas des créations symboliques réelles. La *distance* de la terre et la perspective sous laquelle on mesure l'univers depuis cette station, sont les deux causes de cette double illusion d'optique.

41. — Nous avons vu que la totalité des astres qui étincellent au dôme azuré, est enfermée dans une même agglomération cosmique, dans une même nébuleuse que vous nommez *voie lactée;* mais pour appartenir tous au même groupe, ces astres n'en sont pas moins animés chacun d'un mouvement propre de translation dans l'es-

pace. Le repos absolu n'existe nulle part; ils sont régis par les lois universelles de la gravitation, et roulent dans l'étendue sous l'impulsion incessante de cette force immense; ils roulent, non point suivant des routes tracées par le hasard, mais suivant des orbites fermées dont le centre est occupé par un astre supérieur. Pour rendre mes paroles plus compréhensibles par un exemple, je parlerai spécialement de votre soleil.

42. — On sait, par des observations modernes, qu'il n'est point fixe ni central, comme on le croyait aux premiers jours de l'astronomie nouvelle, mais qu'il s'avance dans l'espace, entraînant avec lui son vaste système de planètes, de satellites et de comètes.

Or, cette marche n'est point fortuite et il ne va point, errant dans les vides infinis, égarer loin des régions qui lui sont assignées, ses enfants et ses sujets. Non, son orbite est mesurée, et concurremment avec d'autres soleils de même ordre que lui, et entourés comme lui d'un certain nombre de terres habitées, il gravite autour d'un soleil central. Son mouvement de gravitation, de même que celui des soleils ses frères, est inappréciable à des observations annuelles, car des périodes séculaires en grand nombre suffiraient à peine à marquer le temps d'une de ces années astrales.

43. — Le soleil central dont nous venons de parler est lui-même un globe secondaire relativement à un autre plus important encore, autour duquel il perpétue une marche lente et mesurée en compagnie d'autres soleils du même ordre.

Nous pourrions constater cette subordination successive de soleils à soleils, jusqu'à ce que notre imagination soit fatiguée de gravir une telle hiérarchie; car, ne l'oublions pas, on peut compter en nombre rond une **trentaine de millions de soleils dans la voie lactée**, subordonnés les uns aux autres comme les rouages gigantesques d'un immense système.

44. — Et ces astres, en nombres innombrables, vivent chacun d'une vie solidaire ; de même que rien n'est isolé dans l'économie de votre petit monde terrestre, de même rien n'est isolé dans l'incommensurable univers.

Ces systèmes de systèmes paraîtraient de loin à l'œil investigateur du philosophe qui saurait embrasser le tableau développé par l'espace et par le temps, une poussière de perles d'or soulevée en tourbillons sous le souffle divin qui fait voler les mondes sidéraux dans les cieux, comme les grains de sable sur les côtes du désert.

Plus d'immobilité, plus de silence, plus de nuit ! Le grand spectacle qui se déroulerait de la sorte sous **nos** regards serait la création réelle, immense et pleine **de** la vie éthérée qu'embrasse dans l'ensemble immense **le** regard infini du Créateur.

Mais nous n'avons jusqu'ici parlé que d'une nébuleuse ; ses millions de soleils, ses millions de terres habitées, ne forment, comme nous l'avons dit, qu'une île dans l'archipel infini.

LES DÉSERTS DE L'ESPACE.

45. — Un désert immense, sans bornes, s'étend au **delà** de l'agglomération d'étoiles dont nous venons de **parler,** et l'enveloppe. Des solitudes succèdent aux solitudes, et les plaines incommensurables du vide s'étendent au loin. Les amas de matière cosmique se trouvant isolés dans l'espace comme les îles flottantes d'un immense ar-

chipel, si l'on veut apprécier en quelque façon l'idée de l'énorme distance qui sépare l'amas d'étoiles dont nous faisons partie, des plus prochaines agglomérations, il faut savoir que ces îles stellaires sont disséminées et rares dans le vaste océan des cieux, et que l'étendue qui les sépare les unes des autres est incomparablement plus grande que celle qui mesure leurs dimensions respectives.

Or, on se rappelle que la nébuleuse stellaire mesure, en nombre rond, mille fois la distance des plus prochaines étoiles prise pour unité, c'est-à-dire quelques cent mille trillions de lieues. La distance qui s'étend entre elles étant beaucoup plus vaste ne saurait être exprimée par des nombres accessibles à la compréhension de notre esprit; l'imagination seule, dans ses plus hautes conceptions, est capable de franchir cette immensité prodigieuse, ces solitudes muettes et privées de toute apparence de vie, et d'envisager en quelque sorte l'idée de cette infinité relative.

46. — Ce désert céleste, cependant, qui enveloppe notre univers sidéral, et qui paraît s'étendre comme les confins reculés de notre monde astral, est embrassé par la vue et par la puissance infinie du Très-Haut qui, par delà ces cieux de nos cieux, a développé la trame de sa création illimitée.

47. — Au delà de ces vastes solitudes, en effet, des mondes rayonnent dans leur magnificence aussi bien que dans les régions accessibles aux investigations humaines; au delà de ces déserts, de splendides oasis voguent dans le limpide Ether, et renouvellent incessamment les scènes admirables de l'existence et de la vie. Là se déroulent les agrégats lointains de substance cosmique, que l'œil profond du télescope entrevoit à travers les régions

transparentes de notre ciel; ces nébuleuses que vous nommez irrésolubles, et qui vous apparaissent comme de légers nuages de poussière blanche perdus en un point inconnu de l'espace éthéré. Là se révèlent et se développent des mondes nouveaux, dont les conditions variées et étrangères à celles qui sont inhérentes à votre globe, leur donnent une vie que vos conceptions ne peuvent imaginer, ni vos études constater. C'est là que resplendit dans toute sa plénitude le pouvoir créateur; pour celui qui vient des régions occupées par votre système, d'autres lois y sont en action, dont les forces régissent les manifestations de la vie, et les routes nouvelles que nous suivons dans ces pays étranges nous ouvrent des perspectives inconnues.

SUCCESSION ÉTERNELLE DES MONDES.

48. — Nous avons vu qu'une seule loi primordiale et générale a été donnée à l'univers pour en assurer la stabilité éternelle, et que cette loi générale est perceptible à nos sens par plusieurs actions particulières que nous nommons forces directrices de la nature. Nous allons montrer aujourd'hui que l'harmonie du monde entier, considérée sous le double aspect de l'éternité et de l'espace, est assurée par cette loi suprême.

49. — En effet, si nous remontons à l'origine première des primitives agglomérations de substance cosmique, nous remarquons que déjà, sous l'empire de cette loi, la matière subit les transformations nécessaires qui la mènent du germe au fruit mûr, et que sous l'impulsion des forces diverses nées de cette loi, elle parcourt

URANOGRAPHIE GÉNÉRALE 141

l'échelle de ses révolutions périodiques; d'abord centre fluidique des mouvements, ensuite générateur des mondes, plus tard noyau central et attractif des sphères qui ont pris naissance en son sein.

Nous savons déjà que ces lois président à l'histoire du Cosmos; ce qu'il importe de savoir maintenant, c'est qu'elles président également à la destruction des astres, car la mort n'est pas seulement une métamorphose de l'être vivant, mais encore une transformation de la matière inanimée; et s'il est vrai de dire, dans le sens littéral, que la vie seule est accessible à la faux de la mort, il est aussi juste d'ajouter que la substance doit en toute nécessité subir les transformations inhérentes à sa constitution.

50. — Voici un monde qui depuis son berceau primitif a parcouru toute l'étendue des années que son organisation spéciale lui permettait de parcourir; le foyer intérieur de son existence s'est éteint, ses éléments propres ont perdu leur vertu première; les phénomènes de sa nature qui réclamaient pour leur production la présence et l'action des forces dévolues à ce monde, ne peuvent se présenter désormais, parce que ce levier de leur activité n'a plus le point d'appui qui lui donnait toute sa force.

Or, pensera-t-on que cette terre éteinte et sans vie va continuer de graviter dans les espaces célestes, sans but, et passer comme une cendre inutile dans le tourbillon des cieux? Pensera-t-on qu'elle reste inscrite au livre de la vie universelle lorsqu'elle n'est plus qu'une lettre morte et dénuée de sens? Non; les mêmes lois qui l'ont élevée au-dessus du chaos ténébreux et qui l'ont gratifiée des splendeurs de la vie, les mêmes forces qui l'ont gouvernée pendant les siècles de son adolescence, qui ont affermi ses premiers pas dans l'existence et qui l'ont conduite à l'âge mur et à la vieillesse, vont présider à la désagrégation de ses éléments constitutifs pour les rendre au laboratoire où la puissance créatrice puise sans cesse les conditions de la stabilité générale. Ces éléments vont retourner à cette masse commune de l'éther pour s'assimiler à d'autres corps, ou pour régénérer d'autres soleils; et cette mort ne sera pas un événement inutile à cette terre ni à ses sœurs; elle renouvellera dans d'autres régions d'autres créations d'une nature différente, et là où des systèmes de mondes se sont évanouis renaîtra bientôt un nouveau parterre de fleurs plus brillantes et plus parfumées.

51. — Ainsi l'éternité réelle et effective de l'univers est assurée par les mêmes lois qui dirigent les opérations du temps; ainsi les mondes succèdent aux mondes, les soleils aux soleils, sans que l'immense mécanisme des vastes cieux soit jamais atteint dans ses gigantesques ressorts.

Là où vos yeux admirent de splendides étoiles sous la voûte des nuits, là où votre esprit contemple des rayonnements magnifiques qui resplendissent sous de lointains espaces, depuis longtemps le doigt de la mort a éteint ces splendeurs, depuis longtemps le vide a succédé à ces éblouissements et reçu même de nouvelles créations encore inconnues. L'immense éloignement de ces astres par lequel la lumière qu'ils nous envoient met des milliers d'années à nous parvenir, fait que nous recevons seulement aujourd'hui les rayons qu'ils nous ont envoyés longtemps avant la création de la terre, et que nous les admirerons encore pendant des milliers d'années après leur disparition réelle.

Que sont les six mille ans de l'humanité historique devant les périodes séculaires ? des secondes dans vos siècles ? Que sont vos observations astronomiques devant l'état absolu du monde ? l'ombre éclipsée par le soleil.

52. — Donc, ici comme dans nos autres études, reconnaissons que la terre et l'homme ne sont que néant au prix de ce qui est, et que les plus colossales opérations de notre pensée ne s'étendent encore que dans un champ imperceptible auprès de l'immensité et de l'éternité d'un univers qui ne finira point.

Et quand ces périodes de notre immortalité auront passé sur notre tête, quand l'histoire actuelle de la terre nous apparaîtra comme une ombre vaporeuse au fond de notre souvenir ; que nous aurons habité pendant des siècles innommés ces divers degrés de notre hiérarchie cosmologique ; que les domaines les plus lointains des âges futurs auront été parcourus par d'innombrables pérégrinations, nous aurons devant nous la succession illimitée des mondes et l'immobile éternité pour perspective.

LA VIE UNIVERSELLE.

53. — Cette immortalité des âmes, dont le système du monde physique est la base, a paru imaginaire aux yeux de certains penseurs prévenus ; ils l'ont ironiquement qualifiée d'immortalité voyageuse, et n'ont pas compris qu'elle seule était vraie devant le spectacle de la création. Cependant il est possible d'en faire comprendre toute la grandeur, je dirais presque toute la perfection.

54. — Que les œuvres de Dieu soient créées pour la pensée et l'intelligence ; que les mondes soient le séjour

d'êtres qui les contemplent et qui découvrent sous leur voile la puissance et la sagesse de celui qui les forma, cette question n'est plus douteuse pour nous; mais que les âmes qui les peuplent soient solidaires, c'est ce qu'il importe de connaître.

55. — L'intelligence humaine, en effet, a peine à considérer ces globes radieux qui scintillent dans l'étendue, comme de simples masses de matière inerte et sans vie ; elle a peine à songer qu'il y a, dans ces régions lointaines, de magnifiques crépuscules et des nuits splendides, des soleils féconds et des jours pleins de lumière, des vallées et des montagnes où les productions multiples de la nature ont développé toute leur pompe luxuriante ; elle a peine à s'imaginer, dis-je, que le spectacle divin où l'âme peut se retremper comme dans sa propre vie, soit dépouillé de l'existence et privé de tout être pensant qui puisse le connaître.

56. — Mais à cette idée éminemment juste de la création, il faut ajouter celle de l'humanité solidaire, et c'est en cela que consiste le mystère de l'éternité future.

Une même famille humaine a été créée dans l'universalité des mondes, et les liens d'une fraternité encore inappréciée de votre part ont été donnés à ces mondes. Si ces astres qui s'harmonisent dans leurs vastes systèmes sont habités par des intelligences, ce n'est point par des êtres inconnus les uns aux autres, mais bien par des êtres marqués au front de la même destinée, qui doivent se rencontrer momentanément suivant leurs fonctions de vie, et se retrouver suivant leurs mutuelles sympathies; c'est la grande famille des Esprits qui peuplent les terres célestes; c'est le grand rayonnement de l'Esprit divin qui embrasse l'étendue des cieux, et qui reste comme type primitif et final de la perfection spirituelle.

57. — Par quelle étrange abération a-t-on cru devoir refuser à l'immortalité les vastes régions de l'éther, quand on la renfermait dans une limite inadmissible et dans une dualité absolue ? Le vrai système du monde devait-il donc précéder la vraie doctrine dogmatique, et la science la théologie ? Celle-ci s'égarera-t-elle tant que sa base se posera sur la métaphysique ? La réponse est facile et nous montre que la nouvelle philosophie s'assoira triomphante sur les ruines de l'ancienne, parce que sa base se sera élevée victorieuse sur les anciennes erreurs.

LA SCIENCE.

58. — L'intelligence humaine a élevé ses puissantes conceptions au-dessus des limites de l'espace et du temps ; elle a pénétré dans le domaine inaccessible des anciens âges, sondé le mystère des cieux insondables, expliqué l'énigme de la création. Le monde extérieur a déroulé sous les regards de la science son panorama splendide et sa magnifique opulence, et les études de l'homme l'ont élevé à la connaissance du vrai ; il a exploré l'univers, trouvé l'expression des lois qui le régissent et l'application des forces qui le soutiennent, et s'il ne lui a pas été donné de regarder face à face la cause première, du moins est-il parvenu à la notion mathématique de la série des causes secondaires.

En ce dernier siècle surtout, la méthode expérimentale, — la seule qui soit véritablement scientifique, — a été mise en pratique dans les sciences naturelles, et par son

CHAPITRE VI

aide l'homme s'est successivement dépouillé des préjugés de l'ancienne Ecole et des théories spéculatives, pour se renfermer dans le champ de l'observation et le cultiver avec soin et intelligence.

Oui, la science de l'homme est solide et féconde, digne de nos hommages pour son passé difficile et longuement éprouvé, digne de nos sympathies pour son avenir, gros de découvertes utiles et profitables ; car la nature est désormais un livre accessible aux recherches de l'homme studieux, un monde ouvert aux investigations du penseur, une région brillante que l'esprit humain a déjà visitée, et dans laquelle il peut hardiment s'avancer, tenant en main l'expérience pour boussole.

59. — Un ancien ami de ma vie terrestre me parlait ainsi naguère. Une pérégrination nous avait ramenés sur la terre, et nous étudiions de nouveau moralement ce monde ; mon compagnon ajoutait que l'homme est aujourd'hui familiarisé avec les lois les plus abstraites de la mécanique, de la physique, de la chimie ; que les applications à l'industrie ne sont pas moins remarquables que les déductions de la science pure, et que la création tout entière, savamment étudiée par lui, paraît être désormais son royal apanage. Et comme nous poursuivions notre marche hors de ce monde, je lui répondis en ces termes :

60. — Faible atome perdu en un point imperceptible de l'infini, l'homme a cru embrasser de ses regards l'étendue universelle, quand il pouvait à peine contempler la région qu'il habite ; il a cru étudier les lois de la nature entière, quand ses appréciations avaient à peine porté sur les forces en action autour de lui ; il a cru déterminer la grandeur du ciel, quand il se consumait dans la détermination d'un grain de poussière. Le champ de ses ob-

servations est si exigu, qu'un fait perdu de vue, l'esprit a peine à le retrouver ; le ciel et la terre de l'homme sont si petits, que l'âme, en son essor, n'a pas le temps de déployer son aile avant d'être parvenue aux derniers parages accessibles à l'observation.

L'univers incommensurable nous entoure de toutes parts, déployant par delà nos cieux des richesses inconnues, mettant en jeu des forces inappréciées, développant des modes d'existence inconcevables pour nous, et propageant à l'infini la splendeur et la vie.

Et le ciron, misérable acarus, privé d'ailes et de lumière, dont la triste existence se consume sur la feuille qui lui donna le jour, prétendrait, parce qu'il fait quelques pas sur cette feuille agitée par le vent, avoir le droit de parler sur l'arbre immense auquel elle appartient, arbre dont à peine il a aperçu l'ombrage ; il s'imaginerait follement pouvoir raisonner sur la forêt dont son arbre fait partie et discuter sagement sur la nature des végétaux qui s'y développent, des êtres qui l'habitent, du soleil lointain dont les rayons descendent quelquefois y porter le mouvement et la vie ? — En vérité, l'homme serait étrangement prétentieux de vouloir mesurer la grandeur infinie au pied de sa petitesse infinie !

Aussi doit-il être bien pénétré de cette idée : que si les labeurs arides des siècles passés lui ont acquis sa première connaissance des choses, si la progression de l'esprit l'a placé au vestibule du savoir, il n'a fait encore qu'épeler la première page du livre ; qu'il est, comme l'enfant, susceptible de se tromper à chaque mot, et, loin de prétendre interpréter doctoralement l'ouvrage, doit se contenter de l'étudier humblement, page par page, ligne par ligne. Heureux encore ceux qui le peuvent faire.

CHAPITRE VI

CONSIDÉRATIONS MORALES.

61. — Vous nous avez suivis dans nos excursions célestes, et vous avez visité avec nous les régions immenses de l'espace. Sous nos regards, les soleils ont succédé aux soleils, les systèmes aux systèmes, les nébuleuses aux nébuleuses; le panorama splendide de l'harmonie du cosmos s'est déroulé devant nos pas, et nous avons reçu un avant-goût de l'idée de l'infini, que nous ne pouvons comprendre dans toute son étendue que suivant notre perfectibilité future. Les mystères de l'éther ont dévoilé leur énigme jusqu'ici indéchiffrable, et nous avons conçu au moins l'idée de l'universalité des choses. Il importe maintenant de nous arrêter et de réfléchir.

62. — Il est beau sans doute d'avoir reconnu l'infimité de la terre et sa médiocre importance dans la hiérarchie des mondes; il est beau d'avoir abaissé l'outrecuidance humaine qui nous est si chère, et de nous être humiliés devant la grandeur absolue; mais il sera plus beau encore d'interpréter sous le sens moral le spectacle dont nous avons été témoin. Je veux parler de la puissance infinie de la nature, et de l'idée que nous devons nous faire de son mode d'action dans les diverses portées du vaste univers.

63. — Habitués, comme nous le sommes, à juger des choses par notre pauvre petit séjour, nous nous imaginons que la nature n'a pu ou n'a dû agir sur les autres mondes que d'après les règles que nous avons reconnues ici-bas. Or, c'est précisément en cela qu'il importe de réformer notre jugement.

Jetez un instant les yeux sur une région quelconque

de votre globe et sur une des productions de votre nature ; n'y reconnaissez-vous pas le sceau d'une variété infinie et la preuve d'une activité sans égale ? Ne voyez-vous pas sur l'aile du petit oiseau des Canaries, sur le pétale d'un bouton de rose entr'ouvert, la prestigieuse fécondité de cette belle nature ?

Que vos études s'appliquent aux êtres qui planent dans les airs; qu'elles descendent dans la violette des bois; qu'elles s'enfoncent sous les profondeurs de l'Océan, en tout et partout vous lisez cette vérité universelle : La nature toute-puissante agit selon les lieux, les temps et les circonstances ; elle est une dans son harmonie générale, mais multiple dans ses productions ; elle se joue d'un soleil comme d'une goutte d'eau ; elle peuple d'êtres vivants un monde immense avec la même facilité qu'elle fait éclore l'œuf déposé par le papillon d'automne.

64. — Or, si telle est la variété que la nature a pu nous décrire en tous lieux sur ce petit monde si étroit, si limité, combien plus devez-vous étendre ce mode d'action en songeant aux perspectives des vastes mondes ? combien plus devez-vous la développer et en reconnaître la puissante étendue en l'appliquant à ces mondes merveilleux qui, bien plus que la terre, attestent son inconnaissable perfection ?

Ne voyez donc point, autour de chacun des soleils de l'espace, des systèmes semblables à votre système planétaire ; ne voyez point sur ces planètes supposées les trois règnes de la nature qui brillent autour de vous, mais songez que de même que pas un visage d'homme ne ressemble à un autre visage dans le genre humain tout entier, de même une diversité prodigieuse, inimaginable, a

150 CHAPITRE VI. — URANOGRAPHIE GÉNÉRALE

été répandue dans les séjours éthérés qui voguent au sein des espaces.

De ce que notre nature animée commence au zoophyte pour se terminer à l'homme; de ce que l'atmosphère alimente la vie terrestre, de ce que l'élément liquide la renouvelle sans cesse, de ce que vos saisons font succéder dans cette vie les phénomènes qui la partagent, n'en concluez point que les millions de millions de terres qui voguent dans l'étendue soient semblables à celle-ci; loin de là, elles diffèrent suivant les conditions diverses qui leur ont été dévolues, et suivant leur rôle respectif sur la scène du monde; ce sont les pierreries variées d'une immense mosaïque, les fleurs diversifiées d'un admirable parterre.

CHAPITRE VII

Esquisse géologique de la terre.

Périodes géologiques. — Etat primitif du globe. — Période primaire. — Période de transition. — Période secondaire. — Période tertiaire. — Période diluvienne. — Période post-diluvienne ou actuelle. —Naissance de l'homme.

PÉRIODES GÉOLOGIQUES.

1. — La terre porte en elle les traces évidentés de sa formation ; on en suit les phases avec une précision mathématique dans les différents terrains qui composent sa charpente. L'ensemble de ces études constitue la science appelée *géologie*, science née de ce siècle, et qui a jeté la lumière sur la question si controversée de son origine et de celle des êtres vivants qui l'habitent. Ici, il n'y a point d'hypothèse ; c'est le résultat rigoureux de l'observation des faits, et en présence des faits le doute n'est point permis. L'histoire de la formation du globe est écrite dans les couches géologiques d'une manière bien autrement certaine que dans les livres préconçus, parce que c'est la nature elle-même qui parle, qui se montre à découvert, et non l'imagination des hommes qui crée des systèmes. Où l'on voit les traces du feu, on peut dire avec certitude que le feu a existé ; où l'on voit celles de l'eau, on dit avec non moins de certitude que l'eau a séjourné ; où l'on voit celles des animaux, on dit que les animaux ont vécu.

CHAPITRE VII

La géologie est donc une science toute d'observation ; elle ne tire de conséquence que de ce qu'elle voit ; sur les points douteux elle n'affirme rien : elle n'émet que des opinions discutables dont la solution définitive attend des observations plus complètes. Sans les découvertes de la géologie, comme sans celles de l'astronomie, la Genèse du monde serait encore dans les ténèbres de la légende. Grâce à elle aujourd'hui, l'homme connaît l'histoire de son habitation, et l'échafaudage des fables qui entouraient son berceau s'est écroulé pour ne plus se relever.

2. — Partout où existent dans les terrains des tranchées, des excavations naturelles ou pratiquées par les hommes, on remarque ce qu'on appelle des *stratifications*, c'est-à-dire des couches superposées. Les terrains qui présentent cette disposition sont désignés sous le nom de *terrains stratifiés*. Ces couches, d'une épaisseur très variable, depuis quelques centimètres jusqu'à 100 mètres et plus, se distinguent entre elles par la couleur et la nature des substances dont elles se composent. Les travaux d'art, le percement des puits, l'exploitation des carrières et surtout des mines ont permis de les observer jusqu'à une assez grande profondeur.

3. — Les couches sont généralement homogènes, c'est-à-dire que chacune est formée d'une même substance, ou de diverses substances qui ont existé ensemble, et ont formé un tout compacte. La ligne de séparation qui les isole les unes des autres est toujours nettement tranchée, comme dans les assises d'un bâtiment ; nulle part on ne les voit se mêler et se perdre l'une dans l'autre à l'endroit de leurs limites respectives, comme cela a lieu, par exemple, dans les couleurs du prisme et de l'arc-en-ciel.

ESQUISSE GÉOLOGIQUE DE LA TERRE 153

A ces caractères on reconnaît qu'elles ont été formées successivement, déposées l'une sur l'autre dans des conditions et par des causes différentes; les plus profondes ont naturellement été formées les premières, et les plus superficielles postérieurement. La dernière de toutes, celle qui se trouve à la surface, est la couche de terre végétale qui doit ses propriétés aux détritus des matières organiques provenant des plantes et des animaux.

Les couches inférieures, placées au-dessous de la couche végétale, ont reçu en géologie le nom de *roches*, mot qui, dans cette acception, n'implique pas toujours l'idée d'une substance pierreuse, mais signifie un lit ou banc d'une substance minérale quelconque. Les unes sont formées de sable, d'argile ou terre glaise, de marne, de cailloux roulés, d'autres de pierres proprement dites, plus ou moins dures, telles que les grès, les marbres, la craie, les calcaires ou pierres à chaux, les pierres meulières, les charbons de terre, les asphaltes, etc. On dit qu'une roche est plus ou moins puissante, selon que son épaisseur est plus ou moins considérable.

4. — Par l'inspection de la nature de ces roches ou couches, on reconnaît à des signes certains que les unes proviennent de matières fondues et parfois vitrifiées par l'action du feu; d'autres de substances terreuses déposées par les eaux; quelques-unes de ces substances sont restées désagrégées comme les sables; les autres, d'abord à l'état pâteux, sous l'action de certains agents chimiques ou autres causes, se sont durcies et ont acquis à la longue la consistance de la pierre. Les bancs de pierres superposés annoncent des dépôts successifs. Le feu et l'eau ont donc eu leur part d'action dans la formation des matériaux qui composent la charpente solide du globe.

9.

CHAPITRE VII

5. — La position normale des couches terreuses ou pierreuses provenant de dépôts aqueux, est la direction horizontale. Lorsqu'on voit ces immenses plaines qui s'étendent parfois à perte de vue, d'une horizontalité parfaite, unies comme si on les avait nivelées au rouleau, ou ces fonds de vallées aussi planes que la surface d'un lac, on peut être certain qu'à une époque plus ou moins reculée, ces lieux ont été longtemps couverts par des eaux tranquilles qui, en se retirant, ont laissé à sec les terres qu'elles avaient déposées pendant leur séjour. Après la retraite des eaux, ces terres se sont couvertes de végétation. Si au lieu de terres grasses, limoneuses, argileuses ou marneuses, propres à s'assimiler les principes nutritifs, les eaux n'ont déposé que des sables siliceux, sans agrégation, on a ces plaines sablonneuses et arides qui constituent les landes et les déserts. Les dépôts que laissent les inondations partielles, et ceux qui forment les atterrissements à l'embouchure des rivières, peuvent en donner une idée en petit.

6. — Bien que l'horizontalité soit la position normale et la plus générale des formations aqueuses, on voit souvent sur d'assez grandes étendues, dans les pays de montagnes, des roches dures que leur nature indique avoir été formées par les eaux, dans une position inclinée et parfois même verticale. Or, comme d'après les lois de l'équilibre des liquides et de la pesanteur, les dépôts aqueux ne peuvent se former qu'en plans horizontaux, attendu que ceux qui ont lieu sur des plans inclinés sont entraînés dans les bas-fonds par les courants et leur propre poids, il demeure évident que ces dépôts ont dû être soulevés par une force quelconque, après leur solidification ou transformation en pierres.

ESQUISSE GÉOLOGIQUE DE LA TERRE

De ces considérations on peut conclure avec certitude que toutes les couches pierreuses provenant de dépôts aqueux dans une position parfaitement horizontale, ont été formées à la suite des siècles par des eaux tranquilles, et que toutes les fois qu'elles ont une position inclinée, c'est que le sol a été tourmenté et disloqué postérieurement par des bouleversements généraux ou partiels plus ou moins considérables.

7. — Un fait caractéristique de la plus haute importance par le témoignage irrécusable qu'il fournit, consiste dans les débris *fossiles* d'animaux et de végétaux que l'on rencontre en quantités innombrables dans les différentes couches; et comme ces débris se trouvent même dans les pierres les plus dures, il en faut conclure que l'existence de ces êtres est antérieure à la formation de ces mêmes pierres; or, si l'on considère le nombre prodigieux de siècles qu'il a fallu pour en opérer le durcissement, et les amener à l'état où elles sont de temps immémorial, on arrive à cette conséquence forcée, que l'apparition des êtres organiques sur la terre se perd dans la nuit des temps et qu'elle est bien antérieure, par conséquent, à la date assignée par la Genèse (1).

(1) *Fossile*, du latin *fossilia, fossilis*, dérivé de *fossa*, fosse, et de *fodere*, fouir, creuser la terre. Ce mot se dit, en géologie, des corps ou débris de corps organisés, provenant d'êtres qui vivaient antérieurement aux temps historiques. Par extension, il se dit également des substances minérales portant les traces de la présence d'êtres organisés, telles que les empreintes de végétaux ou d'animaux.

Le mot *fossile*, d'une acception plus générale, a été substitué à celui de *pétrification* qui ne s'appliquait qu'aux corps transformés en pierre par l'infiltration de matières siliceuses ou calcaires dans les tissus organiques. Toutes les pétrifications sont nécessairement des fossiles, mais tous les fossiles ne sont pas des pétrifications.

Les objets qui se revêtent d'une couche pierreuse, lorsqu'ils sont plongés dans certaines eaux chargées de substances calcaires, ne

8. — Parmi ces débris de végétaux et d'animaux, il en est qui ont été pénétrés dans toutes les parties de leur substance, sans que leur forme en ait été altérée, de matières siliceuses ou calcaires qui les ont transformés en pierres dont quelques-unes ont la dureté du marbre; ce sont les pétrifications proprement dites. D'autres ont été simplement enveloppés par la matière à l'état de mollesse; on les trouve intacts et quelques-uns dans leur entier, dans les pierres les plus dures. D'autres, enfin n'ont laissé que des empreintes, mais d'une netteté et d'une délicatesse parfaites. Dans l'intérieur de certaines pierres on a trouvé jusqu'à l'empreinte des pas, et à la forme du pied, des doigts et des ongles on a reconnu de quelle espèce d'animal ils provenaient.

9. — Les fossiles d'animaux ne comprennent guère, on le conçoit, que les parties solides et résistantes, c'est-à-dire les ossements, les écailles et les cornes; quelquefois ce sont des squelettes complets; le plus souvent ce n'en sont que des parties détachées, mais dont il est facile de reconnaître la provenance. A l'inspection d'une mâchoire, d'une dent, on voit de suite si elle appartient à un animal herbivore ou carnassier. Comme toutes les parties de l'animal ont une corrélation nécessaire, la forme de la tête, d'une omoplate, d'un os de jambe, d'un pied, suffit pour déterminer la taille, la forme générale, le genre de vie de l'animal (1). Les animaux terrestres ont une orga-

sont pas des pétrifications proprement dites, mais de simples incrustations.

Les monuments, inscriptions et objets provenant de fabrication humaine, appartiennent à l'archéologie.

(1) Au point où Georges Cuvier a porté la science paléontologique, un seul os suffit souvent pour déterminer le genre, l'espèce, la forme d'un animal, ses habitudes, et pour le reconstruire tout entier.

nisation qui ne permet pas de les confondre avec les animaux aquatiques. Les poissons et les coquillages fossiles sont excessivement nombreux ; les coquillages seuls forment quelquefois des bancs entiers d'une grande épaisseur. A leur nature on reconnaît sans peine si ce sont des animaux marins ou d'eau douce.

10. — Les cailloux roulés qui, dans certains endroits constituent des roches puissantes, sont un indice non équivoque de leur origine. Ils sont arrondis comme les galets du bord de la mer, signe certain du frottement qu'ils ont subi par l'effet des eaux. Les contrées où on les trouve enfouis en masses considérables, ont incontestablement été occupés par l'Océan, ou par des eaux violemment agitées.

11. — Les terrains des diverses formations sont en outre caractérisés par la nature même des fossiles qu'ils renferment ; les plus anciens contiennent des espèces animales et végétales qui ont entièrement disparu de la surface du globe. Certaines espèces plus récentes ont également disparu, mais ont conservé leurs analogues qui ne diffèrent de leurs souches que par la taille et quelques nuances de forme. D'autres enfin, dont nous voyons les derniers représentants, tendent évidemment à disparaître dans un avenir plus ou moins prochain, tels que les éléphants, les rhinocéros, les hippopotames, etc. Ainsi, à mesure que les couches terrestres se rapprochent de notre époque, les espèces animales et végétales se rapprochent aussi de celles qui existent aujourd'hui.

Les perturbations, les cataclysmes qui ont eu lieu sur la terre depuis son origine, en ont donc changé les conditions de vitabilité, et ont fait disparaître des générations entières d'êtres vivants.

CHAPITRE VII

12. — En interrogeant la nature des couches géologiques, on sait de la manière la plus positive si, à l'époque de leur formation, la contrée qui les renferme était occupée par la mer, par des lacs, ou par des forêts et des plaines peuplées d'animaux terrestres. Si donc, dans une même contrée, on trouve une série de couches superposées, contenant alternativement des fossiles marins, terrestres et d'eau douce, plusieurs fois répétées, c'est une preuve irrécusable que cette même contrée a été plusieurs fois envahie par la mer, couverte de lacs et mise à sec.

Et combien de siècles de siècles certainement, de milliers de siècles peut-être, a-t-il fallu à chaque période pour s'accomplir ! Quelle force puissante n'a-t-il pas fallu pour déplacer et replacer l'océan, soulever les montagnes ! Par combien de révolutions physiques, de commotions violentes, la terre n'a-t-elle pas dû passer avant d'être ce que nous la voyons depuis les temps historiques ! Et l'on voudrait que ce fût l'œuvre de moins de temps qu'il n'en faut pour faire pousser une plante !

13. — L'étude des couches géologiques atteste, ainsi que cela a été dit, des formations successives qui ont changé l'aspect du globe, et divisent son histoire en plusieurs époques. Ces époques constituent ce qu'on appelle les *périodes géologiques* dont la connaissance est essentielle pour l'établissement de la Genèse. On en compte six principales que l'on désigne sous les noms de périodes primaire, de transition, secondaire, tertiaire, diluvienne, post-diluvienne ou actuelle. Les terrains formés pendant la durée de chaque période s'appellent aussi : terrains primitifs, de transition, secondaires, etc. On dit ainsi que telle ou telle couche ou roche, tel ou tel fossile, se trouvent dans les terrains de telle ou telle période.

14. — Il est essentiel de remarquer que le nombre de ces périodes n'est point absolu et qu'il dépend des systèmes de classification. On ne comprend dans les six principales désignées ci-dessus que celles qui sont marquées par un changement notable et général dans l'état du globe ; mais l'observation prouve que plusieurs formations successives se sont opérées pendant la durée de chacune ; c'est pourquoi on les divise en sous-périodes caractérisées par la nature des terrains, et qui portent à vingt-six le nombre des formations générales bien caractérisées, sans compter celles qui proviennent de modifications dues à des causes purement locales.

ÉTAT-PRIMITIF DU GLOBE.

15. — L'aplatissement des pôles et d'autres faits concluants sont des indices certains que la terre a dû être, à son origine, dans un état de fluidité ou mollesse. Cet état pouvait avoir pour cause la matière liquéfiée par le feu ou détrempée par l'eau.

On dit proverbialement : Il n'y a pas de fumée sans feu. Cette proposition rigoureusement vraie est une application du principe : Il n'y a pas d'effet sans cause. Par la même raison on peut dire : Il n'y a pas de feu sans foyer. Or, par les faits qui se passent sous nos yeux, ce n'est pas seulement de la fumée qui se produit, c'est du feu bien réel qui doit avoir un foyer ; ce feu venant de l'intérieur de la terre et non d'en haut, le foyer doit être intérieur ; le feu étant permanent, le foyer doit l'être également.

La chaleur qui augmente à mesure que l'on pénètre dans l'intérieur de la terre, et qui, à une certaine distance

CHAPITRE VII

de la surface, atteint une très haute température; les sources thermales d'autant plus chaudes qu'elles viennent d'une plus grande profondeur; les feux et les masses de matières fondues et embrasées qui s'échappent des volcans, comme par de vastes soupiraux, ou par les crevasses produites dans certains tremblements de terre, ne peuvent laisser de doute sur l'existence d'un feu intérieur.

16. — L'expérience démontre que la température s'élève d'un degré par trente mètres de profondeur; d'où il suit qu'à une profondeur de 300 mètres, l'augmentation est de 10 degrés; à 3,000 mètres de 100 degrés, température de l'eau bouillante; à 30,000 mètres, ou 7 à 8 lieues, de 1,000 degrés; à 25 lieues, de plus de 3,300 degrés, température à laquelle aucune matière connue ne résiste à la fusion. De là jusqu'au centre il y a encore un espace de plus de 1,400 lieues, soit 2,800 lieues en diamètre, qui serait occupé par des matières fondues.

Bien que ce ne soit là qu'une conjecture, en jugeant de la cause par l'effet, elle a tous les caractères de la probabilité, et l'on arrive à cette conclusion, que la terre est encore une masse incandescente recouverte d'une croûte solide de 25 lieues au plus d'épaisseur, ce qui est à peine la 120ᵉ partie de son diamètre. Proportionnellement ce serait beaucoup moins que l'épaisseur de la plus mince écorce d'orange.

Au reste, l'épaisseur de la croûte terrestre est très variable, car il est des contrées, surtout dans les terrains volcaniques, où la chaleur et la flexibilité du sol indiquent qu'elle est très peu considérable. La haute température des eaux thermales est également l'indice du voisinage du feu central.

17. — D'après cela il demeure évident que l'état pri-

ESQUISSE GÉOLOGIQUE DE LA TERRE

mitif de fluidité ou mollesse de la terre doit avoir eu pour cause l'action de la chaleur et non celle de l'eau. La terre était donc, à son origine, une masse incandescente. Par suite du rayonnement du calorique, il est arrivé ce qui arrive à toute matière en fusion : elle s'est peu à peu refroidie, et le refroidissement a naturellement commencé par la surface qui s'est durcie, tandis que l'intérieur est resté fluide. On peut ainsi comparer la terre à un bloc de charbon sortant tout rouge de la fournaise, et dont la surface s'éteint et se refroidit au contact de l'air, alors que, si on le brise, on trouve l'intérieur encore embrasé.

18. — A l'époque où le globe terrestre était une masse incandescente, il ne contenait pas un atome de plus ni de moins qu'aujourd'hui ; seulement, sous l'influence de cette haute température, la plupart des substances qui le composent, et que nous voyons sous la forme de liquides ou de solides, de terres, de pierres, de métaux et de cristaux, se trouvaient dans un état bien différent ; elles n'ont fait que subir une transformation ; par suite du refroidissement et des mélanges, les éléments ont formé de nouvelles combinaisons. L'air, considérablement dilaté, devait s'étendre à une distance incommensurable ; toute l'eau, forcément réduite en vapeur, était mêlée à l'air ; toutes les matières susceptibles de se volatiliser, telles que les métaux, le soufre, le carbone, s'y trouvaient à l'état de gaz. L'état de l'atmosphère n'avait donc rien de comparable à ce qu'il est aujourd'hui ; la densité de toutes ces vapeurs lui donnait une opacité que ne pouvait traverser aucun rayon du soleil. Si un être vivant eût pu exister à la surface du globe à cette époque, il n'eût été éclairé que par l'éclat sinistre de la fournaise placée sous ses pieds et de l'atmosphère embrasée.

CHAPITRE VII

PÉRIODE PRIMAIRE.

19. — Le premier effet du refroidissement fut de solidifier la surface extérieure de la masse en fusion, et d'y former une croûte résistante, qui, mince d'abord, s'épaissit peu à peu. Cette croûte constitue la pierre appelée *granit*, d'une extrême dureté, ainsi nommée de son aspect granulé. On y distingue trois substances principales : le feldspath, le quartz ou cristal de roche et le mica; cette dernière a le brillant métallique, quoique ce ne soit pas un métal.

La couche granitique est donc la première qui se soit formée sur le globe qu'elle enveloppe dans son entier et dont elle constitue en quelque sorte la charpente osseuse ; elle est le produit direct de la matière en fusion consolidée. C'est sur elle, et dans les cavités que présentait sa surface tourmentée, que se sont successivement déposées les couches des autres terrains formés postérieurement. Ce qui la distingue de ces derniers, c'est l'absence de toute stratification; c'est-à-dire qu'elle forme une masse compacte et uniforme dans toute son épaisseur, et non disposée par couches. L'effervescence de la matière incandescente devait y produire de nombreuses et profondes crevasses, par lesquelles s'épanchait cette matière.

20. — Le second effet du refroidissement fut de liquéfier quelques-unes des matières contenues dans l'air à l'état de vapeurs, et qui se précipitèrent à la surface du sol. Il y eut alors des pluies et des lacs de soufre et de bitume, de véritables ruisseaux de fer, de plomb et autres métaux fondus, s'infiltrant dans les fissures, et qui constituent aujourd'hui les veines et filons métalliques.

Sous l'influence de ces divers agents, la surface granitique éprouva des décompositions alternatives ; il se fit des mélanges qui formèrent les terrains primitifs proprement dits, distincts de la roche granitique, mais en masses confuses, et sans stratifications régulières.

Vinrent ensuite les eaux qui, tombant sur un sol brûlant, se vaporisaient de nouveau, retombaient en pluies torrentielles, et ainsi de suite, jusqu'à ce que la température leur permît de rester sur le sol à l'état liquide.

C'est à la formation des terrains granitiques que commence la série des périodes géologiques. Aux six périodes principales, il conviendrait donc d'ajouter celle de l'état primitif d'incandescence du globe.

21. — Tel fut l'aspect de cette première période, véritable chaos de tous les éléments confondus, cherchant leur assiette, où nul être vivant ne pouvait exister; aussi, un de ses caractères distinctifs en géologie, c'est l'absence de toute trace de la vie végétale et animale.

Il est impossible d'assigner une durée déterminée à cette première période, pas plus qu'aux suivantes; mais, d'après le temps qu'il faut à un boulet d'un volume donné, chauffé au rouge blanc, pour que sa surface soit assez refroidie pour qu'une goutte d'eau y reste à l'état liquide, on a calculé que si ce boulet avait la grosseur de la terre, il faudrait plus d'un million d'années.

PÉRIODE DE TRANSITION.

20. Au commencement de la période de transition, la croûte solide granitique n'avait encore que peu d'épaisseur et n'offrait qu'une assez faible résistance à l'efferves-

CHAPITRE VII

cence des matières embrasées qu'elle recouvrait et comprimait. Il s'y produisait des boursouflements, des déchirures nombreuses par où s'épanchait la lave intérieure. Le sol ne présentait que des inégalités peu considérables.

Les eaux, peu profondes, couvraient à peu près toute la surface du globe, à l'exception des parties soulevées formant des terrains bas fréquemment submergés.

L'air s'était peu à peu purgé des matières les plus lourdes momentanément à l'état gazeux, et qui, en se condensant par l'effet du refroidissement, étaient précipitées à la surface du sol, puis entraînées et dissoutes par les eaux.

Quand on parle de refroidissement à cette époque, il faut entendre ce mot dans un sens relatif, c'est-à-dire par rapport à l'état primitif, car la température devait être encore brûlante.

Les épaisses vapeurs aqueuses qui s'élevaient de toutes parts de l'immense surface liquide, retombaient en pluies abondantes et chaudes et obscurcissaient l'air. Cependant les rayons du soleil commençaient à paraître à travers cette atmosphère brumeuse.

Une des dernières substances dont l'air a dû être purgé, parce qu'elle est naturellement à l'état gazeux, c'est l'acide carbonique qui en formait alors une des parties constituantes.

21. — A cette époque commencèrent à se former les couches de terrains de sédiment, déposés par les eaux chargées de limon et de matières diverses propres à la vie organique.

Alors paraissent les premiers êtres vivants du règne végétal et du règne animal; d'abord en petit nombre, on en trouve les traces de plus en plus fréquentes à mesure qu'on s'élève dans les couches de cette formation. Il est

ESQUISSE GÉOLOGIQUE DE LA TERRE

remarquable que partout la vie se manifeste aussitôt que les conditions sont propices à la vitabilité, et que chaque espèce naît dès que se produisent les conditions propres à son existence. On dirait que les germes en étaient latents et n'attendaient que les conditions favorables pour éclore.

22. — Les premiers êtres organiques qui ont paru sur la terre sont les végétaux de l'organisation la moins compliquée, désignés en botanique sous les noms de cryptogames, acotylédones, monocotylédones, c'est-à-dire les lichens, champignons, mousses, fougères, et plantes herbacées. On n'y voit point encore d'arbres à tige ligneuse, mais de ceux du genre palmier dont la tige spongieuse est analogue à celle des herbes.

Les animaux de cette période, qui ont succédé aux premiers végétaux, sont exclusivement marins ; ce sont d'abord des polipiers, des rayonnés, des zoophytes, animaux dont l'organisation simple et pour ainsi dire rudimentaire, se rapproche le plus des végétaux ; plus tard viennent des crustacés et des poissons dont les espèces n'existent plus aujourd'hui.

23. — Sous l'empire de la chaleur et de l'humidité, et par suite de l'excès d'acide carbonique répandu dans l'air, gaz impropre à la respiration des animaux terrestres, mais nécessaire aux plantes, les terrains à découvert se couvrirent rapidement d'une végétation puissante en même temps que les plantes aquatiques se multipliaient au sein des marécages. Des plantes du genre de celles qui, de nos jours, sont de simples herbes de quelques centimètres, atteignaient une hauteur et une grosseur prodigieuses ; c'est ainsi qu'il y avait des forêts de fougères arborescentes de huit à dix mètres d'élévation et

166 CHAPITRE VII

d'une grosseur proportionnée, des lycopodes (pied de loup ; genre de mousse) de même taille ; des prêles (1) de quatre à cinq mètres qui en ont à peine un aujourd'hui. Sur la fin de la période commencent à paraître quelques arbres du genre conifère ou pins.

24. — Par suite du déplacement des eaux, les terrains qui produisaient ces masses de végétaux furent à plusieurs reprises submergés, recouverts de nouveaux sédiments terreux, pendant que ceux qui étaient mis à sec se paraient à leur tour d'une semblable végétation. Il y eut ainsi plusieurs générations de végétaux alternativement anéanties et renouvelées. Il n'en fut pas de même des animaux qui, étant tous aquatiques, ne pouvaient souffrir de ces alternatives.

Ces débris, accumulés pendant une longue série de siècles, formèrent des couches d'une grande épaisseur. Sous l'action de la chaleur, de l'humidité, de la pression exercée par les dépôts terreux postérieurs, et sans doute aussi de divers agents chimiques, des gaz, des acides et des sels produits de la combinaison des éléments primitifs, ces matières végétales subirent une fermentation qui les convertit en *houille* ou *charbon de terre*. Les mines de houille sont donc le produit direct de la décomposition des amas de végétaux accumulés pendant la période de transition ; c'est pour cela qu'on en trouve à peu près dans toutes les contrées (2).

25. — Les restes fossiles de la végétation puissante de

---

(1) Plante marécageuse, vulgairement appelée *queue de cheval*.

(2) La tourbe s'est formée de la même manière, par la décomposition d'amas de végétaux, dans des terrains marécageux ; mais avec cette différence qu'étant beaucoup plus récente, et sans doute dans d'autres conditions, elle n'a pas eu le temps de se carboniser.

ESQUISSE GÉOLOGIQUE DE LA TERRE

cette époque se trouvant aujourd'hui sous les glaces des terres polaires aussi bien que dans la zone torride, il en faut conclure que, puisque la végétation était uniforme, la température devait l'être également. Les pôles n'étaient donc pas couverts de glaces comme maintenant. C'est qu'alors la terre tirait sa chaleur d'elle-même, du feu central qui échauffait d'une manière égale toute la couche solide encore peu épaisse. Cette chaleur était bien supérieure à celle que pouvaient donner les rayons solaires, affaiblis d'ailleurs par la densité de l'atmosphère. Plus tard seulement, lorsque la chaleur centrale ne put exercer sur la surface extérieure du globe qu'une action faible ou nulle, celle du soleil devint prépondérante, et les régions polaires ne recevant que des rayons obliques donnant très peu de chaleur, se couvrirent de glace. On comprend qu'à l'époque dont nous parlons, et encore longtemps après, la glace était inconnue sur la terre.

Cette période a dû être très longue, à en juger par le nombre et l'épaisseur des couches houillères (1).

PÉRIODE SECONDAIRE.

26. — Avec la période de transition disparaissent la végétation colossale et les animaux qui caractérisaient cette époque, soit que les conditions atmosphériques ne

---

(1) Dans la baie de Fundy (Nouvelle-Ecosse), M. Lyell a trouvé, sur une épaisseur de houille de 400 mètres, 68 niveaux différents, présentant les traces évidentes de plusieurs sols de forêts dont les troncs d'arbres étaient encore garnis de leurs racines. (L. Figuier.)
En ne supposant que mille ans pour la formation de chacun de ces niveaux, ce serait déjà 68,000 ans pour cette seule couche houillère.

CHAPITRE VII

fussent plus les mêmes, soit qu'une suite de cataclysmes ait anéanti tout ce qui avait vie sur la terre. Il est probable que les deux causes ont contribué à ce changement, car d'une part l'étude des terrains qui marquent la fin de cette période atteste de grands bouleversements causés par les soulèvements et les éruptions qui ont déversé sur le sol de grandes quantités de laves, et d'un autre côté de notables changements se sont opérés dans les trois règnes.

27. — La période secondaire est caractérisée, sous le rapport minéral, par des couches nombreuses et puissantes qui attestent une formation lente au sein des eaux, et marquent différentes époques bien caractérisées.

La végétation est moins rapide et moins colossale que dans la période précédente, sans doute par suite de la diminution de la chaleur et de l'humidité, et des modifications survenues dans les éléments constitutifs de l'atmosphère. Aux plantes herbacées et pulpeuses se joignent celles à tiges ligneuses et les premiers arbres proprement dits.

28. — Les animaux sont encore aquatiques, ou tout au plus amphibies; la vie animale sur la terre fait peu de progrès. Une prodigieuse quantité d'animaux à coquilles se développent au sein des mers par suite de la formation des matières calcaires; de nouveaux poissons, d'une organisation plus perfectionnée que dans la période précédente, prennent naissance; on voit apparaître les premiers cétacés. Les animaux les plus caractéristiques de cette époque sont les reptiles monstrueux parmi lesquels on remarque:

L'ichthyosaure, espèce de poisson-lézard qui atteignait jusqu'à dix mètres de longueur, et dont les mâchoires prodigieusement allongées étaient armées de cent quatre-vingts dents. Sa forme générale rappelle un peu celle du crocodile, mais sans cuirasse écailleuse ; ses yeux avaient le volume de la tête d'un homme ; il avait des nageoires comme la baleine, et rejetait l'eau par des évents comme celle-ci.

Le *plésiosaure*, autre reptile marin, aussi grand que l'ichthyosaure, dont le cou excessivement long se repliait comme celui du cygne, et lui donnait l'apparence d'un énorme serpent attaché à un corps de tortue. Il avait la tête du lézard et les dents du crocodile ; sa peau devait être lisse comme celle du précédent, car on n'a trouvé aucune trace d'écailles ni de carapace (1).

Le *téléosaure* se rapproche davantage des crocodiles actuels, qui paraissent en être les diminutifs ; comme ces derniers, il avait une cuirasse écailleuse, et vivait à la fois dans l'eau et sur la terre ; sa taille était d'environ dix mètres, dont trois ou quatre pour la tête seule ; son énorme gueule avait deux mètres d'ouverture.

Le *mégalosaure*, grand lézard, sorte de crocodile de 14 à 15 mètres de longueur, essentiellement carnivore, se nourrissant de reptiles, petits crocodiles et tortues.

Sa formidable mâchoire était armée de dents en forme de lame de serpette à double tranchant, recourbées en arrière, de telle sorte qu'une fois entrées dans la proie, il était impossible à celle-ci de se dégager.

L'iguanodon, le plus grand des lézards qui aient parus sur la terre ; il avait de 20 à 25 mètres de la tête à l'extrémité de la queue. Son museau était surmonté d'une corne osseuse semblable à celle de l'iguane de nos jours

---

(1) Le premier fossile de cet animal a été découvert en 1823.

dont il ne paraît différer que par la taille, ce dernier ayant à peine un mètre de long. La forme des dents prouve qu'il était herbivore, et celle des pieds que c'était un animal terrestre.

Le *ptérodactyle*, animal bizarre de la grandeur d'un cygne, tenant à la fois du reptile par le corps, de l'oiseau par la tête, et de la chauve-souris par la membrane charnue qui reliait ses doigts d'une prodigieuse longueur, et lui servait de parachute quand il se précipitait sur sa proie du haut d'un arbre ou d'un rocher. Il n'avait point de bec corné comme les oiseaux, mais les os des mâchoires, aussi longs que la moitié du corps et garnis de dents, se terminaient en pointe comme un bec.

29. — Pendant cette période qui a dû être très longue, ainsi que l'attestent le nombre et la puissance des couches géologiques, la vie animale a pris un immense développement au sein des eaux, comme il en avait été de la végétation dans la période précédente. L'air plus épuré et plus propre à la respiration commence à permettre à quelques animaux de vivre sur la terre. La mer a été plusieurs fois déplacée, mais il paraîtrait sans secousses violentes. Avec cette période disparaissent à leur tour ces races de gigantesques animaux aquatiques, remplacées plus tard par des espèces analogues, moins disproportionnées de formes, et de taille infiniment plus petite.

30. — L'orgueil a fait dire à l'homme que tous les animaux étaient créés à son intention et pour ses besoins. Mais quel est le nombre de ceux qui lui servent directement, qu'il a pu assujettir, comparé au nombre incalculable de ceux avec lesquels il n'a jamais eu et n'aura jamais aucun rapport? Comment soutenir une pareille

ESQUISSE GÉOLOGIQUE DE LA TERRE 171

thèse en présence de ces innombrables espèces qui seules ont peuplé la terre des milliers de milliers de siècles avant qu'il y vînt lui-même, et qui ont disparu ? Peut-on dire qu'elles ont été créées à son profit ? Cependant ces espèces avaient toutes leur raison d'être, leur utilité. Dieu n'a pu les créer par un caprice de sa volonté, et pour se donner le plaisir de les anéantir; car tous avaient la vie, des instincts, le sentiment de la douleur et du bien-être. Dans quel but l'a-t-il fait ? Ce but doit être souverainement sage, quoique nous ne le comprenions pas encore. Peut-être un jour sera-t-il donné à l'homme de le connaître pour confondre son orgueil; mais en attendant, combien les idées grandissent en présence de ces horizons nouveaux dans lesquels il lui est permis maintenant de plonger les regards, et qui déroulent devant lui le spectacle imposant de cette création, si majestueuse dans sa lenteur, si admirable dans sa prévoyance, si ponctuelle, si précise et si invariable dans ses résultats.

PÉRIODE TERTIAIRE.

31. — Avec la période tertiaire commence, pour la terre, un nouvel ordre de choses; l'état de sa surface change complétement d'aspect; les conditions de vitabilité sont profondément modifiées et se rapprochent de l'état actuel. Les premiers temps de cette période sont signalés par un arrêt dans la production végétale et animale; tout porte les traces d'une destruction à peu près générale des êtres vivants, et alors apparaissent successivement de nouvelles espèces dont l'organisation plus par-

172   CHAPITRE VII

faite est adaptée à la nature du milieu où elles sont appelées à vivre.

32. — Pendant les périodes précédentes, la croûte solide du globe, en raison de son peu d'épaisseur, présentait, comme il a été dit, une assez faible résistance à l'action du feu intérieur ; cette enveloppe, facilement déchirée, permettait aux matières en fusion de s'épancher librement à la surface du sol. Il n'en fut plus de même quand elle eût acquis une certaine épaisseur ; les matières embrasées comprimées de toutes parts, comme l'eau en ébullition dans un vase clos, finirent par faire une sorte d'explosion ; la masse granitique violemment brisée sur une mutitude de points, fut sillonnée de crevasses comme un *vase fêlé*. Sur le *parcours de ces crevasses* la croûte solide soulevée et redressée, forma les pics, les chaînes de montagnes et leurs ramifications. Certaines parties de l'enveloppe non déchirées furent simplement exhaussées, tandis que, sur d'autres points, il se produisit des affaissements et des excavations.

La surface du sol devint alors très inégale ; les eaux qui, jusqu'à ce moment, le couvraient d'une manière à peu près uniforme sur la plus grande partie de son étendue, furent refoulées dans les parties les plus basses, laissant à sec de vastes continents, ou des sommets de montagnes isolées qui formèrent des îles.

Tel est le grand phénomène qui s'est accompli dans la période tertiaire et qui a transformé l'aspect du globe. Il ne s'est produit ni instantanément, ni simultanément sur tous les points, mais successivement et à des époques plus ou moins éloignées.

33. — Une des premières conséquences de ces soulèvements a été, comme on l'a dit, l'inclinaison des couches

de sédiment primitivement horizontales, et qui sont restées dans cette position partout où le sol n'a pas été bouleversé. C'est donc sur les flancs et dans le voisinage des montagnes que ces inclinaisons sont le plus prononcées.

34. — Dans les contrées où les couches de sédiment ont conservé leur horizontalité, pour atteindre celles de première formation, il faut traverser toutes les autres, souvent jusqu'à une profondeur considérable au bout de laquelle on trouve inévitablement la roche granitique. Mais lorsque ces couches ont été soulevées en montagnes, elles ont été portées au-dessus de leur niveau normal, et parfois à une très grande hauteur, de telle sorte que si l'on fait une tranchée verticale sur le flanc de la montagne, elles se montrent à jour dans toute leur épaisseur, et superposées comme les assises d'un bâtiment.

C'est ainsi qu'on trouve à de grandes élévations des bancs considérables de coquillages primitivement formés au fond des mers. Il est parfaitement reconnu aujourd'hui qu'à aucune époque la mer n'a pu atteindre une telle hauteur, car toutes les eaux qui existent sur la terre ne suffiraient pas, lors même qu'il y en aurait cent fois plus. Il faudrait donc supposer que la quantité d'eau a diminué, et alors on se demanderait ce qu'est devenue la portion disparue. Les soulèvements qui sont aujourd'hui un fait incontestable et démontré par la science, expliquent d'une manière aussi logique que rigoureuse les dépôts marins que l'on rencontre sur certaines montagnes. Ces terrains ont évidemment été submergés pendant une longue suite de siècles, mais à leur niveau primitif et non à la place qu'ils occupent maintenant.

C'est absolument comme si une portion du fond d'un lac se trouvait soulevée à vingt-cinq ou trente mètres au-dessus de la surface de l'eau ; le sommet de cette élévation porterait les débris des plantes et d'animaux qui gisaient jadis au fond de l'eau, ce qui n'impliquerait nullement que les eaux du lac se soient élevées à cette hauteur.

35. — Dans les endroits où le soulèvement de la roche primitive a produit une déchirure complète du sol, soit par sa rapidité, soit par la forme, la hauteur et le volume de la masse soulevée, le granit s'est montré à nu *comme une dent qui perce la gencive*. Les couches qui les recouvraient, soulevées, brisées, redressées, ont été mises à découvert ; c'est ainsi que des terrains appartenant aux formations les plus anciennes, et qui se trouvaient dans leur position primitive à une grande profondeur, forment aujourd'hui le sol de certaines contrées.

36. La masse granitique, disloquée par l'effet des soulèvements, a laissé en quelques endroits des fissures par où s'échappe le feu intérieur et s'écoulent les matières en fusion : ce sont les volcans. Les volcans sont comme les cheminées de cette immense fournaise, ou mieux encore, ce sont des *soupapes de sûreté* qui, en donnant une issue au trop plein des matières ignées, préservent de commotions bien autrement terribles ; d'où l'on peut dire que le nombre des volcans en activité est une cause de sécurité pour l'ensemble de la surface du sol.

On peut se faire une idée de l'intensité de ce feu, en songeant que des volcans s'ouvrent au sein même de la mer, et que la masse d'eau qui les recouvre et y pénètre ne suffit pas pour les éteindre.

37. — Les soulèvements opérés dans la masse solide ont nécessairement déplacé les eaux, qui ont été refoulées dans les parties creuses, devenues plus profondes par

l'exhaussement des terrains émergés, et par les affaissements. Mais ces mêmes bas-fonds, soulevés à leur tour, tantôt dans un endroit, tantôt dans un autre, ont chassé les eaux, qui ont reflué ailleurs, et ainsi de suite jusqu'à ce que celles-ci aient pu prendre une assiette plus stable.

Les déplacements successifs de cette masse liquide ont forcément labouré et tourmenté la surface du sol. Les eaux, en s'écoulant, ont entraîné une partie des terrains de formations antérieures mis à découvert par les soulèvements, dénudé certaines montagnes qui en étaient recouvertes, et mis au jour leur base granitique ou calcaire; de profondes vallées ont été creusées et d'autres comblées.

Il y a donc des montagnes formées directement par l'action du feu central : ce sont principalement les montagnes granitiques; d'autres sont dues à l'action des eaux, qui, en entraînant les terres meubles et les matières solubles, ont creusé des vallées autour d'une base résistante, calcaire ou autre.

Les matières entraînées par le courant des eaux ont formé les couches de la période tertiaire, qui se distinguent aisément des précédentes, moins par leur composition, qui est à peu près la même, que par leur disposition.

Les couches des périodes primaire, de transition, et secondaire, formées sur une surface peu accidentée, sont à peu près uniformes par toute la terre; celles de la période tertiaire, au contraire, formées sur une base très inégale, et par l'entraînement des eaux, ont un caractère plus local. Partout, en creusant à une certaine profondeur, on trouve toutes les couches antérieures, dans l'ordre de leur formation, tandis qu'on ne trouve pas partout le terrain tertiaire, ni toutes les couches de celui-ci.

CHAPITRE VII

38. — Pendant les bouleversements du sol qui ont eu lieu au début de cette période, on conçoit que la vie organique ait dû subir un temps d'arrêt, ce que l'on reconnaît à l'inspection des terrains privés de fossiles. Mais, dès que vint un état plus calme, les végétaux et les animaux reparurent. Les conditions de vitabilité étant changées, l'atmosphère plus épurée, on vit se former de nouvelles espèces d'une organisation plus parfaite. Les plantes, sous le rapport de leur structure, diffèrent peu de celles de nos jours.

39. — Durant les deux périodes précédentes, les terrains non couverts par les eaux offraient peu d'étendue, et encore étaient-ils marécageux et fréquemment submergés; c'est pourquoi il n'y avait que des animaux aquatiques ou amphibies. La période tertiaire, qui a vu se former de vastes continents, est caractérisée par l'apparition des animaux terrestres.

De même que la période de transition a vu naître une végétation colossale, la période secondaire des reptiles monstrueux, celle-ci voit se produire des mammifères gigantesques, tels que l'*éléphant*, le *rhinocéros*, l'*hippopotame*, le *palœothérium*, le *mégatérium*, le *dinathérium*, le *mastodonte*, le *mamouth*, etc. Elle a vu naître également les oiseaux, ainsi que la plupart des espèces qui vivent encore de nos jours. Quelques-unes des espèces de cette époque ont survécu aux cataclysmes postérieurs; d'autres, que l'on désigne par la qualification générique *d'animaux antédiluviens*, ont complétement disparu, ou bien ont été remplacés par des espèces analogues, de formes moins lourdes et moins massives, dont les premiers types ont été comme les ébauches; tels sont : le *felis spelœa*, animal carnassier de la grosseur du taureau, ayant les caractères anatomiques du tigre et du lion ; le *cervus mégaceron*, variété du cerf, dont les bois, de 3 mètres de longueur, étaient espacés de 3 à 4 mètres à leurs extrémités.

40. — On a longtemps cru que le singe et les diverses variétés de quadrumanes, animaux qui se rapprochent le plus de l'homme par la conformation, n'existaient pas encore ; mais des découvertes récentes paraissent ne pas laisser de doutes sur la présence de ces animaux, au moins vers la fin de la période.

PÉRIODE DILUVIENNE.

41. — Cette période est marquée par un des plus grands cataclysmes qui ont bouleversé le globe, changé encore une fois l'aspect de la surface et détruit sans retour une foule d'espèces vivantes dont on ne retrouve que les débris. Partout il a laissé des traces qui attestent sa généralité. Les eaux, violemment chassées de leur lit, ont envahi les continents, entraînant avec elles les terres et les rochers, dénudant les montagnes, déracinant les forêts séculaires. Les nouveaux dépôts qu'elles ont formés sont désignés en géologie sous le nom de *terrains diluviens*.

42. — Une des traces les plus significatives de ce grand désastre, ce sont les rocs appelés *blocs erratiques*. On nomme ainsi des rochers de granit que l'on trouve isolés dans les plaines, reposant sur des terrains tertiaires et au milieu des terrains diluviens, quelquefois à plusieurs centaines de lieues des montagnes dont ils ont été arrachés. Il est évident qu'ils n'ont pu être transportés à d'aussi

CHAPITRE VII

grandes distances que par la violence des courants (1).

43. — Un fait non moins caractéristique, et dont on ne s'explique pas encore la cause, c'est que c'est dans les terrains diluviens que l'on trouve les premiers *aérolithes* (2); c'est donc à cette époque seulement qu'ils ont commencé à tomber. La cause qui les produit n'existait donc pas antérieurement.

44. — C'est encore vers cette époque que les pôles commencent à se couvrir de glaces et que se forment les glaciers des montagnes, ce qui indique un changement notable dans la température du globe. Ce changement a dû être subit, car s'il se fût opéré graduellement les animaux tels que les éléphants, qui ne vivent aujourd'hui que dans les climats chauds et que l'on trouve en si grand nombre à l'état fossile dans les terres polaires, auraient eu le temps de se retirer peu à peu vers les régions plus tempérées. Tout prouve, au contraire, qu'ils ont dû être saisis brusquement par un grand froid et enveloppés par les glaces.

45. — Ce fut donc là le véritable déluge universel. Les opinions sont partagées sur les causes qui ont pu le produire, mais, quelles qu'elles soient, le fait n'en existe pas moins.

On suppose assez généralement qu'un changement *brusque* a eu lieu dans la position de l'axe de la terre, par suite duquel les pôles ont été déplacés; de là une projection générale des eaux sur la surface. Si ce changement se fût opéré avec lenteur, les eaux se seraient déplacées

---

(1) C'est un de ces blocs, provenant évidemment, par sa composition, des montagnes de la Norwége, qui sert de piédestal à la statue de Pierre-le-Grand, à Saint-Pétersbourg.
(2) Pierres tombées de l'atmosphère.

graduellement, sans secousse, tandis que tout indique une commotion violente et subite. Dans l'ignorance où l'on est de la véritable cause, on ne peut émettre que des hypothèses.

Le déplacement subit des eaux peut aussi avoir été occasionné par le soulèvement de certaines parties de la croûte solide et la formation de nouvelles montagnes au sein des mers, ainsi que cela a eu lieu au commencement de la période tertiaire ; mais outre que le cataclysme n'eût pas été général, cela n'expliquerait pas le changement subit de la température des pôles.

46. — Dans la tourmente causée par le bouleversement des eaux, beaucoup d'animaux ont péri ; d'autres, pour échapper à l'inondation, se sont retirés sur des hauteurs, dans des cavernes et crevasses, où ils ont péri en masses, soit par la faim, soit en s'entre-dévorant, soit peut-être aussi par l'irruption des eaux dans les lieux où ils s'étaient réfugiés, et d'où ils n'avaient pu s'échapper. Ainsi s'explique la grande quantité d'ossements d'animaux divers, carnassiers et autres, que l'on trouve pêle-mêle dans certaines cavernes, appelées pour cette raison *cavernes* ou *brèches osseuses*. On les y trouve le plus souvent sous les stalagmites. Dans quelques-unes les ossements sembleraient y avoir été entraînés par le courant des eaux (1).

---

(1) On connaît un grand nombre de cavernes semblables, dont quelques-unes ont une étendue considérable. Il en existe au Mexique qui ont plusieurs lieues; celle d'Aldelsberg, en Carniole (Autriche), n'a pas moins de trois lieues. Une des plus remarquables est celle de Gailenreuth, dans le Wurtemberg. Il y en a plusieurs en France, en Angleterre, en Allemagne, en Sicile, et autres contrées de l'Europe.

CHAPITRE VII

PÉRIODE POST-DILUVIENNE OU ACTUELLE. — NAISSANCE DE L'HOMME.

47. — L'équilibre une fois rétabli à la surface du globe, la vie animale et végétale a promptement repris son cours. Le sol raffermi avait pris une assiette plus stable; l'air plus épuré convenait à des organes plus délicats. Le soleil, qui brillait de tout son éclat à travers une atmosphère limpide, répandait, avec la lumière, une chaleur moins suffocante et plus vivifiante que celle de la fournaise intérieure. La terre se peuplait d'animaux moins farouches et plus sociables; les végétaux plus succulents offraient une alimentation moins grossière; tout, enfin, était préparé sur la terre pour le nouvel hôte qui devait l'habiter. C'est alors que parut *l'homme*, le dernier être de la création, celui dont l'intelligence devait désormais concourir au progrès général, tout en progressant lui-même.

48. — L'homme n'existe-t-il réellement sur la terre que depuis la période diluvienne, ou bien a-t-il paru avant cette époque? Cette question est très controversée aujourd'hui, mais sa solution, quelle qu'elle soit, n'a qu'une importance secondaire, car elle ne changerait rien à l'ensemble des faits établis.

Ce qui avait fait penser que l'apparition des hommes est postérieure au déluge, c'est qu'on n'avait trouvé aucune trace authentique de son existence pendant la période antérieure. Les ossements découverts en divers lieux, et qui ont fait croire à l'existence d'une prétendue race de géants antédiluviens, ont été reconnus pour être des ossements d'éléphants.

Ce qui n'est pas douteux, c'est que l'homme n'existait ni dans la période primaire, ni dans celle de transition, ni dans la période secondaire, non-seulement parce qu'on n'en trouve aucune trace, mais parce que les conditions de vitabilité n'existaient pas pour lui. S'il a paru dans la période tertiaire, ce ne peut être que vers la fin, et encore devait-il être peu multiplié; autrement, puisqu'on trouve les vestiges les plus délicats d'un si grand nombre d'animaux qui ont vécu à cette époque, on ne comprendrait pas que les hommes n'eussent laissé aucun indice de leur présence, soit par les débris du corps, soit par des travaux quelconques.

Du reste, la période diluvienne, ayant été courte, n'a pas apporté de notables changements dans les conditions climatériques et atmosphériques; les animaux et les végétaux étaient aussi les mêmes avant qu'après; il n'y a donc pas une impossibilité matérielle à ce que l'apparition de l'homme ait précédé ce grand cataclysme; la présence du singe à cette époque ajoute à la probabilité du fait, que de récentes découvertes paraissent confirmer (1).

Quoi qu'il en soit, que l'homme ait paru ou non avant le grand déluge universel, il est certain que son rôle humanitaire n'a réellement commencé à se dessiner que dans la période postdiluvienne; on peut donc la considérer comme caractérisée par sa présence.

(1) Voir les travaux de M. Boucher de Perthes.

CHAPITRE VIII

Théories de la terre.

Théorie de la projection. — Théorie de la condensation. Théorie de l'incrustation.

THÉORIE DE LA PROJECTION.

1. — De toutes les théories touchant l'origine de la terre, celle qui a eu le plus de crédit en ces derniers temps est celle de *Buffon*, soit à cause de la position de son auteur dans le monde savant, soit parce qu'on n'en savait pas davantage à cette époque.

En voyant toutes les planètes se mouvoir dans la même direction, d'occident en orient, et dans le même plan, parcourant des orbites dont l'inclinaison n'excède pas 7 degrés et demi, Buffon conclut de cette uniformité qu'elles avaient dû être mises en mouvement par la même cause.

Selon lui, le soleil étant une masse incandescente en fusion, il supposa qu'une comète l'ayant heurté obliquement, en rasant sa surface, en avait détaché une portion qui, projetée dans l'espace par la violence du choc, s'est divisée en plusieurs fragments. Ces fragments ont formé les planètes qui ont continué à se mouvoir circulairement par la combinaison de la force centripète et de la force centrifuge, dans le sens imprimé par la direc-

CHAPITRE VIII — THÉORIES DE LA TERRE

tion du choc primitif, c'est-à-dire dans le plan de l'écliptique.

Les planètes seraient ainsi des parties de la substance incandescente du soleil, et par conséquent auraient été incandescentes elles-mêmes à leur origine. Elles ont mis à se refroidir et à se consolider un temps proportionné à leur volume, et, quand la température l'a permis, la vie a pris naissance à leur surface.

Par suite de l'abaissement graduel de la chaleur centrale, la terre arriverait, dans un temps donné, à un état complet de refroidissement; la masse liquide serait entièrement congelée, et l'air, de plus en plus condensé, finirait par disparaître. L'abaissement de la température, rendant la vie impossible, amènerait la diminution, puis la disparition de tous les êtres organisés. Le refroidissement, qui a commencé par les pôles, gagnerait successivement toutes les contrées jusqu'à l'équateur.

Tel est, selon Buffon, l'état actuel de la lune qui, plus petite que la terre, serait aujourd'hui un monde éteint, d'où la vie est désormais exclue. Le soleil lui-même aurait un jour le même sort. Suivant son calcul, la terre aurait mis 74,000 ans environ pour arriver à sa température actuelle, et dans 93,000 ans elle verrait la fin de l'existence de la nature organisée.

2. — La théorie de Buffon, contredite par les nouvelles découvertes de la science, est aujourd'hui à peu près complétement abandonnée par les motifs suivants :

1° Longtemps on a cru que les comètes étaient des corps solides dont la rencontre avec une planète pouvait amener la destruction de celle-ci. Dans cette hypothèse, la supposition de Buffon n'avait rien d'improbable. Mais on sait maintenant qu'elles sont formées d'une matière

CHAPITRE VIII

gazeuse condensée, assez raréfiée cependant pour qu'on puisse apercevoir des étoiles de moyenne grandeur à travers leur noyau. Dans cet état, offrant moins de résistance que le soleil, un choc violent capable de projeter au loin une portion de sa masse est une chose impossible.

2° La nature incandescente du soleil est également une hypothèse que rien, jusqu'à présent, ne vient confirmer, et que semblent, au contraire, démentir les observations. Bien qu'on ne soit pas encore complétement fixé sur sa nature, la puissance des moyens d'observation dont on dispose aujourd'hui a permis de le mieux étudier. Il est maintenant généralement admis par la science que le soleil est un globe composé de matière solide, entouré d'une atmosphère lumineuse qui n'est pas en contact avec sa surface (1).

3° Au temps de Buffon, on ne connaissait encore que les six planètes connues des anciens : Mercure, Vénus, la Terre, Mars, Jupiter et Saturne. Depuis, on en a découvert un grand nombre, dont trois principalement, Junon, Cérès, Pallas, ont leur orbite incliné de 13, 10 et 34 degrés, ce qui ne s'accorde pas avec l'hypothèse d'un mouvement de projection unique.

4° Les calculs de Buffon sur le refroidissement sont reconnus complétement inexacts depuis la découverte de la loi du décroissement de la chaleur, par M. Fourier. Ce n'est pas 74,000 années qu'il a fallu à la terre pour arriver à sa température actuelle, mais des millions d'années.

(1) On trouvera une dissertation complète et au niveau de la science moderne sur la nature du soleil et des comètes dans les *Etudes et lectures sur l'astronomie,* par Camille Flammarion. 1 vol. in-12. Prix : 2 fr. 50 c., chez Gauthier-Villard, 55, quai des Augustins.

THÉORIES DE LA TERRE

5° Buffon n'a considéré que la chaleur centrale du globe, sans tenir compte de celle des rayons solaires ; or il est reconnu aujourd'hui, par des données scientifiques d'une rigoureuse précision fondées sur l'expérience, qu'en raison de l'épaisseur de la croûte terrestre, la chaleur interne du globe n'a, depuis longtemps, qu'une part insignifiante dans la température de la surface extérieure ; les variations que cette atmosphère subit sont périodiques et dues à l'action prépondérante de la chaleur solaire (chap. VII, n° 25). L'effet de cette cause étant permanent, tandis que celui de la chaleur centrale est nul ou à peu près, la diminution de celle-ci ne peut apporter à la surface de la terre des modifications sensibles. Pour que la terre devînt inhabitable par le refroidissement général, il faudrait l'extinction du soleil (1).

THÉORIE DE LA CONDENSATION.

3. — La théorie de la formation de la terre par la condensation de la matière cosmique est celle qui prévaut aujourd'hui dans la science, comme étant celle qui est le mieux justifiée par l'observation, qui résout le plus grand nombre de difficultés et qui s'appuie, plus que toutes les autres, sur le grand principe de l'unité universelle. C'est celle qui est décrite ci-dessus, chap. VI, *Uranographie générale*.

Ces deux théories, comme on le voit, aboutissent au

(1) Voir, pour plus de détails à ce sujet, et pour la loi de la décroissance de la chaleur : *Lettres sur les révolutions du globe*, par Bertrand, pages 19 et 307.

CHAPITRE VIII

même résultat : l'état primitif d'incandescence du globe, la formation d'une croûte solide par le refroidissement, l'existence du feu central, et l'apparition de la vie organique dès que la température la rend possible. Elles diffèrent par le mode de formation de la terre, et il est probable que si Buffon eût vécu de nos jours, il aurait eu d'autres idées. Ce sont donc deux routes différentes conduisant au même but.

La géologie prend la terre au point où l'observation directe est possible. Son état antérieur échappant à l'expérimentation, ne peut être que conjectural; or, entre deux hypothèses, le bon sens dit qu'il faut choisir celle qui est sanctionnée par la logique et qui concorde le mieux avec les faits observés.

THÉORIE DE L'INCRUSTATION.

4. — Nous ne mentionnons cette théorie que pour mémoire, attendu qu'elle n'a rien de scientifique, mais uniquement parce qu'elle a eu quelque retentissement en ces derniers temps, et qu'elle a séduit quelques personnes. Elle est résumée dans la lettre suivante :

« Dieu, selon la Bible, créa le monde en six jours, quatre mille ans avant l'ère chrétienne. Voilà ce que les géologues contestent par l'étude des fossiles et les milliers de caractères incontestables de vétusté qui font remonter l'origine de la terre à des millions d'années, et pourtant l'Ecriture a dit la vérité et les géologues aussi, et c'est un simple paysan (1) qui les met d'accord en nous

(1) M. Michel, de Figagnères (Var), auteur de la *Clef de la vie*.

apprenant que notre terre n'est qu'une planète *incrustative* fort moderne, composée de matériaux fort anciens.

« Après l'enlèvement de la *planète inconnue*, arrivée à maturité ou en harmonie avec celle qui existait à la place que nous occupons aujourd'hui, l'âme de la terre reçut l'ordre de réunir ses satellites pour former notre globe actuel selon les règles du progrès en tout et pour tout. Quatre de ces astres seulement consentirent à l'association qui leur était proposée ; la lune seule persista dans son autonomie, car les globes ont aussi leur libre arbitre. Pour procéder à cette fusion, l'âme de la terre dirigea vers les satellites un rayon magnétique attractif qui cataleptisa tout leur mobilier végétal, animal et hominal qu'ils apportèrent à la communauté. L'opération n'eut pour témoins que l'âme de la terre et les grands messagers célestes qui l'aidèrent dans ce grand œuvre, en ouvrant ces globes pour mettre leurs entrailles en commun. La soudure opérée, les eaux s'écoulèrent dans les vides laissés par l'absence de la lune. Les atmosphères se confondirent, et le réveil ou la résurrection des *germes cataleptisés* commença ; l'homme fut tiré en dernier lieu de son état d'hypnotisme, et se vit entouré de la végétation luxuriante du paradis terrestre et des animaux qui paissaient en paix autour de lui. Tout cela pouvait se faire en six jours avec des ouvriers aussi puissants que ceux que Dieu avait chargés de cette besogne. La planète *Asie* nous apporta la race jaune, la plus anciennement civilisée ; l'*Afrique,* la race noire ; l'*Europe,* la race blanche, et l'*Amérique,* la race rouge. La lune nous eût peut-être apporté la race verte ou bleue.

« Ainsi, certains animaux, dont on ne trouve que les débris, n'auraient jamais vécu sur notre terre actuelle,

CHAPITRE VIII

mais auraient été apportés d'autres mondes disloqués par la vieillesse. Les fossiles que l'on rencontre dans des climats où ils n'auraient pu exister ici-bas vivaient sans doute dans des zones bien différentes, sur les globes où ils sont nés. Tels débris se trouvent aux pôles chez nous qui vivaient à l'équateur chez eux. »

5. — Cette théorie a contre elle les données les plus positives de la science expérimentale, outre qu'elle laisse tout entière la question d'origine qu'elle prétend résoudre. Elle dit bien comment la terre se serait formée, mais elle ne dit pas comment se sont formés les quatre mondes réunis pour la constituer.

Si les choses s'étaient passées ainsi, comment se ferait-il qu'on ne trouve nulle part les traces de ces immenses soudures, allant jusqu'aux entrailles du globe? Chacun de ces mondes apportant ses matériaux propres, l'Asie, l'Afrique, l'Europe, l'Amérique auraient chacune une géologie particulière différente, *ce qui n'est pas*. On voit, au contraire, d'abord le noyau granitique uniforme d'une composition homogène dans toutes les parties du globe, *sans solution de continuité*. Puis, les couches géologiques de même formation, identiques dans leur constitution, partout superposées dans le même ordre, se continuant sans interruption d'un côté à l'autre des mers, de l'Europe à l'Asie, à l'Afrique, à l'Amérique, et réciproquement. Ces couches, témoins des transformations du globe, attestent que ces transformations se sont accomplies sur toute sa surface, et non sur une partie; elles nous montrent les périodes d'apparition, d'existence et de disparition des mêmes espèces animales et végétales également dans les différentes parties du monde; la faune et la flore de ces périodes reculées mar-

THÉORIES DE LA TERRE

chant partout simultanément sous l'influence d'une température uniforme, changeant partout de caractère à mesure que la température se modifie. Un tel état de choses est inconciliable avec la formation de la terre par l'adjonction de plusieurs mondes différents.

Si ce système eût été conçu il y a un siècle seulement, il aurait pu conquérir une place provisoire dans les cosmogonies spéculatives purement imaginaires, et fondées sans la méthode expérimentale; mais aujourd'hui, il n'a aucune vitalité, et ne supporte même pas l'examen, parce qu'il est contredit par les faits matériels.

Sans discuter ici le libre arbitre attribué aux planètes, ni la question de leur âme, on se demande ce que serait devenue la mer, qui occupe le vide laissé par la lune, si celle-ci n'eût pas mis de mauvaise volonté à se réunir avec ses sœurs; ce qu'il adviendrait de la terre actuelle, si un jour il prenait fantaisie à la lune de venir reprendre sa place et en expulser la mer.

6. — Ce système a séduit quelques personnes, parce qu'il semblait expliquer la présence des différentes races d'hommes sur la terre, et leur localisation; mais puisque ces races ont pu germer sur des mondes séparés, pourquoi n'auraient-elles pu le faire sur des points divers d'un même globe? C'est vouloir résoudre une difficulté par une difficulté bien plus grande. En effet, avec quelque rapidité et quelque *dextérité* que se soit faite *l'opération*, cette adjonction n'a pu se faire sans secousses violentes; plus elle a été rapide, plus les cataclysmes ont dû être désastreux; il semble donc impossible que des êtres *simplement endormis du sommeil cataleptique* aient pu y résister, pour se réveiller ensuite tranquillement. Si ce n'étaient que des germes, en quoi consistaient-ils? Com-

CHAPITRE VIII

ment des êtres tout formés auraient-ils été réduits à l'état de germes? Il resterait toujours la question de savoir comment ces germes se sont développés à nouveau. Ce serait encore la terre formée par voie miraculeuse, mais par un autre procédé moins poétique et moins grandiose que le premier; tandis que les lois naturelles donnent de sa formation une explication bien autrement complète, et surtout plus rationnelle, déduite de l'expérience et de l'observation (1).

(1) Quand un pareil système se lie à toute une cosmogonie, on se demande sur quelle base rationnelle peut reposer le reste.
La concordance que l'on prétend établir, par ce système, entre la Genèse biblique et la science, est tout à fait illusoire, puisqu'il est contredit par la science même. D'un autre côté, toutes les croyances issues du texte biblique ont pour pierre angulaire la création d'un couple unique d'où sont sortis tous les hommes. Otez cette pierre, et tout ce qui est bâti dessus s'écroule. Or ce système, donnant à l'humanité une origine multiple, est la négation de la doctrine qui lui donne un père commun.
L'auteur de la lettre ci-dessus, homme de grand savoir, un instant séduit par cette théorie, en vit bientôt les côtés vulnérables, et ne tarda pas à la combattre avec les armes de la science.

CHAPITRE IX

Révolutions du globe.

Révolutions générales ou partielles. — Déluge biblique.
Révolutions périodiques. — Cataclysmes futurs.

RÉVOLUTIONS GÉNÉRALES OU PARTIELLES.

1. — Les périodes géologiques marquent les phases de l'aspect général du globe, par suite de ses transformations ; mais, si l'on en excepte la période diluvienne, qui porte les caractères d'un bouleversement subit, toutes les autres se sont accomplies lentement et sans transition brusque. Pendant tout le temps que les éléments constitutifs du globe ont mis à prendre leur assiette, les changements ont dû être généraux ; une fois la base consolidée, il n'a dû se produire que des modifications partielles à la superficie.

2. — Outre les révolutions générales, la terre a éprouvé un grand nombre de perturbations locales qui ont changé l'aspect de certaines contrées. Comme pour les autres, deux causes y ont contribué : le feu et l'eau.

Le feu soit par les éruptions volcaniques qui ont enseveli sous d'épaisses couches de cendres et de laves les terrains environnants, faisant disparaître les villes et leurs habitants ; soit par des tremblements de terre ; soit par des soulèvements de la croûte solide, refoulant les eaux sur les contrées les plus basses ; soit par l'affaissement de cette même croûte dans certains endroits, sur une étendue plus ou moins grande, où les eaux se sont précipitées, laissant d'autres terrains à découvert. C'est ainsi que des îles ont surgi au sein de l'Océan, tandis que d'autres ont disparu; que des portions de continents ont été séparées et ont formé des îles, que des bras de mer mis à sec ont réuni des îles aux continents.

L'eau : soit par l'irruption ou le retrait de la mer sur certaines côtes; soit par des éboulements qui, en arrêtant les cours d'eau, ont formé des lacs; soit par les débordements et les inondations; soit enfin par les atterrissements formés à l'embouchure des fleuves. Ces atterrissements, en refoulant la mer, ont créé de nouvelles contrées : telle est l'origine du delta du Nil ou Basse Egypte, du delta du Rhône ou Camargue, et de tant d'autres.

DÉLUGE BIBLIQUE.

3. — A l'inspection des terrains déchirés par le soulèvement des montagnes et des couches qui en forment les contre-forts, on peut déterminer leur âge géologique. Par âge géologique des montagnes, il ne faut pas entendre le nombre d'années de leur existence, mais la période pendant laquelle elles ont été formées, et par suite leur ancienneté relative. Ce serait une erreur de croire que cette ancienneté est en raison de leur élévation ou de leur nature exclusivement granitique, attendu que la masse de granit, en se soulevant, peut avoir perforé et séparé les couches superposées.

On a ainsi constaté, par l'observation, que les montagnes des Vosges, de la Bretagne et de la Côte-d'Or, en France, qui ne sont pas très élevées, appartiennent aux plus anciennes formations; elles datent de la période de transition et sont antérieures aux dépôts houillers. Le Jura s'est formé vers le milieu de la période secondaire ; il est contemporain des reptiles gigantesques. Les Pyrénées se sont formées plus tard, au commencement de la période tertiaire. Le Mont Blanc et le groupe des Alpes occidentales sont postérieurs aux Pyrénées et datent du milieu de la période tertiaire. Les Alpes orientales, qui comprennent les montagnes du Tyrol, sont plus récentes encore, car elles n'ont été formées que vers la fin de la période tertiaire. Quelques montagnes de l'Asie sont même postérieures à la période diluvienne ou lui sont contemporaines.

Ces soulèvements ont dû occasionner de grandes perturbations locales et des inondations plus ou moins considérables par le déplacement des eaux, l'interruption et le changement du cours des fleuves (1).

(1) Le dernier siècle offre un exemple remarquable d'un phénomène de ce genre. A six journées de marche de la ville de Mexico se trouvait, en 1750, une contrée fertile et bien cultivée, où croissaient en abondance le riz, le maïs et les bananes. Au mois de juin, d'effroyables tremblements de terre agitèrent ce sol, et ces tremblements se renouvelèrent sans cesse pendant deux mois entiers. Dans la nuit du 28 au 29 septembre, la terre eut une violente convulsion ; un terrain de plusieurs lieues d'étendue se souleva peu à peu et finit par atteindre une hauteur de 500 pieds, sur une surface de 40 lieues carrées. Le terrain ondulait comme les vagues de la mer sous le souffle de la tempête ; des milliers de monticules s'élevaient et s'abîmaient tour à tour ; enfin un gouffre de près de 3 lieues s'ouvrit ; de la fumée, du feu, des pierres embrasées, des cendres furent lancées à une hauteur prodigieuse. Six montagnes surgirent de ce gouffre béant, parmi lesquelles le volcan auquel on a donné le nom de *Jorullo* s'élève maintenant à 550 mètres au-dessus de l'ancienne plaine. Au moment où commençait l'ébranlement du sol, les deux rivières de *Cuitimba* et de *Rio San Pedro*, refluant en arrière, inondèrent toute la plaine occupée aujourd'hui par le Jorullo ; mais, dans le terrain qui montait toujours, un gouffre s'ouvrit et les engloutit. Elles reparurent à l'ouest, sur un point très éloigné de leur ancien lit. (Louis Figuier, *La Terre avant le déluge*, page 370.)

CHAPITRE IX

4. — Le déluge biblique, désigné aussi sous le nom de grand déluge asiatique, est un fait dont l'existence ne peut être contestée. Il a dû être occasionné par le soulèvement d'une partie des montagnes de cette contrée, comme celui du Mexique. Ce qui vient à l'appui de cette opinion, c'est l'existence d'une mer intérieure qui s'étendait jadis de la mer Noire à l'océan Boréal, attestée par les observations géologiques. La mer d'Azoff, la mer Caspienne, dont les eaux sont salées, quoique ne communiquant avec aucune autre mer; le lac Aral et les innombrables lacs répandus dans les immenses plaines de la Tartarie et les steppes de la Russie, paraissent être des restes de cette ancienne mer. Lors du soulèvement des montagnes du Caucase, une partie de ces eaux fut refoulée au nord, vers l'océan Boréal; l'autre au midi, vers l'océan Indien. Celles-ci inondèrent et ravagèrent précisément la Mésopotamie et toute la contrée habitée par les ancêtres du peuple hébreu. Quoique ce déluge se soit étendu sur une assez grande surface, un point avéré aujourd'hui, c'est qu'il n'a été que local; qu'il n'a pu être causé par la pluie, car, quelque abondante et continue qu'elle eût été pendant quarante jours, le calcul prouve que la quantité d'eau tombée ne pouvait être assez grande pour couvrir toute la terre, jusque par-dessus les plus hautes montagnes.

Pour les hommes d'alors, qui ne connaissaient qu'une étendue très bornée de la surface du globe et qui n'avaient aucune idée de sa configuration, dès l'instant que l'inondation avait envahi les pays connus, pour eux ce devait être toute la terre. Si à cette croyance on ajoute la forme imagée et hyperbolique particulière au style oriental, on ne sera pas surpris de l'exagération du récit biblique.

5. — Le déluge asiatique est évidemment postérieur à l'apparition de l'homme sur la terre, puisque la mémoire s'en est conservée par la tradition chez tous les peuples de cette partie du monde, qui l'ont consacrée dans leurs théogonies.

Il est également postérieur au grand déluge universel qui a marqué la période géologique actuelle ; et quand on parle d'hommes et d'animaux antédiluviens, cela s'entend de ce premier cataclysme.

RÉVOLUTIONS PÉRIODIQUES.

6. — Outre son mouvement annuel autour du soleil, qui produit les saisons, son mouvement de rotation sur elle-même en 24 heures, qui produit le jour et la nuit, la terre a un troisième mouvement qui s'accomplit en 25,000 ans environ (plus exactement 25,868 ans) qui produit le phénomène désigné en astronomie sous le nom de *précession des équinoxes*.

Ce mouvement, qu'il serait impossible d'expliquer en quelques mots, sans figures et sans une démonstration géométrique, consiste dans une sorte de balancement circulaire que l'on a comparé à celui d'une toupie mourante, par suite duquel l'axe de la terre, changeant d'inclinaison, décrit un double cône dont le sommet est au centre de la terre, et les bases embrassent la surface circonscrite par les cercles polaires ; c'est-à-dire une amplitude de 23 degrés et demi de rayon (1).

(1) Un sablier composé de deux verres coniques, tournant sur lui-même dans une position inclinée ; ou encore deux bâtons croisés en forme d'X, tournant sur leur point d'intersection, peuvent donner une idée approximative de la figure formée par ce mouvement de l'axe.

CHAPITRE IX

7. — L'équinoxe est l'instant où le soleil, passant d'un hémisphère à l'autre, se trouve perpendiculairement sur l'équateur, ce qui arrive deux fois par an, le 20 mars quand le soleil revient vers l'hémisphère boréal, et le 22 septembre quand il retourne vers l'hémisphère austral.

Mais par suite du changement graduel dans l'obliquité de l'axe, ce qui en amène un dans l'obliquité de l'équateur sur l'écliptique, l'instant de l'équinoxe se trouve chaque année avancé de quelques minutes (25 min. 7 sec.). C'est cette avance qui est appelée *précession des équinoxes* (du latin *præcedere*, marcher en avant, fait de *præ*, avant, et *cedere*, s'en aller).

Ces quelques minutes, à la longue, font des heures, des jours, des mois et des années ; il en résulte que l'équinoxe du printemps, qui arrive maintenant en mars, arrivera, dans un temps donné, en février, puis en janvier, puis en décembre, et alors le mois de décembre aura la température du mois de mars, et mars celle de juin, et ainsi de suite jusqu'à ce que, revenant au mois de mars, les choses se retrouvent dans l'état actuel, ce qui aura lieu dans 25,868 ans, pour recommencer la même révolution indéfiniment (1).

8. — Il résulte de ce mouvement conique de l'axe, que les pôles de la terre ne regardent pas constamment les mêmes points du ciel; que l'étoile polaire ne sera pas toujours étoile polaire; que les pôles sont graduellement plus ou moins inclinés vers le soleil, et en reçoivent

(1) La précession des équinoxes amène un autre changement, celui qui s'opère dans la position des signes du zodiaque.
La terre tournant autour du soleil en un an, à mesure qu'elle avance, le soleil se trouve chaque mois en face d'une nouvelle

RÉVOLUTIONS DU GLOBE

des rayons plus ou moins directs; d'où il suit que l'Islande et la Laponie, par exemple, qui sont sous le cercle polaire, pourront, dans un temps donné, recevoir les rayons solaires comme si elles étaient à la latitude de l'Espagne et de l'Italie, et que, dans la position opposée extrême, l'Espagne et l'Italie pourront avoir la température de l'Islande et de la Laponie, et ainsi de suite à chaque renouvellement de la période de 25,000 ans.

9. — Les conséquences de ce mouvement n'ont pu encore être déterminées avec précision, parce qu'on n'a pu observer qu'une très faible partie de sa révolution ; il n'y a donc à ce sujet que des présomptions dont quelques-unes ont une certaine probabilité.

Ces conséquences sont :

1° L'échauffement et le refroidissement alternatif des pôles et par suite la fusion des glaces polaires pendant la moitié de la période de 25,000 ans, et leur formation à nouveau pendant l'autre moitié de cette période. D'où il résulterait que les pôles ne seraient point voués à une stérilité perpétuelle, mais jouiraient à tour de rôle des bienfaits de la fertilité.

2° Le déplacement graduel de la mer qui envahit peu à peu les terres, tandis qu'elle en découvre d'autres, pour

---

constellation. Ces constellations sont au nombre de douze, savoir: le *Bélier*, le *Taureau*, les *Gémeaux*, l'*Ecrevisse*, le *Lion*, la *Vierge*, la *Balance*, le *Scorpion*, le *Sagittaire*, le *Capricorne*, le *Verseau*, les *Poissons*. On les appelle constellations zodiacales ou signes du zodiaque, et elles forment un cercle dans le plan de l'équateur terrestre. Selon le mois de la naissance d'un individu, on disait qu'il était né sous tel signe ; de là les pronostiques de l'astrologie. Mais par suite de la précession des équinoxes, il arrive que les mois ne correspondent plus aux mêmes constellations qu'il y a 2000 ans: tel, qui naît dans le mois de juillet, n'est plus dans le signe du Lion, mais dans celui de l'Ecrevisse. Ainsi tombe l'idée superstitieuse attachée à l'influence des signes. (Ch. v, n° 12.)

CHAPITRE IX

les abandonner à nouveau et rentrer dans son ancien lit. Ce mouvement périodique, renouvelé indéfiniment, constituerait une véritable marée universelle de 25,000 ans.

La lenteur avec laquelle s'opère ce mouvement de la mer le rend presque imperceptible pour chaque génération ; mais il est sensible au bout de quelques siècles. Il ne peut causer aucun cataclysme subit, parce que les hommes se retirent, de génération en génération, à mesure que la mer avance, et ils avancent sur les terres d'où la mer se retire. C'est à cette cause, plus que probable, que quelques savants attribuent le retrait de la mer sur certaines côtes et son envahissement sur d'autres.

10. — Le déplacement lent, graduel et périodique de la mer est un fait acquis à l'expérience, et attesté par de nombreux exemples sur tous les points du globe. Il a pour conséquence l'entretien des forces productives de la terre. Cette longue immersion est un temps de repos pendant lequel les terres submergées récupèrent les principes vitaux épuisés par une production non moins longue. Les immenses dépôts de matières organiques formés par le séjour des eaux durant des siècles de siècles, sont des engrais naturels périodiquement renouvelés, et les générations se succèdent sans s'apercevoir de ces changements (1).

(1) Parmi les faits les plus récents qui prouvent le déplacement de la mer, on peut citer les suivants :
Dans le golfe de Gascogne, entre le vieux Soulac et la tour de Cordouan, quand la mer est calme, on découvre au fond de l'eau des pans de muraille : ce sont les restes de l'ancienne et grande ville de *Noviomagus*, envahie par les flots en 580. Le rocher de Cordouan, qui était alors relié au rivage, en est maintenant à 12 kil.
Dans la mer de la Manche, sur la côte du Havre, la mer gagne chaque jour du terrain et mine les falaises de Sainte-Adresse, qui s'écroulent petit à petit. A 2 kilomètres de la côte, entre Sainte-Adresse et le cap de la Hève, existe le banc de l'Eclat, jadis à dé-

CATACLYSMES FUTURS.

11. — Les grandes commotions de la terre ont eu lieu à l'époque où la croûte solide, par son peu d'épaisseur, n'offrait qu'une faible résistance à l'effervescence des matières incandescentes de l'intérieur ; on les a vues diminuer d'intensité et de généralité à mesure que la croûte s'est consolidée. De nombreux volcans sont maintenant éteints, d'autres ont été recouverts par les terrains de formation postérieure.

Il pourra certainement encore se produire des perturbations locales, par suite d'éruptions volcaniques, d'ouverture de quelques nouveaux volcans, d'inondations subites de certaines contrées ; quelques îles pourront sortir de la mer et d'autres s'y abimer ; mais le temps des cata-

couvert et réuni à la terre ferme. D'anciens documents constatent que sur cet emplacement, où l'on navigue aujourd'hui, il y avait le village de Saint-Denis-chef-de-Caux. La mer ayant envahi le terrain au XIVe siècle, l'église fut engloutie en 1378. On prétend qu'on en voit les restes au fond de l'eau par un temps calme.

Sur presque toute l'étendue du littoral de la Hollande, la mer n'est retenue qu'à force de digues qui se rompent de temps en temps. L'ancien lac *Flevo*, réuni à la mer en 1225, forme aujourd'hui le golfe du *Zuyderzée*. Cette irruption de l'Océan engloutit plusieurs villages.

D'après cela, le territoire de Paris et de la France serait un jour de nouveau occupé par la mer, comme il l'a déjà été plusieurs fois, ainsi que le prouvent les observations géologiques. Les parties montagneuses formeront alors des îles, comme le sont maintenant Jersey, Guernesey et l'Angleterre, autrefois contiguës au continent.

On naviguera au-dessus des contrées que l'on parcourt aujourd'hui en chemin de fer; les navires aborderont à Montmartre, au mont Valérien, aux coteaux de Saint-Cloud et de Meudon ; les bois et les forêts où l'on se promène seront ensevelis sous les eaux, recouverts de limon, et peuplées de poissons au lieu d'oiseaux.

Le déluge biblique ne peut avoir eu cette cause, puisque l'invasion des eaux a été subite et leur séjour de courte durée, tandis qu'autrement elle eût été de plusieurs milliers d'années, et durerait encore, sans que les hommes s'en fussent aperçus.

clysmes généraux, comme ceux qui ont marqué les grandes périodes géologiques, est passé. La terre a désormais pris une assiette qui, sans être absolument invariable, met désormais le genre humain à l'abri des perturbations générales, à moins de causes inconnues, étrangères à notre globe, et que rien ne saurait faire prévoir.

12. — Quant aux comètes, on est aujourd'hui pleinement rassuré sur leur influence, plus salutaire que nuisible, en ce qu'elles paraissent destinées à ravitailler, si l'on peut s'exprimer ainsi, les mondes, en leur reportant les principes vitaux qu'elles ont ramassés pendant leur course à travers l'espace, et dans le voisinage des soleils. Elles seraient ainsi des sources de prospérité plutôt que des messagères de malheur.

Par leur nature fluidique, aujourd'hui bien constatée (chapitre VI, n°s 28 et suiv.), un choc violent n'est pas à craindre : car, dans le cas où l'une d'elles rencontrerait la terre, ce serait cette dernière qui passerait à travers la comète, comme à travers un brouillard.

Leur queue n'est pas plus redoutable ; elle n'est que la réflexion de la lumière solaire dans l'immense atmosphère qui les environne, puisqu'elle est constamment dirigée du côté opposé au soleil, et change de direction suivant la position de cet astre. Cette matière gazeuse pourrait bien aussi, par suite de la rapidité de leur marche, former une sorte de chevelure comme le sillage à la suite d'un navire, ou la fumée d'une locomotive. Du reste, plusieurs comètes se sont déjà rapprochées de la terre sans y causer aucun dommage ; et en raison de leur densité respective, la terre exercerait sur la comète une attraction plus grande que la comète sur la terre. Un reste de vieux préjugés peut seul inspirer des craintes sur leur présence (1).

13. — Il faut également reléguer parmi les hypothèses chimériques la possibilité de la rencontre de la terre avec une autre planète ; la régularité et l'invariabilité des lois qui président aux mouvements des corps célestes ôtent à cette rencontre toute probabilité.

La terre, cependant, aura une fin ; comment ? c'est ce qu'il est impossible de prévoir ; mais, comme elle est encore loin de la perfection qu'elle peut atteindre, et de la vétusté qui serait un signe de déclin, ses habitants actuels sont assurés que ce ne sera pas de leur temps. (Chap. VI, n°s 48 et suiv.)

14. — Physiquement, la terre a eu les convulsions de son enfance ; elle est entrée désormais dans une période de stabilité relative : dans celle du progrès paisible, qui s'accomplit par le retour régulier des mêmes phénomènes physiques, et le concours intelligent de l'homme. Mais *elle est encore en plein dans le travail de l'enfantement du progrès moral. Là sera la cause de ses plus grandes commotions. Jusqu'à ce que l'humanité ait suffisamment grandi en perfection par l'intelligence et la mise en pratique des lois divines, les plus grandes perturbations seront le fait des hommes plus que de la nature; c'est-à-dire seront plutôt morales et sociales que physiques.*

(1) La comète de 1861 a traversé la route de la terre à vingt heures de distance en avant de celle-ci, qui a dû se trouver plongée dans son atmosphère, sans qu'il en soit résulté aucun accident.

CHAPITRE X

Genèse organique.

Première formation des êtres vivants. — Principe vital. — Génération spontanée. — Echelle des êtres corporels. — L'homme.

PREMIÈRE FORMATION DES ÊTRES VIVANTS.

1. — Il fut un temps où les animaux n'existaient pas, donc ils ont commencé. On a vu paraître chaque espèce à mesure que le globe acquérait les conditions nécessaires à son existence : voilà qui est positif. Comment se sont formés les premiers individus de chaque espèce? On comprend qu'un premier couple étant donné, les individus se soient multipliés; mais ce premier couple, d'où est-il sorti? C'est là un de ces mystères qui tiennent au principe des choses et sur lesquels on ne peut faire que des hypothèses. Si la science ne peut encore résoudre complétement le problème, elle peut tout au moins mettre sur la voie.

2. — Une première question qui se présente est celle-ci : Chaque espèce animale est-elle sortie d'un *premier couple* ou de plusieurs couples créés ou, si l'on veut, *germés* simultanément en différents lieux?

Cette dernière supposition est la plus probable; on peut même dire qu'elle ressort de l'observation. En effet, il existe dans une même espèce une infinie variété de genres qui se distinguent par des caractères plus ou moins

CHAPITRE X — GENÈSE ORGANIQUE

tranchés. Il fallait, de toute nécessité, au moins un type pour chaque variété, approprié au milieu où elle était appelée à vivre, puisque chacune se reproduit identiquement la même.

D'un autre côté, la vie d'un individu, surtout d'un individu naissant, est soumise à tant d'éventualités, que toute une création aurait pu être compromise, sans la pluralité des types primitifs, ce qui n'eût pas été selon la prévoyance divine. D'ailleurs, si un type a pu se former sur un point, il n'y a pas de raison pour qu'il ne s'en soit formé sur plusieurs points par la même cause.

Enfin, l'observation des couches géologiques atteste la présence, dans les terrains de même formation, et cela dans des proportions énormes, de la même espèce sur les points les plus éloignés du globe. Cette multiplication si générale et en quelque sorte contemporaine, eût été impossible avec un type primitif unique.

Tout concourt donc à prouver qu'il y a eu création simultanée et multiple des premiers couples de chaque espèce animale et végétale.

3. — La formation des premiers êtres vivants peut se déduire, par analogie, de la même loi d'après laquelle se sont formés, et se forment tous les jours, les corps inorganiques. A mesure qu'on approfondit les lois de la nature, on en voit les rouages, qui, au premier abord, paraissent si compliqués, se simplifier et se confondre dans la grande loi d'unité qui préside à toute l'œuvre de la création. On le comprendra mieux quand on se sera rendu compte de la formation des corps inorganiques, qui en est le premier degré.

4. — La chimie considère comme élémentaires un certain nombre de substances, telles que : l'oxygène, l'hydro-

CHAPITRE X

gène, l'azote, le carbone, le chlore, l'iode, le fluor, le soufre, le phosphore et tous les métaux. Par leur combinaison, ils forment les corps composés : les oxydes, les acides, les alcalis, les sels et les innombrables variétés qui résultent de la combinaison de ceux-ci.

La combinaison de deux corps pour en former un troisième exige un concours particulier de circonstances: soit un degré déterminé de chaleur, de sècheresse ou d'humidité, soit le mouvement ou le repos, soit un courant électrique, etc. Si ces conditions n'existent pas, la combinaison n'a pas lieu.

5. — Lorsqu'il y a combinaison, les corps composants perdent leurs propriétés caractéristiques, tandis que le composé qui en résulte en possède de nouvelles, différentes de celles des premiers. C'est ainsi, par exemple, que l'oxygène et l'hydrogène, qui sont des gaz invisibles, étant combinés chimiquement, forment l'eau qui est liquide, solide ou vaporeuse, selon la température. Dans l'eau il n'y a plus à proprement parler, d'oxygène et d'hydrogène, mais un nouveau corps; cette eau étant décomposée, les deux gaz, redevenus libres, recouvrent leurs propriétés, et il n'y a plus d'eau. La même quantité d'eau peut être ainsi alternativement décomposée et recomposée à l'infini.

Dans le simple mélange il n'y a pas production d'un nouveau corps, et les principes mélangés conservent leurs propriétés intrinsèques qui sont simplement affaiblies, comme il en est du vin mêlé avec de l'eau. C'est ainsi qu'un mélange de 21 parties d'oxygène et de 79 parties d'azote forme l'air respirable, tandis qu'une combinaison chimique de 5 parties d'oxygène sur 2 d'azote, produit l'acide nitrique.

6. — La composition et la décomposition des corps ont lieu par suite du degré d'affinité que les principes élémentaires ont les uns pour les autres. La formation de l'eau, par exemple, résulte de l'affinité réciproque de l'oxygène et de l'hydrogène ; mais si l'on met en contact avec l'eau un corps ayant pour l'oxygène plus d'affinité que celui-ci n'en a pour l'hydrogène, l'eau se décompose ; l'oxygène est absorbé, l'hydrogène devient libre, et il n'y a plus d'eau.

7. — Les corps composés se forment toujours en proportions définies, c'est-à-dire par la combinaison d'une quantité déterminée des principes constituants. Ainsi, pour former l'eau il faut une partie d'oxygène et deux d'hydrogène. Lors même que l'on mettrait, dans les mêmes conditions, une plus grande proportion de l'un ou de l'autre des deux gaz, il n'y aurait toujours que la quantité voulue d'absorbée et le surplus resterait libre. Si, dans d'autres conditions, il y a deux parties d'oxygène combinées avec deux d'hydrogène, au lieu d'eau on obtient le deutoxyde d'hydrogène, liquide corrosif, formé cependant des mêmes éléments que l'eau, mais dans une autre proportion.

8. — Telle est, en peu de mots, la loi qui préside à la formation de tous les corps de la nature. L'innombrable variété de ces corps résulte d'un très petit nombre de principes élémentaires combinés dans des proportions différentes.

Ainsi l'oxygène combiné dans certaines proportions avec le carbone, le soufre, le phosphore, forme les acides carbonique, sulfurique, phosphorique ; l'oxygène et le fer forment l'oxyde de fer ou rouille ; l'oxygène et le plomb, tous les deux inoffensifs, donnent lieu aux oxydes de plomb, tels que la litharge, le blanc de céruse, le

CHAPITRE X

minium, qui sont vénéneux. L'oxygène, avec les métaux appelés calcium, sodium, potassium, forme la **chaux**, la soude, la potasse. La chaux unie à l'acide carbonique forme les carbonates de chaux ou pierres calcaires, telles que le marbre, la craie, la pierre à bâtir, les stalactites des grottes; unie à l'acide sulfurique, elle forme le **sulfate de chaux** ou **plâtre**, et l'albâtre; à l'acide phosphorique : le phosphate de chaux, base solide des os; l'hydrogène et le chlore forment l'acide hydrochlorique; l'acide hydrochlorique et la soude forment l'hydrochlorate de soude ou sel marin.

9. — Toutes ces combinaisons, et des milliers d'autres, s'obtiennent artificiellement en petit dans les laboratoires de chimie; elles s'opèrent spontanément en grand dans le grand laboratoire de la nature.

La terre, dans son principe, ne contenait pas ces matières combinées, mais seulement leurs principes constituants volatilisés. Lorsque les terres calcaires et autres, devenues à la longue pierreuses, se sont déposées à sa surface, elles n'existaient point toutes formées ; mais dans l'air se trouvaient, à l'état gazeux, toutes les substances primitives; ces substances, précipitées par l'effet du refroidissement, sous l'empire de circonstances favorables, se sont combinées suivant le degré de leur affinité moléculaire; c'est alors que se sont formées les différentes variétés de carbonates, de sulfates, etc., d'abord en dissolution dans les eaux, puis déposés à la surface du sol.

Supposons que, par une cause quelconque, la terre revienne à son état d'incandescence primitive, tout cela se décomposerait; les éléments se sépareraient; toutes les substances fusibles se fondraient; toutes celles qui sont volatisables se volatiliseraient. Puis un second refroidissement amènerait une nouvelle précipitation, et les anciennes combinaisons se formeraient à nouveau.

10. — Ces considérations prouvent combien la chimie était nécessaire pour l'intelligence de la Génèse. Avant la connaissance des lois de l'affinité moléculaire, il était impossible de comprendre la formation de la terre. Cette science a éclairé la question d'un jour tout nouveau, comme l'astronomie et la géologie l'ont fait à d'autres points de vue.

11. — Dans la formation des corps solides, un des phénomènes les plus remarquables est celui de la cristallisation qui consiste dans la forme régulière qu'affectent certaines substances lors de leur passage de l'état liquide ou gazeux à l'état solide. Cette forme, qui varie selon la nature de la substance, est généralement celle de solides géométriques, tels que le prisme, le rhomboïde, le cube, la pyramide. Tout le monde connaît les cristaux de sucre candi; les cristaux de roche, ou silice cristallisée, sont des prismes à six pans terminés par une pyramide également hexagonale. Le diamant est du carbone pur ou charbon cristalisé. Les dessins qui se produisent sur les vitres en hiver sont dus à la cristallisation de la vapeur d'eau sous forme d'aiguilles prismatiques.

La disposition régulière des cristaux tient à la forme particulière des molécules de chaque corps; ces parcelles, infiniment petites pour nous, mais qui n'en occupent pas moins un certain espace, sollicitées les unes vers les autres par l'attraction moléculaire, s'arrangent et se juxtaposent, selon l'exigence de leur forme, de manière à prendre chacune sa place autour du noyau ou premier centre d'attraction et à former un ensemble symétrique.

208　　　　　　　　CHAPITRE X

La cristallisation ne s'opère que sous l'empire de certaines circonstances favorables en dehors desquelles elle ne peut avoir lieu; le degré de la température et le repos sont des conditions essentielles. On comprend qu'une trop forte chaleur, tenant les molécules écartées, ne leur permettrait pas de se condenser, et que l'agitation s'opposant à leur arrangement symétrique, elles ne formeraient qu'une masse confuse et irrégulière, et partant pas de cristallisation proprement dite.

· 12. — La loi qui préside à la formation des minéraux conduit naturellement à la formation des corps organiques.

L'analyse chimique nous montre toutes les substances végétales et animales composées des mêmes éléments que les corps inorganiques. Ceux de ces éléments qui jouent le principal rôle sont l'oxygène, l'hydrogène, l'azote et le carbone; les autres ne s'y trouvent qu'accessoirement. Comme dans le règne minéral, la différence de proportion dans la combinaison de ces éléments produit toutes les variétés de substances organiques et leurs propriétés diverses, telles que: les muscles, les os, le sang, la bile, les nerfs, la matière cérébrale, la graisse, chez les animaux; la sève, le bois, les feuilles, les fruits, les essences, les huiles, les résines, etc., dans les végétaux. Ainsi, dans la formation des animaux et des plantes, il n'entre aucun corps spécial qui ne se trouve également dans le règne minéral (1).

(1) Le tableau ci-après, de l'analyse de quelques substances, montre la différence des propriétés qui résulte de la seule différence dans la proportion des éléments constituants. Sur 100 parties:

	Carbone.	Hydrog.	Oxygène.	Azote.
Sucre de canne..	42.470	6.900	50.630	»
Sucre de raisin..	36.710	6.780	56.510	»

13. — Quelques exemples usuels feront comprendre les transformations qui s'opèrent dans le règne organique par la seule modification des éléments constitutifs.

Dans le jus du raisin, il n'y a encore ni vin ni alcool, mais simplement de l'eau et du sucre. Quand ce jus est arrivé à maturité et qu'il se trouve placé dans des circonstances propices, il s'y produit un travail intime auquel on donne le nom de fermentation. Dans ce travail une partie du sucre se décompose; l'oxygène, l'hydrogène et le carbone se séparent et se combinent dans les proportions voulues pour faire de l'alcool; de sorte qu'en buvant du jus de raisin, on ne boit réellement point d'alcool, puisqu'il n'existe pas encore.

Dans le pain et les légumes que l'on mange, il n'y a certainement ni chair, ni sang, ni os, ni bile, ni matière cérébrale, et cependant ces mêmes aliments vont, en se décomposant et se recomposant par le travail de la digestion, produire ces différentes substances par la seule transmutation de leurs éléments constitutifs.

Dans la graine d'un arbre, il n'y a non plus ni bois, ni feuilles, ni fleurs, ni fruits, et c'est une erreur puérile de croire que l'arbre entier, sous forme microscopique, se trouve dans la graine; il n'y a même pas, à beaucoup près, dans cette graine, la quantité d'oxygène, d'hydrogène et de carbone nécessaire pour former une feuille de l'arbre. La graine renferme un germe qui éclot quand elle

Alcool............	51.980	13.700	34.320	»
Huile d'olive.....	77.210	13.360	9.430	»
Huile de noix...	79.774	10.570	9.122	0.534
Graisse..........	78.996	11.700	9.304	»
Fibrine..........	53.360	7.021	19.685	19.934

12.

se trouve dans des conditions favorables; ce **germe** grandit par les sucs qu'il puise dans la terre et les gaz qu'il aspire de l'air ; ces sucs, qui ne sont ni du bois, ni des feuilles, ni des fleurs, ni des fruits, en s'infiltrant dans la plante, en forment la séve, comme les aliments, chez les animaux, forment le sang. Cette séve, portée par la circulation dans toutes les parties du végétal, selon les organes où elle aboutit et où elle subit une élaboration spéciale, se transforme en bois, feuilles, fruits, comme le sang se transforme en chair, os, bile, etc., etc., et cependant ce sont toujours les mêmes éléments : oxygène, hydrogène, azote et carbone, diversement combinés.

14. — Les différentes combinaisons des éléments pour la formation des substances minérales, végétales et animales, ne peuvent donc s'opérer que dans les milieux et dans les circonstances propices ; en dehors de ces circonstances, les principes élémentaires sont dans une sorte d'inertie. Mais, dès que les circonstances sont favorables, commence un travail d'élaboration; les molécules entrent en mouvement, elles s'agitent, s'attirent, se rapprochent, se séparent en vertu de la loi des affinités, et, par leurs combinaisons multiples, composent l'infinie variété des substances. Que ces conditions cessent, et le travail est subitement arrêté, pour recommencer quand elles se présenteront de nouveau. C'est ainsi que la végétation s'active, se ralentit, cesse et reprend, sous l'action de la chaleur, de la lumière, de l'humidité, du froid ou de la sècheresse ; que telle plante prospère dans un climat ou dans un terrain, et s'étiole ou périt dans un autre.

15. — Ce qui se passe journellement sous nos yeux peut nous mettre sur la voie de ce qui s'est passé à l'ori-

gine des temps, car les lois de la nature sont toujours les mêmes.

Puisque les éléments constitutifs des êtres organiques et des êtres inorganiques sont les mêmes ; que nous les voyons incessamment, sous l'empire de certaines circonstances, former les pierres, les plantes et les fruits, on peut en conclure que les corps des premiers êtres vivants se sont formés comme les premières pierres, par la réunion des molécules élémentaires en vertu de la loi d'affinité, à mesure que les conditions de vitabilité du globe ont été propices à telle ou telle espèce.

La similitude de forme et de couleurs, dans la reproduction des individus de chaque espèce, peut être comparée à la similitude de forme de chaque espèce de cristal. Les molécules, se juxtaposant sous l'empire de la même loi, produisent un ensemble analogue.

PRINCIPE VITAL.

16. — En disant que les plantes et les animaux sont formés des mêmes principes constituants que les minéraux, il faut l'entendre dans le sens exclusivement matériel : aussi n'est-il ici question que du corps.

Sans parler du principe intelligent, qui est une question à part, il y a dans la matière organique un principe spécial, insaisissable, et qui n'a pu encore être défini : c'est *le principe vital*. Ce principe, qui est actif chez l'être vivant, est *éteint* chez l'être mort, mais il n'en donne pas moins à la substance des propriétés caractéristiques qui la distinguent des substances inorganiques. La chimie, qui décompose et recompose la plupart des corps inor-

CHAPITRE X

ganiques, a pu décomposer les corps organiques, mais n'est jamais parvenue à reconstituer même une feuille morte, preuve évidente qu'il y a dans ceux-ci quelque chose qui n'existe pas dans les autres.

17. — Le principe vital est-il quelque chose de distinct, ayant une existence propre ? Ou bien, pour rentrer dans le système de l'unité de l'élément générateur, n'est-ce qu'un état particulier, une des modifications du fluide cosmique universel qui devient principe de vie, comme il devient lumière, feu, chaleur, électricité ? C'est dans ce dernier sens que la question est résolue par les communications rapportées ci-dessus. (Chap. VI, *Uranographie générale*).

Mais, quelle que soit l'opinion que l'on se fasse sur la nature du principe vital, il existe, puisqu'on en voit les effets. On peut donc admettre logiquement qu'en se formant, les êtres organiques se sont assimilé le principe vital qui était nécessaire à leur destination; ou, si l'on veut, que ce principe s'est développé dans chaque individu par l'effet même de la combinaison des éléments, comme on voit, sous l'empire de certaines circonstances, se développer la chaleur, la lumière et l'électricité.

18. — L'oxygène, l'hydrogène, l'azote et le carbone, en se combinant sans le principe vital, n'eussent formé qu'un minéral ou corps inorganique; le principe vital, modifiant la constitution moléculaire de ce corps, lui donne des propriétés spéciales. Au lieu d'une molécule minérale, on a une molécule de matière organique.

L'activité du principe vital est entretenue pendant la vie par l'action du jeu des organes, comme la chaleur par le mouvement de rotation d'une roue; que cette action cesse par la mort, le principe vital *s'éteint*,

GENÈSE ORGANIQUE

comme la chaleur, quand la roue cesse de tourner. Mai l'*effet* produit sur l'état moléculaire du corps par le principe vital subsiste après l'extinction de ce principe, comme la carbonisation du bois persiste après l'extinction de la chaleur et la cessation du mouvement de la roue. Dans l'analyse des corps organiques, la chimie retrouve bien les éléments constituants: oxygène, hydrogène, azote et carbone, mais elle ne peut les reconstituer, parce que la cause n'existant plus, elle ne peut reproduire l'*effet*, tandis qu'elle peut reconstituer une pierre.

19. — Nous avons pris pour comparaison la chaleur développée par le mouvement d'une roue, parce que c'est un effet vulgaire, connu de tout le monde, et plus facile à comprendre ; mais il eût été plus exact de dire que, dans la combinaison des éléments pour former les corps organiques, il se développe de l'*électricité*. Les corps organiques seraient ainsi de véritables *piles électriques* qui fonctionnent tant que les éléments de ces piles sont dans les conditions voulues pour produire l'électricité : c'est la vie ; qui s'arrêtent quand cessent ces conditions : c'est la mort. D'après cela, le principe vital ne serait autre que l'espèce particulière d'électricité désignée sous le nom d'*électricité animale*, dégagée pendant la vie par l'action des organes, et dont la production est arrêtée à la mort par la cessation de cette action.

GÉNÉRATION SPONTANÉE.

20. — On se demande naturellement pourquoi il ne se forme plus d'êtres vivants dans les mêmes conditions que les premiers qui ont paru sur la terre.

CHAPITRE X

La question de la génération spontanée, qui préoccupe aujourd'hui la science, bien qu'encore diversement résolue, ne peut manquer de jeter la lumière sur ce sujet. Le problème proposé est celui-ci : Se forme-t-il spontanément de nos jours des êtres organiques par la seule union des éléments constitutifs, sans germes préalables produits de la génération ordinaire, autrement dit sans pères ni mères ?

Les partisans de la génération spontanée répondent affirmativement, et s'appuient sur des observations directes qui semblent concluantes. D'autres pensent que tous les êtres vivants se reproduisent les uns par les autres, et s'appuient sur ce fait, constaté par l'expérience, que les germes de certaines espèces végétales et animales, étant dispersés, peuvent conserver une vitalité latente pendant un temps considérable, jusqu'à ce que les circonstances soient favorables à leur éclosion. Cette opinion laisse toujours subsister la question de la formation des premiers types de chaque espèce.

21. — Sans discuter les deux systèmes, il convient de remarquer que le principe de la génération spontanée ne peut évidemment s'appliquer qu'aux êtres des ordres les plus inférieurs du règne végétal et du règne animal, à ceux où commence à poindre la vie, et dont l'organisme extrêmement simple est en quelque sorte rudimentaire. Ce sont effectivement les premiers qui ont paru sur la terre, et dont la génération a dû être spontanée. Nous assisterions ainsi à une création permanente analogue à celle qui a eu lieu dans les premiers âges du monde.

22. — Mais alors, pourquoi ne voit-on pas se former de la même manière les êtres d'une organisation complexe ? Ces êtres n'ont pas toujours existé, c'est un fait positif,

donc ils ont commencé. Si la mousse, le lichen, le zoophyte, l'infusoire, les vers intestinaux et autres peuvent se produire spontanément, pourquoi n'en est-il pas de même des arbres, des poissons, des chiens, des chevaux?

Ici s'arrêtent pour le moment les investigations ; le fil conducteur se perd, et, jusqu'à ce qu'il soit trouvé, le champ est ouvert aux hypothèses ; il serait donc imprudent et prématuré de donner des systèmes comme des vérités absolues.

23. — Si le fait de la génération spontanée est démontré, quelque limité qu'il soit, ce n'en est pas moins un fait capital, un jalon posé qui peut mettre sur la voie de nouvelles observations. Si les êtres organiques complexes ne se produisent pas de cette manière, qui sait comment ils ont commencé? Qui connaît le secret de toutes les transformations? Quand on voit le chêne et le gland, qui peut dire si un lien mystérieux n'existe pas du polype à l'éléphant?

Laissons au temps le soin de porter la lumière au fond de cet abîme, si un jour il peut être sondé. Ces connaissances sont intéressantes, sans doute, au point de vue de la science pure, mais elles ne sont pas de celles qui influent sur les destinées de l'homme.

ÉCHELLE DES ÊTRES CORPORELS.

24. — Entre le règne végétal et le règne animal, il n'y a pas de délimitation nettement tranchée. Sur les confins des deux règnes sont les *zoophytes* ou *animaux-plantes* dont le nom indique qu'ils tiennent de l'un et de l'autre : c'est le trait d'union.

CHAPITRE X

Comme les animaux, les plantes naissent, vivent, croissent, se nourrissent, respirent, se reproduisent et meurent. Comme eux, pour vivre, elles ont besoin de lumière, de chaleur et d'eau; si elles en sont privées, elles s'étiolent et meurent; l'absorption d'un air vicié et de substances délétères les empoisonne. Leur caractère distinctif le plus tranché est d'être attachées au sol et d'y puiser leur nourriture sans déplacement.

Le zoophyte a l'apparence extérieure de la plante; comme plante, il tient au sol; comme animal, la vie chez lui est plus accentuée; il puise sa nourriture dans le milieu ambiant.

Un degré au-dessus, l'animal est libre et va chercher sa nourriture; ce sont d'abord les innombrables variétés de polypes au corps gélatineux, sans organes bien distincts, et qui ne diffèrent des plantes que par la locomotion; puis viennent, dans l'ordre du développement des organes, de l'activité vitale et de l'instinct: les helminthes ou vers intestinaux; les mollusques, animaux charnus, sans os, dont les uns sont nus comme les limaces, les poulpes ou pieuvres, les autres sont pourvus de coquilles comme les limaçons, les huîtres; les crustacés, dont la peau est revêtue d'une croûte dure comme les écrevisses, les homards; les insectes, chez lesquels la vie prend une activité prodigieuse et se manifeste l'instinct industrieux, comme la fourmi, l'abeille, l'araignée. Quelques-uns subissent une métamorphose, comme la chenille, qui se transforme en élégant papillon. Vient ensuite l'ordre des vertébrés, animaux à charpente osseuse, qui comprend les poissons, les reptiles, les oiseaux, et enfin les mammifères, dont l'organisation est la plus complète.

L'HOMME

25. — Au point de vue corporel et purement anatomique, l'homme appartient à la classe des mammifères, dont il ne diffère que par des nuances dans la forme extérieure ; du reste, même composition chimique que tous les animaux, mêmes organes, mêmes fonctions et mêmes modes de nutrition, de respiration, de secrétion, de reproduction ; il naît, il vit, il meurt dans les mêmes conditions, et à sa mort son corps se décompose comme celui de tout ce qui vit. Il n'y a pas dans son sang, dans sa chair, dans ses os, un atome de plus ni de moins que dans le corps des animaux ; comme ceux-ci, en mourant, il rend à la terre l'oxgyène, l'hydrogène, l'azote et le carbone qui s'étaient combinés pour le former, et vont, par de nouvelles combinaisons, former de nouveaux corps minéraux, végétaux et animaux. L'analogie est si grande, qu'on étudie ses fonctions organiques sur certains animaux, lorsque les expériences ne peuvent pas être faites sur lui-même.

26. — Dans la classe des mammifères, l'homme appartient à l'ordre des *bimanes*. Immédiatement au-dessous de lui viennent les *quadrumanes* (animaux à quatre mains) ou singes, dont quelques-uns, comme l'orang-outang, le chimpansé, le jocko, ont certaines des allures de l'homme, à tel point qu'on les a longtemps désignés sous le nom d'*hommes des bois ;* comme lui, ils marchent droit, se servent du bâton, et portent les aliments à leur bouche avec la main, signes caractéristiques.

27. — Pour peu qu'on observe l'échelle des êtres vivants au point de vue de l'organisme, on reconnaît que,

CHAPITRE X — GENÈSE ORGANIQUE

depuis le lichen jusqu'à l'arbre, et depuis le zoophyte jusqu'à l'homme, il y a une chaîne s'élevant par degrés sans solution de continuité, et dont tous les anneaux ont un point de contact avec l'anneau précédent; en suivant pas à pas la série des êtres, on dirait que chaque espèce est un perfectionnement, une transformation de l'espèce immédiatement inférieure. Puisque le corps de l'homme est dans des conditions identiques aux autres corps, chimiquement et constitutionnellement, qu'il naît, vit et meurt de la même manière, il doit s'être formé dans les mêmes conditions.

28. — Quoi qu'il en puisse coûter à son orgueil, l'homme doit se résigner à ne voir dans *son corps matériel* que le dernier anneau de l'animalité *sur la terre*. L'inexorable argument des faits est là, contre lequel il protesterait en vain.

Mais plus le corps diminue de valeur à ses yeux, plus le principe spirituel grandit en importance; si le premier le met au niveau de la brute, le second l'élève à une hauteur incommensurable. Nous voyons le cercle où s'arrête l'animal : nous ne voyons pas la limite où peut atteindre l'Esprit de l'homme.

29. — Le matérialisme peut voir par là que le Spiritisme, loin de redouter les découvertes de la science et son positivisme, va au-devant et les provoque, parce qu'il est certain que le principe spirituel, qui a son existence propre, n'en peut souffrir aucune atteinte.

CHAPITRE XI

Genèse spirituelle

Principe spirituel. — Union du principe spirituel et de la matière. Hypothèse sur l'origine des corps humains. — Incarnation des Esprits. — Réincarnation. — Émigrations et immigrations des Esprits. — Race adamique. — Doctrine des anges déchus.

PRINCIPE SPIRITUEL

1. — L'existence du principe spirituel est un fait qui n'a, pour ainsi dire, pas plus besoin de démonstration que le principe matériel ; c'est en quelque sorte une vérité axiomatique ; il s'affirme par ses effets, comme la matière par ceux qui lui sont propres.

Selon la maxime : « Tout effet ayant une cause, tout effet intellectuel doit avoir une cause intelligente, » il n'est personne qui ne fasse la différence entre le mouvement mécanique d'une cloche agitée par le vent, et le mouvement de cette même cloche destiné à donner un signal, un avertissement, attestant par cela même une pensée, une intention. Or, comme il ne peut venir à l'idée de personne d'attribuer la pensée à la matière de la cloche, on en conclut qu'elle est mue par une intelligence à laquelle elle sert d'instrument pour se manifester.

Par la même raison, personne n'a l'idée d'attribuer la pensée au corps d'un homme mort. Si l'homme vivant pense, c'est donc qu'il y a en lui quelque chose qui n'y

CHAPITRE XI

est plus quand il est mort. La différence qui existe entre lui et la cloche, c'est que l'intelligence qui fait mouvoir celle-ci est en dehors d'elle, tandis que celle qui fait agir l'homme est en lui-même.

2. — Le principe spirituel est le corollaire de l'existence de Dieu; sans ce principe, Dieu n'aurait pas de raison d'être, car on ne pourrait pas plus concevoir la souveraine intelligence ne régnant pendant l'éternité que sur la matière brute, qu'un monarque terrestre ne régnant durant toute sa vie que sur des pierres. Comme on ne peut admettre Dieu sans les attributs essentiels de la divinité : la justice et la bonté, ces qualités seraient inutiles si elles ne devaient s'exercer que sur la matière.

3. — D'un autre côté, on ne pourrait concevoir un Dieu souverainement juste et bon, créant des êtres intelligents et sensibles, pour les vouer au néant après quelques jours de souffrances sans compensations, repaissant sa vue de cette succession indéfinie d'êtres qui naissent sans l'avoir demandé, pensent un instant pour ne connaître que la douleur, et s'éteignent à jamais après une existence éphémère.

Sans la survivance de l'être pensant, les souffrances de la vie seraient, de la part de Dieu, une cruauté sans but. Voilà pourquoi aussi le matérialisme et l'athéisme sont les corollaires l'un de l'autre; niant la cause, on ne peut admettre l'effet; niant l'effet, on ne peut admettre la cause. Le matérialisme est donc conséquent avec lui-même, s'il ne l'est pas avec la raison.

4. — L'idée de la perpétuité de l'être spirituel est innée en l'homme; elle est chez lui à l'état d'intuition et d'aspiration; il comprend que là seulement est la compensation aux misères de la vie : c'est pourquoi il y a

toujours eu et il y aura toujours plus de spiritualistes que de matérialistes, et plus de déistes que d'athées.

A l'idée intuitive et à la puissance du raisonnement, le Spiritisme vient ajouter la sanction des faits, la preuve matérielle de l'existence de l'être spirituel, de sa survivance, de son immortalité et de son individualité ; il précise et définit ce que cette pensée avait de vague et d'abstrait. Il nous montre l'être intelligent agissant en dehors de la matière, soit après, soit pendant la vie du corps.

5. — Le principe spirituel et le principe vital sont-ils une seule et même chose ?

Partant, comme toujours, de l'observation des faits, nous dirons que, si le principe vital était inséparable du principe intelligent, il y aurait quelque raison de les confondre ; mais comme on voit des êtres qui vivent et qui ne pensent point, comme les plantes ; des corps humains être encore animés de la vie organique alors qu'il n'existe plus aucune manifestation de la pensée ; qu'il se produit dans l'être vivant des mouvements vitaux indépendants de tout acte de la volonté ; que pendant le sommeil la vie organique est dans toute son activité, tandis que la vie intellectuelle ne se manifeste par aucun signe extérieur, il y a lieu d'admettre que la vie organique réside dans un principe inhérent à la matière, indépendant de la vie spirituelle qui est inhérente à l'Esprit. Dès lors que la matière a une vitalité indépendante de l'Esprit, et que l'Esprit a une vitalité indépendante de la matière, il demeure évident que cette double vitalité repose sur deux principes différents.

6. — Le principe spirituel aurait-il sa source dans l'élément cosmique universel ? Ne serait-il qu'une transfor-

mation, un mode d'existence de cet élément, comme la lumière, l'électricité, la chaleur, etc. ?

S'il en était ainsi, le principe spirituel subirait les vicissitudes de la matière; il s'éteindrait par la désagrégation comme le principe vital; l'être intelligent n'aurait qu'une existence momentanée comme le corps, et à la mort il rentrerait dans le néant, ou, ce qui reviendrait au même, dans le tout universel; ce serait, en un mot, la sanction des doctrines matérialistes.

Les propriétés *sui generis* qu'on reconnaît au principe spirituel prouvent qu'il a son existence propre, indépendante, puisque s'il avait son origine dans la matière, il n'aurait pas ces propriétés. Dès lors que l'intelligence et la pensée ne peuvent être des attributs de la matière, on arrive à cette conclusion, en remontant des effets aux causes, que l'élément matériel et l'élément spirituel sont les deux principes constitutifs de l'univers. L'élément spirituel individualisé constitue les êtres appelés *Esprits*, comme l'élément matériel individualisé constitue les différents corps de la nature, ou organiques et inorganiques.

7. — L'être spirituel étant admis, et sa source ne pouvant être dans la matière, quelle est son origine, son point de départ ?

Ici, les moyens d'investigation font absolument défaut, comme dans tout ce qui tient au principe des choses. L'homme ne peut constater que ce qui existe ; sur tout le reste il ne peut émettre que des hypothèses; et, soit que cette connaissance dépasse la portée de son intelligence actuelle, soit qu'il y ait pour lui inutilité ou inconvénient à la posséder pour le moment, Dieu ne la lui donne pas, même par la révélation.

Ce que Dieu lui fait dire par ses messagers, et ce que d'ailleurs l'homme pouvait déduire lui-même du principe de la souveraine justice qui est un des attributs essentiels de la Divinité, c'est que tous ont un même point de départ; que tous sont créés simples et ignorants, avec une égale aptitude pour progresser par leur activité individuelle ; que tous atteindront le degré de perfection compatible avec la créature par leurs efforts personnels ; que tous, étant les enfants d'un même père, sont l'objet d'une égale sollicitude ; qu'il n'en est aucun de plus favorisé ou mieux doué que les autres, et dispensé du travail qui serait imposé à d'autres pour atteindre le but.

8. — En même temps que Dieu a créé des mondes matériels de toute éternité, il a également créé des êtres spirituels de toute éternité : sans cela les mondes matériels eussent été sans but. On concevrait plutôt les êtres spirituels sans les mondes matériels, que ces derniers sans les êtres spirituels. Ce sont les mondes matériels qui devaient fournir aux êtres spirituels des éléments d'activité pour le développement de leur intelligence.

9. — Le progrès est la condition normale des êtres spirituels, et la perfection relative le but qu'ils doivent atteindre ; or, Dieu en ayant créé de toute éternité, et en créant sans cesse, de toute éternité aussi il y en a eu qui ont atteint le point culminant de l'échelle.

Avant que la terre fût, des mondes avaient succédé aux mondes, et lorsque la terre sortit du chaos des éléments, l'espace était peuplé d'êtres spirituels à tous les degrés d'avancement, depuis ceux qui naissaient à la vie, jusqu'à ceux qui, de toute éternité, avaient pris rang parmi les purs Esprits, vulgairement appelés les anges.

CHAPITRE XI

UNION DU PRINCIPE SPIRITUEL ET DE LA MATIÈRE

10. — La matière devant être l'objet du travail de l'Esprit pour le développement de ses facultés, il fallait qu'il pût agir sur la matière, c'est pourquoi il est venu l'habiter, comme le bûcheron habite la forêt. Celle-ci devant être à la fois le but et l'instrument du travail, Dieu, au lieu de l'unir à la pierre rigide, créa, pour son usage, des corps organisés, flexibles, capables de recevoir toutes les impulsions de sa volonté, et de se prêter à tous ses mouvements.

Le corps est donc en même temps l'enveloppe et l'instrument de l'Esprit, et à mesure que celui-ci acquiert de nouvelles aptitudes, il revêt une enveloppe appropriée au nouveau genre de travail qu'il doit accomplir, comme on donne à un ouvrier des outils moins grossiers à mesure qu'il est capable de faire un ouvrage plus soigné.

11. — Pour être plus exact, il faut dire que c'est l'Esprit lui-même qui façonne son enveloppe et l'approprie à ses nouveaux besoins ; il la perfectionne, en développe et complète l'organisme à mesure qu'il éprouve le besoin de manifester de nouvelles facultés ; en un mot, il la met à la taille de son intelligence ; Dieu lui fournit les matériaux, à lui de les mettre en œuvre ; c'est ainsi que les races avancées ont un organisme, ou, si l'on veut, un outillage plus perfectionné que les races primitives. Ainsi s'explique également le cachet spécial que le caractère de l'Esprit imprime aux traits de la physionomie et aux allures du corps.

12. — Dès qu'un Esprit naît à la vie spirituelle, il doit, pour son avancement, faire usage de ses facultés,

d'abord rudimentaires; c'est pourquoi il revêt une enveloppe corporelle appropriée à son état d'enfance intellectuelle, enveloppe qu'il quitte pour en revêtir une autre à mesure que ses forces grandissent. Or, comme de tout temps il y a eu des mondes, et que ces mondes ont donné naissance à des corps organisés propres à recevoir des Esprits, de tout temps les Esprits ont trouvé, quel que fût leur degré d'avancement, les éléments nécessaires à leur vie charnelle.

13.— Le corps, étant exclusivement matériel, subit les vicissitudes de la matière. Après avoir fonctionné quelque temps, il se désorganise et se décompose ; le principe vital, ne trouvant plus d'élément à son activité, s'éteint et le corps meurt. L'Esprit, pour qui le corps privé de vie est désormais sans utilité, le quitte, comme on quitte une maison en ruine ou un habit hors de service.

14. — Le corps n'est donc qu'une enveloppe destinée à recevoir l'Esprit : dès lors, peu importe son origine et les matériaux dont il est construit. Que le corps de l'homme soit une création spéciale ou non, il n'en est pas moins formé des mêmes éléments que celui des animaux, animé du même principe vital, autrement dit chauffé par le même feu, comme il est éclairé par la même lumière, sujet aux mêmes vicissitudes et aux mêmes besoins : c'est un point sur lequel il n'y a pas de contestation.

A ne considérer que la matière, et en faisant abstraction de l'Esprit, l'homme n'a donc rien qui le distingue de l'animal ; mais tout change d'aspect si l'on fait une distinction entre *l'habitation et l'habitant*.

Un grand seigneur, sous le chaume ou vêtu de la bure du paysan, ne s'en trouve pas moins grand seigneur. Il en est de même de l'homme ; ce n'est pas son vêtement

CHAPITRE XI

de chair qui l'élève au-dessus de la brute et en fait un être à part, c'est son être spirituel, son Esprit.

HYPOTHÈSE SUR L'ORIGINE DU CORPS HUMAIN

15. — De la similitude de formes extérieures qui existe entre le corps de l'homme et celui du singe, certains physiologistes ont conclu que le premier n'était qu'une transformation du second. A cela il n'y a rien d'impossible, sans que, s'il en est ainsi, la dignité de l'homme ait à en souffrir. Des corps de singes ont très bien pu servir de vêtements aux premiers Esprits humains, nécessairement peu avancés, qui sont venus s'incarner sur la terre, ces vêtements étant les mieux appropriés à leurs besoins et plus propres à l'exercice de leurs facultés que le corps d'aucun autre animal. Au lieu qu'un vêtement spécial ait été fait pour l'Esprit, il en aurait trouvé un tout fait. Il a donc pu se vêtir de la peau du singe, sans cesser d'être Esprit humain, comme l'homme se revêt parfois de la peau de certains animaux sans cesser d'être homme.

Il est bien entendu qu'il ne s'agit ici que d'une hypothèse qui n'est nullement posée en principe, mais donnée seulement pour montrer que l'origine du corps ne préjudicie pas à l'Esprit qui est l'être principal, et que la similitude du corps de l'homme avec le corps du singe n'implique pas la parité entre son Esprit et celui du singe.

16. — En admettant cette hypothèse, on peut dire que sous l'influence, et par l'effet de l'activité intellectuelle de son nouvel habitant, l'enveloppe s'est modifiée, embellie dans les détails, tout en conservant la forme générale de l'ensemble. Les corps améliorés, en se procréant, se sont reproduits dans les mêmes conditions,

GENÈSE SPIRITUELLE

comme il en est des arbres greffés ; ils ont donné naissance à une nouvelle espèce qui s'est peu à peu éloignée du type primitif à mesure que l'Esprit a progressé. L'Esprit singe, qui n'a pas été anéanti, a continué de procréer des corps de singes à son usage, comme le fruit du sauvageon reproduit des sauvageons, et l'Esprit humain a procréé des corps d'hommes, variantes du premier moule où il s'est établi. La souche s'est bifurquée ; elle a produit un rejeton, et ce rejeton est devenu souche.

Comme il n'y a pas de transitions brusques dans la nature, il est probable que les premiers hommes qui ont paru sur la terre ont dû peu différer du singe pour la forme extérieure, et sans doute pas beaucoup non plus pour l'intelligence. Il y a encore de nos jours des sauvages qui, par la longueur des bras et des pieds, et la conformation de la tête, ont tellement les allures du singe, qu'il ne leur manque que d'être velus pour compléter la ressemblance.

INCARNATION DES ESPRITS

17. — Le Spiritisme nous apprend de quelle manière s'opère l'union de l'Esprit et du corps dans l'incarnation.

L'Esprit, par son essence spirituelle, est un être indéfini, abstrait, qui ne peut avoir une action directe sur la matière ; il lui fallait un intermédiaire ; cet intermédiaire est dans l'enveloppe fluidique qui fait en quelque sorte partie intégrante de l'Esprit, enveloppe semi-matérielle, c'est-à-dire tenant de la matière par son origine et de la spiritualité par sa nature éthérée ; comme toute matière, elle est puisée dans le fluide cosmique universel, qui subit en cette circonstance une modification spéciale. Cette

228 CHAPITRE XI

enveloppe, désignée sous le nom de *périsprit*, d'un être abstrait, fait de l'Esprit un être concret, défini, saisissable par la pensée ; elle le rend apte à agir sur la matière tangible, de même que tous les fluides impondérables qui sont, comme on le sait, les plus puissants moteurs.

 Le fluide périsprital est donc le trait d'union entre l'Esprit et la matière. Durant son union avec le corps, c'est le véhicule de sa pensée pour transmettre le mouvement aux différentes parties de l'organisme qui agissent sous l'impulsion de sa volonté, et pour répercuter dans l'Esprit les sensations produites par les agents extérieurs. Il a pour fils conducteurs les nerfs, comme dans le télégraphe, le fluide électrique a pour conducteur le fil métallique.

 18. — Lorsque l'Esprit doit s'incarner dans un corps humain en voie de formation, un lien fluidique, qui n'est autre qu'une expansion de son périsprit, le rattache au germe vers lequel il se trouve attiré par une force irrésistible dès le moment de la conception. A mesure que le germe se développe, le lien se resserre ; sous l'influence *du principe vital matériel du germe*, le périsprit, qui possède certaines propriétés de la matière, s'unit *molécule à molécule* avec le corps qui se forme : d'où l'on peut dire que l'Esprit, par l'intermédiaire de son périsprit, prend en quelque sorte *racine* dans ce germe, comme une plante dans la terre. Quand le germe est entièrement développé, l'union est complète, et alors il naît à la vie extérieure.

 Par un effet contraire, cette union du périsprit et de la matière charnelle, qui s'était accomplie sous l'influence du principe vital du germe, quand ce principe cesse d'agir par suite de la désorganisation du corps, qui entraîne la mort, l'union, qui n'était maintenue que par une force agissante, cesse quand cette force cesse d'agir; alors le périsprit se dégage *molécule à molécule*, comme il s'était uni, et l'Esprit est rendu à la liberté. *Ce n'est donc pas le départ de l'Esprit qui cause la mort du corps, mais la mort du corps qui cause le départ de l'Esprit.*

19. — Le Spiritisme nous apprend, par les faits qu'il nous met à même d'observer, les phénomènes qui accompagnent cette séparation : elle est quelquefois rapide, facile, douce et insensible; d'autres fois elle est très lente, laborieuse, horriblement pénible, selon l'état moral de l'Esprit, et peut durer des mois entiers.

20. — Un phénomène particulier, également signalé par l'observation, accompagne toujours l'incarnation de l'Esprit. Dès que celui-ci est saisi par le lien fluidique qui le rattache au germe, le trouble s'empare de lui ; ce trouble croît à mesure que le lien se resserre, et, dans les derniers moments, l'Esprit perd toute conscience de lui-même, de sorte qu'il n'est jamais témoin conscient de sa naissance. Au moment où l'enfant respire, l'Esprit commence à recouvrer ses facultés, qui se développent à mesure que se forment et se consolident les organes qui doivent servir à leur manifestation. Ici encore éclate la sagesse qui préside à toutes les parties de l'œuvre de la création. Des facultés trop actives useraient et briseraient des organes délicats à peine ébauchés; c'est pourquoi leur énergie est proportionnée à la force de résistance de ces organes.

21. — Mais en même temps que l'Esprit recouvre la conscience de lui-même, il perd le souvenir de son passé, sans perdre les facultés, les qualités et les aptitudes acquises antérieurement, aptitudes qui étaient momentané-

ment restées à l'état latent, et qui, en reprenant leur activité, vont l'aider à faire plus et mieux qu'il n'a fait précédemment; il renaît ce qu'il s'est fait par son travail antérieur ; c'est pour lui un nouveau point de départ, un nouvel échelon à gravir. Ici encore se manifeste la bonté du Créateur, car le souvenir d'un passé, souvent pénible ou humiliant, s'ajoutant aux amertumes de sa nouvelle existence, pourrait le troubler et l'entraver ; il ne se souvient que de ce qu'il a appris, parce que cela lui est utile. Si parfois il conserve une vague intuition des événements passés, c'est comme le souvenir d'un rêve fugitif. C'est donc un homme nouveau, quelque ancien que soit son Esprit; il marche sur de nouveaux errements aidé de ce qu'il a acquis. Lorsqu'il rentre dans la vie spirituelle, son passé se déroule à ses yeux, et il juge s'il a bien ou mal employé son temps.

22. — Il n'y a donc pas solution de continuité dans la vie spirituelle, malgré l'oubli du passé ; l'Esprit est toujours *lui*, avant, pendant et après l'incarnation ; l'incarnation n'est qu'une phase spéciale de son existence. Cet oubli n'a même lieu que pendant la vie extérieure de relation ; pendant le sommeil, l'Esprit, en partie dégagé des liens charnels, rendu à la liberté et à la vie spirituelle, se souvient; sa vue spirituelle n'est plus autant obscurcie par la matière.

23. — En prenant l'humanité à son degré le plus infime de l'échelle intellectuelle, chez les sauvages les plus arriérés, on se demande si c'est là le point de départ de l'âme humaine.

Selon l'opinion de quelques philosophes spiritualistes, le principe intelligent, distinct du principe matériel, s'individualise, s'élabore, en passant par les divers degrés de

GENÈSE SPIRITUELLE

l'animalité; c'est là que l'âme s'essaye à la vie et développe ses premières facultés par l'exercice; ce serait, pour ainsi dire, son temps d'incubation. Arrivée au degré de développement que comporte cet état, elle reçoit les facultés spéciales qui constituent l'âme humaine. Il y aurait ainsi filiation spirituelle, comme il y a filiation corporelle.

Ce système, fondé sur la grande loi d'unité qui préside à la création, répond, il faut en convenir, à la justice et la bonté du Créateur; il donne une issue, un but, une destinée aux animaux, qui ne sont plus des êtres déshérités, mais qui trouvent, dans l'avenir qui leur est réservé, une compensation à leurs souffrances. Ce qui constitue l'homme spirituel, ce n'est pas son origine, mais les attributs spéciaux dont il est doué à son entrée dans l'humanité, attributs qui le transforment et en font un être distinct, comme le fruit savoureux est distinct de la racine amère d'où il est sorti. Pour avoir passé par la filière de l'animalité, l'homme n'en serait pas moins homme; il ne serait pas plus animal qui le fruit n'est racine, que le savant n'est l'informe fœtus par lequel il a débuté dans le monde.

Mais ce système soulève de nombreuses questions dont il n'est pas opportun de discuter ici le pour et le contre, non plus que d'examiner les différentes hypothèses qui ont été faites à ce sujet. Sans donc rechercher l'origine de l'âme, et les filières par lesquelles elle a pu passer, nous la prenons *à son entrée dans l'humanité*, au point où, douée du sens moral et du libre arbitre, elle commence à encourir la responsabilité de ses actes.

24. — L'obligation, pour l'Esprit incarné, de pourvoir à la nourriture du corps, à sa sécurité, à son bien-être, le contraint d'appliquer ses facultés à des recherches, de

CHAPITRE XI

les exercer et de les développer. Son union avec la matière est donc utile à son avancement, voilà pourquoi l'incarnation est une nécessité. En outre, par le travail intelligent qu'il opère à son profit sur la matière, il aide à la transformation et au progrès matériel du globe qu'il habite ; c'est ainsi que, tout en progressant lui-même, il concourt à l'œuvre du Créateur dont il est l'agent inconscient.

25. — Mais l'incarnation de l'Esprit n'est ni constante, ni perpétuelle ; elle n'est que transitoire ; en quittant un corps, il n'en reprend pas un autre instantanément ; pendant un laps de temps plus ou moins considérable, il vit de la vie spirituelle, qui est sa vie normale : de telle sorte que la somme du temps passé dans les différentes incarnations est peu de chose, comparée à celle du temps qu'il passe à l'état d'Esprit libre.

Dans l'intervalle de ses incarnations, l'Esprit progresse également, en ce sens qu'il met à profit, pour son avancement, les connaissances et l'expérience acquises durant la vie corporelle ; — nous parlons de l'Esprit arrivé à l'état d'âme humaine, ayant la liberté d'action, et la conscience de ses actes. — Il examine ce qu'il a fait pendant son séjour terrestre, passe en revue ce qu'il a appris, reconnaît ses fautes, dresse ses plans, et prend les résolutions d'après lesquelles il compte se guider dans une nouvelle existence en tâchant de faire mieux. C'est ainsi que chaque existence est un pas en avant dans la voie du progrès, une sorte d'école d'application.

L'incarnation n'est donc point normalement une punition pour l'Esprit, comme quelques-uns l'ont pensé, mais une condition inhérente à l'infériorité de l'Esprit, et un moyen de progresser.

GENÈSE SPIRITUELLE

A mesure que l'Esprit progresse moralement, il se dématérialise, c'est-à-dire que, se soustrayant à l'influence de la matière, il s'épure; sa vie se spiritualise, ses facultés et ses perceptions s'étendent; son bonheur est en raison du progrès accompli. Mais, comme il agit en vertu de son libre arbitre, il peut, par négligence ou mauvais vouloir, retarder son avancement; il prolonge, par conséquent, la durée de ses incarnations matérielles qui deviennent alors pour lui une punition, puisque, par sa faute, il reste dans les rangs inférieurs, obligé de recommencer la même tâche. Il dépend donc de l'Esprit d'abréger, par son travail d'épuration sur lui-même, la durée de la période des incarnations.

26. — Le progrès matériel d'un globe suit le progrès moral de ses habitants; or, comme la création des mondes et des Esprits est incessante, que ceux-ci progressent plus ou moins rapidement en vertu de leur libre arbitre, il en résulte qu'il y a des mondes plus ou moins anciens, à différents degrés d'avancement physique et moral, où l'incarnation est plus ou moins matérielle, et où, par conséquent, le travail, pour les Esprits, est plus ou moins rude. A ce point de vue, la terre est un des moins avancés; peuplée d'Esprits relativement inférieurs, la vie corporelle y est plus pénible que dans d'autres, comme il en est de plus arriérés, où elle est plus pénible encore que sur la terre, et pour lesquels la terre serait relativement un monde heureux.

27. — Lorsque les Esprits ont acquis sur un monde la somme de progrès que comporte l'état de ce monde, ils le quittent pour s'incarner dans un autre plus avancé où ils acquièrent de nouvelles connaissances, et ainsi de suite jusqu'à ce que l'incarnation dans un corps matériel

ne leur étant plus utile, ils vivent exclusivement de la vie spirituelle, où ils progressent encore dans un autre sens et par d'autres moyens. Arrivés au point culminant du progrès, ils jouissent de la suprême félicité; admis dans les conseils du Tout-Puissant, ils ont sa pensée, et deviennent ses messagers, ses ministres directs pour le gouvernement des mondes, ayant sous leurs ordres les Esprits à différents degrés d'avancement.

Ainsi tous les Esprits, incarnés ou désincarnés, à quelque degré de la hiérarchie qu'ils appartiennent, depuis le plus petit jusqu'au plus grand, ont leurs attributions dans le grand mécanisme de l'univers; tous sont utiles à l'ensemble, en même temps qu'ils sont utiles à eux-mêmes; aux moins avancés, comme à de simples manœuvres, incombe une tâche matérielle, d'abord inconsciente, puis graduellement intelligente. Partout l'activité dans le monde spirituel, nulle part l'inutile oisiveté.

La collectivité des Esprits est en quelque sorte l'âme de l'univers; c'est l'élément spirituel qui agit en tout et partout, sous l'impulsion de la pensée divine. Sans cet élément, il n'y a que la matière inerte, sans but, sans intelligence, sans autre moteur que les forces matérielles qui laissent une foule de problèmes insolubles; par l'action de l'élément spirituel *individualisé*, tout a un but, une raison d'être, tout s'explique; voilà pourquoi, sans la spiritualité, on se heurte à des difficultés insurmontables.

28.—Lorsque la terre s'est trouvée dans les conditions climatériques propres à l'existence de l'espèce humaine, des Esprits sont venus s'y incarner; et s'y l'on admet qu'ils ont trouvé des enveloppes toutes faites qu'ils n'ont eu qu'à approprier à leur usage, on comprend mieux encore qu'ils ont pu prendre naissance simultanément sur plusieurs points du globe.

29. — Bien que les premiers qui sont venus dussent être peu avancés, en raison même de ce qu'ils devaient s'incarner dans des corps très-imparfaits, il devait y avoir entre eux des différences sensibles dans les caractères et les aptitudes, selon le degré de leur développement moral et intellectuel ; les Esprits similaires se sont naturellement groupés par analogie et sympathie. La terre s'est ainsi trouvée peuplée de différentes catégories d'Esprits, plus ou moins aptes ou rebelles au progrès. Les corps recevant l'empreinte du caractère de l'Esprit, et ces corps se procréant selon leur type respectif, il en est résulté différentes races, au physique comme au moral. Les Esprits similaires, continuant à s'incarner de préférence parmi leurs semblables, ont perpétué le caractère distinctif physique et moral des races et des peuples, qui ne se perd à la longue que par leur fusion et le progrès des Esprits. (*Revue spirite*, juillet 1860, page 198 : Phrénologie et physiognomonie.)

30. — On peut comparer les Esprits qui sont venus peupler la terre, à ces troupes d'émigrants d'origines diverses qui vont s'établir sur une terre vierge. Ils y trouvent le bois et la pierre pour faire leurs habitations, et chacun donne à la sienne un cachet différent, selon le degré de son savoir et de son intelligence. Ils s'y groupent par analogie d'origines et de goûts ; ces groupes finissent par former des tribus, puis des peuples ayant chacun ses mœurs et son caractère propres.

31. — Le progrès n'a donc pas été uniforme dans toute l'espèce humaine ; les races les plus intelligentes ont naturellement devancé les autres, sans compter que des

236   CHAPITRE XI

Esprits nouvellement nés à la vie spirituelle étant venus s'incarner sur la terre depuis les premiers arrivants, rendent la différence du progrès plus sensible. Il serait impossible, en effet, de donner la même ancienneté de création aux sauvages qui se distinguent à peine des singes, qu'aux Chinois, et encore moins qu'aux Européens civilisés.

Ces Esprits de sauvages, cependant, appartiennent aussi à l'humanité; ils atteindront un jour le niveau de leurs aînés, mais ce ne sera certainement pas dans les corps de la même race physique, impropres à un certain développement intellectuel et moral. Quand l'instrument ne sera plus en rapport avec leur développement, ils émigreront de ce milieu pour s'incarner dans un degré supérieur, et ainsi de suite jusqu'à ce qu'ils aient conquis tous les grades terrestres, après quoi ils quitteront la terre pour passer dans des mondes de plus en plus avancés. (*Revue spirite*, avril 1862, page 97 : Perfectibilité de la race nègre.)

RÉINCARNATIONS

32. — Le principe de la réincarnation est une conséquence fatale de la loi du progrès. Sans la réincarnation, comment expliquer la différence qui existe entre l'état social actuel et celui des temps de barbarie? Si les âmes sont créées en même temps que les corps, celles qui naissent aujourd'hui sont tout aussi neuves, tout aussi primitives que celles qui vivaient il y a mille ans; ajoutons qu'il n'y a entre elles aucune connexion, aucune relation nécessaire; qu'elles sont complétement indépendantes les unes des autres; pourquoi donc les âmes d'au-

GENÈSE SPIRITUELLE

jourd'hui seraient-elles mieux douées par Dieu que leurs devancières ? Pourquoi comprennent-elles mieux ? Pourquoi ont-elles des instincts plus épurés, des mœurs plus douces ? Pourquoi ont-elles l'intuition de certaines choses sans les avoir apprises ? Nous défions de sortir de là, à moins d'admettre que Dieu crée des âmes de diverses qualités, selon les temps et les lieux, proposition inconciliable avec l'idée d'une souveraine justice.

Dites, au contraire, que les âmes d'aujourd'hui ont déjà vécu dans les temps reculés; qu'elles ont pu être barbares comme leur siècle, mais qu'elles ont progressé; qu'à chaque nouvelle existence, elles apportent l'acquis des existences antérieures; que, par conséquent, les âmes des temps civilisés sont des âmes non pas créées plus parfaites, mais qui se sont perfectionnées elles-mêmes avec le temps, et vous aurez la seule explication plausible de la cause du progrès social. (*Livre des Esprits*, chap. IV et V.) (1)

(1) Quelques personnes pensent que les différentes existences de l'âme s'accomplissent de monde en monde, et non sur un même globe où chaque Esprit ne paraîtrait qu'une seule fois.
Cette doctrine serait admissible si tous les habitants de la terre étaient exactement au même niveau intellectuel et moral ; ils ne pourraient alors progresser qu'en allant dans un autre monde, et leur réincarnation sur la terre serait sans utilité ; or Dieu ne fait rien d'inutile. Dès l'instant qu'on y trouve tous les degrés d'intelligence et de moralité, depuis la sauvagerie qui côtoie l'animal jusqu'à la civilisation la plus avancée, elle offre un vaste champ au progrès; on se demanderait pourquoi le sauvage serait obligé d'aller chercher ailleurs le degré au-dessus de lui quand il le trouve à côté de lui, et ainsi de proche en proche; pourquoi l'homme avancé n'aurait pu faire ses premières étapes que dans des mondes inférieurs, alors que les analogues de tous ces mondes sont autour de lui; qu'il y a différents degrés d'avancement, non-seulement de peuple à peuple, mais dans le même peuple et dans la même famille? S'il en était ainsi, Dieu aurait fait quelque chose d'inutile en plaçant côte à côte l'ignorance et le savoir, la barbarie et la civilisation, le bien et le mal, tandis que c'est précisément ce contact qui fait avancer les retardataires.
Il n'y a donc pas plus de nécessité à ce que les hommes changent

CHAPITRE XI

ÉMIGRATIONS ET IMMIGRATIONS DES ESPRITS

33. — Dans l'intervalle de leurs existences corporelles, les Esprits sont à l'état d'erraticité, et composent la population spirituelle ambiante du globe. Par les morts et les naissances, ces deux populations se déversent incessamment l'une dans l'autre ; il y a donc journellement des émigrations du monde corporel dans le monde spirituel, et des immigrations du monde spirituel dans le monde corporel : c'est l'état normal.

de monde à chaque étape, qu'il n'y en a pour qu'un écolier change de collége à chaque classe ; loin que cela fût un avantage pour le progrès, ce serait une entrave, car l'Esprit serait privé de l'exemple que lui offre la vue des degrés supérieurs, et de la possibilité de réparer ses torts dans le même milieu et à l'égard de ceux qu'il a offensés, possibilité qui est pour lui le plus puissant moyen d'avancement moral. Après une courte cohabitation, les Esprits se dispersant et devenant étrangers les uns aux autres, les liens de famille et d'amitié, n'ayant pas eu le temps de se consolider, seraient rompus.

Que les Esprits quittent pour un monde plus avancé celui sur lequel ils ne peuvent plus rien acquérir, cela doit être et cela est ; tel est le principe. S'il en est qui le quittent avant, c'est sans doute par des causes individuelles que Dieu pèse dans sa sagesse.

Tout a un but dans la création, sans quoi Dieu ne serait ni prudent, ni sage ; or, si la terre ne doit être qu'une seule étape pour le progrès de chaque individu, quelle utilité y aurait-il pour les enfants qui meurent en bas âge d'y venir passer quelques années, quelques mois, quelques heures, pendant lesquelles ils n'y peuvent rien acquérir ? Il en est de même pour les idiots et les crétins. Une théorie n'est bonne qu'à la condition de résoudre toutes les questions qui s'y rattachent. La question des morts prématurées a été une pierre d'achoppement pour toutes les doctrines, excepté pour la doctrine spirite, qui seule l'a résolue d'une manière rationnelle.

Pour ceux qui fournissent sur la terre une carrière normale, il y a, pour leur progrès, un avantage réel à se retrouver dans le même milieu, pour y continuer ce qu'ils ont laissé inachevé, souvent dans la même famille ou en contact avec les mêmes personnes, pour réparer le mal qu'ils ont pu faire, ou pour y subir la peine du talion.

34. — A certaines époques, réglées par la sagesse divine, ces émigrations et ces immigrations s'opèrent en masses plus ou moins considérables par suite des grandes révolutions qui en font partir en même temps des quantités innombrables, qui sont bientôt remplacées par des quantités équivalentes d'incarnations. Il faut donc considérer les fléaux destructeurs et les cataclysmes comme des occasions d'arrivées et de départs collectifs, des moyens providentiels de renouveler la population corporelle du globe, de la retremper par l'introduction de nouveaux éléments spirituels plus épurés. Si dans ces catastrophes il y a destruction d'un grand nombre de corps, il n'y a que *des vêtements déchirés,* mais aucun Esprit ne périt : ils ne font que changer de milieu; au lieu de partir isolément, ils partent en nombre, voilà toute la différence, car partir par une cause ou par une autre, ils n'en doivent pas moins fatalement partir tôt ou tard.

Les rénovations rapides et presque instantanées qui s'opèrent dans l'élément spirituel de la population, par suite des fléaux destructeurs, hâtent le progrès social ; sans les émigrations et les immigrations qui viennent de temps à autre lui donner une violente impulsion, il marcherait avec une extrême lenteur.

Il est remarquable que toutes les grandes calamités qui déciment les populations sont toujours suivies d'une ère de progrès dans l'ordre physique, intellectuel ou moral, et par suite dans l'état social des nations chez lesquelles elles s'accomplissent. C'est qu'elles ont pour but d'opérer un remaniement dans la population spirituelle, qui est la population normale et active du globe.

35. — Cette transfusion qui s'opère entre la population incarnée et la population désincarnée d'un même

globe, s'opère également entre les mondes, soit individuellement dans les conditions normales, soit par masses dans des circonstances spéciales. Il y a donc des émigrations et des immigrations collectives d'un monde à l'autre. Il en résulte l'introduction, dans la population d'un globe, d'éléments entièrement nouveaux; de nouvelles races d'Esprits venant se mêler aux races existantes, constituent de nouvelles races d'hommes. Or, comme les Esprits ne perdent jamais ce qu'ils ont acquis, ils apportent avec eux l'intelligence et l'intuition des connaissances qu'ils possèdent; ils impriment, par conséquent, leur caractère à la race corporelle qu'ils viennent animer. Ils n'ont pas besoin pour cela que de nouveaux corps soient créés spécialement à leur usage; puisque l'espèce corporelle existe, ils en trouvent de tout prêts à les recevoir. Ce sont donc simplement de nouveaux habitants; en arrivant sur la terre, ils font d'abord partie de sa population spirituelle, puis s'incarnent comme les autres.

RACE ADAMIQUE

36. — Selon l'enseignement des Esprits, c'est une de ces grandes immigrations, ou, si l'on veut, une de ces *colonies d'Esprits* venus d'une autre sphère, qui a donné naissance à la race symbolisée dans la personne d'Adam, et, pour cette raison, nommée *race adamique*. Quand elle est arrivée, la terre était peuplée de temps immémorial, *comme l'Amérique quand y sont venus les Européens*.

La race adamique, plus avancée que celles qui l'avaient précédée sur la terre, est en effet la plus intelligente; c'est elle qui pousse toutes les autres au progrès. La Genèse

GENÈSE SPIRITUELLE 241

nous la montre, dès ses débuts, industrieuse, apte aux arts et aux sciences, sans avoir passé par l'enfance intellectuelle, ce qui n'est pas le propre des races primitives, mais ce qui concorde avec l'opinion qu'elle se composait d'Esprits ayant déjà progressé. Tout prouve qu'elle n'est pas ancienne sur la terre, et rien ne s'oppose à ce qu'elle n'y soit que depuis quelques milliers d'années, ce qui ne serait en contradiction ni avec les faits géologiques, ni avec les observations anthropologiques, et tendrait au contraire à les confirmer.

37. — La doctrine qui fait procéder tout le genre humain d'une seule individualité depuis six mille ans n'est pas admissible dans l'état actuel des connaissances. Les principales considérations qui la contredisent, tirées de l'ordre physique et de l'ordre moral, se résument dans les points suivants:

38. — Au point de vue physiologique, certaines races présentent des types particuliers caractéristiques qui ne permettent pas de leur assigner une origine commune. Il y a des différences qui ne sont évidemment pas l'effet du climat, puisque les blancs qui se reproduisent dans le pays des nègres ne deviennent pas noirs, et réciproquement. L'ardeur du soleil grille et brunit l'épiderme, mais n'a jamais transformé un blanc en nègre, aplati le nez, changé la forme des traits de la physionomie, ni rendu crépus et laineux des cheveux longs et soyeux. On sait aujourd'hui que la couleur du nègre provient d'un tissu particulier sous-cutané qui tient à l'espèce.

Il faut donc considérer les races nègres, mongoliques, caucasiques, comme ayant leur origine propre et ayant pris naissance simultanément ou successivement sur différentes parties du globe; leur croisement a produit les races

14

CHAPITRE XI

mixtes secondaires. Les caractères physiologiques des races primitives sont l'indice évident qu'elles proviennent de types spéciaux. Les mêmes considérations existent donc pour l'homme comme pour les animaux, quant à la pluralité des souches.

39. — Adam et ses descendants sont représentés dans la Genèse comme des hommes essentiellement intelligents, puisque, dès la seconde génération, ils bâtissent des villes, cultivent la terre, travaillent les métaux. Leurs progrès dans les arts et les sciences sont rapides et constamment soutenus. On ne concevrait donc pas que cette souche ait eu pour rejetons des peuples nombreux si arriérés, d'une intelligence si rudimentaire, qu'ils côtoient encore de nos jours l'animalité ; qui auraient perdu toute trace et jusqu'au moindre souvenir traditionnel de ce que faisaient leurs pères. Une différence si radicale dans les aptitudes intellectuelles et dans le développement moral atteste, avec non moins d'évidence, une différence d'origine.

40. — Indépendamment des faits géologiques, la preuve de l'existence de l'homme sur la terre avant l'époque fixée par la Genèse est tirée de la population du globe.

Sans parler de la chronologie chinoise, qui remonte, dit-on, à trente mille ans, des documents plus authentiques attestent que l'Égypte, l'Inde et d'autres contrées étaient peuplées et florissantes au moins trois mille ans avant l'ère chrétienne, mille ans, par conséquent, après la création du premier homme, selon la chronologie biblique. Des documents et des observations récentes ne paraissent laisser aucun doute aujourd'hui sur les rapports qui ont existé entre l'Amérique et les anciens Égyptiens ; d'où il faut conclure que cette contrée était déjà peuplée à cette époque. Il faudrait donc admettre qu'en mille ans la postérité d'un seul homme a pu couvrir la plus grande partie de la terre ; or une telle fécondité serait contraire à toutes les lois anthropologiques. La Genèse elle-même n'attribue point aux premiers descendants d'Adam une fécondité anormale, puisqu'elle en donne le dénombrement nominal jusqu'à Noé.

41. — L'impossibilité devient encore plus évidente si l'on admet, avec la Genèse, que le déluge a détruit *tout le genre humain*, à l'exception de Noé et de sa famille, qui n'était pas nombreuse, l'an du monde 1656, soit 2348 ans avant Jésus-Christ. Ce ne serait donc, en réalité, que de Noé que daterait le peuplement du globe ; or, vers cette époque, l'histoire désigne Ménès comme roi d'Égypte. Lorsque les Hébreux s'établirent dans ce dernier pays, 642 ans après le déluge, c'était déjà un puissant empire qui aurait été peuplé, sans parler des autres contrées, en moins de six siècles, par les seuls descendants de Noé, ce qui n'est pas admissible.

Remarquons, en passant, que les Égyptiens accueillirent les Hébreux comme des étrangers ; il serait étonnant qu'ils eussent perdu le souvenir d'une communauté d'origine aussi rapprochée, alors qu'ils conservaient religieusement les monuments de leur histoire.

Une rigoureuse logique, corroborée par les faits, démontre donc de la manière la plus péremptoire que l'homme est sur la terre depuis un temps indéterminé, bien antérieur à l'époque assignée par la Genèse. Il en est de même de la diversité des souches primitives, car démontrer l'impossibilité d'une proposition, c'est démontrer la proposition contraire. Si la géologie découvre des traces authentiques de la présence de l'homme avant la grande période diluvienne, la démonstration sera encore plus absolue.

CHAPITRE XI

DOCTRINE DES ANGES DÉCHUS ET DU PARADIS PERDU (1)

42. — Le mot *ange*, comme beaucoup d'autres, a plusieurs acceptions : il se prend indifféremment en bonne et en mauvaise part, puisqu'on dit : les bons et les mauvais anges, l'ange de lumière et l'ange des ténèbres; d'où il suit que, dans son acception générale, il signifie simplement *Esprit*.

Les anges ne sont pas des êtres en dehors de l'humanité, créés parfaits, mais des Esprits arrivés à la perfection, comme toutes les créatures, par leurs efforts et leur mérite. Si les anges étaient des êtres créés parfaits, la rébellion contre Dieu étant un signe d'infériorité, ceux qui se sont révoltés ne pouvaient être des anges. La rébellion contre Dieu ne se concevrait pas de la part d'êtres qu'il aurait créés parfaits, tandis qu'elle se conçoit de la part d'êtres encore arriérés.

Par son étymologie, le mot ange (du grec *aggêlos*), signifie *envoyé*, *messager ;* or il n'est pas rationnel de supposer que Dieu ait pris ses messagers parmi des êtres assez imparfaits pour se révolter contre lui.

43. — Jusqu'à ce que les Esprits aient atteint un cer-

(1) Lorsque, dans la Revue de janvier 1862, nous avons publié un article sur *l'interprétation de la doctrine des anges déchus*, nous n'avons présenté cette théorie que comme une hypothèse, n'ayant que l'autorité d'une opinion personnelle controversable, parce qu'alors nous manquions d'éléments assez complets pour une affirmation absolue; nous l'avons donnée à titre d'essai, en vue d'en provoquer l'examen, bien déterminé à l'abandonner ou à la modifier s'il y avait lieu. Aujourd'hui, cette théorie a subi l'épreuve du contrôle universel; non-seulement elle a été accueillie par la grande majorité des spirites comme la plus rationnelle et la plus conforme à la souveraine justice de Dieu, mais elle a été confirmée par la généralité des instructions données par les Esprits sur ce sujet. Il en est de même de celle qui concerne l'origine de la race adamique.

tain degré de perfection, ils sont sujets à faillir, soit à l'état d'erraticité, soit à l'état d'incarnation. Faillir, c'est enfreindre la loi de Dieu, bien que cette loi soit inscrite dans le cœur de tous les hommes, afin qu'ils n'aient pas besoin de la révélation pour connaître leurs devoirs, l'Esprit ne la comprend que graduellement et à mesure que son intelligence se développe. Celui qui enfreint cette loi par ignorance et faute de l'expérience qui ne s'acquiert qu'avec le temps, n'encourt qu'une responsabilité relative; mais de la part de celui dont l'intelligence est développée, qui, ayant tous les moyens de s'éclairer, enfreint la loi volontairement et fait le mal en connaissance de cause, c'est une révolte, une rébellion contre l'auteur de la loi.

44. — Les mondes progressent physiquement par l'élaboration de la matière, et moralement par l'épuration des Esprits qui les habitent. Le bonheur y est en raison de la prédominance du bien sur le mal, et la prédominance du bien est le résultat de l'avancement moral des Esprits. Le progrès intellectuel ne suffit pas, puisque avec l'intelligence ils peuvent faire le mal.

Lors donc qu'un monde est arrivé à l'une de ses périodes de transformation qui doit le faire monter dans la hiérarchie, des mutations s'opèrent dans sa population incarnée et désincarnée; c'est alors qu'ont lieu les grandes émigrations et immigrations. Ceux qui, malgré leur intelligence et leur savoir, ont persévéré dans le mal, dans leur révolte contre Dieu et ses lois, seraient désormais une entrave pour le progrès moral ultérieur, une cause permanente de trouble pour le repos et le bonheur des bons, c'est pourquoi ils en sont exclus et envoyés dans des mondes moins avancés; là ils appliqueront

14.

CHAPITRE XI

leur intelligence et l'intuition de leurs connaissances acquises au progrès de ceux parmi lesquels ils sont appelés à vivre, en même temps qu'ils expieront, dans une série d'existences pénibles et par un dur travail, leurs fautes passées et leur endurcissement *volontaire*.

Que seront-ils parmi ces peuplades nouvelles pour eux, encore dans l'enfance de la barbarie, sinon des anges ou Esprits déchus envoyés en expiation? La terre *dont ils sont expulsés* n'est-elle pas pour eux un *paradis perdu*? n'était-elle pas pour eux un *lieu de délices* en comparaison du milieu ingrat où ils vont se trouver relégués pendant des milliers de siècles, jusqu'au jour où ils auront mérité leur délivrance? Le vague souvenir intuitif qu'ils en conservent est pour eux comme un mirage lointain qui leur rappelle ce qu'ils ont *perdu par leur faute*.

45. — Mais en même temps que les mauvais sont partis du monde qu'ils habitaient, ils sont remplacés par des Esprits meilleurs, venus soit de l'erraticité de ce même monde, soit d'un monde moins avancé qu'ils ont mérité de quitter, et pour lesquels leur nouveau séjour est une récompense. La population spirituelle étant ainsi renouvelée et purgée de ses plus mauvais éléments, au bout de quelque temps l'état moral du monde se trouve amélioré.

Ces mutations sont quelquefois partielles, c'est-à-dire limitées à un peuple, à une race; d'autres fois, elles sont générales, quand la période de rénovation est arrivée pour le globe.

46. — La race adamique a tous les caractères d'une race proscrite; les Esprits qui en font partie ont été exilés sur la terre, déjà peuplée, mais d'hommes primitifs, plongés dans l'ignorance, et qu'ils ont eu pour mis-

sion de faire progresser en apportant parmi eux les lumières d'une intelligence développée. N'est-ce pas, en effet, le rôle que cette race a rempli jusqu'à ce jour ? Leur supériorité intellectuelle prouve que le monde d'où ils sont sortis était plus avancé que la terre ; mais ce monde devant entrer dans une nouvelle phase de progrès, et ces Esprits, vu leur obstination, n'ayant pas su se mettre à cette hauteur, y auraient été déplacés et auraient été une entrave à la marche providentielle des choses; c'est pourquoi ils en ont été exclus, tandis que d'autres ont mérité de les remplacer.

En reléguant cette race sur cette terre de labeur et de souffrances, Dieu a eu raison de lui dire : « Tu en tireras ta nourriture à la sueur de ton front. » Dans sa mansuétude, il lui a promis qu'il lui enverrait un *Sauveur*, c'est-à-dire celui qui devait l'éclairer sur la route à suivre pour sortir de ce lieu de misère, de cet *enfer*, et arriver à la félicité des élus. Ce Sauveur, il le lui a envoyé dans la personne du Christ, qui a enseigné la loi d'amour et de charité méconnue par eux, et qui devait être la véritable ancre de salut. Le Christ a non-seulement enseigné la loi, mais il a donné l'exemple de la pratique de cette loi, par sa mansuétude, son humilité, sa patience à souffrir sans murmure les traitements les plus ignominieux et les plus grandes douleurs. Pour qu'une telle mission fût accomplie sans déviations, il fallait un Esprit au-dessus des faiblesses humaines.

C'est également en vue de faire avancer l'humanité dans un sens déterminé, que des Esprits supérieurs, sans avoir les qualités du Christ, s'incarnent de temps à autre sur la terre pour y accomplir des missions spéciales qui

CHAPITRE XI

profitent à leur avancement personnel, s'ils les remplissent selon les vues du Créateur.

47. — Sans la réincarnation, la mission du Christ serait un non-sens, ainsi que la promesse faite par Dieu. Supposons, en effet, que l'âme de chaque homme soit créée à la naissance de son corps, et qu'elle ne fasse que paraître et disparaître sur la terre, il n'y a aucune relation entre celles qui sont venues depuis Adam jusqu'à Jésus-Christ, ni entre celles qui sont venues depuis; elles sont toutes étrangères les unes aux autres. La promesse d'un Sauveur faite par Dieu ne pouvait s'appliquer aux descendants d'Adam, si leurs âmes n'étaient pas encore créées. Pour que la mission du Christ pût se rattacher aux paroles de Dieu, il fallait qu'elles pussent s'appliquer aux mêmes âmes. Si ces âmes sont nouvelles, elles ne peuvent être entachées de la faute du premier père, qui n'est que le père charnel et non le père spirituel; autrement Dieu aurait *créé* des âmes entachées d'une faute qu'elles n'auraient pas commise. La doctrine vulgaire du péché originel implique donc la nécessité d'un rapport entre les âmes du temps du Christ et celles du temps d'Adam, et par conséquent de la réincarnation.

Dites que toutes ces âmes faisaient partie de la colonie d'Esprits exilés sur la terre au temps d'Adam, et qu'elles étaient entachées de la faute qui les avaient fait exclure d'un monde meilleur, et vous aurez la seule interprétation rationnelle du péché originel, péché propre à chaque individu, et non le résultat de la responsabilité de la faute d'un autre qu'il n'a jamais connu; dites que ces âmes ou Esprits renaissent à diverses reprises sur la terre à la vie corporelle pour progresser et s'épurer; que le Christ est venu éclairer ces mêmes âmes non-seulement pour leurs vies passées, mais pour leurs vies ultérieures, et seulement alors vous donnez à sa mission un but réel et sérieux, acceptable par la raison.

48. — Un exemple familier, frappant par son analogie, fera mieux comprendre encore les principes qui viennent d'être exposés.

Le 24 mai 1861, la frégate *Iphigénie* amena à la Nouvelle-Calédonie une compagnie disciplinaire composée de 291 hommes. Le commandant de la colonie leur adressa, à leur arrivée, un ordre du jour ainsi conçu :

« En mettant le pied sur cette terre lointaine, vous avez déjà compris le rôle qui vous est réservé.

« A l'exemple de nos braves soldats de la marine servant sous vos yeux, vous nous aiderez à porter avec éclat, au milieu des tribus sauvages de la Nouvelle-Calédonie, le flambeau de la civilisation. N'est-ce pas là une belle et noble mission, je vous le demande? Vous la remplirez dignement.

« Écoutez la voix et les conseils de vos chefs. Je suis à leur tête; que mes paroles soient bien entendues.

« Le choix de votre commandant, de vos officiers, de vos sous-officiers et caporaux est un sûr garant de tous les efforts qui seront tentés pour faire de vous d'excellents soldats; je dis plus, pour vous élever à la hauteur de bons citoyens et vous transformer en colons honorables, si vous le désirez.

« Votre discipline est sévère; elle doit l'être. Placée en nos mains, elle sera ferme et inflexible, sachez-le bien; comme aussi, juste et paternelle, elle saura distinguer l'erreur du vice et de la dégradation... »

Voilà donc des hommes expulsés, pour leur mauvaise conduite, d'un pays civilisé, et envoyés, par punition, chez un peuple barbare. Que leur dit le chef ? « Vous avez enfreint les lois de votre pays ; vous y avez été une cause de trouble et de scandale, et l'on vous en a chassés ; on vous envoie ici, mais vous pouvez y racheter votre passé ; vous pouvez, par le travail, vous y créer une position honorable, et devenir d'honnêtes citoyens. Vous y avez une belle mission à remplir, celle de porter la civilisation parmi ces tribus sauvages. La discipline sera sévère, mais juste, et nous saurons distinguer ceux qui se conduiront bien. »

Pour ces hommes relégués au sein de la sauvagerie, la mère patrie n'est-elle pas un paradis perdu par leur faute et par leur rébellion à la loi ? Sur cette terre lointaine, ne sont-ils pas des anges déchus ? Le langage du chef n'est-il pas celui que Dieu fit entendre aux Esprits exilés sur la terre : « Vous avez désobéi à mes lois, et c'est pour cela que je vous ai chassés du monde où vous pouviez vivre heureux et en paix ; ici vous serez condamnés au travail, mais vous pourrez, par votre bonne conduite, mériter votre pardon et reconquérir la patrie que vous avez perdue par votre faute, c'est-à-dire le ciel ? »

49. — Au premier abord, l'idée de déchéance paraît en contradiction avec le principe que les Esprits ne peuvent rétrograder ; mais il faut considérer qu'il ne s'agit point d'un retour vers l'état primitif ; l'Esprit, quoique dans une position inférieure, ne perd rien de ce qu'il a acquis ; son développement moral et intellectuel est le même, quel que soit le milieu où il se trouve placé. Il est dans la position de l'homme du monde condamné au bagne pour ses méfaits ; certes, il est déchu au point de vue social, mais il ne devient ni plus stupide, ni plus ignorant.

50. — Croit-on maintenant que ces hommes envoyés dans la Nouvelle-Calédonie vont se transformer subitement en modèles de vertus ? qu'ils vont abjurer tout à coup leurs erreurs passées ? Il ne faudrait pas connaître l'humanité pour le supposer. Par la même raison, les Esprits de la race adamique, une fois transplantés sur la terre d'exil, n'ont pas dépouillé instantanément leur orgueil et leurs mauvais instincts; longtemps encore ils ont conservé les tendances de leur origine, un reste du vieux levain ; or, n'est-ce pas là le péché originel ? La tache qu'ils apportent en naissant est celle de la race d'Esprits coupables et punis à laquelle ils appartiennent ; tache qu'ils peuvent effacer par le repentir, l'expiation, et la rénovation de leur être moral. Le péché originel, considéré comme la responsabilité d'une faute commise par un autre, est un non-sens et la négation de la justice de Dieu ; considéré, au contraire, comme conséquence et reliquat d'une imperfection première de l'individu, non-seulement la raison l'admet, mais on trouve de toute justice la responsabilité qui en découle.

CHAPITRE XII

Genèse mozaïque

Les six jours. — Le Paradis perdu.

LES SIX JOURS

1. — Chapitre Ier. Au commencement Dieu créa le ciel et la terre. — 2. La terre était uniforme et toute nue ; les ténèbres couvraient la face de l'abîme, et l'Esprit de Dieu était porté sur les eaux. — 3. Or Dieu dit : Que la lumière soit faite, et la lumière fut faite. — 4. Dieu vit que la lumière était bonne, et sépara la lumière d'avec les ténèbres. — 5. Il donna à la lumière le nom de jour et aux ténèbres le nom de nuit ; et du soir et du matin se fit le premier jour.

6. Dieu dit aussi : Que le firmament soit fait au milieu des eaux, et qu'il sépare les eaux d'avec les eaux. — 7. Et Dieu fit le firmament ; et il sépara les eaux qui étaient sous le firmament d'avec celles qui étaient au-dessus du firmament. Et cela se fit ainsi. — 8. Et Dieu donna au firmament le nom de ciel ; et du soir et du matin se fit le second jour.

9. Dieu dit encore : Que les eaux qui sont sous le ciel se rassemblent en un seul lieu, et que l'élément aride paraisse. Et cela se fit ainsi. — 10. Dieu donna à l'élément aride le nom de *terre*, et il appela *mers* toutes ces eaux rassemblées. Et il vit que cela était bien. — 11. Dieu dit encore : Que la terre produise de l'herbe verte qui porte de la graine, et des arbres fruitiers qui portent du fruit chacun selon son espèce, et renferment leur semence en eux-mêmes pour se reproduire sur la terre. Et cela se fit ainsi. — 12. La terre produisit donc de l'herbe verte qui portait de la graine selon son espèce, et des arbres fruitiers qui renfermaient leur semence en eux-mêmes, chacun selon son espèce. Et Dieu vit que cela était bon. — 13. Et du soir et du matin se fit le troisième jour.

CHAPITRE XII — GENÈSE MOSAÏQUE

14. Dieu dit aussi : Que des corps de lumière soient faits dans le firmament du ciel, afin qu'ils séparent le jour d'avec la nuit, et qu'ils servent de signe pour marquer le temps et les saisons, les jours et les années. — 15. Qu'ils luisent dans le firmament du ciel, et qu'ils éclairent la terre. Et cela se fit ainsi. — 16. Dieu fit donc deux grands corps lumineux, l'un plus grand pour présider au jour, et l'autre moindre pour présider à la nuit; il fit aussi les étoiles ; — 17. Et il les mit dans le firmament du ciel pour luire sur la terre, — 18. Pour présider au jour et à la nuit, et pour séparer la lumière d'avec les ténèbres. Et Dieu vit que cela était bon. — 19. Et du soir et du matin se fit le quatrième jour.

20. Dieu dit encore : Que les eaux produisent des animaux vivants qui nagent dans l'eau, et des oiseaux qui volent sur la terre sous le firmament du ciel. — 21. Dieu créa donc les grands poissons, et tous les animaux qui ont la vie et le mouvement, que les eaux produisirent chacun selon son espèce, et il créa aussi tous les oiseaux selon leur espèce. Il vit que cela était bon. — 22. Et il les bénit en disant : Croissez et multipliez, et remplissez les eaux de la mer; et que les oiseaux se multiplient sur la terre. — 23. Et du soir et du matin se fit le cinquième jour.

24. Dieu dit aussi : Que la terre produise des animaux vivants chacun selon son espèce, les animaux domestiques, les reptiles et les bêtes sauvages de la terre selon leurs différentes espèces. Et cela se fit ainsi. — 25. Dieu fit donc les bêtes sauvages de la terre selon leurs espèces, les animaux domestiques et tous les reptiles chacun selon son espèce. Et Dieu vit que cela était bon.

26. Il dit ensuite : Faisons l'homme à notre image et à notre ressemblance, et qu'il commande aux poissons de la mer, aux oiseaux du ciel, aux bêtes, à toute la terre et à tous les reptiles qui se meuvent sur la terre. — 27. Dieu créa donc l'homme à son image, et il le créa à l'image de Dieu, et il le créa mâle et femelle. — 28. Dieu les bénit, et leur dit : Croissez et multipliez-vous, remplissez la terre et vous l'assujettissez, et dominez sur les poissons de la mer, sur les oiseaux du ciel, et sur tous les animaux qui se meuvent sur la terre. — 29. Dieu dit encore : Je vous ai donné toutes les herbes qui portent leur graine sur la terre et tous les arbres qui renferment en eux-mêmes leur semence chacun selon son espèce, afin qu'ils vous servent de nourriture;

CHAPITRE XII

— 30. Et à tous les animaux de la terre, à tous les oiseaux du ciel, à tout ce qui se meut sur la terre, et qui est vivant et animé, afin qu'ils aient de quoi se nourrir. Et cela se fit ainsi. — 31. Dieu vit toutes les choses qu'il avait faites ; et elles étaient très bonnes. — 32. Et du soir et du matin se fit le sixième jour.

CHAPITRE II. — 1. Le ciel et la terre furent donc ainsi achevés avec tous leurs ornements. — 2. Dieu termina au septième jour tout l'ouvrage qu'il avait fait, et il se reposa ce septième jour, après avoir achevé tous ses ouvrages. — 3. Il bénit le septième jour, et il le sanctifia, parce qu'il avait cessé en ce jour de produire tous les ouvrages qu'il avait créés. — 4. Telle est l'origine du ciel et de la terre, et c'est ainsi qu'ils furent créés au jour que le Seigneur Dieu fit l'un et l'autre, — 5. Et qu'il créa toutes les plantes des champs avant qu'elles fussent sorties de la terre, et toutes les herbes de la campagne avant qu'elles eussent poussé. Car le Seigneur Dieu n'avait pas encore fait pleuvoir sur la terre, et il n'y avait point d'homme pour la labourer ; — 6. Mais il s'élevait de la terre une fontaine qui en arrosait toute la surface.

7. Le Seigneur Dieu forma donc l'homme du limon de la terre, et il répandit sur son visage un souffle de vie, et l'homme devint vivant et animé.

2. — Après les développements contenus dans les chapitres précédents sur l'origine et la constitution de l'univers, selon les données fournies par la science pour la partie matérielle, et selon le Spiritisme pour la partie spirituelle, il était utile de mettre en parallèle le texte même de la Genèse de Moïse, afin que chacun pût établir une comparaison et juger en connaissance de cause ; quelques explications supplémentaires suffiront pour faire comprendre les parties qui ont besoin d'éclaircissements spéciaux.

3. — Sur quelques points, il y a certainement une concordance remarquable entre la Genèse de Moïse et la doctrine scientifique ; mais ce serait une erreur de croire

qu'il suffit de substituer aux six jours de vingt-quatre heures de la création, six périodes indéterminées pour trouver une analogie complète ; ce serait une erreur non moins grande de croire que, sauf le sens allégorique de quelques mots, la Genèse et la science se suivent pas à pas et ne sont que la paraphrase l'une de l'autre.

4. — Remarquons d'abord, ainsi que cela a été dit (chap. VII, n° 14), que le nombre des six périodes géologiques est arbitraire, puisque l'on compte plus de vingt-cinq formations bien caractérisées. Ce nombre ne marque que les grandes phases générales ; il n'a été adopté, dans le principe, que pour rentrer, le plus possible, dans le texte biblique à une époque, peu éloignée du reste, où l'on croyait devoir contrôler la science par la Bible. C'est pour cela que les auteurs de la plupart des théories cosmogoniques, en vue de se faire plus facilement accepter, se sont efforcés de se mettre d'accord avec le texte sacré. Quand la science s'est appuyée sur la méthode expérimentale, elle s'est sentie plus forte, et s'est émancipée ; aujourd'hui, c'est la Bible que l'on contrôle par la science.

D'un autre côté, la géologie, ne prenant son point de départ qu'à la formation des terrains granitiques, ne comprend pas dans le nombre de ses périodes l'état primitif de la terre. Elle ne s'occupe pas non plus du soleil, de la lune et des étoiles, ni de l'ensemble de l'univers, qui appartiennent à l'astronomie. Pour rentrer dans le cadre de la Genèse, il convient donc d'ajouter une première période embrassant cet ordre de phénomènes, et que l'on pourrait appeler *période astronomique.*

En outre, la période diluvienne n'est pas considérée par tous les géologues comme formant une période dis-

CHAPITRE XII

tincte, mais comme un fait transitoire et passager qui n'a pas changé notablement l'état climatérique du globe, ni marqué une nouvelle phase dans les espèces végétales et animales, puisque, à peu d'exceptions près, les mêmes espèces se retrouvent avant et après le déluge. On peut donc en faire abstraction sans s'écarter de la vérité.

5. — Le tableau comparatif suivant, dans lequel sont résumés les phénomènes qui caractérisent chacune des six périodes, permet d'embrasser l'ensemble, et de juger les rapports et les différences qui existent entre elles et la Genèse biblique :

SCIENCE.	GENÈSE.
I. Période astronomique. — Agglomération de la matière cosmique universelle sur un point de l'espace en une nébuleuse qui a donné naissance, par la condensation de la matière sur divers points, aux étoiles, au soleil, à la terre, à la lune et à toutes les planètes. État primitif fluidique et incandescent de la terre. — Atmosphère immense chargée de toute l'eau en vapeur, et de toutes les matières volatilisables.	1er jour. — Le ciel et la terre. — La lumière.
II. Période primaire. — Durcissement de la surface de la terre par le refroidissement; formation des couches granitiques. —Atmosphère épaisse et brûlante, impénétrable aux rayons du soleil. — Précipitation graduelle de l'eau et des matières solides volatilisées dans l'air. — Absence de toute vie organique;	2e jour. — Le firmament. — Séparation des eaux qui sont sous le firmament de celles qui sont au-dessus.
III. Période de transition. — Les eaux couvrent toute la surface du globe. — Premiers dépôts de sédiment formée par les eaux. — Chaleur humide. — Le	3e jour. — Les eaux qui sont sous le firmament se rassemblent ; l'élément aride paraît.

soleil commence à percer l'atmosphère brumeuse. — Premiers êtres organisés de la constitution la plus rudimentaire. — Lichens, mousses, fougères, lycopodes, plantes herbacées. Végétation colossale. — Premiers animaux marins : zoophytes, polypiers, crustacés. — Dépôts houillers.

— La terre et les mers.
— Les plantes.

IV. Période secondaire. — Surface de la terre peu accidentée ; eaux peu profondes et marécageuses. Température moins brûlante ; atmosphère plus épurée. Dépôts considérables de calcaires par les eaux. — Végétation moins colossale ; nouvelles espèces ; plantes ligneuses ; premiers arbres. — Poissons ; cétacés; animaux à coquille ; grands reptiles aquatiques et amphibies.

4ᵉ jour. — Le soleil, la lune et les étoiles.

V. Période tertiaire. — Grands soulèvements de la croûte solide ; formation des continents. Retraite des eaux dans les lieux bas ; formation des mers. — Atmosphère épurée ; température actuelle par la chaleur solaire. — Animaux terrestres gigantesques. Végétaux et animaux actuels. Oiseaux.

5ᵉ jour. — Les poissons et les oiseaux.

Déluge universel.

VI. Période quaternaire ou post-diluvienne. — Terrains d'alluvion. — Végétaux et animaux actuels. L'homme.

6ᵉ jour. — Les animaux terrestres. — L'homme.

6. — Un premier fait qui ressort du tableau comparatif ci-dessus, c'est que l'œuvre de chacun des six jours ne correspond pas d'une manière rigoureuse, comme beaucoup le croient, à chacune des six périodes géologiques. La concordance la plus remarquable est celle de la succession des êtres organiques, qui est à peu de chose près la même, et dans l'apparition de l'homme en dernier ; or c'est là un fait important.

CHAPITRE XII

Il y a également coïncidence, non avec l'ordre numérique des périodes, mais pour le fait, dans le passage où il est dit que, le troisième jour : « Les eaux qui sont sous le ciel se rassemblèrent en un seul lieu, et que l'élément aride parut. » C'est l'expression de ce qui eut lieu dans la période tertiaire, quand les soulèvements de la croûte solide mirent à découvert les continents, et refoulèrent les eaux qui ont formé les mers. C'est alors seulement que parurent les animaux terrestres, selon la géologie et selon Moïse.

7. — Lorsque Moïse dit que la création fut faite en six jours, a-t-il voulu parler de jours de vingt-quatre heures, ou bien a-t-il compris ce mot dans le sens de : période, durée, espace de temps indéterminé, le mot hébreu traduit par *jour* ayant cette double acception ? La première hypothèse est la plus probable, si l'on s'en réfère au texte même. La spécification du soir et du matin, qui limitent chacun des six jours, donne tout lieu de supposer qu'il a voulu parler de jours ordinaires. On ne peut même concevoir aucun doute à cet égard, lorsqu'il dit, verset 5 : « Il donna à la lumière le nom de jour, et aux ténèbres le nom de nuit ; et du soir et du matin se fit le premier jour. » Ceci ne peut évidemment s'appliquer qu'au jour de vingt-quatre heures, divisé par la lumière et les ténèbres. Le sens est encore plus précis quand il dit, verset 17, en parlant du soleil, de la lune et des étoiles : « Il les mit dans le firmament du ciel pour luire sur la terre ; pour présider au jour et à la nuit, et pour séparer la lumière d'avec les ténèbres. Et du soir et du matin se fit le quatrième jour. »

D'ailleurs, tout, dans la création, était miraculeux, et dès lors qu'on entre dans la voie des miracles, on peut parfaitement croire que la terre s'est faite en six fois vingt-quatre heures, surtout quand on ignore les premières lois naturelles. Cette croyance a bien été partagée par tous les peuples civilisés jusqu'au moment où la géologie est venue, pièces en main, en démontrer l'impossibilité.

8. — Un des points qui ont été les plus critiqués dans la Genèse, c'est la création du soleil après la lumière. On a cherché à l'expliquer, d'après les données mêmes fournies par la géologie, en disant que, dans les premiers temps de sa formation, l'atmosphère terrestre, étant chargée de vapeurs denses et opaques, ne permettait pas de voir le soleil qui, dès lors, n'existait pas pour la terre. Cette raison serait peut-être admissible si, à cette époque, il y avait eu des habitants pour juger de la présence ou de l'absence du soleil; or, selon Moïse même, il n'y avait encore que des plantes, qui, toutefois, n'auraient pu croître et se multiplier sans l'action de la chaleur solaire.

Il y a donc évidemment un anachronisme dans l'ordre que Moïse assigne à la création du soleil; mais, involontairement ou non, il n'a pas commis d'erreur en disant que la lumière avait précédé le soleil.

Le soleil n'est point le principe de la lumière universelle, mais une concentration de l'élément lumineux sur un point, autrement dit du fluide qui, dans des circonstances données, acquiert les propriétés lumineuses. Ce fluide, qui est la cause, devait nécessairement exister avant le soleil, qui n'est qu'un effet. Le soleil est *cause* pour la lumière qu'il répand, mais il est *effet* par rapport à celle qu'il a reçue.

Dans une chambre obscure, une bougie allumée est un petit soleil. Qu'a-t-on fait pour allumer la bougie ? on a développé la propriété éclairante du fluide lumineux, et on a concentré ce fluide sur un point; la bougie est la cause de la lumière répandue dans la chambre, mais si le principe lumineux n'eût pas existé avant la bougie, celle-ci n'aurait pu être allumée.

Il en est de même du soleil. L'erreur vient de l'idée fausse où l'on a été longtemps que l'univers tout entier a commencé avec la terre, et l'on ne comprend pas que le soleil a pu être créé après la lumière. On sait maintenant qu'avant notre soleil et notre terre, des millions de soleils et de terres ont existé, qui jouissaient par conséquent de la lumière. L'assertion de Moïse est donc parfaitement exacte en principe ; elle est fausse en ce qu'il fait créer la terre avant le soleil; la terre, étant assujettie au soleil dans son mouvement de translation, a dû être formée après lui : c'est ce que Moïse ne pouvait savoir, puisqu'il ignorait la loi de gravitation.

La même pensée se trouve dans la Genèse des anciens Perses, au premier chapitre du Vendedad. Ormuzd, racontant l'origine du monde, dit : « Je créai la lumière qui alla éclairer le soleil, la lune et les étoiles. » (Dictionnaire de mythologie universelle.) La forme est certainement ici plus claire et plus scientifique que dans Moïse, et n'a pas besoin de commentaire.

9. — Moïse partageait évidemment les croyances les plus primitives sur la cosmogonie. Comme les hommes de son temps, il croyait à la solidité de la voûte céleste, et à des réservoirs supérieurs pour les eaux. Cette pensée est exprimée sans allégorie ni ambiguïté dans ce passage (versets 6 et suivants) : « Dieu dit : Que le firmament soit fait au milieu des eaux et qu'il sépare les eaux d'avec les eaux. Dieu fit le firmament, et il sépara les eaux qui

étaient sous le firmament de celles qui étaient au-dessus du firmament. » (Voir, ch. V, *Systèmes des mondes anciens et modernes*, nos 3, 4, 5.)

Une antique croyance faisait considérer l'eau comme le principe, l'élément générateur primitif ; aussi Moïse ne parle pas de la création des eaux, qui semblent avoir existé déjà. « Les ténèbres couvraient l'abîme, » c'est-à-dire les profondeurs de l'espace que l'imagination se représentait vaguement occupé par les eaux et dans les ténèbres avant la création de la lumière ; voilà pourquoi Moïse dit que : « l'Esprit de Dieu était porté sur les eaux. » La terre étant censée formée au milieu des eaux, il fallait l'isoler ; on supposa donc que Dieu avait fait le firmament, voûte solide qui séparait les eaux d'en haut de celles qui étaient restées sur la terre.

Pour comprendre certaines parties de la Genèse, il faut nécessairement se placer au point de vue des idées cosmogoniques du temps dont elle est le reflet.

10. — Depuis les progrès de la physique et de l'astronomie, une pareille doctrine n'est pas soutenable (1). Cependant Moïse prête ces paroles à Dieu même ; or, puisqu'elles expriment un fait notoirement faux, de deux choses l'une : ou Dieu s'est trompé dans le récit qu'il fait de son œuvre, ou ce récit n'est pas une révélation divine. La première supposition n'étant pas admissible, il en faut conclure que Moïse a exprimé ses propres idées. (Chap. I, n° 3.)

---

(1) Quelque grossière que soit l'erreur d'une telle croyance, on n'en berce pas moins encore de nos jours les enfants comme d'une vérité sacrée. Ce n'est qu'en tremblant que les instituteurs osent hasarder une timide interprétation. Comment veut-on que cela ne fasse pas des incrédules plus tard ?

CHAPITRE XII

11. — Moïse est plus dans le vrai quand il dit que Dieu a formé l'homme avec le limon de la terre (1). La science nous montre, en effet (chap. X), que le corps de l'homme est composé d'éléments puisés dans la matière inorganique, autrement dit dans le limon de la terre.

La femme formée d'une côte d'Adam est une allégorie, puérile en apparence, si on la prend à la lettre, mais profonde par le sens. Elle a pour but de montrer que la femme est de la même nature que l'homme, son égale, par conséquent, devant Dieu, et non une créature à part faite pour être asservie, et traitée en ilote. Sortie de sa propre chair, l'image de l'égalité est bien plus saisissante, que si elle eût été formée séparément du même limon; c'est dire à l'homme qu'elle est son égale, et non son esclave, qu'il doit l'aimer comme une partie de lui-même.

12. — Pour des esprits incultes, sans aucune idée des lois générales, incapables d'embrasser l'ensemble et de concevoir l'infini, cette création miraculeuse et instantanée avait quelque chose de fantastique qui frappait l'imagination. Le tableau de l'univers tiré du néant en quelques jours, par un seul acte de la volonté créatrice, était pour eux le signe le plus éclatant de la puissance de Dieu. Quelle peinture, en effet, plus sublime et plus poétique de cette puissance que ces paroles : « Dieu dit : Que la lumière soit, et la lumière fut ! » Dieu créant l'univers par l'accomplissement lent et graduel des lois de la nature, leur eût paru moins grand et moins puissant; il leur fallait quelque chose de merveilleux qui sortît des

---

(1) Le mot hébreu *haadam*, homme, d'où l'on a fait *Adam*, et le mot *haadama*, terre, ont la même racine.

voies ordinaires, autrement ils auraient dit que Dieu n'était pas plus habile que les hommes. Une théorie scientifique et raisonnée de la création les eût laissés froids et indifférents.

Les hommes primitifs sont comme des enfants, à qui il ne faut donner que la nourriture intellectuelle que comporte leur intelligence. Aujourd'hui que nous sommes éclairés par les lumières de la science, relevons les erreurs matérielles du récit de Moïse, mais ne le blâmons pas d'avoir parlé le langage de son temps, sans quoi il n'eût été ni compris ni accepté.

Respectons ces tableaux qui nous semblent puérils aujourd'hui, comme nous respectons les apologues qui ont éclairé notre première enfance et ouvert notre intelligence en nous apprenant à penser. C'est avec ces tableaux que Moïse a inculqué dans le cœur des premiers hommes la foi en Dieu et en sa puissance, foi naïve qui devait s'épurer plus tard au flambeau de la science. Parce que nous savons lire couramment, ne méprisons pas le livre où nous avons appris à épeler.

Ne rejetons donc pas la Genèse biblique ; étudions-la, au contraire, comme on étudie l'histoire de l'enfance des peuples. C'est une épopée riche en allégories dont il faut chercher le sens caché ; qu'il faut commenter et expliquer à l'aide des lumières de la raison et de la science. Tout en en faisant ressortir les beautés poétiques, et les instructions voilées sous la forme imagée, il faut en démontrer carrément les erreurs, dans l'intérêt même de la religion. On la respectera mieux quand ces erreurs ne seront pas imposées à la foi comme des vérités, et Dieu n'en paraîtra que plus grand et plus puissant lorsque son nom ne sera pas mêlé à des faits controuvés.

CHAPITRE XII

LE PARADIS PERDU (1)

13. — CHAPITRE II. — 8. Or, le Seigneur **Dieu** avait planté dès le commencement un jardin délicieux, dans lequel il mit l'homme qu'il avait formé. — 9. Le Seigneur Dieu avait aussi produit de la terre toutes sortes d'arbres beaux à la vue, et dont le fruit était agréable au goût, et l'arbre de vie au milieu du paradis (2), avec l'arbre de la science du bien et du mal. (*Il fit sortir, Jéhovah Eloîm, de la terre* (min haadama) *tout arbre beau à voir et bon à manger, et l'arbre de vie* (vehetz hachayim) *au milieu du jardin, et l'arbre de la science du bien et du mal.*)

15. Le Seigneur prit donc l'homme, et le mit dans le paradis de délices, afin qu'il le cultivât et le gardât. — 16. Il lui fit aussi ce commandement, et lui dit : Mangez de tous les arbres du paradis. (*Il ordonna, Jéhovah Eloîm, à l'homme* (hal haadam), *disant : De tout arbre du jardin* (hagan) *tu peux manger;* — 17. Mais ne mangez point du fruit de l'arbre de la science du bien et du mal; car en même temps que vous en mangerez, vous mourrez très certainement. (*Et de l'arbre de la science du bien et du mal* (oumehetz hadaat tob vara) *tu n'en mangeras pas, car le jour où tu en mangeras, tu mourras.*)

14. — CHAPITRE III. — 1. Or, le serpent était le plus fin de tous les animaux que le Seigneur Dieu avait formés sur la terre. Et il dit à la femme : Pourquoi Dieu vous a-t-il commandé de ne pas manger du fruit de tous les arbres du paradis? (*Et le serpent était rusé plus que tous les animaux terrestres qu'avait faits Jéhovah Eloîm; il dit à la femme* (el haïscha) : *Est-ce qu'il a dit, Eloîm : Vous ne mangerez d'aucun arbre du jardin?*) — 2. La femme lui répondit : Nous mangeons des fruits de tous les arbres qui sont dans le paradis. (*Elle dit, la femme, au serpent, du fruit* (miperi) *des arbres du jardin, nous pouvons man-*

---

(1) A la suite de quelques versets on a placé la traduction littérale du texte hébreu, qui rend plus fidèlement la pensée primitive. Le sens allégorique en ressort plus clairement.

(2) Paradis, du latin *paradisus*, fait du grec *paradeisos*, jardin, verger, lieu planté d'arbres. Le mot hébreu employé dans la Genèse est *hagan*, qui a la même signification.

GENÈSE MOSAÏQUE

ger.) — 3. Mais pour ce qui est du fruit de l'arbre qui est au milieu du paradis, Dieu nous a commandé de n'en point manger, et de n'y point toucher, de peur que nous ne fussions en danger de mourir. — 4. Le serpent repartit à la femme : Assurément vous ne mourrez point ; — 5. Mais c'est que Dieu sait qu'aussitôt que vous aurez mangé de ce fruit, vos yeux seront ouverts, et vous serez comme *des dieux*, connaissant le bien et le mal.

6. La femme considéra donc que le fruit de cet arbre était bon à manger ; qu'il était beau et agréable à la vue. Et en ayant pris, elle en mangea, et en donna à son mari qui en mangea aussi. (*Elle vit, la femme, qu'il était bon l'arbre comme nourriture, et qu'il était enviable l'arbre pour* COMPRENDRE (leaskil), *et elle prit de son fruit*, etc.)

8. Et comme ils eurent entendu la voix du Seigneur Dieu, qui se promenait dans le paradis après midi, lorsqu'il s'élève un vent doux, ils se retirèrent au milieu des arbres du paradis pour se cacher de devant sa face.

9. Alors le Seigneur Dieu appela Adam, et lui dit : Où êtes-vous ? — 10. Adam lui répondit : J'ai entendu votre voix dans le paradis, et j'ai eu peur, parce que j'étais nu, c'est pourquoi je me suis caché. — 11. Le Seigneur lui repartit : Et d'où avez-vous su que vous étiez nu, sinon de ce que vous avez mangé du fruit de l'arbre dont je vous avais défendu de manger ? — 12. Adam lui répondit : La femme que vous m'avez donnée pour compagne m'a présenté du fruit de cet arbre, et j'en ai mangé. — 13. Le Seigneur Dieu dit à la femme : Pourquoi avez-vous fait cela ? Elle répondit : Le serpent m'a trompée, et j'ai mangé de ce fruit.

14. Alors le Seigneur Dieu dit au serpent : Parce que tu as fait cela, tu es maudit entre tous les animaux et toutes les bêtes de la terre ; tu ramperas sur le ventre, et tu mangeras la terre tous les jours de ta vie. — 15. Je mettrai une inimitié entre toi et la femme, entre sa race et la tienne. Elle te brisera la tête, et tu tâcheras de la mordre par le talon.

16. Dieu dit aussi à la femme : Je vous affligerai de plusieurs maux pendant votre grossesse ; vous enfanterez dans la douleur ; vous serez sous la domination de votre mari, et il vous dominera.

17. Il dit ensuite à Adam : Parce que vous avez écouté la voix de votre femme, et que vous avez mangé du fruit de l'arbre dont je vous avais défendu de manger, la terre sera maudite à cause de ce que vous avez fait, et vous n'en tirerez de quoi vous nourrir pendant toute votre vie qu'avec beaucoup de travail. — 18. Elle vous produira des épines et des ronces, et vous vous nourrirez de l'herbe de la terre. — 19. Et vous mangerez votre pain à la sueur de votre visage, jusqu'à ce que vous retourniez en la terre d'où vous avez été tiré, car vous êtes poudre, et vous retournerez en poudre.

20. Et Adam donna à sa femme le nom d'*Ève*, qui signifie la vie, parce qu'elle était la mère de tous les vivants.

21. Le Seigneur Dieu fit aussi à Adam et à sa femme des habits de peaux dont il les revêtit. — 22. Et il dit : Voilà Adam devenu comme *l'un de nous*, sachant le bien et le mal. Empêchons donc maintenant qu'il ne porte sa main à l'arbre de vie, qu'il ne prenne aussi de son fruit, et que, mangeant de ce fruit, il ne vive éternellement. (*Il dit, Jéhovah Eloïm : Voici, l'homme a été comme un de nous pour la connaissance du bien et du mal ; et maintenant il peut tendre la main et prendre de l'arbre de la vie* (veata pen ischlach yado velakach mehetz hachayim) ; *il en mangera et vivra éternellement.*

23. Le Seigneur Dieu le fit sortir du jardin de délices, afin qu'il allât travailler à la culture de la terre d'où il avait été tiré. — 24. Et l'en ayant chassé, il mit des chérubins (1) devant le jardin de délices, qui faisaient étinceler une épée de feu, pour garder le chemin qui conduisait à l'arbre de vie.

15. — Sous une image puérile et parfois ridicule, si l'on s'arrête à la forme, l'allégorie cache souvent les plus grandes vérités. Est-il une fable plus absurde au premier abord que celle de Saturne, un dieu dévorant des pierres qu'il prend pour ses enfants ? Mais, en même temps, quoi de plus profondément philosophique et vrai que cette fi-

---

(1) De l'hébreu *cherub, keroub,* bœuf, *charab,* labourer. Anges du deuxième chœur de la première hiérarchie, que l'on représentait avec quatre ailes, quatre faces et des pieds de bœuf.

gure, si l'on en cherche le sens moral ! Saturne est la personnification du temps ; toutes choses étant l'œuvre du temps, il est le père de tout ce qui existe, mais aussi tout se détruit avec le temps. Saturne dévorant des pierres est l'emblème de la destruction par le temps des corps les plus durs qui sont ses enfants, puisqu'ils se sont formés avec le temps. Et qui échappe à cette destruction d'après cette même allégorie ? Jupiter, l'emblème de l'intelligence supérieure, du principe spirituel qui est indestructible. Cette image est même si naturelle que, dans le langage moderne, sans allusion à la Fable antique, on dit d'une chose détériorée à la longue, qu'elle est dévorée par le temps, rongée, ravagée par le temps.

16. — Toute la mythologie païenne n'est, en réalité, qu'un vaste tableau allégorique des divers côtés bons et mauvais de l'humanité. Pour qui en cherche l'esprit, c'est un cours complet de la plus haute philosophie, comme il en est de nos fables modernes. L'absurde était de prendre la forme pour le fond ; mais les prêtres païens n'enseignaient que la forme, soit que quelques-uns n'en sussent pas davantage, soit qu'ils eussent intérêt à maintenir le peuple dans des croyances qui, tout en favorisant leur domination, leur étaient plus productives que la philosophie. La vénération du peuple pour la forme était une source inépuisable de richesses, par les dons accumulés dans les temples, les offrandes et les sacrifices faits d'intention aux dieux, mais en réalité au profit de leurs représentants. Un peuple moins crédule eût moins donné aux images, aux statues, aux emblèmes et aux oracles : aussi Socrate fut-il condamné, comme impie, à boire la ciguë pour avoir voulu tarir cette source en mettant la vérité à la place de l'erreur. Alors il n'était pas encore en

usage de brûler tout vivants les hérétiques; et, cinq siècles plus tard, Christ fut condamné à une mort infamante, comme impie, pour avoir, comme Socrate, voulu substituer l'esprit à la lettre, et parce que sa doctrine, toute spirituelle, ruinait la suprématie des scribes, des pharisiens et des docteurs de la loi.

17. — Il en est de même de la Genèse, où il faut voir de grandes vérités morales sous des figures matérielles qui, prises à la lettre, seraient aussi absurdes que si, dans nos fables, on prenait à la lettre les scènes et les dialogues attribués aux animaux.

Adam est la personnification de l'humanité; sa faute individualise la faiblesse de l'homme, en qui prédominent les instincts matériels auxquels il ne sait pas résister.

L'arbre, comme arbre de vie, est l'emblème de la vie spirituelle; comme arbre de la science, c'est celui de la conscience que l'homme acquiert du bien et du mal par le développement de son intelligence et celui du libre arbitre en vertu duquel il choisit entre les deux; il marque le point où l'âme de l'homme, cessant d'être guidée par les seuls instincts, prend possession de sa liberté et encourt la responsabilité de ses actes.

Le fruit de l'arbre est l'emblème de l'objectif des désirs matériels de l'homme; c'est l'allégorie de la convoitise; il résume sous une même figure les sujets d'entraînement au mal; en manger, c'est succomber à la tentation (1). Il croît au milieu du jardin de délices pour

---

(1) Dans aucun texte, le fruit n'est spécialisé par la *pomme*; ce mot ne se trouve que dans les versions enfantines. Le mot du texte hébreu est *peri*, qui a les mêmes acceptions qu'en français, sans spécification d'espèce, et peut être pris dans le sens matériel, moral, allégorique, au propre et au figuré. Chez les Israélites, il n'y a pas d'interprétation obligatoire; lorsqu'un mot a plusieurs acceptions,

montrer que la séduction est au sein même des plaisirs, et rappeler en même temps que si l'homme donne la prépondérance aux jouissances matérielles, il s'attache à la terre et s'éloigne de sa destinée spirituelle.

La mort dont il est menacé, s'il enfreint la défense qui lui est faite, est un avertissement des conséquences inévitables, physiques et morales, qu'entraîne la violation des lois divines que Dieu a gravées dans sa conscience. Il est bien évident qu'il ne s'agit pas ici de la mort corporelle, puisque après sa faute, Adam vécut encore fort longtemps, mais bien de la mort spirituelle, autrement dit de la perte des biens qui résultent de l'avancement moral, perte dont son expulsion du jardin de délices est l'image.

Le serpent est loin de passer aujourd'hui pour le type de la ruse; c'est donc ici, par rapport à sa forme plutôt que pour son caractère, une allusion à la perfidie des mauvais conseils qui se glissent comme le serpent, et dont souvent, pour cette raison, on ne se méfie pas. D'ailleurs, si le serpent, pour avoir trompé la femme, a été condamné à ramper sur le ventre, cela voudrait dire qu'auparavant il avait des jambes, et alors ce n'était plus un serpent. Pourquoi donc imposer à la foi naïve et crédule des enfants, comme des vérités, des allégories aussi évidentes, et qui, en faussant leur jugement, leur font plus tard regarder la Bible comme un tissu de fables absurdes?

18. — Si la faute d'Adam est littéralement d'avoir

chacun l'entend comme il veut, pourvu que l'interprétation ne soit pas contraire à la grammaire. Le mot *peri* a été traduit en latin par *malum*, qui se dit de la pomme et de toute espèce de fruits. Il est dérivé du grec *mélon*, participe du verbe *mé'o*, intéresser, prendre soin, attirer.

mangé un fruit, elle ne saurait incontestablement, par sa nature presque puérile, justifier la rigueur dont elle a été frappée. On ne saurait non plus rationnellement admettre que ce soit le fait que l'on suppose généralement ; autrement Dieu, considérant ce fait comme un crime irrémissible, aurait condamné son propre ouvrage, puisqu'il avait créé l'homme pour la propagation. Si Adam eût entendu dans ce sens la défense de toucher au fruit de l'arbre et qu'il s'y fût scrupuleusement conformé, où serait l'humanité, et qu'en aurait-il été des desseins du Créateur? S'il en était ainsi, Dieu aurait créé l'immense appareil de l'univers pour deux individus, et l'humanité serait venue contre sa volonté et ses prévisions.

Dieu n'avait point créé Adam et Ève pour rester seuls sur la terre ; et la preuve en est dans les paroles mêmes qu'il leur adresse immédiatement après leur formation, alors qu'ils étaient encore dans le paradis terrestre : « Dieu les bénit et leur dit : Croissez et multipliez-vous, *remplissez la terre* et vous l'assujettissez. » (Ch. I, v. 28.) Puisque la multiplication de l'homme était une loi dès le paradis terrestre, son expulsion ne peut avoir pour cause le fait supposé.

Ce qui a donné du crédit à cette supposition, c'est le sentiment de honte dont Adam et Ève ont été saisis à la vue de Dieu et qui les a portés à se couvrir. Mais cette honte elle-même est une figure par comparaison : elle symbolise la confusion que tout coupable éprouve en présence de celui qu'il a offensé.

19. — Quelle est donc, en définitive, cette faute si grande qu'elle a pu frapper de réprobation à perpétuité tous les descendants de celui qui l'a commise ? Caïn le fratricide

ne fut pas traité si sévèrement. Aucun théologien n'a pu la définir logiquement, parce que tous, ne sortant pas de la lettre, ont tourné dans un cercle vicieux.

Aujourd'hui, nous savons que cette faute n'est point un acte isolé, personnel à un individu, mais qu'elle comprend, sous un fait allégorique unique, l'ensemble des prévarications dont peut se rendre coupable l'humanité encore imparfaite de la terre, et qui se résument en ces mots : *infraction à la loi de Dieu*. Voilà pourquoi la faute du premier homme, symbolisant l'humanité, est symbolisée elle-même par un acte de désobéissance.

20. — En disant à Adam qu'il tirera sa nourriture de la terre à la sueur de son front, Dieu symbolise l'obligation du travail ; mais pourquoi fait-il du travail une punition ? Que serait l'intelligence de l'homme, s'il ne la développait pas par le travail ? Que serait la terre, si elle n'était pas fécondée, transformée, assainie par le travail intelligent de l'homme ?

Il est dit (ch. II, v. 5 et 7) : « Le Seigneur Dieu n'avait pas encore fait pleuvoir sur la terre, et il n'y avait point d'homme pour la labourer. Le Seigneur forma donc l'homme du limon de la terre.» Ces paroles, rapprochées de celles-ci : *Remplissez la terre*, prouvent que l'homme était, dès l'origine, destiné à occuper *toute la terre et à la cultiver ;* et, en outre, que le paradis n'était pas un lieu circonscrit sur un coin du globe. Si la culture de la terre devait être une conséquence de la faute d'Adam, il en serait résulté que, si Adam n'eût pas péché, la terre n'aurait pas été cultivée, et que les vues de Dieu n'auraient pas été accomplies.

Pourquoi dit-il à la femme que, parce qu'elle a commis la faute, elle enfantera dans la douleur ? Comment la douleur de l'enfantement peut-elle être un châtiment, puisqu'elle est une conséquence de l'organisme, et qu'il est prouvé physiologiquement qu'elle est nécessaire? Comment une chose qui est selon les lois de la nature peut-elle être une punition? C'est ce que les théologiens n'ont point encore expliqué, et ce qu'ils ne pourront faire tant qu'ils ne sortiront pas du point de vue où ils se sont placés; et cependant ces paroles, qui semblent si contradictoires, peuvent être justifiées.

21. — Remarquons d'abord que si, au moment de la création d'Adam et d'Ève, leur âme venait d'être tirée du néant, comme on l'enseigne, ils devaient être novices en toutes choses; ils ne devaient pas savoir ce que c'est que mourir. Puisqu'ils étaient *seuls* sur la terre, tant qu'ils vécurent dans le paradis terrestre, ils n'avaient vu mourir personne; comment donc auraient-ils pu comprendre en quoi consistait la menace de mort que Dieu leur faisait? Comment Ève aurait-elle pu comprendre qu'enfanter dans la douleur serait une punition, puisque, venant de naître à la vie, elle n'avait jamais eu d'enfants et qu'elle était la seule femme au monde?

Les paroles de Dieu ne devaient donc avoir pour Adam et Ève aucun sens. A peine tirés du néant, ils ne devaient savoir ni pourquoi ni comment ils en étaient sortis; ils ne devaient comprendre ni le Créateur ni le but de la défense qu'il leur faisait. Sans aucune expérience des conditions de la vie, ils ont péché comme des enfants qui agissent sans discernement, ce qui rend plus incompréhensible encore la terrible responsabilité que Dieu a fait peser sur eux et sur l'humanité tout entière.

22. — Ce qui est une impasse pour la théologie, le Spi-

ritisme l'explique sans difficulté et d'une manière rationnelle par l'antériorité de l'âme et la pluralité des existences, loi sans laquelle tout est mystère et anomalie dans la vie de l'homme. En effet, admettons qu'Adam et Ève aient déjà vécu, tout se trouve justifié : Dieu ne leur parle point comme à des enfants, mais comme à des êtres en état de le comprendre et qui le comprennent, preuve évidente qu'ils ont un acquis antérieur. Admettons, en outre, qu'ils aient vécu dans un monde plus avancé et moins matériel que le nôtre, où le travail de l'Esprit suppléait au travail du corps ; que par leur rébellion à la loi de Dieu, figurée par la désobéissance, ils en aient été exclus et exilés par punition sur la terre, où l'homme, par suite de la nature du globe, est astreint à un travail corporel, Dieu avait raison de leur dire : Dans le monde où vous allez vivre désormais, « vous cultiverez la terre et en tirerez votre nourriture à la sueur de votre front ; » et à la femme : « Vous enfanterez dans la douleur, » parce que telle est la condition de ce monde. (Chap. XI, n°s 31 et suiv.)

Le paradis terrestre, dont on a inutilement cherché les traces sur la terre, était donc la figure du monde heureux où avait vécu Adam, ou plutôt la race des Esprits dont il est la personnification. L'expulsion du paradis marque le moment où ces Esprits sont venus s'incarner parmi les habitants de ce monde, et le changement de situation qui en a été la suite. L'ange armé d'une épée flamboyante qui défend l'entrée du paradis, symbolise l'impossibilité où sont les Esprits des mondes inférieurs de pénétrer dans les mondes supérieurs avant de l'avoir mérité par leur épuration. (Voir ci-après chap. XIV, n°s 9 et suiv.)

23. — Caïn (après le meurtre d'Abel) répondit au Seigneur :

274　　　　　　　　　　CHAPITRE XII

Mon iniquité est trop grande pour pouvoir en obtenir le pardon. — Vous me chassez aujourd'hui de dessus la terre, et j'irai me cacher de devant votre face. Je serai fugitif et vagabond sur la terre, quiconque donc me trouvera me tuera. — Le Seigneur lui répondit : Non, cela ne sera pas ; car quiconque tuera Caïn en sera puni très sévèrement. Et le Seigneur mit un signe sur Caïn, afin que ceux qui le trouveraient ne le tuassent point.

Caïn, s'étant retiré de devant la face du Seigneur, fut vagabond sur la terre, et il habita vers la région orientale de l'Eden. — Et ayant connu sa femme, elle conçut et enfanta Hénoch. Il bâtit ensuite une ville qu'il appela *Hénoch* (Enochia) du nom de son fils. (Chap. IV, versets de 13 à 16.)

24. — Si l'on s'en rapporte à la lettre de la Genèse, voici à quelles conséquences on arrive : Adam et Ève étaient seuls dans le monde après leur expulsion du paradis terrestre ; ce n'est que postérieurement qu'ils eurent pour enfants Caïn et Abel. Or Caïn, ayant tué son frère et s'étant retiré dans une autre contrée, ne revit plus son père et sa mère, qui furent de nouveau seuls ; ce n'est que longtemps après, à l'âge de cent-trente ans, qu'Adam eut un troisième fils, appelé Seth. Après la naissance de Seth, il vécut encore, selon la généalogie biblique, huit cents ans, et eut des fils et des filles.

Lorsque Caïn vint s'établir à l'orient de l'Eden, il n'y avait donc sur la terre que trois personnes : son père et sa mère, et lui *seul* de son côté. Cependant il eut une femme et un enfant ; quelle pouvait être cette femme et où avait-il pu la prendre ? Il bâtit une ville ; mais une ville suppose des habitants, car il n'est pas à présumer qu'il la fit pour lui, sa femme et son fils, ni qu'il ait pu la construire à lui seul.

Il faut donc inférer de ce récit même que la contrée était peuplée ; or ce ne pouvait être par les descendants d'Adam, qui alors n'en avait pas d'autre que Caïn.

La présence d'autres habitants ressort également de cette parole de Caïn : « Je serai fugitif et vagabond, et quiconque me trouvera me tuera, » et de la réponse que Dieu lui fit. Par qui pouvait-il craindre d'être tué, et à quoi bon le signe que Dieu mit sur lui pour le préserver, s'il ne devait rencontrer personne ? Si donc il y avait sur la terre d'autres hommes en dehors de la famille d'Adam, c'est qu'ils y étaient avant lui ; d'où cette conséquence, tirée du texte même de la Genèse, qu'Adam n'est ni le premier ni l'unique père du genre humain. (Ch. XI, n° 34.

25. — Il fallait les connaissances que le Spiritisme a apportées touchant les rapports du principe spirituel et du principe matériel, sur la nature de l'âme, sa création à l'état de simplicité et d'ignorance, son union avec le corps, sa marche progressive indéfinie à travers des existences successives, et à travers les mondes qui sont autant d'échelons dans la voie du perfectionnement, son affranchissement graduel de l'influence de la matière par l'usage de son libre arbitre, la cause de ses penchants bons ou mauvais et de ses aptitudes, le phénomène de la naissance et de la mort, l'état de l'Esprit dans l'erraticité, enfin l'avenir qui est le prix de ses efforts pour s'améliorer et de sa persévérance dans le bien, pour jeter la lumière sur toutes les parties de la Genèse spirituelle.

Grâce à cette lumière, l'homme sait désormais d'où il vient, où il va, pourquoi il est sur la terre et pourquoi il souffre ; il sait que son avenir est entre ses mains, et que la durée de sa captivité ici-bas dépend de lui. La Genèse, sortie de l'allégorie étroite et mesquine, lui apparaît grande et digne de la majesté, de la bonté et de la justice du Créateur. Considérée de ce point de vue, la Genèse confondra l'incrédulité et la vaincra.

LES MIRACLES

SELON LE SPIRITISME

CHAPITRE XIII

Caractères des Miracles

1. — Dans son acception étymologique, le mot *miracle* (de *mirari*, admirer) signifie : *admirable, chose extraordinaire, surprenante.* L'Académie définit ce mot : *Un acte de la puissance divine contraire aux lois connues de la nature.*

Dans son acception usuelle, ce mot a perdu, comme tant d'autres, sa signification primitive. De générale qu'elle était, elle s'est restreinte à un ordre particulier de faits. Dans la pensée des masses, un *miracle* implique l'idée d'un fait extranaturel; dans le sens liturgique, c'est une dérogation aux lois de la nature, par laquelle Dieu manifeste sa puissance. Telle est en effet son acception vulgaire, devenue le sens propre, et ce n'est que par comparaison et par métaphore qu'on l'applique aux circonstances ordinaires de la vie.

Un des caractères du miracle proprement dit, c'est d'être inexplicable, par cela même qu'il s'accomplit en

CHAPITRE XIII

dehors des lois naturelles; et c'est tellement là l'idée qu'on y attache, que si un fait miraculeux vient à trouver son explication, on dit que ce n'est plus un miracle, quelque surprenant qu'il soit.

Un autre caractère du miracle, c'est d'être insolite, isolé et exceptionnel; du moment qu'un phénomène se reproduit, soit spontanément, soit par un acte de la volonté, c'est qu'il est soumis à une loi, et dès lors, que cette loi soit connue ou non, ce ne peut être un miracle.

2. — La science fait tous les jours des miracles aux yeux des ignorants. Qu'un homme réellement mort soit rappelé à la vie par une intervention divine, c'est là un véritable miracle, parce que c'est un fait contraire aux lois de la nature. Mais si cet homme n'a que les apparences de la mort, s'il y a encore en lui un reste de *vitalité latente*, et que la science, ou une action magnétique, parvienne à le ranimer, pour les gens éclairés c'est un phénomène naturel, mais aux yeux du vulgaire ignorant, le fait passera pour miraculeux. Qu'au milieu de certaines campagnes un physicien lance un cerf-volant électrique et fasse tomber la foudre sur un arbre, ce nouveau Prométhée sera certainement regardé comme armé d'une puissance diabolique; mais Josué arrêtant le mouvement du soleil, ou plutôt de la terre, en admettant le fait, voilà le véritable miracle, car il n'existe aucun magnétiseur doué d'une assez grande puissance pour opérer un tel prodige.

Les siècles d'ignorance ont été féconds en miracles, parce que tout ce dont la cause était inconnue passait pour miraculeux. A mesure que la science a révélé de nouvelles lois, le cercle du merveilleux s'est restreint; mais comme elle n'avait pas exploré tout le champ de la

CARACTÈRES DES MIRACLES

nature, il restait encore une assez large part au merveilleux.

3. — Le merveilleux, expulsé du domaine de la matérialité par la science, s'est retranché dans celui de la spiritualité, qui a été son dernier refuge. Le Spiritisme, en démontrant que l'élément spirituel est une des forces vives de la nature, force incessamment agissante concurremment avec la force matérielle, fait rentrer les phénomènes qui en ressortent dans le cercle des effets naturels, parce que, comme les autres, ils sont soumis à des lois. Si le merveilleux est expulsé de la spiritualité, il n'a plus de raison d'être, et c'est alors seulement qu'on pourra dire que le temps des miracles est passé (1).

4. — Le Spiritisme vient donc, à son tour, faire ce que chaque science a fait à son avénement : révéler de nouvelles lois, et expliquer, par conséquent, les phénomènes qui sont du ressort de ces lois.

Ces phénomènes, il est vrai, se rattachent à l'existence des Esprits et à leur intervention dans le monde matériel ; or c'est là, dit-on, qu'est le surnaturel. Mais alors il faudrait prouver que les Esprits et leurs manifestations sont contraires aux lois de la nature ; que ce n'est pas et ne peut être là une de ces lois.

L'Esprit n'est autre que l'âme qui survit au corps ; c'est l'être principal puisqu'il ne meurt pas, tandis que le corps n'est qu'un accessoire qui se détruit. Son existence est

---

(1) Le mot *élément* n'est pas pris ici dans le sens de *corps simple, élémentaire*, de *molécules primitives*, mais dans celui de *partie constituante d'un tout*. En ce sens, on peut dire que l'*élément spirituel* a une part active dans l'économie de l'univers, comme on dit que l'*élément civil* et l'*élément militaire* figurent dans le chiffre d'une population ; que l'*élément religieux* entre dans l'éducation; qu'en Algérie, il faut tenir compte de l'*élément arabe*, etc.

CHAPITRE XIII

donc tout aussi naturelle après que pendant l'incarnation ; elle est soumise aux lois qui régissent le principe spirituel, comme le corps est soumis à celles qui régissent le principe matériel ; mais comme ces deux principes ont une affinité nécessaire, qu'ils réagissent incessamment l'un sur l'autre, que de leur action simultanée résultent le mouvement et l'harmonie de l'ensemble, il s'ensuit que la spiritualité et la matérialité sont les deux parties d'un même tout, aussi naturelles l'une que l'autre, et que la première n'est pas une exception, une anomalie dans l'ordre des choses.

5. — Pendant son incarnation, l'Esprit agit sur la matière par l'intermédiaire de son corps fluidique ou périsprit ; il en est de même en dehors de l'incarnation. Il fait, comme Esprit et dans la mesure de ses capacités, ce qu'il faisait comme homme ; seulement, comme il n'a plus son corps charnel pour instrument, il se sert, lorsque cela est nécessaire, des organes matériels d'un incarné qui devient ce qu'on appelle *médium*. Il fait comme celui qui, ne pouvant écrire lui-même, emprunte la main d'un secrétaire ; ou qui, ne sachant pas une langue, se sert d'un interprète. Un secrétaire, un interprète sont les *médiums* d'un incarné, comme le médium est le secrétaire ou l'interprète d'un Esprit.

6. — Le milieu dans lequel agissent les Esprits et les moyens d'exécution n'étant plus les mêmes que dans l'état d'incarnation, les effets sont différents. Ces effets ne paraissent surnaturels que parce qu'ils sont produits à l'aide d'agents qui ne sont pas ceux dont nous nous servons ; mais dès l'instant que ces agents sont dans la nature, et que les faits de manifestations s'accomplissent en vertu de certaines lois, il n'y a rien de surnaturel ni de

merveilleux. Avant de connaître les propriétés de l'électricité, les phénomènes électriques passaient pour des prodiges aux yeux de certaines gens; dès que la cause fut connue, le merveilleux disparut. Il en est de même des phénomènes spirites, qui ne sortent pas plus de l'ordre des lois naturelles que les phénomènes électriques, acoustiques, lumineux et autres, qui ont été la source d'une foule de croyances superstitieuses.

7. — Pourtant, dira-t-on, vous admettez qu'un Esprit peut enlever une table et la maintenir dans l'espace sans point d'appui; n'est-ce pas une dérogation à la loi de gravité? — Oui, à la loi connue; mais connaît-on toutes les lois? Avant qu'on eût expérimenté la force ascensionnelle de certains gaz, qui eût dit qu'une lourde machine portant plusieurs hommes peut triompher de la force d'attraction? Aux yeux du vulgaire, cela ne devait-il pas paraître merveilleux, diabolique? Celui qui eût proposé il y a un siècle de transmettre une dépêche à cinq cents lieues, et d'en recevoir la réponse en quelques minutes, aurait passé pour un fou; s'il l'eût fait, on aurait cru qu'il avait le diable à ses ordres, car alors le diable seul était capable d'aller si vite; cependant aujourd'hui la chose est non-seulement reconnue possible, mais elle paraît toute naturelle. Pourquoi donc un fluide inconnu n'aurait-il pas la propriété, dans des circonstances données, de contre-balancer l'effet de la pesanteur, comme l'hydrogène contre-balance le poids du ballon? C'est, en effet, ce qui a lieu dans le cas dont il s'agit. (*Liv. des Médiums*, ch. IV.)

8. — Les phénomènes spirites, étant dans la nature, se sont produits dans tous les temps; mais précisément parce que leur étude ne pouvait se faire par les moyens matériels dont dispose la science vulgaire, ils sont restés

CHAPITRE XIII

plus longtemps que d'autres dans le domaine du surnaturel, d'où le Spiritisme les fait sortir aujourd'hui.

Le surnaturel, basé sur des apparences inexpliquées, laisse un libre cours à l'imagination qui, errant dans l'inconnu, enfante alors les croyances superstitieuses. Une explication rationnelle fondée sur les lois de la nature, ramenant l'homme sur le terrain de la réalité, pose un point d'arrêt aux écarts de l'imagination, et détruit les superstitions. Loin d'étendre le domaine du surnaturel, le Spiritisme le restreint jusque dans ses dernières limites et lui ôte son dernier refuge. S'il fait croire à la possibilité de certains faits, il empêche de croire à beaucoup d'autres, parce qu'il démontre dans le cercle de la spiritualité, comme la science dans le cercle de la matérialité, ce qui est possible et ce qui ne l'est pas. Toutefois, comme il n'a pas la prétention d'avoir le dernier mot sur toutes choses, même sur celles qui sont de sa compétence, il ne se pose point en régulateur absolu du possible, et fait la part des connaissances que réserve l'avenir.

9. — Les phénomènes spirites consistent dans les différents modes de manifestation de l'âme ou Esprit, soit pendant l'incarnation, soit à l'état d'erraticité. C'est par ses manifestations que l'âme révèle son existence, sa survivance et son individualité; on la juge par ses effets; la cause étant naturelle, l'effet l'est également. Ce sont ces effets qui font l'objet spécial des recherches et de l'étude du Spiritisme, afin d'arriver à la connaissance aussi complète que possible de la nature et des attributs de l'âme, ainsi que des lois qui régissent le principe spirituel.

10. — Pour ceux qui dénient l'existence du principe spirituel indépendant, et par suite celle de l'âme individuelle et survivante, toute la nature est dans la matière

tangible; tous les phénomènes qui se rattachent à la spiritualité sont, à leurs yeux, surnaturels, et par conséquent chimériques; n'admettant pas la cause, ils ne peuvent admettre l'effet; et lorsque les effets sont patents, ils les attribuent à l'imagination, à l'illusion, à l'hallucination, et refusent de les approfondir; de là, chez eux, une opinion préconçue qui les rend impropres à juger sainement du Spiritisme, parce qu'ils partent du principe de la négation de tout ce qui n'est pas matériel.

11. — De ce que le Spiritisme admet les effets qui sont la conséquence de l'existence de l'âme, il ne s'ensuit pas qu'il accepte tous les effets qualifiés de merveilleux, et qu'il entende les justifier et les accréditer; qu'il se fasse le champion de tous les rêveurs, de toutes les utopies, de toutes les excentricités systématiques, de toutes les légendes miraculeuses : il faudrait bien peu le connaître pour penser ainsi. Ses adversaires croient lui opposer un argument sans réplique quand, après avoir fait d'érudites recherches sur les convulsionnaires de Saint-Médard, les Camisards des Cévennes ou les religieuses de Loudun, ils sont arrivés à y découvrir des faits patents de supercherie que personne ne conteste; mais ces histoires sont-elles l'évangile du Spiritisme? Ses partisans ont-ils nié que le charlatanisme ait exploité certains faits à son profit; que l'imagination en ait créé; que le fanatisme en ait exagéré beaucoup? Il n'est pas plus solidaire des extravagances qu'on peut commettre en son nom, que la vraie science ne l'est des abus de l'ignorance, ni la vraie religion des excès du fanatisme. Beaucoup de critiques ne jugent le Spiritisme que sur les contes de fées et les légendes populaires qui en sont les fictions; autant vaudrait juger l'histoire sur les romans historiques ou les tragédies.

CHAPITRE XIII

12. — Les phénomènes spirites sont le plus souvent spontanés, et se produisent sans aucune idée préconçue chez les personnes qui y songent le moins ; dans certaines circonstances, il en est qui peuvent être provoqués par les agents désignés sous le nom de *médiums :* dans le premier cas, le médium est *inconscient* de ce qui se produit par son intermédiaire ; dans le second, il agit en connaissance de cause ; de là la distinction des *médiums conscients* et des *médiums inconscients*. Ces derniers sont les plus nombreux et se trouvent souvent parmi les incrédules les plus obstinés, qui font ainsi du Spiritisme sans le savoir et sans le vouloir. Les phénomènes spontanés ont, par cela même, une importante capitale, car on ne peut suspecter la bonne foi de ceux qui les obtiennent. Il en est ici comme du somnambulisme, qui, chez certains individus, est naturel et involontaire, et chez d'autres, provoqué par l'action magnétique (1).

Mais que ces phénomènes soient ou non le résultat d'un acte de la volonté, la cause première est exactement la même et ne s'écarte en rien des lois naturelles. Les médiums ne produisent donc absolument rien de surnaturel ; par conséquent, ils ne font *aucun miracle ;* les guérisons instantanées elles-mêmes ne sont pas plus miraculeuses que les autres effets, car elles sont dues à l'action d'un agent fluidique faisant l'office d'agent thérapeutique, dont les propriétés ne sont pas moins naturelles pour avoir été inconnues jusqu'à ce jour. L'épithète de *thaumaturges,* donnée à certains médiums par la critique ignorante des principes du Spiritisme, est donc tout à fait impropre. La qualification de *miracles* donnée, par comparaison, à ces

(1) *Livre des Médiums,* chap. V. — *Revue Spirite* ; exemples : décembre 1865, page 370 ; — août 1865, page 231.

sortes de phénomènes, ne peut qu'induire en erreur sur leur véritable caractère.

13. — L'intervention d'intelligences occultes dans les phénomènes spirites ne rend pas ceux-ci plus miraculeux que tous les autres phénomènes qui sont dus à des agents invisibles, parce que ces êtres occultes qui peuplent les espaces sont une des puissances de la nature, puissance dont l'action est incessante sur le monde matériel, aussi bien que sur le monde moral.

Le Spiritisme, en nous éclairant sur cette puissance, nous donne la clef d'une foule de choses inexpliquées, et inexplicables par tout autre moyen, et qui ont pu, dans des temps reculés, passer pour des prodiges ; il révèle, de même que le magnétisme, une loi, sinon inconnue, du moins mal comprise; ou pour mieux dire, on connaissait les effets, car ils se sont produits de tout temps, mais on ne connaissait pas la loi, et c'est l'ignorance de cette loi qui a engendré la superstition. Cette loi connue, le merveilleux disparait et les phénomènes rentrent dans l'ordre des choses naturelles. Voilà pourquoi les Spirites ne font pas plus de miracles en faisant tourner une table ou écrire les trépassés, que le médecin en faisant revivre un moribond, ou le physicien en faisant tomber la foudre. Celui qui prétendrait, à l'aide de cette science, *faire des miracles*, serait ou un ignorant de la chose, ou un faiseur de dupes.

14. — Puisque le Spiritisme répudie toute prétention aux choses miraculeuses, en dehors de lui y a-t-il des miracles dans l'acception usuelle du mot?

Disons d'abord que parmi les faits réputés miraculeux qui se sont passés avant l'avènement du Spiritisme, et qui se passent encore de nos jours, la plupart, sinon tous, trouvent leur explication dans les lois nouvelles qu'il est venu révéler; ces faits rentrent donc, quoique sous un autre nom, dans l'ordre des phénomènes spirites, et comme tels n'ont rien de surnaturel. Il est bien entendu qu'il ne s'agit ici que des faits authentiques, et non de ceux qui, sous le nom de miracles, sont le produit d'une indigne jonglerie en vue d'exploiter la crédulité; non plus que de certains faits légendaires qui peuvent avoir eu, dans l'origine, un fond de vérité, mais que la superstition a amplifiés jusqu'à l'absurde. C'est sur ces faits que le Spiritisme vient jeter la lumière, en donnant les moyens de faire la part de l'erreur et de la vérité.

15. — Quant aux miracles proprement dits, rien n'étant impossible à Dieu, il peut en faire sans doute; en a-t-il fait? en d'autres termes: déroge-t-il aux lois qu'il a établies? Il n'appartient pas à l'homme de préjuger les actes de la Divinité et de les subordonner à la faiblesse de son entendement; cependant nous avons pour criterium de notre jugement, à l'égard des choses divines, les attributs mêmes de Dieu. A la souveraine puissance il joint la souveraine sagesse, d'où il faut conclure qu'il ne fait rien d'inutile.

Pourquoi donc ferait-il des miracles? Pour attester sa puissance, dit-on; mais la puissance de Dieu ne se manifeste-t-elle pas d'une manière bien autrement saisissante par l'ensemble grandiose des œuvres de la création, par la sagesse prévoyante qui préside à ses parties les plus infimes comme aux plus grandes, et par l'harmonie des lois qui régissent l'univers, que par quelques petites et puériles dérogations que savent imiter tous les faiseurs de tours? Que dirait-on d'un savant mécanicien qui, pour prouver son habileté, détraquerait l'horloge qu'il a con--

struite, chef-d'œuvre de science, afin de montrer qu'il peut défaire ce qu'il a fait? Son savoir ne ressort-il pas, au contraire, de la régularité et de la précison du mouvement?

La question des **miracles** proprement dits n'est donc pas du ressort du Spiritisme ; mais, s'appuyant sur ce raisonnement: que Dieu ne fait rien d'inutile, il émet cette opinion que : les miracles n'étant pas nécessaires à la glorification de Dieu, rien, dans l'univers, ne s'écarte des lois générales. S'il est des faits que nous ne comprenons pas, c'est qu'il nous manque encore les connaissances nécessaires.

16. — En admettant que Dieu ait pu, pour des raisons que nous ne pouvons apprécier, déroger accidentellement aux lois qu'il a établies, ces lois ne sont plus immuables ; mais au moins est-il rationnel de penser que lui seul a ce pouvoir; on ne saurait admettre, sans lui dénier la toute-puissance, qu'il soit donné à l'Esprit du mal de défaire l'œuvre de Dieu, en faisant de son côté des prodiges à séduire même les élus, ce qui impliquerait l'idée d'une puissance égale à la sienne ; c'est pourtant ce que l'on enseigne. Si Satan a le pouvoir d'interrompre le cours des lois naturelles, qui sont l'œuvre divine, sans la permission de Dieu, il est plus puissant que Dieu: donc Dieu n'a pas la toute-puissance; si Dieu lui délègue ce pouvoir, comme on le prétend, pour induire plus facilement les hommes au mal, Dieu n'a pas la souveraine bonté. Dans l'un et l'autre cas, c'est la négation d'un des attributs sans lesquels Dieu ne serait pas Dieu.

Aussi l'Eglise distingue-t-elle les bons miracles qui viennent de Dieu, des mauvais miracles qui viennent de Satan ; mais comment en faire la différence ? Qu'un miracle soit officiel ou non, ce n'en est pas moins une déro-

288   CHAPITRE XIII

gation aux lois qui émanent de Dieu seul; si un individu est guéri soi-disant miraculeusement, que ce soit par le fait de Dieu ou de Satan, il n'en est pas moins guéri. Il faut avoir une bien pauvre idée de l'intelligence humaine pour espérer que de pareilles doctrines puissent être acceptées de nos jours.

La possibilité de certains faits réputés miraculeux étant reconnue, il en faut conclure que, quelle que soit la source qu'on leur attribue, ce sont des effets naturels dont *Esprits* ou *incarnés* peuvent user, comme de tout, comme de leur propre intelligence et de leurs connaissances scientifiques, pour le bien ou pour le mal, selon leur bonté ou leur perversité. Un être pervers, mettant à profit son savoir, peut donc faire des choses qui passent pour des prodiges aux yeux des ignorants; mais quand ces effets ont pour résultat un bien quelconque, il serait illogique de leur attribuer une origine diabolique.

17. — Mais, dit-on, la religion s'appuie sur des faits qui ne sont ni expliqués ni explicables. Inexpliqués, peut-être; inexplicables, c'est une autre question. Sait-on les découvertes et les connaissances que nous réserve l'avenir ? Sans parler du miracle de la Création, le plus grand de tous sans contredit, et qui est aujourd'hui rentré dans le domaine de la loi universelle, ne voit-on pas déjà, sous l'empire du magnétisme, du somnambulisme, du Spiritisme, se reproduire les extases, les visions, les apparitions, la vue à distance, les guérisons instantanées, les suspensions, les communications orales et autres avec les êtres du monde invisible, phénomènes connus de temps immémorial, considérés jadis comme merveilleux, et démontrés aujourd'hui appartenir à l'ordre des choses

naturelles, d'après la loi constitutive des êtres ? Les livres sacrés sont pleins de faits de ce genre qualifiés de surnaturels; mais, comme on en trouve d'analogues et de plus merveilleux encore dans toutes les religions païennes de l'antiquité, si la vérité d'une religion dépendait du nombre et de la nature de ces faits, on ne sait trop celle qui l'emporterait.

18. — Prétendre que le surnaturel est le fondement nécessaire de toute religion, qu'il est la clef de voûte de l'édifice chrétien, c'est soutenir une thèse dangereuse ; si l'on fait reposer les vérités du christianisme sur la base unique du merveilleux, c'est lui donner un appui fragile dont les pierres se détachent chaque jour. Cette thèse, dont d'éminents théologiens se sont faits les défenseurs, conduit droit à cette conclusion que, dans un temps donné, il n'y aura plus de religion possible, pas même la religion chrétienne, si ce qui est regardé comme surnaturel est démontré naturel ; car on aura beau entasser les arguments, on ne parviendra pas à maintenir la croyance qu'un fait est miraculeux, quand il est prouvé qu'il ne l'est pas : or la preuve qu'un fait n'est pas une exception dans les lois naturelles, c'est lorsqu'il peut être expliqué par ces mêmes lois, et que, pouvant se reproduire par l'entremise d'un individu quelconque, il cesse d'être le privilége des saints. Ce n'est pas le *surnaturel* qui est nécessaire aux religions, mais bien le *principe spirituel*, que l'on confond à tort avec le merveilleux, et sans lequel il n'y a pas de religion possible.

Le Spiritisme considère la religion chrétienne d'un point plus élevé ; il lui donne une base plus solide que les miracles, ce sont les lois immuables de Dieu, qui régissent le principe spirituel comme le principe matériel; cette base défie le temps et la science, car le temps et la science viendront la sanctionner.

Dieu n'en est pas moins digne de notre admiration, de notre reconnaissance, de notre respect, pour n'avoir pas dérogé à ses lois, grandes surtout par leur immuabilité. Il n'est pas besoin du surnaturel pour rendre à Dieu le culte qui lui est dû; la nature n'est-elle pas assez imposante par elle-même, qu'il faille encore y ajouter pour prouver la puissance suprême? La religion trouvera d'autant moins d'incrédules, qu'elle sera de tous points sanctionnée par la raison. Le christianisme n'a rien à perdre à cette sanction; il ne peut, au contraire, qu'y gagner. Si quelque chose a pu lui nuire dans l'opinion de certaines gens, c'est précisément l'abus du merveilleux et du surnaturel.

19. — Si l'on prend le mot *miracle* dans son acception étymologique, dans le sens de *chose admirable*, nous avons sans cesse des miracles sous les yeux; nous les aspirons dans l'air et nous les foulons sous nos pas, car tout est miracle dans la nature.

Veut-on donner au peuple, aux ignorants, aux pauvres d'esprit une idée de la puissance de Dieu? Il faut la leur montrer dans la sagesse infinie qui préside à tout, dans l'admirable organisme de tout ce qui vit, dans la fructification des plantes, dans l'appropriation de toutes les parties de chaque être à ses besoins, selon le milieu où il est appelé à vivre; il faut leur montrer l'action de Dieu dans le brin d'herbe, dans la fleur qui s'épanouit, dans le soleil qui vivifie tout; il faut leur montrer sa bonté dans sa sollicitude pour toutes les créatures, si infimes qu'elles soient, sa prévoyance dans la raison d'être de chaque chose, dont aucune n'est inutile, dans le bien qui sort toujours d'un mal apparent et momentané. Faites-leur comprendre surtout que le mal réel est l'ouvrage de l'homme, et non celui de Dieu ; ne cherchez pas à les épouvanter par le tableau des flammes éternelles, auxquelles ils finissent par ne plus croire et qui leur font douter de la bonté de Dieu ; mais encouragez-les par la certitude de pouvoir se racheter un jour et réparer le mal qu'ils ont pu faire ; montrez-leur les découvertes de la science comme la révélation des lois divines, et non comme l'œuvre du Satan ; apprenez-leur, enfin, à lire dans le livre de la nature sans cesse ouvert devant eux ; dans ce livre inépuisable où la sagesse et la bonté du Créateur sont inscrites à chaque page : alors ils comprendront qu'un Être si grand, s'occupant de tout, veillant à tout, prévoyant tout, doit être souverainement puissant. Le laboureur le verra en traçant son sillon, et l'infortuné le bénira dans ses afflictions, car il se dira : Si je suis malheureux, c'est par ma faute. Alors les hommes seront vraiment religieux, rationnellement religieux surtout, bien mieux qu'en s'évertuant à leur faire croire à des pierres qui suent le sang, ou à des statues qui clignent des yeux et versent des larmes.

CHAPITRE XIV

Les Fluides

Nature et propriétés des fluides. — Explication de quelques faits réputés surnaturels.

NATURE ET PROPRIÉTÉS DES FLUIDES

1. — La science a donné la clef des miracles qui ressortent plus particulièrement de l'élément matériel, soit en les expliquant, soit en en démontrant l'impossibilité, par les lois qui régissent la matière ; mais les phénomènes où l'élément spirituel a une part prépondérante, ne pouvant être expliqués par les seules lois de la matière, échappent aux investigations de la science : c'est pourquoi ils ont, plus que les autres, les caractères *apparents* du merveilleux. C'est donc dans les lois qui régissent la vie spirituelle qu'on peut trouver la clef des miracles de cette catégorie.

2. — Le fluide cosmique universel est, ainsi que cela a été démontré, la matière élémentaire primitive, dont les modifications et transformations constituent l'innombrable variété des corps de la nature. En tant que principe élémentaire universel, il offre deux états distincts : celui d'éthérisation ou d'impondérabilité, que l'on peut considérer comme l'état normal primitif, et celui de ma-

CHAPITRE XIV — LES FLUIDES

térialisation ou de pondérabilité, qui n'est en quelque sorte que consécutif. Le point intermédiaire est celui de la transformation du fluide en matière tangible; mais, là encore, il n'y a pas de transition brusque, car on peut considérer nos fluides impondérables comme un terme moyen entre les deux états. (Chap. IV, n°s 10 et suiv.)

Chacun de ces deux états donne nécessairement lieu à des phénomènes spéciaux : au second appartiennent ceux du monde visible, et au premier ceux du monde invisible. Les uns, appelés *phénomènes matériels*, sont du ressort de la science proprement dite; les autres, qualifiés de *phénomènes spirituels* ou *psychiques*, parce qu'ils se lient plus spécialement à l'existence des Esprits, sont dans les attributions du Spiritisme; mais, comme la vie spirituelle et la vie corporelle sont en contact incessant, les phénomènes de ces deux ordres se présentent souvent simultanément. L'homme, à l'état d'incarnation, ne peut avoir la perception que des phénomènes psychiques qui se lient à la vie corporelle; ceux qui sont du domaine exclusif de la vie spirituelle échappent aux sens matériels, et ne peuvent être perçus qu'à l'état d'Esprit (1).

3. — A l'état d'éthérisation, le fluide cosmique n'est pas uniforme; sans cesser d'être éthéré, il subit des modifications aussi variées dans leur genre, et plus nombreuses peut-être qu'à l'état de matière tangible. Ces modifications constituent des fluides distincts qui, bien que

---

(1) La dénomination de phénomène *psychique* rend plus exactement la pensée que celle de phénomène *spirituel*, attendu que ces phénomènes reposent sur les propriétés et les attributs de l'âme, ou mieux des fluides périspritaux qui sont inséparables de l'âme. Cette qualification les rattache plus intimement à l'ordre des faits naturels régis par des lois; on peut donc les admettre comme effets psychiques, sans les admettre à titre de miracles.

CHAPITRE XIV

procédant du même principe, sont doués de propriétés spéciales, et donnent lieu aux phénomènes particuliers du monde invisible.

Tout étant relatif, ces fluides ont pour les Esprits, qui sont eux-mêmes fluidiques, une apparence aussi matérielle que celle des objets tangibles pour les incarnés, et sont pour eux ce que sont pour nous les substances du monde terrestre ; ils les élaborent, les combinent pour produire des effets déterminés, comme font les hommes avec leurs matériaux, toutefois par des procédés différents.

Mais là, comme ici-bas, il n'est donné qu'aux Esprits les plus éclairés de comprendre le rôle des éléments constitutifs de leur monde. Les ignorants du monde invisible sont aussi incapables de s'expliquer les phénomènes dont ils sont témoins, et auxquels ils concourent souvent machinalement, que les ignorants de la terre le sont d'expliquer les effets de la lumière ou de l'électricité, de dire comment ils voient et entendent.

4. — Les éléments fluidiques du monde spirituel échappent à nos instruments d'analyse et à la perception de nos sens, faits pour la matière tangible et non pour la matière éthérée. Il en est qui appartiennent à un milieu tellement différent du nôtre, que nous n'en pouvons juger que par des comparaisons aussi imparfaites que celles par lesquelles un aveugle-né cherche à se faire une idée de la théorie des couleurs.

Mais parmi ces fluides, quelques-uns sont intimement liés à la vie corporelle, et appartiennent en quelque sorte au milieu terrestre. A défaut de perception directe, on peut en observer les effets, et acquérir sur leur nature des connaissances d'une certaine précision. Cette étude est essentielle, car c'est la clef d'une foule de phénomènes inexplicables par les seules lois de la matière.

5. — Le point de départ du fluide universel est le degré de pureté absolue, dont rien ne peut nous donner une idée; le point opposé est sa transformation en matière tangible. Entre ces deux extrêmes, il existe d'innombrables transformations, qui se rapprochent plus ou moins de l'un et de l'autre. Les fluides les plus voisins de la matérialité, les moins purs par conséquent, composent ce qu'on peut appeler l'atmosphère spirituelle terrestre. C'est dans ce milieu, où l'on trouve également différents degrés de pureté, que les Esprits incarnés et désincarnés de la terre puisent les éléments nécessaires à l'économie de leur existence. Ces fluides, quelque subtils et impalpables qu'ils soient pour nous, n'en sont pas moins d'une nature grossière comparativement aux fluides éthérés des régions supérieures.

Il en est de même à la surface de tous les mondes, sauf les différences de constitution et les conditions de vitabilité propres à chacun. Moins la vie y est matérielle, moins les fluides spirituels ont d'affinité avec la matière proprement dite.

La qualification de *fluides spirituels* n'est pas rigoureusement exacte, puisque, en définitive, c'est toujours de la matière plus ou moins quintessenciée. Il n'y a de réellement *spirituel* que l'âme ou principe intelligent. On les désigne ainsi par comparaison, et en raison surtout de leur affinité avec les Esprits. On peut dire que c'est la matière du monde spirituel : c'est pourquoi on les appelle *fluides spirituels*.

6. — Qui connaît, d'ailleurs, la constitution intime de la matière tangible? Elle n'est peut-être compacte que

CHAPITRE XIV

par rapport à nos sens, et ce qui le prouverait, c'est la facilité avec laquelle elle est traversée par les fluides spirituels et les Esprits auxquels elle ne fait pas plus d'obstacles que les corps transparents n'en font à la lumière.

La matière tangible, ayant pour élément primitif le fluide cosmique éthéré, doit pouvoir, en se désagrégeant, retourner à l'état d'éthérisation, comme le diamant, le plus dur des corps, peut se volatiliser en gaz impalpable. La solidification de la matière n'est en réalité qu'un état transitoire du fluide universel, qui peut retourner à son état primitif quand les conditions de cohésion cessent d'exister.

Qui sait même si, à l'état de tangibilité, la matière n'est pas susceptible d'acquérir une sorte d'éthérisation qui lui donnerait des propriétés particulières? Certains phénomènes qui paraissent authentiques tendraient à le faire supposer. Nous ne possédons encore que les jalons du monde invisible, et l'avenir nous réserve sans doute la connaissance de nouvelles lois qui nous permettront de comprendre ce qui est encore pour nous un mystère.

7. — Le périsprit, ou corps fluidique des Esprits, est un des produits les plus importants du fluide cosmique; c'est une condensation de ce fluide autour d'un foyer d'intelligence ou *âme*. On a vu que le corps charnel a également son principe dans ce même fluide transformé et condensé en matière tangible; dans le périsprit, la transformation moléculaire s'opère différemment, car le fluide conserve son impondérabilité et ses qualités éthérées. Le corps périsprital et le corps charnel ont donc leur source dans le même élément primitif; l'un et l'autre sont de la matière, quoique sous deux états différents.

8. — Les Esprits puisent leur périsprit dans le milieu où ils se trouvent, c'est-à-dire que cette enveloppe est formée des fluides ambiants; il en résulte que les éléments constitutifs du périsprit doivent varier selon les mondes. Jupiter étant donné comme un monde très avancé, comparativement à la Terre, où la vie corporelle n'a pas la matérialité de la nôtre, les enveloppes périspritales doivent y être d'une nature infiniment plus quintessenciée que sur la terre. Or, de même que nous ne pourrions pas exister dans ce monde avec notre corps charnel, nos Esprits ne pourraient y pénétrer avec leur périsprit terrestre. En quittant la terre, l'Esprit y laisse son enveloppe fluidique, et en revêt une autre appropriée au monde où il doit aller.

9. — La nature de l'enveloppe fluidique est toujours en rapport avec le degré d'avancement moral de l'Esprit. Les Esprits inférieurs ne peuvent en changer à leur gré, et par conséquent ne peuvent, à volonté, se transporter d'un monde à l'autre. Il en est dont l'enveloppe fluidique, bien qu'éthérée et impondérable par rapport à la matière tangible, est encore trop lourde, si l'on peut s'exprimer ainsi, par rapport au monde spirituel, pour leur permettre de sortir de leur milieu. Il faut ranger dans cette catégorie ceux dont le périsprit est assez grossier pour qu'ils le confondent avec leur corps charnel, et qui, par cette raison, se croient toujours vivants. Ces Esprits, et le nombre en est grand, restent à la surface de la terre comme les incarnés, croyant toujours vaquer à leurs occupations; d'autres, un peu plus dématérialisés, ne le sont cependant pas assez pour s'élever au-dessus des régions terrestres (1).

---

(1) Exemples d'Esprits qui se croient encore de ce monde : *Revue Spirite*, déc. 1859, p. 310; — nov. 1864, p. 339; — avril 1865, p. 117.

CHAPITRE XIV

Les Esprits supérieurs, au contraire, peuvent venir dans les mondes inférieurs et même s'y incarner. Ils puisent, dans les éléments constitutifs du monde où ils entrent, les matériaux de l'enveloppe fluidique ou charnelle appropriée au milieu où ils se trouvent. Ils font comme le grand seigneur qui quitte ses habits dorés pour se revêtir momentanément de la bure, sans cesser pour cela d'être grand seigneur.

C'est ainsi que des Esprits de l'ordre le plus élevé peuvent se manifester aux habitants de la terre, ou s'incarner en mission parmi eux. Ces Esprits apportent avec eux, non l'enveloppe, mais le souvenir par intuition des régions d'où ils viennent, et qu'ils voient par la pensée. Ce sont des voyants parmi des aveugles.

10. — La couche des fluides spirituels qui environnent la terre peut être comparée aux couches inférieures de l'atmosphère, plus lourdes, plus compactes, moins pures que les couches supérieures. Ces fluides ne sont pas homogènes; c'est un mélange de molécules de diverses qualités, parmi lesquelles se trouvent nécessairement les molécules élémentaires qui en forment la base, mais plus ou moins altérées. Les effets produits par ces fluides seront en raison de la *somme* des parties pures qu'ils renferment. Tel est, par comparaison, l'alcool rectifié ou mélangé, en différentes proportions, d'eau ou d'autres substances: sa pesanteur spécifique augmente par ce mélange, en même temps que sa force et son inflammabilité diminuent, bien que dans le tout il y ait de l'alcool pur.

Les Esprits appelés à vivre dans ce milieu y puisent leur périsprit; mais, selon que l'Esprit est plus ou moins épuré lui-même, son périsprit se forme des parties les plus pures ou les plus grossières de ce milieu. L'Esprit y produit, toujours par comparaison et non par assimilation, l'effet d'un réactif chimique qui attire à lui les molécules assimilables à sa nature.

Il en résulte ce fait *capital*, que la constitution intime du périsprit n'est pas identique chez tous les Esprits incarnés ou désincarnés qui peuplent la terre ou l'espace environnant. Il n'en est pas de même du corps charnel, qui, comme cela a été démontré, est formé des mêmes éléments, quelles que soient la supériorité ou l'infériorité de l'Esprit. Aussi, chez tous, les effets produits par le corps sont-ils les mêmes, les besoins pareils, tandis qu'ils diffèrent pour tout ce qui est inhérent au périsprit.

Il en résulte encore que l'enveloppe périspritale du même Esprit se modifie avec le progrès moral de celui-ci à chaque incarnation, bien que s'incarnant dans le même milieu; que les Esprits supérieurs, s'incarnant exceptionnellement en mission dans un monde inférieur, ont un périsprit moins grossier que celui des indigènes de ce monde.

11. — Le milieu est toujours en rapport avec la nature des êtres qui doivent y vivre; les poissons sont dans l'eau; les êtres terrestres sont dans l'air; les êtres spirituels sont dans le fluide spirituel ou éthéré, même sur la terre. Le fluide éthéré est pour les besoins de l'Esprit ce que l'atmosphère est pour les besoins des incarnés. Or, de même que les poissons ne peuvent vivre dans l'air; que les animaux terrestres ne peuvent vivre dans une atmosphère trop raréfiée pour leurs poumons, les Esprits inférieurs ne peuvent supporter l'éclat et l'impression des fluides les plus éthérés. Ils n'y mourraient pas, parce que l'Esprit ne meurt pas, mais une force instinctive les en tient éloignés,

CHAPITRE XIV

comme on s'éloigne d'un feu trop ardent ou d'une lumière trop éblouissante. Voilà pourquoi ils ne peuvent sortir du milieu approprié à leur nature; pour en changer, il faut qu'ils changent d'abord leur nature; qu'ils se dépouillent des instincts matériels qui les retiennent dans les milieux matériels; en un mot, qu'ils s'épurent et se transforment moralement; alors, graduellement, ils s'identifient avec un milieu plus épuré, qui devient pour eux un besoin, une nécessité, comme les yeux de celui qui a longtemps vécu dans les ténèbres s'habituent insensiblement à la lumière du jour et à l'éclat du soleil.

12. — Ainsi tout se lie, tout s'enchaîne dans l'univers; tout est soumis à la grande et harmonieuse loi d'unité, depuis la matérialité la plus compacte jusqu'à la spiritualité la plus pure. La terre est comme un vase d'où s'échappe une fumée épaisse qui s'éclaircit à mesure qu'elle s'élève, et dont les parcelles raréfiées se perdent dans l'espace infini.

La puissance divine éclate dans toutes les parties de cet ensemble grandiose, et l'on voudrait que, pour mieux attester sa puissance, Dieu, non content de ce qu'il a fait, vînt troubler cette harmonie! qu'ils abaissât au rôle de magicien par de puérils effets dignes d'un prestidigitateur! Et l'on ose, par surcroît, lui donner pour rival en habileté Satan lui-même! Jamais, en vérité, on ne rabaissa davantage la majesté divine, et l'on s'étonne du progrès de l'incrédulité!

Vous avez raison de le dire : « La foi s'en va! » mais c'est la foi en tout ce qui choque le bon sens et la raison qui s'en va; la foi pareille à celle qui fit dire jadis: « Les dieux s'en vont! » Mais la foi dans les choses sérieuses, la foi en Dieu et en l'immortalité est toujours vivace dans le cœur de l'homme, et si elle a été étouffée sous les puériles histoires dont on l'a surchargée, elle se relève plus forte dès qu'elle en est dégagée, comme la plante comprimée se relève dès qu'elle revoit le soleil !

Oui, tout est miracle dans la nature, parce que tout est admirable et témoigne de la sagesse divine ! Ces miracles sont pour tout le monde, pour tous ceux qui ont des yeux pour voir et des oreilles pour entendre, et non au profit de quelques-uns. Non ! il n'y a point de miracles dans le sens qu'on attache à ce mot, parce que tout ressort des lois éternelles de la création.

13. — Les fluides spirituels, qui constituent un des états du fluide cosmique universel, sont donc l'atmosphère des êtres spirituels ; c'est l'élément où ils puisent les matériaux sur lesquels ils opèrent ; le milieu où se passent les phénomènes spéciaux, perceptibles à la vue et à l'ouïe de l'Esprit, et qui échappent aux sens charnels impressionnés par la seule matière tangible ; c'est enfin le véhicule de la pensée, comme l'air est le véhicule du son.

14. — Les Esprits agissent sur les fluides spirituels, non en les manipulant comme les hommes manipulent les gaz, mais à l'aide de la pensée et de la volonté. La pensée et la volonté sont aux Esprits ce que la main est à l'homme. Par la pensée, ils impriment à ces fluides telle ou telle direction ; ils les agglomèrent, les combinent ou les dispersent ; ils en forment des ensembles ayant une apparence, une forme, une couleur déterminées ; ils en changent les propriétés comme un chimiste change celles des gaz ou autres corps en les combinant suivant certaines lois. C'est le grand atelier ou laboratoire de la vie spirituelle.

Quelquefois, ces transformations sont le résultat d'une intention ; souvent, elles sont le produit d'une pensée in-

CHAPITRE XIV

consciente; il suffit à l'Esprit de penser à une chose pour que cette chose se produise.

C'est ainsi, par exemple, qu'un Esprit se présente à la vue d'un incarné doué de la vue spirituelle, sous les apparences qu'il avait de son vivant à l'époque où on l'a connu, aurait-il eu plusieurs incarnations depuis. Il se présente avec le costume, les signes extérieurs, infirmités, cicatrices, membres amputés, etc., qu'il avait alors; un décapité se présentera avec la tête de moins. Ce n'est pas à dire qu'il ait conservé ces apparences; non certainement, car, comme Esprit, il n'est ni boiteux, ni manchot, ni borgne, ni décapité; mais sa *pensée* se reportant à l'époque où il était ainsi, son périsprit en prend instantanément les apparences, qu'il quitte de même instantanément. Si donc il a été une fois nègre et une autre fois blanc, il se présentera comme nègre ou comme blanc, selon celle de ces deux incarnations sous laquelle il sera évoqué et où se reportera sa pensée.

Par un effet analogue, la pensée de l'Esprit crée fluidiquement les objets dont il avait l'habitude de se servir; un avare maniera de l'or, un militaire aura ses armes et son uniforme, un fumeur sa pipe, un laboureur sa charrue et ses bœufs, une vieille femme sa quenouille. Ces objets fluidiques sont aussi réels pour l'Esprit qu'ils l'étaient à l'état matériel pour l'homme vivant; mais, par la même raison qu'ils sont créés par la pensée, leur existence est aussi fugitive que la pensée (1).

15. — L'action des Esprits sur les fluides spirituels a des conséquences d'une importance directe et capitale pour les incarnés. Dès l'instant que ces fluides sont le

---

(1) *Revue Spirite*, juillet 1859, page 184. — *Livre des Médiums*, chap. VIII.

véhicule de la pensée, que la pensée peut en modifier les propriétés, il est évident qu'ils doivent être imprégnés des qualités bonnes ou mauvaises des pensées qui les mettent en vibration, modifiés par la pureté ou l'impureté des sentiments. Les mauvaises pensées corrompent les fluides spirituels, comme les miasmes délétères corrompent l'air respirable. Les fluides qui entourent ou que projettent les mauvais Esprits sont donc viciés, tandis que ceux qui reçoivent l'influence des bons Esprits sont aussi purs que le comporte le degré de la perfection morale de ceux-ci.

Il serait impossible de faire ni une énumération ni une classification des bons et des mauvais fluides, ni de spécifier leurs qualités respectives, attendu que leur diversité est aussi grande que celle des pensées.

16. — Si les fluides ambiants sont modifiés par la projection des pensées de l'Esprit, son enveloppe périspritale, qui est partie constituante de son être, qui reçoit directement et d'une manière permanente l'impression de ses pensées, doit plus encore porter l'empreinte de ses qualités bonnes ou mauvaises. Les fluides viciés par les effluves des mauvais Esprits peuvent s'épurer par l'éloignement de ceux-ci, mais leur périsprit sera toujours ce qu'il est, tant que l'Esprit ne se modifiera pas lui-même.

17. — Les hommes étant des Esprits incarnés, ils ont en partie les attributions de la vie spirituelle, car ils vivent de cette vie tout autant que de la vie corporelle, d'abord pendant le sommeil, et souvent à l'état de veille. L'Esprit, en s'incarnant, conserve son périsprit avec les qualités qui lui sont propres, et qui, comme on le sait, n'est pas circonscrit par le corps, mais rayonne tout alentour et l'enveloppe comme d'une atmosphère fluidique.

CHAPITRE XIV

Par son union intime avec le corps, le périsprit joue un rôle prépondérant dans l'organisme; par son expansion, il met l'Esprit incarné en rapport plus direct avec les Esprits libres.

La pensée de l'Esprit incarné agit sur les fluides spirituels comme celle des Esprits désincarnés; elle se transmet d'Esprit à Esprit par la même voie, et, selon qu'elle est bonne ou mauvaise, elle assainit ou vicie les fluides environnants.

18. — Le périsprit des incarnés étant d'une nature identique à celle des fluides spirituels, il se les assimile avec facilité, comme une éponge s'imbibe de liquide. Ces fluides ont sur le périsprit une action d'autant plus directe que, par son expansion et son rayonnement, il se confond avec eux.

Ces fluides agissant sur le périsprit, celui-ci, à son tour, réagit sur l'organisme matériel avec lequel il est en contact moléculaire. Si les effluves sont de bonne nature, le corps en ressent une impression salutaire; si elles sont mauvaises, l'impression est pénible; si les mauvaises sont permanentes et énergiques, elles peuvent déterminer des désordres physiques : certaines maladies n'ont pas d'autre cause.

Les milieux où abondent les mauvais Esprits sont donc imprégnés de mauvais fluides que l'on absorbe par tous les pores périspritaux, comme on absorbe par les pores du corps les miasmes pestilentiels.

19. — Il en est de même dans les réunions d'incarnés. Une assemblée est un foyer où rayonnent des pensées diverses. La pensée agissant sur les fluides comme le son agit sur l'air, ces fluides nous apportent les pensées comme l'air nous apporte le son. On peut donc dire, en

toute vérité, qu'il y a dans ces fluides des ondes et des rayons de pensées qui se croisent sans se confondre, comme il y a dans l'air des ondes et des rayons sonores.

Une assemblée est, comme un orchestre, un chœur de pensées où chacun produit sa note. Il en résulte une multitude de courants et d'effluves fluidiques dont chacun reçoit l'impression par le sens spirituel, comme dans un chœur de musique chacun reçoit l'impression des sons par le sens de l'ouïe.

Mais, de même qu'il y a des rayons sonores harmoniques ou discordants, il y a aussi des pensées harmoniques ou discordantes. Si l'ensemble est harmonique, l'impression est agréable; s'il est discordant, l'impression est pénible. Or, pour cela, il n'est pas besoin que la pensée soit formulée en paroles; le rayonnement fluidique n'existe pas moins, qu'elle soit exprimée ou non; mais s'il s'y mêle quelques pensées mauvaises, elles produisent l'effet d'un courant d'air glacé dans un milieu tiède.

Telle est la cause du sentiment de satisfaction que l'on éprouve dans une réunion sympathique, animée de bonnes et bienveillantes pensées; il y règne comme une atmosphère morale salubre, où l'on respire à l'aise; on en sort réconforté, parce qu'on s'y est imprégné d'effluves fluidiques salutaires. Ainsi s'expliquent aussi l'anxiété, le malaise indéfinissable que l'on ressent dans un milieu antipathique, où des pensées malveillantes provoquent comme des courants d'air nauséabond.

20. — La pensée produit donc une sorte d'effet physique qui réagit sur le moral; c'est ce que le Spiritisme seul pouvait faire comprendre. L'homme le sent instinctivement, puisqu'il recherche les réunions homogènes et sympathiques où il sait qu'il peut puiser de nouvelles

CHAPITRE XIV

forces morales; on pourrait dire qu'il y récupère les pertes fluidiques qu'il fait chaque jour par le rayonnement de la pensée, comme il récupère par les aliments les pertes du corps matériel. C'est qu'en effet la pensée est une émission qui occasionne une perte réelle dans les fluides spirituels et par suite dans les fluides matériels, de telle sorte que l'homme a besoin de se réconforter par les effluves qu'il reçoit du dehors.

Quand on dit qu'un médecin guérit son malade par de bonnes paroles, on est dans le vrai absolu, car la pensée bienveillante apporte avec elle des fluides réparateurs qui agissent sur le physique autant que sur le moral.

21. — Il est sans doute possible, dira-t-on, d'éviter les hommes que l'on sait malintentionnés, mais comment se soustraire à l'influence des mauvais Esprits qui pullulent autour de nous et se glissent partout sans être vus?

Le moyen est fort simple, car il dépend de la volonté de l'homme même, qui porte en lui le préservatif nécessaire. Les fluides s'unissent en raison de la similitude de leur nature; les fluides dissemblables se repoussent; il y a incompatibilité entre les bons et les mauvais fluides, comme entre l'huile et l'eau.

Que fait-on lorsque l'air est vicié? on l'assainit, on l'épure, en détruisant le foyer des miasmes, en chassant les effluves malsaines par des courants d'air salubre plus forts. A l'invasion des mauvais fluides, il faut donc opposer les bons fluides; et, comme chacun a dans son propre périsprit une source fluidique permanente, on porte le remède en soi-même; il ne s'agit que d'épurer cette source et de lui donner des qualités telles, qu'elles soient pour les mauvaises influences un *repoussoir*, au lieu d'être une force attractive. Le périsprit est donc une cuirasse à laquelle il faut donner la meilleure trempe possible ; or, comme les qualités du périsprit sont en raison des qualités de l'âme, il faut travailler à sa propre amélioration, car ce sont les imperfections de l'âme qui attirent les mauvais Esprits.

Les mouches vont où des foyers de corruption les attirent ; détruisez ces foyers, et les mouches disparaîtront. De même les mauvais Esprits vont où le mal les attire ; détruisez le mal, et ils s'éloigneront. Les Esprits réellement bons, incarnés ou désincarnés, n'ont rien à redouter de l'influence des mauvais Esprits.

EXPLICATION DE QUELQUES FAITS RÉPUTÉS SURNATURELS

22. — Le périsprit est le trait d'union entre la vie corporelle et la vie spirituelle : c'est par lui que l'Esprit incarné est en continuel rapport avec les Esprits ; c'est par lui, enfin, que s'accomplissent en l'homme des phénomènes spéciaux qui n'ont point leur cause première dans la matière tangible, et qui, pour cette raison, semblent surnaturels.

C'est dans les propriétés et le rayonnement du fluide périsprital qu'il faut chercher la cause de la *double vue*, ou *vue spirituelle*, qu'on peut aussi appeler *vue psychique*, dont beaucoup de personnes sont douées, souvent à leur insu, ainsi que de la vue somnambulique.

Le périsprit est *l'organe sensitif* de l'Esprit ; c'est par son intermédiaire que l'Esprit incarné a la perception des choses spirituelles qui échappent aux sens charnels. Par les organes du corps, la vue, l'ouïe et les diverses sensations sont localisées et bornées à la perception des choses matérielles; par le sens spirituel, elles sont généralisées; l'Esprit voit, entend et sent par tout son être ce qui est dans la sphère du rayonnement de son fluide périsprital.

Ces phénomènes sont, chez l'homme, la manifestation de la vie spirituelle; c'est l'âme qui agit en dehors de l'organisme. Dans la double vue, ou perception par le sens spirituel, il ne voit pas par les yeux du corps, bien que souvent, par habitude, il les dirige vers le point sur lequel se porte son attention ; il voit par les yeux de l'âme, et la preuve en est, c'est qu'il voit tout aussi bien les yeux fermés, et au delà de la portée du rayon visuel (1).

23. — Quoique, pendant la vie, l'Esprit soit *rivé* au corps par le périsprit, il n'est pas tellement esclave, qu'il ne puisse allonger sa chaîne et se transporter au loin, soit sur la terre, soit sur quelque point de l'espace. L'Esprit n'est qu'à regret attaché à son corps, parce que sa vie normale est la liberté, tandis que la vie corporelle est celle du serf attaché à la glèbe.

L'Esprit est donc heureux de quitter son corps, comme l'oiseau quitte sa cage; il saisit toutes les occasions de s'en affranchir, et profite pour cela de tous les instants où sa présence n'est pas nécessaire à la vie de relation. C'est le phénomène désigné sous le nom d'*émancipation de l'âme;* il a toujours lieu dans le sommeil : toutes les fois que le corps repose et que les sens sont dans l'inactivité, l'Esprit se dégage. (*Livre des Esprits*, chap. VIII.)

Dans ces moments, l'Esprit vit de la vie spirituelle, tan-

(1) Faits de double vue et de lucidité somnambulique rapportés dans la *Revue Spirite* : janvier 1858, page 25 ; — novembre 1858, page 213 ; — juillet 1861, page 197 ; — novembre 1865, page 352.

dis que le corps ne vit que de la vie végétative; il est en partie dans l'état où il sera après la mort; il parcourt l'espace, s'entretient avec ses amis et d'autres Esprits libres ou *incarnés* comme lui.

Le lien fluidique qui le retient au corps n'est définitivement rompu qu'à la mort; la séparation complète n'a lieu que par l'extinction absolue de l'activité du principe vital. Tant que le corps vit, l'Esprit, à quelque distance qu'il soit, y est instantanément rappelé dès que sa présence est nécessaire; alors il reprend le cours de la vie extérieure de relation. Parfois, au réveil, il conserve de ses pérégrinations un souvenir, une image plus ou moins précise, qui constitue le rêve; il en rapporte, dans tous les cas, des intuitions qui lui suggèrent des idées et des pensées nouvelles, et justifient le proverbe: La nuit porte conseil.

Ainsi s'expliquent également certains phénomènes caractéristiques du somnambulisme naturel et magnétique, de la catalepsie, de la léthargie, de l'extase, etc., et qui ne sont autres que les manifestations de la vie spirituelle (1).

24. — Puisque la vue spirituelle ne s'effectue pas par les yeux du corps, c'est que la perception des choses n'a pas lieu par la lumière ordinaire : en effet, la lumière matérielle est faite pour le monde matériel; pour le monde spirituel, il existe une lumière spéciale dont la nature nous est inconnue, mais qui est sans doute une des propriétés du fluide éthéré affectée aux perceptions visuelles de l'âme. Il y donc la lumière matérielle et la lumière

(1) Exemples de léthargie et de catalepsie : *Revue Spirite*, madame Schwabenhaus, septembre 1858, page 255 ; — la jeune cataleptique de Souabe, janvier 1866, page 18.

spirituelle. La première a des foyers circonscrits dans les corps lumineux; la seconde a son foyer partout : c'est la raison pour laquelle il n'y a pas d'obstacles à la vue spirituelle; elle n'est arrêtée ni par la distance, ni par l'opacité de la matière; l'obscurité n'existe pas pour elle. Le monde spirituel est donc éclairé par la lumière spirituelle, qui a ses effets propres, comme le monde matériel est éclairé par la lumière solaire.

25. — L'âme, enveloppée de son périsprit, porte ainsi en elle son principe lumineux; pénétrant la matière en vertu de son essence éthérée, il n'y a pas de corps opaques pour sa vue.

Cependant, la vue spirituelle n'a ni la même étendue ni la même pénétration chez tous les Esprits; les purs Esprits seuls la possèdent dans toute sa puissance ; chez les Esprits inférieurs, elle est affaiblie par la grossièreté relative du périsprit qui s'interpose comme une sorte de brouillard.

Elle se manifeste à différents degrés chez les Esprits incarnés par le phénomène de la seconde vue, soit dans le somnambulisme naturel ou magnétique, soit à l'état de veille. Selon le degré de puissance de la faculté, on dit que la lucidité est plus ou moins grande. C'est à l'aide de cette faculté que certaines personnes voient l'intérieur de l'organisme et décrivent la cause des maladies.

26. — La vue spirituelle donne donc des perceptions spéciales qui, n'ayant pas pour siège les organes matériels, s'opèrent dans des conditions tout autres que la vue corporelle. Par cette raison, on ne peut en attendre des effets identiques et l'expérimenter par les mêmes procédés. S'accomplissant en dehors de l'organisme, elle a une mobilité qui déjoue toutes les prévisions. Il faut l'étu-

dier dans ses effets et dans ses causes, et non par assimilation avec la vue ordinaire, qu'elle n'est pas destinée à suppléer, sauf des cas exceptionnels et que l'on ne saurait prendre pour règle.

27. — La vue spirituelle est nécessairement incomplète et imparfaite chez les Esprits incarnés, et par conséquent sujette à des aberrations. Ayant son siége dans l'âme elle-même, l'état de l'âme doit influer sur les perceptions qu'elle donne. Selon le degré de son développement, les circonstances et l'état moral de l'individu, elle peut donner, soit dans le sommeil, soit à l'état de veille : 1º la perception de certains faits matériels réels, comme la connaissance d'événements qui se passent au loin, les détails descriptifs d'une localité, les causes d'une maladie et les remèdes convenables ; 2º la perception de choses également réelles du monde spirituel, comme la vue des Esprits ; 3º des images fantastiques créées par l'imagination, analogues aux créations fluidiques de la pensée. (Voyez ci-dessus nº 14.) Ces créations sont toujours en rapport avec les dispositions morales de l'Esprit qui les enfante. C'est ainsi que la pensée de personnes fortement imbues et préoccupées de certaines croyances religieuses leur présente l'enfer, ses fournaises, ses tortures et ses démons, tels qu'elles se les figurent : c'est parfois toute une épopée ; les païens voyaient l'Olympe et le Tartare, comme les chrétiens voient l'Enfer et le Paradis. Si, au réveil, ou au sortir de l'extase, ces personnes conservent un souvenir précis de leurs visions, elles les prennent pour des réalités et des confirmations de leurs croyances, tandis que ce n'est qu'un produit de leurs propres pensées (1). Il y a donc un choix très rigou-

(1) C'est ainsi qu'on peut expliquer les visions de la sœur Elmé-

reux à faire dans les visions extatiques avant de les accepter. Le remède à la trop grande crédulité, sous ce rapport, est l'étude des lois qui régissent le monde spirituel.

28. — Les rêves proprement dits présentent les trois natures de visions décrites ci-dessus. C'est aux deux premières qu'appartiennent les rêves à prévisions, pressentiments et avertissements ; c'est dans la troisième, c'est-à-dire dans les créations fluidiques de la pensée qu'on peut trouver la cause de certaines images fantastiques qui n'ont rien de réel par rapport à la vie matérielle, mais qui ont, pour l'Esprit, une réalité parfois telle, que le corps en subit le contre-coup, et qu'on a vu les cheveux blanchir sous l'impression d'un rêve. Ces créations peuvent être provoquées : par les croyances exaltées ; par des souvenirs rétrospectifs ; par les goûts, les désirs, les passions, la crainte, les remords ; par les préoccupations habituelles ; par les besoins du corps, ou une gêne dans les fonctions de l'organisme ; enfin, par d'autres Esprits, dans un but bienveillant ou malveillant, selon leur nature (1).

29. — La matière inerte est insensible ; le fluide périsprital l'est également, mais il transmet la sensation au centre sensitif qui est l'Esprit. Les lésions douloureuses du corps se répercutent donc dans l'Esprit comme un choc électrique, par l'intermédiaire du fluide périsprital dont les nerfs paraissent être les fils conducteurs. C'est l'influx nerveux des physiologistes, qui, ne connaissant

---

rich, qui, se reportant au temps de la Passion du Christ, dit avoir vu des choses matérielles qui n'ont jamais existé que dans les livres qu'elle a lus ; celles de madame Cantanille (*Revue Spirite*, août 1866, p. 240), et une partie de celles de Swedenborg.

(1) *Revue Spirite*, juin 1866, page 172 ; — septembre 1866, p. 281.
— *Livre des Esprits*, chap. VIII, nº 400.

LES FLUIDES

pas les rapports de ce fluide avec le principe spirituel, n'ont pu s'en expliquer tous les effets.

Cette interruption peut avoir lieu par la séparation d'un membre, ou la section d'un nerf, mais aussi, partiellement ou d'une manière générale, et sans aucune lésion, dans les moments d'émancipation, de grande surexcitation ou préoccupation de l'Esprit. Dans cet état, l'Esprit ne songe plus au corps, et dans sa fiévreuse activité, il attire, pour ainsi dire, à lui le fluide périsprital qui, se retirant de la surface, y produit une insensibilité momentanée. C'est ainsi que, dans l'ardeur du combat, un militaire ne s'aperçoit souvent pas qu'il est blessé; qu'une personne, dont l'attention est concentrée sur un travail, n'entend pas le bruit qui se fait autour d'elle. C'est un effet analogue, mais plus prononcé, qui a lieu chez certains somnambules, dans la léthargie et la catalepsie. C'est ainsi, enfin, qu'on peut expliquer l'insensibilité des convulsionnaires et de certains martyrs. (*Revue Spirite*, janvier 1868 : *Etude sur les Aïssaouas*.)

La paralysie n'a pas du tout la même cause : ici l'effet est tout organique ; ce sont les nerfs eux-mêmes, les fils conducteurs qui ne sont plus aptes à la circulation fluidique; ce sont les cordes de l'instrument qui sont altérées.

30. — Dans certains états pathologiques, alors que l'Esprit n'est plus dans le corps, et que le périsprit n'y adhère que par quelques points, le corps a toutes les apparences de la mort, et l'on est dans le vrai absolu en disant que la vie ne tient qu'à un fil. Cet état peut durer plus ou moins longtemps ; certaines parties du corps peuvent même entrer en décomposition, sans que la vie soit définitivement éteinte. Tant que le dernier fil

314 CHAPITRE XIV

n'est pas rompu, l'Esprit peut, soit par une action énergique de sa *propre* volonté, soit par *un influx fluidique étranger, également puissant*, être rappelé dans le corps. Ainsi s'expliquent certaines prolongations de la vie contre toute probabilité, et certaines prétendues résurrections. C'est la plante qui repousse parfois avec une seule fribille de la racine; mais quand les dernières molécules du corps fluidique se sont détachées du corps charnel, ou quand ce dernier est dans un état de dégradation irréparable, tout retour à la vie devient impossible (1).

31. — Le fluide universel est, comme on l'a vu, l'élément primitif du corps charnel et du périsprit, qui n'en sont que des transformations. Par l'identité de sa nature, ce fluide peut fournir au corps les principes réparateurs. Étant condensé dans le périsprit, l'agent propulseur est l'Esprit, incarné ou désincarné, qui infiltre dans un corps détérioré une partie de la substance de son enveloppe fluidique. La guérison s'opère par la substitution d'une molécule *saine* à une molécule *malsaine*. La puissance guérissante sera donc en raison de la pureté de la substance inoculée ; elle dépend encore de l'énergie de la volonté, qui provoque une émission fluidique plus abondante et donne au fluide une plus grande force de pénétration ; enfin, des intentions qui animent celui qui veut guérir, *qu'il soit homme ou Esprit*. Les fluides qui émanent d'une source impure sont comme des substances médicales altérées.

32. — Les effets de l'action fluidique sur les malades sont extrêmement variés, selon les circonstances ; cette action est quelquefois lente et réclame un traitement

(1) Exemples: *Revue Spirite*, le docteur Cardon, août 1863, page 251; — la femme Corse, mai 1866, page 134.

suivi, comme dans le magnétisme ordinaire; d'autres fois, elle est rapide comme un courant électrique. Il est des personnes douées d'une puissance telle, qu'elles opèrent sur certains malades des guérisons instantanées par la seule imposition des mains, ou même par un seul acte de la volonté. Entre les deux pôles extrêmes de cette faculté il y a des nuances à l'infini. Toutes les guérisons de ce genre sont des variétés du magnétisme et ne diffèrent que par la puissance et la rapidité de l'action. Le principe est toujours le même, c'est le fluide qui joue le rôle d'agent thérapeutique, et dont l'effet est subordonné à sa qualité et à des circonstances spéciales.

32. — L'action magnétique peut se produire de plusieurs manières : 1° par le fluide même du magnétiseur; c'est le magnétisme proprement dit, ou *magnétisme humain,* dont l'action est subordonnée à la puissance et surtout à la qualité du fluide.

2° Par le fluide des Esprits agissant directement et *sans intermédiaire* sur un incarné, soit pour guérir ou calmer une souffrance, soit pour provoquer le sommeil somnambulique spontané, soit pour exercer sur l'individu une influence physique ou morale quelconque. C'est le *magnétisme spirituel,* dont la qualité est en raison des qualités de l'Esprit (1).

3° Par le fluide que les Esprits déversent sur le magnétiseur et auquel celui-ci sert de conducteur. C'est le magnétisme *mixte, semi-spirituel* ou, si l'on veut, *humano-spirituel.* Le fluide spirituel, combiné avec le fluide humain, donne à ce dernier les qualités qui lui manquent. Le concours des Esprits, en pareille circonstance, est

(1) Exemples : *Revue Spirite,* février 1863, page 64 ; — avril 1865, page 113 ; — septembre 1865, page 264.

CHAPITRE XIV

parfois spontané, mais le plus souvent il est provoqué par l'appel du magnétiseur.

34. — La faculté de guérir par l'influx fluidique est très commune, et peut se développer par l'exercice, mais celle de guérir instantanément par l'imposition des mains est plus rare, et son apogée peut être considéré comme exceptionnel. Cependant on a vu à diverses époques, et presque chez tous les peuples, des individus qui la possédaient à un degré éminent. En ces derniers temps, on en a vu plusieurs exemples remarquables, dont l'authenticité ne peut être contestée. Puisque ces sortes de guérisons reposent sur un principe naturel, et que le pouvoir de les opérer n'est pas un privilége, c'est qu'elles ne sortent pas de la nature et qu'elles n'ont de miraculeux que l'apparence (1).

35. — Le périsprit est invisible pour nous dans son état normal, mais, comme il est formé de matière éthérée, l'Esprit peut, dans certains cas, lui faire subir, par un acte de sa volonté, une modification moléculaire qui le rende momentanément visible. C'est ainsi que se produisent les *apparitions*, qui, pas plus que les autres phénomènes, ne sont en dehors des lois de la nature. Celui-ci n'est pas plus extraordinaire que celui de la vapeur, qui est invisible quand elle est très raréfiée, et qui devient visible quand elle est condensée.

Selon le degré de condensation du fluide périsprital, l'apparition est quelquefois vague et vaporeuse; d'autres

(1) Exemples de guérisons instantanées rapportées dans la *Revue Spirite* : le prince de Hohenlohe, décembre 1866, p. 368; — Jacob, octobre et novembre 1866, pages 312 et 345 ; octobre et novembre 1867, pages 306 et 339 ; — Simonet, août 1867, page 232; — Caïd Hassan, octobre 1867, page 303 ; — le curé Gassner, novembre 1867, page 331.

LES FLUIDES 317

fois, elle est plus nettement définie; d'autres fois, enfin, elle a toutes les apparences de la matière tangible ; elle peut même aller jusqu'à la tangibilité réelle, au point qu'on peut se méprendre sur la nature de l'être qu'on a devant soi.

Les apparitions vaporeuses sont fréquentes, et il arrive assez souvent que des individus se présentent ainsi, après leur mort, aux personnes qu'ils ont affectionnées. Les apparitions tangibles sont plus rares, quoiqu'il y en ait d'assez nombreux exemples, parfaitement authentiques. Si l'Esprit veut se faire reconnaître, il donnera à son enveloppe tous les signes extérieurs qu'il avait de son vivant.

36. — Il est à remarquer que les apparitions tangibles n'ont que les apparences de la matière charnelle, mais ne sauraient en avoir les qualités; en raison de leur nature fluidique, elles ne peuvent avoir la même cohésion, parce que, en réalité, ce n'est pas de la chair. Elles se forment instantanément et disparaissent de même, ou s'évaporent par la désagrégation des molécules fluidiques. Les êtres qui se présentent dans ces conditions ne naissent ni ne meurent comme les autres hommes; on les voit et on ne les voit plus, sans savoir d'où ils viennent, comment ils sont venus, ni où ils vont ; on ne pourrait pas les tuer, ni les enchaîner, ni les incarcérer, puisqu'ils n'ont pas de corps charnel; les coups qu'on leur porterait frapperaient dans le vide.

Tel est le caractère des *agénères*, avec lesquels on peut s'entretenir sans se douter de ce qu'ils sont, mais qui ne font jamais de longs séjours, et ne peuvent devenir les commensaux habituels d'une maison, ni figurer parmi les membres d'une famille.

18

CHAPITRE XIV

Il y a, d'ailleurs, dans toute leur personne, dans leurs allures quelque chose d'étrange et d'insolite qui tient de la matérialité et de la spiritualité ; leur regard, vaporeux et pénétrant tout à la fois, n'a pas la netteté du regard par les yeux de la chair ; leur langage bref et presque toujours sentencieux n'a rien de l'éclat et de la volubilité du langage humain ; leur approche fait éprouver une sensation particulière indéfinissable de surprise qui inspire une sorte de crainte, et, tout en les prenant pour des individus pareils à tout le monde, on se dit involontairement : Voilà un être singulier (1).

37. — Le périsprit étant le même chez les incarnés et chez les désincarnés, par un effet complétement identique, un Esprit incarné peut apparaître, dans un moment de liberté, sur un autre point que celui où son corps repose, sous ses traits habituels et avec tous les signes de son identité. C'est ce phénomène, dont on a des exemples authentiques, qui a donné lieu à la croyance aux hommes doubles (2).

38. — Un effet particulier à ces sortes de phénomènes, c'est que les apparitions vaporeuses et même tangibles ne sont pas perceptibles indistinctement par tout le monde ; les Esprits ne se montrent que quand ils veulent et à qui ils veulent. Un Esprit pourrait donc apparaître

---

(1) Exemples d'apparitions vaporeuses ou tangibles et d'agénères : *Revue Spirite*, janvier 1858, page 24 ; — octobre 1858, p. 291 ; — février 1859, page 38 ; — mars 1859, page 80 ; — janvier 1859, page 11 ; — novembre 1859, page 303 ; — août 1859, page 210 ; — avril 1860, page 117 ; — mai 1860, page 150 ; — juillet 1861, page 199 ; — avril 1866, p 120 ; — le laboureur Martin, présenté à Louis XVIII, détails complets ; décembre 1866, p. 353.

(2) Exemples d'apparitions de personnes vivantes : *Revue Spirite*, décembre 1858, pages 329 et 331 ; — février 1859, page 41 ; — août 1859, page 197 ; — novembre 1860, page 356.

dans une assemblée à un ou à plusieurs assistants, et n'être pas vu par les autres. Cela vient de ce que ces sortes de perceptions s'effectuent par la vue spirituelle, et non par la vue charnelle : car non-seulement la vue spirituelle n'est pas donnée à tout le monde, mais elle peut au besoin être retirée, par la volonté de l'Esprit, de celui à qui il ne veut pas se montrer, comme il peut la donner momentanément, s'il le juge nécessaire.

La condensation du fluide périsprital dans les apparitions, même jusqu'à la tangibilité, n'a donc pas les propriétés de la matière ordinaire : sans cela, les apparitions, étant perceptibles par les yeux du corps, le seraient par toutes les personnes présentes (1).

39. — L'Esprit pouvant opérer des transformations dans la contexture de son enveloppe périspritale, et cette enveloppe rayonnant autour des corps comme une atmosphère fluidique, un phénomène analogue à celui des apparitions peut se produire à la surface même du corps. Sous la couche fluidique, la figure réelle du corps peut s'effacer plus ou moins complétement et revêtir d'autres traits ; ou bien les traits primitifs vus à travers la couche fluidique modifiée, comme à travers un prisme, peuvent prendre une autre expression. Si l'Esprit, sortant du terre à terre, s'identifie avec les choses du monde spirituel, l'expression d'une figure laide peut devenir belle, radieuse, et parfois même lumineuse ; si, au contraire, l'Esprit est

---

(1) Il ne faut accepter qu'avec une extrême réserve les récits d'apparitions purement individuelles qui, dans certains cas, pourraient être l'effet de l'imagination surexcitée, et parfois une invention faite dans un but intéressé. Il convient donc de tenir un compte scrupuleux des circonstances, de l'honorabilité de la personne, ainsi que de l'intérêt qu'elle pourrait avoir à abuser de la crédulité d'individus trop confiants.

CHAPITRE XIV

exalté par de mauvaises passions, une figure belle peut prendre un aspect hideux.

C'est ainsi que s'opèrent les *transfigurations*, qui sont toujours un reflet des qualités et des sentiments prédominants de l'Esprit. Ce phénomène est donc le résultat d'une transformation fluidique; c'est une sorte d'apparition périspritale qui se produit sur le corps même vivant et quelquefois au moment de la mort, au lieu de se produire au loin, comme dans les apparitions proprement dites. Ce qui distingue les apparitions de ce genre, c'est que généralement elles sont perceptibles par tous les assistants et par les yeux du corps, précisément parce qu'elles ont pour base la matière charnelle visible, tandis que, dans les apparitions purement fluidiques, il n'y a point de matière tangible (1).

40. — Les phénomènes des tables mouvantes et parlantes, de la suspension éthéréenne des corps graves, de l'écriture médianimique, aussi anciens que le monde, mais vulgaires aujourd'hui, donnent la clef de quelques phénomènes analogues spontanés auxquels, dans l'ignorance de la loi qui les régit, on avait attribué un caractère surnaturel et miraculeux. Ces phénomènes reposent sur les propriétés du fluide périsprital, soit des incarnés, soit des Esprits libres.

41. — C'est à l'aide de son périsprit que l'Esprit agissait sur son corps vivant; c'est encore avec ce même fluide qu'il se manifeste en agissant sur la matière inerte, qu'il produit les bruits, les mouvements de tables et autres objets qu'il soulève, renverse ou transporte. Ce phénomène n'a rien de surprenant si l'on considère que, parmi

---

(1) Exemple et théorie de la transfiguration, *Revue Spirite*, mars 1859, page 62. (*Livre des Médiums*, chap. VII, page 142.)

nous, les plus puissants moteurs se trouvent dans les fluides les plus raréfiés et même impondérables, comme l'air, la vapeur et l'électricité.

C'est également à l'aide de son périsprit que l'Esprit fait écrire, parler ou dessiner les médiums ; n'ayant pas de corps tangible pour agir ostensiblement quand il veut se manifester, il se sert du corps du médium, dont il emprunte les organes, qu'il fait agir comme si c'était son propre corps, et cela par l'effluve fluidique qu'il déverse sur lui.

42. — C'est par le même moyen que l'Esprit agit sur la table, soit pour la faire mouvoir sans signification déterminée, soit pour lui faire frapper des coups intelligents indiquant les lettres de l'alphabet, pour former des mots et des phrases, phénomène désigné sous le nom de *typtologie*. La table n'est ici qu'un instrument dont il se sert, comme il fait du crayon pour écrire ; il lui donne une vitalité momentanée par le fluide dont il la pénètre, mais *il ne s'identifie point avec elle*. Les personnes qui, dans leur émotion, en voyant se manifester un être qui leur est cher, embrassent la table, font un acte ridicule, car c'est absolument comme si elles embrassaient le bâton dont un ami se sert pour frapper des coups. Il en est de même de celles qui adressent la parole à la table, comme si l'Esprit était enfermé dans le bois, ou comme si le bois était devenu Esprit.

Lorsque des communications ont lieu par ce moyen, il faut se représenter l'Esprit, non dans la table, mais à côté, *tel qu'il était de son vivant*, et tel qu'on le verrait si, à ce moment, il pouvait se rendre visible. La même chose a lieu dans les communications par l'écriture ; on verrait l'Esprit à côté du médium, dirigeant sa main ou lui transmettant sa pensée par un courant fluidique.

43. — Lorsque la table se détache du sol et flotte dans l'espace sans point d'appui, l'Esprit ne la soulève pas à force de bras, mais l'enveloppe et la pénètre d'une sorte d'atmosphère fluidique qui neutralise l'effet de la gravitation, comme le fait l'air pour les ballons et les cerfs-volants. Le fluide dont elle est pénétrée lui donne momentanément une légèreté spécifique plus grande. Lorsqu'elle est clouée au sol, elle est dans un cas analogue à celui de la cloche pneumatique sous laquelle on fait le vide. Ce ne sont ici que des comparaisons pour montrer l'analogie des effets, et non la similitude absolue des causes. (*Livre des Médiums*, chap. IV.)

On comprend, d'après cela, qu'il n'est pas plus difficile à l'Esprit d'enlever une personnne que d'enlever une table, de transporter un objet d'un endroit à un autre, ou de le lancer quelque part; ces phénomènes se produisent par la même loi (1).

Lorsque la table poursuit quelqu'un, ce n'est pas l'Esprit qui court, car il peut rester tranquillement à la même

---

(1) Tel est le principe du phénomène des *apports;* phénomène très réel, mais qu'il convient de n'accepter qu'avec une extrême réserve, car c'est un de ceux qui se prêtent le plus à l'imitation et à la jonglerie. L'honorabilité irrécusable de la personne qui les obtient, son désintéressement absolu matériel et *moral*, et le concours des circonstances accessoires, doivent être pris en sérieuse considération. Il faut surtout se défier de la trop grande facilité avec laquelle de tels effets sont produits, et tenir pour suspects ceux qui se renouvellent trop fréquemment et pour ainsi dire à volonté; les prestidigitateurs font des choses plus extraordinaires.

Le soulèvement d'une personne est un fait non moins positif, mais beaucoup plus rare peut-être, parce qu'il est plus difficile de l'imiter. Il est notoire que M. Home s'est plus d'une fois élevé jusqu'au plafond en faisant le tour de la salle. On dit que saint Cupertin avait la même faculté, ce qui n'est pas plus miraculeux pour l'un que pour l'autre.

place, mais il lui donne l'impulsion par un courant fluidique à l'aide duquel il la fait mouvoir à son gré.

Lorsque des coups se font entendre dans la table ou ailleurs, l'Esprit ne frappe ni avec sa main ni avec un objet quelconque ; il dirige sur le point d'où part le bruit un jet de fluide qui produit l'effet d'un choc électrique. Il modifie le bruit, comme on peut modifier les sons produits par l'air (1).

44. — Un phénomène très fréquent dans la médiumnité, c'est l'aptitude de certains médiums à écrire dans une langue qui leur est étrangère ; à traiter par la parole ou l'écriture des sujets hors de la portée de leur instruction. Il n'est pas rare d'en voir qui écrivent couramment sans avoir appris à écrire ; d'autres qui font de la poésie sans avoir jamais su faire un vers de leur vie ; d'autres dessinent, peignent, sculptent, composent de la musique, jouent d'un instrument, sans connaître le dessin, la peinture, la sculpture ou la science musicale. Il est très fréquent qu'un médium écrivain reproduit, à s'y méprendre, l'écriture et la signature que les Esprits qui se communiquent par lui avaient de leur vivant, quoiqu'il ne les ait jamais connus.

Ce phénomène n'est pas plus merveilleux que de voir

---

(1) Exemples de manifestations matérielles et de perturbations par les Esprits : *Revue Spirite,* jeune fille des Panoramas, janvier 1858, page 13 ; — mademoiselle Clairon, février 1858, page 44 ; — Esprit frappeur de Bergzabern, récit complet, mai, juin, juillet 1858, pages 125, 153, 184 ; — Dibbelsdorf, août 1858, page 219 ; — Boulanger de Dieppe, mars 1860, page 76 ; —Marchand de Saint-Pétersbourg, avril 1860, page 115 ; — rue des Noyers, août 1860, p. 236 ; — Esprit frappeur de l'Aube, janvier 1861, page 23 ; — *Id.* au seizième siècle, janvier 1864, page 32 ; — Poitiers, mai 1864, page 156, et mai 1865, page 134 ; — sœur Marie, juin 1864, page 185 ; — Marseille, avril 1865, page 121 ; — Fives, août 1865, page 225 ; — les rats d'Equihem, février 1866, page 55.

CHAPITRE XIV

un enfant écrire quand on lui conduit la main ; on peut ainsi lui faire exécuter tout ce qu'on veut. On peut faire écrire le premier venu dans une langue quelconque en lui dictant les mots lettre à lettre. On comprend qu'il puisse en être de même dans la médiumnité, si l'on se reporte à la manière dont les Esprits se communiquent aux médiums, qui ne sont pour eux, en réalité, que des instruments passifs. Mais si le médium possède le mécanisme, s'il a vaincu les difficultés pratiques, si les expressions lui sont familières, s'il a enfin dans son cerveau les éléments de ce que l'Esprit veut lui faire exécuter, il est dans la position de l'homme qui sait lire et écrire couramment ; le travail est plus facile et plus rapide ; l'Esprit n'a plus qu'à transmettre la pensée que son interprète reproduit par les moyens dont il dispose.

L'aptitude d'un médium à des choses qui lui sont étrangères tient souvent aussi aux connaissances qu'il a possédées dans une autre existence, et dont son Esprit a conservé l'intuition. S'il a été poète ou musicien, par exemple, il aura plus de facilité à s'assimiler la pensée poétique ou musicale qu'on veut lui faire reproduire. La langue qu'il ignore aujourd'hui peut lui avoir été familière dans une autre existence : de là, pour lui, une aptitude plus grande à écrire médianimiquement dans cette langue (1).

45. — Les mauvais Esprits pullulent autour de la terre,

---

(1) L'aptitude de certaines personnes pour des langues qu'elles savent, pour ainsi dire, sans les avoir apprises, n'a pas d'autre cause qu'un souvenir intuitif de ce qu'elles ont su dans une autre existence. L'exemple du poète Méry, rapporté dans la *Revue Spirite* de novembre 1864, page 328, en est une preuve. Il est évident que si M. Méry eût été médium dans sa jeunesse, il aurait écrit en latin aussi facilement qu'en français, et l'on aurait crié au prodige.

LES FLUIDES

par suite de l'infériorité morale de ses habitants. Leur action malfaisante fait partie des fléaux auxquels l'humanité est en butte ici-bas. L'obsession, qui est un des effets de cette action, comme les maladies et toutes les tribulations de la vie, doit donc être considérée comme une épreuve ou une expiation, et acceptée comme telle.

L'obsession est l'action persistante qu'un mauvais Esprit exerce sur un individu. Elle présente des caractères très différents, depuis la simple influence morale sans signes extérieurs sensibles, jusqu'au trouble complet de l'organisme et des facultés mentales. Elle oblitère toutes les facultés médianimiques ; dans la médiumnité auditive et psychographique, elle se traduit par l'obstination d'un Esprit à se manifester à l'exclusion de tous autres.

46. — De même que les maladies sont le résultat des imperfections physiques qui rendent le corps accessible aux influences pernicieuses extérieures, l'obsession est toujours celui d'une imperfection morale qui donne prise à un mauvais Esprit. A une cause physique, on oppose une force physique ; à une cause morale, il faut opposer une force morale. Pour préserver des maladies, on fortifie le corps ; pour garantir de l'obsession, il faut fortifier l'âme ; de là, pour l'obsédé, la nécessité de travailler à sa propre amélioration, ce qui suffit le plus souvent pour le débarrasser de l'obsesseur, sans le secours de personnes étrangères. Ce secours devient nécessaire quand l'obsession dégénère en subjugation et en possession, car alors le patient perd parfois sa volonté et son libre arbitre.

L'obsession est presque toujours le fait d'une vengeance exercée par un Esprit, et qui le plus souvent a sa source dans les rapports que l'obsédé a eus avec lui dans une précédente existence.

CHAPITRE XIV

Dans les cas d'obsession grave, l'obsédé est comme enveloppé et imprégné d'un fluide pernicieux qui neutralise l'action des fluides salutaires et les repousse. C'est de ce fluide qu'il faut le débarrasser ; or un mauvais fluide ne peut être repoussé par un mauvais fluide. Par une action identique à celle du médium guérisseur dans les cas de maladie, *il faut expulser le fluide mauvais à l'aide d'un fluide meilleur.*

Ceci est l'action mécanique, mais qui ne suffit pas toujours ; il faut aussi et surtout *agir sur l'être intelligent* auquel il faut avoir le droit de *parler avec autorité*, et cette autorité n'est donnée qu'à la supériorité morale ; plus celle-ci est grande, plus l'autorité est grande.

Ce n'est pas tout encore ; pour assurer la délivrance, il faut amener l'Esprit pervers à renoncer à ses mauvais desseins ; il faut faire naître en lui le repentir et le désir du bien, à l'aide d'instructions habilement dirigées, dans des évocations particulières faites en vue de son éducation morale ; alors on peut avoir la double satisfaction de délivrer un incarné et de convertir un Esprit imparfait.

La tâche est rendue plus facile quand l'obsédé, comprenant sa situation, apporte son concours de volonté et de prière ; il n'en est pas ainsi quand celui-ci, séduit par l'Esprit trompeur, se fait illusion sur les qualités de son dominateur, et se complaît dans l'erreur où ce dernier le plonge ; car alors, loin de seconder, il repousse toute assistance. C'est le cas de la fascination, toujours infiniment plus rebelle que la subjugation la plus violente. (*Livre des Médiums*, chap. XXIII.)

Dans tous les cas d'obsession, la prière est le plus puissant auxiliaire pour agir contre l'Esprit obsesseur.

47. — Dans l'obsession, l'Esprit agit extérieurement à

LES FLUIDES

l'aide de son périsprit, qu'il identifie avec celui de l'incarné ; ce dernier se trouve alors enlacé comme dans un réseau et contraint d'agir contre sa volonté.

Dans la possession, au lieu d'agir extérieurement, l'Esprit libre se substitue, pour ainsi dire, à l'Esprit incarné; il fait élection de domicile dans son corps, sans cependant que celui-ci le quitte définitivement, ce qui ne peut avoir lieu qu'à la mort. La possession est donc toujours temporaire et intermittente, car un Esprit désincarné ne peut prendre définitivement le lieu et place d'un Esprit incarné, attendu que l'union moléculaire du périsprit et du corps ne peut s'opérer qu'au moment de la conception. (Chap. XI, n° 18.)

L'Esprit, en possession momentanée du corps, s'en sert comme du sien propre ; il parle par sa bouche, voit par ses yeux, agit avec ses bras, comme il l'eût fait de son vivant. Ce n'est plus comme dans la médiumnité parlante, où l'Esprit incarné parle en transmettant la pensée d'un Esprit désincarné; c'est ce dernier lui-même qui parle et qui agit, et si on l'a connu de son vivant, on le reconnaît à son langage, à sa voix, à ses gestes et jusqu'à l'expression de sa physionomie.

48. — L'obsession est toujours le fait d'un Esprit malveillant. La possession peut être le fait d'un bon Esprit qui veut parler et, pour faire plus d'impression sur ses auditeurs, *emprunte* le corps d'un incarné, que celui-ci lui prête volontairement, comme on prête son habit. Cela se fait sans aucun trouble ni malaise, et pendant ce temps l'Esprit se trouve en liberté comme dans l'état d'émancipation, et le plus souvent il se tient à côté de son remplaçant pour l'écouter.

Quand l'Esprit possesseur est mauvais, les choses se

328   CHAPITRE XIV — LES FLUIDES

passent autrement; il n'emprunte pas le corps, il s'en empare si le titulaire n'est pas *de force morale à lui résister*. Il le fait par méchanceté envers celui-ci, qu'il torture et martyrise de toutes les manières jusqu'à vouloir le faire périr, soit par la strangulation, soit en le poussant dans le feu ou autres endroits dangereux. Se servant des membres et des organes du malheureux patient, il blasphème; il injurie et maltraite ceux qui l'entourent; il se livre à des excentricités et à des actes qui ont tous les caractères de la folie furieuse.

Les faits de ce genre, à différents degrés d'intensité, sont très nombreux, et beaucoup de cas de folie n'ont pas d'autre cause. Souvent il s'y joint des désordres pathologiques qui ne sont que consécutifs, et contre lesquels les traitements médicaux sont impuissants, tant que subsiste la cause première. Le Spiritisme, en faisant connaître cette source d'une partie des misères humaines, indique le moyen d'y remédier; ce moyen est d'agir sur l'auteur du mal, qui, étant un être intelligent, doit être traité par l'intelligence (1).

49. — L'obsession et la possession sont le plus souvent individuelles; mais parfois elles sont épidémiques. Lorsqu'une nuée de mauvais Esprits s'abat sur une localité, c'est comme lorsqu'une troupe d'ennemis vient l'envahir. Dans ce cas, le nombre des individus atteints peut être considérable (2).

(1) Exemples de cures d'obsessions et de possessions; *Revue Spirite*, décembre 1863, page 373. — Janvier 1864, page 11. — Juin 1864, page 168. — Janvier 1865, page 5. — Juin 1865, page 172. — Février 1866, page 38. — Juin 1867, page 174.
(2) C'est une épidémie de ce genre qui sévit depuis quelques années dans le village de Morzine, en Savoie (voir la relation complète de cette épidémie dans la *Revue Spirite* de décembre 1862, page 353; janvier, février, avril et mai 1863, pages 1, 33, 101, 133.

CHAPITRE XV

Les Miracles de l'Evangile.

Observations préliminaires. — Songes. — Etoile des mages. — Double vue. — Guérisons. — Possédés. — Résurrections. — Jésus marche sur l'eau. — Transfiguration. — Tempête apaisée. — Noces de Cana. — Multiplication des pains. — Tentation de Jésus. — Prodiges à la mort de Jésus. — Apparition de Jésus après sa mort. — Disparition du corps de Jésus.

OBSERVATIONS PRÉLIMINAIRES.

1. — Les faits rapportés dans l'Evangile, et qui ont été jusqu'ici considérés comme miraculeux, appartiennent, pour la plupart, à l'ordre des *phénomènes psychiques*, c'est-à-dire de ceux qui ont pour cause première les facultés et les attributs de l'âme. En les rapprochant de ceux qui sont décrits et expliqués dans le chapitre précédent, on reconnaît sans peine qu'il y a entre eux identité de cause et d'effet. L'histoire en montre d'analogues dans tous les temps et chez tous les peuples, par la raison que, depuis qu'il y a des âmes incarnées et désincarnées, les mêmes effets ont dû se produire. On peut, il est vrai, contester sur ce point la véracité de l'histoire ; mais aujourd'hui ils se produisent sous nos yeux, pour ainsi dire à volonté, et par des individus quï n'ont rien d'exceptionnel. Le fait seul de la reproduction d'un phénomène dans des conditions identiques suffit pour prouver

CHAPITRE XV

qu'il est possible et soumis à une loi, et que dès lors il n'est pas miraculeux.

Le principe des phénomènes psychiques repose, comme on l'a vu, sur les propriétés du fluide périsprital qui constitue l'agent magnétique ; sur les manifestations de la vie spirituelle pendant la vie et après la mort; enfin sur l'état constitutif des Esprits et leur rôle comme force active de la nature. Ces éléments connus et leurs effets constatés, ils ont pour conséquence de faire admettre la possibilité de certains faits que l'on rejetait alors qu'on leur attribuait une origine surnaturelle.

2. — Sans rien préjuger sur la nature du Christ, qu'il n'entre pas dans le cadre de cet ouvrage d'examiner, en ne le considérant, par hypothèse, que comme un Esprit supérieur, on ne peut s'empêcher de reconnaître en lui un de ceux de l'ordre le plus élevé, et qu'il est placé par ses vertus bien au-dessus de l'humanité terrestre. Par les immenses résultats qu'elle a produits, son incarnation en ce monde ne pouvait être qu'une de ces missions qui ne sont confiées qu'aux messagers directs de la Divinité pour l'accomplissement de ses desseins. En supposant qu'il ne fût pas Dieu lui-même, mais un envoyé de Dieu pour transmettre sa parole, il serait plus qu'un prophète, car il serait un Messie divin.

Comme homme, il avait l'organisation des êtres charnels ; mais comme Esprit pur, détaché de la matière, il devait vivre de la vie spirituelle plus que de la vie corporelle, dont il n'avait point les faiblesses. Sa supériorité sur les hommes ne tenait point aux qualités particulières de son corps, mais à celles de son Esprit, qui dominait la matière d'une manière absolue, et à celle de son périsprit puisé dans la partie la plus quintessenciée des fluides terrestres. (Chap. XIV, n° 9). Son âme ne devait tenir au corps que par les liens strictement indispensables ; constamment dégagée, elle devait lui donner une *double vue* non-seulement permanente, mais d'une pénétration exceptionnelle et bien autrement supérieure à celle que l'on voit chez les hommes ordinaires. Il devait en être de même de tous les phénomènes qui dépendent des fluides périspritaux ou psychiques. La qualité de ces fluides lui donnait une immense puissance magnétique secondée par le désir incessant de faire le bien.

Dans les guérisons qu'il opérait, agissait-il comme *médium*? Peut-on le considérer comme un puissant médium guérisseur? Non ; car le médium est un intermédiaire, un instrument dont se servent les Esprits désincarnés. Or Christ n'avait pas besoin d'assistance, lui qui assistait les autres; il agissait donc par lui-même, en vertu de sa puissance personnelle, ainsi que peuvent le faire les incarnés dans certains cas et dans la mesure de leurs forces. Quel Esprit d'ailleurs eût osé lui insuffler ses propres pensées et le charger de les transmettre ? S'il recevait un influx étranger, ce ne pouvait être que de Dieu; selon la définition donnée par un Esprit, il était médium de Dieu.

SONGES.

3. — Joseph, dit l'Évangile, fut averti par un ange qui lui apparut en songe et lui dit de fuir en Egypte avec l'enfant. (Saint Matth., ch. II, *v*. de 19 à 23.)

Les avertissements par songes jouent un grand rôle dans les livres sacrés de toutes les religions. Sans garantir l'exactitude de tous les faits rapportés et sans les discuter, le phénomène en lui-même n'a rien d'anomal quand on sait que le temps du sommeil est celui où l'Esprit, se dégageant des liens de la matière, rentre momentanément dans la vie spirituelle où il se retrouve avec ceux qu'il a connus. C'est souvent ce moment que choisissent les Esprits protecteurs pour se manifester à leurs protégés et leur donner des conseils plus directs. Les exemples authentiques d'avertissements par songes sont nombreux, mais il n'en faudrait pas inférer que tous les songes sont des avertissements, et encore moins que tout ce qu'on voit en rêve a sa signification. Il faut ranger parmi les croyances superstitieuses et absurdes l'art d'interpréter les songes. (Chap. XIV, n°s 27 et 28.)

ÉTOILE DES MAGES.

4. — Il est dit qu'une étoile apparut aux mages qui vinrent adorer Jésus, qu'elle marcha devant eux pour leur indiquer la route et s'arrêta quand ils furent arrivés. (Saint Matth., ch. II, v. de 1 à 12.)

La question n'est pas de savoir si le fait rapporté par saint Matthieu est réel, ou si ce n'est qu'une figure pour indiquer que les mages furent guidés d'une manière mystérieuse vers le lieu où était l'Enfant, attendu qu'il n'existe aucun moyen de contrôle, mais bien si un fait de cette nature est possible.

Une chose certaine, c'est que dans cette circonstance la lumière ne pouvait être une étoile. On pouvait le croire à l'époque où l'on pensait que les étoiles sont des points lumineux attachés au firmament et qui peuvent tomber sur la terre; mais non aujourd'hui que l'on connaît leur nature.

Pour n'avoir pas la cause qu'on lui attribue, le fait de l'apparition d'une lumière ayant l'aspect d'une étoile n'en est pas moins une chose possible. Un Esprit peut apparaître sous une forme lumineuse, ou transformer une partie de son fluide périsprital en un point lumineux. Plusieurs faits de ce genre, récents et parfaitement authentiques, n'ont pas d'autre cause, et cette cause n'a rien de surnaturel.

DOUBLE VUE.

Entrée de Jésus à Jérusalem.

5. — Lorsqu'ils approchèrent de Jérusalem, et qu'ils furent arrivés à Bethphagé, près de la montagne des Oliviers, Jésus envoya deux de ses disciples, — et leur dit : Allez à ce village qui est devant vous, et vous y trouverez en arrivant une ânesse liée, et son ânon auprès d'elle ; déliez-la et me les amenez. — Si quelqu'un vous dit quelque chose, dites-lui que le Seigneur en a besoin, et aussitôt il les laissera emmener. — Or, tout ceci s'est fait afin que cette parole du prophète fût accomplie : — Dites à la fille de Sion : Voici votre roi qui vient à vous, plein de douceur, monté sur une ânesse, et sur l'ânon de celle qui est sous le joug.

Les disciples s'en allèrent donc, et firent ce que Jésus leur avait commandé. — Et ayant amené l'ânesse et l'ânon, ils les couvrirent de leurs vêtements, et le firent monter dessus. (Saint Matth., ch. XXI, v. de 1 à 7.)

Baiser de Judas.

6. — Levez-vous, allons, celui qui doit me trahir est près d'ici. — Il n'avait pas encore achevé ces mots, que Judas, un des douze, arriva, et avec lui une troupe de gens armés d'épées et de bâtons, qui avaient été envoyés par les princes des prêtres et par les anciens du peuple. — Or, celui qui le trahissait leur

avait donné un signal pour le reconnaître, en leur disant : Celui que je baiserai, c'est celui-là même que vous cherchez ; saisissez-vous de lui. — Aussitôt donc, il s'approcha de Jésus et lui dit : Maître, je vous salue ; et il le baisa. — Jésus lui répondit : Mon ami, qu'êtes-vous venu faire ici? Et en même temps tous les autres, s'avançant, se jetèrent sur Jésus et se saisirent de lui. (Saint Matth. ch. xxvi, *v.* de 46 à 50.)

Pêche miraculeuse.

7.— Un jour que Jésus était sur le bord du lac de Génésareth, se trouvant accablé par la foule du peuple qui se pressait pour entendre la parole de Dieu, — il vit deux barques arrêtées au bord du lac, dont les pêcheurs étaient descendus et lavaient leurs filets. — Il entra donc dans l'une de ces barques, qui était à Simon, et le pria de s'éloigner un peu de terre ; et s'étant assis, il enseignait le peuple de dessus la barque.
Lorsqu'il eut cessé de parler, il dit à Simon : Avancez en pleine eau, et jetez vos filets pour pêcher. — Simon lui répondit : Maître, nous avons travaillé toute la nuit sans rien prendre, mais néanmoins sur votre parole je jetterai le filet. — L'ayant donc jeté, ils prirent une si grande quantité de poissons que leur filet se rompit. — Et ils firent signe à leurs compagnons, qui étaient dans l'autre barque, de venir les aider. Ils y vinrent, et ils remplirent tellement leurs barques, qu'il s'en fallait peu qu'elles ne coulassent à fond. (Saint Luc, ch. v, *v.* de 1 à 7.)

Vocation de Pierre, André, Jacques, Jean et Matthieu.

8. — Or Jésus marchant le long de la mer de Galilée, vit deux frères, Simon appelé Pierre, et André son frère, qui jetaient leurs filets dans la mer, car ils étaient pêcheurs ; — et il leur dit : Suivez-moi, et je vous ferai pêcheurs d'hommes. — Aussitôt, ils quittèrent leurs filets et le suivirent.
De là, s'avançant, il vit deux autres frères, Jacques, fils de Zébédée, et Jean son frère qui étaient dans une barque avec Zébédée leur père, et qui raccommodaient leurs filets ; et il les ap-

pela. — En même temps ils quittèrent leurs filets et leur père, et ils le suivirent. (Saint Matth., ch. iv, v. de 18 à 22.)

Jésus, sortant de là, vit en passant un homme assis au bureau des impôts, nommé Matthieu, auquel il dit : Suivez-moi ; et lui aussitôt se leva et le suivit. (Saint Matth., ch. iv, v. 9.)

9. — Ces faits n'ont rien de surprenant quand on connaît le pouvoir de la double vue et la cause très naturelle de cette faculté. Jésus la possédait au suprême degré, et l'on peut dire qu'elle était son état normal, ce qu'attestent un grand nombre d'actes de sa vie et ce qu'expliquent aujourd'hui les phénomènes magnétiques et le Spiritisme.

La pêche qualifiée de miraculeuse s'explique également par la double vue. Jésus n'a point produit spontanément des poissons là où il n'en existait pas ; il a vu, comme aurait pu le faire un lucide éveillé, par la vue de l'âme, l'endroit où ils se trouvaient, et il a pu dire avec assurance aux pêcheurs d'y jeter leurs filets.

La pénétration de la pensée, et par suite certaines prévisions, sont la conséquence de la vue spirituelle. Lorsque Jésus appelle à lui Pierre, André, Jacques, Jean et Matthieu, il fallait qu'il connût leurs dispositions intimes pour savoir qu'ils le suivraient et qu'ils étaient capables de remplir la mission dont il devait les charger. Il fallait qu'eux-mêmes eussent l'intuition de cette mission pour s'abandonner à lui. Il en est de même lorsque, le jour de la Cène, il annonce que l'un des douze le trahira et qu'il le désigne en disant que c'est celui qui met la main dans le plat, et lorsqu'il dit que Pierre le renoncera.

En maints endroits de l'Evangile, il est dit : « Mais Jésus, connaissant leur pensée, leur dit........ » Or comment pouvait-il connaître leur pensée, si ce n'est à la

336   CHAPITRE XV

fois par le rayonnement fluidique qui lui apportait cette pensée, et la vue spirituelle qui lui permettait de lire dans le for intérieur des individus?

Alors souvent qu'on croit une pensée profondément ensevelie dans les replis de l'âme, on ne se doute pas qu'on porte en soi un miroir qui la réfléchit, un révélateur dans son propre rayonnement fluidique qui en est imprégné. Si l'on voyait le mécanisme du monde invisible qui nous entoure, les ramifications de ces fils conducteurs de la pensée qui relient tous les êtres intelligents, corporels et incorporels, les effluves fluidiques chargées des empreintes du monde moral, et qui, comme des courants aériens, traversent l'espace, on serait moins surpris de certains effets que l'ignorance attribue au hasard. (Chap. XIV, n°^{os} 22 et suivants.)

GUÉRISONS.

Perte de sang.

10. — Alors une femme, malade d'une perte de sang depuis douze ans, — qui avait beaucoup souffert entre les mains de plusieurs médecins, et qui, ayant dépensé tout son bien, n'en avait reçu aucun soulagement, mais s'en était toujours trouvée plus mal, — ayant entendu parler de Jésus, vint dans la foule par derrière, et toucha son vêtement ; car elle disait : Si je puis seulement toucher son vêtement, je serai guérie. — Au même instant la source du sang qu'elle perdait fut séchée, et elle sentit dans son corps qu'elle était guérie de cette maladie.

Aussitôt Jésus, *connaissant en lui-même la vertu qui était sortie de lui*, se retourna au milieu de la foule, et dit : Qui est-ce qui a touché mes vêtements ? — Ses disciples lui dirent : Vous voyez que la foule vous presse de tous côtés, et vous demandez qui vous a touché ? — Et il regardait tout autour de lui pour voir celle qui l'avait touché.

LES MIRACLES DE L'ÉVANGILE

Mais cette femme, qui savait ce qui s'était passé en elle, étant saisie de crainte et de frayeur, vint se jeter à ses pieds, et lui déclara toute la vérité. — Et Jésus lui dit: Ma fille, votre foi vous a sauvée ; allez en paix, et soyez guérie de votre maladie. (Saint Marc, ch. v, *v*. de 25 à 34.)

11. — Ces paroles : « *Connaissant en lui-même la vertu qui était sortie de lui*, sont significatives; elles expriment le mouvement fluidique qui s'opérait de Jésus à la femme malade ; tous les deux ont ressenti l'action qui venait de se produire. Il est remarquable que l'effet n'a été provoqué par aucun acte de la volonté de Jésus ; il n'y a eu ni magnétisation, ni imposition des mains. Le rayonnement fluidique normal a suffi pour opérer la guérison.

Mais pourquoi ce rayonnement s'est-il dirigé vers cette femme plutôt que vers d'autres, puisque Jésus ne pensait pas à elle, et qu'il était entouré par la foule?

La raison en est bien simple. Le fluide, étant donné comme matière thérapeutique, doit atteindre le désordre organique pour le réparer ; il peut être dirigé sur le mal par la volonté du guérisseur, ou attiré par le désir ardent, la confiance, en un mot la foi du malade. Par rapport au courant fluidique, le premier fait l'effet d'une pompe foulante et le second d'une pompe aspirante. Quelquefois la simultanéité des deux effets est nécessaire, d'autres fois un seul suffit; c'est le second qui a eu lieu en cette circonstance.

Jésus avait donc raison de dire : « Votre foi vous a sauvée. » On comprend qu'ici la foi n'est pas la vertu mystique telle que certaines personnes l'entendent, mais une véritable *force attractive*, tandis que celui qui ne l'a pas oppose au courant fluidique une force répulsive, ou tout au moins une force d'inertie qui paralyse l'action.

338   CHAPITRE XV

On comprend d'après cela que deux malades atteints du même mal, en présence d'un guérisseur, l'un puisse être guéri, et l'autre non. C'est là un des principes les plus importants de la médiumnité guérissante et qui explique, par une cause très naturelle, certaines anomalies apparentes. (Chap. XIV, n°s 31, 32, 33.)

Aveugle de Bethsaïde.

12. — Etant arrivé à Bethsaïde, on lui amena un aveugle qu'on le pria de toucher.
    Et prenant l'aveugle par la main, il le mena hors du bourg; il lui mit de la salive sur les yeux, et lui ayant imposé les mains, il lui demanda s'il voyait quelque chose. — Cet homme, regardant, lui dit: Je vois marcher des hommes qui me paraissent comme des arbres. — Jésus lui mit encore une fois les mains sur les yeux, et il commença à mieux voir; et enfin il fut tellement guéri, qu'il voyait distinctement toutes choses.
    Il le renvoya ensuite dans sa maison, et lui dit : Allez-vous-en en votre maison ; et si vous entrez dans le bourg, n'y dites à personne ce qui vous est arrivé. (Saint Marc; ch. VIII, v. de 22 à 26.)

13. — Ici l'effet magnétique est évident ; la guérison n'a pas été instantanée, mais graduelle et par suite d'une action soutenue et réitérée, quoique plus rapide que dans la magnétisation ordinaire. La première sensation de cet homme est bien celle qu'éprouvent les aveugles en recouvrant la lumière ; par un effet d'optique, les objets leur paraissent d'une grandeur démesurée.

Paralytique.

14. — Jésus, étant monté dans une barque, repassa le lac et vint dans sa ville (Capharnaüm). — Et comme on lui eut présenté

un paralytique couché sur un lit, Jésus, voyant leur foi, dit à ce paralytique : Mon fils, ayez confiance, vos péchés vous sont remis.

Aussitôt quelques-uns des scribes dirent en eux-mêmes : Cet homme blasphème. — Mais Jésus *ayant connu ce qu'ils pensaient,* leur dit : Pourquoi avez-vous de mauvaises pensées dans vos cœurs ? — Car, lequel est le plus aisé, ou de dire : Vos péchés vous sont remis, ou de dire : Levez-vous et marchez ? — Or, afin que vous sachiez que le Fils de l'homme a sur la terre le pouvoir de remettre les péchés : Levez-vous, dit-il alors au paralytique ; emportez votre lit, et allez-vous-en dans votre maison.

Le paralytique se leva aussitôt, et s'en alla en sa maison. — Et le peuple, voyant ce miracle, fut rempli de crainte et rendit gloire à Dieu de ce qu'il avait donné une telle puissance aux hommes. (Saint Matth., ch. IX, *v.* de 1 à 8.)

15. — Que pouvaient signifier ces paroles : « Vos péchés vous seront remis ; » et à quoi pouvaient-elles servir pour la guérison ? Le Spiritisme en donne la clef, comme d'une infinité d'autres paroles incomprises jusqu'à ce jour ; il nous apprend, par la loi de la pluralité des existences, que les maux et les afflictions de la vie sont souvent des expiations du passé, et que nous subissons dans la vie présente les conséquences des fautes que nous avons commises dans une existence antérieure : les différentes existences étant solidaires les unes des autres, jusqu'à ce qu'on ait payé la dette de ses imperfections.

Si donc, la maladie de cet homme était une punition pour le mal qu'il avait pu commettre, en lui disant : « Vos péchés vous sont remis, » c'était lui dire : « Vous avez payé votre dette ; la cause de votre maladie est effacée par votre foi présente ; en conséquence, vous méritez d'être délivré de votre maladie. » C'est pour cela qu'il dit aux scribes : « Il est aussi facile de dire : Vos péchés vous sont remis, que : Levez-vous et marchez ;

la cause cessant, l'effet doit cesser. Le cas est le même que pour un prisonnier à qui l'on viendrait dire : « Votre crime est expié et pardonné, » ce qui équivaudrait à lui dire : « Vous pouvez sortir de prison. »

Les dix lépreux.

16. — Un jour qu'il allait à Jérusalem, et passait par les confins de la Samarie et de la Galilée, — étant près d'entrer dans un village, dix lépreux vinrent au-devant de lui ; et se tenant éloignés, ils élevèrent leurs voix et lui dirent : Jésus, notre Maître, ayez pitié de nous. — Lorsqu'il les eut aperçus, il leur dit : Allez vous montrer aux prêtres. Et comme ils y allaient, ils furent guéris.

L'un d'eux, voyant qu'il était guéri, retourna sur ses pas, glorifiant Dieu à haute voix ; — et vint se jeter aux pieds de Jésus, le visage contre terre, en lui rendant grâces ; et celui-là était Samaritain.

Alors Jésus dit : Tous les dix n'ont-ils pas été guéris ? Où sont donc les neuf autres ? — Il ne s'en est point trouvé qui soit revenu, et qui ait rendu gloire à Dieu, sinon cet étranger. — Et il lui dit : Levez-vous ; allez, votre foi vous a sauvé. (Saint Luc, ch. XVII, v. de 11 à 19.)

17. — Les Samaritains étaient des schismatiques, comme à peu près les protestants à l'égard des catholiques, et méprisés par les Juifs comme des hérétiques. Jésus, en guérissant indistinctement les Samaritains et les Juifs, donnait à la fois une leçon et un exemple de tolérance ; et, en faisant ressortir que le Samaritain seul était revenu rendre gloire à Dieu, il montrait qu'il y avait en lui plus de vraie foi et de reconnaissance que chez ceux qui se disaient orthodoxes. En ajoutant : « Votre foi vous a sauvé, » il fait voir que Dieu regarde le fond du cœur et non la forme extérieure de l'adoration. Ce-

pendant les autres ont été guéris ; il le fallait pour la leçon qu'il voulait donner, et prouver leur ingratitude ; mais qui sait ce qu'il en sera résulté, et s'ils auront bénéficié de la faveur qui leur avait été accordée ? En disant au Samaritain : « Votre foi vous a sauvé, » Jésus donne à entendre qu'il n'en sera pas de même des autres.

Main sèche.

18. — Jésus entra une autre fois dans la synagogue, où il trouva un homme qui avait une main sèche. — Et ils l'observaient pour voir s'il le guérirait un jour de sabbat, afin d'en prendre sujet de l'accuser. — Alors, il dit à cet homme qui avait une main sèche : Levez-vous, tenez-vous là au milieu. — Puis il leur dit : Est-il permis au jour du sabbat de faire du bien ou du mal, de sauver la vie ou de l'ôter ? Et ils demeurèrent dans le silence. — Mais lui, les regardant avec colère, affligé qu'il était de l'aveuglement de leur cœur, dit à cet homme : Etendez votre main. Il l'étendit, et elle devint saine.

Aussitôt les pharisiens, étant sortis, tinrent conseil contre lui avec les hérodiens, sur le moyen de le perdre. — Mais Jésus se retira avec ses disciples vers la mer, où une grande multitude de peuple le suivit de Galilée et de Judée, — de Jérusalem, de l'Idumée, et d'au delà le Jourdain ; et ceux des environs de Tyr et de Sidon, ayant entendu parler des choses qu'il faisait, vinrent en grand nombre le trouver. (Saint Marc, ch. III, *v.* de 1 à 8.)

La femme courbée.

19. — Jésus enseignait dans une synagogue tous les jours de sabbat. — Et un jour il y vit une femme possédée d'un Esprit qui la rendait malade depuit dix-huit ans ; et elle était si courbée, qu'elle ne pouvait du tout regarder en haut. — Jésus la voyant, l'appela et lui dit : Femme, vous êtes délivrée de votre infirmité. — En même temps il lui imposa les mains ; et étant aussitôt redressée, elle en rendit gloire à Dieu.

Mais le chef de la synagogue, indigné de ce que Jésus l'avait

342   CHAPITRE XV

guérie un jour de sabbat, dit au peuple : Il y a six jours destinés pour travailler; venez en ces jours-là pour être guéris, et non aux jours du sabbat.

Le Seigneur prenant la parole, lui dit : Hypocrites, y a-t-il quelqu'un de vous qui ne délie pas son bœuf ou son âne de la crèche le jour du sabbat, et ne le mène boire? — Pourquoi donc ne fallait-il pas délivrer de ses liens, en un jour de sabbat, cette fille d'Abraham que Satan avait tenue ainsi liée durant dix-huit ans?

A ces paroles, tous ses adversaires demeurèrent confus, et tout le peuple était ravi de lui voir faire tant d'actions glorieuses. (Saint Luc, ch. XIII, v. de 10 à 17.)

20. — Ce fait prouve qu'à cette époque la plupart des maladies étaient attribuées au démon, et que l'on confondait, comme aujourd'hui, les possédés avec les malades, mais en sens inverse; c'est-à-dire qu'aujourd'hui, ceux qui ne croient pas aux mauvais Esprits confondent les obsessions avec les maladies pathologiques.

Paralytique de la piscine.

21. — Après cela, la fête des Juifs étant arrivée, Jésus s'en alla à Jérusalem. — Or il y avait à Jérusalem la piscine des Brebis, qui s'appelle en hébreu : *Bethsaïda*, qui avait cinq galeries. — dans lesquelles étaient couchés un grand nombre de malades, d'aveugles, de boiteux, et de ceux qui avaient les membres desséchés, qui tous attendaient que l'eau fût remuée. — Car l'ange du Seigneur, en un certain temps, descendait dans cette piscine, et en remuait l'eau; et celui qui entrait le premier, après que l'eau avait été ainsi remuée, était guéri, quelque maladie qu'il eût.

Or il y avait là un homme qui était malade depuis trente-huit ans. — Jésus l'ayant vu couché, et connaissant qu'il était malade depuis fort longtemps, lui dit : Voulez-vous être guéri? — Le malade répondit : Seigneur, je n'ai personne pour me jeter dans la piscine après que l'eau a été remuée; et, pendant le temps que je mets à y aller, un autre y descend avant moi. — Jésus lui dit : Levez-vous, emportez votre lit et marchez. — A l'instant cet homme fut guéri ; et prenant son lit, il commença à marcher. Or ce jour-là était un jour de sabbat.

Les Juifs dirent donc à celui qui avait été guéri : C'est aujourd'hui le sabbat ; il ne vous est pas permis d'emporter votre lit. — Il leur répondit : Celui qui m'a guéri m'a dit : Emportez votre lit et marchez. — Ils lui demandèrent : Qui donc est cet homme qui vous a dit : Emportez votre lit et marchez ? — Mais celui qui avait été guéri ne savait pas lui-même qui il était, car Jésus s'était retiré de la foule du peuple qui était là.

Depuis, Jésus trouva cet homme dans le temple, et lui dit : Vous voyez que vous êtes guéri, ne péchez plus à l'avenir, de peur qu'il ne vous arrive quelque chose de pis.

Cet homme s'en alla trouver les Juifs, et leur dit que c'était Jésus qui l'avait guéri. — Et c'est pour cette raison que les Juifs persécutaient Jésus, parce qu'il faisait ces choses-là le jour du sabbat. — Alors Jésus leur dit : Mon Père ne cesse point d'agir maintenant, et j'agis aussi incessamment. (Saint Jean, ch. v, v. de 1 à 17.)

22. — Piscine (du latin *piscis*, poisson) se disait, chez les Romains, des réservoirs ou viviers où l'on nourrissait des poissons. Plus tard, l'acception de ce mot fut étendue aux bassins où l'on se baignait en commun.

La piscine de Bethsaïda, à Jérusalem, était une citerne, près du Temple, alimentée par une source naturelle, dont l'eau paraît avoir eu des propriétés curatives. C'était sans doute une source intermittente, qui, à certaines époques, jaillissait avec force et remuait l'eau. Selon la croyance vulgaire, ce moment était le plus favorable aux guérisons ; peut-être qu'en réalité, au moment de sa sortie, l'eau avait une propriété plus active, ou que l'agitation produite par l'eau jaillissante remuait la vase salutaire dans certaines maladies. Ces effets sont très naturels et parfaitement connus aujourd'hui ; mais alors les

CHAPITRE XV

sciences étaient peu avancées, et l'on voyait une cause surnaturelle dans la plupart des phénomènes incompris. Les Juifs attribuaient donc l'agitation de cette eau à la présence d'un ange, et cette croyance leur semblait d'autant mieux fondée, qu'à ce moment l'eau était plus salutaire.

Après avoir guéri cet homme, Jésus lui dit : « A l'avenir ne péchez plus, de peur qu'il ne vous arrive quelque chose de pis. » Par ces paroles, il lui fait entendre que sa maladie était une punition, et que, s'il ne s'améliore pas, il pourra être de nouveau puni encore plus rigoureusement. Cette doctrine est entièrement conforme à celle qu'enseigne le Spiritisme.

23.—Jésus semblait prendre à tâche d'opérer ses guérisons le jour du sabbat, pour avoir occasion de protester contre le rigorisme des pharisiens touchant l'observation de ce jour. Il voulait leur montrer que la vraie piété ne consiste pas dans l'observance des pratiques extérieures et des choses de forme, mais qu'elle est dans les sentiments du cœur. Il se justifie en disant : « Mon Père ne cesse point d'agir jusqu'à présent, et j'agis aussi incessamment; » c'est-à-dire Dieu ne suspend point ses œuvres ni son action sur les choses de la nature le jour du sabbat, il continue à faire produire ce qui est nécessaire à votre nourriture et à votre santé, et je suis son exemple.

Aveugle-né.

24. — Lorsque Jésus passait, il vit un homme qui était aveugle dès sa naissance; — et ses disciples lui firent cette demande: Maître, est-ce le péché de cet homme, ou le péché de ceux qui l'ont mis au monde, qui est cause qu'il est né aveugle ?

Jésus leur répondit: Ce n'est point qu'il a péché, ni ceux qui l'ont mis au monde; mais c'est afin que les œuvres de la puissance de Dieu éclatent en lui. — Il faut que je fasse les œuvres de Celui qui m'a envoyé pendant qu'il est jour ; la nuit vient, dans laquelle personne ne peut agir. — Tant que je suis dans le monde, je suis la lumière du monde.

Après avoir dit cela, il cracha à terre, et ayant fait de la boue avec sa salive, il oignit de cette boue les yeux de l'aveugle, — et lui dit : Allez-vous laver dans la piscine de *Siloé*, qui signifie *Envoyé*. Il y alla donc, il s'y lava, et en revint voyant clair.

Ses voisins et ceux qui l'avaient vu auparavant demander l'aumône, disaient : N'est-ce pas celui qui était assis, et qui demandait l'aumône ? Les uns répondaient : C'est lui ; — d'autres disaient : Non, c'est un qui lui ressemble. Mais il leur disait : C'est moi-même. — Ils lui dirent donc : Comment vos yeux se sont-ils ouverts ? — Il leur répondit : Cet homme qu'on appelle Jésus a fait de la boue et en a oint mes yeux, et il m'a dit : Allez à la piscine de Siloé, et vous y lavez. J'y ai été, je m'y suis lavé, et je vois. — Ils lui dirent : Où est-il ? Il leur répondit : Je ne sais.

Alors ils amenèrent aux pharisiens cet homme qui avait été aveugle. — Or c'était le jour du sabbat que Jésus avait fait cette boue et lui avait ouvert les yeux.

Les pharisiens l'interrogèrent donc aussi eux-mêmes pour savoir comment il avait recouvré la vue. Et il leur dit : Il m'a mis de la boue sur les yeux ; je me suis lavé et je vois. — Sur quoi quelques-uns des pharisiens dirent : Cet homme n'est point envoyé de Dieu, puisqu'il ne garde point le sabbat. Mais d'autres disaient : Comment un méchant homme pourrait-il faire de tels prodiges ? Et il y avait sur cela de la division entre eux.

Ils dirent donc de nouveau à l'aveugle : Et toi, que dis-tu de cet homme qui t'a ouvert les yeux ? Il répondit : Je dis que c'est un prophète. — Mais les Juifs ne crurent point que cet homme eût été aveugle, et qu'il eût recouvré la vue, jusqu'à ce qu'ils eussent fait venir son père et sa mère, — qu'ils interrogèrent, en leur disant : Est-ce là votre fils que vous dites être né aveugle ? Comment donc voit-il maintenant ? — Le père et la mère répondirent : Nous savons que c'est là notre fils, et qu'il est né aveugle ; — mais nous ne savons comment il voit maintenant, et nous ne savons pas non plus qui lui a ouvert les yeux. Interrogez-le; il a de l'âge, qu'il réponde pour lui-même.

Son père et sa mère parlaient de la sorte, parce qu'ils craignaient les Juifs; car les Juifs avaient déjà résolu ensemble que *quiconque reconnaîtrait Jésus pour être le Christ, serait chassé de la synagogue.* — Ce fut ce qui obligea le père et la mère de répondre : Il a de l'âge, interrogez-le lui-même.

Ils appelèrent donc une seconde fois cet homme qui avait été aveugle, et lui dirent: Rends gloire à Dieu; nous savons que cet homme est un pécheur. — Il leur répondit : Si c'est un pécheur, je n'en sais rien; mais tout ce que je sais, c'est que j'étais aveugle, et que je vois maintenant. — Ils lui dirent encore : Que t'a-t-il fait, et comment t'a-t-il ouvert les yeux ? — Il leur répondit : Je vous l'ai déjà dit, et vous l'avez entendu ; pourquoi voulez-vous l'entendre encore une fois ? Est-ce que vous voulez devenir ses disciples ? — Sur quoi, ils le chargèrent d'injures, et lui dirent : Sois toi-même son disciple ; pour nous, nous sommes les disciples de Moïse. — Nous savons que Dieu a parlé à Moïse, mais pour celui-ci nous ne savons d'où il sort.

Cet homme leur répondit : C'est ce qui est étonnant que vous ne sachiez pas d'où il est, et qu'il m'ait ouvert les yeux. — Or, nous savons que Dieu n'exauce point les pécheurs ; mais si quelqu'un l'honore et qu'il fasse sa volonté, c'est celui-là qu'il exauce. — Depuis que le monde est, on n'a jamais entendu dire que personne ait ouvert les yeux à un aveugle-né. — Si cet homme n'était point envoyé de Dieu, il ne pourrait rien faire de tout ce qu'il a fait.

Ils lui répondirent : Tu n'es que péché dès le ventre de ta mère, et tu veux nous enseigner ? Et ils le chassèrent. (Saint Jean, ch. ix, *v.* de 1 à 34.)

25.—Ce récit si simple et si naïf porte en soi un caractère évident de vérité. Rien de fantastique ni de merveilleux ; c'est une scène de la vie réelle prise sur le fait. Le langage de cet aveugle est bien celui de ces hommes simples chez lesquels le savoir est suppléé par le bon sens, et qui rétorquent les arguments de leurs adversaires avec bonhomie, et par des raisons qui ne manquent ni de justesse, ni d'à-propos. Le ton des pharisiens n'est-il pas celui de ces orgueilleux qui n'admettent rien au-dessus de leur intelligence et s'indignent à la seule pensée qu'un homme du peuple puisse leur en remontrer ? Sauf la couleur locale des noms, on se croirait de notre temps.

Etre chassé de la synagogue équivalait à être mis hors de l'Église ; c'était une sorte d'excommunication. Les Spirites, dont la doctrine est celle du Christ interprétée selon le progrès des lumières actuelles, sont traités comme les Juifs qui reconnaissaient Jésus pour le Messie ; en les excommuniant, on les met hors de l'Eglise, comme firent les scribes et les pharisiens à l'égard des partisans de Jésus. Ainsi, voici un homme qui est chassé parce qu'il ne peut croire que celui qui l'a guéri soit un pécheur et un possédé du démon, et parce qu'il glorifie Dieu de sa guérison ! N'est-ce pas ce que l'on fait pour les Spirites ? Ce qu'ils obtiennent : sages conseils des Esprits, retour à Dieu et au bien, guérisons, tout est l'œuvre du diable et on leur jette l'anathème. N'a-t-on pas vu des prêtres dire, du haut de la chaire, qu'*il valait mieux rester incrédule que de revenir à la foi par le Spiritisme*? N'en a-t-on pas vu dire à des malades qu'ils ne devaient pas se faire guérir par les Spirites qui possèdent ce don, parce que c'est un don satanique ? Que disaient et que faisaient de plus les prêtres juifs et les pharisiens ? Du reste, il est dit que tout doit se passer aujourd'hui comme au temps du Christ.

Cette demande des disciples : Est-ce le péché de cet homme qui est cause qu'il est *né* aveugle ? indique l'intuition d'une existence antérieure, autrement elle n'aurait pas de sens ; car le péché qui serait la cause d'une

CHAPITRE XV

infirmité de *naissance* devrait avoir été commis avant la naissance et, par conséquent, dans une existence antérieure. Si Jésus avait vu là une idée fausse, il leur aurait dit : « Comment cet homme aurait-il pu pécher avant d'être né ? » Au lieu de cela, il leur dit que si cet homme est aveugle ce n'est pas qu'il ait péché, mais afin que la puissance de Dieu éclate en lui ; c'est-à-dire qu'il devait être l'instrument d'une manifestation de la puissance de Dieu. Si ce n'était pas une expiation du passé, c'était une épreuve qui devait servir à son avancement, car Dieu, qui est juste, ne pouvait lui imposer une souffrance sans compensation.

Quant au moyen employé pour le guérir, il est évident que l'espèce de boue faite avec de la salive et de la terre ne pouvait avoir de vertu que par l'action du fluide guérisseur dont elle était imprégnée ; c'est ainsi que les substances les plus insignifiantes ; l'eau par exemple, peuvent acquérir des qualités puissantes et effectives sous l'action du fluide spirituel ou magnétique auquel elles servent de véhicule, ou, si l'on veut, de *réservoir*.

Nombreuses guérisons de Jésus.

26. — Jésus allait par toute la Galilée, enseignant dans les synagogues, prêchant l'Evangile du royaume, et guérissant toutes les langueurs et toutes les maladies parmi le peuple. — Et sa réputation s'étant répandue par toute la Syrie, ils lui présentaient tous ceux qui étaient malades, et diversement affligés de maux et de douleurs, les possédés, les lunatiques, les paralytiques, et il les guérissait ; — et une grande multitude de peuple le suivit de la Galilée, de la Décapole, de Jérusalem, de la Judée, et d'au delà du Jourdain. (SaintMatth., ch. iv, v. 23, 24, 25.)

27. — De tous les faits qui témoignent de la puissance

de Jésus, les plus nombreux sont, sans contredit, les guérisons ; il voulait prouver par là que la vraie puissance est celle qui fait le bien, que son but était de se rendre utile et non de satisfaire la curiosité des indifférents par des choses extraordinaires.

En soulageant la souffrance, il s'attachait les gens par le cœur, et se faisait des prosélytes plus nombreux et plus sincères que s'ils n'eussent été frappés que par le spectacle des yeux. Par ce moyen il se faisait aimer, tandis que s'il se fût borné à produire des effets matériels surprenants, comme en demandaient les pharisiens, la plupart n'auraient vu en lui qu'un sorcier ou un habile jongleur que *les désœuvrés eussent été voir pour se distraire.*

Ainsi, quand Jean-Baptiste envoie à lui ses disciples pour lui demander s'il est le Christ, il ne dit pas : « Je le suis, » car tout imposteur aurait pu en dire autant ; il ne leur parle ni de prodiges ni de choses merveilleuses, mais il leur répond simplement : « Allez dire à Jean : Les aveugles voient, les malades sont guéris, les sourds entendent, l'Evangile est annoncé aux pauvres. » C'était lui dire : « Reconnaissez-moi à mes œuvres, jugez l'arbre à son fruit, » car là est le véritable caractère de sa mission divine.

28. — C'est aussi par le bien qu'il fait que le Spiritisme prouve sa mission providentielle. Il guérit les maux physiques, mais il guérit surtout les maladies morales et ce sont là les plus grands prodiges par lesquels il s'affirme. Ses plus sincères adeptes ne sont pas ceux qui n'ont été frappés que par la vue des phénomènes extraordinaires, mais ceux qui ont été touchés au cœur par la consolation ; ceux qui ont été délivrés des tortures du doute ; ceux dont le courage a été relevé dans les afflictions,

CHAPITRE XV

qui ont puisé la force dans la certitude de l'avenir qu'il est venu leur apporter, dans la connaissance de leur être spirituel et dans sa destinée. Voilà ceux dont la foi est inébranlable, parce qu'ils sentent et comprennent.

Ceux qui ne voient dans le Spiritisme que des effets matériels ne peuvent comprendre sa puissance morale ; aussi les incrédules qui ne le connaissent que par des phénomènes dont ils n'admettent pas la cause première, ne voient dans les Spirites que des jongleurs et des charlatans. Ce n'est donc pas par des prodiges que le Spiritisme triomphera de l'incrédulité, c'est en multipliant ses bienfaits moraux, car si les incrédules n'admettent pas les prodiges, ils connaissent comme tout le monde la souffrance et les afflictions, et personne ne refuse les soulagements et les consolations. (Chap. XIV, n° 30.)

POSSÉDÉS.

29. — Ils vinrent ensuite à Capharnaüm ; et Jésus entrant d'abord, au jour du sabbat, dans la synagogue, il les instruisait ; — et ils étaient étonnés de sa doctrine, parce qu'il les instruisait comme ayant autorité, et non pas comme les scribes.

Or il se trouva dans la synagogue un homme possédé d'un Esprit impur, qui s'écria, — en disant : Qu'y a-t-il entre vous et nous, Jésus de Nazareth? Etes-vous venu pour nous perdre? Je sais qui vous êtes : vous êtes le saint de Dieu. — Mais Jésus, lui parlant avec menace, lui dit : Tais-toi et sors de cet homme. — Alors l'Esprit impur, s'agitant avec de violentes convulsions, et jetant un grand cri, sortit de lui.

Tous en furent si surpris qu'ils se demandaient les uns aux autres : Qu'est-ce que ceci ? Et quelle est cette nouvelle doctrine? Il commande avec empire, même aux Esprits impurs, et ils lui obéissent. (Saint Marc, ch. 1, v. de 21 à 27.)

30. — Après qu'ils furent sortis, on lui présenta un homme

muet possédé du démon. — Le démon ayant été chassé, le muet parla, et le peuple en fut dans l'admiration, et ils disaient : On n'a jamais rien vu de semblable en Israël.

Mais les pharisiens disaient au contraire : C'est par le prince des démons qu'il chasse les démons. (Saint Matth., ch. ıx, v. 32, 33, 34.)

31. — Lorsqu'il fut venu au lieu où étaient les autres disciples, il vit une grande multitude de personnes autour d'eux, et des scribes qui disputaient avec eux. — Aussitôt tout le peuple, ayant aperçu Jésus, fut saisi d'étonnement et de frayeur ; étant accourus, ils le saluèrent.

Alors il leur demanda : De quoi disputez-vous ensemble ? — Et un homme d'entre le peuple, prenant la parole, lui dit : Maître, je vous ai amené mon fils qui est possédé d'un Esprit muet; — et en quelque lieu qu'il se saisisse de lui, il le jette contre terre, et l'enfant écume, grince des dents, et devient tout sec. J'ai prié vos disciples de le chasser, mais ils ne l'ont pu.

Jésus leur répondit : O gens incrédules, jusqu'à quand serai-je avec vous? Jusqu'à quand vous souffrirai-je? Amenez-le-moi? — Ils le lui amenèrent ; et il n'eut pas plutôt vu Jésus, que l'Esprit commença à l'agiter avec violence, et il tomba par terre, où il se roulait en écumant.

Jésus demanda au père de l'enfant : Combien y a-t-il que cela lui arrive? Dès son enfance, dit le père. — Et l'Esprit l'a souvent jeté tantôt dans le feu, et tantôt dans l'eau pour le faire périr ; mais si vous pouvez quelque chose, ayez compassion de nous et nous secourez.

Jésus lui répondit : Si vous pouvez croire, tout est possible à celui qui croit. — Aussitôt le père de l'enfant s'écriant, lui dit avec larmes : Seigneur, je crois, aidez-moi dans mon incrédulité.

Et Jésus, voyant que le peuple accourait en foule, parla avec menaces à l'Esprit impur, et lui dit : Esprit sourd et muet, sors de l'enfant, je te le commande, et n'y rentre plus. — Alors, cet Esprit ayant jeté un grand cri, et l'ayant agité par de violentes convulsions, sortit, et l'enfant demeura comme mort, de sorte que plusieurs disaient qu'il était mort. — Mais Jésus l'ayant pris par la main, et le soulevant, il se leva.

Lorsque Jésus fut entré dans la maison, ses disciples lui dirent en particulier : D'où vient que nous n'avons pu chasser ce démon? — Il leur répondit : Ces sortes de démons ne peuvent être chassés par aucun autre moyen que par la prière et par le jeûne. (Saint Marc, ch. ix, *v.* de 13 à 28.)

32. — Alors on lui présenta un possédé aveugle et muet, et il le guérit, en sorte qu'il commença à parler et à voir. — Tout le peuple en fut rempli d'admiration, et ils disaient : N'est-ce point là le fils de David?

Mais les pharisiens, entendant cela, disaient : Cet homme ne chasse les démons que par la vertu de Belzébuth, prince des démons.

Or Jésus, connaissant leurs pensées, leur dit : Tout royaume divisé contre lui-même sera ruiné, et toute ville ou maison qui est divisée contre elle-même ne pourra subsister. — Si Satan chasse Satan, il est divisé contre soi-même; comment donc son royaume subsistera-t-il? — Et si c'est par Belzébuth que je chasse les démons, par qui vos enfants les chassent-ils? C'est pourquoi ils seront eux-mêmes vos juges. — Si je chasse les démons par l'Esprit de Dieu, le royaume de Dieu est donc parvenu jusqu'à vous. (Saint Matth., ch. xii, *v.* 22 à 28.)

33. — Les délivrances de possédés figurent, avec les guérisons, parmi les actes les plus nombreux de Jésus. Parmi les faits de cette nature, il en est, comme celui qui est rapporté ci-dessus, nº 30, où la possession n'est pas évidente. Il est probable qu'à cette époque, comme il arrive encore de nos jours, on attribuait à l'influence des démons toutes les maladies dont la cause était inconnue, principalement le mutisme, l'épilepsie et la catalepsie. Mais il en est où l'action des mauvais Esprits n'est pas douteuse; ils ont avec ceux dont nous sommes témoins une analogie si frappante, qu'on y reconnaît tous les symptômes de ce genre d'affection. La preuve de la participation d'une intelligence occulte, en pareil cas, ressort d'un fait matériel, ce sont les nombreuses guérisons radicales obtenues, dans quelques centres spi-

rites, par la seule évocation et la moralisation des Esprits obsesseurs, sans magnétisation ni médicaments, et souvent en l'absence et à distance du patient. L'immense supériorité du Christ lui donnait une telle autorité sur les Esprits imparfaits, alors appelés démons, qu'il lui suffisait de leur commander de se retirer pour qu'ils ne pussent résister à cette injonction. (Chap. XIV, n° 46.)

34. — Le fait de mauvais Esprits envoyés dans le corps de pourceaux est contraire à toute probabilité. Un Esprit mauvais n'en est pas moins un Esprit humain encore assez imparfait pour faire le mal après la mort, comme il le faisait auparavant, et il est contre les lois de la nature qu'il puisse animer le corps d'un animal; il faut donc y voir une de ces amplifications d'un fait réel communes dans les temps d'ignorance et de superstition; ou peut-être une allégorie pour caractériser les penchants immondes de certains Esprits.

35. — Les obsédés et les possédés paraissent avoir été très nombreux en Judée, au temps de Jésus, ce qui lui donnait l'occasion d'en guérir beaucoup. Les mauvais Esprits avaient sans doute fait invasion dans ce pays et causé une épidémie de possessions. (Chap. XIV, n° 49.)

Sans être à l'état épidémique, les obsessions individuelles sont extrêmement fréquentes et se présentent sous des aspects très variés qu'une connaissance approfondie du Spiritisme fait aisément reconnaître; elles peuvent souvent avoir des conséquences fâcheuses pour la santé, soit en aggravant des affections organiques, soit en les déterminant. Elles seront incontestablement un jour rangées parmi les causes pathologiques requérant, par leur nature spéciale, des moyens curatifs spéciaux. Le Spiritisme, en faisant connaître la cause du mal, ouvre

20.

354   CHAPITRE XV

une nouvelle voie à l'art de guérir, et fournit à la science le moyen de réussir là où elle n'échoue souvent que faute de s'attaquer à la cause première du mal. (*Livre des Médiums*, ch. XXIII.)

36. — Jésus était accusé par les pharisiens de chasser les démons par les démons; le bien même qu'il faisait était, selon eux, l'œuvre de Satan, sans réfléchir que Satan se chassant lui-même ferait un acte d'insensé. Cette doctrine est encore celle que l'Eglise cherche à faire prévaloir aujourd'hui contre les manifestations spirites (1).

RÉSURRECTIONS.

Fille de Jaïre.

37. — Jésus étant encore repassé dans la barque à l'autre bord, lorsqu'il était auprès de la mer, une grande multitude de peuple s'assembla autour de lui. Et un chef de synagogue, nommé Jaïre, vint le trouver; et le trouvant, il se jeta à ses pieds,

---

(1) Tous les théologiens sont loin de professer des opinions aussi absolues sur la doctrine démoniaque. Voici celle d'un ecclésiastique dont le clergé ne saurait contester la valeur. On trouve le passage suivant dans les *Conférences sur la religion*, par Mgr Freyssinous, évêque d'Hermopolis, tome II, page 341; Paris, 1825.

« Si Jésus avait opéré ses miracles par la vertu du démon, le démon aurait donc travaillé à détruire son empire, et il aurait employé sa puissance contre lui même. Certes, *un démon qui chercherait à détruire le règne du vice pour établir celui de la vertu, serait un étrange démon.* Voilà pourquoi Jésus, pour repousser l'absurde accusation des Juifs, leur disait : « Si j'opère des prodiges au nom « du démon, le démon est donc divisé avec lui même; il cherche « donc à se détruire; » réponse qui ne souffre pas de réplique.»

C'est précisément l'argument qu'opposent les Spirites à ceux qui attribuent au démon les bons conseils qu'ils reçoivent des Esprits. Le démon agirait comme un voleur de profession qui rendrait tout ce qu'il a volé, et engagerait les autres voleurs à devenir d'honnêtes gens.

LES MIRACLES DE L'ÉVANGILE

— et le suppliait avec grande instance, en lui disant : J'ai une fille qui est à l'extrémité ; venez lui imposer les mains pour la guérir et lui sauver la vie.

Jésus s'en alla avec lui, et il était suivi d'une grande foule de peuple qui le pressait.

Lorsqu'il (Jaïre) parlait encore, il vint des gens du chef de la synagogue, qui lui dirent : Votre fille est morte ; pourquoi voulez-vous donner au Maître la peine d'aller plus loin? — Mais Jésus, ayant entendu cette parole, dit au chef de la synagogue : Ne craignez point, croyez seulement. — Et il ne permit à personne de le suivre, sinon à Pierre, à Jacques, et à Jean, frère de Jacques.

Etant arrivés dans la maison de ce chef de la synagogue, il y vit une troupe confuse de personnes qui pleuraient et qui jetaient de grands cris ; — et en entrant il leur dit : Pourquoi faites-vous tant de bruit, et pourquoi pleurez-vous? *Cette fille n'est pas morte, elle n'est qu'endormie.* — Et ils se moquaient de lui. Ayant fait sortir tout le monde, il prit le père et la mère de l'enfant et ceux qui étaient venus avec lui, et il entra au lieu où la fille était couchée. — Il la prit par la main, et lui dit : *Talitha cumi*, c'est-à-dire : Ma fille, levez-vous, je vous le commande. — Au même instant, la fille se leva, et se mit à marcher ; car elle avait douze ans, et ils furent merveilleusement étonnés. (Saint Marc, ch. v, v. de 21 à 43.)

Fils de la veuve de Naïm.

38. — Le jour suivant, Jésus allait en une ville appelée Naïm, et ses disciples l'accompagnaient avec une grande foule de peuple. — Lorsqu'il était près de la porte de la ville, il arriva qu'on portait en terre un mort, qui était fils unique de sa mère, et cette femme était veuve, et il y avait une grande quantité de personnes de la ville avec elle. — Le Seigneur l'ayant vue fut touché de compassion envers elle, et lui dit : Ne pleurez point. — Puis, s'approchant, il toucha le cercueil, et ceux qui le portaient s'arrêtèrent. Alors il dit : Jeune homme, levez-vous, je vous le commande. — En même temps le mort se leva sur son séant, et commença à parler ; et Jésus le rendit à sa mère.

CHAPITRE XV

Tous ceux qui étaient présents furent saisis de frayeur, et ils glorifiaient Dieu en disant : Un grand prophète a paru au milieu de nous, et Dieu a visité son peuple. — Le bruit de ce miracle qu'il avait fait se répandit dans toute la Judée et dans tous les pays d'alentour. (Saint Luc, ch. VII, v. de 11 à 17.)

39. — Le fait du retour à la vie corporelle d'un individu, réellement mort, serait contraire aux lois de la nature, et par conséquent miraculeux. Or, il n'est pas nécessaire de recourir à cet ordre de faits pour expliquer les résurrections opérées par le Christ.

Si, parmi nous, les apparences trompent parfois les gens de l'art, les accidents de cette nature devaient être bien autrement fréquents dans un pays où l'on ne prenait aucune précaution, et où l'ensevelissement était immédiat (1). Il y a donc toute probabilité que, dans les deux exemples ci-dessus, il n'y avait que syncope ou léthargie. Jésus lui-même le dit positivement de la fille de Jaïre : *Cette fille*, dit-il, *n'est pas morte; elle n'est qu'endormie.*

D'après la puissance fluidique que possédait Jésus, il n'y a rien d'étonnant à ce que le fluide vivifiant dirigé par une forte volonté, ait ranimé les sens engourdis; qu'il ait même pu rappeler dans le corps l'Esprit prêt à le quitter, tant que le lien périsprital n'était pas définitivement rompu. Pour les hommes de ce temps, qui croyaient l'in-

---

(1) Une preuve de cette coutume se trouve dans les Actes des apôtres, ch. v, v. 5 et suivants :

« Ananie, ayant entendu ces paroles, tomba et rendit l'Esprit; et tous ceux qui en entendirent parler furent saisis d'une grande crainte. — Aussitôt, quelques jeunes gens vinrent prendre son corps, et l'ayant emporté, ils l'enterrèrent. — Environ trois heures après, sa femme (Saphire), qui ne savait pas ce qui était arrivé, entra. — Et Pierre lui dit..., etc. — Au même moment elle tomba à ses pieds et rendit l'Esprit. Ces jeunes hommes étant entrés la trouvèrent morte ; et l'emportant, ils l'enterrèrent auprès de son mari.

dividu mort dès qu'il ne respirait plus, il y avait résurrection, et ils ont pu l'affirmer de très bonne foi ; mais il y avait en réalité *guérison* et non résurrection dans l'acception du mot.

40. — La résurrection de Lazare, quoi qu'on en dise, n'infirme nullement ce principe. Il était, dit-on, depuis quatre jours dans le sépulcre ; mais on sait qu'il y a des léthargies qui durent huit jours et plus. On ajoute qu'il sentait mauvais, ce qui est un signe de décomposition. Cette allégation ne prouve rien non plus, attendu que chez certains individus il y a décomposition partielle du corps même avant la mort, et qu'ils exhalent une odeur de pourriture. La mort n'arrive que lorsque les organes essentiels à la vie sont attaqués.

Et qui pouvait savoir s'il sentait mauvais? C'est sa sœur Marthe qui le dit, mais comment le savait-elle? Lazare étant enterré depuis quatre jours, elle pouvait le supposer, mais non en avoir la certitude. (Chap. XIV, n° 29.) (1)

JÉSUS MARCHE SUR L'EAU.

41. — Aussitôt, Jésus obligea ses disciples de monter dans la

---

(1) Le fait suivant prouve que la décomposition précède quelquefois la mort. Dans le couvent du Bon-Pasteur, fondé à Toulon par l'abbé Marin, aumônier des bagnes, pour les filles repentantes, se trouvait une jeune femme qui avait enduré les plus terribles souffrances avec le calme et l'impassibilité d'une victime expiatoire. Au milieu des douleurs, elle semblait sourire à une céleste vision ; comme sainte Thérèse, elle demandait à souffrir encore, sa chair s'en allait en lambeaux, la gangrène gagnait ses membres; par une sage prévoyance, les médecins avaient recommandé de faire l'inhumation du corps immédiatement après le décès. Chose étrange ! à peine eut-elle rendu le dernier soupir, que tout travail de décomposition s'arrêta ; les exhalaisons cadavéreuses cessèrent ; pendant trente-six heures elle resta exposée aux prières et à la vénération de la communauté.

CHAPITRE XV

barque, et de passer à l'autre bord avant lui, pendant qu'il renverrait le peuple. — Après l'avoir renvoyé, il monta seul sur une montagne pour prier; et le soir étant venu, il se trouva seul en ce lieu-là.

Cependant la barque était fort battue des flots au milieu de la mer, parce que le vent était contraire. — Mais à la quatrième veille de la nuit, Jésus vint à eux, marchant sur la mer (1). — Lorsqu'ils le virent marcher ainsi sur la mer, ils furent troublés, et ils disaient: C'est un fantôme, et ils s'écrièrent de frayeur. — Aussitôt Jésus leur parla, et leur dit: Rassurez-vous, c'est moi, ne craignez point.

Pierre lui répondit: Seigneur, si c'est vous, commandez que j'aille à vous en marchant sur les eaux. — Jésus lui dit: Venez. Et Pierre, descendant de la barque, marchait sur l'eau pour aller à Jésus. Mais voyant un grand vent, il eut peur; et commençant à enfoncer, il s'écria : Seigneur, sauvez-moi.— Aussitôt Jésus, lui tendant la main, le prit et lui dit: Homme de peu de foi, pourquoi avez-vous douté? — Et étant monté dans la barque, le vent cessa. — Alors ceux qui étaient dans cette barque s'approchant de lui, l'adorèrent en lui disant: Vous êtes vraiment fils de Dieu. (Saint Matth. ch. xiv, v. de 22 à 33.)

42. — Ce phénomène trouve son explication naturelle dans les principes exposés ci-dessus, chap. XIV, n° 43.

Des exemples analogues prouvent qu'il n'est ni impossible ni miraculeux puisqu'il est dans les lois de la nature. Il peut s'être produit de deux manières.

Jésus, quoique vivant, a pu apparaître sur l'eau sous une forme tangible, tandis que son corps charnel était ailleurs; c'est l'hypothèse la plus probable. On peut même reconnaître, dans le récit, certains signes caractéristiques des apparitions tangibles. (Chap. XIV, n°s 35 à 37.)

D'un autre côté, son corps aurait pu être soutenu, et

---

(1) Le lac de Génésareth ou de Tibériade.

LES MIRACLES DE L'ÉVANGILE 359

sa pesanteur être neutralisée par la même force fluidique qui maintient une table dans l'espace sans point d'appui. Le même effet s'est plusieurs fois produit sur des corps humains.

TRANSFIGURATION.

43. — Six jours après, Jésus ayant pris Pierre, Jacques et Jean, les mena seuls avec lui sur une haute montagne à l'écart (1), et il fut transfiguré devant eux. — Et pendant qu'il faisait sa prière, son visage parut tout autre; ses vêtements devinrent tout brillants de lumière, et blancs comme la neige, en sorte qu'il n'y a point de foulon sur la terre qui puisse en faire d'aussi blancs. — Et ils virent paraître Elie et Moïse qui s'entretenaient avec Jésus.

Alors Pierre dit à Jésus : Maître, nous sommes bien ici ; faisons-y trois tentes : une pour vous, une pour Moïse et une pour Elie; — car il ne savait ce qu'il disait, tant il était effrayé.

En même temps, il parut une nuée qui les couvrit; et il sortit de cette nuée une voix qui fit entendre ces mots: Celui-ci est mon fils bien-aimé; écoutez-le.

Aussitôt, regardant de tous côtés, ils ne virent plus personne que Jésus qui était demeuré seul avec eux.

Lorsqu'ils descendaient de la montagne, il leur commanda de ne parler à personne de ce qu'ils avaient vu, jusqu'à ce que le Fils de l'homme fût ressuscité d'entre les morts. — Et ils tinrent la chose secrète, s'entre-demandant ce qu'il voulait dire par ces mots : Jusqu'à ce que le Fils de l'homme fût ressuscité d'entre les morts. (Saint Marc, ch. ix, *v.* de 1 à 9.)

44. — C'est encore dans les propriétés du fluide périsprital qu'on peut trouver la raison de ce phénomène. La transfiguration, expliquée chap. XIV, n° 39, est un fait

(1) Le mont Thabor ou Tabor, au S. O. du lac de Tabarich, à 11 kil. S. E. de Nazareth; environ 1000 mètres de haut.

CHAPITRE XV

assez ordinaire qui, par suite du rayonnement fluidique, peut modifier l'apparence d'un individu; mais la pureté du périsprit de Jésus a pu permettre à son Esprit de lui donner un éclat exceptionnel. Quant à l'apparition de Moïse et d'Élie, elle rentre entièrement dans le cas de tous les phénomènes du même genre. (Chap. XIV, n°s 35 et suivants.)

De toutes les facultés qui se sont révélées en Jésus, il n'en est aucune qui soit en dehors des conditions de l'humanité, et qu'on ne rencontre chez le commun des hommes, parce qu'elles sont dans la nature ; mais par la supériorité de son essence morale et de ses qualités fluidiques, elles atteignaient chez lui des proportions au-dessus de celles du vulgaire. Il nous représentait, à part son enveloppe charnelle, l'état des purs Eprits.

TEMPÊTE APAISÉE.

45. — Un jour étant monté sur une barque avec ses disciples, il leur dit : Passons à l'autre bord du lac. Ils partirent donc. — Et comme ils passaient, il s'endormit. — Alors un grand tourbillon de vent vint tout à coup fondre sur le lac, en sorte que leur barque s'emplissant d'eau, ils étaient en péril. — Ils s'approchèrent donc de lui, et l'éveillèrent, en lui disant : Maître, nous périssons. Jésus s'étant levé, parla avec menace aux vents et aux flots agités, et ils s'apaisèrent, et il se fit un grand calme. — Alors il leur dit : Où donc est votre foi? Mais eux, remplis de crainte et d'admiration, se disaient l'un à l'autre : Quel est donc celui-ci qui commande de la sorte aux vents et aux flots, et à qui ils obéissent ? (Saint Luc, ch. VIII, v. de 22 à 25.)

46. — Nous ne connaissons pas encore assez les secrets de la nature pour affirmer s'il y a, oui ou non, des intelligences occultes qui président à l'action des éléments.

LES MIRACLES DE L'ÉVANGILE

Dans cette hypothèse, le phénomène en question pourrait être le résultat d'un acte d'autorité sur ces mêmes intelligences, et prouverait une puissance qu'il n'est donné à aucun homme d'exercer.

Dans tous les cas, Jésus, dormant tranquillement pendant la tempête, atteste une sécurité qui peut s'expliquer par ce fait que son Esprit *voyait* qu'il n'y avait aucun danger, et que l'orage allait s'apaiser.

NOCES DE CANA.

47. — Ce miracle, mentionné dans le seul Evangile de saint Jean, est indiqué comme étant le premier que Jésus ait fait, et à ce titre il aurait dû être d'autant plus remarqué; il faut qu'il ait produit bien peu de sensation, puisque aucun autre évangéliste n'en parle. Un fait aussi extraordinaire aurait dû étonner au plus haut point les convives, et surtout le maître de la maison, qui ne paraissent pas même s'en être aperçus.

Considéré en lui-même, ce fait a peu d'importance comparativement à ceux qui témoignent véritablement des qualités spirituelles de Jésus. En admettant que les choses se soient passées comme elles sont rapportées, il est remarquable que c'est le seul phénomène de ce genre qu'il ait produit; il était d'une nature trop élevée pour s'attacher à des effets purement matériels propres seulement à piquer la curiosité de la foule, qui l'eût assimilé à un magicien; il savait que les choses utiles lui conquerraient plus de sympathies et lui amèneraient plus d'adeptes que celles qui pouvaient passer pour des tours d'adresse et ne touchaient point le cœur.

CHAPITRE XV

Bien qu'à la rigueur le fait puisse s'expliquer, jusqu'à un certain point, par une action fluidique qui, ainsi que le magnétisme en offre des exemples, aurait changé les propriétés de l'eau en y donnant le goût du vin, cette hypothèse est peu probable, attendu qu'en pareil cas l'eau, n'ayant que le goût du vin, aurait conservé sa couleur, ce qui n'eût pas manqué d'être remarqué. Il est plus rationnel d'y voir une de ces paraboles si fréquentes dans les enseignements de Jésus, comme celle de l'Enfant prodigue, du festin de noces, et tant d'autres. Il aura fait pendant le repas une allusion au vin et à l'eau, d'où il aura tiré une instruction. Ce qui justifie cette opinion, ce sont les paroles que lui adresse à ce sujet le maître d'hôtel : « Tout homme sert d'abord le bon vin, et après qu'on en a beaucoup bu, il en sert alors de moindre ; mais pour vous, vous avez réservé le bon vin jusqu'à cette heure. »

MULTIPLICATION DES PAINS.

48. — La multiplication des pains est un des miracles qui ont le plus intrigué les commentateurs, en même temps qu'il a défrayé la verve des incrédules. Sans se donner la peine d'en sonder le sens allégorique, ces derniers n'y ont vu qu'un conte puéril; mais la plupart des gens sérieux ont vu dans ce récit, quoique sous une forme différente de la forme ordinaire, une parabole comparant la nourriture spirituelle de l'âme à la nourriture du corps.

On peut y voir cependant plus qu'une figure et admettre, à un certain point de vue, la réalité d'un effet matériel, sans pour cela recourir au prodige. On sait qu'une

LES MIRACLES DE L'ÉVANGILE

grande préoccupation d'esprit, l'attention soutenue donnée à une chose, font oublier la faim. Or, ceux qui suivaient Jésus étaient des gens avides de l'entendre : il n'y a donc rien d'étonnant à ce que, fascinés par sa parole et peut-être aussi par la puissante action magnétique qu'il exerçait sur eux, ils n'aient pas éprouvé le besoin matériel de manger.

Jésus, qui prévoyait ce résultat, a donc pu tranquilliser ses disciples en disant, dans le langage figuré qui lui était habituel, en admettant qu'on ait réellement apporté quelques pains, que ces pains suffiraient pour rassasier la foule. En même temps il donnait à ceux-ci une leçon : « Donnez-leur vous-mêmes à manger, » disait-il ; il leur enseignait par là qu'eux aussi pouvaient nourrir par la parole.

Ainsi, à côté du sens allégorique moral, il a pu se produire un effet physiologique naturel très connu. Le prodige, dans ce cas, est dans l'ascendant de la parole de Jésus, assez puissante pour captiver l'attention d'une foule immense au point de lui faire oublier de manger. Cette puissance morale témoigne de la supériorité de Jésus, bien plus que le fait purement matériel de la multiplication des pains qui doit être considéré comme une allégorie.

Cette explication se trouve d'ailleurs confirmée par Jésus lui-même, dans les deux passages suivants :

Le levain des pharisiens.

49. — Or ses disciples étant passés au delà de l'eau, avaient oublié de prendre des pains. — Jésus leur dit : Ayez soin de vous garder du levain des pharisiens et des saducéens. — Mais ils pensaient et disaient entre eux : C'est parce que nous n'avons point pris de pains.

364 CHAPITRE XV

Ce que Jésus connaissant, il leur dit : Hommes de peu de foi, pourquoi vous entretenez-vous ensemble de ce que vous n'avez point pris de pains ? Ne comprenez-vous point encore et ne vous souvient-il point que cinq pains ont suffi pour cinq mille hommes, et combien vous en avez emporté de paniers ? — Et que sept pains ont suffi pour quatre mille hommes, et combien vous en avez emporté de corbeilles ? — Comment ne comprenez-vous point que ce n'est pas du pain que je vous parlais, lorsque je vous ai dit de vous garder du levain des pharisiens et des saducéens ?

Alors ils comprirent qu'il ne leur avait pas dit de se garder du levain qu'on met dans le pain, mais de la doctrine des pharisiens et des saducéens. (Saint Matth., ch. xvi, v. de 5 à 12.)

LE PAIN DU CIEL.

50. — Le lendemain, le peuple, qui était demeuré de l'autre côté de la mer, remarqua qu'il n'y avait point eu là d'autre barque, et que Jésus n'y était point entré avec ses disciples, mais que les disciples seuls s'en étaient allés, — et comme il était depuis arrivé d'autres barques de Tibériade, près du lieu où le Seigneur, après avoir rendu grâces, les avait nourris de cinq pains ; — et qu'ils connurent enfin que Jésus n'était point là, non plus que ses disciples, ils entrèrent dans ces barques, et vinrent à Capharnaüm chercher Jésus. — Et l'ayant trouvé au delà de la mer, ils lui dirent : Maître, quand êtes-vous venu ici ?

Jésus leur répondit : En vérité, en vérité, je le vous dis, vous me cherchez, non à cause des miracles que vous avez vus, mais parce que je vous ai donné du pain à manger, et que vous avez été rassasiés. — Travaillez pour avoir non la nourriture qui périt, mais celle qui demeure pour la vie éternelle, et que le Fils de l'homme vous donnera, parce que c'est en lui que Dieu le Père a imprimé son sceau et son caractère.

Ils lui dirent : Que ferons-nous pour faire des œuvres de Dieu ? — Jésus leur répondit : L'œuvre de Dieu est que vous croyiez en celui qu'il a envoyé.

Ils lui dirent : Quel miracle donc faites-vous, afin qu'en le voyant nous vous croyions ? Que faites-vous d'extraordinaire ? —

LES MIRACLES DE L'ÉVANGILE

Nos pères ont mangé la manne dans le désert ; selon ce qui est écrit : Il leur a donné à manger le pain du ciel.

Jésus leur répondit : En vérité, en vérité, je vous le dis, Moïse ne vous a point donné le pain du ciel ; mais c'est mon Père qui vous donne le véritable pain du ciel. — Car le pain de Dieu est celui qui est descendu du ciel, et qui donne la vie au monde.

Ils lui dirent donc : Seigneur, donnez-nous toujours de ce pain.

Jésus leur répondit : *Je suis le pain de vie ; celui qui vient à moi n'aura point faim, et celui qui croit en moi n'aura jamais soif.* — Mais je vous l'ai déjà dit, vous m'avez vu et vous ne croyez point.

En vérité, en vérité, je vous le dis, celui qui croit en moi a la vie éternelle. — Je suis le pain de vie. — Vos pères ont mangé la manne dans le désert, et ils sont morts. — Mais voici le pain qui est descendu du ciel, afin que celui qui en mange ne meure point. (Saint Jean, ch. VI, v. de 22 à 36 et de 47 à 50.)

51. — Dans le premier passage, Jésus, en rappelant l'effet produit précédemment donne clairement à entendre qu'il ne s'était point agi de pains matériels ; autrement, la comparaison qu'il établit avec le levain des pharisiens eût été sans objet. « *Ne comprenez-vous point encore*, dit-il, et ne vous souvient-il point que cinq pains ont suffi pour cinq mille hommes, et que sept pains ont suffi pour quatre mille hommes ? Comment ne comprenez-vous point que ce n'est pas du pain que je vous parlais, lorsque je vous ai dit de vous garder du levain des pharisiens ? » Ce rapprochement n'avait aucune raison d'être dans l'hypothèse d'une multiplication matérielle. Le fait eût été assez extraordinaire en lui-même pour avoir frappé l'imagination de ses disciples, qui, cependant, ne paraissaient pas s'en souvenir.

C'est ce qui ressort non moins clairement du discours de Jésus sur le pain du ciel, dans lequel il s'attache à faire comprendre le sens véritable de la nourriture spirituelle. « Travaillez, dit-il, non pour avoir la nourriture qui périt, mais celle qui demeure pour la vie éternelle, et que le Fils de l'homme vous donnera. » Cette nourriture est sa parole, qui est le pain descendu du ciel et qui donne la vie au monde. « Je suis, dit-il, le pain de vie; *celui qui vient à moi n'aura point faim,* et celui qui croit en moi n'aura jamais soif. »

Mais ces distinctions étaient trop subtiles pour ces natures abruptes, qui ne comprenaient que les choses tangibles. La manne qui avait nourri le corps de leurs ancêtres était pour eux le véritable pain du ciel; là était le miracle. Si donc le fait de la multiplication des pains avait eu lieu matériellement, comment ces mêmes hommes, au profit desquels il se serait produit peu de jours auparavant, en auraient-ils été assez peu frappés pour dire à Jésus : « Quel miracle donc faites-vous, afin qu'en le voyant nous vous croyions? Que faites-vous d'extraordinaire? » C'est qu'ils entendaient par miracles les prodiges que demandaient les pharisiens, c'est-à-dire des signes dans le ciel opérés au commandement, comme par la baguette d'un enchanteur. Ce que faisait Jésus était trop simple et ne s'écartait pas assez des lois de la nature; les guérisons même n'avaient pas un caractère assez étrange, assez extraordinaire; les miracles spirituels n'avaient pas assez de corps pour eux.

TENTATION DE JÉSUS.

52. — Jésus transporté par le diable sur le sommet du Temple, puis sur une montagne, et tenté par lui, est une de ces paraboles qui lui étaient si familières et que la

crédulité publique a transformées en faits matériels (1).

53. — « Jésus ne fut pas enlevé, mais il voulait faire comprendre aux hommes que l'humanité est sujette à faillir, et qu'elle doit être toujours en garde contre les mauvaises inspirations auxquelles sa nature faible la porte à céder. La tentation de Jésus est donc une figure, et il faudrait être aveugle pour la prendre à la lettre. Comment voudriez-vous que le Messie, le Verbe de Dieu incarné, ait été soumis pour un temps, si court qu'il fût, aux suggestions du démon, et que, comme le dit l'Évangile de Luc, le démon l'ait quitté, *pour un temps*, ce qui donnerait à penser qu'il sera encore soumis à sa puissance. Non; comprenez mieux les enseignements qui vous ont été donnés. L'Esprit du mal ne pouvait rien sur l'essence du bien. Personne ne dit avoir *vu* Jésus sur la montagne ni sur le sommet du Temple; certes, c'eût été un fait de nature à se répandre parmi tous les peuples. La tentation ne fut donc pas un acte matériel et physique. Quant à l'acte moral, pouvez-vous admettre que l'Esprit des ténèbres pût dire à celui qui connaissait son origine et sa puissance : « Adore-moi, et je te donnerai tous les royaumes de la terre? » Le démon aurait donc ignoré quel était celui à qui il faisait de telles offres, ce qui n'est pas probable; s'il le connaissait, sa proposition était un non-sens, car il savait bien qu'il serait repoussé par celui qui venait ruiner son empire sur les hommes.

« Comprenez donc le sens de cette parabole, car c'en est une, tout aussi bien que celles de l'*Enfant prodigue* et du *Bon Samaritain*. L'une nous montre les dangers que courent les hommes, s'ils ne résistent pas à cette voix

---

(1) L'explication suivante est tirée textuellement d'une instruction donnée à ce sujet par un Esprit.

CHAPITRE XV

intime qui leur crie sans cesse : « Tu peux être plus que
« tu n'es; tu peux posséder plus que tu ne possèdes; tu
« peux grandir, acquérir; cède à la voix de l'ambition,
« et tous tes vœux seront comblés. » Elle vous montre
le danger et le moyen de l'éviter, en disant aux mauvaises inspirations : *Retire-toi, Satan!* autrement dit :
Arrière la tentation!

« Les deux autres paraboles que j'ai rappelées vous
montrent ce que peut encore espérer celui qui, trop faible pour chasser le démon, a sucombé à ses tentations.
Elles vous montrent la miséricorde du père de famille
étendant sa main sur le front du fils repentant, et lui
accordant, avec amour, le pardon imploré. Elles vous
montrent le coupable, le schismatique, l'homme repoussé
par ses frères, valant mieux, aux yeux du Juge surême, que ceux qui le méprisent, parce qu'il pratique les
vertus enseignées par la loi d'amour.

« Pesez bien les enseignements donnés dans les Évangiles; sachez distinguer ce qui est au sens propre ou au
sens figuré, et les erreurs, qui vous ont aveuglés tant de
siècles, s'effaceront petit à petit, pour faire place à
l'éclatante lumière de la vérité. » (Bordeaux, 1862.
Jean, Evang.)

Prodiges à la mort de Jésus.

54.—Or depuis la sixième heure du jour jusqu'à la neuvième,
toute la terre fut couverte de ténèbres.

En même temps le voile du Temple se déchira en deux depuis
le haut jusqu'en bas; la terre trembla, les pierres se fendirent;—
les sépulcres s'ouvrirent, et plusieurs corps des saints, qui
étaient dans le sommeil de la mort, ressuscitèrent; — et sortant
de leurs tombeaux après sa résurrection, ils vinrent dans la ville

sainte, et furent vus de plusieurs personnes. (Saint Matth., chapitre XXVII, v. 45, 51, 52, 53.)

55. — Il est étrange que de tels prodiges, s'accomplissant au moment même où l'attention de la ville était fixée sur le supplice de Jésus, qui était l'événement du jour, n'aient pas été remarqués, puisque aucun historien n'en fait mention. Il semble impossible qu'un tremblement de terre, et *toute la terre* couverte de ténèbres pendant trois heures, dans un pays où le ciel est toujours d'une parfaite limpidité, aient pu passer inaperçus.

La durée de cette obscurité est bien à peu près celle d'une éclipse de soleil, mais ces sortes d'éclipses ne se produisent qu'à la nouvelle lune, et la mort de Jésus eut lieu pendant la pleine lune, le 14 du mois de nissan, jour de la Pâque des Juifs.

L'obscurcissement du soleil peut aussi être produit par les taches que l'on remarque à sa surface. En pareil cas, l'éclat de la lumière est sensiblement affaibli, mais jamais au point de produire l'obscurité et les ténèbres. En supposant qu'un phénomène de ce genre ait eu lieu à cette époque, il aurait eu une cause parfaitement naturelle (1).

Quant aux morts ressuscités, il se peut que *quelques personnes* aient eu des visions ou apparitions, ce qui n'est point exceptionnel ; mais, comme alors on ne connaissait

---

(1) Il y a constamment à la surface du soleil des taches fixes, qui suivent son mouvement de rotation et ont servi à en déterminer la durée. Mais ces taches augmentent parfois en nombre, en étendue et en intensité, et c'est alors que se produit une diminution dans la lumière et dans la chaleur. Cette augmentation dans le nombre des taches paraît coïncider avec certains phénomènes astronomiques et la position relative de quelques planètes, ce qui en amène le retour périodique. La durée de cet obscurcissement est très variable ; parfois elle n'est que de deux ou trois heures, mais, en 535, il y en eut un qui dura quatorze mois.

pas la cause de ce phénomène, on se figurait que les individus apparus sortaient du sépulcre.

Les disciples de Jésus, émus de la mort de leur maître, y ont sans doute rattaché quelques faits particuliers auxquels ils n'auraient prêté aucune attention en d'autres temps. Il aura suffi qu'un fragment de rocher se soit détaché à ce moment, pour que des gens prédisposés au merveilleux y aient vu un prodige, et qu'en amplifiant le fait, ils aient dit que les pierres s'étaient fendues.

Jésus est grand par ses œuvres, et non par les tableaux fantastiques dont un enthousiasme peu éclairé a cru devoir l'entourer.

APPARITIONS DE JÉSUS APRÈS SA MORT.

56. — Mais Marie (Madeleine) se tint dehors, près du sépulcre, versant des larmes. Et comme elle pleurait, s'étant baissée pour regarder dans le sépulcre, — elle vit deux anges vêtus de blanc, assis au lieu où avait été le corps de Jésus, l'un à la tête et l'autre aux pieds. — Ils lui dirent : Femme, pourquoi pleurez-vous? Elle leur répondit : C'est qu'ils ont enlevé mon Seigneur, et je ne sais où ils l'ont mis.

Ayant dit cela, elle se retourna, et vit Jésus debout *sans savoir néanmoins que ce fût Jésus.* — Alors Jésus lui dit : Femme, pourquoi pleurez-vous? Qui cherchez-vous? Elle, pensant que ce fût le jardinier, lui dit : Seigneur, si c'est vous qui l'avez enlevé, dites-moi où vous l'avez mis, et je l'emporterai.

Jésus lui dit : Marie. Aussitôt elle se retourna, et lui dit : *Rabboni,* c'est-à-dire . Mon Maître.—Jésus lui répondit : Ne me touchez pas, car je ne suis pas encore monté vers mon Père; mais allez trouver mes frères, et dites-leur de ma part : Je monte vers mon Père et votre Père, vers mon Dieu et votre Dieu.

Marie-Madeleine vint donc dire aux disciples qu'elle avait vu le Seigneur, et qu'il lui avait dit ces choses. (Saint Jean, ch. xx, *v.* de 14 à 18.)

57. — Ce jour-là même, deux d'entre eux s'en allaient dans un bourg nommé Emmaüs, éloigné de soixante stades de Jérusalem, — parlant ensemble de tout ce qui s'était passé. — Et il arriva que lorsqu'ils s'entretenaient et conféraient ensemble sur cela, Jésus vint lui-même les rejoindre, et se mit à marcher avec eux; — *mais leurs yeux étaient retenus, afin qu'ils ne pussent le reconnaître.* — Et il leur dit : De quoi vous entretenez-vous ainsi en marchant, et d'où vient que vous êtes si tristes ?

L'un d'eux, appelé Cléophas, prenant la parole, lui dit : Etes-vous seul si étranger dans Jérusalem, que vous ne sachiez pas ce qui s'y est passé ces jours-ci? — Et quoi ? leur dit-il. Ils lui répondirent : Touchant Jésus de Nazareth, qui a été un prophète puissant devant Dieu et devant tout le peuple; — et de quelle manière les princes des prêtres et nos sénateurs l'ont livré pour être condamné à mort, et l'ont crucifié. — Or, nous espérions que ce serait lui qui rachèterait Israël, et cependant, après tout cela, voici le troisième jour que ces choses se sont passées. — Il est vrai que quelques femmes de celles qui étaient avec nous nous ont étonnés; car, ayant été avant le jour à son sépulcre, — et n'y ayant point trouvé son corps, elles sont venues dire que des anges mêmes leur ont apparu, qui leur ont dit qu'il est vivant. — Et quelques-uns des nôtres, ayant été aussi au sépulcre, ont trouvé toutes choses comme les femmes les leur avaient rapportées; mais pour lui, ils ne l'ont point trouvé.

Alors il leur dit : O insensés, dont le cœur est tardif à croire tout ce que les prophètes ont dit ! Ne fallait-il pas que le Christ souffrît toutes ces choses, et qu'il entrât ainsi dans la gloire ? — Et commençant par Moïse, et ensuite par tous les prophètes, il leur expliquait dans toutes les Écritures ce qui avait été dit de lui.

Lorsqu'ils furent proches du bourg où ils allaient, il fit semblant d'aller plus loin. — Mais ils le forcèrent de s'arrêter, en lui disant : Demeurez avec nous, parce qu'il est tard, et que le jour est déjà sur son déclin; et il entra avec eux. — Etant avec eux à table, il prit le pain et le bénit, et l'ayant rompu, il le leur donna. — *En même temps leurs yeux s'ouvrirent, et ils le reconnurent; mais il disparut de devant leurs yeux.*

Alors ils se dirent l'un à l'autre : N'est-il pas vrai que notre

CHAPITRE XV

cœur était tout brûlant dans nous, lorsqu'il nous parlait en chemin, et qu'il nous expliquait les Ecritures ? — Et se levant à l'heure même, ils retournèrent à Jérusalem, et trouvèrent que les onze apôtres et ceux qui demeuraient avec eux étaient assemblés, — et disaient: Le Seigneur est vraiment ressuscité, et il est *apparu* à Simon. — Alors ils racontèrent aussi eux-mêmes ce qui leur était arrivé en chemin, et comment ils l'avaient reconnu dans la fraction du pain.

Pendant qu'ils s'entretenaient ainsi, *Jésus se présenta au milieu d'eux*, et leur dit : La paix soit avec vous; c'est moi; n'ayez pas peur. — Mais dans le trouble et la frayeur dont ils étaient saisis, ils s'imaginèrent voir *un Esprit*.

Et Jésus leur dit: Pourquoi vous troublez-vous ? et pourquoi s'élève-t-il tant de pensées dans vos cœurs? — Regardez mes mains et mes pieds, et reconnaissez que c'est moi-même; touchez-moi, et considérez qu'un Esprit n'a ni chair ni os, comme vous voyez que j'en ai. — Après avoir dit cela, il leur montra ses mains et ses pieds.

Mais comme ils ne croyaient point encore, tant ils étaient transportés de joie et d'admiration, il leur dit : Avez-vous ici quelque chose à manger? — Ils lui présentèrent un morceau de poisson rôti et un rayon de miel. — Il en mangea devant eux, et prenant les restes, il les leur donna, et leur dit: Voilà ce que je vous disais étant encore avec vous : qu'il était nécessaire que tout ce qui a été écrit de moi dans la loi de Moïse, dans les prophètes et dans les Psaumes, fût accompli.

En même temps il leur ouvrit l'esprit, afin qu'ils entendissent les Ecritures ; — et il leur dit: C'est ainsi qu'il est écrit, et c'est ainsi qu'il fallait que le Christ souffrît, et qu'il ressuscitât d'entre les morts le troisième jour ; — et qu'on prêchât en son nom la pénitence et la rémission des péchés dans toutes les nations, en commençant par Jérusalem. — Or vous êtes témoins de ces choses. — Et je vais vous envoyer le don de mon Père, qui vous a été promis; mais cependant demeurez dans la ville jusqu'à ce que vous soyez revêtus de la force d'en haut. (Saint Luc, ch. XXIV, *v.* de 13 à 49.)

58. — Or Thomas, l'un des douze apôtres, appelé Didyme, n'était pas avec eux lorsque Jésus vint. — Les autres disciples

lui dirent donc : Nous avons vu le Seigneur. Mais il leur dit : Si je ne vois dans ses mains la marque des clous qui les ont percées, et si je ne mets mon doigt dans le trou des clous, et ma main dans la plaie de son côté, je ne le croirai point.

Huit jours après, les disciples étant encore dans le même lieu, et Thomas avec eux, Jésus vint, *les portes étant fermées*, et il se tint au milieu d'eux, et leur dit : La paix soit avec vous.

Il dit ensuite à Thomas : Portez ici votre doigt, et considérez mes mains; approchez aussi votre main, et mettez-la dans mon côté ; et ne soyez point incrédule, mais fidèle. — Thomas lui répondit, et lui dit : Mon Seigneur, et mon Dieu! — Jésus lui dit : Vous avez cru, Thomas, parce que vous avez vu; heureux ceux qui ont cru sans avoir vu! (Saint Jean, ch. xx, *v*. de 20 à 29.)

59. — Jésus se fit voir encore depuis à ses disciples sur le bord de la mer de Tibériade, et il s'y fit voir de cette sorte :

Simon-Pierre et Thomas appelé Didyme, Nathanaël, qui était de Cana en Galilée, les fils de Zébédée et deux autres de ses disciples étaient ensemble. — Simon-Pierre leur dit : Je vais pêcher. Ils lui dirent : Nous allons aussi avec vous. Ils s'en allèrent donc, et entrèrent dans une barque ; mais cette nuit-là ils ne prirent rien.

Le matin étant venu, *Jésus parut sur le rivage, sans que ses disciples connussent que c'était Jésus.* — Jésus leur dit donc : Enfants, n'avez-vous rien à manger? Ils lui répondirent : Non. — Il leur dit : Jetez le filet au côté droit de la barque, et vous en trouverez. Ils le jetèrent aussitôt, et ils ne pouvaient plus le retirer, tant il était chargé de poissons.

Alors le disciple que Jésus aimait dit à Pierre : C'est le Seigneur. Et Simon-Pierre ayant appris que c'était le Seigneur, mit son habit (car il était nu), et il se jeta dans la mer. — Les autres disciples vinrent avec la barque ; et comme ils n'étaient loin de la terre que d'environ deux cents coudées, ils y tirèrent le filet plein de poissons. (Saint Jean, ch. xxi, *v*. de 1 à 8.)

60. — Après cela, il les mena dehors, vers Béthanie; et ayant levé les mains, il les bénit ; — et en les bénissant, *il se sépara d'eux, et fut enlevé au ciel*.

Pour eux, après l'avoir adoré, ils s'en retournèrent à Jérusalem, remplis de joie ; — et ils étaient sans cesse dans le Temple,

CHAPITRE XV

louant et bénissant Dieu. Amen. (Saint Luc, ch. xxiv, *v.* de 50 à 53.)

61. — Les apparitions de Jésus après sa mort sont rapportées par tous les évangélistes avec des détails circonstanciés qui ne permettent pas de douter de la réalité du fait. Elles s'expliquent, d'ailleurs, parfaitement par les lois fluidiques et les propriétés du périsprit, et ne présentent rien d'anomal avec les phénomènes du même genre dont l'histoire ancienne et contemporaine offre de nombreux exemples, sans en excepter la tangibilité. Si l'on observe les circonstances qui ont accompagné ses diverses apparitions, on reconnaît en lui, à ces moments, tous les caractères d'un être fluidique. Il paraît inopinément et disparaît de même; il est vu par les uns et non par les autres sous des apparences qui ne le font pas reconnaître même de ses disciples; il se montre dans des endroits clos où un corps charnel n'aurait pu pénétrer; son langage même n'a pas la verve de celui d'un être corporel; il a le ton bref et sentencieux particulier aux Esprits qui se manifestent de cette manière; toutes ses allures, en un mot, ont quelque chose qui n'est pas du monde terrestre. Sa vue cause à la fois de la surprise et de la crainte; ses disciples, en le voyant, ne lui parlent pas avec la même liberté; ils sentent que ce n'est plus l'homme.

Jésus s'est donc montré avec son corps périsprital, ce qui explique qu'il n'a été vu que par ceux à qui il a voulu se faire voir; s'il avait eu son corps charnel, il aurait été vu par le premier venu, comme de son vivant. Ses disciples ignorant la cause première du phénomène des apparitions, ne se rendaient pas compte de ces particularités qu'ils ne remarquaient probablement pas; ils

LES MIRACLES DE L'ÉVANGILE

voyaient Jésus et le touchaient, pour eux ce devait être son corps ressuscité. (Chap. XIV, nos 14, et de 35 à 38.)

62. — Alors que l'incrédulité rejette tous les faits accomplis par Jésus, ayant une apparence surnaturelle, et les considère, sans exception, comme légendaires, le Spiritisme donne de la plupart de ces faits une explication naturelle ; il en prouve la possibilité, non-seulement par la théorie des lois fluidiques, mais par leur identité avec les faits analogues produits par une foule de personnes dans les conditions les plus vulgaires. Puisque ces faits sont en quelque sorte dans le domaine public, ils ne prouvent rien, en principe, touchant la nature exceptionnelle de Jésus (1).

63.— Le plus grand des miracles que Jésus a faits, celui qui atteste véritablement sa supériorité, c'est la révolution que ses enseignements ont opérée dans le monde, malgré l'exiguïté de ses moyens d'action.

En effet, Jésus, obscur, pauvre, né dans la condition la plus humble, chez un petit peuple presque ignoré et sans prépondérance politique, artistique ou littéraire, ne prêche que trois ans ; durant ce court espace de temps, il est méconnu et persécuté par ses concitoyens, calomnié, traité d'imposteur ; il est obligé de fuir pour ne pas être lapidé ; il est trahi par l'un de ses apôtres, renié par un

---

(1) Les nombreux faits contemporains de guérisons, apparitions, possessions, double vue et autres, qui sont relatés dans la *Revue Spirite*, et rappelés dans les notes ci-dessus, offrent, jusque dans les circonstances de détail, une analogie si frappante avec ceux que rapporte l'Évangile, que la similitude des effets et des causes demeure évidente. On se demande donc pourquoi le même fait aurait une cause naturelle aujourd'hui, et surnaturelle jadis ; diabolique chez quelques-uns et divine chez d'autres. S'il eût été possible de les mettre ici en regard les uns des autres, la comparaison aurait été plus facile ; mais leur nombre et les développements que la plupart nécessitent, ne l'ont pas permis.

CHAPITRE XV

autre, abandonné par tous au moment où il tombe entre les mains de ses ennemis. Il ne faisait que le bien, et cela ne le mettait pas à l'abri de la malveillance, qui tournait contre lui les services mêmes qu'il rendait. Condamné au supplice réservé aux criminels, il meurt ignoré du monde, car l'histoire contemporaine se tait sur son compte (1). Il n'a rien écrit, et cependant, aidé de quelques hommes obscurs comme lui, sa parole a suffi pour régénérer le monde; sa doctrine a tué le paganisme toutpuissant, et elle est devenue le flambeau de la civilisation. Il avait donc contre lui tout ce qui peut faire échouer les hommes, c'est pourquoi nous disons que le triomphe de sa doctrine est le plus grand de ses miracles, en même temps qu'elle prouve sa mission divine. Si, au lieu de principes sociaux et régénérateurs, fondés sur l'avenir spirituel de l'homme, il n'avait eu à offrir à la postérité que quelques faits merveilleux, à peine le connaîtrait-on peut-être de nom aujourd'hui.

DISPARITION DU CORPS DE JÉSUS.

64. — La disparition du corps de Jésus après sa mort a été l'objet de nombreux commentaires; elle est attestée par les quatre évangélistes, sur le récit des femmes qui se sont présentées au sépulcre le troisième jour, et ne l'y ont pas trouvé. Les uns ont vu dans cette disparition un fait miraculeux, d'autres ont supposé un enlèvement clandestin.

Selon une autre opinion, Jésus n'aurait point revêtu un corps charnel, mais seulement un corps fluidique; il

---

(1) L'historien juif Josèphe est le seul qui en parle, et il en dit très peu de chose.

n'aurait été, durant toute sa vie, qu'une apparition tangible, en un mot, une sorte d'agénère. Sa naissance, sa mort et tous les actes matériels de sa vie n'auraient été qu'une apparence. C'est ainsi, dit-on, que son corps, retourné à l'état fluide, a pu disparaître du sépulcre, et c'est avec ce même corps qu'il se serait montré après sa mort.

Sans doute, un pareil fait n'est pas radicalement impossible, d'après ce que l'on sait aujourd'hui sur les propriétés des fluides ; mais il serait au moins tout à fait exceptionnel et en opposition formelle avec le caractère des agénères. (Chap. XIV, n° 36.) La question est donc de savoir si une telle hypothèse est admissible, si elle est confirmée ou contredite par les faits.

65. — Le séjour de Jésus sur la terre présente deux périodes : celle qui a précédé et celle qui a suivi sa mort. Dans la première, depuis le moment de la conception jusqu'à la naissance, tout se passe, chez la mère, comme dans les conditions ordinaires de la vie (1). Depuis sa naissance jusqu'à sa mort, tout, dans ses actes, dans son langage et dans les diverses circonstances de sa vie, présente les caractères non équivoques de la corporéité. Les phénomènes de l'ordre psychique qui se produisent en lui sont accidentels, et n'ont rien d'anomal, puisqu'ils s'expliquent par les propriétés du périsprit, et se rencontrent à différents degrés chez d'autres individus. Après sa mort, au contraire, tout en lui révèle l'être fluidique. La différence entre les deux états est tellement tranchée, qu'il n'est pas possible de les assimiler.

(1) Nous ne parlons pas du mystère de l'incarnation, dont nous n'avons pas à nous occuper ici, et qui sera examiné ultérieurement.

CHAPITRE XV

Le corps charnel a les propriétés inhérentes à la matière proprement dite et qui diffèrent essentiellement de celles des fluides éthérés ; la désorganisation s'y opère par la rupture de la cohésion moléculaire. Un instrument tranchant, pénétrant dans le corps matériel, en divise les tissus ; si les organes essentiels à la vie sont attaqués, leur fonctionnement s'arrête, et la mort s'ensuit, c'est-à-dire la mort du corps. Cette cohésion n'existant pas dans les corps fluidiques, la vie ne repose pas sur le jeu d'organes spéciaux, et il ne peut s'y produire des désordres analogues ; un instrument tranchant, ou tout autre, y pénètre comme dans une vapeur, sans y occasionner aucune lésion. Voilà pourquoi ces sortes de corps ne *peuvent pas mourir*, et pourquoi les êtres fluidiques désignés sous le nom d'*agénères* ne peuvent être tués.

Après le supplice de Jésus, son corps resta là, inerte et sans vie ; il fut enseveli comme les corps ordinaires, et chacun put le voir et le toucher. Après sa résurrection, lorsqu'il veut quitter la terre, il ne meurt pas ; son corps s'élève, s'évanouit et disparaît, sans laisser aucune trace, preuve évidente que ce corps était d'une autre nature que celui qui périt sur la croix ; d'où il faut conclure que si Jésus a pu mourir, c'est qu'il avait un corps charnel.

Par suite de ses propriétés matérielles, le corps charnel est le siége des sensations et des douleurs physiques qui se répercutent dans le centre sensitif ou Esprit. Ce n'est pas le corps qui souffre, c'est l'Esprit qui reçoit le contre-coup des lésions ou altérations des tissus organiques. Dans un corps privé de l'Esprit, la sensation est absolument nulle ; par la même raison, l'Esprit, qui n'a point de corps matériel, ne peut éprouver les souffrances qui sont le résultat de l'altération de la matière ; d'où il

LES MIRACLES DE L'ÉVANGILE

faut également conclure que si Jésus a souffert matériellement, comme on n'en saurait douter, c'est qu'il avait un corps matériel d'une nature semblable à ceux de tout le monde.

66. — Aux faits matériels viennent s'ajouter des considérations morales toutes-puissantes.

Si Jésus avait été, durant sa vie, dans les conditions des êtres fluidiques, il n'aurait éprouvé ni la douleur, ni aucun des besoins du corps; supposer qu'il en a été ainsi, c'est lui ôter tout le mérite de la vie de privations et de souffrances qu'il avait choisie comme exemple de résignation. Si tout en lui n'était qu'apparence, tous les actes de sa vie, l'annonce réitérée de sa mort, la scène douloureuse du jardin des Oliviers, sa prière à Dieu d'écarter le calice de ses lèvres, sa passion, son agonie, tout jusqu'à son dernier cri au moment de rendre l'Esprit, n'auraie été qu'un vain simulacre pour donner le change sur sa nature et faire croire au sacrifice illusoire de sa vie, une comédie indigne d'un simple honnête homme, à plus forte raison d'un être aussi supérieur; en un mot, il aurait abusé de la bonne foi de ses contemporains et de la postérité. Telles sont les conséquences logiques de ce système, conséquences qui ne sont pas admissibles, car c'est l'abaisser moralement, au lieu de l'élever.

Jésus a donc eu, comme tout le monde, un corps charnel et un corps fluidique, ce qu'attestent les phénomènes matériels et les phénomènes psychiques qui ont signalé sa vie.

67. — Qu'est devenu le corps charnel? C'est un problème dont la solution ne peut se déduire, jusqu'à nouvel ordre, que par des hypothèses, faute d'éléments suffisants pour asseoir une conviction. Cette solution, d'ailleurs, est d'une

380   CHAPITRE XV — LES MIRACLES DE L'ÉVANGILE

importance secondaire, et n'ajouterait rien aux mérites du Christ, ni aux faits qui attestent, d'une manière bien autrement péremptoire, sa supériorité et sa mission divine.

Il ne peut donc y avoir sur la manière dont cette disparition s'est opérée que des opinions personnelles, qui n'auraient de valeur qu'autant qu'elles seraient sanctionnées par une logique rigoureuse, et par l'enseignement général des Esprits ; or, jusqu'à présent, aucune de celles qui ont été formulées n'a reçu la sanction de ce double contrôle.

Si les Esprits n'ont point encore tranché la question par l'unanimité de leur enseignement, c'est que sans doute le moment de la résoudre n'est pas encore venu, ou qu'on manque encore des connaissances à l'aide desquelles on pourra la résoudre soi-même. En attendant, si l'on écarte la supposition d'un enlèvement clandestin, on pourrait trouver, par analogie, une explication probable dans la théorie du double phénomène des apports et de l'invisibilité. (*Livre des Médiums*, chap. IV et V.)

68. — Cette idée sur la nature du corps de Jésus n'est pas nouvelle. Au quatrième siècle, Apollinaire de Laodicée, chef de la secte des *apollinaristes*, prétendait que Jésus n'avait point pris un corps comme le nôtre, mais un corps *impassible*, qui était descendu du ciel dans le sein de la sainte Vierge, et n'était pas né d'elle ; qu'ainsi Jésus n'était né, n'avait souffert et n'était mort qu'en *apparence*. Les apollinaristes furent anathématisés au concile d'Alexandrie en 360 ; dans celui de Rome en 374, et dans celui de Constantinople en 381.

LES PRÉDICTIONS

SELON LE SPIRITISME

CHAPITRE XVI

Théorie de la prescience

1. — Comment la connaissance de l'avenir est-elle possible ? On comprend la prévision des événements qui sont la conséquence de l'état présent, mais non de ceux qui n'y ont aucun rapport, et encore moins de ceux que l'on attribue au hasard. Les choses futures, dit-on, n'existent pas ; elles sont encore dans le néant ; comment alors savoir qu'elles arriveront ? Les exemples de prédictions réalisées sont cependant assez nombreux, d'où il faut conclure qu'il se passe là un phénomène dont on n'a pas la clef, car il n'y a pas d'effet sans cause ; c'est cette cause que nous allons essayer de chercher, et c'est encore le Spiritisme, clef lui-même de tant de mystères, qui nous la fournira, et qui, de plus, nous montrera que le fait même des prédictions ne sort pas des lois naturelles.

Prenons, comme comparaison, un exemple dans les choses usuelles, et qui aidera à faire comprendre le principe que nous aurons à développer.

2. — Supposons un homme placé sur une haute mon-

CHAPITRE XVI

tagne et considérant la vaste étendue de la plaine. Dans cette situation, l'espace d'une lieue sera peu de chose, et il pourra facilement embrasser d'un seul coup d'œil tous les accidents du terrain, depuis le commencement jusqu'à la fin de la route. Le voyageur qui suit cette route pour la première fois sait qu'en marchant il arrivera au bout : c'est là une simple prévision de la conséquence de sa marche ; mais les accidents du terrain, les montées et les descentes, les rivières à franchir, les bois à traverser, les précipices où il peut tomber, les voleurs apostés pour le dévaliser, les maisons hospitalières où il pourra se reposer, tout cela est indépendant de sa personne : c'est pour lui l'inconnu, l'avenir, parce que sa vue ne s'étend pas au delà du petit cercle qui l'entoure. Quant à la durée, il la mesure par le temps qu'il met à parcourir le chemin ; ôtez-lui les points de repère et la durée s'efface. Pour l'homme qui est sur la montagne et qui suit de l'œil le voyageur, tout cela est le présent. Supposons que cet homme descende auprès du voyageur et lui dise : « A tel moment vous rencontrerez telle chose, vous serez attaqué et secouru, » il lui prédira l'avenir ; l'avenir est pour le voyageur ; pour l'homme de la montagne, cet avenir est le présent.

3. — Si nous sortons maintenant du cercle des choses purement matérielles, et si nous entrons, par la pensée, dans le domaine de la vie spirituelle, nous verrons ce phénomène se produire sur une plus grande échelle. Les Esprits dématérialisés sont comme l'homme de la montagne: l'espace et la durée s'effacent pour eux. Mais l'étendue et la pénétration de leur vue sont proportionnées à leur épuration et à leur élévation dans la hiérarchie spirituelle ; ils sont, par rapport aux Esprits infé-

rieurs, comme l'homme armé d'un puissant télescope, à côté de celui qui n'a que ses yeux. Chez ces derniers, la vue est circonscrite, non-seulement parce qu'ils ne peuvent que difficilement s'éloigner du globe auquel ils sont attachés, mais parce que la grossièreté de leur périsprit voile les choses éloignées, comme le fait un brouillard pour les yeux du corps.

On comprend donc que, selon le degré de perfection, un Esprit puisse embrasser une période de quelques années, de quelques siècles et même de plusieurs milliers d'années, car qu'est-ce qu'un siècle en présence de l'infini ? Les événements ne se déroulent point successivement devant lui, comme les incidents de la route du voyageur : il voit sumultanément le commencement et la fin de la période ; tous les événements qui, dans cette période, sont l'avenir pour l'homme de la terre, sont pour lui le présent. Il pourrait donc venir nous dire avec certitude : Telle chose arrivera à telle époque, parce qu'il voit cette chose comme l'homme de la montagne voit ce qui attend le voyageur sur la route ; s'il ne le fait pas, c'est parce que la connaissance de l'avenir serait nuisible à l'homme : elle entraverait son libre arbitre, elle le paralyserait dans le travail qu'il doit accomplir pour son progrès ; le bien et le mal qui l'attendent, étant dans l'inconnu, sont pour lui l'épreuve.

Si une telle faculté, même restreinte, peut être dans les attributs de la créature, à quel degré de puissance ne doit-elle pas s'élever dans le Créateur, qui embrasse l'infini ? Pour lui, le temps n'existe pas : le commencement et la fin des mondes sont le présent. Dans cet immense panoroma, qu'est-ce que la durée de la vie d'un homme, d'une génération, d'un peuple ?

CHAPITRE XVI

4. — Cependant, comme l'homme doit concourir au progrès général, et que certains événements doivent résulter de sa coopération, il peut être utile, dans certains cas, qu'il soit pressenti sur ces événements, afin qu'il en prépare les voies et se tienne prêt à agir quand le moment sera venu ; c'est pourquoi Dieu permet parfois qu'un coin du voile soit soulevé ; mais c'est toujours dans un but utile, et jamais pour satisfaire une vaine curiosité. Cette mission peut donc être donnée, non à tous les Esprits, puisqu'il en est qui ne connaissent pas mieux l'avenir que les hommes, mais à quelques Esprits suffisamment avancés pour cela; or il est à remarquer que ces sortes de révélations sont toujours faites spontanément, et jamais, ou bien rarement du moins, en réponse à une demande directe.

5. — Cette mission peut également être dévolue à certains hommes, et voici de quelle manière :

Celui à qui est confié le soin de révéler une chose cachée peut en recevoir, à son insu, l'inspiration des Esprits qui la connaissent, et alors il la transmet machinalement, sans s'en rendre compte. On sait en outre que, soit pendant le sommeil, soit à l'état de veille, dans les extases de la double vue, l'âme se dégage et possède à un degré plus ou moins grand les facultés de l'Esprit libre. Si c'est un Esprit avancé, s'il a surtout, comme les prophètes, reçu une mission spéciale à cet effet, il jouit, dans les moments d'émancipation de l'âme, de la faculté d'embrasser, par lui-même, une période plus ou moins étendue, et voit, comme présents, les événements de cette période. Il peut alors les révéler à l'instant même, ou en conserver la mémoire à son réveil. Si ces événements doivent rester dans le secret, il en perdra le

THÉORIE DE LA PRESCIENCE 385

souvenir ou il ne lui en restera qu'une vague intuition, suffisante pour le guider instinctivement.

C'est ainsi qu'on voit cette faculté se développer providentiellement dans certaines occasions, dans les dangers imminents, dans les grandes calamités, dans les révolutions, et que la plupart des sectes persécutées ont eu de nombreux *voyants;* c'est encore ainsi que l'on voit de grands capitaines marcher résolûment à l'ennemi, avec la certitude de la victoire; des hommes de génie, comme Christophe Colomb, par exemple, poursuivre un but en prédisant, pour ainsi dire, le moment où ils l'atteindront : c'est qu'ils ont vu ce but, qui n'est pas l'inconnu pour leur Esprit.

Le don de prédiction n'est donc pas plus surnaturel qu'une foule d'autres phénomènes; il repose sur les propriétés de l'âme et la loi des rapports du monde visible et du monde invisible que le Spiritisme vient faire connaître. Mais comment admettre l'existence d'un monde invisible, si l'on n'admet pas l'âme, ou si on l'admet sans individualité après la mort? L'incrédule qui nie la prescience est conséquent avec lui-même; reste à savoir s'il est lui-même conséquent avec la loi naturelle.

6. — Cette théorie de la prescience ne résout peut-être pas d'une manière absolue tous les cas que peut présenter la révélation de l'avenir, mais on ne peut disconvenir qu'elle en pose le principe fondamental. Si l'on ne peut tout expliquer, c'est par la difficulté, pour l'homme, de se placer à ce point de vue extraterrestre; par son infériorité même, sa pensée, incessamment ramenée dans le sentier de la vie matérielle, est souvent impuissante à se détacher du sol. A cet égard, certains hommes sont comme les jeunes oiseaux dont les ailes, trop faibles, ne

CHAPITRE XVI

leur permettent pas de s'élever dans l'air, ou comme ceux dont la vue est trop courte pour voir au loin, ou enfin comme ceux qui manquent d'un sens pour certaines perceptions.

7. — Pour comprendre les choses spirituelles, c'est-à-dire pour s'en faire une idée aussi nette que celle que nous nous faisons d'un paysage qui est sous nos yeux, il nous manque véritablement un sens, exactement comme à l'aveugle il manque le sens nécessaire pour comprendre les effets de la lumière, des couleurs et de la vue sans le contact. Aussi n'est-ce que par un effort de l'imagination que nous y parvenons, et à l'aide de comparaisons puisées dans les choses qui nous sont familières. Mais des choses matérielles ne peuvent donner que des idées très imparfaites des choses spirituelles; c'est pour cela qu'il ne faudrait pas prendre ces comparaisons à la lettre, et croire, par exemple, dans le cas dont il s'agit, que l'étendue des facultés perceptives des Esprits tient à leur élévation effective, et qu'ils ont besoin d'être sur une montagne ou au-dessus des nuages pour embrasser le temps et l'espace.

Cette faculté est inhérente à l'état de spiritualisation, ou, si l'on veut, de dématérialisation; c'est-à-dire que la spiritualisation produit un effet que l'on peut comparer, quoique très imparfaitement, à celui de la vue d'ensemble de l'homme qui est sur la montagne; cette comparaison avait simplement pour but de montrer que des événements qui sont dans l'avenir pour les uns, sont dans le présent pour d'autres, et peuvent ainsi être prédits, ce qui n'implique pas que l'effet se produise de la même manière.

Pour jouir de cette perception, l'Esprit n'a donc pas

besoin de se transporter sur un point quelconque de l'espace ; celui qui est sur la terre, à nos côtés, peut la posséder dans sa plénitude, tout aussi bien que s'il en était à mille lieues, tandis que nous ne voyons rien en dehors de l'horizon visuel. La vue, chez les Esprits, ne se produisant pas de la même manière ni avec les mêmes éléments que chez l'homme, leur horizon visuel est tout autre ; or c'est précisément là le sens qui nous manque pour le concevoir ; *l'Esprit, à côté de l'incarné, est comme le voyant à côté d'un aveugle.*

8. — Il faut bien se figurer, en outre, que cette perception ne se borne pas à l'étendue, mais qu'elle comprend la pénétration de toutes choses ; c'est, nous le répétons, une faculté inhérente et proportionnée à l'état de dématérialisation. Cette faculté est *amortie* par l'incarnation, mais elle n'est pas complètement annulée, parce que l'âme n'est pas enfermée dans le corps comme dans une boîte. L'incarné la possède, quoique toujours à un moindre degré que lorsqu'il est entièrement dégagé ; c'est ce qui donne à certains hommes une puissance de pénétration qui manque totalement à d'autres, une plus grande justesse dans le coup d'œil moral, une compréhension plus facile des choses extramatérielles.

Non-seulement l'Esprit perçoit, mais il se souvient de ce qu'il a vu à l'état d'Esprit, et ce souvenir est comme un tableau qui se retrace à sa pensée. Dans l'incarnation il voit, mais vaguement et comme à travers un voile ; à l'état de liberté il voit et conçoit clairement. *Le principe de la vue n'est pas hors de lui, mais en lui ;* c'est pour cela qu'il n'a pas besoin de notre lumière extérieure. Par le développement moral, le cercle des idées et de la conception s'élargit ; par la dématérialisation graduelle

CHAPITRE XVI

du périsprit, celui-ci se purifie des éléments grossiers qui altéraient la délicatesse des perceptions ; d'où il est aisé de comprendre que l'extension de toutes les facultés suit le progrès de l'Esprit.

9. — C'est le degré de l'extension des facultés de l'Esprit qui, dans l'incarnation, le rend plus ou moins apte à concevoir les choses spirituelles. Toutefois, cette aptitude n'est pas la conséquence nécessaire du développement de l'intelligence ; la science vulgaire ne la donne pas ; c'est pour cela qu'on voit des hommes d'un grand savoir aussi aveugles pour les choses spirituelles que d'autres le sont pour les choses matérielles ; ils y sont réfractaires, parce qu'ils ne les comprennent pas ; cela tient à ce que leur progrès ne s'est pas *encore* accompli dans ce sens, tandis qu'on voit des personnes d'une instruction et d'une intelligence vulgaires les saisir avec la plus grande facilité, ce qui prouve qu'elles en avaient l'intuition préalable. C'est chez elles un souvenir rétrospectif de ce qu'elles ont vu et su, soit dans l'erraticité, soit dans leurs existences antérieures, comme d'autres ont l'intuition des langues et des sciences qu'elles ont possédées.

10. — La faculté de changer son point de vue et de le prendre d'en haut ne donne pas seulement la solution du problème de la prescience ; c'est en outre la clef de la vraie foi, de la foi solide ; c'est aussi le plus puissant élément de force et de résignation, car, de là, la vie terrestre apparaissant comme un point dans l'immensité, on comprend le peu de valeur des choses qui, vues d'en bas, paraissent si importantes ; les incidents, les misères, les vanités de la vie s'amoindrissent à mesure que se déroule l'immense et splendide horizon de l'avenir. Celui qui voit ainsi les choses de ce monde n'est que peu ou point atteint

THÉORIE DE LA PRESCIENCE

par les vicissitudes, et, par cela même, il est aussi heureux qu'on peut l'être ici-bas. Il faut donc plaindre ceux qui concentrent leurs pensées dans l'étroite sphère terrestre, parce qu'ils ressentent, dans toute sa force, le contre-coup de toutes les tribulations, qui, comme autant d'aiguillons, les harcèlent sans cesse.

11. — Quant à l'avenir du Spiritisme, les Esprits, comme on le sait, sont unanimes pour en affirmer le triomphe prochain, malgré les entraves qu'on lui oppose; cette prévision leur est facile, d'abord, parce que sa propagation est leur œuvre personnelle; concourant au mouvement ou le dirigeant, ils savent, par conséquent, ce qu'ils doivent faire ; en second lieu, il leur suffit d'embrasser une période de courte durée, et, dans cette période, ils voient sur sa route les puissants auxiliaires que Dieu lui suscite, et qui ne tarderont pas à se manifester.

Sans être Esprits désincarnés, que les Spirites se portent seulement à trente ans en avant, au milieu de la génération qui s'élève ; que, de là, ils considèrent ce qui se passe aujourd'hui ; qu'ils en suivent la filière, et ils verront se consumer en vains efforts ceux qui se croient appelés à le renverser ; ils les verront peu à peu disparaître de la scène, à côte de l'arbre qui grandit et dont les racines s'étendent chaque jour davantage.

12. Les événements vulgaires de la vie privée sont, le plus souvent, la conséquence de la manière d'agir de chacun ; tel réussira suivant ses capacités, son savoir-faire, sa persévérance, sa prudence et son énergie, où un autre échouera par son insuffisance ; de sorte qu'on peut dire que chacun est l'artisan de son propre avenir, lequel n'est jamais soumis à une aveugle fatalité indépendante de sa personne. Connaissant le caractère d'un individu,

on peut aisément lui prédire le sort qui l'attend dans la route où il s'engage.

13. — Les événements qui touchent aux intérêts généraux de l'humanité sont réglés par la Providence. Quand une chose est dans les desseins de Dieu, elle doit s'accomplir quand même, soit par un moyen, soit par un autre. Les hommes concourent à son exécution, mais aucun n'est indispensable, autrement Dieu lui-même serait à la merci de ses créatures. Si celui à qui incombe la mission de l'exécuter fait défaut, un autre en est chargé. Il n'y a point de mission fatale; l'homme est toujours libre de remplir celle qui lui est confiée et qu'il a volontairement acceptée; s'il ne le fait pas, il en perd le bénéfice, et il assume la responsabilité des retards qui peuvent être le fait de sa négligence ou de son mauvais vouloir; s'il devient un obstacle à son accomplissement, Dieu peut le briser d'un souffle.

14. — Le résultat final d'un événement peut donc être certain, parce qu'il est dans les vues de Dieu; mais comme, le plus souvent, les détails et le mode d'exécution sont subordonnés aux circonstances et au libre arbitre des hommes, les voies et moyens peuvent être éventuels. Les Esprits peuvent nous pressentir sur l'ensemble, s'il est utile que nous en soyons prévenus; mais, pour préciser le lieu et la date, il faudrait qu'ils connussent d'avance la détermination que prendra tel ou tel individu; or, si cette détermination n'est pas encore dans sa pensée, selon ce qu'elle sera, elle peut hâter ou retarder le dénoûment, modifier les moyens secondaires d'action, tout en aboutissant au même résultat. C'est ainsi, par exemple, que les Esprits peuvent, par l'ensemble des circonstances, prévoir qu'une guerre est plus ou moins

THÉORIE DE LA PRESCIENCE

prochaine, qu'elle est inévitable, sans pouvoir prédire le jour où elle commencera, ni les incidents de détail qui peuvent être modifiés par la volonté des hommes.

15. — Pour la fixation de l'époque des événements futurs, il faut, en outre, tenir compte d'une circonstance inhérente à la nature même des Esprits.

Le temps, de même que l'espace, ne peut être évalué qu'à l'aide de points de comparaison ou de repère qui le divisent en périodes que l'on peut compter. Sur la terre, la division naturelle du temps en jours et en années est marquée par le lever et le coucher du soleil, et par la durée du mouvement de translation de la terre. La subdivision des jours en vingt-quatre heures est arbitraire ; elle est indiquée à l'aide d'instruments spéciaux, tels que les sabliers, les clepsydres, les horloges, les cadrans solaires, etc. Les unités de mesure du temps doivent varier selon les mondes, puisque les périodes astronomiques sont différentes ; c'est ainsi, par exemple, que dans Jupiter les jours équivalent à dix de nos heures, et les années à près de douze années terrestres.

Il y a donc pour chaque monde une manière différente de supputer la durée suivant la nature des révolutions astrales qui s'y accomplissent ; ce serait déjà une difficulté pour la détermination de nos dates par des Esprits qui ne connaîtraient pas notre monde. Mais, en dehors des mondes, ces moyens d'appréciation n'existent pas. Pour un Esprit, dans l'espace, il n'y a ni lever ni coucher de soleil marquant les jours, ni révolution périodique marquant les années ; il n'y a pour lui que la durée et l'espace infinis. (Chap. VI, n°s 1er et suivants.) Celui donc qui ne serait jamais venu sur la terre n'aurait aucune connaissance de nos calculs, qui, du reste, lui seraient complètement inu-

CHAPITRE XVI

tiles; il y a plus : celui qui n'aurait jamais été incarné sur aucun monde n'aurait aucune notion des fractions de la durée. Lorsqu'un Esprit étranger à la terre vient s'y manifester, il ne peut assigner de dates aux événements qu'en s'identifiant avec nos usages, ce qui est sans doute en son pouvoir, mais ce que, le plus souvent, il ne juge pas utile de faire.

16. — Le mode de supputation de la durée est une convention arbitraire faite entre les incarnés pour les besoins de la vie corporelle de relation. Pour mesurer la durée comme nous, les Esprits ne pourraient le faire qu'à l'aide de nos instruments de précision, qui n'existent pas dans la vie spirituelle.

Cependant les Esprits, qui composent la population invisible de notre globe, où ils ont déjà vécu et où ils continuent de vivre au milieu de nous, sont naturellement identifiés avec nos habitudes, dont ils emportent le souvenir dans l'erraticité. Ils ont donc moins de difficulté que les autres à se mettre à notre point de vue pour ce qui concerne les usages terrestres; en Grèce, ils comptaient par olympiades; ailleurs, par périodes lunaires ou solaires, selon les temps et les lieux. Ils pourraient, par conséquent, plus facilement assigner une date aux événements futurs lorsqu'ils la connaissent; mais, outre que cela ne leur est pas toujours permis, ils en sont empêchés par cette raison que toutes les fois que les circonstances de détail sont subordonnées au libre arbitre et à la décision éventuelle de l'homme, la date précise n'existe réellement que lorsque l'événement est accompli.

Voilà pourquoi les prédictions circonstanciées ne peuvent offrir de certitude et ne doivent être acceptées que comme des probabilités, alors même qu'elles ne porteraient pas avec elles un cachet de *légitime suspicion*. Aussi les Esprits vraiment sages ne prédisent jamais rien à époques fixes ; ils se bornent à nous pressentir sur l'issue des choses qu'il nous est utile de connaître. Insister pour avoir des détails précis, c'est s'exposer aux mystifications des Esprits légers, qui prédisent tout ce qu'on veut sans se soucier de la vérité, et s'amusent des frayeurs et des déceptions qu'ils causent.

Les prédictions qui offrent le plus de probabilité sont celles qui ont un caractère d'utilité générale et humanitaire ; il ne faut compter sur les autres que lorsqu'elles sont accomplies. On peut, suivant les circonstances, les accepter à titre d'avertissement, mais il y aurait imprudence à agir prématurément en vue de leur réalisation à jour fixe. On peut tenir pour certain que plus elles sont circonstanciées, plus elles sont suspectes.

17. — La forme assez généralement employée jusqu'ici pour les prédictions en fait de véritables énigmes souvent indéchiffrables. Cette forme mystérieuse et cabalistique, dont Nostradamus offre le type le plus complet, leur donne un certain prestige aux yeux du vulgaire, qui leur attribue d'autant plus de valeur qu'elles sont plus incompréhensibles. Par leur ambiguïté, elles se prêtent à des interprétations très différentes, de telle sorte que, selon le sens attribué à certains mots allégoriques ou de convention, la manière de supputer le calcul bizarrement compliqué des dates, et avec un peu de bonne volonté, on y trouve à peu près tout ce qu'on veut.

Quoi qu'il en soit, on ne peut disconvenir que quelques-unes ont un caractère sérieux, et confondent par leur véracité. Il est probable que cette forme voilée a eu, dans un temps, sa raison d'être et même sa nécessité.

[CHAPITRE XVI

Aujourd'hui, les circonstances ne sont plus les mêmes ; le positivisme du siècle s'accommoderait peu du langage sibyllin. Aussi les prédictions de nos jours n'affectent plus ces formes étranges ; celles que font les Esprits n'ont rien de mystique ; ils parlent le langage de tout le monde, comme ils l'eussent fait de leur vivant, parce qu'ils n'ont pas cessé d'appartenir à l'humanité : ils nous pressentent sur les choses futures, personnelles ou générales, lorsque cela peut être utile, dans la mesure de la perspicacité dont ils sont doués, comme le feraient des conseillers ou des amis. Leurs prévisions sont donc plutôt des avertissements qui n'ôtent rien au libre arbitre, que des prédictions proprement dites qui impliqueraient une fatalité absolue. Leur opinion est, en outre, presque toujours motivée, parce qu'ils ne veulent pas que l'homme annihile sa raison sous une foi aveugle, ce qui permet d'en apprécier la justesse.

18.—L'humanité contemporaine a aussi ses prophètes ; plus d'un écrivain, poète, littérateur, historien ou philosophe a pressenti, dans ses écrits, la marche future des choses que l'on voit se réaliser aujourd'hui.

Cette aptitude tient souvent, sans doute, à la rectitude du jugement qui déduit les conséquences logiques du présent ; mais souvent aussi elle est le résultat d'une clairvoyance spéciale inconsciente, ou d'une inspiration étrangère. Ce que ces hommes ont fait de leur vivant, ils peuvent à plus forte raison le faire et avec plus d'exactitude à l'état d'Esprit, alors que la vue spirituelle n'est plus obscurcie par la matière.

CHAPITRE XVII

Prédictions de l'Évangile

Nul n'est prophète en son pays. — Mort et passion de Jésus. — Persécution des apôtres. — Villes impénitentes, — Ruine du Temple et de Jérusalem. — Malédiction aux pharisiens. — Mes paroles ne passeront point. — La pierre angulaire. — Parabole des vignerons homicides. — Un seul troupeau et un seul pasteur. — Avénement d'Élie. — Annonce du Consolateur. — Second avénement du Christ. — Signes précurseurs. — Vos fils et vos filles prophétiseront. — Jugement dernier.

NUL N'EST PROPHÈTE EN SON PAYS.

1. — Et étant venu en son pays, il les instruisait dans leurs synagogues, de sorte qu'étant saisis d'étonnement, ils disaient: D'où sont venus à celui-ci cette sagesse et ces miracles? — N'est-ce pas le fils de ce charpentier? Sa mère ne s'appelle-t-elle pas Marie? et ses frères Jacques, Joseph, Simon et Jude? — Et ses sœurs ne sont-elles pas toutes parmi nous? D'où viennent donc à celui-ci toutes ces choses? — Et ainsi ils prenaient de lui un sujet de scandale. Mais Jésus leur dit: *Un prophète n'est sans honneur que dans son pays et dans sa maison.* — Et il ne fit pas là beaucoup de miracles, à cause de leur incrédulité. (Saint Matth., ch. XIII, v. de 54 à 58.)

2. — Jésus énonçait là une vérité passée en proverbe, qui est de tous les temps, et à laquelle on pourrait donner plus d'extension en disant que *nul n'est prophète de son vivant.*

Dans le langage actuel, cette maxime s'entend du cré-

CHAPITRE XVII

dit dont un homme jouit parmi les siens et ceux au milieu desquels il vit, de la confiance qu'il leur inspire par la supériorité du savoir et de l'intelligence. Si elle souffre des exceptions, elles sont rares, et, dans tous les cas elles ne sont jamais absolues ; le principe de cette vérité est une conséquence naturelle de la faiblesse humaine, et peut s'expliquer ainsi :

L'habitude de se voir depuis l'enfance, dans les circonstances vulgaires de la vie, établit entre les hommes une sorte d'égalité matérielle qui fait que souvent on se refuse à reconnaître une supériorité morale en celui dont on a été le compagnon ou le commensal, qui est sorti du même milieu et dont on a vu les premières faiblesses ; l'orgueil souffre de l'ascendant qu'il est obligé de subir. Quiconque s'élève au-dessus du niveau commun est toujours en butte à la jalousie et à l'envie ; ceux qui se sentent incapables d'atteindre à sa hauteur s'efforcent de le rabaisser par le dénigrement, la médisance et la calomnie ; ils crient d'autant plus fort, qu'ils se voient plus petits, croyant se grandir et l'éclipser par le bruit qu'ils font. Telle a été et telle sera l'histoire de l'humanité, tant que les hommes n'auront pas compris leur nature spirituelle et n'auront pas élargi leur horizon moral ; aussi ce préjugé est-il le propre des esprits étroits et vulgaires, qui rapportent tout à leur personnalité.

D'un autre côté, on se fait généralement des hommes que l'on ne connaît que par leur esprit un idéal qui grandit avec l'éloignement des temps et des lieux. On les dépouille presque de l'humanité ; il semble qu'ils ne doivent ni parler ni sentir comme tout le monde, que leur langage et leurs pensées doivent être constamment au diapason de la sublimité, sans songer que l'esprit ne saurait être incessamment tendu, et dans un état perpétuel de surexcitation. Dans le contact journalier de la vie privée, on voit trop l'homme matériel, que rien ne distingue du vulgaire. L'homme corporel, qui frappe les sens, efface presque l'homme spirituel, qui ne frappe que l'esprit : *de loin, on ne voit que les éclairs de génie ; de près, on voit les repos de l'esprit.*

Après la mort, la comparaison n'existant plus, l'homme spirituel reste seul, et il paraît d'autant plus grand que le souvenir de l'homme corporel est plus éloigné. Voilà pourquoi les hommes qui ont marqué leur passage sur la terre par des œuvres d'une valeur réelle sont plus appréciés après leur mort que de leur vivant. Ils sont jugés avec plus d'impartialité, parce que les envieux et les jaloux ayant disparu, les antagonismes personnels n'existent plus. La postérité est un juge désintéressé qui apprécie l'œuvre de l'esprit, l'accepte sans enthousiasme aveugle si elle est bonne, la rejette sans haine si elle est mauvaise, abstraction faite de l'individualité qui l'a produite.

Jésus pouvait d'autant moins échapper aux conséquences de ce principe, inhérent à la nature humaine, qu'il vivait dans un milieu peu éclairé, et parmi des hommes tout entiers à la vie matérielle. Ses compatriotes ne voyaient en lui que le fils du charpentier, le frère d'hommes aussi ignorants qu'eux, et ils se demandaient ce qui pouvait le rendre supérieur à eux et lui donner le droit de les censurer ; aussi, en voyant que sa parole avait moins de crédit sur les siens, qui le méprisaient, que sur les étrangers, il alla prêcher parmi ceux qui l'écoutaient et au milieu desquels il trouvait de la sympathie.

On peut juger de quels sentiments ses proches étaient

CHAPITRE XVII

animés envers lui par ce fait, que ses propres frères, accompagnés de sa mère, vinrent, dans une assemblée où il se trouvait, pour se *saisir* de lui, disant qu'il avait *perdu l'esprit*. (Saint Marc, ch. III, v. 20, 21, et de 31 à 35. — *Evangile selon le Spiritisme*, ch. XIV.)

Ainsi, d'un côté, les prêtres et les pharisiens accusaient Jésus d'agir par le démon; de l'autre, il était taxé de folie par ses plus proches parents. N'est-ce pas ainsi qu'on en use de nos jours à l'égard des Spirites, et ceux-ci doivent-ils se plaindre de n'être pas mieux traités par leurs concitoyens que ne le fût Jésus? Ce qui n'avait rien d'étonnant il y a deux mille ans, chez un peuple ignorant, est plus étrange au dix-neuvième siècle chez les nations civilisées.

MORT ET PASSION DE JÉSUS.

3. — (Après la guérison du lunatique.) — Tous furent étonnés de la grande puissance de Dieu. Et lorsque tout le monde était dans l'admiration de ce que faisait Jésus, il dit à ses disciples : Mettez bien dans votre cœur ce que je vais vous dire. Le Fils de l'homme doit être livré entre les mains des hommes. — Mais ils n'entendaient point ce langage; il leur était tellement caché, qu'ils n'y comprenaient rien, et ils appréhendaient même de l'interroger à ce sujet. (Saint Luc, ch. IX, v. 44, 45.)

4. — Dès lors, Jésus commença à découvrir à ses disciples qu'il fallait qu'il allât à Jérusalem; qu'il y souffrît beaucoup de la part des sénateurs, des scribes et des princes des prêtres; qu'il fût mis à mort, et qu'il ressuscitât le troisième jour. (Saint Matthieu, ch. XVI, v. 21.)

5. — Lorsqu'ils étaient en Galilée, Jésus leur dit : le Fils de l'homme doit être livré entre les mains des hommes; — et ils le feront mourir, et il ressuscitera le troisième jour : ce qui les affligea extrêmement. (Saint Matthieu, ch. XVII, v. 21, 22.)

6. — Or Jésus, s'en allant à Jérusalem, il prit à part ses douze

PRÉDICTIONS DE L'ÉVANGILE

disciples, et leur dit : Nous allons à Jérusalem et le Fils de l'homme sera livré aux princes des prêtres et aux scribes, qui le condamneront à mort, — et le livreront aux gentils, afin qu'ils le traitent avec moquerie, et qu'ils le fouettent et le crucifient; et il ressuscitera le troisième jour. (Saint Matthieu, ch. xx, v. 17, 18, 19.)

7. — Ensuite Jésus, prenant à part les douze apôtres, leur dit : Voici, nous allons à Jérusalem, et tout ce qui a été écrit par les prophètes touchant le Fils de l'homme va être accompli ; — Car il sera livré aux gentils ; on se moquera de lui, on le fouettera, on lui crachera au visage. — Et après qu'on l'aura fouetté on le fera mourir, et il ressuscitera le troisième jour.

Mais ils ne comprirent rien à tout cela : ce langage leur était caché, et ils n'entendaient point ce qu'il leur disait. (Saint Luc, ch. xviii, v. 31 à 34.)

8. — Jésus, ayant achevé tous ses discours, dit à ses disciples : Vous savez que la Pâque se fera dans deux jours, et que le Fils de l'homme sera livré pour être crucifié.

Au même temps, les princes des prêtres et les anciens du peuple s'assemblèrent dans la cour du grand prêtre appelé Caïphe, — et tinrent conseil ensemble pour trouver moyen de se saisir adroitement de Jésus, et de le faire mourir. — Et ils disaient : Il ne faut point que ce soit pendant la fête, de peur qu'il ne s'excite quelque tumulte parmi le peuple. (Saint Matthieu, ch. xxvi, v. 1 à 5.)

9. — Le même jour, quelques-uns des pharisiens vinrent lui dire : Allez-vous-en, sortez de ce lieu, car Hérode veut vous faire mourir. — Il leur répondit : Allez dire à ce renard : J'ai encore à chasser les démons, et à rendre la santé aux malades aujourd'hui et demain, et le troisième jour je serai consommé par ma mort. (Saint Luc, ch. xiii, v. 31, 32.)

PERSÉCUTION DES APÔTRES.

10. — Donnez-vous garde des hommes, car ils vous feront comparaître dans leurs assemblées, et ils vous feront fouetter dans leurs synagogues ; et vous serez présentés, à cause de moi, aux

CHAPITRE XVII

gouverneurs et aux rois, pour leur servir de témoignage, aussi bien qu'aux nations. (Saint Matthieu, ch. x, v. 17, 18.)

11. — Ils vous chasseront des synagogues; et le temps vient où quiconque vous fera mourir croira faire une chose agréable à Dieu. — Ils vous **traiteront** de la sorte, parce qu'ils ne connaissent ni mon Père ni moi. — Or je vous dis ces choses afin que, lorsque le temps sera venu, vous vous souveniez que je vous les ai dites. (Saint Jean, ch. xvi, v. 1 à 4.)

12. — Vous serez trahis et livrés aux magistrats par vos pères et vos mères, par vos frères, par vos parents, par vos amis, et l'on fera mourir plusieurs d'entre vous; — et vous serez haïs de tout le monde, à cause de mon nom. — Cependant, il ne se perdra pas un cheveu de votre tête. — C'est par votre patience que vous possèderez vos âmes. (Saint Luc, ch. xxi, v. 16 à 19.)

13. — (*Martyre de saint Pierre.*) En vérité, en vérité, je vous le dis, lorsque vous étiez plus jeune, vous vous ceigniez vous-même et vous alliez où vous vouliez; mais lorsque vous serez vieux, vous étendrez vos mains, et un autre vous ceindra et vous mènera où vous ne voudriez pas. — Or, il disait cela pour marquer par quelle mort il devait glorifier Dieu. (Saint Jean, ch. xxi, v. 18, 19.)

VILLES IMPÉNITENTES.

14. — Alors il commença à faire des reproches aux villes dans lesquelles il avait fait beaucoup de miracles, de ce qu'elles n'avaient point fait pénitence.

Malheur à toi, Corozaïn, malheur à toi, Bethsaïde, parce que, si les miracles qui ont été faits au milieu de vous avaient été faits dans Tyr et dans Sidon, il y a longtemps qu'elles auraient fait pénitence dans le sac et dans la cendre. — C'est pourquoi je vous déclare qu'au jour du jugement, Tyr et Sidon seront traitées moins rigoureusement que vous.

Et toi, Capharnaüm, t'élèveras-tu toujours jusqu'au ciel? Tu seras abaissée jusqu'au fond de l'enfer, parce que, si les miracles qui ont été faits au milieu de toi avaient été faits dans Sodome, elle subsisterait peut-être encore aujourd'hui. — C'est pourquoi je te déclare qu'au jour du jugement, le pays de Sodome sera traité moins rigoureusement que toi. (Saint Matth., ch. xi, *v.* de 20 à 24.)

RUINE DU TEMPLE ET DE JÉRUSALEM.

15. — Lorsque Jésus sortit du Temple pour s'en aller, ses disciples s'approchèrent de lui pour lui faire remarquer la structure et la grandeur de cet édifice. — Mais il leur dit : Voyez-vous tous ces bâtiments? Je vous le dis, en vérité, ils seront tellement détruits qu'il n'y demeurera pas pierre sur pierre. (Saint Matth., ch. xxiv, *v.* 1, 2.)

16. — Étant ensuite arrivé proche de Jérusalem, et regardant la ville, il pleura sur elle en disant : — Ah ! si tu reconnaissais au moins en ce jour, qui t'est encore donné, ce qui peut te procurer la paix ! Mais maintenant tout cela est caché à tes yeux. — Aussi viendra-t-il un temps malheureux pour toi, où tes ennemis t'environneront de tranchées, où ils t'enfermeront et te serreront de toutes parts ; — ils te renverseront par terre, toi et tes enfants qui sont au milieu de toi, et ils ne te laisseront pas pierre sur pierre, parce que tu n'as pas connu le temps auquel Dieu t'a visitée. (Saint Luc, ch. xix, *v.* de 41 à 44.)

17. — Cependant il faut que je continue à marcher aujourd'hui et demain, et le jour d'après, car il ne faut pas qu'un prophète souffre la mort ailleurs que dans Jérusalem. Jérusalem, Jérusalem qui tues les prophètes et qui lapides ceux qui sont envoyés vers toi, combien de fois ai-je voulu rassembler tes enfants, comme une poule rassemble ses petits sous ses ailes, et tu ne l'as pas voulu. — Le temps s'approche où votre maison demeurera déserte. Or je vous dis, en vérité, que vous ne me verrez plus désormais, jusqu'à ce que vous disiez : Béni soit celui qui vient au nom du Seigneur. (Saint Luc, ch. xiii, *v.* 33, 34, 35.)

18. — Lorsque vous verrez une armée environner Jérusalem, sachez que sa désolation est proche. — Alors, que ceux qui sont dans la Judée s'enfuient sur les montagnes; que ceux qui se trouveront au milieu d'elle s'en retirent, et que ceux qui seront dans le pays d'alentour n'y entrent point. — Car ce seront alors les jours de la vengeance ; afin que tout ce qui est dans l'Écriture

soit accompli. — Malheur à celles qui seront grosses ou nourrices en ces jours-là, car ce pays sera accablé de maux, et la colère du ciel tombera sur ce peuple. — Ils passeront par le fil de l'épée ; ils seront emmenés captifs dans toutes les nations, et Jérusalem sera foulée aux pieds par les gentils, jusqu'à ce que le temps des nations soit accompli. (Saint Luc, ch. xxi, v. de 20 à 24.)

19. — (*Jésus marchant au supplice.*) Or il était suivi d'une grande multitude de peuple et de femmes qui se frappaient la poitrine et qui pleuraient. — Mais Jésus, se retournant, leur dit : Filles de Jérusalem, ne pleurez point sur moi, mais pleurez sur vous-mêmes et sur vos enfants ; — car il viendra un temps auquel on dira : Heureuses les stériles et les entrailles qui n'ont point porté d'enfants et les mamelles qui n'ont point nourri. — Ils commenceront alors à dire aux montagnes : Tombez sur nous ! et aux collines : Couvrez-nous ! — Car s'ils traitent de la sorte le bois vert, comment le bois sec sera-t-il traité? (Saint Luc, ch. xxiii, v. de 27 à 31.)

20. — La faculté de pressentir les choses futures est un des attributs de l'âme, et s'explique par la théorie de la prescience. Jésus la possédait, comme toutes les autres, à un degré éminent. Il a donc pu prévoir les événements qui suivraient sa mort, sans qu'il y ait dans ce fait rien de surnaturel, puisqu'on le voit se reproduire sous nos yeux dans les conditions les plus vulgaires. Il n'est pas rare que des individus annoncent avec précision l'instant de leur mort : c'est que leur âme, à l'état de dégagement, est comme l'homme de la montagne (chap. XVI, n° 1); elle embrasse la route à parcourir et en voit le terme.

Il devait d'autant mieux en être ainsi de Jésus, qu'ayant conscience de la mission qu'il venait remplir, il savait que la mort par le supplice en était la conséquence nécessaire. La vue spirituelle, qui était permanente chez lui, ainsi que la pénétration de la pensée, devait lui en montrer les circonstances et l'époque fatale. Par la même raison, il pouvait prévoir la ruine du Temple, celle de Jérusalem, les malheurs qui allaient frapper ses habitants, et la dispersion des Juifs.

21. — L'incrédulité, qui n'admet pas la vie spirituelle indépendante de la matière, ne peut se rendre compte de la prescience : c'est pourquoi elle la nie, attribuant au hasard les faits authentiques qui s'accomplissent sous ses yeux. Il est remarquable qu'elle recule devant l'examen de tous les phénomènes psychiques qui se produisent de toutes parts, de peur sans doute d'y voir l'âme surgir et lui donner un démenti.

MALÉDICTION AUX PHARISIENS.

22. — (Jean-Baptiste). Voyant plusieurs des pharisiens et des saducéens qui venaient à son baptême, il leur dit : Race de vipères, qui vous a appris à fuir la colère qui doit tomber sur vous ? — Faites donc de dignes fruits de pénitence ; — et ne pensez pas dire en vous-mêmes : Nous avons Abraham pour père ; car je vous déclare que Dieu peut faire naître de ces pierres mêmes des enfants à Abraham ; — car la cognée est déjà mise à la racine des arbres : tout arbre, donc, qui ne produit point de bons fruits sera coupé et jeté au feu. (Saint Matth., ch. III, v. 7 à 10.)

23. — Malheur à vous, scribes et pharisiens hypocrites, parce que vous fermez aux hommes le royaume des cieux ; car vous n'y entrerez point vous-mêmes, et vous vous opposez encore à ceux qui désirent y entrer !

Malheur à vous, scribes et pharisiens hypocrites, parce que, sous prétexte de vos longues prières, vous dévorez les maisons des veuves ; c'est pour cela que vous recevrez un jugement plus rigoureux !

Malheur à vous, scribes et pharisiens hypocrites, parce que

CHAPITRE XVII

vous courez la mer et la terre pour faire un prosélyte, et qu'après qu'il l'est devenu, vous le rendez digne de l'enfer deux fois plus que vous !

Malheur à vous, conducteurs aveugles qui dites : Si un homme jure par le temple, ce n'est rien ; mais quiconque jure par l'or du temple est obligé à son serment ! — Insensés et aveugles que vous êtes ! Lequel doit-on plus estimer, ou l'or ou le temple qui sanctifie l'or ? — Et si un homme, dites-vous, jure par l'autel, ce n'est rien ; mais quiconque jure par le don qui est sur l'autel, est obligé à son serment. — Aveugles que vous êtes! Lequel doit-on plus estimer, ou le don, ou l'autel qui sanctifie le don ? — Celui, donc, qui jure par l'autel, jure par l'autel et par tout ce qui est dessus ; — et quiconque jure par le temple, jure par le temple et par celui qui y habite ; — et celui qui jure par le ciel, jure par le trône de Dieu et par celui qui y est assis.

Malheur à vous, scribes et pharisiens hypocrites, qui payez la dîme de la menthe, de l'aneth et du cumin, et qui avez abandonné ce qu'il y a de plus important dans la loi, savoir : la justice, la miséricorde et la foi ! C'étaient là les choses qu'il fallait pratiquer, sans néanmoins omettre les autres. — Conducteurs aveugles, qui avez grand soin de passer ce que vous buvez, de peur d'avaler un moucheron, et qui avalez un chameau !

Malheur à vous, Scribes et Pharisiens hypocrites, parce que vous nettoyez le dehors de la coupe et du plat, et vous êtes au dedans pleins de rapine et d'impureté ! — Pharisiens aveugles ! nettoyez premièrement le dedans de la coupe et du plat, afin que le dehors soit net aussi.

Malheur à vous, scribes et pharisiens hypocrites , parce que vous êtes semblables à des sépulcres blanchis qui, au dehors, paraissent beaux aux yeux des hommes, mais qui, au dedans, sont pleins d'ossements de morts et de toute sorte de pourriture! — Ainsi, au dehors, vous paraissez justes, mais, au dedans, vous êtes pleins d'hypocrisie et d'iniquités.

Malheur à vous, scribes et pharisiens, qui bâtissez des tombeaux aux prophètes et ornez les monuments des justes, — et qui dites : Si nous eussions été du temps de nos pères, nous ne nous fussions pas joints à eux pour répandre le sang des prophètes ! — Achevez donc aussi de combler la mesure de vos pères. — Serpents, race de vipères, comment pourrez-vous éviter d'être condamnés à l'enfer? — C'est pourquoi je vais vous envoyer des prophètes, des sages et des scribes, et vous tuerez les uns, vous crucifierez les autres, vous en fouetterez d'autres dans vos synagogues, et vous les persécuterez de ville en ville ; — afin que tout le sang innocent qui a été répandu sur la terre retombe sur vous, depuis le sang d'Abel le juste, jusqu'au sang de Zacharie, fils de Barachie, que vous avez tué entre le temple et l'autel ! — Je vous dis, en vérité, tout cela viendra fondre sur cette race qui est aujourd'hui. (Saint Matth., ch. XXIII, v. de 13 à 36.)

MES PAROLES NE PASSERONT POINT.

24. — Alors ses disciples, s'approchant, lui dirent : Savez-vous bien que les pharisiens, ayant entendu ce que vous venez de dire, s'en sont scandalisés? — Mais il répondit : *Toute plante que mon Père céleste n'a point plantée sera arrachée.* — Laissez-les ; ce sont des aveugles qui conduisent des aveugles ; si un aveugle en conduit un autre, ils tombent tous deux dans la fosse. (Saint Matth., ch. XV, v. 12, 13, 14.)

25. — Le ciel et la terre passeront, mais mes paroles ne passeront point. (Saint Matth., ch. XXIV, v. 35.)

26. — Les paroles de Jésus ne passeront point, parce qu'elles seront vraies dans tous les temps ; son code moral sera éternel, parce qu'il renferme les conditions du bien qui conduit l'homme à sa destinée éternelle. Mais ses paroles sont-elles parvenues jusqu'à nous pures de tout alliage et de fausses interprétations? Toutes les sectes chrétiennes en ont-elles saisi l'esprit? Aucune n'en a-t-elle détourné le véritable sens, par suite des préjugés et de l'ignorance des lois de la nature? Aucune ne s'en est-elle fait un instrument de domination pour servir l'ambition et les intérêts matériels, un marchepied, non pour s'élever au ciel, mais pour s'élever sur la terre?

CHAPITRE XVII

Toutes se sont-elles proposé pour règle de conduite la pratique des vertus dont il a fait la condition expresse du salut? Toutes sont-elles exemptes des reproches qu'il adressait aux pharisiens de son temps? Toutes, enfin, sont-elles, en théorie comme en pratique, l'expression pure de sa doctrine?

La vérité, étant une, ne peut se trouver dans des affirmations contraires, et Jésus n'a pu vouloir donner un double sens à ses paroles. Si donc les différentes sectes se contredisent; si les unes considèrent comme vrai ce que d'autres condamnent comme des hérésies, il est impossible qu'elles soient toutes dans la vérité. Si toutes eussent pris le sens véritable de l'enseignement évangélique, elles se seraient rencontrées sur le même terrain, et il n'y aurait pas eu de sectes.

Ce qui *ne passera pas*, c'est le sens vrai des paroles de Jésus; ce qui *passera*, c'est ce que les hommes ont bâti sur le sens faux qu'ils ont donné à ces mêmes paroles.

Jésus ayant mission d'apporter aux hommes la pensée de Dieu, sa doctrine *pure* peut seule être l'expression de cette pensée; c'est pourquoi il a dit : *Toute plante que mon Père céleste n'a point plantée sera arrachée.*

LA PIERRE ANGULAIRE.

27. — N'avez-vous jamais lu cette parole dans les Ecritures : La pierre, qui a été rejetée par ceux qui bâtissaient est devenue la principale pierre de l'angle? C'est ce que le Seigneur a fait, et nos yeux le voient avec admiration. — C'est pourquoi je vous déclare que le royaume de Dieu vous sera ôté, et qu'il sera donné à un peuple qui en produira les fruits. — Celui qui se laissera tomber sur cette pierre s'y brisera, et elle écrasera celui sur qui elle tombera.

Les princes des prêtres et les pharisiens, ayant entendu ces paroles de Jésus, connurent que c'était d'eux qu'il parlait; — et voulant se saisir de lui, ils appréhendèrent le peuple, parce qu'il le regardait comme un prophète. (Saint Matth., ch. xxi, *v.* de 42 à 46.)

28. — La parole de Jésus est devenue la pierre angulaire, c'est-à-dire la pierre de consolidation du nouvel édifice de la foi, élevé sur les ruines de l'ancien ; les Juifs, les princes des prêtres et les pharisiens ayant rejeté cette parole, elle les a écrasés, comme elle écrasera ceux qui, depuis, l'ont méconnue, ou qui en ont dénaturé le sens au profit de leur ambition.

PARABOLE DES VIGNERONS HOMICIDES.

29. — Il y avait un père de famille qui, ayant planté une vigne, l'enferma d'une haie ; et creusant dans la terre, il y bâtit une tour; puis l'ayant louée à des vignerons, il s'en alla dans un pays éloigné.
Or, le temps des fruits étant proche, il envoya ses serviteurs aux vignerons, pour recueillir le fruit de sa vigne. — Mais les vignerons, s'étant saisis de ses serviteurs, battirent l'un, tuèrent l'autre et en lapidèrent un autre. — Il leur envoya encore d'autres serviteurs en plus grand nombre que les premiers, et ils les traitèrent de même. — Enfin il leur envoya son propre fils, disant en lui-même : Ils auront quelque respect pour mon fils. — Mais les vignerons, voyant le fils, dirent entre eux : Voici l'héritier : venez, tuons-le, et nous serons maîtres de son héritage. — Ainsi, s'étant saisis de lui, ils le jetèrent hors de la vigne et le tuèrent.
Lors donc que le seigneur de la vigne sera venu, comment traitera-t-il ces vignerons? — On lui répondit : Il fera périr misérablement ces méchants et louera sa vigne à d'autres vignerons, qui lui en rendront les fruits en leur saison. (Saint Matth., ch. xxi, *v.* de 33 à 41.)

CHAPITRE XVII

30. Le père de famille est Dieu ; la vigne qu'il a plantée est la loi qu'il a établie ; les vignerons auxquels il a loué sa vigne sont les hommes qui doivent enseigner et pratiquer sa loi ; les serviteurs qu'il envoya vers eux sont les prophètes qu'ils ont fait périr ; son fils qu'il envoie enfin est Jésus, qu'ils ont fait périr de même. Comment donc le Seigneur traitera-t-il ses mandataires prévaricateurs de sa loi ? Il les traitera comme ils ont traité ses envoyés, et en appellera d'autres qui lui rendront meilleur compte de son bien et de la conduite de son troupeau.

Ainsi en a-t-il été des scribes, des princes des prêtres et des pharisiens ; ainsi en sera-t-il quand il viendra de nouveau demander compte à chacun de ce qu'il a fait de sa doctrine ; il ôtera l'autorité à qui en aura abusé, car il veut que son champ soit administré selon sa volonté.

Après dix-huit siècles l'humanité, arrivée à l'âge viril, est mûre pour comprendre ce que Christ n'a fait qu'effleurer, parce que, comme il le dit lui-même, il n'aurait pas été compris. Or, à quel résultat ont abouti ceux qui, pendant cette longue période, ont été chargés de son éducation religieuse ? A voir l'indifférence succéder à la foi, et l'incrédulité s'ériger en doctrine. A aucune autre époque, en effet, le scepticisme et l'esprit de négation ne furent plus répandus dans toutes les classes de la société.

Mais si quelques-unes des paroles du Christ sont voilées sous l'allégorie, pour tout ce qui concerne la règle de conduite, les rapports d'homme à homme, les principes de morale dont il fait la condition expresse du salut (*Evangile selon le Spiritisme*, ch. xv), il est clair, explicite et sans ambiguïté.

Qu'a-t-on fait de ses maximes de charité, d'amour

et de tolérance; des recommandations qu'il a faites à ses apôtres de convertir les hommes par la douceur et la persuasion; de la simplicité, de l'humilité, du désintéressement et de toutes les vertus dont il a donné l'exemple? En son nom, les hommes se sont jeté l'anathème et la malédiction; ils se sont égorgés au nom de celui qui a dit : Tous les hommes sont frères. On a fait un Dieu jaloux, cruel, vindicatif et partial de celui qu'il a proclamé infiniment juste, bon et miséricordieux; on a sacrifié à ce Dieu de paix et de vérité plus de milliers de victimes sur les bûchers, par les tortures et les persécutions, que n'en ont jamais sacrifiées les païens pour les faux dieux; on a vendu les prières et les faveurs du ciel au nom de celui qui a chassé les vendeurs du Temple, et qui a dit à ses disciples : Donnez gratuitement ce que vous avez reçu gratuitement.

Que dirait le Christ, s'il vivait aujourd'hui parmi nous? S'il voyait ses représentants ambitionner les honneurs, les richesses, le pouvoir et le faste des princes du monde, tandis que lui, plus roi que les rois de la terre, fit son entrée dans Jérusalem monté sur un âne? Ne serait-il pas en droit de leur dire : Qu'avez-vous fait de mes enseignements, vous qui encensez le veau d'or, qui faites dans vos prières une large part aux riches et une maigre part aux pauvres, alors que je vous ai dit : Les premiers seront les derniers et les derniers seront les premiers dans le royame des cieux ? Mais s'il n'y est pas charnellement, il y est en Esprit, et, comme le maître de la parabole, il viendra demander compte à ses vignerons du produit de sa vigne, quand le temps de la récolte sera venu.

CHAPITRE XVII

UN SEUL TROUPEAU ET UN SEUL PASTEUR.

31. — J'ai encore d'autres brebis qui ne sont pas de *cette bergerie*; il faut aussi que je les amène; elles écouteront ma voix, et il n'y aura qu'*un troupeau et un pasteur.* (Saint Jean, ch. x, v. 16.)

32. — Par ces paroles, Jésus annonce clairement qu'un jour, les hommes se rallieront à une croyance unique; mais comment cette unification pourrait-elle se faire? La chose paraît difficile, si l'on considère les différences qui existent entre les religions, l'antagonisme qu'elles entretiennent entre leurs adeptes respectifs, leur obstination à se croire en possession exclusive de la vérité. Toutes veulent bien l'unité, mais toutes se flattent qu'elle se fera à leur profit, et aucune n'entend faire de concessions à ses croyances.

Cependant, l'unité se fera en religion comme elle tend à se faire socialement, politiquement, commercialement, par l'abaissement des barrières qui séparent les peuples, par l'assimilation des mœurs, des usages, du langage; les peuples du monde entier fraternisent déjà, comme ceux des provinces d'un même empire; on pressent cette unité, on la désire. Elle se fera par la force des choses, parce qu'elle deviendra un besoin pour resserrer les liens de fraternité entre les nations; elle se fera par le développement de la raison humaine qui fera comprendre la puérilité de ces dissidences; par le progrès des sciences qui démontre chaque jour les erreurs matérielles sur lesquelles elles s'appuient, et détache peu à peu les pierres vermoulues de leurs assises. Si la science démolit, dans les religions, ce qui est l'œuvre des hommes et le fruit de leur ignorance des lois de la nature, elle ne peut détruire, malgré l'opinion de quelques-uns, ce qui est l'œuvre de Dieu et d'éternelle vérité ; en déblayant les accessoires, elle prépare les voies de l'unité.

Pour arriver à l'unité, les religions devront se rencontrer sur un terrain neutre, cependant commun à toutes ; pour cela, toutes auront à faire des concessions et des sacrifices plus ou moins grands, selon la multiplicité de leurs dogmes particuliers. Mais, en vertu du principe d'immutabilité qu'elles professent toutes, l'initiative des concessions ne saurait venir du camp officiel ; au lieu de prendre leur point de départ d'en haut, elles le prendront d'en bas par l'initiative individuelle. Il s'opère depuis quelque temps un mouvement de décentralisation qui tend à acquérir une force irrésistible. Le principe d'immutabilité, que les religions ont considéré jusqu'ici comme une égide conservatrice, deviendra un élément destructeur, attendu que les cultes s'immobilisant, tandis que la société marche en avant, ils seront débordés, puis absorbés dans le courant des idées de progression.

Parmi les personnes qui se détachent en tout ou en partie des troncs principaux, et dont le nombre grossit sans cesse, si quelques-unes ne veulent rien, l'immense majorité, qui ne s'accommode nullement du néant, veut quelque chose ; ce quelque chose n'est point encore défini dans leur pensée, mais elles le pressentent ; elles tendent au même but par des voies différentes, et c'est par elles que commencera le mouvement de concentration vers l'unité.

Dans l'état actuel de l'opinion et des connaissances, la religion qui devra rallier un jour tous les hommes, sous un même drapeau, sera celle qui satisfera le mieux la

CHAPITRE XVII

raison et les légitimes aspirations du cœur et de l'esprit; qui ne sera sur aucun point démentie par la science positive; qui, au lieu de s'immobiliser, suivra l'humanité dans sa marche progressive sans se laisser jamais dépasser; qui ne sera ni exclusive ni intolérante; qui sera émancipatrice de l'intelligence en n'admettant que la foi raisonnée; celle dont le code de morale sera le plus pur, le plus rationnel, le plus en harmonie avec les besoins sociaux, le plus propre enfin à fonder sur la terre le règne du bien, par la pratique de la charité et de la fraternité universelles.

Parmi les religions existantes, celles qui se rapprochent le plus de ces conditions normales auront le moins de concessions à faire; si l'une d'elles les remplissait complétement, elle deviendrait naturellement le pivot de l'unité future; cette unité se fera autour de celle qui laissera le moins à désirer pour la raison, non par une décision officielle, car on ne règlemente pas la conscience, mais par les adhésions individuelles et volontaires.

Ce qui entretient l'antagonisme entre les religions, c'est l'idée qu'elles ont chacune leur dieu particulier, et leur prétention d'avoir le seul vrai et le plus puissant, qui est en hostilité constante avec les dieux des autres cultes, et occupé à combattre leur influence. Quand elles seront convaincues qu'il n'y a qu'un seul Dieu dans l'univers, et qu'en définitive c'est le même qu'elles adorent sous les noms de Jéhovah, Allah ou Deus; qu'elles seront d'accord sur ses attributs essentiels, elles comprendront qu'un Être unique ne peut avoir qu'une seule volonté; elles se tendront la main comme les serviteurs d'un même Maître et les enfants d'un même Père, et elles auront fait un grand pas vers l'unité.

PRÉDICTIONS DE L'ÉVANGILE

AVÉNEMENT D'ÉLIE.

33. — Alors, ses disciples lui demandèrent : Pourquoi donc les scribes disent-ils qu'il faut qu'Elie vienne auparavant ? — Mais Jésus leur répondit : Il est vrai qu'Elie doit venir et qu'il rétablira toutes choses.

Mais je vous déclare qu'Elie est déjà venu, et ils ne l'ont point connu, mais ils l'ont traité comme il leur a plu. C'est ainsi qu'ils feront mourir le Fils de l'homme.

Alors, ses disciples comprirent que c'était de Jean-Baptiste qu'il leur avait parlé. (Saint Matth., ch. xvii, v. de 10 à 13.)

34. — Élie était déjà revenu dans la personne de Jean-Baptiste. (*Evangile selon le Spiritisme*, ch. iv, n° 10.) Son nouvel avénement est annoncé d'une manière explicite; or, comme il ne peut revenir qu'avec un corps nouveau, c'est la consécration formelle du principe de la pluralité des existences. (*Evangile selon le Spiritisme*, ch. iv.)

ANNONCE DU CONSOLATEUR.

35. — Si vous m'aimez, gardez mes commandements, — et je prierai mon Père, et il vous enverra un autre Consolateur, afin qu'il demeure éternellement avec vous : — *L'Esprit de Vérité*, que ce monde ne peut recevoir, parce qu'il ne le voit point; mais pour vous, vous le connaîtrez, parce qu'il demeurera avec vous, et qu'il sera en vous. — Mais le Consolateur, qui est le Saint-Esprit, que mon Père enverra en mon nom, *vous enseignera toutes choses, et vous fera ressouvenir de tout ce que je vous ai dit.* (Saint Jean, ch. xiv, v. 15, 16, 17, 26. — *Evangile selon le Spiritisme*, ch. vi.)

36. — Cependant je vous dis la vérité : Il vous est utile que je m'en aille, car si je ne m'en vais point, le Consolateur ne vien-

414 CHAPITRE XVII

dra pas à vous; mais je m'en vais, et je vous l'enverrai, — et, lorsqu'il sera venu, il convaincra le monde touchant le péché, touchant la justice et touchant le jugement: — touchant le péché, parce qu'ils n'ont pas cru en moi; — touchant la justice, parce que je m'en vais à mon Père et que vous ne me verrez plus; touchant le jugement, parce que le prince de ce monde est déjà jugé.

J'ai encore beaucoup de choses à vous dire, mais vous ne pouvez les porter présentement.

Quand cet Esprit de Vérité sera venu, il vous enseignera toute vérité, car il ne parlera pas de lui-même, mais il dira tout ce qu'il aura entendu, et il vous annoncera les choses à venir.

Il me glorifiera, parce qu'il recevra de ce qui est à moi, et il vous l'annoncera. (Saint Jean, ch. XVI, v. de 7 à 14).

37. — Cette prédiction est sans contredit l'une des plus importantes au point de vue religieux, car elle constate de la manière la moins équivoque que *Jésus n'a pas dit tout ce qu'il avait à dire*, parce qu'il n'aurait pas été compris, même de ses apôtres, puisque c'est à eux qu'il s'adresse. S'il leur eût donné des instructions secrètes, ils en auraient fait mention dans l'Évangile. Dès lors qu'il n'a pas tout dit à ses apôtres, leurs successeurs n'ont pu en savoir plus qu'eux; ils ont donc pu se méprendre sur le sens de ses paroles, donner une fausse interprétation à ses pensées, souvent voilées sous la forme parabolique. Les religions fondées sur l'Évangile ne peuvent donc se dire en possession de toute la vérité, puisqu'il s'est réservé de compléter ultérieurement ses instructions. Leur principe d'immutabilité est une protestation contre les paroles mêmes de Jésus.

Il annonce sous le nom de *Consolateur* et d'*Esprit de Vérité* celui qui doit *enseigner toutes choses*, et faire *ressouvenir* de ce qu'il a dit; donc son enseignement n'était pas complet; de plus, il prévoit qu'on aura oublié ce qu'il a dit, et qu'on l'aura dénaturé, puisque l'Esprit de Vérité doit en faire *ressouvenir,* et, de concert avec Elie, *rétablir toutes choses,* c'est-à-dire selon la véritable pensée de Jésus.

38. — Quand ce nouveau révélateur doit-il venir? Il est bien évident que si, à l'époque où parlait Jésus, les hommes n'étaient pas en état de comprendre les choses qui lui restaient à dire, ce n'est pas en quelques années qu'ils pouvaient acquérir les lumières nécessaires. Pour l'intelligence de certaines parties de l'Evangile, à l'exception des préceptes de morale, il fallait des connaissances que le progrès des sciences pouvait seul donner, et qui devaient être l'œuvre du temps et de plusieurs générations. Si donc le nouveau Messie fût venu peu de temps après le Christ, il aurait trouvé le terrain tout aussi peu propice, et il n'eût pas fait plus que lui. Or, depuis le Christ jusqu'à nos jours, il ne s'est produit aucune grande révélation qui ait complété l'Evangile, et qui en ait élucidé les parties obscures, indice certain que l'envoyé n'avait pas encore paru.

39. — Quel doit être cet envoyé? Jésus disant : « Je prierai mon Père et il vous enverra un autre Consolateur, » indique clairement que ce n'est pas lui-même ; autrement il aurait dit : « Je reviendrai compléter ce que je vous ai enseigné. » Puis il ajoute : *Afin qu'il demeure éternellement avec vous, et il sera en vous.* Ceci ne saurait s'entendre d'une individualité incarnée qui ne peut demeurer éternellement avec nous, et encore moins être en nous, mais se comprend très bien d'une doctrine qui, en effet, lorsqu'on se l'est assimilée, peut être éternellement en nous. Le *Consolateur* est donc, dans la pensée de Jésus, la personnification d'une doctrine souveraine-

ment consolante, dont l'inspirateur doit être l'*Esprit de Vérité*.

40. — Le *Spiritisme* réalise, comme cela a été démontré (chap. I, n° 30), toutes les conditions du *Consolateur* promis par Jésus. Ce n'est point une doctrine individuelle, une conception humaine ; personne ne peut s'en dire le créateur. C'est le produit de l'enseignement collectif des Esprits auquel préside l'Esprit de Vérité. Il ne supprime rien de l'Evangile : il le complète et l'élucide ; à l'aide des nouvelles lois qu'il révèle, jointes à celles de la science, il fait comprendre ce qui était inintelligible, admettre la possibilité de ce que l'incrédulité regardait comme inadmissible. Il a eu ses précurseurs et ses prophètes, qui ont pressenti sa venue. Par sa puissance moralisatrice, il prépare le règne du bien sur la terre.

La doctrine de Moïse, incomplète, est restée circonscrite dans le peuple juif ; celle de Jésus, plus complète, s'est répandue sur toute la terre par le christianisme, mais n'a pas converti tout le monde ; le Spiritisme, plus complet encore, ayant des racines dans toutes les croyances, convertira l'humanité (1).

41. — Christ disant à ses apôtres : « Un autre viendra plus tard, qui vous enseignera ce que je ne puis vous dire maintenant, » proclamait par cela même la nécessité de la réincarnation. Comment ces hommes pouvaient-ils profiter de l'enseignement plus complet qui devait être

---

(1) Toutes les doctrines philosophiques et religieuses portent le nom de l'individualité fondatrice ; on dit : le Mosaïsme, le Christianisme, le Mahométisme, le Boudhisme, le Cartésianisme, le Fouriérisme, le Saint-Simonisme, etc. Le mot *spiritisme*, au contraire, ne rappelle aucune personnalité ; il renferme une idée générale, qui indique à la fois le caractère et la source multiple de la doctrine.

donné ultérieurement ; comment seraient-ils plus aptes à le comprendre, s'ils ne devaient pas revivre ? Jésus eût dit une inconséquence si les hommes futurs devaient, selon la doctrine vulgaire, être des hommes nouveaux, des âmes sorties du néant à leur naissance. Admettez, au contraire, que les apôtres, et les hommes de leur temps, ont vécu depuis ; qu'ils revivent encore aujourd'hui, la promesse de Jésus se trouve justifiée ; leur intelligence, qui a dû se développer au contact du progrès social, peut porter maintenant ce qu'elle ne pouvait porter alors. Sans la réincarnation, la promesse de Jésus eût été illusoire.

42. — Si l'on disait que cette promesse fut réalisée le jour de la Pentecôte par la descente du Saint-Esprit, on répondrait que le Saint-Esprit les a inspirés, qu'il a pu ouvrir leur intelligence, développer en eux les aptitudes médianimiques qui devaient faciliter leur mission, mais qu'il ne leur a rien appris de plus que ce qu'avait enseigné Jésus, car on ne trouve nulle trace d'un enseignement spécial. Le Saint-Esprit n'a donc point réalisé ce que Jésus avait annoncé du Consolateur : autrement les apôtres auraient élucidé, dès leur vivant, tout ce qui est resté obscur dans l'Évangile jusqu'à ce jour, et dont l'interprétation contradictoire a donné lieu aux innombrables sectes qui ont divisé le christianisme dès le premier siècle.

SECOND AVÉNEMENT DU CHRIST.

43. — Alors Jésus dit à ses disciples : Si quelqu'un veut venir après moi, qu'il renonce à lui-même, qu'il se charge de sa croix, et qu'il me suive ; — car celui qui voudra sauver sa vie la perdra et celui qui perdra sa vie pour l'amour de moi la retrouvera.

Et que servirait-il à un homme de gagner tout le monde, et

418   CHAPITRE XVII

de perdre son âme ? Ou par quel échange l'homme pourra-t-il racheter son âme, après qu'il l'aura perdue ? — Car le Fils de l'homme *doit venir* dans la gloire de son **Père** avec ses anges, et alors il rendra à chacun selon ses œuvres.

Je vous dis, en vérité, il y en a quelques-uns de ceux qui sont ici qui n'éprouveront pas la mort qu'ils n'aient vu le Fils de l'homme venir en son règne. (Saint Matth., ch. xvi, *v.* de 24 à 28.)

44.— Alors le grand prêtre, se levant au milieu de l'assemblée, interrogea Jésus et lui dit : Vous ne répondez rien à ce que ceux-ci déposent contre vous ? — Mais Jésus demeurait dans le silence et ne répondit rien. Le grand prêtre l'interrogea encore et lui dit : Etes-vous le Christ, le Fils de Dieu béni à jamais ? — Jésus lui répondit : Je le suis, et vous verrez un jour le Fils de l'homme assis à la droite de la majesté de Dieu, et venant sur les nuées du ciel.

Aussitôt le grand prêtre, déchirant ses vêtements, leur dit : Qu'avons-nous plus besoin de témoins ? (Saint Marc, ch. xiv, *v.* de 60 à 63.)

45. — Jésus annonce son second avénement, mais il ne dit point qu'il reviendra sur la terre avec un corps charnel, ni que le *Consolateur* sera personnifié en lui. Il se présente comme devant venir en Esprit, dans la gloire de son Père, juger le mérite et le démérite, et rendre à chacun selon ses œuvres quand les temps seront accomplis.

Cette parole : « Il y en a quelques-uns de ceux qui sont ici qui n'éprouveront pas la mort qu'ils n'aient vu le Fils de l'homme venir en son règne, » semble une contradiction, puisqu'il est certain qu'il n'est venu du vivant d'aucun de ceux qui étaient présents. Jésus ne pouvait cependant se tromper dans une prévision de cette nature, et surtout pour une chose contemporaine qui le concernait personnellement ; il faut d'abord se demander si ses paroles ont toujours été bien fidèlement rendues. On peut en douter, si l'on songe qu'il n'a rien écrit ; qu'elles n'ont été recueillies qu'après sa mort ; et lorsqu'on voit le même discours presque toujours reproduit en termes différents dans chaque évangéliste, c'est une preuve évidente que ce ne sont pas les expressions textuelles de Jésus. Il est, en outre, probable que le sens a dû parfois être altéré en passant par des traductions successives.

D'un autre côté, il est certain que, si Jésus avait dit tout ce qu'il aurait pu dire, il se serait exprimé sur toutes choses d'une manière nette et précise qui n'eût donné lieu à aucune équivoque, comme il le fait pour les principes de morale, tandis qu'il a dû voiler sa pensée sur les sujets qu'il n'a pas jugé à propos d'approfondir. Les apôtres, persuadés que la génération présente devait être témoin de ce qu'il annonçait, ont dû interpréter la pensée de Jésus selon leur idée ; ils ont pu, par conséquent, la rédiger dans le sens du présent d'une manière plus absolue qu'il ne l'a peut-être fait lui-même. Quoi qu'il en soit, le fait est là qui prouve que les choses ne sont pas arrivées ainsi qu'ils l'ont cru.

46. — Un point capital que Jésus n'a pu développer, parce que les hommes de son temps n'étaient pas suffisamment préparés à cet ordre d'idées et à ses conséquences, mais dont il a cependant posé le principe, comme il l'a fait pour toutes choses, c'est la grande et importante loi de la réincarnation. Cette loi, étudiée et mise en lumière de nos jours par le Spiritisme, est la clef de maints passages de l'Évangile qui, sans cela, paraissent des contre-sens.

C'est dans cette loi qu'on peut trouver l'explication rationnelle des paroles ci-dessus, en les admettant comme textuelles. Puisqu'elles ne peuvent s'appliquer à la personne des apôtres, il est évident qu'elles se rapportent au

420   CHAPITRE XVII

règne futur du Christ, c'est-à-dire au temps où sa doctrine, mieux comprise, sera la loi universelle. En leur disant que *quelques-uns de ceux qui sont présents* verront son avénement, cela ne pouvait s'entendre que dans le sens qu'ils revivraient à cette époque. Mais les Juifs se figuraient qu'ils allaient voir tout ce que Jésus anuonçait, et prenaient ses allégories à la lettre.

Du reste, quelques-unes de ses prédictions se sont accomplies de leur temps, telles que la ruine de Jérusalem, les malheurs qui en furent la suite, et la dispersion des Juifs ; mais il porte sa vue plus loin, et en parlant du présent, il fait constamment allusion à l'avenir.

SIGNES PRÉCURSEURS.

47. — Vous entendrez aussi parler de guerres et de bruits de guerres; mais gardez-vous bien de vous troubler, car il faut que ces choses arrivent; mais ce ne sera pas encore la fin, — car on verra se soulever peuple contre peuple et royaume contre royaume ; et il y aura des pestes, des famines et des tremblements de terre en divers lieux, — et toutes ces choses ne seront que le commencement des douleurs. (Saint Matth., ch. XXIV, v. 6, 7, 8.)

48. — Alors le frère livrera le frère à la mort, et le père le fils; les enfants s'élèveront contre leurs pères et leurs mères, et les feront mourir. — Et vous serez haïs de tout le monde à cause de mon nom ; mais celui qui persévèrera jusqu'à la fin sera sauvé. (Saint Marc, ch. XIII, v. 12, 13).

49. — Quand vous verrez que l'abomination de la désolation qui a été prédite par le prophète Daniel *sera dans le lieu saint*, que celui qui lit entende bien ce qu'il lit.

Alors, que ceux qui seront dans la Judée s'enfuient sur les montagnes. — Que celui qui est au haut du toit n'en descende point pour emporter quelque chose de sa maison; — Et que celui qui sera dans le champ ne retourne point pour prendre ses vêtements. — Mais malheur aux femmes qui seront grosses ou nourrices en ces jours-là. — Priez donc Dieu que votre fuite n'arrive point durant l'hiver ni au jour du sabbat, — car l'affliction de ce temps-là sera si grande, qu'il n'y en a point eu de pareille depuis le commencement du monde jusqu'à présent, et qu'il n'y en aura jamais. — Et si ces jours n'avaient été abrégés, nul homme n'aurait été sauvé, mais ces jours seront abrégés en faveur des élus. (Saint Matth. ch., XXIV, v. 15 à 22.)

50. — Aussitôt après ces jours d'affliction, le soleil s'obscurcira, et la lune ne donnera plus sa lumière ; les étoiles tomberont du ciel, et les puissances des cieux seront ébranlées.

Alors, le signe du Fils de l'homme paraîtra dans le ciel, et tous les peuples de la terre seront dans les pleurs et dans les gémissements ; et ils verront le Fils de l'homme qui viendra sur les nuées du ciel avec une grande majesté.

Et il enverra ses anges, qui feront entendre la voix éclatante de leurs trompettes, et qui rassembleront ses élus des quatre coins du monde, depuis une extrémité du ciel jusqu'à l'autre.

Apprenez une comparaison tirée du figuier. Quand ses branches sont déjà tendres, et qu'il pousse des feuilles, vous savez que l'été est proche. — De même, lorsque vous verrez toutes ces choses, sachez que le Fils de l'homme est proche, et qu'il est comme à la porte.

Je vous dis, en vérité, que cette *race* ne passera point que toutes ces choses ne soient accomplies. (Saint Matth., ch. XXIV, v. de 29 à 34.)

Et il arrivera à l'avénement du Fils de l'homme ce qui arriva au temps de Moïse ; — car, comme dans les derniers temps avant le déluge, les hommes mangeaient et buvaient, se mariaient et mariaient leurs enfants, jusqu'au jour où Noé entra dans l'arche ; — et qu'ils ne connurent le moment du déluge que lorsqu'il survint et emporta tout le monde, il en sera de même à l'avénement du Fils de l'homme. (Saint Matth., ch. XXIV, v. 37, 38.)

51. — Quant à ce jour-là ou à cette heure, nul ne le sait, ni les anges qui sont dans le ciel, *ni le Fils,* mais le Père seul. (Saint Marc, ch. XIII, v. 32.)

52. — En vérité, en vérité, je vous le dis, vous pleurerez et vous gémirez, et le monde se réjouira ; vous serez dans la tris-

tesse, mais votre tristesse se changera en joie. — Une femme, lorsqu'elle enfante, est dans la douleur, parce que son heure est venue, mais après qu'elle a enfanté un fils, elle ne se souvient plus de tous ses maux, dans la joie qu'elle a d'avoir mis un homme au monde. — C'est ainsi que vous êtes maintenant dans la tristesse, mais je vous verrai de nouveau, et votre cœur se réjouira, et personne ne vous ravira votre joie. (Saint Jean, ch. XVI, v. 20, 21, 22.)

53. — Il s'élèvera plusieurs faux prophètes qui séduiront beaucoup de personnes, — et parce que l'iniquité abondera, la charité de plusieurs se refroidira ; — mais celui-là sera sauvé qui persévérera jusqu'à la fin. — Et cet Evangile du royaume sera prêché dans toute la terre pour servir de témoignage à toutes les nations, et c'est alors que la fin arrivera. (Saint Matth., ch. XXIV, v. de 11 à 14.)

54. — Ce tableau de la fin des temps est évidemment allégorique, comme la plupart de ceux que présentait Jésus. Les images qu'il contient sont de nature, par leur énergie, à impressionner des intelligences encore frustes. Pour frapper ces imaginations peu subtiles, il fallait des peintures vigoureuses, aux couleurs tranchées. Jésus s'adressait surtout au peuple, aux hommes les moins éclairés, incapables de comprendre les abstractions métaphysiques, et de saisir la délicatesse des formes. Pour arriver au cœur, il fallait parler aux yeux à l'aide de signes matériels, et aux oreilles par la vigueur du langage.

Par une conséquence naturelle de cette disposition d'esprit, la puissance suprême ne pouvait, selon la croyance d'alors, se manifester que par des choses extraordinaires, surnaturelles ; plus elles étaient impossibles, mieux elles étaient acceptées comme probables.

Le Fils de l'homme venant sur les nuées du ciel, avec une grande majesté, entouré de ses anges et au bruit des trompettes, leur semblait bien autrement imposant qu'un être investi de la seule puissance morale. Aussi les Juifs, qui attendaient dans le Messie un roi de la terre, puissant entre tous les rois, pour mettre leur nation au premier rang, et relever le trône de David et de Salomon, ne voulurent-ils pas le reconnaître dans l'humble fils du charpentier, sans autorité matérielle, traité de fou par les uns et de suppôt de Satan par les autres; ils ne pouvaient comprendre un roi sans asile, et dont le royaume n'était pas de ce monde.

Cependant, ce pauvre prolétaire de la Judée est devenu le plus grand entre les grands; il a conquis à sa souveraineté plus de royaumes que les plus puissants potentats; avec sa seule parole et quelques misérables pêcheurs, il a révolutionné le monde, et c'est à lui que les Juifs devront leur réhabilitation.

55. — Il est à remarquer que, chez les Anciens, les tremblements de terre et l'obscurcissement du soleil étaient les symboles obligés de tous les événements et de tous les présages sinistres; on les retrouve à la mort de Jésus, à celle de César et dans une foule de circonstances de l'histoire du paganisme. Si ces phénomènes se fussent produits aussi souvent qu'on le raconte, il paraîtrait impossible que les hommes n'en eussent pas conservé la mémoire par la tradition. Ici on ajoute les *étoiles qui tombent du ciel*, comme pour témoigner aux générations futures plus éclairées qu'il ne s'agit que d'une fiction, puisqu'on sait maintenant que les étoiles ne peuvent tomber.

56. — Cependant, sous ces allégories se cachent de grandes vérités : c'est d'abord l'annonce des calamités de tous genres qui frapperont l'humanité et la décime-

ront; calamités engendrées par la lutte suprême entre le bien et le mal, la foi et l'incrédulité, les idées progressives et les idées rétrogrades. Secondement, celle de la diffusion, par toute la terre, de l'Evangile rétabli dans sa pureté primitive; puis, le règne du bien, qui sera celui de la paix et de la fraternité universelle, sortira du code de morale évangélique mis en pratique par tous les peuples. Ce sera véritablement le règne de Jésus, puisqu'il présidera à son établissement, et que les hommes vivront sous l'égide de sa loi ; règne de bonheur, car, dit-il, «après les jours d'affliction viendront les jours de joie.»

57. — Quand s'accompliront ces choses? « Nul ne le sait, dit Jésus, *pas même le Fils;* » mais quand le moment sera venu, les hommes en seront avertis par des indices précurseurs. Ces indices ne seront ni dans le soleil, ni dans les étoiles, mais dans l'état social et dans des phénomènes plus moraux que physiques, et que l'on peut en partie déduire de ses allusions.

Il est bien certain que ce changement ne pouvait s'opérer du vivant des apôtres, autrement Jésus n'aurait pu l'ignorer, et d'ailleurs une telle transformation ne pouvait s'accomplir en quelques années. Cependant il leur parle comme s'ils devaient en être témoins; c'est qu'en effet, ils pourront revivre à cette époque et travailler eux-mêmes à la transformation. Tantôt il parle du sort prochain de Jérusalem, et tantôt il prend ce fait comme point de comparaison pour l'avenir.

58. — Est-ce la fin du monde que Jésus annonce par sa nouvelle venue, et quand il dit : « Lorsque l'Évangile sera prêché par toute la terre, c'est alors que la fin arrivera ?»

Il n'est pas rationnel de supposer que Dieu détruise le monde précisément au moment où il entrera dans la voie du progrès moral par la pratique des enseignements évangéliques ; rien, d'ailleurs, dans les paroles du Christ, n'indique une destruction universelle qui, dans de telles conditions, ne serait pas justifiée.

La pratique générale de l'Évangile devant amener une amélioration dans l'état moral des hommes, amènera, par cela même, le règne du bien et entraînera la chute de celui du mal. C'est donc à la fin *du vieux monde*, du monde gouverné par les préjugés, l'orgueil, l'égoïsme, le fanatisme, l'incrédulité, la cupidité et toutes les mauvaises passions, que le Christ fait allusion quand il dit : « Lorsque l'Évangile sera prêché par toute la terre, c'est alors que la fin arrivera ; mais cette fin amènera une lutte, et c'est de cette lutte que sortiront les maux qu'il prévoit. »

VOS FILS ET VOS FILLES PROPHÉTISERONT.

59. — Dans les derniers temps, dit le Seigneur, je répandrai de mon esprit sur toute chair ; vos fils et vos filles prophétiseront ; vos jeunes gens auront des visions, et vos vieillards auront des songes. — En ces jours-là, je répandrai de mon esprit sur mes serviteurs et sur mes servantes, et ils prophétiseront. (Actes, ch. II, *v.* 17, 18.)

60. — Si l'on considère l'état actuel du monde physique et du monde moral, les tendances, les aspirations, les pressentiments des masses, la décadence des vieilles idées qui se débattent en vain depuis un siècle contre les idées nouvelles, on ne peut douter qu'un nouvel ordre de choses se prépare, et que le vieux monde touche à sa fin.

Si, maintenant, en faisant la part de la forme allégorique de certains tableaux, et en scrutant le sens intime de ses paroles, on compare la situation actuelle avec les temps décrits par Jésus, comme devant marquer l'ère de

CHAPITRE XVII

la rénovation, on ne peut disconvenir que plusieurs de ses prédictions reçoivent aujourd'hui leur accomplissement ; d'où il faut conclure que nous touchons aux temps annoncés, ce que confirment sur tous les points du globe les Esprits qui se manifestent.

61. — Ainsi qu'on l'a vu (chap. I, n° 32) l'avénement du Spiritisme, coïncidant avec d'autres circonstances, réalise une des plus importantes prédictions de Jésus, par l'influence qu'il doit forcément exercer sur les idées. Il est, en outre, clairement annoncé dans celle qui est rapportée aux Actes des apôtres : « Dans les derniers temps, dit le Seigneur, je répandrai de mon Esprit sur toute chair; vos fils et vos filles prophétiseront. »

C'est l'annonce non équivoque de la vulgarisation de la médiumnité, qui se révèle de nos jours chez des individus de tout âge, de tout sexe et de toutes conditions, et par suite de la manifestation universelle des Esprits, car sans les Esprits il n'y aurait pas de médiums. Cela, est-il dit, arrivera *dans les derniers temps*; or, puisque nous ne touchons pas à la fin du monde, mais au contraire à sa régénération, il faut entendre par ces mots : les derniers temps du monde moral qui finit. (*Evangile selon le Spiritisme*, ch. XXI.)

JUGEMENT DERNIER.

62. — Or, quand le Fils de l'homme viendra dans sa majesté, accompagné de tous les anges, il s'assoira sur le trône de sa gloire ; — et toutes les nations étant assemblées devant lui, il séparera les uns d'avec les autres, comme un berger sépare les brebis d'avec les boucs, et il placera les brebis à sa droite et les boucs à sa gauche. — Alors le Roi dira à ceux qui sont à sa droite : Venez, vous, qui avez été bénis par mon Père, etc. (Saint Matth.,

ch. xxv, v. de 31 à 46. — *Evangile selon le Spiritisme*, ch. xv.)

63. — Le bien devant régner sur la terre, il faut que les Esprits endurcis dans le mal et qui pourraient y porter le trouble en soient exclus. Dieu les y a laissés le temps nécessaire à leur amélioration ; mais le moment où le globe doit s'élever dans la hiérarchie des mondes, par le progrès moral de ses habitants, étant arrivé, le séjour, comme Esprits et comme Incarnés, en sera interdit à ceux qui n'auront pas profité des instructions qu'ils ont été à même d'y recevoir. Ils seront exilés dans des mondes inférieurs, comme le furent jadis sur la terre ceux de la race adamique, tandis qu'ils seront remplacés par des Esprits meilleurs. C'est cette séparation, à laquelle présidera Jésus, qui est figurée par ces paroles du jugement dernier : « Les bons passeront à ma droite, et les méchants à ma gauche. » (Chap. XI, n°s 31 et suivants.)

64. — La doctrine d'un jugement dernier, unique et universel, mettant à tout jamais fin à l'humanité, répugne à la raison, en ce sens qu'elle impliquerait l'inactivité de Dieu pendant l'éternité qui a précédé la création de la terre, et l'éternité qui suivra sa destruction. On se demande de quelle utilité seraient alors le soleil, la lune et les étoiles, qui, selon la Genèse, ont été faits pour éclairer notre monde. On s'étonne qu'une œuvre aussi immense ait été faite pour si peu de temps et au profit d'êtres dont la majeure partie était vouée d'avance aux supplices éternels.

65. — Matériellement, l'idée d'un jugement unique était, jusqu'à un certain point, admissible pour ceux qui ne cherchent pas la raison des choses, alors que l'on croyait toute l'humanité concentrée sur la terre, et que tout dans

428   CHAPITRE XVII

l'univers avait été fait pour ses habitants; elle est inadmissible depuis que l'on sait qu'il y a des milliards de mondes semblables qui perpétuent les humanités pendant l'éternité, et parmi lesquels la terre est un point imperceptible des moins considérables.

On voit par ce seul fait que Jésus avait raison de dire à ses disciples : « Il y a beaucoup de choses que je ne puis vous dire, parce que vous ne les comprendriez pas, » puisque le progrès des sciences était indispensable pour une saine interprétation de quelques-unes de ses paroles. Assurément les apôtres, saint Paul et les premiers disciples, auraient établi tout autrement certains dogmes s'ils avaient eu les connaissances astronomiques, géologiques, physiques, chimiques, physiologiques et psychologiques que l'on possède aujourd'hui. Aussi Jésus a-t-il ajourné le complément de ses instructions et annoncé que toutes choses devaient être rétablies.

66. — Moralement, un jugement définitif et sans appel est inconciliable avec la bonté infinie du Créateur, que Jésus nous présente sans cesse comme un bon Père laissant toujours une voie ouverte au repentir et prêt à tendre ses bras à l'enfant prodigue. Si Jésus avait entendu le jugement en ce sens, il aurait démenti ses propres paroles.

Et puis, si le jugement final doit surprendre les hommes à l'improviste, au milieu de leurs travaux ordinaires, et les femmes enceintes, on se demande dans quel but Dieu, qui ne fait rien d'inutile ni d'injuste, ferait naître des enfants et *créerait des âmes nouvelles* à ce moment suprême, au terme fatal de l'humanité, pour les faire passer en jugement au sortir du sein de la mère, avant qu'elles aient la conscience d'elles-mêmes, alors que d'autres ont eu des milliers d'années pour se reconnaître? De quel côté, à droite ou à gauche, passeront ces âmes qui ne sont encore ni bonnes ni mauvaises, et à qui toute voie ultérieure de progrès est désormais fermée, puisque l'humanité n'existera plus? (Chap. II, n° 19.)

Que ceux dont la raison se contente de pareilles croyances les conservent, c'est leur droit, et personne n'y trouve à redire; mais qu'on ne trouve pas mauvais non plus que tout le monde ne soit pas de leur avis.

67. — Le jugement, par voie d'émigration, tel qu'il a été défini ci-dessus (63), est rationnel; il est fondé sur la plus rigoureuse justice, attendu qu'il laisse éternellement à l'Esprit son libre arbitre; qu'il ne constitue de privilége pour personne; qu'une égale latitude est donnée par Dieu à toutes ses créatures, sans exception, pour progresser; que la porte du ciel est toujours ouverte pour ceux qui se rendent dignes d'y entrer; que l'anéantissement même d'un monde, entraînant la destruction du corps, n'apporterait aucune interruption à la marche progessive de l'Esprit. Telle est la conséquence de la pluralité des mondes et de la pluralité des existences.

Selon cette interprétation, la qualification de *jugement dernier* n'est pas exacte, puisque les Esprits passent par de semblables assises à chaque rénovation des mondes qu'ils habitent, jusqu'à ce qu'ils aient atteint un certain degré de perfection. Il n'y a donc point, à proprement parler, de *jugement dernier,* mais il y a des *jugements généraux* à toutes les époques de rénovation partielle ou totale de la population des mondes, par suite desquelles s'opèrent les grandes émigrations et immigrations d'Esprits.

CHAPITRE XVIII

Les temps sont arrivés

Signes des temps. — La génération nouvelle.

SIGNES DES TEMPS

1. — Les temps marqués par Dieu sont arrivés, nous dit-on de toutes parts, où de grands événements vont s'accomplir pour la régénération de l'humanité. Dans quel sens faut-il entendre ces paroles prophétiques ? Pour les incrédules, elles n'ont aucune importance ; à leurs yeux, ce n'est que l'expression d'une croyance puérile sans fondement ; pour le plus grand nombre des croyants, elles ont quelque chose de mystique et de surnaturel qui leur semble être l'avant-coureur du bouleversement des lois de la nature. Ces deux interprétations sont également erronées : la première en ce qu'elle implique la négation de la Providence ; la seconde, en ce que ces paroles n'annoncent pas la perturbation des lois de la nature, mais leur accomplissement.

2. — Tout est harmonie dans la création ; tout révèle une prévoyance qui ne se dément ni dans les plus petites choses ni dans les plus grandes ; nous devons donc d'abord écarter toute idée de caprice inconciliable avec la sagesse divine ; en second lieu, si notre époque est marquée pour l'accomplissement de certaines choses, c'est qu'elles ont leur raison d'être dans la marche de l'ensemble.

Ceci posé, nous dirons que notre globe, comme tout ce qui existe, est soumis à la loi du progrès. Il progresse physiquement par la transformation des éléments qui le composent, et moralement par l'épuration des Esprits incarnés et désincarnés qui le peuplent. Ces deux progrès se suivent et marchent parallèlement, car la perfection de l'habitation est en rapport avec celle de l'habitant. Physiquement, le globe a subi des transformations, constatées par la science, et qui l'ont successivement rendu habitable par des êtres de plus en plus perfectionnés ; moralement, l'humanité progresse par le développement de l'intelligence, du sens moral et l'adoucissement des mœurs. En même temps que l'amélioration du globe s'opère sous l'empire des forces matérielles, les hommes y concourent par les efforts de leur intelligence ; ils assainissent les contrées insalubres, rendent les communications plus faciles et la terre plus productive.

Ce double progrès s'accomplit de deux manières : l'une lente, graduelle et insensible ; l'autre par des changements plus brusques, à chacun desquels s'opère un mouvement ascensionnel plus rapide qui marque, par des caractères tranchés, les périodes progressives de l'humanité. Ces mouvements, subordonnés *dans les détails* au libre arbitre des hommes, sont en quelque sorte fatals dans leur ensemble, parce qu'ils sont soumis à des lois, comme ceux qui s'opèrent dans la germination, la croissance et la maturité des plantes, attendu que le but de l'humanité est le progrès, nonobstant la marche retardataire de quelques individualités ; c'est pourquoi le mouvement progressif est quelquefois partiel, c'est-à-dire borné à une race ou à une nation, d'autres fois général.

Le progrès de l'humanité s'effectue donc en vertu d'une

CHAPITRE XVIII

loi ; or, comme toutes les lois de la nature sont l'œuvre éternelle de la sagesse et de la prescience divines, tout ce qui est l'effet de ces lois est le résultat de la volonté de Dieu, non d'une volonté accidentelle et capricieuse, mais d'une volonté immuable. Lors donc que l'humanité est mûre pour franchir un degré, on peut dire que les temps marqués par Dieu sont arrivés, comme on peut dire aussi qu'en telle saison ils sont arrivés pour la maturité des fruits et la récolte.

3. — De ce que le mouvement progressif de l'humanité est inévitable, parce qu'il est dans la nature, il ne s'ensuit pas que Dieu y soit indifférent, et qu'après avoir établi des lois, il soit rentré dans l'inaction, laissant les choses aller toutes seules. Ses lois sont éternelles et immuables, sans doute, mais parce que sa volonté elle-même est éternelle et constante, et que sa pensée anime toutes choses sans interruption ; sa pensée qui pénètre tout, est la force intelligente et permanente qui maintient tout dans l'harmonie ; que cette pensée cesse un seul instant d'agir, et l'univers serait comme une horloge sans balancier régulateur. Dieu veille donc incessamment à l'exécution de ses lois, et les Esprits qui peuplent l'espace sont ses ministres chargés des détails, selon les attributions afférentes à leur degré d'avancement.

4. — L'univers est à la fois un mécanisme incommensurable conduit par un nombre non moins incommensurable d'intelligences, un immense gouvernement où chaque être intelligent a sa part d'action sous l'œil du souverain Maître, dont la volonté *unique* maintient partout *l'unité*. Sous l'empire de cette vaste puissance régulatrice tout se meut, tout fonctionne dans un ordre parfait ; ce qui nous semble des perturbations sont les

mouvements partiels et isolés qui ne nous paraissent irréguliers que parce que notre vue est circonscrite. Si nous pouvions en embrasser l'ensemble, nous verrions que ces irrégularités ne sont qu'apparentes et qu'elles s'harmonisent dans le tout.

5. — La prévision des mouvements progressifs de l'humanité n'a rien de surprenant chez des êtres dématérialisés qui voient le but où tendent toutes choses, dont quelques-uns possèdent la pensée directe de Dieu, et qui jugent, aux mouvements partiels, le temps auquel pourra s'accomplir un mouvement général, comme on juge d'avance le temps qu'il faut à un arbre pour porter des fruits, comme les astronomes calculent l'époque d'un phénomène astronomique par le temps qu'il faut à un astre pour accomplir sa révolution.

Mais tous ceux qui annoncent ces phénomènes, les auteurs d'almanachs qui prédisent les éclipses et les marées, ne sont certes pas en état de faire eux-mêmes les calculs nécessaires : ils ne sont que des échos ; ainsi en est-il des Esprits secondaires dont la vue est bornée, et qui ne font que répéter ce qu'*il a plu* aux Esprits supérieurs de leur révéler.

6. — L'humanité a accompli jusqu'à ce jour d'incontestables progrès ; les hommes, par leur intelligence, sont arrivés à des résultats qu'ils n'avaient jamais atteints sous le rapport des sciences, des arts et du bien-être matériel ; il leur reste encore un immense progrès à réaliser : c'est de *faire régner entre eux la charité, la fraternité et la solidarité, pour assurer le bien-être moral.* Ils ne le pouvaient ni avec leurs croyances, ni avec leurs institutions surannées, restes d'un autre âge, bonnes à une certaine époque, suffisantes pour un état transitoire,

mais qui, ayant donné ce qu'elles comportaient, seraient un point d'arrêt aujourd'hui. Tel un enfant est stimulé par des mobiles, impuissants quand vient l'âge mûr. Ce n'est plus seulement le développement de l'intelligence qu'il faut aux hommes, c'est l'élévation du sentiment, et pour cela il faut détruire tout ce qui pouvait surexciter en eux l'égoïsme et l'orgueil.

Telle est la période où ils vont entrer désormais, et qui marquera une des phases principales de l'humanité. Cette phase qui s'élabore en ce moment est le complément nécessaire de l'état précédent, comme l'âge viril est le complément de la jeunesse; elle pouvait donc être prévue et prédite d'avance, et c'est pour cela qu'on dit que les temps marqués par Dieu sont arrivés.

7. — En ce temps-ci, il ne s'agit pas d'un changement partiel, d'une rénovation bornée à une contrée, à un peuple, à une race; c'est un mouvement universel qui s'opère dans le sens du *progrès moral*. Un nouvel ordre de choses tend à s'établir, et les hommes qui y sont le plus opposés y travaillent à leur insu; la génération future, débarrassée des scories du vieux monde et formée d'éléments plus épurés, se trouvera animée d'idées et de sentiments tout autres que la génération présente qui s'en va à pas de géant. Le vieux monde sera mort, et vivra dans l'histoire comme aujourd'hui les temps du moyen âge avec leurs coutumes barbares et leurs croyances superstitieuses.

Du reste, chacun sait que l'ordre de choses actuel laisse à désirer; après avoir, en quelque sorte, épuisé le bien-être matériel qui est le produit de l'intelligence, on arrive à comprendre que le complément de ce bien-être ne peut être que dans le développement moral. Plus on avance, plus on sent ce qui manque, sans cependant pouvoir encore le définir clairement : c'est l'effet du travail intime qui s'opère pour la régénération ; on a des désirs, des aspirations qui sont comme le pressentiment d'un état meilleur.

8. — Mais un changement aussi radical que celui qui s'élabore ne peut s'accomplir sans commotion ; il y a lutte inévitable entre les idées. De ce conflit naîtront forcément des perturbations temporaires, jusqu'à ce que le terrain soit déblayé et l'équilibre rétabli. C'est donc de la lutte des idées que surgiront les graves événements annoncés, et non de cataclysmes, ou catastrophes purement matérielles. Les cataclysmes généraux étaient la conséquence de l'état de formation de la terre ; *aujourd'hui ce ne sont plus les entrailles du globe qui s'agitent, ce sont celles de l'humanité.*

9. — L'humanité est un être collectif en qui s'opèrent les mêmes révolutions morales que dans chaque être individuel, avec cette différence que les unes s'accomplissent d'année en année, et les autres de siècle en siècle. Qu'on la suive dans ses évolutions à travers les temps, et l'on verra la vie des diverses races marquée par des périodes qui donnent à chaque époque une physionomie particulière.

A côté des mouvements partiels, il y a un mouvement général qui donne l'impulsion à l'humanité tout entière ; mais le progrès de chaque partie de l'ensemble est relatif à son degré d'avancement. Telle serait une famille composée de plusieurs enfants dont le plus jeune est au berceau et l'aîné âgé de dix ans, par exemple. Dans dix ans, l'aîné en aura vingt et sera un homme ; le plus jeune en aura dix et, quoique plus avancé, sera encore un enfant ; mais à son tour il deviendra un homme. Ainsi en est-il des différentes fractions de l'humanité ; les plus arriérées avancent, mais ne sauraient d'un bond atteindre le niveau des plus avancées.

10. — L'humanité, devenue adulte, a de nouveaux besoins, des aspirations plus larges, plus élevées; elle comprend le vide des idées dont elle a été bercée, l'insuffisance de ses institutions pour son bonheur; elle ne trouve plus dans l'état des choses les satisfactions légitimes auxquelles elle se sent appelée ; c'est pourquoi elle secoue ses langes, et s'élance, poussée par une force irrésistible, vers des rivages inconnus, à la découverte de nouveaux horizons moins bornés.

Et c'est au moment où elle se trouve trop à l'étroit dans sa sphère matérielle, où la vie intellectuelle déborde, où le sentiment de la spiritualité s'épanouit, que des hommes se disant philosophes, espèrent combler le vide par les doctrines du néantisme et du matérialisme! Étrange aberration! Ces mêmes hommes qui prétendent la pousser en avant, s'efforcent de la circonscrire dans le cercle étroit de la matière d'où elle aspire à sortir; ils lui ferment l'aspect de la vie infinie, et lui disent, en lui montrant la tombe : *Nec plus ultrà !*

11.—La marche progressive de l'humanité s'opère de deux manières, comme nous l'avons dit : l'une graduelle, lente, insensible, si l'on considère les époques rapprochées, qui se traduit par des améliorations successives dans les mœurs, les lois, les usages, et ne s'aperçoit qu'à la longue, comme les changements que les courants d'eau apportent à la surface du globe ; l'autre, par des mouvements relativement brusques, rapides, semblables à ceux d'un torrent rompant ses digues, qui lui font franchir en quelques années l'espace qu'elle eût mis des siècles à parcourir. C'est alors un cataclysme moral qui engloutit en quelques instants les institutions du passé, et auquel succède un nouvel ordre de choses qui s'assied peu à peu, à mesure que le calme se rétablit, et devient définitif.

A celui qui vit assez longtemps pour embrasser les deux versants de la nouvelle phase, il semble qu'un monde nouveau soit sorti des ruines de l'ancien; le caractère, les mœurs, les usages, tout est changé; c'est qu'en effet des hommes nouveaux, ou mieux régénérés, ont surgi; les idées emportées par la génération qui s'éteint ont fait place à des idées nouvelles dans la génération qui s'élève.

C'est à l'une de ces périodes de transformation, ou, si l'on veut, de *croissance morale*, qu'est parvenue l'humanité. De l'adolescence elle passe à l'âge viril; le passé ne peut plus suffire à ses nouvelles aspirations, à ses nouveaux besoins; elle ne peut plus être conduite par les mêmes moyens; elle ne se paye plus d'illusions et de prestiges : il faut à sa raison mûrie des aliments plus substantiels. Le présent est trop éphémère; elle sent que sa destinée est plus vaste et que la vie corporelle est trop restreinte pour la renfermer tout entière ; c'est pourquoi elle plonge ses regards dans le passé et dans l'avenir afin d'y découvrir le mystère de son existence et d'y puiser une consolante sécurité.

12. — Quiconque a médité sur le Spiritisme et ses conséquences, et ne le circonscrit pas dans la production de quelques phénomènes, comprend qu'il ouvre à l'humanité une voie nouvelle, et lui déroule les horizons de l'infini ; en l'initiant aux mystères du monde invisible, il lui montre son véritable rôle dans la création, rôle *perpétuel-*

CHAPITRE XVIII

lement actif, aussi bien à l'état spirituel qu'à l'état corporel. L'homme ne marche plus en aveugle : il sait d'où il vient, où il va et pourquoi il est sur la terre. L'avenir se montre à lui dans sa réalité, dégagé des préjugés de l'ignorance et de la superstition; ce n'est plus une vague espérance : c'est une vérité palpable, aussi certaine pour lui que la succession du jour et de la nuit. Il sait que son être n'est pas limité à quelques instants d'une existence éphémère ; que la vie spirituelle n'est point interrompue par la mort; qu'il a déjà vécu, qu'il revivra encore, et que de tout ce qu'il acquiert en perfection par le travail, rien n'est perdu; il trouve dans ses existences antérieures la raison de ce qu'il est aujourd'hui; et : *de ce que l'homme se fait aujourd'hui, il peut conclure ce qu'il sera un jour.*

13. — Avec la pensée que l'activité et la coopération individuelles dans l'œuvre générale de la civilisation sont limitées à la vie présente, que l'on n'a rien été et que l'on ne sera rien, que fait à l'homme le progrès ultérieur de l'humanité? Que lui importe qu'à l'avenir les peuples soient mieux gouvernés, plus heureux, plus éclairés, meilleurs les uns pour les autres? Puisqu'il n'en doit retirer aucun fruit, ce progrès n'est-il pas perdu pour lui? Que lui sert de travailler pour ceux qui viendront après lui, s'il ne doit jamais les connaître, si ce sont des êtres nouveaux qui peu après rentreront eux-mêmes dans le néant? Sous l'empire de la négation de l'avenir individuel, tout se rapetisse forcément aux mesquines proportions du moment et de la personnalité.

Mais, au contraire, quelle amplitude donne à la pensée de l'homme la *certitude* de la perpétuité de son être spirituel! Quoi de plus rationnel, de plus grandiose, de plus digne du Créateur que cette loi d'après laquelle la vie spirituelle et la vie corporelle ne sont que deux modes d'existence qui s'alternent pour l'accomplissement du progrès ! Quoi de plus juste et de plus consolant que l'idée des mêmes êtres progressant sans cesse, d'abord à travers les générations du même monde, et ensuite de monde en monde jusqu'à la perfection, *sans solution de continuité !* Toutes les actions ont alors un but, car, en travaillant pour tous, on travaille pour soi, et réciproquement ; de sorte que ni le progrès individuel ni le progrès général ne sont jamais stériles ; il profite aux générations et aux individualités futures, qui ne sont autres que les générations et les individualités passées, arrivées à un plus haut degré d'avancement.

14. — La vie spirituelle est la vie normale et éternelle de l'Esprit, et l'incarnation n'est qu'une forme temporaire de son existence. Sauf le vêtement extérieur, il y a donc identité entre les incarnés et les désincarnés ; ce sont les mêmes individualités sous deux aspects différents, appartenant tantôt au monde visible, tantôt au monde invisible, se retrouvant soit dans l'un soit dans l'autre, concourant dans l'un et dans l'autre au même but, par des moyens appropriés à leur situation.

De cette loi découle celle de la perpétuité des rapports entre les êtres ; la mort ne les sépare point, et ne met point de terme à leurs relations sympathiques, ni à leurs devoirs réciproques. De là la *solidarité* de tous pour chacun, et de chacun pour tous ; de là aussi la *fraternité*. Les hommes ne vivront heureux sur la terre que lorsque ces deux sentiments seront entrés dans leurs cœurs et dans leurs mœurs, car alors ils y conformeront leurs lois et leurs institutions. Ce sera là un des principaux résultats de la transformation qui s'opère.

CHAPITRE XVIII

Mais comment concilier les devoirs de la solidarité et de la fraternité avec la croyance que la mort rend à tout jamais les hommes étrangers les uns aux autres? Par la loi de la perpétuité des rapports qui lient tous les êtres, le Spiritisme fonde ce double principe sur les lois mêmes de la nature; il en fait non-seulement un devoir, mais une nécessité. Par celle de la pluralité des existences, l'homme se rattache à ce qui s'est fait et à ce qui se fera, aux hommes du passé et à ceux de l'avenir; il ne peut plus dire qu'il n'a rien de commun avec ceux qui meurent, puisque les uns et les autres se retrouvent sans cesse, dans ce monde et dans l'autre, pour gravir ensemble l'échelle du progrès et se prêter un mutuel appui. La fraternité n'est plus circonscrite à quelques individus que le hasard rassemble pendant la durée éphémère de la vie; elle est perpétuelle comme la vie de l'Esprit, universelle comme l'humanité, qui constitue une grande famille dont tous les membres sont solidaires les uns des autres, *quelle que soit l'époque à laquelle ils ont vécu.*

Telles sont les idées qui ressortent du Spiritisme, et qu'il suscitera parmi tous les hommes, quand il sera universellement répandu, compris, enseigné et pratiqué. Avec le Spiritisme, la fraternité, synonyme de la charité prêchée par le Christ, n'est plus un vain mot; elle a sa raison d'être. Du sentiment de la fraternité naît celui de la réciprocité et des devoirs sociaux, d'homme à homme, de peuple à peuple, de race à race; de ces deux sentiments bien compris sortiront forcément les institutions les plus profitables au bien-être de tous.

15. — La fraternité doit être la pierre angulaire du nouvel ordre social; mais il n'y a pas de fraternité réelle, solide et effective si elle n'est appuyée sur une base iné-

branlable ; cette base, c'est *la foi ;* non la foi en tels ou tels dogmes particuliers qui changent avec les temps et les peuples et se jettent la pierre, car en s'anathématisant ils entretiennent l'antagonisme ; mais la foi dans les principes fondamentaux que tout le monde peut accepter : *Dieu, l'âme, l'avenir,* LE PROGRÈS INDIVIDUEL INDÉFINI, LA PERPÉTUITÉ DES RAPPORTS ENTRE LES ÊTRES. Quand tous les hommes seront convaincus que Dieu est le même pour tous, que ce Dieu, souverainement juste et bon, ne peut rien vouloir d'injuste, que le mal vient des hommes et non de lui, ils se regarderont comme les enfants d'un même père et se tendront la main.

C'est cette foi que donne le Spiritisme, et qui sera désormais le pivot sur lequel se mouvra le genre humain, quels que soient leur mode d'adoration et leurs croyances particulières, que le Spiritisme respecte, mais dont il n'a pas à s'occuper.

De cette foi seule peut sortir le véritable progrès moral, parce que seule elle donne une sanction logique aux droits légitimes et aux devoirs ; sans elle, le droit est celui que donne la force ; le devoir, un code humain imposé par la contrainte. Sans elle, qu'est-ce que l'homme? un peu de matière qui se dissout, un être éphémère qui ne fait que passer ; le génie même n'est qu'une étincelle qui brille un instant pour s'éteindre à tout jamais ; il n'y a certes pas là de quoi le relever beaucoup à ses propres yeux.

Avec une telle pensée, où sont réellement les droits et les devoirs? quel est le but du progrès? Seule, cette foi fait sentir à l'homme sa dignité par la perpétuité et la progression de son être, non dans un avenir mesquin et circonscrit à la personnalité, mais grandiose et splendide ;

25.

442 CHAPITRE XVIII

cette pensée l'élève au-dessus de la terre; il se sent grandir en songeant qu'il a son rôle dans l'univers ; que cet univers est son domaine qu'il pourra parcourir un jour, et que la mort ne fera pas de lui une nullité, ou un être inutile à lui-même et aux autres.

16. — Le progrès intellectuel accompli jusqu'à ce jour dans les plus vastes proportions est un grand pas, et marque la première phase de l'humanité, mais seul il est impuissant à la régénérer; tant que l'homme sera dominé par l'orgueil et l'égoïsme, il utilisera son intelligence et ses connaissances au profit de ses passions et de ses intérêts personnels ; c'est pourquoi il les applique au perfectionnement des moyens de nuire aux autres et de s'entre-détruire.

Le progrès moral seul peut assurer le bonheur des hommes sur la terre en mettant un frein aux mauvaises passions ; seul, il peut faire régner entre eux la concorde, la paix, la fraternité.

C'est lui qui abaissera les barrières des peuples, qui fera tomber les préjugés de caste, et taire les antagonismes de sectes, en apprenant aux hommes à se regarder comme des frères appelés à s'entr'aider et non à vivre aux dépens les uns des autres.

C'est encore le progrès moral, secondé ici par le progrès de l'intelligence, qui confondra les hommes dans une même croyance établie sur les vérités éternelles, non sujettes à discussion et par cela même acceptées par tous

L'unité de croyance sera le lien le plus puissant, le plus solide fondement de la fraternité universelle, brisée de tous temps par les antagonismes religieux qui divisent les peuples et les familles, qui font voir dans le prochain des ennemis qu'il faut fuir, combattre, exterminer, au lieu de frères qu'il faut aimer.

17. — Un tel état de choses suppose un changement radical dans le sentiment des masses, un progrès général qui ne pouvait s'accomplir qu'en sortant du cercle des idées étroites et terre à terre qui fomentent l'égoïsme. A diverses époques, des hommes d'élite ont cherché à pousser l'humanité dans cette voie; mais l'humanité, encore trop jeune, est restée sourde, et leurs enseignements ont été comme la bonne semence tombée sur la pierre.

Aujourd'hui, l'humanité est mûre pour porter ses regards plus haut qu'elle ne l'a fait, pour s'assimiler des idées plus larges et comprendre ce qu'elle n'avait pas compris.

La génération qui disparaît emportera avec elle ses préjugés et ses erreurs; la génération qui s'élève, trempée à une source plus épurée, imbue d'idées plus saines, imprimera au monde le mouvement ascensionnel dans le sens du progrès moral qui doit marquer la nouvelle phase de l'humanité.

18. — Cette phase se révèle déjà par des signes non équivoques, par des tentatives de réformes utiles, par des idées grandes et généreuses qui se font jour et qui commencent à trouver des échos. C'est ainsi qu'on voit se fonder une foule d'institutions protectrices, civilisatrices et émancipatrices, sous l'impulsion et par l'initiative d'hommes évidemment prédestinés à l'œuvre de la régénération; que les lois pénales s'imprègnent chaque jour d'un sentiment plus humain. Les préjugés de race s'affaiblissent, les peuples commencent à se regarder comme les membres d'une grande famille; par l'uniformité et la facilité des moyens de transaction, ils suppriment les barrières

qui les divisaient; de toutes les parties du monde, ils se réunissent en comices universels pour les tournois pacifiques de l'intelligence.

Mais il manque à ces réformes une base pour se développer, se compléter et se consolider, une prédisposition morale plus générale pour fructifier et se faire accepter des masses. Ce n'en est pas moins un signe caractéristique du temps, le prélude de ce qui s'accomplira sur une plus large échelle, à mesure que le terrain deviendra plus propice.

19. — Un signe non moins caractéristique de la période où nous entrons, c'est la réaction évidente qui s'opère dans le sens des idées spiritualistes ; une répulsion instinctive se manifeste contre les idées matérialistes. L'esprit d'incrédulité qui s'était emparé des masses, ignorantes ou éclairées, et leur avait fait rejeter, avec la forme, le fond même de toute croyance, semble avoir été un sommeil au sortir duquel on éprouve le besoin de respirer un air plus vivifiant. Involontairement, où le vide s'est fait on cherche quelque chose, un point d'appui, une espérance.

20. — Dans ce grand mouvement régénérateur, le Spiritisme a un rôle considérable, non le Spiritisme ridicule inventé par une critique railleuse, mais le Spiritisme philosophique, tel que le comprend quiconque se donne la peine de chercher l'amande sous l'écorce.

Par les preuves qu'il apporte des vérités fondamentales, il comble le vide que l'incrédulité fait dans les idées et les croyances; par la certitude qu'il donne d'un avenir conforme à la justice de Dieu, et que la raison la plus sévère peut admettre, il tempère les amertumes de la vie et prévient les funestes effets du désespoir.

En faisant connaître de nouvelles lois de la nature, il donne la clef de phénomènes incompris et de problèmes insolubles jusqu'à ce jour, et tue à la fois l'incrédulité et la superstition. Pour lui, il n'y a ni surnaturel ni merveilleux ; tout s'accomplit dans le monde en vertu de lois immuables.

Loin de substituer un exclusivisme à un autre, il se pose en champion absolu de la liberté de conscience ; il combat le fanatisme sous toutes les formes, et le coupe dans sa racine en proclamant le salut pour tous les hommes de bien, et la possibilité, pour les plus imparfaits, d'arriver, par leurs efforts, l'expiation et la réparation, à la perfection qui seule conduit à la suprême félicité. Au lieu de décourager le faible, il l'encourage en lui montrant le port qu'il peut atteindre.

Il ne dit point : *Hors le Spiritisme point de salut*, mais avec le Christ : *Hors la Charité point de salut*, principe d'union, de tolérance, qui ralliera les hommes dans un commun sentiment de fraternité, au lieu de les diviser en sectes ennemies.

Par cet autre principe : *Il n'y a de foi inébranlable que celle qui peut regarder la raison face à face à tous les âges de l'humanité*, il détruit l'empire de la foi aveugle qui annihile la raison, de l'obéissance passive qui abrutit ; il émancipe l'intelligence de l'homme et relève son moral.

Conséquent avec lui-même, il ne s'impose pas ; il dit ce qu'il est, ce qu'il veut, ce qu'il donne, et attend qu'on vienne à lui librement, volontairement ; il veut être accepté par la raison et non par la force. Il respecte toutes les croyances sincères, et ne combat que l'incrédulité, l'égoïsme, l'orgueil et l'hypocrisie, qui sont les plaies de la société et les obstacles les plus sérieux au progrès moral ; mais il ne lance l'anathème à personne, pas même à ses ennemis, parce qu'il est convaincu que la voie du bien est ouverte aux plus imparfaits, et que tôt au tard ils y entreront.

21. — Si l'on suppose la majorité des hommes imbus de ces sentiments, on peut aisément se figurer les modifications qu'ils apporteraient dans les relations sociales : charité, fraternité, bienveillance pour tous, tolérance pour toutes les croyances, telle sera leur devise. C'est le but auquel tend évidemment l'humanité, l'objet de ses aspirations, de ses désirs, sans qu'elle se rende bien compte des moyens de les réaliser ; elle essaye, elle tâtonne, mais elle est arrêtée par des résistances actives ou la force d'inertie des préjugés, des croyances stationnaires et réfractaires au progrès. Ce sont ces résistances qu'il faut vaincre, et ce sera l'œuvre de la nouvelle génération ; si l'on suit le cours actuel des choses, on reconnaîtra que tout semble prédestiné à lui frayer la route ; elle aura pour elle la double puissance du nombre et des idées, et de plus l'expérience du passé.

22. — La nouvelle génération marchera donc à la réalisation de toutes les idées humanitaires compatibles avec le degré d'avancement auquel elle sera parvenue. Le Spiritisme marchant au même but, et réalisant ses vues, ils se rencontreront sur le même terrain. Les hommes de progrès trouveront dans les idées spirites un puissant levier, et le Spiritisme trouvera dans les hommes nouveaux des esprits tout disposés à l'accueillir. Dans cet état de choses, que pourront faire ceux qui voudraient se mettre à la traverse?

23. — Ce n'est pas le Spiritisme qui crée la rénovation sociale, c'est la maturité de l'humanité qui fait de cette

rénovation une nécessité. Par sa puissance moralisatrice, par ses tendances progressives, par l'ampleur de ses vues, par la généralité des questions qu'il embrasse, le Spiritisme est, plus que toute autre doctrine, apte à seconder le mouvement régénérateur ; c'est pour cela qu'il en est contemporain. Il est venu au moment où il pouvait être utile, car pour lui aussi les temps sont arrivés ; plus tôt, il eût rencontré des obstacles insurmontables ; il eût inévitablement succombé, parce que les hommes, satisfaits de ce qu'ils avaient, n'éprouvaient pas encore le besoin de ce qu'il apporte. Aujourd'hui, né avec le mouvement des idées qui fermentent, il trouve le terrain préparé à le recevoir ; les esprits, las du doute et de l'incertitude, effrayés du gouffre que l'on creuse devant eux, l'accueillent comme une ancre de salut et une suprême consolation.

24. — En disant que l'humanité est mûre pour la régénération, cela ne veut pas dire que tous les individus le soient au même degré, mais beaucoup ont, par intuition, le germe des idées nouvelles que les circonstances feront éclore ; alors ils se montreront plus avancés qu'on ne le supposait, et ils suivront avec empressement l'impulsion de la majorité.

Il y en a cependant qui sont foncièrement réfractaires, même parmi les plus intelligents, et qui, assurément, ne se rallieront jamais, du moins dans cette existence : les uns, de bonne foi, par conviction ; les autres par intérêt. Ceux dont les intérêts matériels sont liés à l'état présent des choses, et qui ne sont pas assez avancés pour en faire abnégation, que le bien général touche moins que celui de leur personne, ne peuvent voir sans appréhension le moindre mouvement réformateur. La vérité est pour eux une question secondaire, ou, pour mieux dire, *la vérité*, *pour certaines gens, est tout entière dans ce qui ne leur cause aucun trouble ;* toutes les idées progressives sont à leurs yeux des idées subversives, c'est pourquoi ils leur vouent une haine implacable et leur font une guerre acharnée. Trop intelligents pour ne pas voir dans le Spiritisme un auxiliaire de ces idées et les éléments de la transformation qu'ils redoutent, parce qu'ils ne se sentent pas à sa hauteur, ils s'efforcent de l'abattre ; s'ils le jugeaient sans valeur et sans portée, ils ne s'en préoccuperaient pas. Nous l'avons déjà dit ailleurs : « *Plus une idée est grande, plus elle rencontre d'adversaires, et l'on peut mesurer son importance à la violence des attaques dont elle est l'objet.* »

25. — Le nombre des retardataires est encore grand sans doute, mais que peuvent-ils contre le flot qui monte, sinon y jeter quelques pierres ? Ce flot, c'est la génération qui s'élève, tandis qu'eux disparaissent avec la génération qui s'en va chaque jour à grands pas. Jusque-là, ils défendront le terrain pied à pied ; il y a donc une lutte inévitable, mais une lutte inégale, car c'est celle du passé décrépit qui tombe en lambeaux, contre l'avenir juvénile ; de la stagnation contre le progrès ; de la créature contre la volonté de Dieu, car les temps marqués par lui sont arrivés.

LA GÉNÉRATION NOUVELLE.

26. — Pour que les hommes soient heureux sur la terre, il faut qu'elle ne soit peuplée que de bons Esprits incarnés et désincarnés qui ne voudront que le bien. Ce temps étant arrivé, une grande émigration s'accomplit en ce moment parmi ceux qui l'habitent ; ceux qui font le mal pour le mal, et que le sentiment du bien *ne touche*

LES TEMPS SONT ARRIVÉS

pas, n'étant plus dignes de la terre transformée, en seront exclus, parce qu'ils y porteraient de nouveau le trouble et la confusion et seraient un obstacle au progrès. Ils iront expier leur endurcissement, les uns dans des mondes inférieurs, les autres, chez des races terrestres arriérées qui seront l'équivalent de mondes inférieurs, où ils porteront leurs connaissances acquises, et qu'ils auront pour mission de faire avancer. Ils seront remplacés par des Esprits meilleurs qui feront régner entre eux la justice, la paix, la fraternité.

La terre, au dire des Esprits, ne doit point être transformée par un cataclysme qui anéantirait subitement une génération. La génération actuelle disparaîtra graduellement, et la nouvelle lui succédera de même sans que rien soit changé à l'ordre naturel des choses.

Tout se passera donc extérieurement comme d'habitude, avec cette seule différence, mais cette différence est capitale, qu'une partie des Esprits qui s'y incarnaient ne s'y incarneront plus. Dans un enfant qui naîtra, au lieu d'un Esprit arriéré et porté au mal, qui s'y serait incarné, ce sera un Esprit plus avancé et *porté au bien*.

Il s'agit donc bien moins d'une nouvelle génération corporelle que d'une nouvelle génération d'Esprits. Ainsi, ceux qui s'attendraient à voir la transformation s'opérer par des effets surnaturels et merveilleux seront déçus.

27. — L'époque actuelle est celle de la transition; les éléments des deux générations se confondent. Placés au point intermédiaire, nous assistons au départ de l'une et à l'arrivée de l'autre, et chacune se signale déjà dans le monde par les caractères qui lui sont propres.

Les deux générations qui se succèdent ont des idées et

des vues tout opposées. A la nature des dispositions morales, mais surtout des dispositions *intuitives et innées*, il est facile de distinguer à laquelle des deux appartient chaque individu.

La nouvelle génération, devant fonder l'ère du progrès moral, se distingue par une intelligence et une raison généralement précoces, jointes au sentiment inné du bien et des croyances spiritualistes, ce qui est le signe indubitable d'un certain degré d'avancement *antérieur*. Elle ne sera point composée exclusivement d'Esprits éminemment supérieurs, mais de ceux qui, ayant déjà progressé, sont prédisposés à s'assimiler toutes les idées progressives et aptes à seconder le mouvement régénérateur.

Ce qui distingue, au contraire, les Esprits arriérés, c'est d'abord la révolte contre Dieu par le refus de reconnaître aucune puissance supérieure à l'humanité; puis la propension *instinctive* aux passions dégradantes, aux sentiments antifraternels de l'égoïsme, de l'orgueil, de l'attachement pour tout ce qui est matériel.

Ce sont ces vices dont la terre doit être purgée par l'éloignement de ceux qui refusent de s'amender, parce qu'ils sont incompatibles avec le règne de la fraternité, et que les hommes de bien souffriront toujours de leur contact; lorsque la terre en sera délivrée, les hommes marcheront sans entraves vers l'avenir meilleur qui leur est réservé dès ici-bas, pour prix de leurs efforts et de leur persévérance, en attendant qu'une épuration encore plus complète leur ouvre l'entrée des mondes supérieurs.

28. — Par cette émigration des Esprits, il ne faut pas entendre que tous les Esprits retardataires seront expulsés de la terre et relégués dans les mondes inférieurs. Beau-

coup, au contraire, y reviendront, car beaucoup ont cédé à l'entraînement des circonstances et de l'exemple ; l'écorce était chez eux plus mauvaise que le fond. Une fois soustraits à l'influence de la matière et des préjugés du monde corporel, la plupart verront les choses d'une manière toute différente que de leur vivant, ainsi que nous en avons de nombreux exemples. En cela, ils sont aidés par les Esprits bienveillants qui s'intéressent à eux et qui s'empressent de les éclairer et de leur montrer la fausse route qu'ils ont suivie. Par nos prières et nos exhortations, nous pouvons nous-mêmes contribuer à leur amélioration, parce qu'il y a solidarité perpétuelle entre les morts et les vivants.

La manière dont s'opère la transformation est fort simple, et, comme on le voit, elle est toute morale et ne s'écarte en rien des lois de la nature.

29. — Que les Esprits de la nouvelle génération soient de nouveaux Esprits meilleurs, ou les anciens Esprits améliorés, le résultat est le même ; dès l'instant qu'ils apportent de meilleures dispositions, c'est toujours un renouvellement. Les Esprits incarnés forment ainsi deux catégories, selon leurs dispositions naturelles : d'une part, les Esprits retardataires qui partent, de l'autre les Esprits progressifs qui arrivent. L'état des mœurs et de la société sera donc, chez un peuple, chez une race ou dans le monde entier, en raison de celle des deux catégories qui aura la prépondérance.

Pour simplifier la question, supposons un peuple, à un degré quelconque d'avancement, et composé de vingt millions d'âmes, par exemple ; le renouvellement des Esprits se faisant au fur et à mesure des extinctions, isolées ou en masse, il y a nécessairement eu un moment

CHAPITRE XVIII

où la génération des Esprits retardataires l'emportait en nombre sur celle des Esprits progressifs, qui ne comptaient que de rares représentants sans influence, et dont les efforts, pour faire prédominer le bien et les idées progressives, étaient paralysés. Or les uns partant et les autres arrivant, après un temps donné, les deux forces s'équilibrent et leur influence se contrebalance. Plus tard, les nouveaux venus sont en majorité et leur influence devient prépondérante, quoique encore entravée par celle des premiers ; ceux-ci continuant à diminuer tandis que les autres se multiplient finiront par disparaître ; il arrivera donc un moment où l'influence de la nouvelle génération sera exclusive ; mais ceci ne peut se comprendre si l'on n'admet pas la vie spirituelle indépendante de la vie matérielle.

30. — Nous assistons à cette transformation, au conflit qui résulte de la lutte des idées contraires qui cherchent à s'implanter ; les unes marchent avec le drapeau du passé, les autres avec celui de l'avenir. Si l'on examine l'état actuel du monde, on reconnaîtra que, prise dans son ensemble, l'humanité terrestre est loin encore du point intermédiaire où les forces se balancent ; que les peuples, considérés isolément, sont à une grande distance les uns des autres sur cette échelle ; que quelques-uns touchent à ce point, mais qu'aucun ne l'a encore dépassé. Du reste, la distance qui les sépare des points extrêmes est loin d'être égale en durée, et une fois la limite franchie, la nouvelle route sera parcourue avec d'autant plus de rapidité, qu'une foule de circonstances viendront l'aplanir.

Ainsi s'accomplit la transformation de l'humanité. Sans l'émigration, c'est-à-dire sans le départ des Esprits retardataires qui ne doivent pas revenir, ou qui ne doivent revenir qu'après s'être améliorés, l'humanité terrestre ne resterait pas pour cela indéfiniment stationnaire, parce que les Esprits les plus arriérés avancent à leur tour ; mais il eût fallu des siècles, et peut-être des milliers d'années pour atteindre le résultat qu'un demi-siècle suffira pour réaliser.

31. — Une comparaison vulgaire fera mieux comprendre encore ce qui se passe en cette circonstance. Supposons un régiment composé en grande majorité d'hommes turbulents et indisciplinés : ceux-ci y porteront sans cesse un désordre que la sévérité de la loi pénale aura souvent de la peine à réprimer. Ces hommes sont les plus forts, parce qu'ils sont les plus nombreux ; ils se soutiennent, s'encouragent et se stimulent par l'exemple. Les quelques bons sont sans influence ; leurs conseils sont méprisés ; ils sont bafoués, maltraités par les autres, et souffrent de ce contact. N'est-ce pas là l'image de la société actuelle ?

Supposons qu'on retire ces hommes du régiment un par un, dix par dix, cent par cent, et qu'on les remplace à mesure par un nombre égal de bons soldats, même par ceux qui ont été expulsés, mais qui se seront sérieusement amendés : au bout de quelque temps on aura toujours le même régiment, mais transformé ; le bon ordre y aura succédé au désordre. Ainsi en sera-t-il de l'humanité régénérée.

32. — Les grands départs collectifs n'ont pas seulement pour but d'activer les sorties, mais de transformer plus rapidement l'esprit de la masse en la débarrassant des mauvaises influences, et de donner plus d'ascendant aux idées nouvelles.

C'est parce que beaucoup, malgré leurs imperfections

sont mûrs pour cette transformation, que beaucoup partent afin d'aller se retremper à une source plus pure. Tant qu'ils seraient restés dans le même milieu et sous les mêmes influences, ils auraient persisté dans leurs opinions et dans leur manière de voir les choses. Un séjour dans le monde des Esprits suffit pour leur dessiller les yeux, parce qu'ils y voient ce qu'ils ne pouvaient pas voir sur la terre. L'incrédule, le fanatique, l'absolutiste, pourront donc revenir avec des idées *innées* de foi, de tolérance et de liberté. A leur retour, ils trouveront les choses changées, et subiront l'ascendant du nouveau milieu où ils seront nés. Au lieu de faire de l'opposition aux idées nouvelles, ils en seront les auxiliaires.

33. — La régénération de l'humanité n'a donc pas absolument besoin du renouvellement intégral des Esprits : il suffit d'une modification dans leurs dispositions morales; cette modification s'opère chez tous ceux qui y sont prédisposés, lorsqu'ils sont soustraits à l'influence pernicieuse du monde. Ceux qui reviennent alors ne sont pas toujours d'autres Esprits, mais souvent les mêmes Esprits pensant et sentant autrement.

Lorsque cette amélioration est isolée et individuelle, elle passe inaperçue, et elle est sans influence ostensible sur le monde. Tout autre est l'effet, lorsqu'elle s'opère simultanément sur de grandes masses; car alors, selon les proportions, en une génération, les idées d'un peuple ou d'une race peuvent être profondément modifiées.

C'est ce qu'on remarque presque toujours après les grandes secousses qui déciment les populations. Les fléaux destructeurs ne détruisent que le corps, mais n'atteignent pas l'Esprit; ils activent le mouvement de va-et-vient entre le monde corporel et le monde spirituel, et par suite le mouvement progressif des Esprits incarnés et désincarnés. Il est à remarquer qu'à toutes les époques de l'histoire, les grandes crises sociales ont été suivies d'une ère de progrès.

34. — C'est un de ces mouvements généraux qui s'opère en ce moment, et qui doit amener le remaniement de l'humanité. La multiplicité des causes de destruction est un signe caractéristique des temps, car elles doivent hâter l'éclosion des nouveaux germes. Ce sont les feuilles d'automne qui tombent, et auxquelles succéderont de nouvelles feuilles pleines de vie, car l'humanité a ses saisons, comme les individus ont leurs âges. Les feuilles mortes de l'humanité tombent emportées par les rafales et les coups de vent, mais pour renaître plus vivaces sous le même souffle de vie, qui ne s'éteint pas, mais se purifie.

35. — Pour le matérialiste, les fléaux destructeurs sont des calamités sans compensations, sans résultats utiles, puisque, selon lui, *ils anéantissent les êtres sans retour*. Mais pour celui qui sait que la mort ne détruit que l'enveloppe, ils n'ont pas les mêmes conséquences, et ne lui causent pas le moindre effroi ; il en comprend le but, et il sait aussi que les hommes ne perdent pas plus à mourir ensemble qu'à mourir isolément, puisque, de manière ou d'autre, il faut toujours en arriver là.

Les incrédules riront de ces choses et les traiteront de chimères ; mais, quoi qu'ils disent, ils n'échapperont pas à la loi commune ; ils tomberont à leur tour comme les autres, et alors qu'adviendra-t-il d'eux ? Ils disent : *rien ;* mais ils vivront en dépit d'eux-mêmes, et seront forcés un jour d'ouvrir les yeux.

FIN

TABLE DES MATIÈRES

Avertissement..	I
Chapitre I. Caractères de la révélation spirite........	1
— II. Dieu..	48
Existence de Dieu...........................	48
De la nature divine........................	52
La Providence................................	57
La vue de Dieu...............................	64
— III. Le bien et le mal........................	68
Source du bien et du mal................	68
L'instinct et l'intelligence.................	75
Destruction des êtres vivants les uns par les autres...................................	82
— IV. Rôle de la science dans la genèse.........	87
— V. Systèmes du monde anciens et modernes...	98
— VI. Uranographie générale.......................	108
L'espace et le temps.......................	108
La matière......................................	112
Les lois et les forces.......................	115
La création première.......................	119
La création universelle...................	123
Les soleils et les planètes................	125
Les satellites.................................	128
Les comètes..................................	130

TABLE DES MATIÈRES 457

Chapitre VI. La voie lactée	133
Les étoiles fixes	135
Les déserts de l'espace	138
Succession éternelle des mondes	140
La vie universelle	143
La science	145
Considérations morales	148
— VII. Esquisse géologique de la terre	151
Périodes géologiques	151
État primitif du globe	159
Période primaire	162
Période de transition	163
Période secondaire	167
Période tertiaire	171
Période diluvienne	177
Période post-diluvienne ou actuelle. — Naissance de l'homme	180
— VIII. Théories de la terre	182
Théorie de la projection (Buffon)	182
Théorie de la condensation	185
Théorie de l'incrustation	186
— IX. Révolutions du globe	191
Révolutions générales ou partielles	191
Déluge biblique	192
Révolutions périodiques	195
Cataclysmes futurs	199
— X. Genèse organique	202
Première formation des êtres vivants	202
Principe vital	211
Génération spontanée	213
Échelle des êtres corporels	215
L'homme	217
— XI. Genèse spirituelle	219
Principe spirituel	219
Union du principe spirituel et de la matière	224
Hypothèse sur l'origine des corps humains	226
Incarnation des Esprits	227
Réincarnation	236

TABLE DES MATIÈRES

Chapitre XI.	Émigration et immigration des Esprits......	238
	Race adamique........................	240
	Doctrine des anges déchus................	244
— XII.	Genèse mosaïque......................	252
	Les six jours...........................	252
	Le paradis perdu......................	264

LES MIRACLES

— XIII.	Caractères des miracles................	277
— XIV.	Les fluides..............................	292
	Nature et propriétés des fluides.............	292
	Explication naturelle de quelques faits réputés surnaturels......................	307
— XV.	Les miracles de l'évangile................	329
	Observations préliminaires.................	329
	Songes.................................	331
	Étoile des Mages.......................	332
	Double vue.............................	333
	Guérisons..............................	336
	Possédés...............................	350
	Résurrections..........................	354
	Jésus marche sur l'eau...................	357
	Transfiguration.........................	359
	Tempête apaisée........................	360
	Noces de Cana.........................	361
	Multiplication des pains...................	362
	Tentation de Jésus......................	366
	Prodiges à la mort de Jésus...............	368
	Apparition de Jésus après sa mort..........	370
	Disparition du corps de Jésus..............	376

LES PRÉDICTIONS

— XVI.	Théorie de la prescience..................	381
— XVII.	Prédictions de l'évangile.................	395
	Nul n'est prophète en son pays.............	395

TABLE DES MATIÈRES 459

Chapitre XVII. Mort et passion de Jésus.	398
Persécution des apôtres.	399
Villes impénitentes.	400
Ruine du temple et de Jérusalem.	401
Malédiction aux Pharisiens.	403
Mes paroles ne passeront point.	403
La pierre angulaire.	406
Parabole des vignerons homicides.	407
Un seul troupeau et un seul pasteur.	410
Avénement d'Élie.	413
Annonce du Consolateur.	413
Second avénement du Christ.	417
Signes précurseurs.	420
Vos fils et vos filles prophétiseront.	425
Jugement dernier.	426
— XVIII. Les temps sont arrivés.	430
Signes des temps.	430
La génération nouvelle.	448

Paris. — Typ. de Rouge frères, Dunon et Fresné, rue du Four, 43.

OUVRAGES FONDAMENTAUX SUR LA DOCTRINE SPIRITE
par ALLAN KARDEC

Le livre des Esprits (Partie philosophique), contenant les principes de la doctrine spirite ; 15e édition. 1 vol. in-12, 3 fr. 50.

Le livre des Médiums (Partie expérimentale). Guide des médiums et des évocateurs, contenant la théorie de tous les genres de manifestations. 1 vol. in-12, 10e édition, 3 fr. 50.

L'Évangile selon le Spiritisme (Partie morale), contenant l'explication des maximes morales du Christ, leur application et leur concordance avec le Spiritisme. 1 vol. in-12, 4e édition, 3 fr. 50.

Le ciel et l'enfer, *ou la justice divine selon le Spiritisme*, contenant de nombreux exemples sur la situation des Esprits dans le monde spirituel et sur la terre. 1 vol. in-12, 3 fr. 50.

La Genèse, les miracles et les prédictions, selon le Spiritisme. 1 vol. in-12, 3 fr. 50.

Frais de poste pour la France et l'Algérie, 50 c. par vol.

ABRÉGÉS

Qu'est-ce que le Spiritisme? Introduction à la connaissance du monde indivisible ou des Esprits. 1 vol. in-12, 6e édition, 1 fr.; par la poste, 1 fr. 20.

Le Spiritisme à sa plus simple expression, exposé sommaire de l'enseignement des Esprits et de leurs manifestations. Brochure in-12 de 36 pages, 15 cent.; vingt exemplaires, 2 fr.; par la poste, 2 fr. 60.

Résumé de la loi des phénomènes spirites. Brochure in-12, 0 fr. 10 cent.; par la poste, 0 fr. 15 cent.

Caractères de la révélation spirite. Brochure in-12, 20 cent.; par la poste, 25 cent.

Voyage spirite en 1862. Brochure in-8°, 1 fr.

Revue spirite, *Journal d'études psychologiques*, paraissant chaque mois depuis le 1er janvier 1858, par livraisons de deux feuilles au moins grand in-8°. — Prix, pour la France et l'Algérie, 10 fr. par an; étranger, 12 fr.; pays d'outre-mer, 14 fr. — On ne s'abonne pas pour moins d'un an, à partir du 1er janvier de chaque année.

On peut se procurer tous les numéros, séparément, depuis le commencement. Prix de chaque numéro, 1 fr.

Collections de la Revue spirite depuis 1858. Chaque année forme un fort volume grand in-8° broché, avec titre spécial, table générale et couverture imprimée. Prix, 7 fr. le volume. Bureaux : Paris, 59, rue et passage Saint-Anne.

La raison du Spiritisme, par Michel BONNAMY, juge d'instruction, membre du congrès scientifique de France, ancien membre du conseil général de Tarn-et-Garonne. 1 vol in-12, 3 fr.; par la poste, 3 fr. 40.

Nota explicativa[116]

Hoje creem e sua fé é inabalável, porque assentada na evidência e na demonstração, e porque satisfaz à razão. [...] Tal é a fé dos espíritas, e a prova de sua força é que se esforçam por se tornarem melhores, domarem suas inclinações más e porem em prática as máximas do Cristo, olhando todos os homens como irmãos, sem acepção de raças, de castas, nem de seitas, perdoando aos seus inimigos, retribuindo o mal com o bem, a exemplo do divino modelo (KARDEC, Allan. *Revista Espírita*, janeiro de 1868. 1. ed. Rio de Janeiro: FEB, 2005. p. 28).

A investigação rigorosamente racional e científica de fatos que revelavam a comunicação dos homens com os Espíritos, realizada por Allan Kardec, resultou na estruturação da Doutrina Espírita, sistematizada sob os aspectos científico, filosófico e religioso.

A partir de 1854 até seu falecimento, em 1869, seu trabalho foi constituído de cinco obras básicas: *O livro dos espíritos* (1857), *O livro dos médiuns* (1861), *O evangelho segundo o espiritismo* (1864), *O céu e o inferno* (1865), *A gênese* (1868), além da obra *O que é o espiritismo* (1859), de uma série de opúsculos e 136 edições da *Revista Espírita* (de janeiro de 1858 a abril de 1869). Após sua morte, foi editado o livro *Obras póstumas* (1890).

---

[116] N.E.: Esta *Nota explicativa*, publicada em face de acordo com o Ministério Público Federal, tem por objetivo demonstrar a ausência de qualquer discriminação ou preconceito em alguns trechos das obras de Allan Kardec, caracterizadas, todas, pela sustentação dos princípios de fraternidade e solidariedade cristãs, contidos na Doutrina Espírita.

O estudo meticuloso e isento dessas obras permite-nos extrair conclusões básicas: a) todos os seres humanos são Espíritos imortais criados por Deus em igualdade de condições, sujeitos às mesmas Leis Naturais de progresso que levam todos, gradativamente, à perfeição; b) o progresso ocorre mediante sucessivas experiências, em inúmeras reencarnações, vivenciando necessariamente todos os segmentos sociais, única forma de o Espírito acumular o aprendizado necessário ao seu desenvolvimento; c) no período entre as reencarnações o Espírito permanece no Mundo Espiritual, podendo comunicar-se com os homens; d) o progresso obedece às Leis Morais ensinadas e vivenciadas por Jesus, nosso guia e modelo, referência para todos os homens que desejam desenvolver-se de forma consciente e voluntária.

Em diversos pontos de sua obra, o Codificador se refere aos Espíritos encarnados em tribos incultas e selvagens, então existentes em algumas regiões do Planeta, e que, em contato com outros polos de civilização, vinham sofrendo inúmeras transformações, muitas com evidente benefício para os seus membros, decorrentes do progresso geral ao qual estão sujeitas todas as etnias, independentemente da coloração de sua pele.

Na época de Allan Kardec, as ideias frenológicas de Gall, e as da fisiognomonia de Lavater, eram aceitas por eminentes homens de Ciência, assim como provocou enorme agitação nos meios de comunicação e junto à intelectualidade e à população em geral, a publicação, em 1859 – dois anos depois do lançamento de *O livro dos espíritos* – do livro sobre a *Evolução das espécies*, de Charles Darwin, com as naturais incorreções e incompreensões que toda ciência nova apresenta. Ademais, a crença de que os traços da fisionomia revelam o caráter das pessoas é muito antiga, pretendendo-se haver aparentes relações entre o físico e o aspecto moral.

O Codificador não concordava com diversos aspectos apresentados por essas assim chamadas ciências. Desse modo, procurou avaliar as conclusões desses eminentes pesquisadores à luz da revelação dos Espíritos, trazendo ao debate o elemento espiritual como fator decisivo no equacionamento das questões da diversidade e desigualdade humanas.

Allan Kardec encontrou, nos princípios da Doutrina Espírita, explicações que apontam para leis sábias e supremas, razão pela qual afirmou que o Espiritismo permite "resolver os milhares de problemas históricos, arqueológicos, antropológicos, teológicos, psicológicos, morais, sociais etc." (*Revista Espírita*, 1862, p. 401). De fato, as leis universais do amor, da caridade, da imortalidade da alma, da reencarnação, da evolução constituem novos parâmetros para a compreensão do desenvolvimento dos grupos humanos, nas diversas regiões do Orbe.

Essa compreensão das Leis Divinas permite a Allan Kardec afirmar que:

> O corpo deriva do corpo, mas o Espírito não procede do Espírito. Entre os descendentes das raças apenas há consanguinidade (*O livro dos espíritos*, q. 207, p. 176).

> [...] O Espiritismo, restituindo ao Espírito o seu verdadeiro papel na Criação, constatando a superioridade da inteligência sobre a matéria, faz com que desapareçam, naturalmente, todas as distinções estabelecidas entre os homens, conforme as vantagens corporais e mundanas, sobre as quais só o orgulho fundou as castas e os estúpidos preconceitos de cor (*Revista Espírita*, 1861, p. 432).

> Os privilégios de raças têm sua origem na abstração que os homens geralmente fazem do princípio espiritual, para considerar apenas o ser material exterior. Da força ou da fraqueza constitucional de uns, de uma diferença de cor em outros, do nascimento na opulência ou na miséria, da filiação consanguínea nobre ou plebeia, concluíram por uma superioridade ou uma inferioridade natural. Foi sobre este dado que estabeleceram suas leis sociais e os privilégios de raças. Deste ponto de vista circunscrito, são consequentes consigo mesmos, porquanto, não considerando senão a vida material, certas classes parecem pertencer, e realmente pertencem, a raças diferentes. Mas se se tomar seu ponto de vista do ser espiritual, do ser essencial e progressivo, numa palavra, do Espírito, preexistente e sobrevivente a tudo, que seu corpo não passa de um invólucro temporário, variando, como a roupa, de forma e de cor; se, além disso, do estudo dos

seres espirituais ressalta a prova de que esses seres são de natureza e de origem idênticas, que seu destino é o mesmo, que todos partem do mesmo ponto e tendem para o mesmo objetivo; que a vida corporal não passa de um incidente, uma das fases da vida do Espírito, necessária ao seu adiantamento intelectual e moral; que em vista desse avanço o Espírito pode sucessivamente revestir envoltórios diversos, nascer em posições diferentes, chega-se à consequência capital da igualdade de natureza e, a partir daí, à igualdade dos direitos sociais de todas as criaturas humanas e à abolição dos privilégios de raças. Eis o que ensina o Espiritismo. Vós que negais a existência do Espírito para considerar apenas o homem corpóreo, a perpetuidade do ser inteligente para só encarar a vida presente, repudiais o único princípio sobre o qual é fundada, com razão, a igualdade de direitos que reclamais para vós mesmos e para os vossos semelhantes (*Revista Espírita*, 1867, p. 231).

Com a reencarnação, desaparecem os preconceitos de raças e de castas, pois o mesmo Espírito pode tornar a nascer rico ou pobre, capitalista ou proletário, chefe ou subordinado, livre ou escravo, homem ou mulher. De todos os argumentos invocados contra a injustiça da servidão e da escravidão, contra a sujeição da mulher à lei do mais forte, nenhuma há que prime, em lógica, ao fato material da reencarnação. Se, pois, a reencarnação funda numa Lei da Natureza o princípio da fraternidade universal, também funda na mesma lei o da igualdade dos direitos sociais e, por conseguinte, o da liberdade (*A gênese*, cap. I, item 36, p. 42 e 43. Vide também a *Revista Espírita*, 1867, p. 373).

Na época, Allan Kardec sabia apenas o que vários autores contavam a respeito dos selvagens africanos, sempre reduzidos ao embrutecimento quase total, quando não escravizados impiedosamente.

É baseado nesses informes "científicos" da época que o Codificador repete, com outras palavras, o que os pesquisadores europeus descreviam quando de volta das viagens que faziam à África negra. Todavia, é peremptório ao abordar a questão do preconceito racial.

> Nós trabalhamos para dar a fé aos que em nada creem; para espalhar uma crença que os torna melhores uns para os outros, que lhes ensina a perdoar aos inimigos, a se olharem como irmãos, sem distinção de raça, casta, seita, cor, opinião política ou religiosa; numa palavra, uma crença que faz nascer o verdadeiro sentimento de caridade, de fraternidade e deveres sociais (KARDEC, Allan. *Revista Espírita*, janeiro de 1863 – 1. ed. Rio de Janeiro: FEB, 2005).

> O homem de bem é bom, humano e benevolente para com todos, sem distinção de raças nem de crenças, porque em todos os homens vê irmãos seus (*O evangelho segundo o espiritismo*, cap. XVII, item 3, p. 348).

É importante compreender, também, que os textos publicados por Allan Kardec na *Revista Espírita* tinham por finalidade submeter à avaliação geral as comunicações recebidas dos Espíritos, bem como aferir a correspondência desses ensinos com teorias e sistemas de pensamento vigentes à época. Em nota ao capítulo XI, item 43, do livro *A gênese*, o Codificador explica essa metodologia:

> Quando, na *Revista Espírita* de janeiro de 1862, publicamos um artigo sobre a "interpretação da doutrina dos anjos decaídos", apresentamos essa teoria como simples hipótese, sem outra autoridade afora a de uma opinião pessoal controvertível, porque nos faltavam então elementos bastantes para uma afirmação peremptória. Expusemo-la a título de ensaio, tendo em vista provocar o exame da questão, decidido, porém, a abandoná-la ou modificá-la, se fosse preciso. Presentemente, essa teoria já passou pela prova do controle universal. Não só foi bem aceita pela maioria dos espíritas, como a mais racional e a mais concorde com a soberana Justiça de Deus, como também foi confirmada pela generalidade das instruções que os Espíritos deram sobre o assunto. O mesmo se verificou com a que concerne à origem da raça adâmica (*A gênese*, cap. XI, item 43, Nota, p. 292).

Por fim, urge reconhecer que o escopo principal da Doutrina Espírita reside no aperfeiçoamento moral do ser humano, motivo pelo qual as indagações e perquirições científicas e/ou filosóficas ocupam posição secundária, conquanto importantes, haja vista o seu caráter provisório decorrente do progresso do aperfeiçoamento geral. Nesse sentido, é justa a advertência do Codificador:

> É verdade que esta e outras questões se afastam do ponto de vista moral, que é a meta essencial do Espiritismo. Eis por que seria um equívoco fazê-las objeto de preocupações constantes. Sabemos, aliás, no que respeita ao princípio das coisas, que os Espíritos, por não saberem tudo, só dizem o que sabem ou que pensam saber. Mas como há pessoas que poderiam tirar da divergência desses sistemas uma indução contra a unidade do Espiritismo, precisamente porque são formulados pelos Espíritos, é útil poder comparar as razões pró e contra, no interesse da própria doutrina, e apoiar no assentimento da maioria o julgamento que se pode fazer do valor de certas comunicações (*Revista Espírita*, 1862, p. 38).

Feitas essas considerações, é lícito concluir que na Doutrina Espírita vigora o mais absoluto respeito à diversidade humana, cabendo ao espírita o dever de cooperar para o progresso da Humanidade, exercendo a caridade no seu sentido mais abrangente ("benevolência para com todos, indulgência para as imperfeições dos outros e perdão das ofensas"), tal como a entendia Jesus, nosso Guia e Modelo, sem preconceitos de nenhuma espécie: de cor, etnia, sexo, crença ou condição econômica, social ou moral.

A Editora

Literatura espírita

Em qualquer parte do mundo, é comum encontrar pessoas que se interessem por assuntos como imortalidade, comunicação com Espíritos, vida após a morte e reencarnação. A crescente popularidade desses temas pode ser avaliada com o sucesso de vários filmes, seriados, novelas e peças teatrais que incluem em seus roteiros conceitos ligados à espiritualidade e à alma.

Cada vez mais, a imprensa evidencia a literatura espírita, cujas obras impressionam até mesmo grandes veículos de comunicação devido ao seu grande número de vendas. O principal motivo pela busca dos filmes e livros do gênero é simples: o Espiritismo consegue responder, de forma clara, perguntas que pairam sobre a humanidade desde o princípio dos tempos. Quem somos nós? De onde viemos? Para onde vamos?

A literatura espírita apresenta argumentos fundamentados na razão, que acabam atraindo leitores de todas as idades. Os textos são trabalhados com afinco, apresentam boas histórias e informações coerentes, pois se baseiam em fatos reais.

Os ensinamentos espíritas trazem a mensagem consoladora de que existe vida após a morte, e essa é uma das melhores notícias que podemos receber quando temos entes queridos que já não habitam mais a Terra. As conquistas e os aprendizados adquiridos em vida sempre farão parte do nosso futuro e prosseguirão de forma ininterrupta por toda a jornada pessoal de cada um.

Divulgar o Espiritismo por meio da literatura é a principal missão da FEB, que, há mais de cem anos, seleciona conteúdos doutrinários de qualidade para espalhar a palavra e o ideal do Cristo por todo o mundo, rumo ao caminho da felicidade e plenitude.

Conselho Editorial:
Jorge Godinho Barreto Nery – Presidente
Geraldo Campetti Sobrinho – Coord. Editorial
Edna Maria Fabro
Evandro Noleto Bezerra
Maria de Lourdes Pereira de Oliveira
Marta Antunes de Oliveira de Moura
Miriam Lúcia Herrera Masotti Dusi

Produção Editorial:
Rosiane Dias Rodrigues

Revisão:
Aristides Coelho Neto
Lísia Freitas Carvalho
Mônica dos Santos da Silva

Capa:
Evelin Yuri Furuta
Thiago Pereira Campos

Projeto gráfico:
Evelyn Yuri Furuta

Diagramação:
Rones José Silvano de Lima – www.bookebooks.com.br

Tratamento de imagens:
Thiago Pereira Campos

Normalização Técnica:
Biblioteca de Obras Raras e Documentos Patrimoniais do Livro

Esta edição foi impressa pela BMF Gráfica e Editora, Osasco, SP, com tiragem de 1 mil exemplares, todos em formato fechado de 160x230 mm e com mancha de 117x182 mm. Os papéis utilizados foram o Pólen soft 70 g/m² para o miolo e o Cartão Supremo LD 300 g/m² para a capa. O texto principal foi composto em fonte Corda 12,5/15,5 e os títulos em Corda 27/32,4. Impresso no Brasil. *Presita en Brazilo.*